2025 수정판

NCS기반
지역농협·지역축협·품목농협·품목축협 채용시험

지역농협 6급 기본서

인적성 및 직무능력평가

JH적성검사연구소 편저

- 영역별 핵심이론 + 기출문제 + 예상문제
- 인적성평가 소개·예시문항
- 실전모의고사 2회 수록

동영상 강의
www.정훈에듀.com

직업기초능력평가 입문
+ 자소서 및 면접특강
영역별 전문강사진의
동영상 강의

미디어정훈
www.정훈에듀.com

PREFACE
머리말

농협은 농업인의 경제적, 사회적, 문화적 지위 향상과 농업 경쟁력 강화를 통해 농업인의 삶의 질을 향상시키고 국민 경제의 균형적 발전을 목적으로 하는 기관이다. 이를 위해 생산이 이루어지는 농촌과 소비가 이루어지는 대도시 간 생산물 유통의 가교를 하는 기본적 역할 외에 교육, 경제, 금융 부분에 걸쳐 다양한 사업을 추진하고 있으며, 특히 최근에는 글로벌 사업과 핀테크 강화에 집중, 신성장 동력으로 삼고 있다. 이러한 추세에 따라 농협의 각 기관에서는 경제적 소양을 갖추고 미래지향적인 진취적 인재를 채용하고 있는 바이다.

본서는 지역 농·축협을 지원하는 수험생들이 이러한 농협의 채용 기준을 파악하여 적절하고 효율적인 시험 대비를 할 수 있도록 지원하고자 만들어진 책이다. 필기시험을 구성하는 직무능력평가를 중심으로 수년간에 걸쳐 형성된 유형, 그리고 최근에 급변하고 있는 유형에 적응할 수 있도록 다양한 문제를 개발하고 내용 구성을 개선하여 이 책을 학습한 수험생이 실제 시험에 손쉽게 적응하는 것을 목표로 하였다. 그 외에 채용 프로세스를 구성하는 서류, 인적성, 면접 전형에 대한 설명을 더하여 지역농협에 처음 지원하는 수험생이라도 수험 준비를 착실하게 진행할 수 있게끔 하였다.

부디 이 책으로 지역농협 6급 채용시험을 대비하는 수험생 여러분이 합격이라는 열매를 맺고 자신이 꿈꾸는 미래로 향하는 길을 열기를 진심으로 기원한다.

― JH적성검사연구소

이 책의 특징

- **첫째,** 최근 기출 복원 문제 : 최근에 시행된 통합 채용시험의 기출문제를 복원하여 최근 출제 경향의 변화를 파악할 수 있도록 하였다.
- **둘째,** 직무능력평가 : NCS직무능력평가 5개 영역에 대해 기출 유형을 분석하여 다양하게 변화하는 출제 기조에 대응할 수 있도록 개편하였다.
- **셋째,** 서류전형 : 자기소개서 작성 요령과 과거 자기소개서 문항을 소개하여 미리 준비할 수 있도록 하였다.
- **넷째,** 면접전형 : 면접 유형을 상세히 분석하여 실전 대비를 할 수 있도록 하였다.
- **다섯째,** 인적성평가 : 인적성 평가의 목적을 제시하고 예시문항을 통해 이를 준비할 수 있도록 하였다.
- **여섯째,** 실전모의고사 : 최근 출제유형에 대응하는 실전모의고사를 수록하여 수험 준비를 마무리 할 수 있도록 하였다.

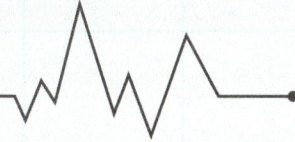

이 책의 구성과 특징

STEP 01

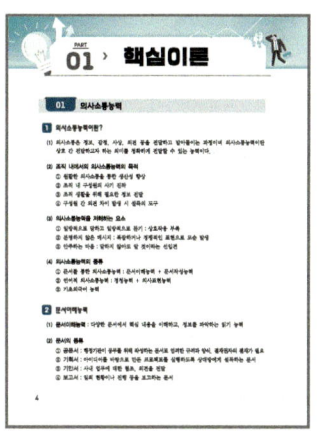
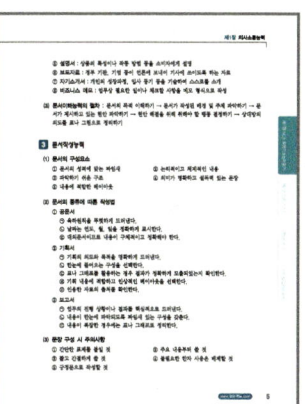

영역별 핵심이론

지역농협 6급 필기시험에 해당하는 5개 영역에 대한 기출문제 및 NCS 모듈을 분석하여 해당 내용에 대한 핵심이론을 수록하였다.

영역별 기출문제와 예상문제

5개 영역별로 기출문제 유형에 대한 자세한 설명을 통해 해당 기출 유형에 대한 완벽한 이해를 돕고, 관련 예상문제를 수록하였다.

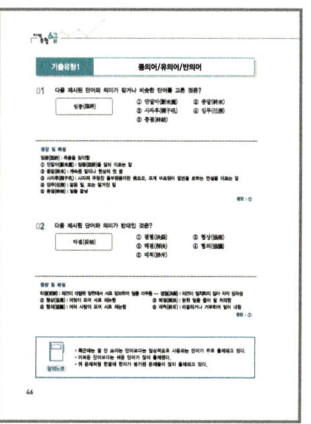
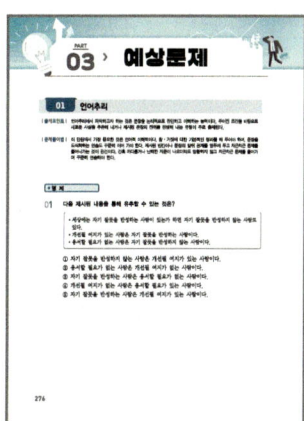

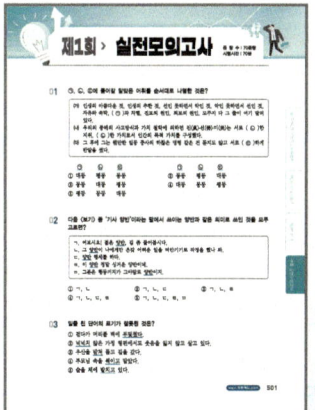
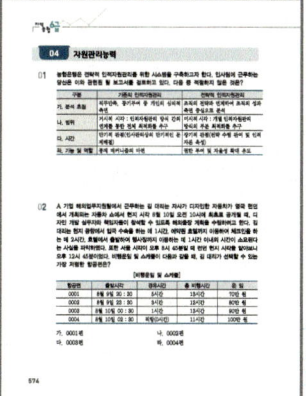

실전모의고사

60문제 유형의 모의고사 1회분과 70문제 유형의 모의고사 1회분, 총 2회분의 모의고사를 수록하였다.

STEP 02
필기시험 안내

소개
지역농협은 NCS 기반의 필기시험을 실시하고 있으며 농협은행과도 다른 유형을 보인다. 2015년까지는 가칭 'NHAT'라고 불리는 인적성 유형의 필기시험이 시행되어 왔으나 2016년 이후 NCS를 도입하였다. 최근에는 PSAT 및 NCS모듈형 유형을 반영하는 등 계속해서 유형이 변화하고 있다.

구성
2019년까지 필기시험은 100문항/75분, 70문항/70분의 두 가지 형태가 지역별로 나뉘어 시행되었다. 그러나 2020년에 시행한 상·하반기 통합 채용에서는 시험당일까지 사전예고 없이 문제 수와 시간이 줄어들어 60문항/60분, 60문항/70분, 70문항/70분 세 가지 형태로 시행되었고, 2024년 시험에서도 지역사정에 따라 다양하게 출제되었으며, 2025년 시험에서도 크게 변동없이 시행될 것으로 보인다.

출제 구성 (변동이 있을 수 있음)

구 분	문항 수	시간(분)	시행 지역	비 고
A	60	60	서울, 인천, 강원, 전북,	4지선다
B	60	70	대전, 경북, 충북, 충남, 전남, 제주	4지선다
C	70	70	경기, 부산, 경남	5지선다

특징
① NCS 기반의 필기시험이나 이전의 유형인 NHAT의 영향이 남아있어 타 기업들과는 다른 독자적인 형태를 많이 유지하고 있었으나, 작년도 및 올해 채용에서는 최근 많은 기업들의 필기시험 트렌드인 PSAT과 NCS모듈형을 상당히 반영하고 있는 모습을 보였다.
② 농업 및 농가를 소재로 삼은 문제가 많이 출제되며 농협에 관련한 상식 문제가 조금씩 출제되기도 한다.
③ 지역과 시기마다 출제되는 형태가 다르며, 어떻게 출제할 것인가에 대해서 사전에 알려주지 않는다. 따라서 어떠한 형태로 출제가 되더라도 당황하지 않고 대응할 수 있어야 한다.

STEP 03

농협 소개

농협 CI

농협의 CI

심볼마크

[V]꼴은 [농]자의 [ㄴ]을 변형한 것으로 싹과 벼를 의미하여 농협의 무한한 발전을, [V]꼴을 제외한 아랫부분은 [업]자의 [ㅇ]을 변형한 것으로 원만과 돈을 의미하며 협동 단결을 상징한다.
또한, 마크 전체는 [협]자의 [ㅎ]을 변형한 것으로 [ㄴ+ㅎ]은 농협을 나타내고 항아리에 쌀이 가득 담겨 있는 형상을 표시하여 농가 경제의 융성한 발전을 상징한다.

NH(커뮤니케이션 브랜드)

NH는 고객과의 커뮤니케이션을 위해 농협의 이름과는 별도로 사용되는 영문브랜드로 미래지향적이고 글로벌한 농협의 이미지를 표현하고 있다. 농협의 영문자(Nong Hyup)의 머리글자이면서 Nature&Human, New Hope, New Happiness 등 자연과 인간의 조화, 새로운 희망과 행복을 상징적으로 표현한 로고이다.

- **New Happiness**
- **Nature & Human**
- **New Hope**

Nature Green — "순수한 자연을 세상에 널리 전하는 농협의 건강한 이미지를 표현"
농협 전통의 친근하고 깨끗한 이미지를 계승

Human Blue — "농협의 앞서나가는 젊은 에너지와 전문적인 이미지를 표현"
젊은 농협의 현대적이고 세련된 새로운 이미지를 창조

Heart Yellow — "풍요로운 생활의 중심, 근원이 되는 농협의 이미지를 계승"

농협의 인재상

행복의 파트너
프로다운 서비스 정신을 바탕으로 농업인과 고객을 가족처럼 여기고 최상의 행복 가치를 위해 최선을 다하는 인재

시너지 창출가
항상 열린 마음으로 계통 간, 구성원 간에 상호 존경과 협력을 다하여 조직 전체의 성과가 극대화될 수 있도록 시너지 제고를 위해 노력하는 인재

정직과 도덕성을 갖춘 인재
매사에 혁신적인 자세로 모든 업무를 투명하고 정직하게 처리하여 농업인과 고객, 임직원 등 모든 이해관계자로부터 믿음과 신뢰를 받는 인재

최고의 전문가
꾸준한 자기계발을 통해 자아를 성장시키고, 유통·금융 등 맡은 분야에서 최고의 전문가가 되기 위해 지속적으로 노력하는 인재

진취적 도전가
미래지향적 도전의식과 창의성을 바탕으로 새로운 사업과 성장동력을 찾기 위해 끊임없이 변화와 혁신을 추구하는 역동적이고 열정적인 인재

비전 2030 엠블럼

농협의 초성 ㄴ, ㅎ | ㄴ과 ㅎ으로 만든 수레

의 미

ㄴ과 ㅎ이 결합하여 '농'의 완성
농업농촌의 새롭고 당당한 미래상의 중심에 「새로운 대한민국 농협」이 있음을 부각

변화와 혁신을 담은 수레
새 수레에 변화와 혁신의 황금빛 불꽃을 담아 희망농업, 행복농촌을 만들겠다는 의미

농협의 미션

농업인의 경제적·사회적·문화적 지위를 향상시키고, 농업의 경쟁력 강화를 통하여 농업인의 삶의 질을 높이며, 국민경제의 균형 있는 발전에 이바지함. (농협법 제1조)

농협의 비전 2030

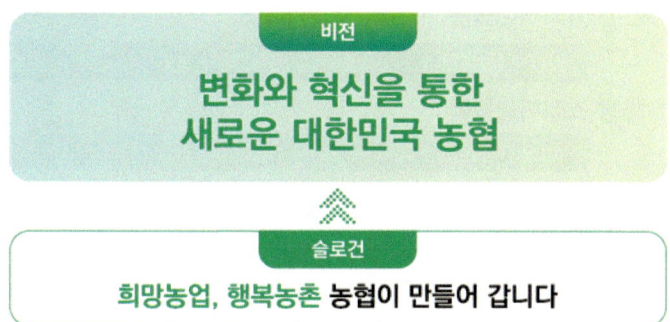

농협의 핵심가치

- 국민에게 사랑받는 농협
- 농업인을 위한 농협
- 지역농축협과 함께 하는 농협
- 경쟁력있는 글로벌 농협

농협의 혁신전략

1. 농업인·국민과 함께 「농사같이 (農四價値))운동」전개
2. 중앙회 지배구조 혁신과 지원체계 고도화로 「농축협중심」의 농협구현
3. 디지털 기반「생산유통혁신」으로 미래 농산업 선도, 농업소득 향상
4. 「금융부문 혁신」과 「디지털 경쟁력」을 통해 농축협 성장 지원
5. 「미래경영」과 「조직문화 혁신」을 통해 새로운 농협으로 도약

차 례

제1편 직업기초능력평가

제1장 의사소통능력
- Part 01 핵심이론 ▶ 4
- Part 02 기출문제 ▶ 45
- Part 03 예상문제 ▶ 54

제2장 수리능력
- Part 01 핵심이론 ▶ 114
- Part 02 기출문제 ▶ 145
- Part 03 예상문제 ▶ 164

제3장 문제해결능력
- Part 01 핵심이론 ▶ 244
- Part 02 기출문제 ▶ 266
- Part 03 예상문제 ▶ 276

제4장 자원관리능력
- Part 01 핵심이론 ▶ 318
- Part 02 기출문제 ▶ 330
- Part 03 예상문제 ▶ 339

제5장 조직이해능력
- Part 01 핵심이론 ▶ 370
- Part 02 기출문제 ▶ 403
- Part 03 예상문제 ▶ 411

제2편 인적성평가

제1장 인적성평가의 개요 ··· 435
제2장 인적성평가 예시문항 ··· 445

제3편 NCS 기반 서류·면접전형

제1장 서류전형 ··· 465
제2장 면접전형 ··· 472

[부록] 실전 모의고사

제1회 실전 모의고사 ··· 501
제2회 실전 모의고사 ··· 540
제1회 정답 및 해설 ··· 571
제2회 정답 및 해설 ··· 578

OMR 모의 답안지

제1편
NCS 직업기초능력평가

제1장 의사소통능력
제2장 수리능력
제3장 문제해결능력
제4장 자원관리능력
제5장 조직이해능력

제1장

의사소통능력

PART 01 핵심이론
PART 02 기출문제
PART 03 예상문제

PART 01 » 핵심이론

01 의사소통능력

1 의사소통능력이란?

(1) 의사소통은 정보, 감정, 사상, 의견 등을 전달하고 받아들이는 과정이며 의사소통능력이란 상호 간 전달하고자 하는 의미를 정확하게 전달할 수 있는 능력이다.

(2) 조직 내에서의 의사소통능력의 목적
① 원활한 의사소통을 통한 생산성 향상
② 조직 내 구성원의 사기 진작
③ 조직 생활을 위해 필요한 정보 전달
④ 구성원 간 의견 차이 발생 시 설득의 도구

(3) 의사소통능력을 저해하는 요소
① 일방적으로 말하고 일방적으로 듣기 : 상호작용 부족
② 분명하지 않은 메시지 : 복잡하거나 경쟁적인 표현으로 모순 발생
③ 안주하는 마음 : 말하지 않아도 알 것이라는 선입견

(4) 의사소통능력의 종류
① 문서를 통한 의사소통능력 : 문서이해능력 + 문서작성능력
② 언어적 의사소통능력 : 경청능력 + 의사표현능력
③ 기초외국어 능력

2 문서이해능력

(1) **문서이해능력** : 다양한 문서에서 핵심 내용을 이해하고, 정보를 파악하는 읽기 능력

(2) 문서의 종류
① 공문서 : 행정기관이 공무를 위해 작성하는 문서로 엄격한 규격과 양식, 결재권자의 결재가 필요
② 기획서 : 아이디어를 바탕으로 만든 프로젝트를 실행하도록 상대방에게 설득하는 문서
③ 기안서 : 사내 업무에 대한 협조, 의견을 전달
④ 보고서 : 일의 현황이나 진행 등을 보고하는 문서

⑤ 설명서 : 상품의 특성이나 작동 방법 등을 소비자에게 설명
⑥ 보도자료 : 정부 기관, 기업 등이 언론에 보내어 기사에 쓰이도록 하는 자료
⑦ 자기소개서 : 개인의 성장과정, 입사 동기 등을 기술하여 스스로를 소개
⑧ 비즈니스 메모 : 업무상 필요한 일이나 체크할 사항을 메모 형식으로 작성

(3) **문서이해능력의 절차** : 문서의 목적 이해하기 → 문서가 작성된 배경 및 주제 파악하기 → 문서가 제시하고 있는 현안 파악하기 → 현안 해결을 위해 취해야 할 행동 결정하기 → 상대방의 의도를 표나 그림으로 정리하기

3 문서작성능력

(1) **문서의 구성요소**
① 문서의 성격에 맞는 짜임새
② 논리적이고 체계적인 내용
③ 파악하기 쉬운 구조
④ 의미가 명확하고 설득력 있는 문장
⑤ 내용에 적합한 레이아웃

(2) **문서의 종류에 따른 작성법**
① 공문서
  ㉠ 육하원칙을 뚜렷하게 드러낸다.
  ㉡ 날짜는 연도, 월, 일을 정확하게 표시한다.
  ㉢ 대외문서이므로 내용이 구체적이고 정확해야 한다.
② 기획서
  ㉠ 기획의 의도와 목적을 명확하게 드러낸다.
  ㉡ 한눈에 들어오는 구성을 선택한다.
  ㉢ 표나 그래프를 활용하는 경우 결과가 정확하게 도출되었는지 확인한다.
  ㉣ 기획 내용에 적합하고 인상적인 레이아웃을 선택한다.
  ㉤ 인용한 자료의 출처를 확인한다.
③ 보고서
  ㉠ 업무의 진행 상황이나 결과를 핵심적으로 드러낸다.
  ㉡ 내용이 한눈에 파악되도록 짜임새 있는 구성을 갖춘다.
  ㉢ 내용이 복잡한 경우에는 표나 그래프로 정리한다.

(3) **문장 구성 시 주의사항**
① 간단한 표제를 붙일 것
② 주요 내용부터 쓸 것
③ 짧고 간결하게 쓸 것
④ 불필요한 한자 사용은 배제할 것
⑤ 긍정문으로 작성할 것

확인문제

다음 글에서 설명하는 소프트웨어 개발 방식이 적용된 사례를 〈보기〉에서 모두 고르면?

> 자동차를 설계하거나 수리할 때 최하부 단위(예를 들면 나사, 도선, 코일 등)의 수준에서 할 수도 있지만, 그렇게 하면 일이 매우 복잡해지고 제작이나 수리도 어려워진다. 차 내부를 열어 보아도 어디서부터 어디까지가 시동장치인지 변속장치인지 알 수가 없게 온통 나사, 도선, 코일 등으로 가득 찬 경우를 상상해 보라.
>   실제로 차 내부를 열어 보면 변속기, 시동장치, 냉각기 등으로 확실하게 구분된 것을 볼 수 있다. 이렇게 구분해 주면 시동장치나 냉각기만을 전문으로 제작하는 회사가 생길 수 있고, 차의 고장 진단이나 유지 보수도 훨씬 쉬워질 것이다.
>   이처럼 시동장치, 변속기 등과 같은 것들은 나사, 도선, 코일 등과 같은 최하부에 일반적으로 사용되는 부품들과 달리 특정 목적을 수행할 수 있는 의미 있는 구성단위가 된다. 또한, 이들 구성단위는 다시 모여서 엔진, 제동 시스템과 같은 상위 구성단위의 일부가 될 수도 있다.
>   이러한 개념을 소프트웨어에서도 도입하였다. 즉 전체 소프트웨어를 최하부 단위(AND, OR, Loop 등)로 표현하기보다 상위의 단위로 구성하고 표현하면 설계, 제작, 유지 보수 등이 훨씬 효과적으로 이루어질 수 있다. 멀티미디어의 사용이 증가하고 좀 더 직관적이고 편리한 사용자 인터페이스가 요구됨에 따라 소프트웨어가 갈수록 복잡하고 거대해지고 있다. 따라서 소프트웨어의 제작과 유지 보수 등이 얼마나 효율적인가가 소프트웨어 발전의 중요한 관건이 되고 있다.

─ 보기 ─

㉠ 로봇 소프트웨어를 개발할 때 로봇 모델을 구분하지 않고 사용할 수 있는 프로그래밍 언어를 이용하면 하부 센서와 모터를 제어하는 명령어들을 일일이 나열하게 되므로 프로그램이 길어지고 어려워진다. 차라리 특정 로봇 모델을 줬을 때, 그 모델의 특정 동작에 대응하는 상위 명령어들을 사용하면 복잡한 소프트웨어도 비교적 간단하게 개발할 수 있다.
㉡ 컴퓨터 프로그램의 동작은 어차피 컴퓨터 내의 전기 신호로 바뀌기 때문에 이 전기 신호들을 직접 제어하는 언어를 사용하여 소프트웨어를 개발하는 것이 일상 언어에 가까운 고급 프로그래밍 언어를 사용하는 것보다 유용하다.
㉢ 복잡한 소프트웨어를 개발하려면 상위 구성요소들에 대한 설계를 먼저 하고, 상위의 구조를 하위 구성요소들로 표현하는 방식으로 몇 단계를 거치는 과정이 필수적이다. 그렇지 않으면 작은 소프트웨어는 문제가 없지만, 기업용 소프트웨어와 같이 규모가 큰 소프트웨어의 경우에는 공동 작업이 불가능해진다.
㉣ 멀티미디어 소프트웨어 개발에서는 워낙 그 정보량이 많으므로 정보의 압축이 중요하다. 멀티미디어 정보를 인터넷으로 주고받거나 컴퓨터에 저장할 때 압축하지 않으면 너무 많은 자원이 소모될 것이다. 급속도로 증가하는 멀티미디어 정보의 크기를 고려하면 압축 기술은 결코 부수적인 것이 아니다.

① ㉠, ㉡   ② ㉠, ㉢   ③ ㉡, ㉢
④ ㉡, ㉣   ⑤ ㉢, ㉣

해설 제시문은 최하위 단위가 모여 만들어진 소프트웨어를 여러 상위 단위로 구성하고 표현하여 제작과 유지 보수를 편리하게 한다는 내용이다. 그러므로 특정 로봇 모델의 특정 동작에 대응하는 상위 명령어를 사용한다는 내용의 ㉠과 복잡한 소프트웨어를 개발하기 위해서는 상위 구조에 대한 설계가 반드시 선행되어야 한다는 내용의 ㉢이 정답이 된다.

답 ②

4 경청능력

(1) 경청이란 상대방이 보내는 메시지에 주의를 기울여 이해하는 듣기 능력을 말한다.

(2) 경청의 종류로는 적극적 경청과 소극적 경청이 있다.
   ① 적극적 경청 : 상대방에 이야기에 집중하고 있음을 외적으로 표현
   ② 소극적 경청 : 상대방의 이야기에 특별한 반응을 하지 않고 수동적으로 경청

(3) 경청의 방해요인
   어림짐작하기, 상대방이 말하는 중에 대답할 말 준비하기, 상대방의 메시지 걸러듣기, 상대방을 선입견으로 판단하기, 듣는 중 다른 생각하기, 조언하기, 언쟁하기, 자신이 반드시 옳아야만 하기, 주제 회피하기, 비위 맞추기

(4) 경청능력을 향상하기 위한 효과적인 경청 방법
   ① 주어진 시각 자료가 있으면 미리 읽어 내용을 숙지한다.
   ② 말하는 이의 말과 행동에 주의를 기울여 다음에 무엇을 말할 것인지 예측한다.
   ③ 상대방이 전달하려는 메시지를 나의 경험에 비추어 이해하고 상대방의 경험을 인정하며 더 많은 정보를 요청한다.
   ④ 듣는 도중 주기적으로 대화 내용을 요약하여 메시지를 명료하게 이해하고 정보를 파악한다.
   ⑤ 적극적인 경청 자세를 익힐 수 있도록 개방적인 질문 사항을 작성해 본다.
   ⑥ '왜?'라는 반응은 피한다.

5 의사표현능력

(1) **의사표현능력** : 목적과 상황에 적합한 언어적·비언어적 커뮤니케이션을 통해 정보를 수집하고, 이를 효과적으로 전달하는 능력을 말한다. 어떤 사람이 사용하는 말은 그 사람의 이미지를 결정하기 때문에 마치 그림을 그리듯 언어를 이용하여 이미지를 만들어 내면 좀 더 역동적으로 상대방에게 의사를 전달할 수 있다.

(2) 의사표현의 목적
   ① 말하는 이가 듣는 이의 생각이나 태도를 변화시키기 위해
   ② 말하는 이가 상대방에게 질문을 통하여 자신에게 필요한 정보를 제공받기 위해
   ③ 말하는 이가 듣는 이에게 자신에게 필요한 일을 하도록 요청하기 위해

(3) 의사표현에 영향을 미치는 비언어적 요소
① 연단 공포증 : 청중 앞에서의 긴장은 누구든 경험하는 것으로 적절한 통제가 필요하다.
② 말 : 말의 언어적 내용 외에 장단, 발음, 속도, 쉼 등의 표현이 영향을 미친다.
③ 몸짓 : 몸의 움직임, 표정, 외모 등이 청자에게 인식된다.
④ 유머 : 분위기 전환 등이 필요한 경우 의사표현을 더욱 풍부하게 해준다.

(4) 효과적인 의사표현 방법
① 말하는 이는 자신이 전달하고자 하는 의도나 생각, 감정을 분명하게 인식해야 한다.
② 전달할 내용을 적절하고 명료한 메시지로 변환해야 한다.
③ 메시지의 전달 매체, 경로를 신중하게 결정해야 한다.
④ 메시지에 대한 피드백을 받아야 한다.
⑤ 비언어적 요소를 적극적으로 활용한다.
⑥ 확실한 의사 표현을 위해 메시지를 반복해서 전달한다.

6 기초외국어능력

기초외국어능력은 모국어가 아닌 세계의 언어로 다른 나라 사람들과 의사소통을 하는 능력으로 문서 이해, 문서 작성, 의사 표현, 경청 등을 포함한다. 기초외국어능력은 비단 외국인들과의 업무가 잦은 특정 직업인에게만 필요한 것이 아니다. 컴퓨터 작업에서부터 공장의 기계 사용, 외국산 제품의 사용법 확인까지 외국어로 쓰인 내용을 이해해야 하는 상황이 많으므로 기초적인 외국어 능력이 필수적이다.

제1장 의사소통능력

확인문제

다음은 오늘 일정을 정리한 메모이다. 이를 보고 수행해야 할 것으로 옳은 것은?

- 오전 9시 30분 : 전 직원과 함께 아침 운동 10분 실시
- 아침 운동이 끝나는 대로 김정훈 대리와 함께 고객 휴게실 청소(휴게실 내 커피와 녹차가 떨어졌으니 채워 놓기)
- 어제 오후 거래처의 이제훈 차장이 전화로 계약 조건에 대해 문의 → 상세한 답변을 주기 위해 오늘 오후 12시에 전화하기로 했음
- 통상 1시 반까지 점심시간이나 오늘은 2시까지(점심 먹고 돌아오는 길에 우체국에 들러 소포 부치기)
- 3시 30분~5시 : 외근
- 이제훈 차장이 오전에 전화를 받지 않으면 외근 중이므로 시간이 빌 때 다시 전화하기
- 오후 6시 : 사무실로 돌아와 이보균 대리가 담당하고 있는 금융소비자보호 캠페인의 진행 상황을 파악한 뒤 광고업체에서 작업한 캠페인 포스터 시안 확인

① 전 직원 자리에 커피와 녹차를 준비해 둔다.
② 우체국에 들러 소포를 부친 다음 2시 반까지 사무실에 복귀한다.
③ 이제훈 차장이 전화를 받지 않을 시 내일 오후 12시에 다시 전화한다.
④ 오후 6시에 금융소비자보호 캠페인과 관련하여 업무를 본다.
⑤ 오후에 이제훈 차장에게 계약 조건에 대해 문의한다.

해설 오후 6시 일정을 보면 금융소비자보호 캠페인의 진행 상황을 파악한 뒤 광고업체에서 작업한 캠페인 포스터 시안을 확인해야 하는 것을 알 수 있다.

답 ④

02 동의어 및 유의어

- 가능성(可能性) – 개연성(蓋然性) : 절대적으로 확실하지 않으나 아마 그럴 것이라고 생각되는 성질
- 각축(角逐) – 축록(逐鹿) : 정권이나 지위를 얻으려고 서로 다툼
- 간난(艱難) – 고초(苦楚) : 몹시 힘들고 고생스러움
- 간헐(間歇) – 산발(散發) : 일정한 시간 간격을 두고 되풀이됨
- 갈음 – 대신(代身) : 다른 것으로 바꿔 새로 맡음
- 걸출(傑出) – 한마루 : 남보다 훨씬 뛰어남
- 견지(堅持) – 고수(固守) : 굳게 지킴
- 고사(固辭) – 사양(辭讓) : 받지 않거나 응하지 않음
- 광정(匡正) – 확정(廓正) : 잘못된 일이나 부정 등을 바로잡음
- 구천(九泉) – 황천(黃泉) : 저승 세계
- 귀감(龜鑑) – 사표(師表) : 본받을 만한 것 혹은 인물
- 극명(克明) – 천명(闡明) : 주장을 똑똑히 밝힘
- 긍휼(矜恤) – 연민(憐憫) : 불쌍히 여김
- 나타(懶惰) – 나태(懶怠), 태만(怠慢) : 느리고 게으름
- 남상(濫觴) – 기원(起源) : 사물의 처음이나 기원
- 낭설(浪說) – 표설(漂說) : 터무니없는 헛소문
- 당착(撞着) – 모순(矛盾) : 어떤 행동이나 이치가 서로 맞지 않음
- 독단(獨斷) – 전단(專斷), 천단(擅斷) : 제 마음대로 처단함
- 두호(斗護) – 비호(庇護) : 두둔하고 편들어 보호함
- 모두(冒頭) – 허두(虛頭), 서두(序頭) : 첫 부분
- 반역(反逆) – 난역(亂逆), 모반(謀反) : 나라와 겨레를 배반함
- 발호(跋扈) – 육량(陸梁) : 제멋대로 날뜀
- 백중(伯仲) – 호각(互角) : 우열을 가릴 수 없을 정도로 실력이 비슷함

- 색독(色讀) – 통독(通讀) : 글자가 표현하는 뜻만을 이해하며 읽음
- 수유(須臾) – 순간(瞬間), 찰나(刹那), 편각(片刻) : 잠시, 짧은 시간
- 알력(軋轢) – 불화(不和), 규각(圭角) : 서로 사이가 벌어져 다투는 일
- 애모(愛慕) – 흠모(欽慕), 염모(艶慕), 흠애(欽愛) : 사랑하며 그리워함
- 연혁(沿革) – 변천(變遷) : 변천되어 온 내력, 지나온 경과
- 영고(榮枯) – 성쇠(盛衰), 영락(榮落), 융체(隆替) : 번성함과 쇠퇴함
- 원용(援用) – 인용(引用) : 자신의 글에 남의 말이나 글을 끌어다 씀
- 오유(烏有) – 인멸(湮滅) : 흔적도 없이 사라짐
- 적시(摘示) – 지적(指摘) : 꼭 집어서 가리킴
- 정수(精粹) – 정화(精華), 진수(眞髓) : 불순물이 섞이지 아니하여 깨끗하고 순수함
- 좌천(左遷) – 강등(降等) : 지위나 계급이 낮아짐
- 질곡(桎梏) – 구속(拘束), 속박(束縛), 결박(結縛) : 행동을 자유롭지 못하게 제한함
- 청렴(淸廉) – 염결(廉潔) : 성품과 행실이 높고 맑으며, 탐욕이 없음
- 추량(推量) – 추측(推測) : 미루어 생각하여 헤아림
- 태두(泰斗) – 대가(大家) : 세상 사람들에게 우러러 존경을 받는 사람
- 허송(虛送) – 허도(虛度) : 시간을 헛되이 보냄
- 홍진(紅塵) – 풍진(風塵), 진세(塵世), 사바(娑婆), 인간(人間) : 속세, 세속

03 반의어

가공(架空)	↔ 실재(實在)	가중(加重)	↔ 경감(輕減)	각하(却下)	↔ 접수(接受)
간헐(間歇)	↔ 면연(綿延)	강림(降臨)	↔ 승천(昇天)	강인(强靭)	↔ 나약(懦弱)
개연(蓋然)	↔ 필연(必然)	개헌(改憲)	↔ 호헌(護憲)	거만(倨慢)	↔ 겸손(謙遜)
거부(拒否)	↔ 승인(承認)	거시(巨視)	↔ 미시(微視)	거절(拒絕)	↔ 승낙(承諾)
건조(乾燥)	↔ 습윤(濕潤)	결핍(缺乏)	↔ 과잉(過剩)	고결(高潔)	↔ 저속(低俗)
고상(高尙)	↔ 저열(低劣)	고아(高雅)	↔ 비속(卑俗)	고의(故意)	↔ 과실(過失)
공명(共鳴)	↔ 반박(反駁)	공유(共有)	↔ 전유(專有)	공평(公平)	↔ 편파(偏頗)
관목(灌木)	↔ 교목(喬木)	관철(貫徹)	↔ 좌절(挫折)	교묘(巧妙)	↔ 졸렬(拙劣)
구체(具體)	↔ 추상(抽象)	근면(勤勉)	↔ 나태(懶怠)	급진(急進)	↔ 점진(漸進)
기수(奇數)	↔ 우수(偶數)	긴밀(緊密)	↔ 소원(疏遠)	긴장(緊張)	↔ 해이(解弛)
길항(拮抗)	↔ 조화(調和)	낙천(樂天)	↔ 염세(厭世)	노련(老鍊)	↔ 미숙(未熟)
농후(濃厚)	↔ 희박(稀薄)	눌변(訥辯)	↔ 능변(能辯)	능멸(凌蔑)	↔ 추앙(推仰)
단축(短縮)	↔ 연장(延長)	당황(唐慌)	↔ 침착(沈着)	둔탁(鈍濁)	↔ 예리(銳利)
명료(明瞭)	↔ 애매(曖昧)	민첩(敏捷)	↔ 지둔(遲鈍)	발랄(潑剌)	↔ 위축(萎縮)
발생(發生)	↔ 소멸(消滅)	방계(傍系)	↔ 직계(直系)	보편(普遍)	↔ 특수(特殊)
본질(本質)	↔ 현상(現象)	부당(不當)	↔ 타당(妥當)	부상(扶桑)	↔ 함지(咸池)
부연(敷衍)	↔ 생략(省略)	부합(符合)	↔ 상치(相馳)	분석(分析)	↔ 종합(綜合)
삭감(削減)	↔ 첨가(添加)	상극(相剋)	↔ 상생(相生)	세련(洗練)	↔ 치졸(稚拙)
소원(疏遠)	↔ 친근(親近)	숙고(熟考)	↔ 무모(無謀)	숙독(熟讀)	↔ 속독(速讀)
앙등(昂騰)	↔ 하락(下落)	엄폐(掩蔽)	↔ 탄로(綻露)	여명(黎明)	↔ 황혼(黃昏)
염서(炎暑)	↔ 혹한(酷寒)	영겁(永劫)	↔ 찰나(刹那)	영전(榮轉)	↔ 좌천(左遷)
영접(迎接)	↔ 전송(餞送)	예민(銳敏)	↔ 우둔(愚鈍)	외연(外延)	↔ 내포(內包)
완화(緩和)	↔ 긴축(緊縮)	우회(迂廻)	↔ 첩경(捷徑)	윤곽(輪廓)	↔ 핵심(核心)
융기(隆起)	↔ 침강(沈降)	은폐(隱蔽)	↔ 폭로(暴露)	이면(裏面)	↔ 표면(表面)
정교(精巧)	↔ 조악(粗惡)	정밀(精密)	↔ 조잡(粗雜)	중용(中庸)	↔ 극단(極端)
진부(陳腐)	↔ 참신(斬新)	진취(進取)	↔ 퇴영(退嬰)	질서(秩序)	↔ 혼돈(混沌)
창조(創造)	↔ 모방(模倣)	폭등(暴騰)	↔ 폭락(暴落)	형식(形式)	↔ 내용(內容)
혹서(酷暑)	↔ 혹한(酷寒)	확대(擴大)	↔ 축소(縮小)	힐난(詰難)	↔ 칭찬(稱讚)

확인문제

01 다음 제시된 단어와 의미가 같거나 비슷한 것은?

> 효시(嚆矢)

① 결미(結尾) ② 낙착(落着)
③ 연원(淵源) ④ 징후(徵候)
⑤ 결론(結論)

해설

효시(嚆矢) : 어떤 사물이나 현상이 시작되어 나온 맨 처음을 비유적으로 이르는 말
③ 연원(淵源) : 사물의 근원
① 결미(結尾) : 글이나 문서 따위의 끝부분
② 낙착(落着) : 문제가 되던 일의 결말이 맺어짐, 또는 문제가 되던 일의 해결을 위하여 결론이 남
④ 징후(徵候) : 겉으로 나타나는 낌새
⑤ 결론(結論) : 말이나 글의 끝을 맺는 부분

답 ③

02 다음 제시된 단어와 의미가 반대인 것은?

> 사치(奢侈)

① 호사(豪奢) ② 검소(儉素)
③ 낭비(浪費) ④ 긴축(緊縮)
⑤ 허비(虛費)

사치(奢侈) : 필요 이상의 돈 또는 물건을 쓰거나 분수에 지나친 생활을 함
② 검소(儉素) : 사치하지 않고 수수함
① 호사(豪奢) : 호화롭게 사치함
③ 낭비(浪費) : 시간이나 재물 따위를 헛되이 헤프게 씀
④ 긴축(緊縮) : 재정의 기초를 다지기 위하여 지출을 줄임
⑤ 허비(虛費) : 헛되이 쓰거나 그렇게 쓰는 비용

답 ②

04 자주 출제되는 주제별 어휘

1 단위를 나타내는 말

- 가마 : 갈모나 쌈지 등의 100개
  - ✤ 갈모 : 비가 올 때 갓 위에 덮어쓰는, 기름에 결은 종이로 만든 물건. 펴면 고깔 비슷하게 위는 뾰족하며 아래는 동그랗게 퍼지고, 접으면 쥘부채처럼 홀쭉해진다.
  - ✤ 쌈지 : 담배 또는 부시 따위를 담는 주머니. 종이, 헝겊, 가죽 따위로 만든다.
- 갈이 : 소 한 마리가 하루에 갈 만한 넓이
- 갓 : 비웃, 굴비 따위의 10마리 혹은 고사리, 고비 따위의 10모숨
  - ✤ 비웃 : 식료품인 생선으로서의 청어
- 강다리 : 쪼갠 장작 100개비
- 거리 : 오이, 가지 등의 50개
- 고리 : 소주 10사발
- 꾸러미 : 달걀 10개를 꾸리어 싼 것
- 닢 : 엽전, 동전, 가마니, 멍석 등의 납작한 물건을 세는 단위
- 담불 : 벼 100섬
- 덩저리 : 뭉쳐서 쌓은 물건의 부피
- 동 : 피륙 50필, 먹 10정, 붓 10자루, 무명과 베 50필, 백지 100권, 조기 1,000마리, 비웃 2,000마리, 생강 10접, 곶감 100접, 볏짚 100단, 땅 100뭇
- 되지기 : 논밭 한 마지기의 10분의 1
- 두름 : 조기, 청어 등의 생선을 10마리씩 두 줄로 묶은 20마리 또는 산나물을 10모숨쯤 묶은 것
- 땀 : 바늘을 한 번 뜬 그 눈
- 마디 : 매듭과 매듭 사이를 나타내는 단위
- 마장 : 주로 5리나 10리가 못 되는 몇 리의 거리를 일컫는 단위
- 마지기 : 논밭 넓이의 단위로 논은 150~300평, 밭은 100평
- 매 : 젓가락 한 쌍
- 모숨 : 모나 푸성귀처럼 길고 가는 것의 한 줌 늑 춤
- 뭇 : 생선 10마리, 미역 10장
- 바리 : 마소에 잔뜩 실은 짐을 세는 단위
- 발 : 두 팔을 잔뜩 벌린 길이
- 버렁 : 물건이 차지한 둘레나 일의 범위
- 벌 : 옷, 그릇 등의 짝을 이룬 한 덩이를 세는 단위
- 볼 : 발, 구두 등의 너비
- 부릇 : 무더기로 놓인 물건의 부피
- 섬 : 한 말의 열 곱절
- 손 : 한 손에 잡을 만한 분량을 세는 단위로 조기나 고등어 따위를 큰 것 하나와 작은 것 하나를 합한 것
- 쌈 : 바늘 24개, 금 100냥쭝
- 우리 : 기와를 세는 단위로 한 우리는 2,000장
- 접 : 과일, 무, 배추, 마늘 등의 100개
- 제 : 탕약 20첩
- 죽 : 옷, 신, 그릇 등의 10개(또는 벌)
- 줌 : 주먹으로 쥘 만한 분량
- 채 : 인삼 100근
- 첩 : 한약을 지어 약봉지에 싼 뭉치를 세는 단위
- 켤레 : 신, 버선, 방망이 등의 둘을 한 벌로 세는 단위
- 쾌 : 북어 20마리, 엽전 10냥
- 타(打) : 물건 12개
- 타래 : 실, 고삐 같은 것을 감아 틀어 놓은 분량의 단위
- 테 : 서려 놓은 실의 묶음을 세는 단위
- 토리 : 실 뭉치를 세는 단위
- 톨 : 밤, 마늘 등의 낱낱의 알을 세는 단위
- 톳 : 김을 묶어 세는 단위로 한 톳은 김 100장
- 판 : 달걀 30개
- 한소끔 : 물 따위가 한 번 끓는 것을 일컫는 말
- 온 : 100 - 백(百)
- 즈믄 : 1,000 - 천(千)
- 거믄, 골 : 10,000 - 만(萬)
- 잘 : 100,000,000 - 억(億)

> 1. '동'은 다양한 수량에서 쓰이므로 확인이 필요하다.
> 2. 수량 단위로 외우는 것이 필요하다.
>   - 2 : 손, 켤레
>   - 12 : 타
>   - 24 : 쌈
>   - 50 : 거리
>   - 2,000 : 우리
>   - 10 : 갓, 고리, 꾸러미, 못, 죽
>   - 20 : 두름, 제, 쾌
>   - 30 : 판
>   - 100 : 가마, 강다리, 담불, 접, 톳

2 나이의 이칭(異稱)

- 유학(幼學) : 10세
- 충년(沖年) : 10세 안팎
- 지학(志學) : 15세(志于學)
- 이팔(二八) : 16세
- 과년(瓜年) : 여자가 혼기에 이른 나이(여자 나이 16세), 벼슬의 임기가 다한 해(남자 나이 64세)
  - ✥ 파과지년(破瓜之年) : 여자 나이 16세, 남자 나이 64세
- 묘령(妙齡), 방년(芳年) : 여자 나이 20세 안팎
- 약관(弱冠), 정년(丁年) : 남자 나이 20세
- 이립(而立) : 30세
- 이모(二毛) : 32세
- 불혹(不惑) : 40세
- 상년(桑年) : 48세
- 지천명(知天命), 반백(半白), 애년(艾年) : 50세
- 망륙(望六) : 51세
- 이순(耳順), 육순(六旬) : 60세
- 회갑(回甲), 화갑(華甲), 환갑(還甲), 환력(還曆), 망칠(望七) : 61세
- 진갑(進甲) : 62세
- 종심(從心), 고희(古稀) : 70세
- 망팔(望八) : 71세
- 희수(喜壽) : 77세, 기쁠 희(喜) 자의 초서체 '희' 자가 七+七과 같은 데서 옴
- 산수(傘壽) : 80세, 우산 산(傘) 자의 속(俗)자인 '산' 자를 나누면 80이 되는 데서 옴
- 망구(望九) : 81세
- 미수(米壽) : 88세, 쌀 미(米) 자가 위아래 八+八이 합쳐진 것처럼 보이는 데서 옴
- 동리(凍梨), 졸수(卒壽) : 90세
- 망백(望百) : 91세
- 백수(白壽) : 99세, 백(百)에서 일(一)을 빼면 획이 하나 모자라는 흰 백(白)을 99로 봄
- 하수(下壽) : 장수(長壽)를 상중하로 나눌 때, 가장 아래인 예순 살이나 그 이하의 나이
- 중수(中壽) : 여든 살이나 일흔 살 또는 그 나이가 된 노인, 장수(長壽)의 세 단계 중 중간에 해당하는 나이
- 상수(上壽) : 백 살 이상의 나이 또는 그런 노인
- 다수(茶壽) : 108세

> **확인문제**
>
> 다음 단어의 관계에 따라 빈칸에 들어갈 알맞은 것은?
>
> | 바늘 한 쌈 + 불혹(不惑) = 북어 한 쾌 + 이순(耳順) − (　　) |
>
> ① 약관(弱冠)　　　② 이립(而立)　　　③ 지학(志學)
> ④ 파과(破瓜)　　　⑤ 불혹(不惑)
>
> **해설** 바늘 한 쌈(24) + 불혹(40) = 북어 한 쾌(20) + 이순(60) − 파과(16)
> ④ 파과(破瓜) : 여자의 나이 16세를 이르는 말, 남자의 나이 64세를 이르는 말 = 파과지년(破瓜之年)
> ① 약관(弱冠) : 남자가 스무 살에 관례를 한다는 뜻으로, 남자 나이 스무 살 된 때를 이르는 말
> ② 이립(而立) : 서른 살을 달리 이르는 말
> ③ 지학(志學) : 열다섯 살을 달리 이르는 말
> ⑤ 불혹(不惑) : 마흔 살을 달리 이르는 말
>
> **답** ④

3 날씨와 관련된 말

(1) 바람과 관련된 말

① 방향

동풍(東風)	동부새, 샛바람, 춘풍(春風)
서풍(西風)	가수알바람, 갈바람, 하늬바람(天風), 하늬바람, 추풍(秋風)
남풍(南風)	마파람, 앞바람, 하풍(夏風)
북풍(北風)	높바람, 댑바람, 된바람, 덴바람, 뒤울이, 뒷바람, 동풍(冬風)
남서풍(南西風)	갈마바람
남동풍(南東風)	된마파람, 된마, 든바람, 샛마파람
북동풍(北東風)	높새바람, 된새바람
북서풍(北西風)	높하늬바람

② 내용

건들바람	초가을에 선들선들 부는 바람
고추바람	몹시 찬 바람
살바람	좁은 틈새로 들어오는 바람, 황소바람
색바람	초가을에 선선히 부는 바람
소소리바람	초봄에 제법 차갑게 부는, 살 속으로 기어드는 차고 음산한 바람
왜바람	일정한 방향 없이 이리저리 부는 바람
피죽바람	모내기철에 아침에는 동풍이 불고, 저녁에는 서북풍이 부는 상태

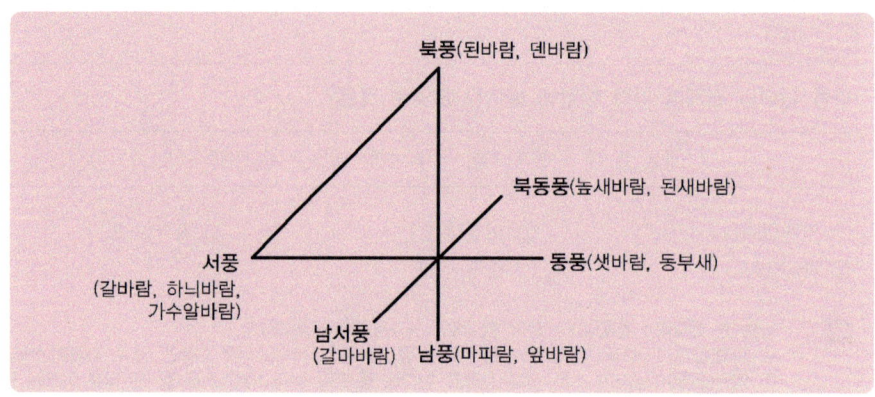

✚ 차가운 바람 : 고추바람, 살바람, 소소리바람, 황소바람

(2) 비와 관련된 말

- 개부심 : 장마에 큰물이 난 뒤, 한동안 쉬었다가 몰아서 내리는 비
- 건들장마 : 초가을에 비가 쏟아지다가 번쩍 개고 또 오다가 다시 개는 장마
- 그믐치 : 음력 그믐에 내리는 비나 눈
- 는개 : 안개보다는 조금 굵고 이슬비보다는 가는 비
- 먼지잼 : 비가 겨우 먼지나 날리지 않을 정도로 오는 것
- 목비 : 모낼 무렵에 한목 오는 비
- 발비 : 빗방울의 발이 보이도록 굵게 내리는 비
- 여우비 : 볕이 난 날 잠깐 뿌리는 비
- 웃비 : (날이 아주 갠 것이 아니라) 한창 내리다가 잠시 그친 비
- 작달비 : 굵직하고 거세게 퍼붓는 비

(3) 눈과 관련된 말

- 길눈 : 한 길이나 될 만큼 많이 쌓인 눈
- 누리 : 싸락눈보다 크고 단단한 덩이로 내리는 눈, 우박
- 마른눈 : 비가 섞이지 않고 내리는 눈
- 숫눈 : 쌓인 그대로 있는 눈
- 자국눈 : 겨우 발자국이 날 정도로 적게 내린 눈

(4) 안개·서리와 관련된 말

- 된서리 : 늦가을에 아주 되게 내린 서리
- 무서리 : 그 해의 가을 들어 처음 내리는 묽은 서리
- 물안개 : 비 오듯이 많이 끼는 안개
- 상고대 : 나무나 풀에 눈같이 내린 서리
- 서리꽃 : 유리창 따위에 엉긴 수증기가 얼어붙어 꽃처럼 무늬를 이룬 것
- 해미 : 바다 위에 낀 매우 짙은 안개

4 시간과 관련된 말

(1) 십이간지(十二干支)

① 십간(十干)

> 甲(갑) 乙(을) 丙(병) 丁(정) 戊(무) 己(기) 庚(경) 辛(신) 壬(임) 癸(계)

② 십이지(十二支)

12지	子(자)	丑(축)	寅(인)	卯(묘)	辰(진)	巳(사)	午(오)	未(미)	申(신)	酉(유)	戌(술)	亥(해)
동물	쥐	소	호랑이	토끼	용	뱀	말	양	원숭이	닭	개	돼지
시각	23~1	1~3	3~5	5~7	7~9	9~11	11~13	13~15	15~17	17~19	19~21	21~23

(2) 하루의 시간

- 새벽 : 갓밝이, 달구리, 닭울녘
- 아침 : 동트기, 아침나절
- 한낮 : 낮때, 낮참, 낮곁
- 저녁 : 해넘이, 해름(해거름), 어스름, 땅거미
- 밤 : 온밤

(3) 날 짜

- 朔(삭)
  - 음력으로 매달 초하룻날 ♣ 朔日(삭일)
  - '개월'의 예스러운 말 ♣ 二朔(이삭) : 2개월
- 旬(순) : 열흘   ♣ 三月(삼월) 初旬(초순)
- 望(망) : 보름
  - ♣ 朔望(삭망) : 음력 초하루와 보름, 旣望(기망) : 음력 열엿새
- 念(념) : 스무날
- 晦(회) : 그믐

(4) 음력 달 이름

- 1월 : 맹춘(孟春), 초춘(初春), 인월(寅月), 정월(正月)
- 2월 : 중춘(仲春), 정춘(正春), 묘월(卯月)
- 3월 : 계춘(季春), 만춘(晩春), 진월(辰月)
- 4월 : 맹하(孟夏), 초하(初夏), 사월(巳月)
- 5월 : 중하(仲夏), 정하(正夏), 오월(午月)
- 6월 : 계하(季夏), 만하(晩夏), 미월(未月)
- 7월 : 맹추(孟秋), 초추(初秋), 신월(申月)
- 8월 : 중추(仲秋), 정추(正秋), 유월(酉月)
- 9월 : 계추(季秋), 만추(晩秋), 술월(戌月)
- 10월 : 맹동(孟冬), 초동(初冬), 해월(亥月)
- 11월 : 중동(仲冬), 정동(正冬), 자월(子月), 동짓달
- 12월 : 계동(季冬), 만동(晩冬), 축월(丑月), 섣달

(5) 24절기

절기(節氣)란 태양의 황도상(黃道上)의 위치에 따라 1년을 24개로 나누어 정한 때를 말한다.

절기	일자	내용	주요 세시 풍속
입춘(立春)	2월 4일 또는 5일	봄의 시작	설빔, 차례, 성묘, 세배, 복조리, 횡수막이, 쥐불놀이, 토정비결 보기, 널뛰기, 윷놀이, 연날리기, 오곡밥 먹기, 달불이, 안택고사, 부럼 깨기, 귀밝이술, 더위팔기, 용알 뜨기, 개보름쇠기, 줄다리기, 석전, 답교, 볏가릿대 세우기
우수(雨水)	2월 18일 또는 19일	봄비 내리고 싹이 틈	
경칩(驚蟄)	3월 5일 또는 6일	개구리가 겨울잠에서 깨어남	영등할머니, 볏가리대 허물기, 머슴날, 콩볶기, 좀생이 보기
춘분(春分)	3월 20일 또는 21일	낮이 길어지기 시작	
청명(淸明)	4월 4일 또는 5일	봄 농사 준비	한식 묘제, 삼짇날, 화전놀이, 장담그기
곡우(穀雨)	4월 20일 또는 21일	농사비가 내림	
입하(立夏)	5월 5일 또는 6일	여름의 시작	초파일, 연등, 등띄우기, 줄불놀이
소만(小滿)	5월 21일 또는 22일	본격적인 농사 시작	
망종(芒種)	6월 5일 또는 6일	씨 뿌리기 시작	산맥이, 단오, 단오부채, 쑥호랑이, 천중부적, 단오지창, 창포, 그네뛰기, 씨름, 봉숭아 물들이기
하지(夏至)	6월 21일 또는 22일	낮이 연중 가장 긴 시기	
소서(小暑)	7월 7일 또는 8일	더위의 시작	유도천신, 삼복, 천렵
대서(大暑)	7월 22일 또는 23일	더위가 가장 심함	
입추(立秋)	8월 7일 또는 8일	가을의 시작	칠석고사, 백중날, 백중놀이, 호미씻이, 우란분재, 두레길쌈
처서(處暑)	8월 23일 또는 24일	더위가 식고 일교차 큼	
백로(白露)	9월 7일 또는 8일	이슬이 내리기 시작	벌초, 추석차례, 거북놀이, 소맥이 놀이, 강강술래
추분(秋分)	9월 23일 또는 24일	밤이 길어지기 시작	
한로(寒露)	10월 8일 또는 9일	찬이슬 내림	중양절, 중양제사
상강(霜降)	10월 23일 또는 24일	서리가 내리기 시작	
입동(立冬)	11월 7일 또는 8일	겨울의 시작	말날, 시세, 성주고사
소설(小雪)	11월 22일 또는 23일	얼음이 얼기 시작	
대설(大雪)	12월 7일 또는 8일	겨울 큰 눈이 옴	동지, 동지고사, 동지차례
동지(冬至)	12월 21일 또는 22일	밤이 가장 긴 시기	
소한(小寒)	1월 5일 또는 6일	가장 추운 때	납일, 제석, 묵은세배, 나례, 수세
대한(大寒)	1월 20일 또는 21일	겨울 큰 추위	

5 가족의 호칭

(1) 직계 가족의 호칭

구 분	본 인		타 인	
	산 사람	죽은 사람	산 사람	죽은 사람
할아버지	祖父(조부) 王父(왕부)	先考祖(선고조)	尊祖父丈(존조부장)	先祖父丈(선조부장)
할머니	祖母(조모) 王母(왕모)	先祖母(선조모) 先王母(선왕모)	尊王大夫人(존왕대부인)	先祖妣(선조비)
아버지	家親(가친) 嚴親(엄친) 父主(부주)	先親(선친) 先考(선고)	椿府丈(춘부장) 春堂(춘당)	椿丈(춘장) 令尊(영존)	先大人(선대인) 先考丈(선고장) 先丈(선장)
어머니	慈親(자친) 母主(모주) 家慈(가자)	先妣(선비) 先慈(선자)	慈堂(자당) 北堂(북당) 母夫人(모부인)	萱堂(훤당) 母堂(모당) 大夫人(대부인)	先大夫人(선대부인) 先夫人(선부인)
아 들	家兒(가아) 家豚(가돈) 豚兒(돈아)		令息(영식) 令郞(영랑)	令胤(영윤)	
딸	女息(여식)		令孃(영양) 令嬌(영교)	令愛(영애) 令媛(영원)	

✤ 돌아가신 분은 앞에 '先(선)'이 붙는다.
✤ '親(친)'은 자신의 부모를 뜻하고, '堂(당)'은 남의 부모를 뜻한다.

(2) 기타 주요 호칭

- 계씨(季氏), 제씨(弟氏) : 남의 아우를 높여 일컫는 말
- 당숙(堂叔), 종숙(從叔) : 아버지의 사촌
- 대고모(大姑母) : 아버지의 고모
- 백모(伯母) : 큰어머니
- 백부(伯父) : 큰아버지
- 백씨(伯氏) : 남의 맏형을 높여 일컫는 말
- 빙부(聘父), 악공(岳公), 악옹(岳翁), 악장(岳丈), 장인(丈人) : 아내의 아버지
- 사백(舍伯) : 남에게 자기의 맏형을 겸손하게 이르는 말
- 생질(甥姪) : 누이의 아들
- 숙모(叔母) : 작은어머니
- 숙부(叔父) : 작은아버지
- 영부인(令夫人), 부인(夫人) : 남의 아내를 높여 일컫는 말
- 완장(阮丈) : 남의 삼촌을 지칭
- 질녀(姪女) : 누이의 딸
- 질부(姪婦) : 조카며느리
- 함씨(咸氏) : 남의 조카를 높여 일컫는 말

6 신체 관련 관용적 표현

- 가슴을 앓다 : 마음의 고통을 느끼다.
- 가슴을 헤쳐 놓다 : 마음속의 생각을 모두 털어 놓다.
- 가슴이 넓다 : 이해심이 많다.
- 가슴이 뜨끔하다 : 양심의 가책을 받다.
- 가슴이 미어지다 : 매우 슬프다.
- 간이 뒤집히다 : 이유 없이 웃는 것을 나무라는 말
- 간이 붓다 : 겁이 없다.
- 간이 크다 : 매우 대담하다.
- 귀 밖으로 듣다 : 건성으로 듣다. 듣고도 못 들은 체하다.
- 귀가 따갑다 : 너무 많이 들어서 듣기가 싫다.
- 귀가 뚫리다 : 말을 알아듣게 되다.
- 귀가 솔깃하다 : 들리는 소리에 마음이 쏠리다.
- 귀가 여리다 : 남의 말을 잘 믿다.
- 귀가 절벽이다 : 소리를 알아듣지 못하다.
- 귀가 질기다 : 남의 말을 잘 이해 못 하다.
- 귀를 의심하다 : 들은 것을 믿을 수 없다.
- 눈앞이 캄캄하다 : 앞이 막막하다.
- 눈에 나다 : 눈 밖에 나다. 신임을 잃다.
- 눈에 밟히다 : 자꾸 눈에 떠오르다.
- 눈에 선하다 : 기억에 생생하다.
- 눈에 쌍심지를 켜다 : 몹시 화가 나서 두 눈을 부릅뜨다.
- 눈에 이슬이 맺히다 : 눈물을 흘리다.
- 눈에 익다 : 익숙하다.
- 눈에 헛거미가 잡히다 : 배가 몹시 고프다. 욕심에 눈이 어두워 사물을 제대로 보지 못 하다.
- 눈에 흙이 들어가다 : 죽어서 땅에 묻히다.
- 눈을 끌다 : 관심이 생기게 하다.
- 눈을 붙이다 : 잠을 자다.
- 눈이 높다 : 고르는 기준이 깐깐하다. 안목이 높다.
- 눈이 맞다 : 서로 반했다.
- 눈이 시퍼렇게 살아 있다 : 멀쩡히 살아 있다.
- 눈이 어둡다 : 글을 읽지 못한다.
- 눈이 트이다 : 사물을 판단할 줄 알게 되다.
- 눈코 뜰 새 없다 : 너무 바쁘다.
- 다랑귀를 뛰다 : 몹시 조르다.
- 머리가 가볍다 : 기분이 상쾌하다.
- 머리가 굳다 : 생각이나 사고방식이 완고하다.
- 머리가 젖다 : 사상에 물들다.
- 머리가 크다 : 성인이 되다. 어른처럼 생각하게 되다.
- 머리를 굴리다 : 머리를 써서 생각하다.
- 머리를 모으다 : 여러 사람의 의견을 종합하다. 중요한 이야기를 하려고 가깝게 모이다.
- 머리를 싸매다 : 힘껏 노력하다.
- 머리를 짓누르다 : 정신적으로 강한 자극이 오다.
- 머리에 피도 안 마르다 : 나이가 어리다.
- 목에 힘을 주다 : 거드름을 피우다. 남을 얕잡아 보는 듯한 태도를 보이다.
- 목이 빠지다 : 매우 안타깝게 기다리다.
- 발 벗고 나서다 : 적극적으로 나서다.
- 발 뻗고 자다 : 마음 놓고 편히 자다.
- 발에 차이다 : 여기저기 흔하게 널려 있다.
- 발을 구르다 : 매우 다급해하다.
- 발을 끊다 : 관계를 끊다.
- 발을 벗다 : 신은 것을 벗다.
- 발이 넓다 : 아는 사람이 많아 활동 범위가 넓다.
- 발이 뜨다 : 이따금씩 다니다.
- 발이 묶이다 : 몸을 움직일 수 없다.
- 발이 잦다 : 어떤 곳에 자주 들락거리다.
- 발이 저리다 : 마음이 편하지 않다.
- 발이 짧다 : 남들이 다 먹은 후에 나타나다.
- 배가 아프다 : 다른 사람이 잘되어 질투나다.
- 배가 등에 붙다 : 몹시 허기지다.

- 손에 땀을 쥐다 : 매우 긴장되다.
- 손에 잡힐 듯하다 : 매우 가깝게 보이다.
- 손을 끊다 : 거래, 교제 등을 중단하다.
- 손을 나누다 : 여럿이 일을 나누어 하다.
- 손을 넘기다 : 시기를 놓치다.
- 손을 떼다 : 하던 일을 그만두다.
- 손을 보다 : 혼내 주다.
- 손을 뻗치다 : 어떤 것에 영향을 주다. 하지 않던 일까지 활동 범위를 넓히다.
- 손을 적시다 : 어떤 일에 참여하다. 나쁜 일에 발 들여놓다.
- 손이 나다 : 바쁜 와중에 여유가 생기다.
- 손이 놀다 : 일이 없어 쉬고 있다.
- 손이 떨어지다 : 일이 끝나다.
- 손이 뜨다 : 동작이 굼뜨다.
- 손이 맵다 : 손힘이 세다. 매우 야무지다.
- 손이 비다 : 수중에 돈이 없다. 할 일이 없어 아무 일도 안 하고 있다.
- 손이 싸다 : 손이 빠르다.
- 손이 작다 : 씀씀이가 깐깐하고 작다.
- 손이 크다 : 씀씀이가 크다.
- 얼굴이 두껍다 : 염치가 없다.
- 엉덩이가 구리다 : 무엇인가 꺼림칙하다.
- 엉덩이가 근질근질하다 : 한 군데 가만히 앉아 있지를 못하다.
- 엉덩이가 무겁다 : 자리를 잡으면 좀처럼 일어나지 않는다.
- 엉덩이를 붙이다 : 자리를 잡고 앉다.
- 입 밖에 내다 : 생각을 말로 드러내다.
- 입에 거미줄 치다 : 매우 가난하여 오랫동안 굶다.
- 입에 발리다 : 아부하다.
- 입에 침 바른 소리 : 겉만 그럴듯하게 꾸며 듣기 좋게 하는 말
- 입에서 신물이 난다 : 지긋지긋하다.
- 입이 뜨다 : 말수가 적다.
- 입이 무겁다 : 말이 적거나 비밀을 잘 지킨다.
- 입이 천 근 같다 : 입이 매우 무겁다.
- 코가 꿰이다 : 약점 잡히다.
- 코가 납작해지다 : 기가 죽다.
- 코가 빠지다 : 근심이 있어 기가 죽다.
- 코가 솟다 : 자랑할 일이 있어 우쭐하다.
- 코를 싸쥐다 : 핀잔으로 얼굴을 들 수 없게 되다.
- 코에 걸다 : 자랑삼아 내세우다.
- 콧대를 꺾다 : 자존심을 무너뜨리다.
- 허파에 바람이 들다 : 실없이 웃어 대다.

05 어휘 간의 관계 파악(언어유추)

(1) 일치관계
① **동일관계**: 내포와 외연이 모두 일치하는 유형 예 문단:단락, 낱말:단어
② **동연관계**: 내포는 다르나 외연이 일치하는 유형 예 서울:한국의 수도

(2) 유의관계: 그 뜻이 서로 비슷한 의미를 지니는 유형 예 묵살(默殺):무시(無視), 유발(誘發):촉발(觸發)

(3) 반의관계: 그 뜻이 서로 정반대되는 의미를 지니는 유형이다. 한 쌍의 말 사이에 서로 공통되는 의미 요소가 있으면서 동시에 서로 다른 한 개의 의미 요소가 있어야 한다. 모순과 반대관계를 포괄한다. 예 남자:여자, 총각:처녀, 위:아래, 작다:크다, 오다:가다

(4) 포함관계(상하관계, 대소관계, 유속관계): 한 개념이 다른 개념의 외연에 완전히 포함되어 그 일부분이 되는 유형 예 꽃:장미, 학생:중학생, 붓:문방사우

(5) 동위관계: 서로 대등한 개념 간의 관계 유형 예 지구:화성, 꽹과리:장구, 소나무:전나무

(6) 모순관계: 두 말의 외연이 완전히 다르며, 그 둘의 외연의 합이 두 말의 상위어의 외연과 같은 관계로 중간항을 가지고 있지 않은 유형 예 살다:죽다, 동물:식물, 여자:남자

(7) 반대관계: 두 말의 외연이 완전히 다르며, 그 둘의 외연의 합이 두 말의 상위어의 외연에 포함되는 관계로 중간항을 가지고 있는 유형 예 흰색:검은색, 크다:작다, 짜다:싱겁다

(8) 인과관계: 두 개념이 원인과 결과의 관계로 성립되는 유형
예 과속:교통사고, 화석에너지:지구온난화, 늦잠:지각, 장마:홍수

(9) 용도관계: 두 단어의 관계에서 하나의 사물이 어떤 목적으로 사용되는지를 확인하는 유형
예 댐:치수, 풀:접착, 장갑:보온

(10) 원료관계: 두 단어의 관계에서 어느 사물을 만들 수 있는 재료나 원료를 파악하는 유형
예 식혜:엿기름, 우유:치즈

(11) 행위관계: 두 단어의 관계에서 어느 대상이 하는 역할을 파악하는 유형
예 변호사:변론, 검사:구형, 의사:진료

(12) 보완관계: 두 개 이상의 재화가 상호 보완하여서 한 용도를 이루어 둘이 동시에 소비될 때 비로소 소비의 만족을 얻을 수 있는 유형 예 총:총알, 실:바늘, 커피:설탕

(13) 교차관계: 두 말의 외연이 일부분 합치되는 유형 예 부모:남성, 학자:교육자

(14) 특징관계: 한 단어가 지시하는 사물의 주된 특징(속성)을 파악하는 유형 예 용기:투사, 추리:탐정

제1장 의사소통능력

⑮ **결핍관계** : 무엇이 부족했을 때 초래되는 결과를 파악하는 유형 예) 희망 : 염세주의자, 노력 : 실패

⑯ **장소관계** : 구성원과 그 구성원이 있는 장소 혹은 집합과의 관계 유형
예) 사서 : 도서관, 연구원 : 실험실

⑰ **정도관계** : 두 낱말이 정도에 따라 구분되는 것으로 지시체의 속성은 같으나 정도의 차이가 있는 유형 예) 망아지 : 말, 올챙이 : 개구리

⑱ **표시관계** : 하나의 개념이 다른 개념의 표시 또는 징후가 되는 유형
예) 눈물 : 슬픔, 웃음 : 기쁨, 상처 : 아픔

⑲ **순서관계** : 두 단어의 개념이 일의 순서, 논리적 관계 등을 나타내는 유형 예) 진찰 : 처방, 임신 : 출산

⑳ **확정관계** : 미확정된 대상의 개념과 확정된 개념의 관계 유형 예) 수험생 : 합격생, 후보자 : 당선자

㉑ **공생관계** : 두 대상이 서로에게 이익을 주며 함께 사는 유형
예) 악어 : 악어새, 나비 : 꽃, 콩과 식물 : 뿌리혹박테리아

㉒ **불가분의 관계** : 두 대상을 나눌 수 없는 유형 예) 동전의 앞면 : 뒷면, 언어의 형식 : 내용

㉓ **생물과 생존의 필수조건관계** : 대상의 생존에 필수불가결한 조건의 제시 유형
예) 물고기 : 물, 인간 : 공기, 지렁이 : 흙

㉔ **목적과 조건관계** : 대상의 목표를 이루기 위한 조건 제시의 유형 예) 합격 : 공부, 건강 : 운동

㉕ **강약관계** : 어느 한 대상이 다른 대상에 비해 정도의 차이를 드러내는 유형 예) 언덕 : 산, 미풍 : 강풍

㉖ **보관관계** : 주어진 대상을 보관할 수 있는 공간 제시 유형 예) 그릇 : 찬장, 사진 : 앨범

㉗ **상징관계** : 대상의 상징적 의미를 제시하는 유형 예) 이슬 : 무상(無常), 코스모스 : 가을, 빨강 : 정열

㉘ **주체와 객체의 관계** : 어떤 행위에 대한 주체와 객체를 파악하는 유형
예) 조종사 : 비행기, 기자 : 취재

㉙ **작가와 작품의 관계** : 작가의 작품을 파악하는 유형
예) 카뮈 : 이방인(異邦人), 헤르만 헤세 : 데미안(Demian)

㉚ **과학자와 연구업적의 관계** : 과학자의 연구 결과물의 내용을 파악하는 유형
예) 뉴턴 : 만유인력의 법칙, 라부아지에 : 질량보존의 법칙, 돌턴 : 배수비례의 법칙

> **확인문제**
>
> 제시된 단어의 관계와 같도록 할 때 빈칸에 들어갈 알맞은 것은?
>
> 부채 : 선풍기 = 인두 : (   )
>
> ① 쇠붙이 ② 손톱깎이 ③ 난로
> ④ 다리미 ⑤ 전기난로
>
> **해설**
> 부채는 손으로 흔들어 바람을 일으키고, 선풍기는 전동기로 돌려 바람을 일으킨다. 인두는 불에 달구어 천의 구김살을 눌러 펴고, 다리미는 전기로 바닥을 달구어 옷의 주름이나 구김을 편다.
>
> 답 ④

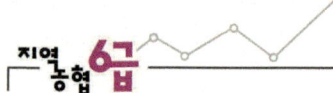

06 한자성어

1 주제별 한자성어

(1) 진정한 친구
- 知音(지음) : 백아(伯牙)와 종자기(鍾子期) 사이의 고사로 (거문고) 소리를 알아듣는다는 뜻에서 유래
- 水魚之交(수어지교) : 고기와 물과의 관계처럼 떨어질 수 없는 특별한 친분
- 莫逆之友(막역지우) : 서로 거역하지 아니하는 친구
- 金蘭之契(금란지계) : 금이나 난초와 같이 귀하고 향기로움을 풍기는 친구 사이의 맺음
- 管鮑之交(관포지교) : 관중과 포숙의 사귐과 같은 친구 사이의 허물없는 교제
- 竹馬故友(죽마고우) : 어릴 때 대나무 말을 타고 놀며 같이 자란 친구
- 刎頸之交(문경지교) : 대신 목을 내주어도 좋을 정도로 친한 친구의 사귐
- 斷金之交(단금지교) : 쇠라도 자를 수 있는 굳고 단단한 사귐
- 金石之交(금석지교) : 쇠나 돌처럼 굳고 변함없는 사귐
- 기타 : 伯牙絕絃(백아절현), 肝膽相照(간담상조)

(2) 세상이 크게 변함
- 桑田碧海(상전벽해) : 뽕나무밭이 푸른 바다가 된다는 뜻으로, 세상일의 변천이 심함을 비유적으로 이르는 말
- 天旋地轉(천선지전) : 세상일이 크게 변함
- 吳越同舟(오월동주) : 원수는 외나무다리에서 만난다. 세상일이 크게 변한다. 아무리 원수지간이라도 위급한 상황에서는 서로 돕지 않을 수 없다.
- 기타 : 滄桑之變(창상지변), 隔世之感(격세지감), 陵谷之變(능곡지변)

(3) 제일 뛰어난 것
- 白眉(백미) : 마씨 오형제 중에서 가장 재주가 뛰어난 맏이 마량의 눈썹이 희었다는 데서 나온 말
- 鐵中錚錚(철중쟁쟁) : 같은 동아리 가운데 가장 뛰어난 사람
- 群鷄一鶴(군계일학) : 닭의 무리 가운데에서 한 마리의 학이란 뜻으로, 많은 사람 가운데서 뛰어난 인물을 일컫는 말
- 囊中之錐(낭중지추) : 주머니 속에 있는 송곳이라는 뜻으로, 아주 빼어난 사람은 숨어 있어도 저절로 남의 눈에 드러남을 일컫는 말

(4) 불가능한 일
- 緣木求魚(연목구어) : 나무에 올라가서 물고기를 구함
- 陸地行船(육지행선) : 뭍으로 배를 저으려 함

- 以卵投石(이란투석) : 달걀로 바위 치기
- 百年河淸(백년하청) : 중국의 황허 강(黃河江)이 늘 흐려 맑을 때가 없다는 뜻으로, 아무리 오랜 시일이 지나도 어떤 일이 이루어지기 어려움을 일컫는 말
- 上山求魚(상산구어) : 산 위에 올라가 물고기를 구함
- 射魚指天(사어지천) : 고기를 잡으려고 하늘을 향해 쏨

(5) 무척 위태로움
- 風前燈火(풍전등화) : 바람 앞에 놓인 등불이라는 뜻으로, 사물이 매우 위태로운 처지에 놓여 있음
- 焦眉之急(초미지급) : 눈썹이 타면 끄지 않을 수 없다는 뜻으로, 매우 다급한 일을 일컫는 말
- 危機一髮(위기일발) : 위급함이 매우 절박한 순간(거의 여유가 없는 위급한 순간)
- 累卵之勢(누란지세) : 새알을 쌓아 놓은 듯한 위태로운 형세
- 百尺竿頭(백척간두) : 백 척 높이의 장대 위에 올라섰다는 뜻으로, 몹시 위태롭고 어려운 지경에 빠짐
- 如履薄氷(여리박빙) : 얇은 얼음을 밟는 것 같다는 뜻으로, 몹시 위험하여 조심함을 이르는 말
- 四面楚歌(사면초가) : 사방에서 적군 초나라 노랫소리가 들려온다는 뜻으로, 사면이 모두 적에게 포위되어 고립된 상태를 이르는 말
- 一觸卽發(일촉즉발) : 조금만 닿아도 곧 폭발할 것 같다는 뜻으로, 막 일이 일어날 듯한 위험한 지경을 이름
- 命在頃刻(명재경각) : 거의 죽게 되어 목숨이 끊어질 지경에 이름
- 存亡之秋(존망지추) : 존속과 멸망 또는 생존과 사망이 결정되는 아주 절박한 경우나 시기
- 進退兩難(진퇴양난) : 이러지도 저러지도 못하는 어려운 처지

(6) 융통성이 없이 무척 고지식함
- 刻舟求劍(각주구검) : 배에 금을 긋고 칼을 찾음
- 膠柱鼓瑟(교주고슬) : 아교로 붙이고 거문고를 탐
- 守株待兎(수주대토) : 한 가지 일에만 얽매여 발전을 모르는 어리석은 사람을 이르는 말
- 尾生之信(미생지신) : 우직하여 융통성이 없이 약속만을 굳게 지킴을 이르는 말로 중국 춘추 시대에 미생(尾生)이라는 자가 다리 밑에서 만나자고 한 여자와의 약속을 지키기 위하여 홍수에도 피하지 않고 기다리다가 마침내 익사하였다는 고사에서 유래

(7) 효 도
- 昏定晨省(혼정신성) : 저녁에는 부모의 잠자리를 정하고 아침에는 부모의 밤새 안부를 물음
- 斑衣之戲(반의지희) : 부모를 위로하려고 색동저고리를 입고 기어가 보임
- 反哺報恩(반포보은) : 자식이 부모가 길러 준 은혜를 갚음
- 風樹之嘆(풍수지탄) : 효도를 다하지 못하고 어버이를 여읜 자식의 슬픔
- 出告反面(출고반면) : 부모님께 나갈 때는 갈 곳을 아뢰고, 들어와서는 얼굴을 보여 드림
- 願乞終養(원걸종양) : 부모가 돌아가시는 날까지 봉양(奉養)하기를 원한다는 뜻으로, 부모에 대한 지극한 효성(孝誠)을 일컫는 말

(8) 겉 다르고 속 다름

- 面從腹背(면종복배) : 면전에서는 따르나 뱃속으로는 배반함
- 勸上搖木(권상요목) : 나무 위에 오르라고 권하고는 오르자마자 아래서 흔들어 댐
- 羊頭狗肉(양두구육) : 겉으로는 그럴듯하게 내세우나 속은 음흉한 딴생각이 있음
- 敬而遠之(경이원지) : 겉으로는 존경하는 체하면서 속으로는 멀리함
- 口蜜腹劍(구밀복검) : 입속으로는 꿀을 담고 뱃속으로는 칼을 지녔다는 뜻으로, 입으로는 친절하나 속으로는 해칠 생각을 품었음을 일컫는 말
- 表裏不同(표리부동) : 겉과 속이 다름
- 外諂內疎(외첨내소) : 겉으로는 아첨하면서 속으로는 해치려 함
- 笑中刀(소중도) : 웃는 마음속에 칼이 있다는 뜻으로, 겉으로는 웃지만 속으로는 해칠 생각을 품고 있음을 이르는 말
- 綿裏藏針(면리장침) : 솜 속에 바늘을 감추어 꽂는다는 뜻으로, 겉은 부드러운 체하나 속은 흉악함을 이르는 말

(9) 일시적 대책

- 姑息之計(고식지계) : 우선 당장 편한 것만을 택하는 꾀나 방법, 한때의 안정을 얻기 위하여 임시로 둘러맞추어 처리하거나 이리저리 주선하여 꾸며내는 계책 ≒ 目前之計(목전지계)
- 臨時變通(임시변통) : 갑자기 터진 일을 우선 간단하게 둘러맞추어 처리함 ≒ 臨時方便(임시방편)
- 彌縫之策(미봉지책) : 눈가림만 하는 일시적인 계책
- 凍足放尿(동족방뇨) : 언 발에 오줌 누기라는 뜻으로, 잠깐만 효력이 있을 뿐 효력이 바로 사라짐을 일컫는 말
- 下石上臺(하석상대) : 아랫돌 빼서 윗돌 괴고 윗돌 빼서 아랫돌 괸다는 뜻으로, 임시변통으로 이리저리 둘러맞춤을 이르는 말

(10) 환경의 중요성

- 近墨者黑(근묵자흑) : 먹을 가까이하면 검어진다는 뜻으로, 좋지 못한 사람과 가까이하면 악에 물들기 쉬움을 일컫는 말
- 三遷之敎(삼천지교) : 맹자의 교육을 위하여 그 어머니가 세 번이나 집을 옮겼다는 고사(故事)로, 교육에는 환경이 중요함을 일컫는 말
- 橘化爲枳(귤화위지) : 회남의 귤을 회북으로 옮기어 심으면 탱자가 된다는 뜻으로, 환경에 따라 사물의 성질이 달라짐을 일컫는 말
- 堂狗風月(당구풍월) : 서당에서 기르는 개가 계속하여 글 읽는 소리를 들으면 풍월을 읊는다는 뜻으로, 그 분야에 대하여 경험과 지식이 전혀 없는 사람이라도 오래 있으면 얼마간의 경험과 지식을 지니게 됨을 이르는 말
- 麻中之蓬(마중지봉) : 곧은 삼밭 속에서 자란 쑥은 곧게 자라게 된다는 뜻으로, 선한 사람과 사귀면 그 감화를 받아 자연히 선해짐을 비유적으로 이르는 말

(11) 몹시 가난함
- 三旬九食(삼순구식) : 30일 동안 아홉 끼니의 밥밖에 못 먹을 정도로 가난함
- 桂玉之嘆(계옥지탄) : 식량을 구하기가 계수나무를 구하듯이 어렵고, 땔감을 구하기가 옥을 구하기만 큼이나 어려움
- 赤手空拳(적수공권) : 맨손과 맨주먹이라는 뜻으로, 가진 것이 아무것도 없음
- 赤貧如洗(적빈여세) : 가난하기가 마치 물로 씻은 듯하여 아무것도 없음
- 家徒壁立(가도벽립) : 집 안에 아무것도 없고 네 벽만 서 있다는 뜻으로, 살림이 심히 구차함

(12) 마음으로 서로 통함
- 以心傳心(이심전심) : 마음과 마음으로 서로 뜻이 통함
- 不立文字(불립문자) : 불의 깨달음은 마음에서 마음으로 전하는 것이므로 말이나 글에 의지하지 않음
- 敎外別傳(교외별전) : 선종에서 부처의 가르침을 말이나 글에 의하지 않고 바로 마음에서 마음으로 전하여 진리를 깨닫게 하는 법
- 拈華微笑(염화미소) : 말로 통하지 않고 마음에서 마음으로 전하는 일 ≒ 拈華示衆(염화시중)

(13) 기 타
- 換腐作新(환부작신) : 썩은 것을 싱싱한 것으로 바꿈

2 한자성어와 관련된 속담

(1) **감탄고토**(甘呑苦吐) : 달면 삼키고 쓰면 뱉는다
자기에게 이로우면 이용하고 필요 없는 것은 배척함

(2) **격화소양**(隔靴搔癢) : 신 신고 발바닥 긁기
성에 차지 않거나 철저하지 못한 안타까움 ≒ 격화파양(隔靴爬癢)

(3) **견문발검**(見蚊拔劍) : 모기를 보고 칼을 빼 든다
작은 일에 어울리지 않게 큰 대책을 씀 ≒ 노승발검(怒蠅拔劍)

(4) **경전하사**(鯨戰蝦死) : 고래 싸움에 새우 등 터진다
강한 자끼리 서로 싸우는 통에 아무 상관없는 약한 자가 해를 입음 ≒ 간어제초(間於齊楚)

(5) **고장난명**(孤掌難鳴) : 외손뼉이 울랴
손바닥 하나로 소리를 내지 못한다는 뜻으로, 상대가 없이는 무슨 일이 이루어지기 어려움을 비유 ≒ 독불장군(獨不將軍), 독장불명(獨掌不鳴)

(6) **고진감래**(苦盡甘來) : 태산을 넘으면 평지를 본다, 고생 끝에 낙이 온다
고생을 하게 되면 그 다음에는 즐거움이 온다. ↔ 흥진비래(興盡悲來)

(7) **교각살우**(矯角殺牛) : 뿔을 바로잡으려다가 소를 죽인다, 빈대 잡으려다 초가삼간 태운다, 쥐 잡으려다 장독 깬다
조그만 일을 고치려다 큰일을 그르침 ≒ 소탐대실(小貪大失), 교왕과직(矯枉過直), 교왕과정(矯枉過正)

(8) **낭중취물**(囊中取物) : 식은 죽 먹기
주머니 속에 든 것을 꺼내 가지는 것과 같이 아주 손쉽게 얻음

(9) **당랑거철**(螳螂拒轍) : 하룻강아지 범 무서운 줄 모른다
사마귀가 달려오는 수레바퀴를 받으려고 했다는 데서 유래한 말로, 약한 자가 제 분수도 모르고 상대할 수 없는 강자에게 대항하여 덤벼 듦 ≒ 일일지구부지외호(一日之狗不知畏虎), 이란투석(以卵投石)

(10) **동가홍상**(同價紅裳) : 같은 값이면 다홍치마
같은 값이면 좋은 물건을 가짐

(11) **득롱망촉**(得隴望蜀) : 말 타면 경마 잡히고 싶다, 사랑채 빌리면 안방까지 달란다
만족할 줄을 모르고 계속 욕심을 부린다는 뜻으로, 후한(後漢)의 광무제가 농(隴) 지방을 평정한 후에 다시 촉(蜀) 지방까지 원하였다는 데에서 유래

(12) **등고자비**(登高自卑) : 천 리 길도 한 걸음부터, 첫술에 배부르랴
높은 데 오르려면 얕은 곳에서부터 올라가야만 하듯이 무슨 일이든지 순서가 있음을 일컫는 말 ≒ 욕속부달(欲速不達)

(13) **마부작침**(磨斧作針) : 열 번 찍어 안 넘어가는 나무가 없다
도끼를 갈아서 바늘을 만든다는 뜻으로, 아무리 어려운 일이라도 참고 계속하면 언젠가는 반드시 성공함, 노력을 거듭해서 목적을 달성함, 끈기 있게 학문이나 일에 힘씀을 비유

(14) **망자계치**(亡子計齒) : 죽은 자식 나이 세기
이미 그릇된 일은 생각해도 아무 소용없음

(15) **생구불망**(生口不網) : 산 입에 거미줄 치랴
아무리 곤궁하여도 그럭저럭 먹고 살 수 있음

제1장 의사소통능력

(16) **설상가상**(雪上加霜) : 엎친 데 덮친 격, 흉년에 윤달
눈 위에 또 서리가 덮였다는 뜻으로, 불행이 엎친 데 덮친 격으로 거듭 생겨남을 말함 ≒ 하정투석(下穽投石)

(17) **아전인수**(我田引水) : 자기 논에 물 대기
자기 형편에 좋게만 생각하거나 행동함

(18) **오비삼척**(吾鼻三尺) : 내 코가 석 자
자기 사정이 급하여 남을 돌볼 여력이 없음

(19) **오비이락**(烏飛梨落) : 까마귀 날자 배 떨어진다
남의 혐의를 받기 쉬운 우연의 일치 ≒ 과전불납리(瓜田不納履), 이하부정관(李下不整冠)

(20) **우이독경**(牛耳讀經) : 쇠귀에 경 읽기
아무리 가르치고 일러 주어도 소용없음

(21) **읍아수유**(泣兒授乳) : 우는 아이 젖 준다
무엇이든 자신이 요구해야만 얻을 수 있음

(22) **일어탁수**(一魚濁水) : 한 마리 고기가 온 강물을 흐린다
한 사람의 잘못으로 여러 사람이 피해를 보게 됨

(23) **조족지혈**(鳥足之血) : 새 발의 피
극히 적은 분량

(24) **좌정관천**(坐井觀天) : 우물 안 개구리
우물 속에 앉아 하늘을 본다는 뜻으로, 사람의 견문이 매우 좁음 ≒ 정중관천(井中觀天), 정저지와(井底之蛙)

(25) **주마가편**(走馬加鞭) : 달리는 말에 채찍질한다
잘하는 사람을 더욱 잘하도록 격려함

(26) **주마간산**(走馬看山) : 수박 겉핥기, 개 머루 먹듯, 처삼촌 뫼에 벌초하듯
말을 달리면서 산천의 경개를 구경한다는 뜻으로, 사물의 겉만 훑어보고 속에 담긴 내용이나 참된 모습을 바르게 알아내지 못하는 것

(27) **진합태산**(塵合泰山) : 티끌 모아 태산
작은 것이라도 끊임없이 모이고 쌓이면 큰 것이 된다는 말

(28) **청출어람**(靑出於藍) : 나중 난 뿔이 우뚝하다
제자가 스승보다 낫다는 뜻, 또는 후진(後進)이 선배보다 낫다는 뜻 ≒ 후생가외(後生可畏), 후생각고(後生角高)

(29) **한강투석**(漢江投石) : 한강에 돌 던지기, 시루에 물 퍼붓기
지나치게 미미하여 전혀 효과가 없음 ≒ 홍로점설(紅爐點雪), 백년하청(百年河淸)

(30) **호가호위**(狐假虎威) : 원님 덕에 나팔 분다
남의 권세를 빌려 위세를 부림

(31) **화중지병**(畵中之餠) : 그림의 떡
그림으로 그린 떡은 먹을 수 없다는 뜻으로, 실제로 사용되거나 보탬이 될 수 없는 것을 일컫는 말

(32) **흑구목욕**(黑狗沐浴) : 검둥개 미역 감기기
아무리 공들여도 효과가 없음

확인문제

다음 한자성어의 뜻으로 옳은 것은?

> 感之德之

① 몹시 고맙게 생각함
② 근심으로 인해 잠을 이루지 못함
③ 상대방의 처지에서 생각해 봄
④ 무슨 일이든 정성을 다하면 좋은 결과를 얻음
⑤ 마음과 마음으로 서로 뜻이 통함

② 輾轉反側(전전반측)
③ 易地思之(역지사지)
④ 至誠感天(지성감천)
⑤ 以心傳心(이심전심)

해설
답 ①

07 속담과 관련된 한자성어

속 담		한자성어	
• 가게 기둥에 입춘 • 거적문에 돌쩌귀	• 개 발에 주석 편자 • 사모에 갓끈	하로동선(夏爐冬扇)	
강원도 포수		함흥차사(咸興差使)	
갖바치 내일 모레		차일피일(此日彼日)	
• 개 머루 먹듯 • 수박 겉 핥기	• 처삼촌 뫼에 벌초하듯	주마간산(走馬看山)	
고래 싸움에 새우 등 터진다		• 경전하사(鯨戰蝦死)	• 간어제초(間於齊楚)
고양이 목에 방울 달기		• 묘두현령(猫頭縣鈴) • 탁상공론(卓上空論)	• 공리공론(空理空論)
긁어 부스럼		숙호충비(宿虎衝鼻)	
• 꿩 먹고 알 먹고 • 도랑 치고 가재 잡고	• 배 먹고 이 닦기	• 일거양득(一擧兩得)	• 일석이조(一石二鳥)
• 끈 떨어진 망석중이	• 무 밑동 같다	• 고성낙일(孤城落日)	• 사면초가(四面楚歌)
나중 난 뿔이 우뚝하다		• 청출어람(靑出於藍) • 후생각올(後生角兀)	• 후생각고(後生角高)
낫 놓고 기역 자도 모른다		• 목불식정(目不識丁) • 일자무식(一字無識)	• 어로불변(魚魯不辨)
녹비에 가로왈		• 녹비왈자(鹿皮曰字) • 이현령비현령(耳懸鈴鼻懸鈴)	
눈 가리고 아웅 하기		• 고식지계(姑息之計) • 하석상대(下石上臺) • 임기응변(臨機應變) • 엄이도령(掩耳盜鈴)	• 미봉책(彌縫策) • 동족방뇨(凍足放尿) • 임시변통(臨時變通)
• 달도 차면 기운다	• 열흘 붉은 꽃 없다	• 화무십일홍(花無十日紅)	• 흥진비래(興盡悲來)
달면 삼키고 쓰면 뱉는다		• 감탄고토(甘呑苦吐) • 염량세태(炎凉世態)	• 토사구팽(兎死狗烹)
등치고 간 내먹다		• 구밀복검(口蜜腹劍) • 권상요목(勸上搖木)	• 면종복배(面從腹背)
말 타면 경마 잡히고 싶다		• 득롱망촉(得隴望蜀) • 기차당(旣借堂)이면 우차방(又借房)이라(사랑채 빌리면 안방까지 달란다)	
문을 열고 도둑을 맞아들인다		개문납적(開門納賊)	
• 무른 땅에 말뚝 박기 • 누운 소 타기	• 호박에 침 주기 • 누워 떡 먹기	• 이여반장(易如反掌)	• 낭중취물(囊中取物)
물에 빠진 놈 건져 놓으니 내 보따리 내놔라 한다		• 적반하장(賊反荷杖) • 주객전도(主客顚倒)	• 객반위주(客反爲主)

속 담	한자성어	
백지장도 맞들면 낫다	십시일반(十匙一飯)	적우침주(積羽沈舟)
• 빈대 잡으려고 초가삼간 태운다 • 쇠뿔을 바로 잡으려다 소를 죽인다 • 쥐 잡으려다 장독 깬다	교각살우(矯角殺牛)	교왕과직(矯枉過直)
• 빛 좋은 개살구 • 허울 좋은 하눌타리	양두구육(羊頭狗肉)	
삼밭에 쑥대	• 마중지봉(麻中之蓬) ↔ 근묵자흑(近墨者黑), 근주자적(近朱者赤)	• 당구풍월(堂狗風月)
숭어가 뛰니까 망둥이도 뛴다	부화뇌동(附和雷同)	
서울이 낭(낭떠러지)이라니까 과천부터 긴다	• 풍성학려(風聲鶴唳) • 배중사영(杯中蛇影)	• 초목개병(草木皆兵) • 오우천월(吳牛喘月)
소 잃고 외양간 고치기	• 망양보뢰(亡羊補牢) • 사후청심환(死後淸心丸) • 십일지국(十日之菊) ↔ 유비무환(有備無患), 거안사위(居安思危)	• 사후약방문(死後藥方文) • 우후송산(雨後送傘) • 만시지탄(晩時之歎)
시루에 물 퍼 붓기	• 백년하청(百年河淸) • 홍로점설(紅爐點雪)	• 한강투석(漢江投石)
시앗(첩) 싸움에 요강 장수	• 어부지리(漁夫之利) • 견토지쟁(犬兎之爭)	• 방휼지쟁(蚌鷸之爭)
십 년이면 강산도 변한다	• 상전벽해(桑田碧海)	• 창상지변(滄桑之變)
쏘아 놓은 살이요 엎질러진 물이다	기호지세(騎虎之勢)	
안 되는 놈은 뒤로 넘어져도 코가 깨진다	계란유골(鷄卵有骨)	
어물전 망신은 꼴뚜기가 시킨다	일어탁수(一魚濁水)	
• 엎친 데 덮친 격 • 흉년에 윤달	• 설상가상(雪上加霜) • 낙정하석(落穽下石)	• 하정투석(下穽投石)
열 번 찍어 안 넘어가는 나무 없다	• 십벌지목(十伐之木)	• 마부위침(磨斧爲針)
우물 안 개구리	• 정저지와(井底之蛙) • 관견(管見) • 요동지시(遼東之豕)	• 좌정관천(坐井觀天) • 이관규천(以管窺天)
윗물이 맑아야 아랫물이 맑다	• 상탁하부정(上濁下不淨)	• 상행하효(上行下效)
원님 덕에 나팔 분다	호가호위(狐假虎威)	
서 발 막대 저어 거칠 것 없다	• 삼순구식(三旬九食) • 계옥지탄(桂玉之嘆)	• 적수공권(赤手空拳) • 남부여대(男負女戴)
천릿길도 한 걸음부터	등고자비(登高自卑)	
태산을 넘으면 평지를 본다	고진감래(苦盡甘來)	
티끌 모아 태산	• 진합태산(塵合泰山)	• 적소성대(積小成大)
풀 끝의 이슬	초로인생(草露人生)	
하룻강아지 범 무서운 줄 모른다	• 당랑거철(螳螂拒轍) • 당랑지부(螳螂之斧) • 일일지구부지외호(一日之狗不知畏虎)	
한강에 돌 던지기	• 한강투석(漢江投石)	• 홍로점설(紅爐點雪)

확인문제

다음 중 속담의 뜻풀이가 잘못된 것은?

① 열의 한 술 밥이 한 그릇 푼푼하다 – 여럿이 각각 조금씩 도와주어 큰 보탬이 됨
② 하루가 여삼추라 – 긴 시간이 매우 짧게 느껴짐
③ 까마귀 날자 배 떨어진다 – 아무 관계없이 한 일이 어떤 관계가 있는 것처럼 의심을 받게 됨
④ 원님 덕에 나팔 분다 – 남의 덕으로 당치도 아니한 대접을 받게 됨
⑤ 등치고 간 내먹다 – 겉으로는 위해주는 척하면서 속으로는 해를 끼침

해설 ② 하루가 여삼추라 : 짧은 시간이 매우 길게 느껴짐을 비유적으로 이르는 말

 ②

08 글의 구조에 따른 독해법

1 글의 구조

- 중심어 – 핵심어(K·W) : 단락의 중심이 되는 단어
- 제목 – 주제 : K·W의 X(X는 명사, 명사형의 형태로 제시)
- 요지 – 주제문(T·S) : K·W의 X = a(a는 X의 구체적 서술)
- 요약 – 대의[(K·W의 X = a)의 집합]

> **참고**
> 기본적으로 제목이나 주제는 어구의 형태를 띠고, 요지(要旨)는 문장의 형태를 보이게 된다. 설명적인 글의 경우에는 설명하고자 하는 대상(화제, topic)이 제목이 되고, 화제에 대해 설명하고자 하는 주된 내용이 요지가 된다. 논증적인 글에서는 대개 논증의 대상이 되는 화젯거리인 논점이 있고, 이 논점에 대한 글쓴이의 입장이나 견해(논지)가 있다. 이때 논점 자체나 논점과 논지를 결합하여 어구의 형식으로 축약한 것이 제목이나 주제가 되고, 논점에 대한 주장이 요지가 된다.

2 독해 문제풀이 방법론

(1) 문제의 구성

| 발문
(정답의 조건)
〈출제자의 의도 파악〉 | | 제시문
(정답의 근거)
〈내용 및 구조 분석〉 | | 선택지
(정답의 기준)
〈정·오답의 범주 판단〉 |

(2) 문제풀이법

① 먼저 발문과 선택지를 읽는다.
② 발문과 선택지를 바탕으로 요구하는 내용을 제시문에서 확인한다.
③ 새로운 조건인 〈보기〉의 내용을 확인하고 모든 요건에 해당하는 내용을 선택지에서 추리하여 대응한다.
④ 마무리할 때 확인할 수 있도록 제시문에서 정답의 근거라고 믿는 곳에 꼭 밑줄을 쳐 두거나 부호로 표시해 둔다.

3 제시문 분석 독해를 잘하는 방법

① 첫 단락의 반복되는 단어(특히 추상적인 단어)는 주제어(K·W)인 경우가 대부분이다.
② 첫 단락과 마지막 단락을 먼저 읽는다. 대개 전체의 주제문은 처음 아니면 마지막 단락에 있다.
③ 문단의 구조에 대한 문제는 중심 화제를 먼저 찾고, 그다음은 병렬적인 것부터 먼저 묶어 나간다.
④ 지시어, 접속어, 전문용어에 동그라미와 세모, 네모 등 부호를 활용하여 표시하고 정답의 기준에 해당하는 곳에는 밑줄을 그어 한눈에 글의 내용을 파악할 수 있도록 한다.
⑤ 지시어, 접속어는 글의 논리적 전개 순서를 확인하는 근거일 뿐만 아니라 문장 구조를 분석할 때도 유용한 기준이 된다.
⑥ '그러나, 하지만' 뒤에 반증되는 내용이 나오면서 필자의 주장이 나오는 경우가 많다. 또 '결국, 그러므로, 따라서, 요컨대'가 있는 문장은 결론 및 필자의 주장이 드러나는 경우가 태반이다.
⑦ 예시 문장임을 알려 주는 '예컨대, 예를 들어'가 있는 문장 앞에는 요지가 있다.
⑧ 뒤 단락의 첫 문장은 앞 단락의 요지인 경우가 많다.
⑨ '때문이다, ~해야 한다' 등의 서술어에 주목한다. '왜냐하면 ~ 때문이다'처럼 이유 제시가 나타나는 문장 앞에는 결과나 주장에 해당하는 문장이 배치된다. '~해야 한다'가 있는 문장은 필자의 주제에 대한 주장 및 견해가 드러나는 곳이다.
⑩ 관형어나 부사어처럼 대상을 꾸며 주는 어휘나 구문은 필자의 정서나 감정이 드러나는 주관적인 부분이다.

4 정답의 원칙

① 모든 정답의 근거는 제시문에 있다. 분석, 추리, 비판 등 어떤 유형이든 모두 제시문에서 근거를 찾아야 한다. 즉 제시문의 내용을 왜곡하거나 비약한 것은 모두 오답이 된다.
② 글의 주제는 항상 제시문의 처음과 끝에서 확인할 수 있다. 모든 독해의 핵심은 주제 파악에 있고 제시문의 대상은 대부분 처음에 나타나며, 마무리에 필자의 주장이 제시된다. 다만 반증하는 단락이 마지막에 덧붙여질 수 있으므로 유의한다.
③ 발문에서 '가장' 혹은 '궁극적으로'와 같은 조건이 붙는 경우 제시문의 내용을 포괄할 수 있는 핵심어가 있는 것을 선택지에서 찾는다.
④ 제시문과 선택지의 내용을 꼼꼼히 살펴야 한다. 조사나 어미의 차이가 의미를 현저히 다르게 할 수 있다. 함정에 빠지지 않도록 유의해야 한다.

확인문제

다음 글의 요지로 바른 것은?

　새말은 민중에 의해서 자연 발생적으로 만들어져 쓰이는 것과 언어 정책상 계획적으로 만들어져 보급되는 것이 있다. 자연 발생적으로 만들어지는 새말에는 새로운 사물을 표현하기 위한 실제적인 필요로 생겨나는 것과 언어 표현이 진부해졌을 때 그것을 신선한 맛을 가진 새 표현으로 바꾸려는 대중적 욕구 때문에 생겨나는 것이 있다. 여기에는 고유어, 한자어, 외래어 등이 모두 재료로 쓰인다.
　정책적인 계획 조어의 경우는 대개 국어 순화 운동의 목적으로 진행되기 때문에 주로 고유어가 사용되며, 한자 말일지라도 아주 익어서 고유어처럼 된 것들이 재료로 쓰인다. '한글, 단팥죽, 꼬치안주, 가락국수, 덮밥, 책꽂이, 건널목' 등은 계획 조어로서 생명을 얻은 것들이며, '덧셈, 뺄셈, 모눈종이, 반지름, 지름, 맞선꼴' 등의 용어들은 학교 교육에 도입되면서 자리를 굳혔다. 그러나 '불고기, 구두닦이, 신문팔이, 아빠, 끈끈이, 맞춤, 병따개, 비옷, 나사돌리개, 사자, 팔자, 코트 깃, 사인북, 오버센스' 등과 같이 누가 먼저 지어냈는지 모르지만, 생명을 얻은 말들도 많다. 이렇게 해서 새로 나타난 말들은 민중들의 호응을 받아서 기성 어휘의 지위를 굳히는 것과 잠시 쓰이다가 버림을 받는 것, 처음부터 별로 호응을 받지 못하여 일반화되지 못하는 것 등이 있다. 잠시 쓰이다가 버림을 받게 되는 말들은 대개 어느 한 사회 계층이나 특정 지역에서만 호응을 받았을 뿐 널리 일반화될 기회를 얻지 못한 것들이다.

① 새말의 종류와 정착 과정　　　　② 새말의 탄생 이유
③ 새말과 국어 순화 운동의 관계　　④ 새말로 인한 사회적 갈등
⑤ 새말의 특징

해설 제시된 글은 전반부에서 새말의 유형을 주지로 제시한 다음 후반부에서 새말의 정착 결과를 부연 설명하고 있다.

답 ①

09 어문규정

1 맞춤법 통일안

[제8항] '계, 례, 몌, 폐, 혜'의 'ㅖ'는 'ㅔ'로 소리나는 경우가 있더라도 'ㅖ'로 적는다.
예) 계수(桂樹), 혜택(惠澤), 사례(謝禮), 계집, 연몌(連袂), 핑계, 폐품(廢品), 계시다

다만, 다음 말은 본음대로 적는다.
예) 게시판(揭示板), 휴게실(休憩室), 게송(偈頌)

[제11항] 다만, 모음이나 'ㄴ' 받침 뒤에 이어지는 '렬, 률'은 '열, 율'로 적는다.
예) 규율(規律), 비율(比率), 선율(旋律), 백분율(百分率), 실패율(失敗率), 전율(戰慄), 나열(羅列), 분열(分裂), 비열(卑劣), 선열(先烈), 진열(陣列), 치열(齒列), 성공률(成功率), 합격률(合格率), 졸렬(拙劣)

[제12항] '가정란(家庭欄)'은 '란'으로 표기하지만 '어머니난, 가십난'과 같이 고유어나 외래어 뒤에는 '난'으로 표기한다.
예) 어린이난, 토픽난, 독자란, 투고란, 구름양, 에너지양, 열량, 생산량
- 고유어, 외래어 + 난, 양
- 한자어 + 란, 량

[제29항] 끝소리가 'ㄹ'인 말과 딴 말이 어울릴 적에 'ㄹ' 소리가 'ㄷ' 소리로 나는 것은 'ㄷ'으로 적는다. 예) 반짇고리, 섣달, 이튿날, 숟가락

[제30항] 한자어에서는 사이시옷을 붙이지 않는다. 다음과 같은 단어는 예외적으로 사이시옷을 표기한다.
예) 곳간(庫間), 찻간(車間), 툇간(退間), 횟수(回數), 숫자(數字), 셋방(貰房)

[제39항] 어미 '-지' 뒤에 '않-'이 어울려 '-잖-'이 될 적과 '-하지' 뒤에 '않-'이 어울려 '-찮-'이 될 적에는 준 대로 적는다.
예) 그렇지 않은 → 그렇잖은   적지 않은 → 적잖은
    만만하지 않다 → 만만찮다   변변하지 않다 → 변변찮다

제40항 어간의 끝음절 '하'의 'ㅏ'가 줄고 'ㅎ'이 다음 음절의 첫소리와 어울려 거센소리로 될 적에는 거센소리로 적는다.

예) 간편하게 → 간편케   연구하도록 → 연구토록
가하다 → 가타   다정하다 → 다정타
정결하다 → 정결타   흔하다 → 흔타

어간의 끝음절 '하'가 아주 줄 적에는 준 대로 적는다.

예) 거북하지 → 거북지   생각하건대 → 생각건대
생각하다 못해 → 생각다 못해   깨끗하지 않다 → 깨끗지 않다
넉넉하지 않다 → 넉넉지 않다   못하지 않다 → 못지않다
섭섭하지 않다 → 섭섭지 않다   익숙하지 않다 → 익숙지 않다

다음과 같은 부사는 소리대로 적는다.

예) 결단코, 결코, 기필코, 무심코, 아무튼, 요컨대, 정녕코, 필연코, 하마터면, 하여튼, 한사코

제42항 의존 명사는 띄어 쓴다.

예) 먹을 **만큼** 먹어라.   아는 **이**를 만났다.   네가 뜻한 **바**를 알겠다.
그가 떠난 **지**가 오래다(시간의 경과를 나타내는 '지'는 의존 명사이므로 띄어 쓴다).

제43항 단위를 나타내는 명사는 띄어 쓴다.

예) 버선 한 **죽**, 집 한 **채**, 북어 한 **쾌**

다만, 순서를 나타내는 경우나 숫자와 어울리어 쓰이는 경우에는 붙여 쓸 수 있다.

예) 제일**과**, 삼학년, 육**층**, 1446년 10**월** 9**일**, 2대대, 16동 502호, 제1**실습실**

제44항 수를 적을 적에는 '만(萬)' 단위로 띄어 쓴다.

예) 십이억 삼천사백오십육만 칠천팔백구십팔, 12억 3456만 7898

제45항 두 말을 이어 주거나 열거할 적에 쓰이는 말들은 띄어 쓴다.

예) 국장 **겸** 과장   열 **내지** 스물   청군 **대** 백군   책상, 걸상 **등**이 있다.
이사장 **및** 이사들   사과, 배, 귤 **등등**   사과, 배 **등속**   부산, 광주 **등지**

제47항 보조 용언은 띄어 씀을 원칙으로 하되, 경우에 따라 붙여 씀도 허용한다. 다만, 앞말에 조사가 붙거나 앞말이 합성 동사인 경우, 그리고 중간에 조사가 들어갈 적에는 그 뒤에 오는 보조 용언은 띄어 쓴다.

예) 잘도 놀아만 **나는구나**!   책을 읽어도 **보고**……
네가 덤벼들어 **보아라**.   이런 기회는 다시없을 **듯하다**.
그가 올 듯도 **하다**.   잘난 체를 **한다**.

제1장 의사소통능력

[제48항] 성과 이름, 성과 호 등은 붙여 쓰고, 이에 덧붙는 호칭어, 관직명 등은 띄어 쓴다.
  예) 김양수(金良洙), 서화담(徐花潭), 채영신 씨, 최치원 선생, 박동식 박사, 충무공 이순신 장군

[제51항] 부사의 끝음절이 분명히 '이'로만 나는 것은 '-이'로 적고, '히'로만 나거나 '이'나 '히'로 나는 것은 '-히'로 적는다.

'이' 로만 나는 것	가붓이, 깨끗이, 따뜻이, 반듯이, 의젓이, 가까이, 고이, 적이, 헛되이
'히' 로만 나는 것	극히, 급히, 딱히, 속히, 작히, 족히, 특히, 엄격히, 정확히
'이, 히' 로 나는 것	가만히, 간편히, 나른히, 무단히, 각별히, 소홀히, 쓸쓸히, 정결히, 과감히, 꼼꼼히, 심히, 열심히, 능히, 당당히, 분명히, 상당히, 조용히, 간소히, 고요히, 도저히

[제56항] '-더라, -던'과 '-든지'는 다음과 같이 적는다.
지난 일을 나타내는 어미는 '-더라, -던'으로 적는다.
  예) 지난겨울은 몹시 춥더라.   깊던 물이 얕아졌다.
    그렇게 좋던가?   그 사람 말 잘하던데!
    얼마나 놀랐던지 몰라.

물건이나 일의 내용을 가리지 아니하는 뜻을 나타내는 조사와 어미는 '(-)든지'로 적는다.
  예) 배든지 사과든지 마음대로 먹어라.   가든지 오든지 마음대로 해라.

[제57항] 다음 말들은 각각 구별하여 적는다.

하노라고	하노라고 한 것이 이 모양이다.
하느라고	공부하느라고 밤을 새웠다.
-느니보다(어미)	나를 찾아오느니보다 집에 있거라.
-는 이보다(의존 명사)	오는 이가 가는 이보다 많다.
-(으)리만큼(어미)	그가 나를 미워하리만큼 그에게 잘못한 일이 없다.
-(으)ㄹ 만큼(의존 명사)	찬성할 이도 반대할 이만큼이나 많을 것이다.
-(으)므로(어미)	그가 나를 믿으므로 나도 그를 믿는다.
(-ㅁ, -음)으로(써)(조사)	그는 믿음으로(써) 산 보람을 느꼈다.

2 표준어 사정원칙

제3항 거센소리를 가진 형태를 표준어로 삼는다. 예 끄나풀, 나팔꽃, 살쾡이, 부엌

제5항 어원에서 멀어진 형태로 굳어져서 널리 쓰이는 것은, 그것을 표준어로 삼는다.
예 강낭콩, 고삿, 사글세, 울력성당

제6항 다음 단어들은 의미를 구별함이 없이, 한 가지 형태만을 표준어로 삼는다.
예 돌, 둘째, 셋째, 넷째

다만, '둘째'는 십 단위 이상의 서수사에 쓰일 때에 '두째'로 한다.
예 열두째, 스물두째

제7항 수컷을 이르는 접두사는 '수-'로 통일한다.
예 수평, 수나사, 수놈, 수사돈, 수소, 수은행나무

다만 1. 다음 단어에서는 접두사 다음에서 나는 거센소리를 인정한다. 접두사 '암-'이 결합되는 경우에도 이에 준한다.
예 수캉아지, 수캐, 수컷, 수키와, 수탉, 수탕나귀, 수톨쩌귀, 수태지, 수평아리

다만 2. 다음 단어의 접두사는 '숫-'으로 한다. 예 숫양, 숫염소, 숫쥐

제8항 양성 모음이 음성 모음으로 바뀌어 굳어진 다음 단어는 음성 모음 형태를 표준어로 삼는다. 예 깡충깡충, -둥이, 주추(柱礎)

다만, 어원 의식이 강하게 작용하는 다음 단어에서는 양성 모음 형태를 그대로 표준어로 삼는다. 예 부조(扶助), 사돈(査頓), 삼촌(三寸)

제9항 'ㅣ' 역행 동화 현상에 의한 발음은 원칙적으로 표준 발음으로 인정하지 아니하되, 다음 단어들은 'ㅣ' 역행 동화가 적용된 형태를 표준어로 삼는다.
예 -내기, 냄비, 동댕이치다

다음 단어는 'ㅣ' 역행 동화가 일어나지 아니한 형태를 표준어로 삼는다.
예 아지랑이

기술자에게는 '-장이', 그 외에는 '-쟁이'가 붙는 형태를 표준어로 삼는다.
예 갓장이, 고리장이, 대장장이, 도기장이, 땜장이, 미장이, 유기장이, 석수장이, 옹기장이
예 개구쟁이, 고집쟁이, 골목쟁이, 관상쟁이, 담쟁이덩굴, 멋쟁이, 발목쟁이, 소금쟁이, 소리쟁이, 심술쟁이, 욕쟁이, 점쟁이, 침쟁이, 환쟁이

제12항 '웃-' 및 '윗-'은 명사 '위'에 맞추어 '윗-'으로 통일한다.
> 예 윗눈썹, 윗몸, 윗배, 윗변, 윗수염, 윗입술, 윗잇몸, 윗자리

다만 1. 된소리나 거센소리 앞에서는 '위-'로 한다.
> 예 위짝, 위쪽, 위채, 위층, 위치마, 위턱, 위팔

다만 2. '아래, 위'의 대립이 없는 단어는 '웃-'으로 발음되는 형태를 표준어로 삼는다. 예 웃국, 웃기, 웃돈, 웃비, 웃어른, 웃옷

제20항 사어(死語)가 되어 쓰이지 않게 된 단어는 고어로 처리하고, 현재 널리 사용되는 단어를 표준어로 삼는다.
> 예 난봉, 낭떠러지, 설거지하다, 애달프다, 오동나무, 자두

제22항 고유어 계열의 단어가 생명력을 잃고 그에 대응되는 한자어 계열의 단어가 널리 쓰이면, 한자어 계열의 단어를 표준어로 삼는다.
> 예 개다리소반, 겸상, 단벌, 부항단지, 수삼, 양파, 어질병, 윤달, 총각무

제23항 방언이던 단어가 표준어보다 더 널리 쓰이게 된 것은, 그것을 표준어로 삼는다. 이 경우, 원래의 표준어는 그대로 표준어로 남겨 두는 것을 원칙으로 한다.
> 예 멍게-우렁쉥이, 물방개-선두리, 애순-어린순(筍)

제25항 의미가 똑같은 형태가 몇 가지 있을 경우, 그중 어느 하나가 압도적으로 널리 쓰이면, 그 단어만을 표준어로 삼는다.
> 예 광주리, 국물, 담배꽁초, 밀짚모자, 부스러기, 샛별, 선머슴, 쌍동밤, 안쓰럽다, 안절부절못하다, 애벌레, 자배기, 주책없다, 청대콩, 칡범

제26항 한 가지 의미를 나타내는 형태 몇 가지가 널리 쓰이며 표준어 규정에 맞으면, 그 모두를 표준어로 삼는다.
> 예 가뭄/가물, 개수-통/설거지-통, 고깃-간/푸줏-간, 고까/꼬까/때때, 교정-보다/준-보다, 깃-저고리/배내-옷/배냇-저고리, 꼬리-별/살-별, 넝쿨/덩굴, 동자-기둥/쪼구미, 돼지-감자/뚱딴지, 땅-콩/호-콩, 마-파람/앞-바람, 민둥-산/벌거숭이-산, 벌레/버러지, 보-조개/볼-우물, 부침개-질/부침-질/지짐-질, 뽀두라지/뾰루지, 살-쾡이/삵, 삽살-개/삽사리, 생/새앙/생강(生薑), 성글다/성기다, 언덕-바지/언덕-배기, 옥수수/강냉이, 우레/천둥, 우지/울-보

3 표준 발음법

제5항 'ㅑ, ㅒ, ㅕ, ㅖ, ㅘ, ㅙ, ㅛ, ㅝ, ㅞ, ㅠ, ㅢ'는 이중 모음으로 발음한다.
자음을 첫소리로 가지고 있는 음절의 'ㅢ'는 [ㅣ]로 발음한다.
예 늴리리, 닁큼, 무늬, 띄어쓰기, 씌어, 틔어, 희어, 희떱다, 희망, 유희

단어의 첫음절 이외의 '의'는 [ㅣ]로, 조사 '의'는 [ㅔ]로 발음함도 허용한다.
예 주의[주의/주이], 협의[혀븨/혀비], 우리의[우리의/우리에], 강의의[강ː의의/강ː이에]

제6항 모음의 장단을 구별하여 발음하되, 단어의 첫음절에서만 긴소리가 나타나는 것을 원칙으로 한다.
예 눈보라[눈ː보라], 말씨[말ː씨], 밤나무[밤ː나무], 많다[만ː타], 멀리[멀ː리], 벌리다[벌ː리다], 첫눈[천눈], 참말[참말], 쌍동밤[쌍동밤], 수많이[수ː마니], 눈멀다[눈멀다], 떠벌리다[떠벌리다]

제8항 받침소리로는 'ㄱ, ㄴ, ㄷ, ㄹ, ㅁ, ㅂ, ㅇ'의 7개 자음만 발음한다.

제10항 겹받침 'ㄳ', 'ㄵ', 'ㄼ, ㄽ, ㄾ', 'ㅄ'은 어말 또는 자음 앞에서 각각 [ㄱ, ㄴ, ㄹ, ㅂ]으로 발음한다.
예 넋[넉], 넋과[넉꽈], 앉다[안따], 여덟[여덜], 넓다[널따], 외곬[외골], 핥다[할따], 값[갑], 없다[업ː따]

다만, '밟-'은 자음 앞에서 [밥]으로 발음하고, '넓-'은 다음과 같은 경우에 [넙]으로 발음한다.
예 밟다[밥ː따], 밟지[밥ː찌], 밟고[밥ː꼬], 넓-죽하다[넙쭈카다], 넓-둥글다[넙뚱글다]

제13항 홑받침이나 쌍받침이 모음으로 시작된 조사나 어미, 접미사와 결합되는 경우에는, 제 음가대로 뒤 음절 첫소리로 옮겨 발음한다.
예 깎아[까까], 옷이[오시], 있어[이써], 낮이[나지], 꽂아[꼬자], 꽃을[꼬츨], 쫓아[쪼차], 밭에[바테], 앞으로[아프로], 덮이다[더피다]

제14항 겹받침이 모음으로 시작된 조사나 어미, 접미사와 결합되는 경우에는 뒤의 것만을 뒤 음절 첫소리로 옮겨 발음한다(이 경우, 'ㅅ'은 된소리로 발음함).
예 넋이[넉씨], 앉아[안자], 닭을[달글], 젊어[절머], 곬이[골씨], 핥아[할타], 읊어[을퍼], 값을[갑쓸]

제1장 의사소통능력

제15항 받침 뒤에 모음 'ㅏ, ㅓ, ㅗ, ㅜ, ㅟ'로 시작되는 실질 형태소가 연결되는 경우에는, 대표음으로 바꾸어서 뒤 음절 첫소리로 옮겨 발음한다.
- 예) 밭 아래[바다래], 늪 앞[느밥], 젖어미[저더미], 맛없다[마덥따], 겉옷[거돋], 헛웃음[허두슴], 꽃 위[꼬뒤]

겹받침의 경우에는 그중 하나만을 옮겨 발음한다.
- 예) 넋 없다[너겁따], 닭 앞에[다가페], 값어치[가버치], 값있는[가빈는]

다만, '맛있다[마딛따], 멋있다[머딛따]'는 [마싣따], [머싣따]로도 발음할 수 있다.

제16항 한글 자모의 이름은 그 받침소리를 연음하되, 'ㄷ, ㅈ, ㅊ, ㅋ, ㅌ, ㅍ, ㅎ'의 경우에는 특별히 다음과 같이 발음한다.
- 예) 디귿이[디그시], 디귿을[디그슬], 지읒이[지으시], 지읒을[지으슬], 치읓이[치으시], 치읓을[치으슬], 키읔이[키으기], 키읔을[키으글], 티읕이[티으시], 티읕을[티으슬], 피읖이[피으비], 피읖을[피으블], 히읗이[히으시], 히읗을[히으슬]

제20항 'ㄴ'은 'ㄹ'의 앞이나 뒤에서 [ㄹ]로 발음한다.
- 예) 난로[날ː로], 신라[실라], 천리[철리], 광한루[광ː할루], 대관령[대ː괄령], 칼날[칼랄], 물난리[물랄리], 줄넘기[줄럼끼], 할는지[할른지]

첫소리 'ㄴ'이 'ㅀ', 'ㄾ' 뒤에 연결되는 경우에도 이에 준한다.
- 예) 닳는[달른], 뚫는[뚤른], 핥네[할레]

다만, 다음과 같은 단어들은 'ㄹ'을 [ㄴ]으로 발음한다.
- 예) 의견란[의ː견난], 임진란[임ː진난], 생산량[생산냥], 결단력[결딴녁], 공권력[공꿘녁], 동원령[동ː원녕], 상견례[상견녜], 횡단로[횡단노], 이원론[이ː원논], 입원료[이붠뇨]

제29항 합성어 및 파생어에서, 앞 단어나 접두사의 끝이 자음이고 뒤 단어나 접미사의 첫음절이 '이, 야, 여, 요, 유'인 경우에는, 'ㄴ' 음을 첨가하여 [니, 냐, 녀, 뇨, 뉴]로 발음한다.
- 예) 솜-이불[솜ː니불], 홑-이불[혼니불], 막-일[망닐], 삯일[상닐], 맨-입[맨닙], 꽃-잎[꼰닙], 내복-약[내ː봉냑], 한-여름[한녀름], 남존-여비[남존녀비], 신-여성[신녀성], 색-연필[생년필], 직행-열차[지캥녈차], 늑막-염[능망념], 콩-엿[콩녇], 담-요[담ː뇨], 눈-요기[눈뇨기]

다만, 다음과 같은 말들은 'ㄴ' 음을 첨가하여 발음하되, 표기대로 발음할 수 있다.
- 예) 이죽-이죽[이중니죽/이주기죽], 야금-야금[야금냐금/야그먀금], 검열[검ː녈/거ː멸], 욜랑-욜랑[욜랑뇰랑/욜랑욜랑], 금융[금늉/그뮹]

다만, 다음과 같은 단어에서는 'ㄴ(ㄹ)' 음을 첨가하여 발음하지 않는다.
- 예) 6·25[유기오], 3·1절[사밀쩔], 송별-연[송ː벼련], 등-용문[등용문]

제30항 사이시옷이 붙은 단어는 다음과 같이 발음한다.

'ㄱ, ㄷ, ㅂ, ㅅ, ㅈ'으로 시작하는 단어 앞에 사이시옷이 올 때는 이들 자음만을 된소리로 발음하는 것을 원칙으로 하되, 사이시옷을 [ㄷ]으로 발음하는 것도 허용한다.

예 냇가[내ː까/낻ː까], 샛길[새ː낄/샏ː낄], 콧등[코뜽/콛뜽], 햇살[해쌀/핻쌀], 고갯짓[고개찓/고갣찓]

사이시옷 뒤에 'ㄴ, ㅁ'이 결합되는 경우에는 [ㄴ]으로 발음한다.

예 콧날[콛날→콘날], 아랫니[아랟니→아랜니], 툇마루[퇻ː마루→퇸ː마루], 뱃머리[밷머리→밴머리]

사이시옷 뒤에 '이' 음이 결합되는 경우에는 [ㄴㄴ]으로 발음한다.

예 베갯잇[베갣닏→베갠닏], 깻잎[깯닙→깬닙], 나뭇잎[나묻닙→나문닙], 도리깻열[도리깯녈→도리깬녈], 뒷윷[뒨ː뉻→뒨ː뉻]

PART 02 » 기출문제

출제경향

의사소통능력은 기존 NHAT 유형(어휘, 한자, 독해 등)에 NCS 유형(농협/농업/금융 관련 지문의 독해 등)이 결합된 형태로 출제된다. 최근 들어 영역 전체적으로 PSAT 및 NCS모듈형 문제의 출제를 늘리고 있어 기존의 NHAT유형의 출제가 줄어들고, 난도는 상승하며 문제의 길이도 길어지는 추세를 보이고 있다.

출제분석

NHAT형	어휘	동의어, 유의어, 반의어, 어문규정, 한자어, 한자성어, 속담 등
	독해	문단 배열, 주제 찾기, 일치/불일치 등
NCS형	독해	농협/농업/금융 관련 지문의 내용 파악 등
PSAT/ NCS모듈 복합	응용 업무	보고서 등에 대한 문서작성능력 및 대화문에 대한 경청능력/의사표현능력 활용
	독해	긴 길이의 지문에 대한 내용이해, 추론

학습방법

① **어휘**
- 최근 출제빈도는 다소 줄었으나 여전히 자주 출제되는 유형이므로 다양한 어휘에 관심을 가지고 집중적으로 암기한다.
- 한자는 동음이의어로 사용되는 유사한 말들에 주의하고 평소에 어려운 한자들은 정리해 두는 것이 필요하다.
- 단어의 단독적인 의미에 집착하지 말고 문맥상의 의미를 파악하는 훈련을 해야 하며, 문제가 요구하는 바(출제 포인트)를 알아내어 답을 선택해야 한다.

② **독해**
- 단문・중문의 글을 꾸준히 읽는 연습을 하여 글의 흐름을 파악하는 연습을 한다.
- 장문의 경우 문제에서 중요한 내용과 불필요한 내용을 빠르게 구분할 수 있는 연습을 해야 한다.
- 농협/농업/금융 관련 내용이 독해 지문으로 주어질 수 있으므로 관련 신문기사를 읽어보고 내용을 파악하는 것이 좋다.

③ **응용업무**
- 업무 등에서 사용하는 특수한 양식의 문서를 작성하는 과정에서 고려해야 할 사항에 대해 물을 수 있다.
- 조직 내에서 있을 수 있는 대화문이나 전달 사항을 올바르게 이해할 수 있는지에 관한 문제가 출제될 수 있다.

기출유형1   동의어/유의어/반의어

01 다음 제시된 단어와 의미가 같거나 비슷한 단어를 고른 것은?

> 임종(臨終)

① 단말마(斷末魔)   ② 종말(終末)
③ 사자후(獅子吼)   ④ 임무(任務)
⑤ 종결(終結)

정답 및 해설

임종(臨終) : 죽음을 맞이함
① 단말마(斷末魔) : 임종(臨終)을 달리 이르는 말
② 종말(終末) : 계속된 일이나 현상의 맨 끝
③ 사자후(獅子吼) : 사자의 우렁찬 울부짖음이란 뜻으로, 크게 부르짖어 열변을 토하는 연설을 이르는 말
④ 임무(任務) : 맡은 일. 또는 맡겨진 일
⑤ 종결(終結) : 일을 끝냄

정답 : ①

02 다음 제시된 단어와 의미가 반대인 것은?

> 타결(妥結)

① 결렬(決裂)   ② 협상(協商)
③ 해결(解決)   ④ 협의(協議)
⑤ 배척(排斥)

정답 및 해설

타결(妥結) : 의견이 대립된 양편에서 서로 양보하여 일을 마무름 ↔ 결렬(決裂) : 의견이 일치하지 않아 각각 갈라섬
② 협상(協商) : 여럿이 모여 서로 의논함
④ 협의(協議) : 여러 사람이 모여 서로 의논함
③ 해결(解決) : 얽힌 일을 풀어 잘 처리함
⑤ 배척(排斥) : 따돌리거나 거부하여 밀어 내침

정답 : ①

- 최근에는 잘 안 쓰이는 단어보다는 일상적으로 사용되는 단어가 주로 출제되고 있다.
- 어려운 단어보다는 쉬운 단어가 많이 출제된다.
- 위 문제처럼 한글에 한자가 병기된 문제들이 많이 출제되고 있다.

제1장 의사소통능력

기출유형2 　　　　　어휘력

03　다음 밑줄 친 단어의 의미로 알맞은 것을 고르면?

> 옆 부서 신입사원은 인사성이 매우 <u>바르다</u>.

① 묻는 말에 <u>바르게</u> 대답하십시오.
② 옷차림을 <u>바르게</u> 하는 것은 좋은 인상을 준다.
③ 네가 우리 회사에 대해 <u>바르게</u> 알고 있으면 좋겠다.
④ 햇볕이 <u>바르고</u> 넓은 집이 좋다.
⑤ 요즘은 너처럼 경우가 <u>바르고</u> 너그러운 사람이 많지 않아.

정답 및 해설
⑤ 말이나 행동 따위가 사회적인 규범이나 사리에 어긋나지 아니하고 들어맞는다는 뜻이다.
①, ③ 사실과 어긋남이 없다는 뜻이다.
② 겉으로 보기에 비뚤어지거나 굽은 데가 없다.
④ 그늘이 지지 아니하고 햇볕이 잘 든다는 뜻이다.

정답 : ⑤

'바르다'의 다양한 의미
① 겉으로 보기에 비뚤어지거나 굽은 데가 없다.
② 말이나 행동 따위가 사회적인 규범이나 사리에 어긋나지 아니하고 들어맞다.
③ 사실과 어긋남이 없다.
④ 풀칠한 종이나 헝겊 따위를 다른 물건의 표면에 고루 붙이다.
⑤ 차지게 이긴 흙 따위를 다른 물체의 표면에 고르게 덧붙이다.
⑥ 물이나 풀, 약, 화장품 따위를 물체의 표면에 문질러 묻히다.
⑦ 껍질을 벗기어 속에 들어 있는 알맹이를 집어내다.
⑧ 뼈다귀에 붙은 살을 걷거나 가시 따위를 추려 내다.

- 다의어(多義語)에 관한 문제로서 다의어란 두 가지 이상의 뜻을 가진 단어를 가리키는 말이다.
- 문장 속에서 단어의 의미를 유추해보고 주제별로 분류해본다.

| 기출유형3 | 언어유추 |

04 제시된 단어의 관계와 같도록 할 때 빈칸에 들어갈 알맞은 것을 고르면?

> 적금 : 이자 = 재배 : (   )

① 수확　　　　② 농사　　　　③ 작물
④ 기술　　　　⑤ 귀농

정답 및 해설
제시된 단어의 관계는 인과관계이다. 적금을 들면 이자가 생기고 재배를 하면 수확을 할 수 있다.

정답 : ①

배경지식

인과관계 : 두 개념이 원인과 결과의 관계로 성립되는 유형
예 과속 : 교통사고, 화석에너지 : 지구온난화, 늦잠 : 지각, 장마 : 홍수

합격노트

- 먼저 가로가 없는 곳에서 제시된 관계를 정의하고, 오른쪽 변의 단어와 그 관계에 해당하는 단어를 고르면 된다.
- 해당 관계를 제대로 정의하는 것이 가장 중요하며, 인과관계는 아니지만 '김만중 - 구운몽 = 스탕달 - 적과 흑'처럼 관련 지식이 있어야 풀 수 있는 문제도 존재한다.

제1장 의사소통능력

기출유형4　맞춤법

05　다음 밑줄 친 글자 중 맞춤법이 틀린 것을 고르면?

> 　우리 ○○농협은 영산강 상류에 자리 잡아, 기름진 옥토를 보전하고 있고, 나주배의 원산지임과 동시에 개발 잠재력이 매우 ㉠<u>풍부한</u> 지역입니다.
> 　이러한 우리 ○○농협의 모습을 더욱 널리 알리고 홈페이지를 방문한 고객에게 다양한 정보를 제공하고자 ○○농협 홈페이지를 ㉡<u>개설하게</u> 되었습니다.
> 　아직은 ㉢<u>미읍한</u> 점이 많이 있지만 계속적으로 보완하여 ㉣<u>알차고</u> 유용한 홈페이지가 되도록 노력하겠습니다.
> 　방문하시는 여러분들의 변함없는 사랑과 관심을 부탁드리며, 이번의 홈페이지 개설로 농민조합원들에게 더욱 사랑받고 고객과 함께하는 ○○농협이 되도록 노력해 나가겠습니다. 여러분들의 가정에 늘 건강과 행복이 항상 ㉤<u>넘치시길</u> 기원 드립니다.

① ㉠　　　　　　　② ㉡　　　　　　　③ ㉢
④ ㉣　　　　　　　⑤ ㉤

정답 및 해설

미읍한 → 미흡한

정답 : ③

미흡하다(未洽——) : 아직 흡족하지 못하거나 만족스럽지 아니하다.

- 일상적으로 사용하는 말이지만, 잘못 알고 있거나 발음을 알고 있으나 정확한 철자를 모르는 경우 혼동이 올 수 있다.
- 평소에 글을 읽으면서 정확한 철자를 확인하는 습관을 기르는 것이 좋다.

기출유형5   속담 및 격언

06   다음 빈칸에 들어갈 알맞은 속담은?

> 쌀 소비가 줄고 있는 가운데 연이은 풍작으로 공급과잉이 지속됨에 따라 농업인의 가격 하락 우려가 심각한 수준에 달하고 있지만 정부의 대책은 여전히 미흡하다. 특히 수매 등 정부의 시장격리 정책이 (　　　) 식으로 진행되다 보니 추가 격리만 잦아지고 시장에서 효과는 낮다는 지적이다.

① 달면 삼키고 쓰면 뱉는다.   ② 고래 싸움에 새우 등 터진다.
③ 식은 죽 먹기   ④ 언 발에 오줌 누기
⑤ 같은 값이면 다홍치마

정답 및 해설
④ 잠깐만 효력이 있을 뿐 효력이 바로 사라짐
① 자기에게 이로우면 이용하고 필요 없는 것은 배척함
② 강한 자끼리 서로 싸우는 통에 아무 상관없는 약한 자가 해를 입음
③ 주머니 속에 든 것을 꺼내 가지는 것과 같이 아주 손쉽게 얻음
⑤ 같은 값이면 좋은 물건을 가짐

정답 : ④

위 지문을 분석해보면 다음과 같음을 알 수 있다.

쌀 소비 감소 → 연이은 풍작으로 공급과잉이 지속됨 → 농업인의 가격 하락 우려, 하지만 정부의 대책 미흡. 특히 수매 등 정부의 시장격리 정책이 (　　　) 식으로 진행되어 추가 격리만 잦아지고 시장에서 효과는 낮음

즉, '정부의 대책 미흡'에 중점을 두고 보기에서 고른다면 쉽게 풀 수 있다.

기출유형6   글의 독해(문단 배열)

07 다음 제시된 문장을 순서대로 바르게 배열한 것을 고르면?

> (가) 과학은 현재 있는 그대로의 실재에만 관심을 두고 그 실재가 앞으로 어떠해야 한다는 당위에는 관심을 두지 않는다.
> (나) 그러나 각자 관심을 두지 않는 부분에 대해 상대로부터 도움을 받을 수 있기 때문에 상호 보완적이라고 보는 것이 더 합당하다.
> (다) 과학과 종교는 상호 배타적인 것이 아니며 상호 보완적이다.
> (라) 반면 종교는 현재 있는 그대로의 실재보다는 당위에 관심을 둔다.
> (마) 이처럼 과학과 종교는 서로 관심의 영역이 다르기 때문에 배타적이라고 볼 수 있다.

① (가) - (라) - (나) - (다) - (마)
② (가) - (라) - (마) - (다) - (나)
③ (다) - (가) - (라) - (마) - (나)
④ (다) - (나) - (가) - (라) - (마)
⑤ (다) - (나) - (가) - (마) - (라)

정답 및 해설

글 전체의 내용을 집약하는 진술인 (다)가 글의 첫머리에 온다는 것을 파악한다. 다음으로는 주제인 (다) 관련 내용인 (가)와 (라)가 순서대로 위치해야 한다. 다음은 접속 부사를 확인해야 하는데, (나)의 '그러나', (라)의 '반면', (마)의 '이처럼' 중에서 글을 마무리 짓는 접속 부사는 '이처럼'이다. 이때 (나)는 (마)의 내용을 전환하고 있으므로 (마) 다음에 (나)가 온다.

정답 : ③

합격노트

- 주제 파악 → 관련 근거 → '반면, 그러나' 등으로 반대되는 내용 → 결론 순으로 분석할 수 있다.
- 다른 방법으로는 아래와 같은 방법이 있다.
  - (나)의 '그러나'라는 단어를 통해 (나) 앞에 반대되는 내용인 (마)를, (라)의 '반면'이라는 단어를 통해 반대되는 내용인 (가)가 오는 것을 알 수 있다. 이를 통해 (마) - (나), (가) - (라)임을 알 수 있다.
  - (다)는 과학과 종교를 포괄하는 내용으로 (가) - (라)의 앞에 오는 것을 알 수 있으므로 (다) - (가) - (라) 순이다.
  - (마)의 '이처럼'이라는 단어를 통해 (마) - (나)의 내용이 중간에 오는 것을 알 수 있어 순서는 (다) - (가) - (라) - (마) - (나)임을 알 수 있다.

기출유형7 　　글의 독해(내용 파악)

08 다음 글을 읽고 문제점과 해결방안으로 옳지 않은 것은?

> 농가와 농가 인구의 감소 및 고령화 추세는 앞으로도 계속될 것이다. 가족 구성원 가운데 주종사자 외 임시 농업 종사자가 단 한 명도 없는 농가 비율이 2003년 65.5%에서 2012년 74.6%로 크게 늘었다. 영농 승계자 확보 농가 비율이 1995년 13.1%에서 2015년 9.8%로 감소해 농가 내부 경영승계를 통한 농가 재생산 가능성이 희박해졌다. 2015년 기준 경영주 연령이 65세 이상인 농가 비율은 53%이고 전체 농가 중 30%에 해당하는 농가가 노인 부부로만 구성됐고, 노인 독거 농가 비율도 13%에 달한다.
> 　청년 신규취농을 살펴보면 한국농수산대학 졸업생 중 영농종사자 비율은 85.3%에 달하며 한국농수산대학 졸업생 경영주인 청년 농가가 전체 청년 농가 집단의 21.5%를 차지한다. 2014년 기준 졸업생 농가의 평균 소득은 8,594만 원이다. 하지만 이 외의 귀농한 청년 신규 취농자는 집중적・실천적 교육훈련 경험과 현금 소득 등 초기 생계, 토지・자본 등 영농기반, 지역사회관계망 편입 등에 있어 어려움을 겪고 있는 것으로 나타났다. 청년 귀농가구의 평균 농업소득은 약 2,201만 원, 농외소득은 456만 원으로 집계됐다.
> 　한국농수산대학 사례서 보듯 평균 규모 이상의 영농기반을 승계자에게 순조롭게 이양할 수 있게 돕는 제도적 지원 장치는 최소한의 농가 유지에 긴요한 수단이 될 수 있다. 그렇지만 외부의 신규 취농자에 대한 농업경영자원 이양을 촉진하는 제도와 정책의 필요성은 점점 커지고 있다.

① 농가 인구의 감소 및 고령화 추세는 지속되리라 예상된다.
② 외부 경영승계를 통한 농가 재생산 가능성이 희박해졌다.
③ 청년 신규취농자 중 한국농수산대학 졸업생 이외의 귀농한 청년 신규 취농자는 초기 생계, 토지・자본 등 영농기반, 지역사회관계망 편입 등에서 어려움을 겪고 있다.
④ 평균 규모 이상의 영농기반을 승계자에게 순조롭게 이양할 수 있게 돕는 제도적 지원 장치가 필요하다.
⑤ 외부의 신규 취농자에 대한 농업경영자원 이양을 촉진하는 제도와 정책이 필요하다.

정답 및 해설

② 내부 경영승계를 통한 농가 재생산 가능성이 희박해졌다.

정답 : ②

위 지문은 다음과 같이 분석할 수 있다.

① 농가와 농가 인구의 감소 및 고령화 추세가 지속
  ㉠ 가족 구성원 가운데 주종사자 외 임시 농업 종사자가 단 한 명도 없는 농가 비율이 증가
  ㉡ 영농 승계자 확보 농가 비율이 감소해 농가 내부 경영승계를 통한 농가 재생산 가능성 감소
② 한국농수산대학 졸업생과 이외의 귀농한 청년 신규 취농자 비교
  ㉠ 한국농수산대학 졸업생 경영주인 청년 농가가 전체 청년 농가 집단의 20% 이상을 차지하며 졸업생 농가의 평균 소득은 매우 높다.
  ㉡ 이 외의 귀농한 청년 신규 취농자는 영농기반, 지역사회관계망 편입 등에 있어 어려움을 겪고 있다. 청년 귀농가구의 평균 농업소득은 낮다.
③ 평균 규모 이상의 영농기반을 승계자에게 순조롭게 이양할 수 있게 돕는 제도적 지원 장치가 필요하지만, 더 중요한 것은 외부의 신규 취농자에 대한 농업경영자원 이양을 촉진하는 제도와 정책임

위 ①의 ㉡을 통해 ②번이 답임을 알 수 있다.

PART 03 〉예상문제

01 동의어 · 유의어

| 출제포인트 | 제시어를 통해 고유어 및 한자어의 동의어와 유의어를 찾는 문제가 출제된다. 형태상 또는 내용상 혼동하기 쉬운 어휘가 나열되므로 평상시 문장을 통해 단어의 정확한 뜻을 파악하며 읽는 자세가 필요하다. 고유어의 동음이의어 및 다의어의 문맥상 의미를 파악하는 것도 중요하지만, 한자어는 한자의 형태에 따라 의미가 달라지므로, 함정에 빠지지 않도록 표기된 한자에 특히 유의하여 신중히 읽는 습관을 길러야 한다.

| 문제풀이법 | 이러한 유형에서는 정답과 전혀 관계없는 것이 한눈에 보인다. 문제는 둘 중에 하나를 선택해야 할 때인데, 자신이 알고 있는 단어의 의미를 확신한다면 그것을 중심으로 정답을 선택한다. 일반적으로 한자는 뜻글자이므로 한 단어를 근거로 의미를 유추하면 거의 맞는 경우가 많다.

[1~3] 다음 제시된 단어와 의미가 같거나 비슷한 것을 고르시오.

01 역연하다
① 막연하다 ② 분명하다
③ 연연하다 ④ 희미하다
⑤ 순연하다

02 곤궁(困窮)
① 궁상(窮狀) ② 곤란(困難)
③ 궁핍(窮乏) ④ 인색(吝嗇)
⑤ 윤택(潤澤)

03 방관(傍觀)
① 관여(關與) ② 좌시(坐視)
③ 참견(參見) ④ 타협(妥協)
⑤ 견지(見地)

제1장 의사소통능력

[4~6] 다음 밑줄 친 단어와 의미가 같거나 비슷한 단어를 고르시오.

04

> 중부권역 지역농협에 농자재를 공급하는 거점 역할을 하게 될 농협 ○○자재유통센터가 본격적인 운영에 들어갔다.
> 농협경제지주는 농협회장, 지역농협 조합장 등 400여 명이 참석한 가운데 ○○자재유통센터 개장식을 했다.
> ○○자재유통센터는 앞으로 경기·강원·충청권 지역농협에 비료·농약·농기계·시설자재 등 6,600가지의 농자재를 공급하게 된다. 이를 위해 하루 최대 지역농협 216곳에 각종 농자재를 동시에 공급할 수 있는 최신 전산시스템도 갖췄다. 아울러 고령자·여성농민·귀농인 등을 위해 중소 농기계를 상시 전시한다.
> 특히 ○○자재유통센터는 지역농협의 농자재 수요를 최대한 결집한 뒤 경쟁입찰 방식으로 조달해 가격 안정성과 투명성을 제고한다는 방침이다.
> 농협 회장은 "농민들의 생산비를 줄여 적은 부담으로 농사를 짓도록 하는 것이 협동조합의 <u>본질</u>"이라며 "농협 ○○자재유통센터가 이같은 역할을 실천해 농가소득 5,000만 원을 달성하는 데 앞장서달라"고 당부했다.

① 근본(根本)　　② 현상(現象)　　③ 실상(實相)
④ 원천(源泉)　　⑤ 형질(形質)

정답 및 해설

01. ②　02. ③　03. ②　04. ①

01 역연하다 : 분명히 알 수 있도록 또렷하다.
　① 막연하다 : 뚜렷하지 못하고 어렴풋하다.　③ 연연하다 : 집착하여 미련을 가지다.
　④ 희미하다 : 분명하지 못하고 어렴풋하다.　⑤ 순연하다 : 차례로 기일을 늦추다.

02 곤궁(困窮) : 가난하여 살림이 구차함 ≒ 빈궁(貧窮), 빈곤(貧困)
　① 궁상(窮狀) : 어렵고 궁한 상태 ≒ 궁태(窮態)　② 곤란(困難) : 사정이 몹시 딱하고 어려움
　④ 인색(吝嗇) : 재물을 아끼는 태도가 몹시 지나침　⑤ 윤택(潤澤) : 살림이 풍부함

03 방관(傍觀) : 어떤 일에 직접 나서서 관여하지 않고 곁에서 보기만 함
　② 좌시(坐視) : 참견하지 아니하고 앉아서 보기만 함
　① 관여(關與) : 어떤 일에 관계하여 참여함
　③ 참견(參見) : 자기와 별로 관계없는 일이나 말 따위에 끼어들어 쓸데없이 아는 체하거나 간섭함
　④ 타협(妥協) : 어떤 일을 서로 양보하여 협의함
　⑤ 견지(見地) : 어떤 사물을 판단하거나 관찰하는 입장

04 본질(本質) : 본디부터 가지고 있는 사물 자체의 성질이나 모습 또는 사물이나 현상을 성립시키는 근본적인 성질
　① 근본(根本) : 사물의 본질이나 본바탕
　② 현상(現象) : 인간이 지각할 수 있는 사물의 모양과 상태 ↔ 본질
　③ 실상(實相) : 실제 모양이나 상태
　④ 원천(源泉) : 사물의 근원
　⑤ 형질(形質) : 사물의 생긴 모양과 성질

05

농협 ○○본부가 가업상속·중소기업 절세 컨설팅 활동에 나서 호응을 얻고 있다.
○○본부는 5일 ○○시내 △△호텔에서 법인 CEO고객 등 70여 명을 대상으로 '제2차 고객포럼'을 개최했다.
이날 포럼에서 한 참석자는 "창업도 어렵지만 잘 갖추어진 사업을 유지하는 것은 더욱 어려우므로 수십 년의 연혁을 자랑하면서 착실하게 쌓아온 기술과 경영 노하우를 가장 확실하고 경제적으로 보전하면서 100년 장수 기업으로 가는 길이 바로 가업승계이다."라고 주장했다.
특히 이날 포럼은 우리나라에서 가업승계에 대해 '부(富)의 대물림' 또는 '부의 세습'이라는 부정적 분위기 때문에 사업승계 또는 가업상속에 대한 정부의 지원도 거의 없는 상황이었으나 최근 가업승계의 필요성과 국가 경제에 미치는 중요성 등으로 가업승계에 대한 지원이 확대되는 흐름에 따라 실제 가업상속 컨설팅 사례 위주로 진행되면서 참석자들의 주목을 끌었다.

① 개혁(改革) ② 내력(來歷) ③ 연대(年代)
④ 선례(先例) ⑤ 문헌(文獻)

06

수확기가 되면 작물만 다를 뿐 생산과잉 또는 생산부족으로 인건비를 충당하지 못한 채 밭을 갈아엎거나 한해 농사를 망친 농민들이 시름이 크다. 생산이 줄어 수입 농산물로 대체한다는 등의 소식을 때마다 들어야 했다.
이에 대한 지적으로는 '통계의 오류'가 자주 등장한다. 통계청의 농산물 현황과 농림축산식품부의 현장에서의 재배면적과 생산량 등은 수치가 들어맞지 않는다. 각기 조사 시점과 방법이 다르며 발표 시기도 다른 탓으로, 정부도 이를 인지하고 있다.
그러다 보니 농민들의 정부 통계에 따른 수급분석에 대한 불신도 한몫한다. 전년 수확량에 비견한 예측시스템을 믿기보다는 농산물 선택 기준을 자의적으로 예단하는 경향도 나타난다.
올해 양파의 경우는 지난달 말 통계청 발표에 따르면 양파 올해 재배면적이 2만 6,418㏊로 전년보다 35.2%(6,880㏊)나 늘었다. 이는 농식품부가 지난 3월 한국농촌경제연구원 조사를 토대로 예측한 증가치 18.3%의 두 배에 이른다.

① 인견(引見) ② 비근(卑近) ③ 요약(要約)
④ 대조(對照) ⑤ 병견(竝肩)

정답 및 해설

05. ② 06. ⑤

05 연혁(沿革) : 변천하여 온 과정
  ② 내력(來歷) : 지금까지 지내온 경로나 경력, 일정한 과정을 거치면서 이루어진 까닭
  ① 개혁(改革) : 제도나 기구 따위를 새롭게 뜯어고침
  ③ 연대(年代) : 지나간 시간을 일정한 햇수로 나눈 것
  ④ 선례(先例) : 이전부터 있었던 사례
  ⑤ 문헌(文獻) : 연구의 자료가 되는 서적이나 문서

06 비견(比肩) : 앞서거나 뒤서지 않고 어깨를 나란히 한다는 뜻으로, 낫고 못할 것이 없이 정도가 서로 비슷하게 함을 이르는 말 ≒ 병견(竝肩)
  ① 인견(引見) : 윗사람이 아랫사람을 불러 봄
  ② 비근(卑近) : 흔히 주위에서 보고 들을 수 있을 만큼 알기 쉽고 실생활에 가까움
  ③ 요약(要約) : 말이나 글의 요점을 잡아서 간추림
  ④ 대조(對照) : 둘 이상인 대상의 내용을 맞대어 같고 다름을 검토함

02 반의어

| 출제포인트 | 제시된 단어와 반대의 의미를 지닌 단어를 찾는 문제, 제시문에 쓰인 특정 단어와 상반된 뜻을 지닌 단어를 고르는 문제 등이 출제된다. 반의어의 경우도 동의어처럼 생소한 단어가 출제되는 경우가 많으므로 미리 대비하여야 한다. 또한, 형태상 혹은 내용상 혼동하기 쉬운 어휘가 나열되므로 평상시 문장을 통해 단어의 정확한 뜻을 파악하며 읽는 자세가 필요하다. 특히 동음이의어의 함정에 빠지지 않도록 한자에 유의하여 신중히 읽는 습관을 길러야 한다.

| 문제풀이법 | 유의어와 마찬가지로 이러한 유형은 정답과 전혀 관계없는 것이 한눈에 보인다. 문제 해결의 기본은 유의어와 마찬가지이다. 한자는 뜻글자이기 때문에 반의어 유형이 정답을 찾는 데 훨씬 더 수월하다. 어휘력 문제를 해결하기 위해서는 자신이 모르는 단어를 접하는 즉시 그 단어의 의미를 찾아보아야 한다.

[1~3] 다음 제시된 단어와 의미가 반대인 것을 고르시오.

01 성글다

① 배다
② 성기다
③ 서먹하다
④ 느슨하다
⑤ 엉성하다

02 늦사리

① 제철
② 아침
③ 오사리
④ 파사리
⑤ 제선

03 낭비(浪費)

① 허비(虛費)
② 검약(儉約)
③ 소비(消費)
④ 절세(節稅)
⑤ 사치(奢侈)

제1장 의사소통능력

[4~6] 다음 밑줄 친 단어와 의미가 반대인 것을 고르시오.

04

△△농협 지자체의 적극적인 예산지원에 힘입어 영농작업반 사업에 탄력을 얻고 있다. 특히 농협 지도·경제업무를 하다 퇴직한 직원을 계약직 전담인력으로 채용하고 있다. 현장 여러 돌발 변수에서 신규직원보다 노련하게 대처할 수 있다는 것이다. △△농협은 본부 회의실에서 시군지부 인력중개 담당자들과 함께 이러한 사례를 공유하고 지원 방안을 논의했다. 이날 참석자들은 인력을 지원하는 농협과 지원받는 농가 간 괴리 등 여러 얘기를 쏟아냈다.

"농가에서는 자원봉사자들보다는 비싼 돈을 주더라도 전문 인력을 쓰길 원한다.", "지원 인력 구성을 보면 60대 이상 여성이 90%를 넘는다. 이들 또한 1년 365일 직업으로 한다기보다는, 자신들 돈벌이가 부족한 달에 10일씩 나와 하는 식이다."

"일손이 어느 지역에 어느 정도 부족한지, 구체적인 데이터가 없지 않은가. 그러니 대책을 논의하는 데도 한계가 있는 것 같다." △△농협은 이날 자리를 바탕으로 앞으로 '농촌인력중개 표준모델' 개발에 나선다는 계획이다.

① 성숙(成熟) ② 숙련(熟練) ③ 치졸(稚拙)
④ 미숙(未熟) ⑤ 우둔(愚鈍)

정답 및 해설
01. ① 02. ③ 03. ② 04. ④

01 성글다 : 물건의 사이가 뜨다. 반복되는 횟수가 뜨다. 관계가 깊지 않고 서먹하다.
① 배다 : 물건의 사이가 비좁거나 촘촘하다. 생각이나 안목이 매우 좁다.

02 늦사리 : 같은 작물을 제철보다 늦게 수확하는 일, 또는 그런 작물 ≒ 파사리
③ 오사리 : 같은 작물을 제철보다 일찍 수확하는 일, 또는 그런 작물

03 낭비(浪費) : 시간이나 재물을 헛되이 헤프게 씀 ≒ 남비(濫費)
② 검약(儉約) : 돈이나 물건, 자원을 낭비하지 않고 아껴 씀

04 노련(老鍊) : 경험이 많아 익숙하고 능란함
④ 미숙(未熟) : 일 따위에 익숙하지 못하여 서투름
① 성숙(成熟) : 생물의 발육이 완전히 이루어짐, 몸과 마음이 자라서 어른스럽게 됨
② 숙련(熟練) : 연습을 많이 하여 능숙하게 익힘
③ 치졸(稚拙) : 유치하고 졸렬함
⑤ 우둔(愚鈍) : 어리석고 둔함

05

　농촌인구 감소 및 고령화 등 급격한 농업·농촌의 환경변화를 겪고 있는 농협 ○○본부는 갈수록 어려워지는 경영여건을 극복하고 농업인 지원 역량을 강화하기 위해 농축협의 선제적인 <u>자율</u>합병을 적극적으로 추진키로 했다.
　19일 ○○농협에 따르면 지난 12일 △△농협과 XX농협이 합병가계약을 체결하고, 오는 28일 전체 조합원을 대상으로 합병에 대한 찬반투표가 진행될 예정이다.
　○○농협 관계자는 "내년 초 새 합병농협은 지역사회에 기여하고 농가소득 5,000만 원 시대를 이끌 강소농협으로 재탄생될 것으로 기대를 모으고 있다"며 "중앙회는 성공적인 △△농협과 XX농협의 합병을 위해 400억 원 이상의 대규모 무이자자금을 지원하고, 합병농협의 사업 활성화와 조기 경영안정을 위한 종합컨설팅을 실시하는 등 다양한 지원방안을 마련 중이다"고 덧붙였다.

① 자유(自由)　　② 타율(他律)　　③ 능률(能率)
④ 자제(自制)　　⑤ 지배(支配)

06

　1974년 국립종자관리소(현 국립종자원)가 설립된 이래 지금까지 벼 종자의 품종 육성 및 생산·보급을 주도적으로 담당해 왔다. 지난해 국립종자원이 공급한 정부 보급종자는 2만 1,600여t으로, 전체 소요량의 52.2%에 달한다. 반면 민간을 통해 생산·공급된 종자는 1% 미만에 그친다. 나머지는 농가가 직접 채종한 종자 등이다.
　이러한 정부 주도의 시장 구조 때문에 농업인이 원하는 양만큼 종자가 공급되지 못하고 있다. 보급종자가 부족하기 때문이다.
　농협경제연구소 등에 따르면 국내 벼 종자 갱신율은 50~55% 수준에 불과하다. 70~100%의 갱신율을 보이는 선진국과 견줘 턱없이 낮은 수준이다.
　국제 경쟁력 확보에도 한계를 드러내고 있다. 경쟁을 통한 산업발전이 이뤄지지 않은 탓이다. 국내 쌀 소비시장에서조차 국산 품종의 쌀이 일본 품종보다도 싼값에 판매되는 사실이 이를 방증해 준다. 실제로 지난해 12월 9일 대형유통업체의 인터넷 쇼핑몰에선 〈오대쌀〉이 일본 〈고시히카리〉보다 10kg당 1,700~6,800원 싼값에 거래됐다.
　또 품종을 생산·공급하는 민간의 시장 참여가 없다 보니 농촌진흥청에서 경쟁력 있는 우수한 품종을 개발하더라도 <u>사장</u>(死藏)되는 경우도 나타난다.

① 활용(活用)　　② 백장(白藏)　　③ 필요(必要)
④ 소용(所用)　　⑤ 부활(復活)

정답 및 해설

05. ② **06.** ①

05 자율(自律) : 제 행동을 스스로 절제함
② 타율(他律) : 자기의 뜻대로 결정하여 한 것이 아니라 남의 강박·구속 따위에 따라 통제되는 일
① 자유(自由) : 외부적인 구속이나 무엇에 얽매이지 아니하고 자기 마음대로 할 수 있는 상태
③ 능률(能率) : 일정한 동안에 할 수 있는 일의 비율, 일의 성과
④ 자제(自制) : 제 욕망이나 감정을 스스로 억제함
⑤ 지배(支配) : 어떤 사람이나 집단, 조직, 사물 등을 자기의 의사대로 복종하게 하여 다스림, 외부의 요인이 사람의 생각이나 행동에 적극적으로 영향을 미침

06 사장(死藏) : 사물 따위를 필요한 곳에 활용하지 않고 썩혀 둠 ≒ 백장(白藏)
① 활용(活用) : 충분히 잘 이용함
③ 필요(必要) : 반드시 요구되는 바가 있음
④ 소용(所用) : 쓸 곳 또는 쓰이는 바
⑤ 부활(復活) : 죽었다가 다시 살아남, 쇠퇴하거나 폐지한 것이 다시 성하게 됨

03 어휘력

| 출제포인트 | 주어진 단어의 올바른 뜻을 찾거나 반대로 풀어 놓은 뜻을 보고 단어를 찾는 문제, 문맥에 맞는 어휘를 골라 문장을 완성하는 문제 등이 자주 출제된다. 요즘은 쓰지 않는 고어나 순우리말 풀이에 관해서도 종종 출제되므로 상식을 넓혀 많은 단어를 숙지하여야 한다.

| 문제풀이법 | 어휘력 문제를 해결하기 위해서는 단어의 정확한 의미와 문장에 따른 적절한 사용을 익히고, 자주 출제되는 한자어 및 고유어를 익혀 그 의미를 묻는 문제에 대비해야 한다. 나이, 사람, 성격, 단위어, 구별해서 쓸 말 등을 주제별로 묶어 정리해 둘 필요가 있다. 특히 어휘력 문제에서 단어의 의미를 단독으로 암기하기보다는 문장 속에서 의미를 유추하는 문맥상 의미에 유의하여야 한다. 모르는 단어일지라도 주어진 상황과 비슷한 유형이 정답이 될 가능성이 크다는 것을 인식하고 대비하면 도움이 될 것이다. 또 주어진 의미에 맞는 단어 찾기와 단어의 올바른 의미를 찾는 문제에 대비하기 위해 우선 본 교재에 제시한 빈출 어휘를 먼저 익히고 나서 외연을 확장해 나가는 방법을 활용하면 고득점을 위한 준비를 충분히 할 수 있다.

● 어휘의 의미 파악

[1~2] 다음 제시된 어휘의 의미로 올바른 것을 고르시오.

01 농치다
① 교묘하게 잘 둘러대는 재주가 있다.
② 사리에 맞지 않게 비꼬다.
③ 좋은 말로 성난 것을 누그러지게 하다.
④ 가까이 붙어서 그럴듯한 말로 자주 아첨하다.
⑤ 행동이 건방지거나 주제넘다.

02 갈마들다
① 다른 것으로 바꾸어 대신하다.
② 대들어 맞서다.
③ 남과 시비를 겨룰 때 약점을 잡히다.
④ 서로 번갈아들다.
⑤ 가엾게 여기어 돌보아 주다.

03 다음 밑줄 친 단어의 의미로 알맞은 것을 고르면?

우리 부서 사람들이 퇴근 무렵이 되니 하나둘씩 시나브로 모여들었다.

① 시도 때도 없이 항상   ② 시끌벅적하고 소란스럽게
③ 순서대로 차례로   ④ 알 듯 모를 듯 어느새
⑤ 몹시 어수선하고 시끌벅적함

04 다음 밑줄 친 단어의 쓰임이 적절하지 않은 것은?
① 동아리 활성화를 위한 프로그램 개발이 필요하다.
② 그 회사는 사건의 진상을 호도하려 한다.
③ 빙산이 바다 위를 부상하는 것은 온난화 때문이다.
④ 세입자에게 밀린 집세를 너무 자주 채근하지 마라.
⑤ 배후에서 그를 조종한다는 느낌이 들었다.

의미에 맞는 어휘 파악

[5~6] 다음 주어진 의미에 해당하는 단어로 올바른 것을 고르시오.

05 말이나 행동이 부질없고 싱겁다.

① 공변되다 ② 구접스럽다 ③ 객쩍다
④ 맥없다   ⑤ 직수굿하다

06 주제넘게 행동하여 건방진 구석이 있다.

① 오달지다 ② 새퉁스럽다 ③ 엄벙하다
④ 뒤넘스럽다 ⑤ 씨그둥하다

정답 및 해설 01. ③ 02. ④ 03. ④ 04. ③ 05. ③ 06. ④

01 ① 능갈치다, ② 엇먹다, ④ 얼쭝거리다, ⑤ 궤란쩍다
02 ① 갈음하다, ② 대서다, ③ 감잡히다, ⑤ 두남두다
04 부상(浮上)은 '물 위로 떠오르는 것', '어떤 현상이 보통 때보다 더 큰 관심을 끌거나 불우한 처지에 있던 사람이 갑자기 좋은 자리로 올라서는 일'을 뜻하므로 적절하지 않다. 빙산은 떠오르는 것이 아니라 바다 위를 떠다니는 것이므로 '물 위나 물속, 또는 공기 중에 떠다님'을 의미하는 '부유(浮遊)'가 적절하다.
05 ① 공변되다 : 공평하여 치우침이 없다.
    ② 구접스럽다 : 몹시 지저분하고 더럽다.
    ④ 맥없다 : 기운이 없다.
    ⑤ 직수굿하다 : 저항하거나 거역하지 아니하고 하라는 대로 복종하는 데가 있다.
06 ① 오달지다 : 허술한 점이 없이 야무지다.
    ② 새퉁스럽다 : 어처구니없이 새삼스럽다.
    ③ 엄벙하다 : 말이나 행동이 착실하지 못하고 과장되어 실속 없다.
    ⑤ 씨그둥하다 : 귀에 거슬려 달갑지 아니하다.

● 다의어 및 동음이의어의 의미

[7~8] 다음 밑줄 친 부분과 같은 의미로 사용된 것을 고르시오.

07 그녀는 요리에 익숙한지 음식을 장만하는 손놀림이 <u>잿다</u>.

① 그 정도 일은 누구나 할 수 있는 일이니 너무 그렇게 <u>재지</u> 마라.
② 체구는 작아도 동작이 <u>재서</u> 각종 운동을 잘한다.
③ 일을 너무 <u>재다</u>가는 아무것도 못한다.
④ 네가 총알을 <u>재는</u> 동안 나의 단검은 널 향해 날아갈 것이다.
⑤ 아버지는 볏단을 논에 <u>재고</u> 있었다.

08 가까이 와보니 과연 나의 짐작대로 우리 수탉이 피를 흘리고 거의 빈사지경에 <u>이르렀다</u>.

① 마침내 기차가 목적지에 <u>이르렀다</u>.
② 한낮에 <u>이르기까지도</u> 손님이 없었다.
③ 선진국에 <u>이르기까지는</u> 아직도 멀었다.
④ 이 사실을 엄마한테 <u>이르면</u> 넌 맞는다!
⑤ 올해는 예년보다 첫눈이 <u>이른</u> 감이 있다.

09 다음 밑줄 친 단어의 쓰임이 다른 하나는?

① 그 회사의 제품이라면 <u>믿고</u> 쓸 수 있다.
② 나는 그녀의 말이라면 철석같이 <u>믿었다</u>.
③ 우리 팀이 꼭 승리할 것이라 <u>믿는다</u>.
④ 너는 네 친구의 말을 너무 <u>믿는</u> 게 문제야.
⑤ 나는 성공할 거라고 <u>믿고</u> 있어.

● 올바른 대체어

10 다음 밑줄 친 단어와 바꿔 쓸 수 있는 것은?

> 어떤 집단이나 시대가 일반적인 동향이나 분위기 등을 지니고 있어도 이들에 대한 설명은 결국 개인의 행동과 의식을 <u>살펴야</u> 가능하다는 것이다.

① 가정(假定)해야 ② 보완(補完)해야 ③ 반영(反映)해야
④ 구명(究明)해야 ⑤ 제기(提起)해야

● 주제별 어휘

11 다음 중 관용적 표현의 의미가 옳지 않은 것은?

① 초를 치다 - 방해를 놓거나 상대방의 기를 꺾다.
② 산통을 깨다 - 적막을 깨고 시끄럽게 떠들다.
③ 코 큰 소리를 하다 - 잘난 체를 하다.
④ 뱃심이 좋다 - 염치와 두려움이 없다.
⑤ 입의 혀 같다 - 일을 시키는 사람의 뜻대로 움직여 주다.

정답 및 해설 07. ② 08. ③ 09. ① 10. ④ 11. ②

07 손놀림이 재다, 동작이 재다 : 움직임이 빠르고 날쌔다.
① 잘난 체하며 뽐내다.
③ 여러모로 따져 보고 헤아리다.
④ 총이나 포에 탄환 따위를 넣다.
⑤ 물건을 차곡차곡 포개어 쌓아 두다.

08 제시문과 ③의 '이르다'는 '어떤 정도나 범위에 도달하다'라는 의미이다.
①, ② 어떤 장소나 시간에 닿다.
④ 어떤 일을 고자질하다.
⑤ 대중이나 기준을 잡은 때보다 앞서거나 빠르다.

09 ①의 '믿다'는 '어떤 사람이나 대상에 의지하며 그것이 기대를 저버리지 않을 것이라고 여기다'라는 의미로, 나머지는 '어떤 사실이나 말을 꼭 그렇게 될 것으로 생각하거나 그렇다고 여기다'라는 의미로 쓰였다.

10 ④ 구명(究明)하다 : 사물의 본질, 원인 따위를 깊이 연구하여 밝히다.
③ 반영(反映)하다 : 다른 것에 영향을 받아 어떤 현상을 나타내다.
① 가정(假定)하다 : 사실이 아니거나 사실인지 아닌지 분명하지 않은 것을 임시로 인정하다.
② 보완(補完)하다 : 부족한 것을 보충하여 완전하게 하다.
⑤ 제기(提起)하다 : 의견이나 문제를 내어놓다.

11 ② 산통을 깨다 : 다 잘되어 가던 일을 이루지 못하게 뒤틀다.

12 다음 밑줄 친 관용어구가 잘못 쓰인 것은?

① 우리 서로 그 일과는 관계없는 것으로 입을 맞추자.
② 나는 아직도 그때 일을 생각하면 얼굴이 팔려.
③ 너는 얼굴이 두꺼워 상관없을 줄 알았는데.
④ 시험에서 낙방한 그는 코가 빠진 모습이었다.
⑤ 친구와 오해가 풀려 가슴이 트인 기분이다.

13 다음 밑줄 친 단어의 용례와 다른 하나는?

> 우리말 어휘 중 '형님'과 같은 말은 친척 관계와 친척이 아닌 관계로 나누어 사용될 수 있다. 가령 부인이 남편에게 "여보, 큰 형님 어디 가셨어요?"라고 할 경우 여기서 형님은 아내의 손위 동서를 지칭하는 호칭이다.

① (교통사고 현장에서) 형씨가 잘못했어요.
② (종친회 모임에서) 이분이 자네에게는 아저씨뻘 되시지.
③ (형의 아내를 보고) 아주머니, 제가 이번에 회사에서 진급했습니다.
④ (외가에 안부 전화를 걸며) 할머니, 그동안 안녕하셨어요?
⑤ (손위 동서에게) 형님이 먼저 고모부님께 말씀드리는 것이 좋을 것 같아요.

● 구별하여 사용할 단어

[14~16] 다음 빈칸에 들어갈 알맞은 것을 고르시오.

14
> 예지(叡智)는 선천적으로 타고나는 것이지만 이에 만족하여 후천적인 지식을 습득하고 연마하지 않으면 (   )되지 않는다.

① 개발(開發)   ② 개선(改善)   ③ 개척(開拓)
④ 계발(啓發)   ⑤ 개량(改良)

15
> 녹색 식물은 엽록소를 이용하여 햇빛을 받아 이산화탄소와 물을 원료로 써서 녹말 등의 유기 영양분을 만들고 산소를 (   )한다.

① 방류(放流)   ② 방사(放飼)   ③ 방출(放出)
④ 방산(放散)   ⑤ 반사(反射)

16 흉악 범죄가 늘고 있다는 것은 우리 사회의 병폐가 그만큼 심각하다는 (　　　)이다.

① 방증(傍證)　② 반증(反證)　③ 근거(根據)
④ 증명(證明)　⑤ 의견(意見)

● 한자어

[17~18] 다음 중 한자 표기가 틀린 것을 고르시오.

17　① 결재 - 決裁　② 과장 - 課長　③ 부서 - 部署
　　④ 직급 - 職務　⑤ 임업 - 林業

18　① 농촌 - 農村　② 수리 - 受理　③ 추석 - 秋夕
　　④ 초대 - 所願　⑤ 명절 - 名節

정답 및 해설

12. ②　13. ①　14. ④　15. ③　16. ①　17. ④　18. ④

12 ② 얼굴이 팔리다 : 세상에 알려져 유명하게 되다.
① 입을 맞추다 : 서로의 말이 일치하도록 하다.
③ 얼굴이 두껍다 : 부끄러움을 모르고 염치가 없다.
④ 코가 빠지다 : 근심에 싸여 기가 죽고 맥이 빠지다.
⑤ 가슴이 트이다 : 마음속에 맺힌 것이 풀리어 환해지다.

13 제시문의 '형님'은 친족을 이르는 호칭이다. 그러나 ①의 형씨는 잘 알지도 못하는 사이에서 상대방을 조금 높여 이르는 말로 친족을 호칭하는 말이 아니다. ② '아저씨'는 통상 알지 못하는 어른을 호칭하는 것으로만 알고 있으나 부모와 같은 항렬에 있는 아버지의 친형제를 제외한 남자를 이르는 말이며, ③ '아주머니' 역시 일반적인 여성을 조금 높여 이르는 호칭어로만 알고 있으나 형의 아내를 친근하게 부르는 말이기도 하다.

14 ④ 계발(啓發) : 재능이나 정신 따위를 깨우쳐 열어 줌
① 개발(開發) : 지식이나 재능 따위를 발달하게 함
② 개선(改善) : 부족하거나 잘못된 것을 고치어 나아지게 함
③ 개척(開拓) : 새로운 분야를 처음으로 열어 나감, 농경지가 아닌 땅을 일구어 논밭으로 만듦
⑤ 개량(改良) : 나쁜 점을 보완하여 더 좋게 고치다.

16 ① 방증(傍證) : 사실을 직접 증명할 수 있는 증거가 되지는 않지만, 주변의 상황을 밝힘으로써 간접적으로 증명에 도움을 줌. 또는 그 증거
② 반증(反證) : 어떤 사실과 모순되는 것 같지만, 오히려 그것을 증명한다고 볼 수 있는 사실
⑤ 의견(意見) : 어떤 대상에 대하여 가지는 생각

17 • 직급(職級) : 직무의 등급
• 직무(職務) : 직책이나 직업상에서 책임을 지고 담당하여 맡은 사무

18 • 초대(招待) : 어떤 모임에 참가해 줄 것을 청함나 그 직위에 있는 사람
• 소원(所願) : 어떤 일이 이루어지기를 바람

04 언어유추

| 출제포인트 | 주로 출제되는 단어의 상관관계는 유추의 사고를 활용하여 풀면 어렵지 않은 유형으로, 주어진 제시어 간의 유의・동의・반의관계, 행위의 주체와 객체의 관계, 사물 종류 간의 대소・주종(主從)・상하를 나타내는 포함관계, 원인에 따른 결과의 상호관계를 따지는 인과관계, 대상의 주 용도관계, 재료의 가공을 통해 살펴보는 재료관계 등을 따져 빈칸에 들어갈 단어를 찾는 것이다. 그 외 주어진 여러 개의 단어로부터 한 단어를 유추해 내거나 주어진 조건에서 연상되는 단어를 찾는 유형도 출제되고 있다.

| 문제풀이법 | 어렵지 않은 유형의 문제이기 때문에 특별한 유형에 대한 이론보다는 어휘 간 관계의 기준을 파악하는 훈련을 꾸준히 하면 모두 쉽게 풀 수 있다. 본 교재에 제시한 유형들을 일상생활에서 익숙한 관계들과 연관시켜 일반적인 사고로써 문제를 풀면 자연스레 외연을 넓힐 수 있다.

● 단어의 상관관계

[1~3] 제시된 단어의 관계와 같도록 할 때 빈칸에 들어갈 알맞은 것을 고르시오.

01 초를 치다 : 방해 = 타박하다 : (　　)

① 조롱　　② 핀잔　　③ 역성
④ 무시　　⑤ 모욕

02 요리 : 냄비 = 문학 : (　　)

① 정서　　② 언어　　③ 감동
④ 독자　　⑤ 손님

03 땅 : 매장 = 물 : 수장 = 독수리 : (　　)

① 화장　　② 풍장　　③ 폭장
④ 조장　　⑤ 목장

68

제1장 의사소통능력

[4~6] 다음 제시된 단어의 관계와 유사한 것을 고르시오.

04

| 얼굴 : 상통 |

① 뺨 : 볼 ② 폐 : 허파 ③ 머리 : 골통
④ 심장 : 염통 ⑤ 도둑 : 양상군자

05

| 테니스 : 윔블던 |

① 야구 : 류현진 ② 볼링 : 볼링핀 ③ 스키 : 겨울
④ 축구 : 월드컵 ⑤ 축구 : 영국

06

| 톰 : 제리 |

① 에디 : 뽀로로 ② 둘리 : 마이콜 ③ 가가멜 : 스머프
④ 미키 : 미니 ⑤ 이론 : 실천

정답 및 해설
01.② 02.② 03.④ 04.③ 05.④ 06.③

01 타박하다 : 나무라거나 핀잔을 주다.
02 도구와 결과물의 관계이다. 냄비로 요리를 하고, 언어로 문학을 완성한다.
03 조장은 시신을 들판에 두어 새가 쪼아 먹게 하는 장사법(葬事法)으로 티벳 지역에서 행해지고 있다.
   ① 화장 : 시체를 불에 살라 장사 지냄
   ② 풍장 : 시신을 불에 태워 가루로 만들어 바람에 날리는 장사법 ≒ 폭장
04 순수어와 비속어의 관계이다. 상통은 얼굴을, 골통은 머리를 속되게 이르는 말이다.
05 운동 종목과 그 대회(大會)의 관계이다.
06 서로 앙숙으로 나오는 캐릭터 관계이다.

[7~8] 제시된 단어의 관계가 같도록 할 때 빈칸에 들어갈 알맞은 것을 고르시오.

07

저생전 : 종이   공방전 : 돈   국순전 : (   )

① 대나무　　　② 지팡이　　　③ 술
④ 거북　　　　⑤ 쥐

08

(   ) : 김만중 = 적과 흑 : (   )

① 양반전, 에밀 졸라
② 수난이대, 토마스 만
③ 홍길동전, 조지 오웰
④ 삼대, 카뮈
⑤ 구운몽, 스탕달

[9~10] 다음 제시된 단어들 중 3개의 단어에서 공통으로 연상되는 것을 고르시오.

09

밀크티	로스팅	보성
카카오	바리스타	생강
영국	원두	유산균

① 커피　　② 녹차
③ 홍차　　④ 우유
⑤ 요구르트

10

도날드	토이스토리	가가멜
벨기에	시금치	사과
로봇	고양이	난쟁이

① 틴틴　　② 백설공주
③ 미키마우스　　④ 가필드
⑤ 스머프

● 도식 유형

[11~12] 다음 도식과 〈보기〉를 보고 물음에 답하시오.

11 ㉡과 ㉣에 들어갈 알맞은 것은?

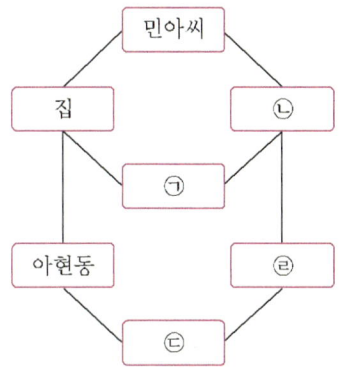

〈보기〉
장소, 서울, 여의도, 직장

① 직장, 장소 ② 장소, 여의도
③ 서울, 여의도 ④ 직장, 여의도
⑤ 직장, 서울

12 ㉠과 ㉡에 들어갈 알맞은 것은?

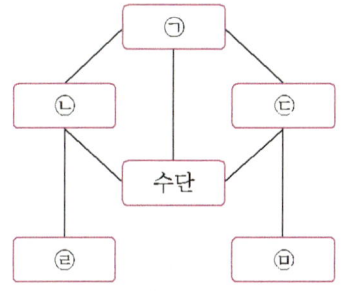

〈보기〉
해상, 자동차, 육상, 운송, 배

① 해상, 배 ② 운송, 육상
③ 운송, 배 ④ 육상, 자동차
⑤ 해상, 자동차

정답 및 해설
07. ③ 08. ⑤ 09. ① 10. ⑤ 11. ④ 12. ②

07 저생전과 공방전은 각각 종이와 돈을 의인화한 가전체 소설이다. 국순전은 술을 의인화한 것이다.
① 죽부인전 : 대나무를 의인화 ② 정시자전 : 지팡이를 의인화
④ 청강사자현부전 : 거북이를 의인화 ⑤ 서동지전 : 쥐를 의인화

08 김만중은 구운몽을, 스탕달은 적과 흑을 썼다.

09 로스팅, 바리스타, 원두에서 커피를 연상할 수 있다.

10 가가멜, 벨기에, 난쟁이에서 스머프를 연상할 수 있다.

11 민아 씨의 집과 직장을 도식화한 그림이다. 그러므로 ㉡은 직장이고, 집과 직장의 공통점은 장소이므로 ㉠은 장소이다. 직장의 위치를 뜻하는 ㉣은 여의도고, 여의도와 아현동의 공통인 ㉢은 서울이다.

12 운송 방법을 육상과 해상으로 나누어 생각할 수 있으며 육상은 자동차, 해상은 배가 주 운송 수단이다.

● 기타 유형

13 다음 빈칸에 들어갈 알맞은 것을 고르면?

> 산기슭 - 기마병 - 마단조 - 단백질 - 백두산 - (　　　)

① 산수유　　② 두레박　　③ 백설기
④ 마천루　　⑤ 표주박

14 다음 제시된 단어에서 연상되는 것은?

> 과장　　허풍　　거짓말　　속 빈 강정

① 語不成說(어불성설)　　② 針小棒大(침소봉대)
③ 白面書生(백면서생)　　④ 過猶不及(과유불급)
⑤ 臥薪嘗膽(와신상담)

정답 및 해설

13. ②　14. ②

13 첫 번째 단어(산기슭)의 두 번째 글자가 다음 단어(기마병)의 첫 글자가 되는 형식이다. 그러므로 백두산의 '두'가 처음에 오는 '두레박'이 정답이다.

14 ② 침소봉대 : 과장되게 이르는 말
① 어불성설 : 이치에 맞지 않음
③ 백면서생 : 오직 공부만 하여 세상 경험이 없는 사람
④ 과유불급 : 지나침은 모자람만 못함
⑤ 와신상담 : 원수를 갚으려 괴로움을 참고 견딤

05 어문규정

| 출제포인트 | 어문규정과 관련된 문제는 우리가 예상하는 수준 이상으로 오답률이 높다. 우리가 일상적으로 사용하는 단어가 표준어가 아닌 경우나, 옳다고 사용해 왔으나 맞춤법이 옳지 못한 경우 등 어렵거나 복잡하지는 않으나 혼동하기 쉬운 단어들이 주로 출제되고 있으므로 문제를 신중하게 풀어야 한다. 특히 띄어쓰기는 확실히 정리해 두어야 한다. 표준 발음법은 표준 발음의 원칙에 맞는 것을 확인하면서 혼동하기 쉬운 단어들을 정리한다. 외래어 표기법은 표기 원칙을 분명히 정리하고, 로마자 표기법은 국어의 표준 발음법에 따라 적고 로마자 이외의 부호는 사용하지 않는다.

| 문제풀이법 | 어문규정의 오답률이 높다는 것은 일상생활에서 익히 알고 있다고 믿지만, 실제로는 국립국어원에서 제시하고 있는 어문규정을 숙지하고 있지 않다는 것을 방증한다. 따라서 어문규정에서 제시한 올바른 단어를 눈에 자주 익혀야 한다. 표준 발음은 평소 본인이 발음하는 것과 달리 발음되는 것이 표준 발음임을 유의하면 훨씬 효율적으로 학습할 수 있다. 어문규정은 한정된 범주 안에서 출제되므로 확실히 정리해 두면 오히려 고득점의 바탕이 될 수 있다.

● 한글 맞춤법

[1~2] 다음 중 맞춤법 표기가 옳은 것을 고르시오.

01
① 끼여들기를 무리하게 하면 큰 사고가 날 수 있다.
② 내 몸에 알맞는 운동을 해야 한다.
③ 이렇게 가 버리면 난 어떡해.
④ 아다시피 독일은 축구 강국 중 하나이다.
⑤ 이래 뵈도 내가 좀 부자다.

02
① 세 살바기 꼬마가 정말 귀엽다.
② 오늘은 웬지 가슴이 두근거린다.
③ 나는 퇴근하는 길에 가게에 들렸다.
④ 고들빼기김치는 여름날 입맛을 돋운다.
⑤ 거기에 따른 일절 비용은 회사가 부담한다.

정답 및 해설　　01. ③　02. ④

01 ① 끼어들기, ② 알맞은, ④ 알다시피, ⑤ 이래 봬도
02 ① 세 살바기 → 세 살배기
② 웬지 → 왠지
③ 들렸다 → 들렀다
⑤ 일절 → 일체

[3~4] 다음 중 띄어쓰기가 옳지 않은 것을 고르시오.

03
① 너는 공부하는게 좋을 거 같다.
② 그것은 단지 내 추측일 뿐이다.
③ 이제 농사꾼이 다 됐네그려.
④ 그녀는 왜 운동을 안 하니?
⑤ 그는 잠 속으로 빠져들었다.

04
① 그는 사실을 알면서도 모르는체 한다.
② 손님은 값을 물어만 보고 가 버렸다.
③ 그는 십 년 만에 귀국했다.
④ 서울을 떠난 지 벌써 일 년이다.
⑤ 그녀는 나뿐만 아니라 모두에게 친절하다.

05 다음 중 띄어쓰기가 바른 것은?
① 나도 할수 있다.
② 슈퍼에서 두부 한모를 샀다.
③ 그는 감정적이라기보다는 이성적이다.
④ 그 일을 끝내려면 세 시간내지 다섯 시간이 걸린다.
⑤ 나는 꼭 해내고 말것이다.

● 어법(올바른 단어 및 문장)

[6~7] 다음 중 단어나 문장의 표현이 어법상 옳은 것을 고르시오.

06
① 폭풍의 기세는 좀처럼 사그러들지 않고 있다.
② 차가 워낙 얽히고섥혀서 견인차도 진입하지 못한다.
③ 운전자는 답답한 마음에 발만 동동 굴린다.
④ 요즘 젊은이들은 웬 불만이 그리 많은지 모르겠다.
⑤ 사람의 이는 음식물을 잘게 부셔 삼키기 좋게 한다.

07 ① 오래 앓아서인지 얼굴은 홀쭉하게 여의고 두 눈만 퀭하였다.
　　　그는 일찍이 부모를 여위고 고아로 자랐다.
　② 삼촌 집에 숙식을 붙인다.
　　　흥정을 부친다.
　③ 그것은 교사로서 할 일이 아니다.
　　　말로써 천 냥 빚을 갚는다고 한다.
　④ 쟁반에 커피를 받혀서 조심조심 걸었다.
　　　김 과장이 승용차에 받쳐서 응급실에 실려 갔다.
　⑤ 요즘 청소년들도 떡볶기를 즐겨 먹는 것은 마찬가지이다.
　　　소문이 금새 퍼졌다.

08 다음 중 단어나 문장의 표현이 어법상 옳지 않은 것은?
　① 당 쇄신을 위해 여권 전체를 개편하는 작업이 필요하다.
　② 경쟁사가 낸 광고는 지나친 상업성으로 인해 빈축을 샀다.
　③ 올해는 한국 경제가 침체 국면에서 벗어날 수 있을 것으로 보인다.
　④ 적군의 완강한 투항에 쉬이 공격할 수 없었다.
　⑤ 현대 사회의 특징 중 하나는 새로운 이론들이 서로 경합하는 혼돈의 시대라는 것이다.

정답 및 해설　　03.① 04.① 05.③ 06.④ 07.③ 08.④

03 ① 공부하는 게 : 게(것이)는 의존명사로, 앞·뒷말과 모두 띄어 쓴다.
04 ① 모르는 체한다 : 의존 명사 '양, 척, 체, 만, 법, 듯' 등에 '-하다'나 '-싶다'가 결합된 보조 용언의 경우도 앞말에 붙여 쓸 수 있다.
05 ① 할수 → 할 수 : 의존 명사는 띄어 쓴다.
　② 두부 한모 → 두부 한 모 : 단위를 나타내는 단어는 띄어 쓴다.
　④ 세 시간내지 다섯 시간 → 세 시간 내지 다섯 시간 : 두 말을 이어 주거나 열거할 적에 쓰이는 말은 띄어 쓴다.
　⑤ 말것이다 → 말 것이다 : 의존 명사이므로 띄어 쓴다.
06 ④ 웬(관형사) : 어찌 된, 어떠한
　　✤ 왠지(부사) : 왜 그런지 모르게, 뚜렷한 이유도 없이
　① 사그러들지 → 수그러들지
　② 얽히고섥혀서 → 얽히고설켜서
　③ 동동 굴린다 → 동동 구른다
　⑤ 부셔 → 부숴
07 ① 홀쭉하게 여위고/부모를 여의고　　② 숙식을 부친다/흥정을 붙인다
　④ 커피를 받쳐서/승용차에 받혀서　　　⑤ 떡볶이를 즐겨/금세 퍼졌다
08 '투항(投降)'은 '적에게 항복함'이라는 뜻으로, '완강하다'와 호응할 수 없는 단어이다. 따라서 '투항'보다 '저항(抵抗)'이 적절하다.

09 다음 취업 규칙을 제시한 글에서 잘못 쓰인 글자의 개수는?

> 제1조 목적
> 이 규칙은 ㅇㅇㅇ조합의 근로자가 준수해야 할 근본원칙과 근로조건에 관한 사항을 정함에 목적을 둔다.
>
> 제2조 준수의무
> 조합 및 근로자는 이 규칙을 성실히 준수하고 상호 협력하여 조합의 발전과 근노조건 향상에 노력한다.
>
> 제3조 정의
> 이 규칙에서 근로자라 함은 조합 소정의 임용 기준 및 절차에 따라 채용된 자를 말한다. 그러나 축탁 및 일용직에 대하여는 이 규칙을 적용하지 아니하고 별도의 계약이나 규정에 정하는 바에 의한다.
>
> 제4조 채용
> 1. 조합은 취업을 희망한 자 중에서 품행·학식·기능 등을 고려하여 소정의 전형 또는 면접시험에 합격한 자를 근로자로 채용한다.
> 2. 근로자의 채용은 공개모집과 직접모집, 위탁모집으로 할 수 있다.
> 3. 조합은 근로자의 모집·채용·교육·배치·승진·정년 및 해고에 있어서 남녀가 평등한 기회를 보장하며 여성인 것을 이유로 차별대우를 하지 않는다.
> 4. 채용 시기, 채용 기준, 선발 방법은 필요에 따라 인사위원회에서 별도로 정할 수 있다.
>
> 제5조 채용결격 사휴
> 다음 각 호에 해당하는 자는 근로자로 채용될 수 없다.
> 1. 금치산사 또는 한정치산자
> 2. 피산자로서 복권되지 아니한 자
> 3. 병역의무자로서 기피 중에 있는 자
> 4. 신체 또는 정신상의 장애로 직무를 감당할 수 없다고 인정되는 자
> 5. 금고 이상의 형을 받고 그 집행이 종료되거나 집행을 받지 아니하기로 확정된 후 2년을 경과하지 아니한 자
> 6. 사상이 불은하거나 또는 불량한 소행의 사실이 있는 자로서 부적당하다고 인정되는 자

① 4개　　　　　② 5개　　　　　③ 6개
④ 7개　　　　　⑤ 8개

10 다음 동의서에서 잘못 쓰인 글자의 개수는?

[건강·연금보험료 등의 납부여부 정보 제공 동의서]

정보를 제공받을 기관	기관명 및 부서	
	기관 담당자 전화번호	
	제출 팩스번호	
정보 이용 목적	계약대금 지급을 위한 건강·연금보험료 등의 납부 여부 확인	
제공정보	가입자 성명, 생년월일, 납부자번호, 전화번호, 건강·연금보험료 등의 납부 여부	
정보보유 및 이용기간	5년	

1. 개인정보보호법 제17조(개인정보의 제공)에 따라 건강·연금보험료 등의 납부여부 확인 업무와 관련하여 위와 같이 정보를 제공하는 데에 동의합니다.

만일 위 정보 재공에 대하여 동의를 하지 아니할 경우에도 불이익은 없지만 동의하지 않은 경우 건강·연금보험료 납부(완납)증명서를 직접 발급받아 제출해야 합니다.

동의함 □   동의안함 □

2. 개인정보보호법 제24조(고유식별정보의처리제한)에 따라 건강·연금보험로 등의 납부여부 확인 업무와 관련하여 개인정보보호법 시헹령 제19조(고유식별정보의 범위)에 따른 주민등록번호, 외국인등록번호를 처리하여 위와 같이 정보를 제공하는 데에 동의합니다.

만일 위 고유식별정보 처리에 대하여 동의를 하지 아니할 경우에도 불이익은 없지만 동의하지 않은 경우 건강·연금보험료 등의 납부어부 확인이 제한될 수 있습니다.

동의함 □   동의안함 □

년   월   일

대상자 본인 성명 :   (서명 또는 인)

생년월일 :

전하번호 :

① 4개   ② 5개   ③ 6개
④ 7개   ⑤ 8개

정답 및 해설
09. ④ 10. ②

09 근노조건 → 근로조건, 축탁 → 촉탁, 사휴 → 사유, 금치산사 → 금치산자, 피산자 → 파산자, 불은하거나 → 불온하거나, 불량한 → 불량한

10 재공 → 제공, 보험로 → 보험료, 시헹령 → 시행령, 납부어부 → 납부여부, 전하번호 → 전화번호

06 한자성어·속담 및 격언

| 출제포인트 | 한자성어는 많은 시간을 투자해서 집중적으로 공부하기보다는 평소에 한자성어와 친해질 수 있도록 조금씩 자주 접하는 것이 좋다. 한자성어의 의미를 정확히 익히고, 주제가 같은 한자성어는 반드시 묶어서 정리하여야 한다. 농협에서 매년 발표하는 신년 사자성어 중 가장 최근의 것이 출제되기도 하므로 해당 사자성어를 알아두는 것도 필요하다.
주어진 속담의 뜻풀이, 제시된 보기의 의미를 나타내는 속담 찾기, 한자성어와 연관하여 속담 고르기 등의 유형이 자주 출제된다. 속담 및 격언은 관용적 의미이므로 자의적으로 해석하지 않도록 해야 한다. 평상시 한자어 공부와 연관하여 습득할 필요가 있으며, 특히 주제가 같은 속담은 묶어서 정리해 두어야 한다. 시사와 관련된 문제와 연계되어 출제될 수 있으므로 상황에 어울리는 속담이나 격언을 고를 수 있어야 한다.

| 문제풀이법 | 한자성어는 자주 출제되거나 출제 가능성이 높은 것을 중점적으로 공부하는 것이 효율적이다. 한자성어는 관용적 의미를 지니므로 자의적으로 해석해서는 안 되며, 주어진 상황에 알맞은 것을 선택하는 대응력이 필요하다. 빈칸에 한자성어를 넣어 문장을 완성하는 연습을 해 보자.
출제되는 속담 관련 문제는 난이도 면에서 크게 어려움이 없다. 우리가 평상시 쓰는 속담이 많이 출제되기 때문이다. 그러나 항상 상대적 고득점을 획득해야 합격할 수 있다는 점을 명심하고, 의미 파악과 한자성어와의 관계 등을 숙지하기를 권한다.

1 한자성어

● 의미의 파악

01 다음과 같은 뜻을 지닌 한자성어로 알맞은 것을 고르면?

> 바빠서 자세히 보지 못하고 건성으로 지나침

① 주객전도(主客顚倒)　　② 주마가편(走馬加鞭)
③ 주마간산(走馬看山)　　④ 좌정관천(坐井觀天)
⑤ 고식지계(姑息之計)

02 다음 한자성어 중 의미가 다른 하나를 고르면?

① 권상요목(勸上搖木)　　② 표리부동(表裏不同)
③ 구밀복검(口蜜腹劍)　　④ 단사표음(簞食瓢飲)
⑤ 면종복배(面從腹背)

● 속담에 적용하기

03 다음 속담과 같은 의미를 지닌 한자성어를 고르면?

> 죽은 자식 나이 세기

① 본말전도(本末顚倒) ② 맥수지탄(麥秀之嘆)
③ 반포지효(反哺之孝) ④ 망양보뢰(亡羊補牢)
⑤ 와각지쟁(蝸角之爭)

정답 및 해설 01. ③ 02. ④ 03. ④

01 ① 주객전도(主客顚倒) : 사물의 경중·선후·완급 따위가 서로 뒤바뀜을 이르는 말
② 주마가편(走馬加鞭) : 달리는 말에 채찍질한다는 뜻으로, 잘하는 사람을 더욱 장려함을 이르는 말
④ 좌정관천(坐井觀天) : 우물 속에 앉아서 하늘을 본다는 뜻으로, 사람의 견문(見聞)이 매우 좁음을 이르는 말
⑤ 고식지계(姑息之計) : 우선 당장 편안함만을 꾀하는 일시적인 방편

02 ①, ②, ③, ⑤는 겉 다르고 속 다른 것을 의미한다.
④ 단사표음(簞食瓢飮) : 대나무로 만든 밥그릇에 담은 밥과 표주박에 든 물이라는 뜻으로, 청빈하고 소박한 생활을 말함

03 죽은 자식 나이 세기 : 이왕 그릇된 일을 자꾸 생각하여 보아야 소용없다는 말
④ 망양보뢰(亡羊補牢) : 이미 어떤 일을 실패한 뒤에 뉘우쳐도 아무 소용이 없음을 이르는 말
① 본말전도(本末顚倒) : 일의 원줄기를 잊고 사소한 부분에만 사로잡힘
② 맥수지탄(麥秀之嘆) : 고국의 멸망을 한탄함을 이르는 말
③ 반포지효(反哺之孝) : 까마귀 새끼가 자라서 그 어버이에게 먹이를 먹어 주는 일, 자식이 부모의 은혜에 보답함을 비유적으로 이르는 말
⑤ 와각지쟁(蝸角之爭) : 달팽이의 더듬이 위에서 싸운다는 뜻으로, 하찮은 일로 벌이는 싸움을 이르는 말

• 상황에 적용하기

04 다음 밑줄 친 단어와 의미가 통하지 않는 것은?

> 백석과 신현중은 여러 면에서 서로 마음이 통하고, 최근에는 <u>너나들이</u>까지 하게 되어 동호회 모임도 같이 하고 있다.

① 수어지교(水魚之交) ② 문경지교(刎頸之交)
③ 시도지교(市道之交) ④ 금란지교(金蘭之交)
⑤ 막역지우(莫逆之友)

[5~6] 다음 밑줄 친 부분의 의미를 지닌 한자성어를 고르시오.

05
> NH농협금융지주는 김○○ 회장이 2018년 경영화두로 '<u>벽을 깨고 날아가다</u>'라는 의미의 사자성어를 제시했다고 26일 밝혔다. 김○○ 회장은 매년 사자성어를 통해 경영방향을 제시한다.
> 올해는 '솔개가 날고 물고기가 뛴다'는 뜻의 '연비어약(鳶飛魚躍)'을 화두로 제시했고 농협금융의 제도와 시스템 개선, 사업 경쟁력 회복을 위한 혁신 시행 등 목표손익 달성에 모든 역량을 집중했다. 그 결과 3분기에 연간손익목표를 조기에 달성하는 성과를 거뒀다.
> 김 회장은 "2017년이 농협금융의 재도약 기반을 마련한 해였다면 2018년은 급변하는 금융환경에 대비하여 파벽비거의 정신으로 기존 틀을 깨고 글로벌사업 확대, 디지털 중심 경영, 고객자산가치 제고, 선제적 리스크관리 등 근본적 체질을 개선해 선도 금융그룹의 위상을 확보하는 해가 될 것"이라고 말했다.

① 桑田碧海 ② 天旋地轉 ③ 破壁飛去
④ 刻舟求劍 ⑤ 存亡之秋

제1장 의사소통능력

06 ○○은행은 본사 대강당에서 업무보고회를 열어 올해 경영목표를 '신뢰와 혁신으로 내실 경영 기반 구축'으로 정하고 순이익 목표 6천800억 원을 제시했다고 밝혔다.
　　구체적인 전략으로는 고객에 대한 신뢰 제고와 현장에서 세밀한 것까지 챙기는 'MICRO 경영'을 내놓았다.
　　MICRO는 시장세분화(Market segmentation), 지속적인 혁신(Innovation engine), 고객 만족(Customer satisfaction), 리스크 관리(Risk management), 미래성장기회 선점(Opportunity of growth)의 의미를 담고 있다.
　　김 행장은 올해의 사자성어로 <u>끊임없이 새로운 수익원을 개발하고 긴요하지 않은 지출을 줄이자</u>는 의미의 사자성어를 제시했다.
　　김 행장은 "부실 우려 기업에 대한 정상화를 통해 충당금 비용을 대폭 줄이고, 불필요하게 새어나가는 각종 경비를 꼼꼼히 점검해야 한다"며 "내부 통제를 강화해 각종 사고를 예방하는 등 고객 신뢰 제고를 위해 최선을 다해달라"고 당부했다.

① 風樹之嘆　　② 累卵之勢　　③ 群鷄一鶴
④ 開源節流　　⑤ 表裏不同

정답 및 해설　　04. ③　05. ③　06. ④

04 너나들이 : 서로 너니 나니 하고 부르며 허물없이 말을 건네는 사이
　③ 시도지교(市道之交) : 시장과 길거리에서 이루어지는 교제라는 뜻으로, 단지 이익만을 위한 교제를 이르는 말
　① 수어지교(水魚之交) : 물이 없으면 살 수 없는 물고기와 물의 관계라는 뜻으로, 아주 친밀하여 떨어질 수 없는 사이를 비유적으로 이르는 말
　② 문경지교(刎頸之交) : 서로를 위해서라면 목이 잘린다 해도 후회하지 않을 정도의 사이라는 뜻으로, 생사를 같이할 수 있는 아주 가까운 사이를 이르는 말
　④ 금란지교(金蘭之交) : 친한 사이의 매우 두터운 우정을 이르는 말
　⑤ 막역지우(莫逆之友) : 서로 어긋남이 없는 친구라는 뜻으로, 아무 허물없이 친한 친구를 가리키는 말

05 ③ 파벽비거(破壁飛去) : 벽을 깨고 날아갔다
　① 상전벽해(桑田碧海) : 뽕나무밭이 푸른 바다가 된다는 뜻으로, 세상일의 변천이 심함을 비유적으로 이르는 말
　② 천선지전(天旋地轉) : 세상일이 크게 변함
　④ 각주구검(刻舟求劍) : 배에 금을 긋고 칼을 찾는다는 뜻으로 융통성이 없음을 이르는 말
　⑤ 존망지추(存亡之秋) : 존속과 멸망 또는 생존과 사망이 결정되는 아주 절박한 경우나 시기

06 ④ 개원절류(開源節流) : '재원(財源)을 늘리고 지출(支出)을 줄인다'는 뜻으로, 부(富)를 이루기 위하여 반드시 지켜야 할 원칙을 비유한 말
　① 풍수지탄(風樹之嘆) : 효도를 다하지 못하고 어버이를 여읜 자식의 슬픔
　② 누란지세(累卵之勢) : 새알을 쌓아 놓은 듯한 위태로운 형세
　③ 군계일학(群鷄一鶴) : 닭의 무리 가운데에서 한 마리의 학이란 뜻으로, 많은 사람 가운데서 뛰어난 인물을 일컫는 말
　⑤ 표리부동(表裏不同) : 겉과 속이 다름

2 속담 및 격언

● 의미의 파악

[1~2] 다음 속담의 뜻으로 옳은 것을 고르시오.

01 아닌 밤중에 찰시루떡

① 억지를 쓰고 일을 하지만 불가능함
② 뜻밖에 좋은 물건을 얻거나 행운을 만나게 됨
③ 형편이 이미 기울어 아무리 도와주어도 보람이 없음
④ 좋은 것을 고르려다 도리어 좋지 못한 것을 차지함
⑤ 주관하는 사람 없이 여러 사람이 자기주장만 내세우면 일이 제대로 되기 어려움

02 거적문에 돌쩌귀

① 윗사람이 잘하면 아랫사람도 따라서 잘하게 됨
② 실제의 경우에 알맞지 아니하거나 전혀 어울리지 않음
③ 무슨 일이나 그 일의 시작이 중요함
④ 아무리 공들여도 효과가 없음
⑤ 일에 정성을 들이지 않고 마지못하여 건성으로 함

03 다음 속담과 의미가 같거나 비슷한 것을 고르면?

너구리 굴 보고 피물 돈 내어 쓴다

① 꿩 대신 닭 ② 김칫국부터 마신다
③ 개똥도 약에 쓰려면 없다 ④ 국에 덴 놈 냉수 보고도 놀란다
⑤ 두꺼비 파리 잡아먹듯

제1장 의사소통능력

04 다음 속담 중 의미가 다른 하나를 고르면?

① 음식은 갈수록 줄고 말은 갈수록 는다
② 말 많은 집은 장맛도 쓰다
③ 고기는 씹어야 맛이고 말은 해야 맛이다
④ 혀 아래 도끼 들었다
⑤ 발 없는 말이 천리를 간다

● 한자성어에 적용하기

05 다음 중 속담과 한자성어가 잘못 연결된 것은?

① 불면 꺼질까 쥐면 터질까 – 금지옥엽(金枝玉葉)
② 조약돌을 피하니까 수마석을 만난다 – 금상첨화(錦上添花)
③ 콩 심은 데 콩 난다 – 종두득두(種豆得豆)
④ 나중 난 뿔이 우뚝하다 – 청출어람(靑出於藍)
⑤ 제 논에 물 대기 – 아전인수(我田引水)

정답 및 해설
01. ② 02. ② 03. ② 04. ③ 05. ②

01 ① 마른나무에 물 내기
③ 단솥에 물 붓기
④ 모시 고르다 베 고른다
⑤ 사공이 많으면 배가 산으로 간다

02 거적문에 돌쩌귀 : 제격에 맞지 않게 지나친 치장을 함 ≒ 거적문에 쇠 배목, 돼지우리에 주석 자물쇠, 방립에 쇄자질, 재에 호 춤, 초헌에 채찍질, 가게 기둥에 입춘, 개 발에 주석 편자, 사모에 갓끈, 하로동선(夏爐冬扇)
① 윗물이 맑아야 아랫물이 맑다 ≒ 상탁하부정(上濁下不淨), 상행하효(上行下效)
③ 천릿길도 한 걸음부터 ≒ 욕속부달(欲速不達), 등고자비(登高自卑)
④ 검둥개 멱 감기듯
⑤ 처삼촌 묘에 벌초하듯

03 너구리 굴 보고 피물 돈 내어 쓴다 : 일이 되기도 전에 거기서 나올 이익부터 생각하여 돈을 앞당겨 씀을 이르는 말
② 김칫국부터 마신다 : 해 줄 사람은 생각지도 않는데 미리부터 다 된 일로 알고 행동한다는 말
① 꿩 대신 닭 : 꼭 적당한 것이 없을 때 그와 비슷한 것으로 대신하는 경우를 비유적으로 이르는 말
③ 개똥도 약에 쓰려면 없다 : 평소에 흔하던 것도 막상 긴하게 쓰려고 구하면 없다는 말
④ 국에 덴 놈 냉수 보고도 놀란다 : 어떤 일에 한 번 혼이 나면 그와 비슷한 것만 보아도 공연히 겁을 낸다는 말
⑤ 두꺼비 파리 잡아먹듯 : 음식을 눈 깜짝할 사이에 먹어 치움

04 ③은 하고 싶은 말이나 해야 할 말은 시원히 다 해 버려야 좋다는 말이고, 나머지는 언제나 말을 조심하라는 말이다.

05 '작은 어려움을 피하고 보니 더 큰 어려움이 닥쳐온다'는 뜻으로 '설상가상(雪上加霜)'이 어울린다.

● 상황에 적용하기

[6~9] 다음 글의 내용과 어울리는 속담을 고르시오.

06
> 도요타는 최고의 농업 전문가들이 어떻게 농사지으면 가장 효율적일지 계산한 것을 토대로 '풍작 계획'이란 프로그램을 만들었다. 이 프로그램이 아침마다 농부 개개인에게 그날 할 일을 세세히 일러준다. "야마다 씨는 어느 논에서 무슨 일을 이만큼 해라. 다나카 씨는 어느 밭으로 가라. 농기구는 야마모토 씨가 먼저 쓰고 그 뒤 옆 마을 스즈키 씨에게 넘겨라"는 식이다. 농부들이 하루 일을 마친 뒤 스마트폰이나 태블릿 PC로 일 진척 상황을 입력하면 '풍작 계획'은 이걸 분석해 다음 날 아침 새로 할 일을 일러준다.

① 백지장도 맞들면 낫다.
② 빈대 잡으려고 초가삼간 태운다.
③ 하룻강아지 범 무서운 줄 모른다.
④ 십 년이면 강산도 변한다.
⑤ 열 번 찍어 안 넘어가는 나무 없다.

07
> 농지연금은 연령 만 65세, 영농경력 5년 이상 고령 농업인이 소유한 농지를 담보로 노후생활 안정자금을 매월 연금형식으로 받는 제도이다. 부부 모두가 평생 보장받는 농지연금으로 담보농지를 직접 경작하거나 임대해 연금 이외의 추가 소득도 가능하다. 경영회생지원사업은 자연재해, 부채 등으로 농업경영이 어려운 농가의 농지를 농지은행이 매입해 부채를 상환할 수 있도록 지원하는 것으로 금융기관 또는 공공기관의 부채가 3천만 원 이상 또는 최근 3년 이내 농업재해로 연간 피해율이 50% 이상이거나 자산대비 부채비율이 40% 이상인 농업인이 대상이 되며 매입농지는 해당 농가에 연간 임대료 1%로 장기임대가 가능하며 임대기간 최장 10년 후에는 환매권을 부여해 경영회생 할 수 있도록 지원하는 제도이다. 따라서 농지연금사업에 참여하는 농민은 연금을 받고 임대소득도 얻고, 경영회생지원사업은 부채상환을 하고 장기임대도 가능하다.

① 눈 가리고 아웅하기
② 원님 덕에 나팔 분다.
③ 한강에 돌 던지기
④ 도랑 치고 가재 잡고
⑤ 달리는 말에 채찍질한다.

08
> 1920년대부터 인구 증가로 고통 받던 아프리카의 어느 부족은 60년대 들어 강수량이 늘어나 목초가 풍부해지자 경쟁적으로 가축의 수를 늘려 많은 이익을 얻었다. 그 후 날씨가 건조해지자 더 많은 수의 가축을 방목하는 것으로 대응했다. 그 결과 몇 년 후 그곳은 생존이 불가능한 사막이 되었다.

① 빛 좋은 개살구
② 우선 먹기는 곶감이 달다
③ 봉사 기름값 물어 주기
④ 사촌이 땅을 사면 배 아프다
⑤ 벼룩의 간을 내먹는다

정답 및 해설
06. ④ 07. ④ 08. ②

06 ④ 세월이 흐르게 되면 모든 것이 다 변하게 됨. 해당 내용은 도요타의 클라우드 기반 IT솔루션에 대한 것으로, 농업의 변화상을 설명하고 있다.
① 쉬운 일이라도 협력하여서 하면 훨씬 쉬움
② 조그만 일을 고치려다 큰일을 그르침
③ 약한 자가 제 분수도 모르고 상대할 수 없는 강자에게 대항하여 덤벼듦
⑤ 아무리 뜻이 굳은 사람이라도 여러 번 권하거나 꾀고 달래면 결국은 마음이 변함

07 ④ 한 가지 일로 두 가지 이익을 봄
① 얕은 수단으로 속이려 함
② 남의 덕으로 과분한 대접을 받게 됨
③ 어떤 사물이 지나치게 미미하여 일하는 데에 효과나 영향이 전혀 없음
⑤ 잘하는 사람을 더욱 장려함

08 ② 우선 먹기는 곶감이 달다 : 앞일은 생각해 보지도 아니하고 당장 좋은 것만 취하는 경우를 이르는 말
① 빛 좋은 개살구 : 겉만 그럴듯하고 실속이 없는 경우를 비유적으로 이르는 말
③ 봉사 기름값 물어 주기 : 전혀 관계없는 일에 억울하게 배상하는 경우를 비유적으로 이르는 말
④ 사촌이 땅을 사면 배 아프다 : 남이 잘되는 것을 기뻐해 주지는 않고 오히려 질투하고 시기하는 경우를 비유적으로 이르는 말
⑤ 벼룩의 간을 내먹는다 : 어려운 처지에 있는 사람에게서 금품을 뜯어냄을 비유적으로 이르는 말

09 경제용어 중 외부 효과란 어떠한 경제 주체가 행한 경제 활동이 의도하지 않았다 하더라도 다른 사람에게 특정한 혜택이나 손해를 가져다주는 것을 말한다. 경제 주체는 혜택에 대한 대가를 받지 않고, 손해에 대해서는 비용을 지불하지도 않는다. 물론 손해를 끼치는 외부 효과는 바람직하지 않지만 긍정적인 외부 효과로 사회 전반에 이득을 가져다주므로 권장할 만하다. 친환경적인 가전제품을 생산하는 것이 그 예라고 볼 수 있다.

① 물 때 썰 때를 안다
② 개살구 지레 터진다
③ 지나는 불에 밥 익히기
④ 미꾸라지 국 먹고 용트림한다
⑤ 산 입에 거미줄 치랴

정답 및 해설

09. ③

09 ③ 지나는 불에 밥 익히기 : 일부러 한 것은 아니지만, 결과적으로 어떤 사람에게 도움이 되었음을 이르는 말
① 물 때 썰 때를 안다 : 사물의 형편이나 진퇴의 시기를 잘 앎
② 개살구 지레 터진다 : 되지 못한 사람이 오히려 잘난 체하며 남보다 먼저 나섬
④ 미꾸라지 국 먹고 용트림한다 : 시시한 일을 해 놓고 으스댐
⑤ 산 입에 거미줄 치랴 : 아무리 살림이 어려워도 사람은 그럭저럭 먹고 살아가기 마련임을 비유적으로 이르는 말

07 글의 독해

| 출제포인트 | 주어진 장문과 단문의 논지 파악, 이어질 내용 추리하기, 단락 나누기, 빈칸 채우기, 제시문에 대한 종합적 판단 등 기본적인 문제들이 다양하게 출제된다. 따라서 단원별로 학습한 내용을 활용하여 문제를 풀면 되고, 다만 주제나 논지 찾기와 같은 문제는 평소에 다양한 글을 접하여 글의 흐름을 파악할 수 있는 능력을 갖추어야 한다.

| 문제풀이법 | 이 단원에서 익힐 것은 독해 문제에서 정답을 찾는 분명한 방법론이다. 주어진 문제의 유형에 따라 문제풀이의 접근법이 다를 수 있다는 것만 확인하여도 오답을 피할 수 있는 확률을 높일 수 있기 때문이다. 분명히 인식할 것은 모든 정답의 근거가 제시문 안에 있다는 것이다. 모든 문제는 친절하게도 하나의 주제를 반복적으로 드러내고 있다. 실전에서는 발문을 통해 제시문에서 찾아야 할 방향이 정해지기 때문에 신경을 쓰지 않아도 자연스럽게 정리할 수 있을 것이다.

● 주제 파악

[1~2] 다음 글의 주제로 알맞은 것을 고르시오.

01

> 인간이 부딪히는 현실은 컴퓨터에 주어지는 문제 상황과는 질적으로 다르다. 컴퓨터에 주어지는 문제 상황은 한정되어 있고 해결의 규칙 또한 미리 주어진다. 그러나 인간이 맞이하는 문제 상황은 한정되어 있지도 않고 대처할 방안마저 묘연한 경우가 많다. 컴퓨터에 인간처럼 해결의 규칙이 없는 다양한 문제 상황을 던져 주면 컴퓨터는 결코 그것을 해결해 낼 수 없다. 그것은 기존의 컴퓨터가 인간의 언어 구사 능력이나 추론 능력을 흉내조차 내기 어렵다는 점을 보아도 단적으로 알 수 있다. 인간은 살짝 삐져나온 꼬리만을 보고도 그것이 고양이라고 판단할 수 있고, 사진 속에서 다양한 자세를 취하고 있는 친구의 얼굴을 금방 알아볼 수 있으며 몇 번 공을 쳐봄으로써 테니스 치는 법을 배우기도 하는데, 이러한 지각 능력과 학습 능력은 컴퓨터가 결코 따라올 수 없다.

① 인간의 뇌 구조와 컴퓨터의 구조는 근본적으로 다르다.
② 컴퓨터에 주어진 문제 상황과 인간의 그것을 비교하는 것 자체가 무의미하다.
③ 인간의 영역 이상의 것을 컴퓨터가 담당해야 할 날이 올 것이다.
④ 컴퓨터가 아무리 진보해도 인간과 같은 수준의 문제 해결 능력을 갖출 수는 없다.
⑤ 컴퓨터에 대한 무한한 찬사에는 분명 과장된 부분이 있다.

정답 및 해설   01. ④

01 문제 해결 능력에 있어 아무리 정교한 컴퓨터라 하더라도 수렴적 사고는 가능하나 발산적 사고는 불가능하다.

02

> 한국 농협은 국제무대에서 협동조합의 대표주자로서 위상을 유지하고 있다.
> 국제협동조합연맹(ICA)의 협동조합 통계조사인 '2016 세계 협동조합 모니터'에 따르면 한국 농협이 농업협동조합 부문 순위에서 1위를 차지했다. 또 한국 농협은 2014년 매출 기준으로 세계 협동조합 순위에서 4위를 기록했다. 1위는 프랑스 크레디아그리콜, 2위는 독일 폴크스방크·라이파이젠방크 연방협회(BVR), 3위는 프랑스 그룹 베페세에, 5위는 미국 스테이트팜으로 조사됐다. 한국 농협이 협동조합 선진국인 유럽·미국과 어깨를 나란히 할 정도로 성장한 것이다.
> 한국 농협은 협동조합 리더십 부문에서도 두각을 보이고 있다. 한국 농협은 1998년부터 의장기관으로 활동해왔으며, OOO 회장은 2016년 11월 인도 뉴델리에서 ICAO 회장에 선출됐다.
> ICAO는 ICA의 8개 분과기구 중 영향력이 가장 큰 것으로 알려졌다. 2017년 1월 현재 ICAO에는 한국·중국·일본 등 28개국 36개 농협이 가입돼 있다. 이들 농협의 농민조합원 수는 인도 2억 3,000만 명, 중국 1억 7,000만 명, 일본 490만 명, 한국 300만 명 등 5억 명에 달한다.
> ICAO 사무국은 서울 중구 농협중앙회 별관 3층에 두고 있다.

① 국제협동조합연맹(ICA)의 협동조합 통계조사 실시
② ICAO는 ICA의 8개 분과기구 중 영향력이 가장 크다.
③ 농업협동조합부문 '세계 1위' 협동조합 선진국과 '어깨 나란히'
④ 한국 농협, 2014년 매출 기준 세계 협동조합 순위에서 4위 기록
⑤ 한국 농협 회장 ICAO 회장에 선출

● 빈칸 완성하기

03 다음 빈칸에 들어갈 알맞은 것을 고르면?

> 자연은 스스로 조정 능력을 발휘하여 생물종의 수를 줄였다. 또 변화하는 환경에 적응할 수 있는 능력이 부족한 생물은 도태됨으로써 시간이 흐르면서 소멸하기도 했다. 이러한 소멸은 시간이 흐르면서 저절로 이루어진 자연의 자기 조절이라고 볼 수 있다. 그러나 현재의 생물종 소멸은 이러한 (　　　) 과정이 아니라 환경에 대한 인간의 탐욕이 불러온 (　　　) 재앙의 성격을 지닌 것으로 보아야 한다.

① 수동적 – 능동적　　② 미시적 – 거시적　　③ 내부적 – 외부적
④ 자연적 – 인위적　　⑤ 수동적 – 인위적

04 문맥상 빈칸 (A)에 들어갈 문장으로 가장 적절한 것은?

> 과학은 설명을 추구한다. 이것이 성공을 거둔다면 우리는 미래를 예측할 수 있을 것이다. 하지만 윤리는 명령으로 이루어져 있다. 사실 그 자체는 그 무엇도 명령하지 않는다. 자기 이익을 떠나서 오직 의무를 행한다는 도덕적 선의 개념은 경험이나 인간 행위를 관찰함으로써 발견되는 것이 아니기 때문이다.
>
> | (A) |
>
> 황소가 사람에게 돌진할 때 많은 사람이 피한다는 사실을 관찰한다고 해서 황소가 나에게 돌진한다는 사실이 "피해!"라는 명령을 함축한다고 볼 수는 없다. 내가 자살을 의도하고 있다면 피하라는 명령을 마음속으로 내리지는 않을 것이다.
>
> 어떤 사람은 우리가 내리는 선택을 관찰자가 정확히 예측할 수 있다면, 그것은 곧 우리의 선택 능력에 대한 믿음이 환영이었음을 보여 주는 것이라 말한다. 하지만 관찰자의 시점이 아무리 발전한다고 해도 참여자의 시점을 완전히 배제할 수는 없다. 참여자의 시점이 완전히 배제되지 않는다면 예측이 반드시 가능한 것은 아니다. 자선단체에 기부하는 선택에 관한 이론이 매우 정확하여 내가 어떤 선택을 할지 예측한다고 해 보자. 그렇더라도 나는 예측과 다른 선택을 할 수 있다. 나는 나의 행위가 예측 가능하다는 이유로 인해 화가 날 수 있으며, 그에 따라 진정한 의미의 선택을 할 수 있다는 위안을 얻기 위해 반대되는 선택을 할 수 있다. 아무리 과학 이론이 뒷받침되더라도 나의 선택에 대한 예측은 내가 결정을 내릴 때 고려해야 할 또 한 가지 사실에 불과하다. 어떤 선택의 상황에서 나는 내가 알게 되는 나의 선택에 대한 모든 예측을 거부할 수 있다.

① 따라서 과학적 언명은 윤리적 명령의 기반이 된다.
② 따라서 과학적 언명은 윤리적 명령을 산출하지 못한다.
③ 따라서 과학적 언명은 귀납적 관찰이 아니라 연역적 추론을 통해서만 윤리적 명령의 근거가 된다.
④ 따라서 과학적 언명과 윤리적 명령은 질의 문제가 아니라 단지 양의 문제일 뿐이다.
⑤ 따라서 과학적 언명은 인간의 자유 의지가 있을 때만 설명될 수 있다.

정답 및 해설 02. ③ 03. ④ 04. ②

02 보기 중 일부 사실만이 아닌 전체적인 내용을 포괄하는 제목으로 가장 적절한 것은 ③이다.
03 과거에는 생태계가 스스로 자연적 조정 능력을 발휘했지만, 현재의 생물종 소멸은 인간의 욕망에 의해 이루어진 것이므로 인위적이라 할 수 있다.
04 과학과 윤리를 다른 차원의 것으로 보기 때문에 ②가 정답이 된다.

● 개요 작성

05 다음 〈개요〉의 ㉠, ㉡에 들어갈 내용으로 가장 적절한 것은?

```
〈개요〉
주제 : 바람직한 노사 관계
Ⅰ. 서론 : (          ㉠          )
Ⅱ. 본론
  1. 노사 분쟁의 원인
     가. 노사 간의 이해 부족
     나. 분배의 불공정성
  2. 노사 관계 정립을 위한 방안
     가. 노사 간의 상호 신뢰 구축
     나. 경영에 근로자의 참여 기회 부여
     다. (          ㉡          )
Ⅲ. 결론 : 상호 이해와 공정한 분배에 바탕을 둔 노사 관계의 정립
```

	㉠	㉡
①	노사 관계와 기업의 윤리	근로자와 사용자의 책임 분담
②	바람직한 근로자상과 기업가상	사용자와 근로자의 신뢰 구축
③	기업의 활성화 방안	경영 결과에 따른 성과급 보장
④	노사 관계의 의미	경영 성과에 따른 공정한 분배 보장
⑤	바람직한 노사 관계	근로자의 신뢰 구축

06 다음 〈개요〉에 따라 보고서를 작성할 때, 현황 분석 부분에 들어갈 내용을 〈보기〉에서 모두 고르면?

> 〈개요〉
> Ⅰ. 서론 : 정책 제안 배경
> Ⅱ. 본론 : 현황 분석과 정책 방안
> 1. 현황 분석
>   가. 연말정산 자동계산 프로그램 사용 방법의 복잡성과 그에 대한 설명 부재로 인해 이용자 불만 증가
>   나. 연말정산 기간 중 세무서에 연말정산 자동계산 프로그램 사용 방법에 관한 상담 수요 폭증
> 2. 정책 방안
>   가. 문제점을 개선한 프로그램 개발과 활용 매뉴얼 보급
>   나. 연말정산 자동 상담 시스템 개발
> Ⅲ. 결론 : 예상되는 효과 전망

> 〈보기〉
> ㉠ 연말정산 자동 상담 시스템을 개발할 경우 15%의 이용자 불만 감소 효과가 전망된다.
> ㉡ 연말정산 기간을 정확하게 알지 못해 마감 기한이 지나서 세무서를 방문하는 사람이 전년 대비 15% 증가하였다.
> ㉢ 연말정산 기간 중 세무서 전체 월평균 상담 건수는 약 128만 건으로 평상시 11만 건보다 많이 증가했는데, 그 이유는 연말정산 자동계산 프로그램 사용 방법에 관한 문의 전화가 폭주했기 때문이다.

① ㉠　　　　　　② ㉡　　　　　　③ ㉠, ㉡
④ ㉡, ㉢　　　　⑤ ㉠, ㉢

정답 및 해설　　　　　　　　　　05. ④　06. ④

05 글의 주제가 '바람직한 노사 관계'이므로 서론에서는 바람직한 노사 관계가 무엇인지 짚어 볼 필요가 있다. 그리고 본론 1에서 노사 분쟁의 원인으로 '분배의 불공정성'이 제기되었으므로, 본론 2에서는 이것을 해결할 방안을 제시해야 한다.

06 ㉠은 결론에 해당하는 내용이다.

07 다음은 '청소년의 디지털 중독의 폐해와 해결 방안'이라는 주제로 글을 쓰기 위한 〈개요〉이다. 이를 수정·보완하기 위한 방안으로 적절하지 않은 것은?

> 〈개요〉
> Ⅰ. 서론 : 청소년 디지털 중독의 심각성
> Ⅱ. 본론
> 1. 청소년 디지털 중독의 폐해 ·· ㉠
>   가. 타인과의 관계를 원활하게 하지 못하는 사회 부적응 야기
>   나. 다양한 기능과 탁월한 이동성을 가진 디지털 기기의 등장 ········ ㉡
> 2. 청소년 디지털 중독에 영향을 미치는 요인
>   가. 디지털 중독의 심각성에 대한 개인적, 사회적 인식 부족
>   나. 뇌의 기억 능력을 심각하게 퇴화시키는 디지털 치매의 심화 ····· ㉢
>   다. 신체 활동을 동반한 건전한 놀이를 위한 시간 및 프로그램의 부족
>   라. 자극적이고 중독적인 디지털 콘텐츠의 무분별한 유통
> 3. 청소년 디지털 중독을 해결하려는 방안
>   가. 디지털 중독의 심각성에 대한 교육과 홍보를 위한 전문기관 확대
>   나. 학교, 지역 사회 차원에서 신체 활동을 위한 시간 및 프로그램의 확대
>   다. (   ) ········ ㉣
> Ⅲ. 결론 : 청소년 디지털 중독을 줄이기 위한 개인적, 사회적 노력의 촉구

① ㉠의 하위 항목으로 '우울증이나 정서 불안 등의 심리적 질환 초래'를 추가한다.
② ㉡은 'Ⅱ-1'과 관련된 내용이 아니므로 삭제한다.
③ ㉢은 'Ⅱ-2'의 내용과 어울리지 않으므로 'Ⅱ-1'의 하위 항목으로 옮긴다.
④ ㉣에는 'Ⅱ-2'와의 관련성을 고려하여 '청소년을 대상으로 디지털 기기의 사용 시간 제한'이라는 내용을 넣는다.
⑤ 답이 없다.

08 민성호는 다음과 같이 기안문을 작성하였다. 담당 과장 박서준이 이 기안문에 대해 언급한 내용 중 〈공문서 작성 및 처리 지침〉에 어긋나는 것을 〈보기〉에서 모두 고르면?

외교통상부
수신 : 주○○국 대사 제목 : 초청장 발송 협조
기획재정부가 '경제개발 경험공유 사업'의 목적으로 20××년 2월 1일–20××년 2월 4일 개발도상국 공무원을 초청하여 특별 연수 프로그램을 시행할 예정이라고 알려 오면서 협조를 요청한 바, 첨부된 초청서한 및 참가신청서를 ○○국 재무부에 전달 바랍니다. 첨부 : 상기 초청서한 및 참가신청서 각 1부. 끝.
기안   전결 2등서기관 민성호

―공문서 작성 및 처리 지침―
- 숫자는 아라비아 숫자로 쓴다.
- 날짜는 숫자로 표기하되 연, 월, 일의 글자는 생략하고 그 자리에 온점을 찍어 표시한다.
- 본문이 끝나면 1자(2타) 띄우고 '끝.' 표시한다. 단, 첨부물이 있는 경우에는 첨부 표시문 끝에 1자(2타) 띄우고 '끝.' 표시한다.
- 기안문 및 시행문에는 행정기관의 로고·상징·마크 또는 홍보문구 등을 표시하여 행정기관의 이미지를 높일 수 있도록 해야 한다.
- 행정기관의 장은 문서의 기안·검토·협조·결재·등록·시행·분류·편철·보관·이관·접수·배부·공람·검색·활용 등 문서의 모든 처리절차가 전자문서시스템 또는 업무관리시스템상에서 전자적으로 처리되도록 해야 한다.

―보기―
㉠ '끝.' 표시도 중요합니다. 본문 뒤에 '끝.'을 붙이세요.
㉡ 공문서에서 날짜 표기는 이렇게 하지 않아요. '20××년 2월 1일–20××년 2월 4일'을 '20××. 2. 1.–20××. 2. 4.'로 고치세요.
㉢ 우리 부처의 로고를 넣어 주세요.
㉣ 오류를 수정하여 기안문을 출력해 오면 그 문서에 서명하여 결재하겠습니다.

① ㉠   ② ㉡   ③ ㉠, ㉢
④ ㉠, ㉣   ⑤ ㉠, ㉡

정답 및 해설   07. ④   08. ④

07 ㉣에는 디지털 콘텐츠의 무분별한 유통을 막자는 내용이 나와야 한다.
08 ㉠ 본문이 아닌 첨부표시물에 '끝.'을 붙인 현재 형태가 옳다.
    ㉣ 행정기관의 장은 문서 결재가 전자적으로 처리되도록 해야 한다.

● 글의 내용과 구조의 이해 및 추리

09 다음 글에 대한 분석으로 적절한 것을 〈보기〉에서 모두 고르면?

> 사람들은 흔히 개인이 소유한 것에 대한 독점적인 권리를 인정하는 것이 당연하다고 생각한다. ⓐ 각 개인은 타고난 지적 능력, 육체적인 힘, 성격이나 외모, 상속받은 유산 등을 가지고 있다. 그러나 ⓑ 이와 같은 자연적인 자산을 개인이 소유하게 된 것은 우연적이다. 이 자산을 개인이 소유하게 된 것에 대한 정당한 근거나 필연적인 이유가 존재하지 않는다. ⓒ 자신의 노력으로 획득한 것이 아니라는 말이다. 더구나 ⓓ 물려받은 부(富)나 재산은 애당초 공동체의 사회적인 협력이나 협동으로 획득된 것이다. 다시 말해 대대로 상속된 재산이라 하더라도 그것은 사회적 환경과 시스템 속에서 형성되고 그 가치를 인정받게 된 것이다. 따라서 ⓔ 그와 같은 재산에 대한 권리는 극히 제한적이거나 아예 없다고도 말할 수 있다. 개인은 자신이 속한 사회의 물적·제도적 토대를 바탕으로 자신의 자연적 자산을 활용하여 각종 부를 창출할 수 있다. ⓕ 이 부는 공동체의 공동 자산으로 간주해야 한다. 그러므로 각 개인이 소유한 부를 오직 자신의 행복 증진만을 위하여 사용해서는 안 된다. ⓖ 이 부는 공동체 구성원 전체의 이익 증대를 위해 사용되어야 한다. 따라서 개인이 일군 것처럼 보이는 재산이라고 하더라도 국가가 나서서 과세를 통해 거둬들여 재분배해야 한다. 결국 ⓗ 개인의 재산에 대한 정치 공동체의 개입은 도둑질이나 강탈이 아니라 사회적 혜택과 부담을 공정하게 분배하는 국가 본연의 임무이다.

〈보기〉
㉠ ⓒ는 ⓑ를 부연한다.   ㉡ ⓓ는 ⓔ를 지지한다.
㉢ ⓕ는 ⓐ를 반박한다.   ㉣ ⓗ는 ⓖ를 부연한다.

① ㉠, ㉡
② ㉠, ㉣
③ ㉠, ㉡, ㉢
④ ㉡, ㉢
④ ㉡, ㉢, ㉣

10 다음 글의 논리적 구조를 바르게 분석한 것은?

> ㉠ 뇌사는 의학적으로뿐 아니라 법률적으로도 인정되어야 한다.
> ㉡ 뇌사 상태에서 다시 소생한다는 것은 의학적으로 전혀 불가능하다.
> ㉢ 소생 가능성이 없는 환자의 생명을 연장하려는 것은 무의미한 행위이기도 하다.
> ㉣ 한편 한 인간의 생명을 다른 인간이 판정한다는 것은 잘못이라는 견해도 있다.
> ㉤ 뇌사 인정을 통해 장기 이식과 같은 의료 행위를 합법화할 경우 장기 매매와 같은 반인륜적 행위가 만연할 가능성도 있다.
> ㉥ 뇌사를 인정함에 있어 그것이 가져올 부작용을 최소화하려는 노력을 게을리해서는 안 된다.

① [㉠ → ㉡ ← ㉢] → [(㉣ + ㉤) → ㉥]
② [㉠ ← (㉡ + ㉢)] → [㉣ ← ㉤] → ㉥
③ {[㉠ ← (㉡ + ㉢)] ↔ [㉣ + ㉤]} → ㉥
④ ㉠ ← {[㉡ ← ㉢] ↔ [(㉣ + ㉤) + ㉥]}
⑤ ㉠ ← {[㉡ + ㉢] ↔ [(㉣ + ㉤) → ㉥]}

11 다음 글의 밑줄 친 ㉠에 해당하는 것은?

> 시각도란 대상물의 크기가 관찰자의 눈에 파악되는 상대적인 각도이다. 대상의 윤곽선으로부터 관찰자 눈의 수정체로 선을 확장함으로써 시각도를 측정할 수 있는데, 대상의 위아래 또는 좌우의 최외각 윤곽선과 수정체가 이루는 두 선 사이의 예각이 시각도가 된다. 시각도는 대상의 크기와 대상에서 관찰자까지의 거리 두 가지 모두에 의존하며, 대상이 가까울수록 그 시각도가 커진다. 따라서 ㉠<u>다른 크기의 대상들이 동일한 시각도를 만들어 내는 사례들이 생길 수 있다.</u>
> 작은 원이 관찰자에게 가까이 위치하도록 하고, 큰 원이 멀리 위치하도록 해서 두 원이 1도의 시각도를 유지하도록 하는 실험을 한다고 가정해 보자. 이 실험에서 눈과 원의 거리를 가늠할 수 있게 하는 모든 정보를 제거하면 두 원의 크기가 같다고 판단된다. 즉 두 원은 관찰자의 망막에 같은 크기의 영상을 낳기 때문에 다른 정보가 없는 한 같은 크기의 원으로 인식된다. 왜냐하면, 관찰자의 크기 지각이 대상의 실제 크기에 의해 결정되지 않고 관찰자의 망막에 맺힌 영상의 크기에 의해 결정되기 때문이다.

① 어떤 물체의 크기가 옆에 같이 놓인 연필의 크기를 통해 지각된다.
② 고공을 날고 있는 비행기에서 지상에 있는 사물은 매우 작게 보인다.
③ 가까운 화분의 크기가 멀리 떨어진 고층 빌딩과 같은 크기로 지각된다.
④ 차창 밖으로 보이는 집의 크기를 이용해 차와 집과의 거리를 지각한다.
⑤ 평면으로 보이는 A4 용지도 실제로 두께가 있으므로 입체로 지각된다.

정답 및 해설　　09. ①　10. ③　11. ③

09 ㉢ ⓐ는 단순한 사실을 언급한 부분이므로 반박의 대상이 될 수 없다.
　　㉣ ⓗ는 ⓖ로부터 끌어낸 결론이다.
10 ㉡과 ㉢은 ㉠에 대한 논거이고, ㉣과 ㉤은 ㉠에 대한 반론이다. ㉥은 글 전체를 통합하는 결론이다.
11 작은 원이 관찰자에게 가까이 위치하도록 하고, 큰 원이 멀리 위치하도록 하여 두 원을 같은 크기로 인식하게 한 실험을 통해 ㉠을 유추할 수 있다.

12 도서정가제와 관련하여 상사에게 보고서를 제출하려고 한다. 다음 보고서의 내용을 보충하고자 할 때 그 내용으로 적절하지 않은 것은?

> 문화의 다양성을 중요하게 여기는 독일이나 프랑스 같은 나라에서는 신간(新刊)에 한해서는 우리나라보다 오히려 더 강력한 도서정가제를 유지하고 있다. 미국이나 영국에서는 유통기업이 도서가격을 완전히 자율적으로 정할 수 있으며, OECD 34개 회원국 중에서는 미국, 영국 등 20개국이 도서정가제를 시행하지 않고 있고 프랑스, 독일 등 14개국이 도서정가제를 시행하고 있다.
> 프랑스의 경우 1950년대에 정가제를 폐지한 이후 1981년 랑법(Langlaw)으로 재도입하였다. 5% 할인을 허용하며 출간 2년 이내의 신간에만 적용된다. 독일은 협약정가제를 시행하다가 2002년에 입법화하였다. 할인을 전혀 허용하지 않고 있으며 출간 1년 6개월 이내의 신간에만 적용된다. 일본은 사업자 간의 협약으로 정가제가 유지되고 있다.
> 반면 대표적인 도서정가제 비시행국으로는 미국과 영국을 들 수 있다. 미국의 경우 도서정가제는 독과점금지법인 셔먼법(Sherman Act)에 의해 제한된다. 재판매가격 유지는 불법이며 모든 상품에 대한 정가제는 위법으로 간주된다.
> 영국은 1900년부터 도서정가제를 시행했지만 1997년에 폐지하였다. 영국 공정거래위원회(Competition Commission)의 의뢰를 받은 제한적 거래관행 재판소(Restrictive Practices Court)는 정가제가 더는 대중의 이익에 부합하지 않는다고 판단하여 완전히 폐지를 판결하였다.

① 우리나라의 도서정가제가 어떻게 시행되고 있는지 제시한다.
② 1950년대 프랑스의 정가제에 대한 상세 내용을 추가한다.
③ 일본이 정가제와 관련하여 어떤 협약을 이행하고 있는지 제시한다.
④ 각 국가가 실시하고 있는 제도를 표로 작성하여 삽입한다.
⑤ 도서정가제 시행의 장단점을 실제 사례를 통해 설명한다.

제1장 의사소통능력

● 내용의 일치/불일치

13 다음 글에 대한 이해로 적절하지 않은 것은?

> 한국 건축은 '사이'의 개념을 중요시한다. 그리고 '사이'의 크기는 기능과 사회적 위계에 영향을 받는다. 또한 공간, 시간, 인간 모두를 '사이'의 한 동류로 보기도 한다. 서양의 과학적 사고가 물체를 부분들로 구성되었다고 보고 불변하는 요소들을 분석함으로써 본질 파악을 추구하였다면 동양은 사이, 즉 요소 간의 관련성에 초점을 두고, 거기에서 가치와 의미의 원천을 찾았던 것이다. 서양의 건축이 내적 구성, 폐쇄적 조직을 강조한 객체의 형태를 추구했다면, 동양의 건축은 그보다 객체의 형태와 그것이 놓이는 상황 및 자연환경과의 어울림을 통해 미를 추구하였던 것이다. 동양의 목재 가구법(낱낱의 재료를 조립하여 구조물을 만드는 법)에 의한 건축 구성 양식에서 '사이'의 중요성을 알 수 있다. 이 양식은 조적식(돌·벽돌 따위를 쌓아 올리는 건축 방식)보다 환경에 개방적이고, 우기에도 환기를 좋게 할 뿐 아니라 내·외부 공간의 차단을 거부하고 자연과의 대화를 늘 강조한다. 그로 인해 건축이 무대나 액자를 설정하고 자연이 끝을 내 주는 기분을 느끼게 한다.

① 동양과 서양 건축의 차이를 요소 간의 관련성으로 설명하고 있다.
② 동양의 건축 재료로 석재보다 목재가 많이 쓰인 이유를 알 수 있다.
③ 한국 건축에서 '사이'의 개념은 공간, 시간, 인간 모두를 포함하고 있다.
④ 동양의 건축은 자연환경에 개방적이지만 인공 조형물에 대해서는 폐쇄적이다.
⑤ 서양의 건축에는 물체를 구성하는 요소의 본질을 중요하게 여기는 사고가 반영되어 있다.

정답 및 해설　　　　　　　　　　　　　　　　　　　12. ② 13. ④

12 제시된 보고서에 1950년대 프랑스의 정가제에 대한 내용을 추가할 경우 내용이 더 충실해지는 것은 사실이지만, 현재 시행되고 있는 제도가 더 중요하며, 만약 보충적으로 자료를 추가한다면 1950년대에 실시된 정가제가 아닌 1981년에 재도입된 랑법에 대한 내용이 들어가야 한다.

[14~15] 다음 신문기사의 내용을 읽고 잘못 이해한 것을 고르시오.

14

> NH농협은행이 신차 구입 고객을 대상으로 대출한도 조회부터 대출 실행까지 모든 과정을 모바일뱅크인 'NH 올원뱅크(All One Bank)'에서 가능한 'NH간편오토론'을 출시했다.
> 'NH간편오토론'은 5분이면 대출한도를 조회할 수 있고 서울보증보험 보증 한도 이내에서 최대 3,500만 원까지 대출할 수 있다. 특히, 은행을 방문하지 않고 재직 및 소득서류 제출도 필요 없이 간편하게 이용할 수 있는 게 가장 큰 특징이다.
> 대출금리는 상품 특별 우대금리를 포함해 거래실적에 따라 최대 1.5%의 우대금리를 받을 수 있어 최저 3.28%까지 가능하다. 또 차량잔금을 NH채움카드로 결제하면 최대 1.5%의 카드포인트를 적립해주는 우대서비스도 제공된다.
> NH농협은행 상품개발부장은 "고객이 더욱 쉽고 빠르고 간편하게 이용할 수 있도록 모바일 전용상품인 'NH간편오토론'을 출시했다."라며 "앞으로 인터넷 및 NH 올원뱅크(All One Bank)를 통해서도 서비스제공을 할 예정으로 고객들이 더 나은 금융 혜택을 받을 수 있도록 노력하겠다."라고 말했다.
> 한편, NH농협은행은 지난해 12월 'NH스마트금융센터'를 오픈해 새로운 형태의 금융서비스를 선도하고 있다. '스마트금융센터'는 온라인에 특화된 비대면 마케팅 채널로 금융상품 가입과 자산관리서비스까지 가능한 공간으로, 전화, 채팅, 이메일, 화상 등 다양한 상담시스템을 통해 1:1 맞춤 금융상품 추천 등 전문상담사와 편리하게 상담할 수 있다.

① 'NH간편오토론'은 3,500만 원까지 대출할 수 있다.
② 'NH스마트금융센터'는 온라인으로 다양한 상담시스템을 통해 전문상담사와 편리하게 상담할 수 있다.
③ 'NH 올원뱅크(All One Bank)'에서 사용 가능한 'NH간편오토론'은 모바일 전용상품이다.
④ 대출금리는 우대금리를 포함해 거래실적에 따라 최저 1.5%까지 가능하다.
⑤ 차량잔금을 NH채움카드로 결제 시 카드포인트 적립 우대서비스가 있다.

15

NH농협은행은 기존 202개인 은퇴설계 특화 상담창구(All100플랜 라운지)를 전국 870여 개 영업점으로 확대 오픈했다고 10일 밝혔다.

'All100플랜 라운지'에선 은퇴설계 전문가 'NH All100플래너'의 차별화된 상담 서비스를 받을 수 있다.

'NH All100플래너'는 CFP, AFPK 등 각종 전문 자격을 보유하고 있다. 은퇴 후의 다양한 상황을 반영한 종합적 은퇴 솔루션을 제공한다.

또한, 지난 1월 구축한 종합자산관리 플랫폼 All100플랜 시스템을 이용하면, 고객의 특성과 생애주기별 필요자금을 고려한 맞춤형 상담이 가능하다.

NH농협은행은 독자 개발한 7가지 은퇴솔루션을 통해 설계를 받은 고객의 은퇴준비지수가 개선될 수 있도록 지속적인 사후관리 서비스도 제공할 예정이다.

이외에도 최근 판매액 3조 7,000억 원을 돌파한 은퇴설계 특화상품에 대한 안내 및 대고객 은퇴교육 프로그램인 'All100플랜 아카데미' 등의 서비스도 NH All100플랜 라운지를 중심으로 이뤄진다.

NH농협은행 본부장은 "전국적인 All100 Plan Lounge 확대 방침에 따라 경남에서도 기존 18개에서 67개 영업점으로 확대 오픈하고 All100플랜 라운지를 통해 개별상품의 일회성 판매가 아닌 포트폴리오 설계 차원에서 고객이 필요로 하는 은퇴설계가 가능하도록 최선의 노력을 다하겠다."고 전했다.

① All100플랜 시스템을 이용하면, 고객의 특성과 생애주기별 필요자금을 고려한 맞춤형 상담이 가능하다.
② 'All100플랜 라운지'에서는 CFP, AFPK 등 각종 전문 자격을 보유한 은퇴설계 전문가 'NH All100플래너'의 상담을 받을 수 있다.
③ NH농협은행은 'All100플랜 라운지'를 새로 오픈하여 차별화된 서비스를 제공할 예정이다.
④ 은퇴설계 특화상품에 대한 안내 및 'All100플랜 아카데미' 등의 서비스도 NH All100플랜 라운지에서 이루어진다.
⑤ NH농협은행은 고객에게 일회성이 아닌 지속적인 사후관리 서비스도 제공할 예정이다.

정답 및 해설

14. ④   15. ③

14 ④ 대출금리는 상품 특별 우대금리를 포함해 거래실적에 따라 최대 1.5%의 우대금리를 받을 수 있어 최저 3.28%까지 가능하다.

15 ③ NH농협은행은 기존 202개인 은퇴설계 특화 상담창구(All100플랜 라운지)를 전국 870여 개 영업점으로 확대 오픈하였다.

16 다음 글의 핵심 논지로 가장 적절한 것은?

> 폴란은 동물의 가축화를 '노예화 또는 착취'로 바라보는 시각은 잘못이라고 주장한다. 그에 따르면, 가축화는 '종들 사이의 상호주의'의 일환이며 정치적이 아니라 진화론적 현상이다. 그는 "소수의, 특히 운이 좋았던 종들이 다윈식의 시행착오와 적응과정을 거쳐, 인간과의 동맹을 통해 생존과 번성의 길을 발견한 것이 축산의 기원"이라고 말한다.
>
> 예컨대 이러한 동맹에 참여한 소, 돼지, 닭은 번성했지만, 그 조상뻘 되는 동물 중에서 계속 야생의 길을 걸었던 것들은 쇠퇴했다는 것이다. 지금 북미 지역에 살아남은 늑대는 1만 마리 남짓인데 개들은 5천만 마리나 된다는 것을 통해 이 점을 다시 확인할 수 있다. 이로부터 폴란은 '그 동물들의 관점에서 인간과의 거래는 엄청난 성공'이었다고 주장한다. 그래서 스티븐 울프는 "인도주의에 근거한 채식주의 옹호론만큼 설득력 없는 논변도 없다. 베이컨을 원하는 인간이 많아지는 것은 돼지에게 좋은 일이다."라고 주장하기도 한다.
>
> 그런데 어떤 생명체가 태어나도록 하는 것이 항상 좋은 일인가? 어떤 돼지가 깨끗한 농장에서 태어나 쾌적하게 살다가 이른 죽음을 맞게 된다면, 그 돼지가 태어나도록 하는 것이 좋은 일인가? 좋은 일이라고 한다면 돼지를 잘 기르는 농장에서 나온 돼지고기를 먹는 것은 그 돼지에게 나쁜 일이 아니라는 말이 된다. 아무도 고기를 먹지 않는다면 그 돼지는 태어날 수 없기 때문이다. 하지만 그 돼지를 먹기 위해서는 먼저 그 돼지를 죽여야 한다. 그렇다면 그 살해는 정당해야 한다. 폴란은 자신의 주장이 갖는 이런 함축에 불편함을 느껴야 한다. 이러한 불편함을 폴란은 해결하지 못할 것이다.

① 종 다양성을 보존하기 위한 목적으로 생명체를 죽이는 일은 지양해야 한다.
② 생명체를 죽이기 위해서 그 생명체를 태어나게 하는 일은 정당화되기 어렵다.
③ 어떤 생명체가 태어나서 쾌적하게 산다면 그 생명체를 태어나게 하는 것은 좋은 일이다.
④ 가축화에 대한 폴란의 진화론적 설명이 기초하는 '종들 사이의 상호주의'는 틀린 정보에 근거한다.
⑤ 어떤 생명체를 태어나게 해서 그 생명체가 속한 종의 생존과 번성에 도움을 준다면 이는 좋은 일이다.

17 다음 신문기사의 내용을 읽고 잘못 이해한 것은?

> 전국농협품목별협의회 회원 조합장 일동은 다가오는 추석 명절을 맞아 국민권익위원회 등 관계기관을 대상으로 「청탁금지법」 적용 대상에서 우리 농축산물을 제외시켜 줄 것을 강력히 촉구했다. 현재 우리 농·축산업은 농축산물 수입 증가, 농자재 가격 상승, 농촌인력 부족, 잦은 가축질병 등 대내외 악재에 작년 9월 28일 시행된 청탁금지법까지 겹쳐 이중고를 겪고 있다.
> 「청탁금지법」이 우리 사회의 부정 청탁과 낡은 접대문화를 개선하는 등 청렴 문화를 확산시키는 데 도움이 되긴 했지만, 걱정했던 농축산물 소비위축이 현실화되어 법 시행 이후 첫 명절이었던 올해 설의 국내산 농축산물 선물세트 소비는 전년 대비 25.8% 감소하였고, 다가오는 추석에도 큰 폭의 감소가 우려되는 등 연간 농업생산은 품목별로 3~7%가량 감소할 것으로 추정되고 있다.
> 그간 우리나라 주요 농축산물의 약 40%가 명절 선물로 소비되었으나, 지금은 명절에 판매되지 못한 물량이 평소에 과잉 공급되면서 가격하락으로 이어지는 악순환을 겪고 있는 어려운 실정이다.
> 특히, 올해는 사상 최악의 가뭄과 폭우로 정상 출하까지 위협받고 있음에도 불구하고, 지난 7. 27 국민권익위원장은 농업인의 절박한 심정을 헤아리지 않고 시기상조 운운하며 법 개정에 부정적인 발언을 함으로써 우리 농·축산업을 다시 한 번 절망으로 내몰았다. 이에 전국농협품목별협의회 회원 조합장 일동은 "조속히 우리 농축산물을 「청탁금지법」 적용 대상에서 제외시켜 다가오는 추석 명절에는 우리 농업인들이 희망을 품고 대한민국 농업·농촌을 지켜낼 수 있도록 온 국민이 힘을 보태주시길 바란다"며 국민적 관심과 정부와 국회의 지원을 호소하였다.

① 농·축산업은 농촌인력 부족, 잦은 가축질병 등 대내외 악재로 고통받고 있다. 그래서 전국농협품목별협의회 회원 조합장 일동은 관계기관을 대상으로 「청탁금지법」 적용 대상에서 국내 농축산물을 제외시켜 달라고 요구했다.
② 「청탁금지법」 시행 이후 공급 과잉으로 인한 가격하락이 발생했다.
③ 국민권익위원장은 농업인들이 요구하는 법 개정에 대해 긍정적으로 검토하고 있다.
④ 「청탁금지법」은 국내의 낡은 접대문화를 개선하고 청렴 문화 확산에 도움이 되었다.
⑤ 「청탁금지법」 시행 이후 올해 설의 국내산 농축산물 선물세트 소비는 전년 대비 25.8% 감소했고 연간 농업생산은 품목별로 3~7%가량 감소할 것으로 예측되었다.

정답 및 해설　　　　　　　　　　　　　　　　16. ②　17. ③

16 인간이 돼지를 먹지 않는다면 돼지는 태어날 수 없기 때문에, 베이컨을 먹기 위해 돼지를 죽이는 것은 정당한 일이 되어야 하지만 그러한 살해는 '불편함'으로 다가오게 된다.
17 ③ 국민권익위원장은 법 개정에 부정적인 발언을 하였다는 내용이 본문에 있다.

18 다음 신문기사를 본 직원들이 대화를 나누고 있다. 보기 중 이 기사를 가장 잘 이해한 사람은?

> ○○농업기술원은 2013년산 농산물 54개 작목 741 농가를 대상으로 소득조사를 분석한 결과 소득이 가장 높은 작목은 시설재배는 장미, 노지재배는 블루베리인 것으로 조사됐다고 2일 밝혔다.
> 시설재배작목 소득의 경우 1,000㎡당 장미가 1,408만 4,000원, 딸기 1,275만 9,000원, 토마토 1,124만 4,000원, 호박 1,122만 원, 오이 1,103만 9,000원, 파프리카 1,036만 7,000원, 방울토마토 935만 4,000원 순이다. 이어 시설국화가 757만 1,000원, 시설부추 654만 6,000원, 시설고추 575만 7,000원, 멜론 516만 2,000원, 수박 213만 3,000원 등이다.
> 노지작목의 소득은 블루베리가 793만 7,000원, 무화과 735만 2,000원, 구기자 561만 5,000원, 복숭아 480만 7,000원, 사과 443만 4,000원, 포도 362만 2,000원 순으로 조사됐다. 또 유자가 304만 1,000원, 참다래 297만 5,000원, 배 282만 9,000원, 수박 273만 원, 오디 258만 1,000원, 단감 185만 9,000원 순이었다. 이번 소득 분석 결과 대체로 일반 밭작물보다는 과수 분야가 높은 것으로 나타났다.
> 전년 대비 소득이 30% 이상 소득이 증가한 작목은 녹차, 구기자, 무화과, 참깨, 월동배추, 멜론, 유자 등 7개다. 20~30% 증가한 작목은 노지수박, 시설호박, 시설부추, 토마토, 시설국화고, 10~20% 증가는 맥주보리, 단감 2작목이다. 녹차, 구기자, 무화과, 참깨, 월동배추 등의 소득이 증가한 요인은 겨울철 기후조건이 양호해 작황이 좋았기 때문이다.
> 이에 반해 소득이 감소한 작목은 시설미나리, 시설고추, 가을무, 가을배추, 대파, 시설고추, 고구마, 쪽파 등 26개다. 이는 작황호조에 따른 공급량 증가와 소비위축 등으로 가격이 하락했다.
> 지난해 주요 노지재배 작목은 대체로 작황은 좋았으나 반대로 소득은 감소했다. 시설재배는 경기침체에 따른 수요 위축으로 가격 지지가 약해 경영비가 많이 소요되는 시설고추, 착색단고추, 방울토마토, 오이 등의 소득이 줄었다.

① 직원 A : "지난해에는 과수 분야보다는 일반 밭작물의 소득이 높았어."
② 직원 B : "지난해 농가 소득이 가장 높은 작목은 시설재배는 블루베리, 노지재배는 장미야."
③ 직원 C : "지난해 주요 노지재배 작목은 대체로 작황은 좋았으나 반대로 소득은 감소했어."
④ 직원 D : "지난해 녹차, 구기자, 무화과 등의 소득이 증가한 요인은 여름철 기후조건이 양호해서 작황이 좋았기 때문이야."
⑤ 직원 E : "지난해 노지작목의 소득은 녹차, 구기자, 무화과 순이야."

제1장 의사소통능력

19 다음 글의 내용과 일치하지 않는 것은?

> 어떤 연구자는 리더십을 목표 달성을 위해 행사되는 영향력이라 정의 내리고, 리더의 공통된 자질로서는 지력, 교양, 전문지식, 정력, 용기, 정직, 상식, 판단력, 건강을 꼽았다. 그러나 실제로는 리더가 갖추어야 할 조건이란 이론적인 것이며, 상황에 따라 달라지는 것이 사실일 것이다.
>
> 정치세계에 있어서의 리더십의 요건이 경제계, 군대 또는 교육계에서 요건과 같을 개연성은 없다. 정계만을 생각할 때, 그 나라가 어떠한 상황에 놓여 있는가에 따라 필요한 리더십도 달라진다. 즉, 어디에서나 기능하는 유일하고 절대적인 리더십의 존재는 수긍하기 어렵다. 리더십을 강력한 통솔력인 것처럼 해석하는 사람도 있으나 자유방임형이나 상담형의 리더십이란 것도 있을 수 있으며, 상황에 따라서는 후자의 유형이 유효하게 기능하는 일도 있다. 물론 어떤 조직에서 또 다른 유형의 리더십이 마찬가지로 제대로 기능하는 경우도 있다.
>
> 리더십이란 특정인만이 갖고 있는 특수한 자질은 아니다. 리더가 될 수 있는 잠재적 능력은 선천적, 생득적인 것이 아니라 오히려 후천적인 것이며, 대부분 사람은 인위적 훈련에 따라 어떤 형태의 리더십을 몸에 익히는 것이 가능하다. 그러나 모든 조직, 집단, 국가는 광의에서의 환경 속에 존재하며, 이것과의 적합성이 항상 의문시된다.
>
> 어려운 것은 리더십을 몸에 익히는 것보다도 어떠한 리더십을 몸에 익히고 발휘하면 되는가 하는 문제이다. 통솔력이 뛰어난 강력한 리더가 되는 것보다도 그 조직 또는 환경에 있어서 바람직한 리더상이 무엇인가를 간파하는 것이 더욱 어려우며, 또한 이것이 본질적으로 중요한 문제이기도 하다.

① 조직별로 리더에게 요구되는 자질은 다르므로 뛰어난 장군이 뛰어난 정치가가 될 수 있다고 단정 지을 수 없다.
② 독재형 리더십이 제대로 기능하지 않는 조직이나 국가에서 상담형 리더가 정점에 서면 잘될 가능성이 있다.
③ 지금까지의 리더와 전혀 다른 사고방식을 가진 사람이 리더가 되더라도 종래와 마찬가지로 통치나 관리를 잘 수행할 수도 있다.
④ 리더십은 선천적인 것이 아니므로 대부분 사람은 훈련에 따라 강력한 통솔력을 몸에 익힐 수 있다.
⑤ 리더십이란 특정인만이 가진 특수한 자질은 아니다.

정답 및 해설
18. ③ **19.** ④

18 ① 지난해에는 일반 밭작물보다는 과수 분야가 소득이 높다.
② 지난해 농가 소득이 가장 높은 작목은 시설재배는 장미, 노지재배는 블루베리다.
④ 지난해 녹차, 구기자, 무화과 등의 소득이 증가한 요인은 겨울철 기후조건이 양호해서 작황이 좋았기 때문이다.
⑤ 지난해 노지작목의 소득은 블루베리, 무화과, 구기자 순이다.

19 세 번째 단락에서 '대부분 사람은 인위적 훈련에 따라 어떤 형태의 리더십을 몸에 익히는 것이 가능하다'고 하였으나 '훈련에 따라 강력한 통솔력을 몸에 익힐 수 있다'는 내용은 언급하고 있지 않다. 또한, 이 글은 강력한 통솔력으로서의 리더십을 주장하고 있지 않다.

20 다음 신문기사의 내용을 읽고 잘못 이해한 것은?

> 농협중앙회는 7월 20일 경기도 안성 농협미래농업지원센터 대강당에서 농협미래농업지원센터 개원 1주년 기념 및 4차 산업혁명 시대와 변화하는 농업환경에 대응하는 미래농업의 발전 방향을 모색하기 위해 '미래농업 Jumping-Up 홈커밍 데이'를 개최했다.
> 이 날 행사는 농협중앙회장, 농업인, 정부·지자체 관계자, 국회의원 등 300여 명이 참석한 가운데 개최되었으며, ▲강소농 및 미래농업경영체 육성 기여자에 대한 감사패 및 공로상 시상 ▲일자리 창출과 농업·농촌 가치 확산 의지를 담은 공감농업 퍼포먼스 ▲선도농업 경영체 제품 시식 및 순람 ▲스마트 팜 농자재 시연 ▲ICT(정보기술통신) 융·복합 기술을 활용한 농가 보급형 스마트 팜 체험교육 농장 순람 ▲팜파티 등의 순서로 진행됐다.
> 또한 '미래농업 공감포럼-미래 농업을 만나다'를 주제로 과학기술연합대학원대학교(UST) 총장의 「4차 산업혁명 시대, 미래농업 어떻게 준비할 것인가?」 특강과 前농림축산식품부 차관의 「4차 산업혁명 시대, 농식품 산업 발상의 전환」 특강이 진행되어 4차 산업혁명 시대에 농업의 생존전략을 모색해 보는 시간을 가졌다.
> 농협미래농업지원센터는 농협만의 인프라(금융·유통·경영·컨설팅 등)를 활용하여 농업의 부가가치를 제고하고, 아이디어와 기술을 더해 미래농업 확산과 농업에 새로운 활력을 불어넣는 플랫폼 역할을 하고 있다.
> 개원 1년을 맞은 농협미래농업지원센터는 ▲하나로마트, 농협a마켓, 공영홈쇼핑 등 온라인 및 오프라인 전방위 판로지원 ▲창업, 유통, 경영, 금융 등 수요자 중심의 맞춤형 One-Stop 종합컨설팅 ▲농협은행의 '농부의 마음' 통장·적금·카드 출시를 통해 조성된 기금과 정책자금 및 농산업가치펀드를 통한 자금지원 등 강소농·미래농업경영체 성장단계별 금융지원 ▲디자인, 스마트 팜, 6차 산업화 전문 과정 등 현장 체험형·회합형 특화교육 ▲농식품 아이디어(TED) 경연대회 등 농식품 아이디어 발굴 및 창업 보육 지원 ▲나의 살던 고향장터, 농식품 아이디어 농담토크, 농협은행 점포 내 홍보대 설치 등을 통한 농업·농촌 가치 확산 및 공감농업의 장을 마련하고 있다.
> 농협중앙회 회장은 "농협미래농업지원센터를 농식품 ICT전략센터 및 농식품컨설팅 특화센터로 육성하여 미래농업을 견인할 계획"이라며, "범농협 인프라를 이용한 강소농·미래농업경영체를 육성을 통해 농업을 미래 성장산업으로 육성하는 한편 농산업 경쟁력 강화 및 고부가가치 창출을 통해 농가소득 5천만 원 달성에 기여하겠다"고 말했다.

① '미래농업 Jumping-Up 홈커밍 데이' 행사에는 2명의 강연자가 4차 산업혁명 시대의 농업에 대해 강의했다.
② '미래농업 Jumping-Up 홈커밍 데이' 행사에는 농협중앙회장, 농업인, 정부·지자체 관계자, 국회의원 등 300여 명이 참석하여 미래농업의 발전 방향에 대해 토론했다.
③ 농협미래농업지원센터는 6차 산업화 전문 과정이라는 R&D 과정을 두고 있다.
④ '미래농업 Jumping-Up 홈커밍 데이' 행사에서 일자리 창출과 농업·농촌 가치 확산 의지를 담은 공감농업 퍼포먼스와 농가 보급형 스마트 팜 체험교육 농장 순람 등이 진행되었다.
⑤ 이 행사에서 농협중앙회 회장은 농가소득 5천만 원 달성에 기여하겠다는 포부를 밝혔다.

● 추론하기

21 다음 글에서 추론할 수 있는 것을 〈보기〉에서 모두 고르면?

> 화학반응이 일어나기 위해서는 반드시 어느 정도의 에너지 장벽을 넘어야만 한다. 반응물의 에너지가 생성물의 에너지보다 작은 경우는 당연히 말할 것도 없거니와 반응물의 에너지가 생성물의 에너지보다 큰 경우에도 마찬가지다. 에너지 장벽을 낮추는 것은 화학반응의 속도를 증가시키고, 에너지 장벽을 높이는 것은 화학반응의 속도를 감소시킨다. 에너지 장벽의 높이를 조절하는 물질을 화학반응의 촉매라고 한다. 촉매에는 에너지 장벽을 낮추는 정촉매도 있지만, 장벽을 높이는 부촉매도 있다.
>
> 촉매는 산업 생산에서 요긴하게 활용된다. 특히 수요가 큰 화학제품을 생산하는 경우 충분히 빠른 화학반응 속도를 얻는 것이 중요하다. 반응 속도가 충분히 빠르지 않으면 생산성이 떨어져 경제성이 악화된다. 생산 공정에서는 반응로의 온도를 높여서 반응 속도를 증가시킨다. 이때 적절한 촉매를 사용하면 그런 비용을 획기적으로 절감하면서 생산성을 높이는 것이 가능하다.
>
> 그러나 반응하는 분자들이 복잡한 구조를 지닐 경우에는 반응에 얽힌 상황도 더 복잡해져서 촉매의 투입만으로는 반응 속도를 조절하기 어려워진다. 그런 분자들 간의 반응에서는 분자들이 서로 어떤 방향으로 충돌하는가도 문제가 된다. 즉, 에너지 장벽을 넘어설 수 있을 만큼의 에너지를 주더라도 반응이 일어날 수 있는 올바른 방향으로 충돌하지 못할 경우에는 화학반응이 일어나지 않는다.

─〈보기〉─
㉠ 부촉매는 화학반응의 속도를 감소시킨다.
㉡ 복잡한 구조를 지닌 분자들 간의 화학반응에서는 에너지 장벽이 촉매 때문에 조절되지 않는다.
㉢ 화학반응 시 온도를 올리면 에너지 장벽이 낮아진다.

① ㉠ ② ㉢ ③ ㉠, ㉡
④ ㉡, ㉢ ⑤ ㉠, ㉡, ㉢

정답 및 해설   20. ③   21. ①

20 ③ 6차 산업화 전문 과정은 현장 체험형·회합형 특화교육이다.

21 ㉡ 촉매의 투입만으로는 반응 속도를 조절하기 어려울 뿐 촉매 때문에 에너지 장벽이 조절되지 않는 것은 아니다.
㉢ 화학반응 시 온도를 올리고, 여기에 적절한 촉매를 사용해야 에너지 장벽이 낮아진다.

22 다음 표를 통해 추론할 수 있는 내용으로 옳지 않은 것은?

[2006~2014년 직업윤리 차이(5점 척도)]

구 분	중요도 수준 평균			유의도	평균차(유의확률)		
	2006	2010	2014		2006~2010	2010~2014	2006~2014
법조인	3.56	3.808	3.34	F=83.838 p=0.000	−0.232 (0.000)	0.454 (0.000)	0.222 (0.000)
직업군인	3.47	3.65	3.38	F=45.321 p=0.000	−0.183 (0.000)	0.273 (0.000)	0.090 (0.000)
고위 공무원	3.12	3.66	3.29	F=171.181 p=0.000	−0.543 (0.000)	0.371 (0.000)	−0.172 (0.000)
국회의원	2.60	3.39	2.71	F=248.863 p=0.000	−0.795 (0.000)	0.684 (0.000)	−0.111 (0.008)
기업경영자	3.18	3.63	3.09	F=133.259 p=0.000	−0.451 (0.000)	0.544 (0.000)	−0.111 (0.008)
언론인	3.32	3.77	3.37	F=143.626 p=0.000	−0.447 (0.000)	0.399 (0.000)	0.093 (0.000)
대학교수	3.62	3.93	3.78	F=88.682 p=0.000	−0.310 (0.000)	0.145 (0.000)	−0.047 (0.200)
노조 간부	3.14	3.38	3.15	F=43.812 p=0.000	−0.241 (0.000)	0.231 (0.000)	−0.165 (0.000)
의 사	3.61	3.90	3.84	F=87.605 p=0.000	0.288 (0.000)	0.062 (0.118)	−0.010 (0.927)
연예인	3.15	3.46	3.34	F=72.064 p=0.000	−0.309 (0.000)	0.115 (0.009)	−0.226 (0.000)
프로운동선수	3.68	3.48	3.48	F=56.021 p=0.000	−0.195 (0.000)	0.006 (0.983)	−0.193 (0.000)
택시운전기사	2.97	2.94	2.89	F=6.045 p=0.002	−0.029 (0.511)	0.056 (0.228)	0.201 (0.000)
초등학교 교사	3.58	3.68	3.72	F=24.470 p=0.000	−0.096 (0.000)	−0.043 (0.347)	−0.139 (0.000)
공장근로자	3.04	3.03	3.13	F=6.149 p=0.002	−0.009 (0.944)	−0096 (0.017)	−0.087 (0.003)
시민사회 운동가	3.40	3.61	3.41	F=30.224 p=0.000	−0.208 (0.000)	0.199 (0.000)	−0.009 (0.949)
선장[1]	−	−	2.45	−	−	−	−
항공기 조종사[1]	−	−	3.61	−	−	−	−
건축업자[1]	−	−	3.06	−	−	−	−
N	9041	1500	1500				

※ 주 : 1) 2014년에 새롭게 추가하여 조사한 직업임
　　자료 : 한국인의 직업의식 및 직업윤리 설문조사(2006, 2010, 2014)

① 초등학교 교사의 직업윤리 수준에 대한 평가가 계속해서 상승하는 데에는 과거에 일반적이었던 촌지 등의 문제가 거의 사라진 현실이 반영되었다.
② 대학교수와 의사의 직업윤리 수준이 가장 높은 이유는 최고의 지성과 생명을 다루는 고난도의 직업에 높은 수준의 직업윤리를 요구하는 경향이 있기 때문이다.
③ 국회의원의 직업윤리 수준의 평균차가 다른 직업에 비해 현저히 큰 것은 정치적 이념 대립이 정권 교체 시기마다 심각해지는 사회 문제가 반영되었기 때문이다.
④ 새롭게 추가하여 조사한 직업인 선장의 직업윤리 수준에 대한 평가가 가장 낮은 데에는 지난 세월호 사건의 여파가 반영된 것으로 볼 수 있다.
⑤ 항공기 조종사에게 요구되는 직업윤리 수준이 비교적 높은 것은 그가 가지고 있는 직업윤리의 정도가 많은 사람의 생명과 직결되기 때문이다.

정답 및 해설　　　　　　　　　　　　　　　　　　　　　　　　　　　　22. ③

22 국회의원의 직업윤리 수준의 평균차가 다른 직업에 비해 현저히 큰 것은 정치·경제·사회 문제가 발생할 때마다 그것이 여론에 즉각적으로 반영되기 때문이다.

23 당신은 N은행 직원으로서 창구 업무를 맡고 있으며 금융거래법의 개정내용은 다음과 같다. 고객 A가 해당 내용에 대해 질문한 경우의 답변으로 잘못된 것은?

―주요 개정내용―

〈개정 취지〉
- 범죄수익 은닉, 자금세탁, 조세포탈 등 불법행위나 범죄의 수단으로 악용될 수 있는 차명거래를 방지하려는 것임
  ※ 차명거래 : 금융자산의 실소유자와 예금 명의자가 다른 경우를 말함(타인의 실명으로 금융거래)

〈개정 내용〉
- 불법행위를 목적으로 하는 차명 금융거래 금지(제3조 제3항)
  - 원칙적으로 차명거래 허용
- 다만, 「특정금융정보법」에서 규정(제2조 제3호 또는 제5호)하고 있는 불법재산의 은닉, 자금세탁행위(조세포탈 등), 공중협박자금조달 행위 및 강제집행의 면탈, 그 밖의 탈법행위를 목적으로 하는 차명거래는 금지함
  ※ 위반 시 형사처벌(5년 이하의 징역 또는 5천만 원 이하의 벌금) 소지
- 실명(實名)이 확인된 계좌에 보유하고 있는 금융자산은 '명의자의 소유'로 추정함(제3조 제5항)
- 금융회사 종사자는 거래자에게 불법 차명거래가 금지됨을 설명해야 함(제3조 제6항)
- 이는 고객 보호 차원에서 고객이 불법 차명거래가 금지됨을 충분히 이해하고, 계좌개설 등 금융거래를 하도록 하기 위한 것임

① 고객 A : 차명거래가 모두 금지되는 것인가요?
   나 : 불법재산의 은닉, 자금세탁행위(조세포탈 등), 공중협박자금조달행위, 강제집행의 면탈 및 그 밖의 탈법행위를 목적으로 하는 차명거래만 금지됩니다.
② 고객 A : 불법 차명거래에 해당하는 구체적인 사례는 무엇인가요?
   나 : 채권자들의 강제집행을 회피하기 위해 타인 명의 계좌에 본인 소유 자금을 예금하는 행위 시 처벌됩니다.
③ 고객 A : 차명거래가 무엇인가요?
   나 : 통상적으로 금융자산의 실소유자와 해당 거래의 명의자가 서로 다른 경우를 뜻합니다.
④ 고객 A : 금융거래 시 은행에서 차명거래 관련 설명을 하는 이유는 무엇인가요?
   나 : 금융실명법 제3조 제6항에 따라 금융회사는 거래자에게 계좌개설 시 불법 차명거래가 금지됨을 설명하여야 합니다.
⑤ 고객 A : 미성년 자녀의 금융자산을 관리하기 위해 부모명의 계좌에 예금해도 차명거래로 처벌받나요?
   나 : 해당 내용은 증여세 탈루의 소지가 있어 처벌받을 수 있습니다.

24 다음 글의 내용을 포괄하는 진술로 가장 적절한 것은?

> 사람의 신체는 형체가 있으나 지각은 형체가 없습니다. 형체가 있는 것은 죽으면 썩어 없어지지만, 형체가 없는 것은 모이거나 흩어지는 일이 없으니, 죽은 뒤에 지각이 있을 법도 합니다. 죽은 뒤에도 지각이 있을 경우에만 불교의 윤회설이 맞고, 지각이 없다고 한다면 제사를 드리는 것에 실질적 근거는 없을 것입니다.
> 사람의 지각은 정기(精氣)에서 나옵니다. 눈과 귀가 지각하는 것은 넋의 영이며, 마음이 생각하는 것은 혼의 영입니다. 지각하고 생각하는 것은 기(氣)이며, 생각하도록 하는 것은 이(理)입니다. 이(理)는 지각이 없고, 기(氣)는 지각이 있습니다. 따라서 귀가 있어야 듣고, 눈이 있어야 보며, 마음이 있어야 생각할 수 있으니 정기가 흩어지고 나면 무슨 물체에 무슨 지각이 있겠습니까? 지각이 없다고 한다면 비록 천당과 지옥이 있다고 하더라도 즐거움과 괴로움을 지각할 수 없으니 불가의 인과응보설(因果應報說)은 저절로 무너지게 됩니다.
> 죽은 뒤에는 지각이 없다 해도 제사를 지내는 것에는 이치[理]가 있습니다. 사람이 죽어도 오래되지 않으면 정기가 흩어졌다 해도 바로 소멸되는 것은 아니기 때문에 정성과 공경을 다하면 돌아가신 조상과 느껴서 통할 수 있습니다. 먼 조상의 경우 기운은 소멸했지만 이치는 소멸한 것이 아니니, 또한 정성으로 느껴서 통할 수 있습니다. 감응할 수 있는 기운은 없지만 감응할 수 있는 이치가 있기 때문입니다. 조상이 돌아가신 지 오래되지 않았으면 기운으로써 감응하고, 돌아가신 지 오래되었으면 이치로써 감응하는 것입니다.

① 윤회설이 부정된다고 해서 제사가 부정되지는 않는다.
② 제사는 조상의 기를 느껴서 감응하는 것이다.
③ 죽은 사람과는 기운과 정성을 통해 감응할 수 있다.
④ 사람이 죽으면 지각이 없어지므로 인과응보설은 옳지 않다.
⑤ 사람이 죽으면 정기는 흩어지므로 지각은 존재하지 않는다.

정답 및 해설   23. ⑤   24. ①

23 차명거래이지만 금융실명법 위반에 해당하지 않는 대표적인 사례는 다음과 같다.
- 계·부녀회·동창회 등 친목모임 회비를 관리하기 위하여 대표자(회장, 총무, 간사 등) 명의의 계좌를 개설하는 행위
- 문중, 교회 등 임의단체 금융자산을 관리하기 위해 대표자(회장, 총무, 간사 등) 명의 계좌를 개설하는 행위
- 미성년 자녀의 금융자산을 관리하기 위해 부모명의 계좌에 예금하는 행위

24 정기가 흩어지고 나면 지각도 없어지므로 윤회설이 부정되지만, 조상에게 제사를 지내는 데에는 이치가 따르므로 제사는 여전히 의미 있는 행위가 된다는 것이 글의 결론이다.

문장의 논리적 전개 순서

[25~28] 다음 제시된 문장을 순서대로 바르게 배열한 것을 고르시오.

25
(가) 예를 들어 포유동물은 온몸의 털을 곤두세워 그 크기의 확대 해석을 유도하고, 새들은 날개를 크게 펴서 그의 크기를 과시하기도 한다.
(나) 이렇게 아주 작고 보잘것없는 것을 통해서도 힘과 권위의 상징은 얼마든지 조작될 수 있다.
(다) 일반적으로 동물의 세계에서 경쟁자 간의 싸움은 덩치가 더 크고 강한 놈의 승리로 끝나게 된다.
(라) 이러한 과시 전략은 매우 효과적이어서 연약하고 섬세한 부분이라고 간주되는 것들이 오히려 실제적 힘의 이미지를 전달하는 도구로 사용되고 있다.
(마) 하지만 때에 따라서 실제적 싸움보다는 형식적 싸움을 통해 승자와 패자가 결정되기도 한다.

① (다) - (마) - (가) - (라) - (나)
② (다) - (가) - (라) - (마) - (나)
③ (나) - (라) - (마) - (가) - (다)
④ (나) - (마) - (가) - (라) - (다)
⑤ (나) - (마) - (라) - (다) - (가)

26
(가) 왜냐하면, 탈춤은 어디까지나 제한된 유희적 공간과 유희적 시간 안에서만 벌어지는 제의적 반란이기 때문이다.
(나) 이 당시의 엄격한 사회적 신분 질서로 보면 하급 중이나 하인의 이러한 행동은 곧 신분 제도를 부정하는 무정부주의와 크게 다르지 않다.
(다) 사실 탈춤에서는 상좌나 먹중과 같은 하급 중들이 상급 중인 노장을 조롱하고 말뚝이나 쇠뚝이와 같은 하인들이 양반들을 모멸하는 장면이 자주 연희된다.
(라) 그러나 탈춤의 무정부 상태는 그렇게 염려할 만한 것이 못 된다.
(마) 모든 계급 질서가 전도되고 도착되는 탈춤은 상당히 무정부적이고 파괴적인 것처럼 보일지 모른다.

① (나) - (가) - (라) - (다) - (마)
② (마) - (다) - (나) - (라) - (가)
③ (나) - (다) - (라) - (마) - (가)
④ (마) - (라) - (가) - (다) - (나)
⑤ (나) - (라) - (마) - (다) - (가)

27

(가) 또한 이는 자신의 존립마저 스스로 부정하는 까닭이 되지 않을 수 없을 것이다.
(나) 마찬가지로 아무리 자신이 신고(辛苦) 끝에 획득한 기술이라 하더라도 '사회 발전에의 기여'라는 차원에서 존재 가치를 인정하지 않는다면 이는 사회에 대한 반역이 될 것이다.
(다) 그러므로 만일 어떤 학자가 자신의 심혈을 기울인 소중한 업적이라고 해서 탐구 성과를 사장(死藏)한 채 세상에 내놓기를 주저하는 일이 있다면, 이는 결국 사회 발전이나 문화 발전을 외면하는 어리석은 처사라고 하지 않을 수 없다.
(라) 그리고 현대 사회는 바로 이러한 다양한 능력들이 한데 어울려 유기적으로 발휘될 때 비로소 발전이 기약될 수 있다.
(마) 사람은 누구나 세상에 태어나서 이재(理財)의 능력, 기술적인 재능, 탐구적인 소질 등에 따라 각자 인생의 길을 선택하여, 이 길에서 최선을 다하며 살다 가게 마련이다.

① (라) – (다) – (마) – (나) – (가)　　② (라) – (가) – (다) – (나) – (마)
③ (마) – (가) – (나) – (라) – (다)　　④ (마) – (라) – (나) – (가) – (다)
⑤ (마) – (라) – (다) – (나) – (가)

정답 및 해설　　25. ①　26. ②　27. ⑤

25 글의 도입부인 (다) 다음에는 (마)가 이어지는 것이 자연스럽고, 그다음에 (가)가 나오는 것이 적절하다. (마)의 '형식적 싸움'에 대한 부연 설명으로 (가)와 (라)에 '과시 전략'에 대한 내용이 나오고, 글의 마지막으로 (나)가 이어진다.

26 글의 마지막에 해당하는 (라)와 (가)의 내용만 파악해도 문제를 풀 수 있다. (라)에서 탈춤의 무정부 상태는 염려할 만한 것이 못 된다고 하였는데, (가)는 그에 대한 이유를 제시하고 있는 결론에 해당한다. 따라서 (라)와 (가)가 글의 결론 부분으로 나열된 ②가 정답이 된다.

27 (나)의 '마찬가지로'를 통해 글의 내용이 '다양한 능력의 발휘'에서 '기술의 사회 발전 기여'로 확장되어 나간다는 것을 알 수 있다. (라)의 '그리고', (다)의 '그러므로' 등의 접속 부사를 근거로 하여 글의 전개를 파악할 수 있다.

28

(가) 의료, 법률 등의 거의 모든 전문직에는, 윤리적 주제와 연관된 교육 프로그램이 있어서 적절한 윤리적 판단을 내릴 수 있도록 도와준다. 그러나 공학 분야에서는 그러한 윤리적 주제에 관한 교육과 연구를 매우 등한시해왔다. 가장 큰 이유는, 기술은 가치중립적이고, 엔지니어는 기술을 생산하고 운용만 한다고 생각하기 때문이다. 가치와 관련된 판단은 엔지니어들의 영역 바깥에서 이루어진다는 것이다.

(나) 또한 엔지니어들이 소속된 집단은 거대화되고 조직화되어 있고, 엔지니어는 조직의 봉사자로서 조직의 지휘에 복종해야 하는 경우가 대부분이다. 엔지니어의 95% 이상이 자영이 아니라 여러 형태와 규모를 지닌 대학이나 연구소, 기업 또는 여타 조직에 고용되어 있다. 이들 엔지니어는 대부분의 경우 상사의 지시를 받는다. 문제는, 엔지니어가 보기에 상사의 지시가 공공의 안전과 복지에 해를 주는 비윤리적인 것일 때 발생한다.

(다) 어느 때보다 엔지니어들이 많이 존재함에도 불구하고 오늘날 엔지니어들은 이전 시대보다 대중들에게 덜 드러나 있다. 기술적 진보는 당연한 것으로 인정되고, 기술적 실패는 기업의 탓으로 돌려진다. 대중의 시선은 엔지니어들이 아니라 오히려 기업의 대표자나 최고 경영자에게 향한다. 엔지니어들의 이러한 비가시성은 그들로 하여금 대중에 대한 책임감이나 대중과의 교감을 희미하게 만든다.

(라) 피고용인으로서 엔지니어는 전문 지식을 가졌지만 그들의 지식은 철저히 도구적인 것으로 평가된다. 그들의 중대한 사회적 역할에도 불구하고, 엔지니어들은 중요한 의사결정에서 소외되어 자신의 책임을 다하지 못한다.

(마) 이러한 상황에서 정상적인 대화로 문제가 해결되지 못할 때, 엔지니어는 어려운 상황에 빠진다. 상사의 지시를 따를 것인가, 아니면 원칙에 충실할 것인가? 엔지니어가 따르는 기술적 원칙들은 전문 영역에 속하기 때문에 상사가 이해하기 힘든 경우가 많다. 한편 엔지니어가 저지르는 기술적 오류는 막대한 사회적 피해를 가져올 수 있다. 이 때문에 엔지니어의 딜레마는 다른 전문직의 경우보다 더욱 심각하다.

(바) 게다가 엔지니어들은 그러한 문제에 대한 훈련이 되어 있지 않아 윤리의 영역에 개입하기를 회피하는 까닭에 사회에서도 그들의 윤리적 판단 능력을 무시하는 경향이 있다. 그리하여 기술과 관련된 중요한 문제들이 이를 전혀 알지 못하는 정치가나 사업가들에 의해 잘못 판단되는 경우가 허다하다.

① (나) - (다) - (마) - (가) - (바) - (라)
② (다) - (나) - (마) - (가) - (바) - (라)
③ (다) - (나) - (마) - (가) - (라) - (바)
④ (다) - (나) - (가) - (마) - (바) - (라)
⑤ (다) - (가) - (나) - (가) - (바) - (라)

정답 및 해설

28. ②

28 엔지니어들의 비가시성에 대한 내용(다) 이후 그러한 비가시성 때문에 발생하는 문제(상사의 지시가 비윤리적인 경우)(나)가 나오는 것이 자연스럽다. 그 후 (마)의 이러한 상황이라는 말이 힌트이다. 이러한 상황은 (나)에서 나온 상황이다. 그러므로 (나) 뒤에 (마)가 오는 것이 자연스럽다. (마)의 다른 전문직의 얘기가 나왔으므로 그 뒤에는 (가)가 오는 것이 자연스럽다. (바)에서는 (가)에서 제시된 문제에 대해 계속 서술하고 있으므로 '그러한 문제'를 힌트로 삼아서 (바)가 (가) 뒤에 와야 한다. (라)는 이 글의 중심내용이 담긴 것으로 맨 마지막에 오면 된다.

제2장

수리능력

PART 01 핵심이론
PART 02 기출문제
PART 03 예상문제

PART 01 » 핵심이론

01 기초수리

1 사칙연산의 기초

(1) 사칙연산의 계산
① 덧셈과 뺄셈끼리 또는 곱셈과 나눗셈끼리 섞여 있는 식에서는 앞에서부터 차례대로 계산한다.
② 덧셈, 뺄셈, 곱셈, 나눗셈이 섞여 있는 식에서는 곱셈이나 나눗셈을 먼저 계산하고 덧셈이나 뺄셈을 나중에 계산한다.

(2) 괄호가 있는 식의 계산
① 괄호가 있는 식에서는 괄호 안을 먼저 계산한다.
② 소괄호 ( ) → 중괄호 { } → 대괄호 [ ] 순으로 계산한다.

(3) 소수의 계산
① 소수의 덧셈과 뺄셈
  ㉠ 자릿수가 같은 경우 : 소수점의 자리를 맞춘 다음, 자연수의 덧셈 또는 뺄셈과 같이 계산한 후 소수점을 그대로 내려찍는다.
  ㉡ 자릿수가 다른 경우 : 소수점을 기준으로 자리를 맞추어 쓰기 위해 소수 끝자리에 0이 있는 것으로 생각하고 계산한다.
② 소수의 곱셈 : 자연수의 곱셈과 같이 계산한 후 소수점은 두 소수의 자릿수의 합과 같은 위치에 찍는다.
③ 소수의 나눗셈 : 양변에 똑같이 10, 100, 1000 … 을 곱하여 자연수로 만든 다음 자연수의 나눗셈과 같은 방법으로 계산한다.

(4) 분수의 계산
① 분수의 덧셈과 뺄셈
  ㉠ 분모가 같은 경우 : 분자끼리 더하거나 뺀다.
  ㉡ 분모가 다른 경우 : 분모가 같아지도록 통분한 후 분자끼리 더하거나 뺀다.
② 분수의 곱셈 : 대분수인 경우에는 가분수로 고치고, 분자는 분자끼리 분모는 분모끼리 곱한다.
③ 분수의 나눗셈 : 나누는 수의 분모와 분자를 바꾸어 곱한다.

(5) 복잡한 분수의 크기 비교

직접 계산하면 계산 시간이 오래 걸릴 수 있는 문제는 다른 방법을 이용하여 판단한다.

① 분모와 분자의 증감이 반대라면 크기를 비교할 수 있다.

> $\dfrac{374}{191}$ 과 $\dfrac{184}{99}$ 의 비교 : $\dfrac{184}{99}$ 의 분모와 분자에 ×2 하면 $\dfrac{368}{198}$ 로 분모는 증가, 분자는 감소
> → $\dfrac{374}{191} > \dfrac{184}{99}$

② 나눗셈보다는 곱셈이 크기를 비교하기 편리하다.

> $\dfrac{38}{77}$ 과 $\dfrac{25}{63}$ 의 비교 : 양변에 똑같이 77×63을 곱하여 크기를 비교한다.
> → $38 \times 63 = 2,394$, $25 \times 77 = 1,925$ 이므로 $\dfrac{38}{77} > \dfrac{25}{63}$

③ 분모와 분자의 비를 어림 계산한다.

> $\dfrac{248}{7,581}$ 과 $\dfrac{481}{18,921}$ 의 비교 : 481은 248의 2배에 가깝고, 18,921은 7,581의 2배보다 훨씬 크다.
> → $\dfrac{248}{7,581} > \dfrac{481}{18,921}$
> 또는,
> 248을 250, 7,581을 7,500으로 어림하면 $\dfrac{248}{7,581} ≒ \dfrac{1}{30}$
> 481을 480, 18,921을 19,200으로 어림하면 $\dfrac{481}{18,921} ≒ \dfrac{1}{40}$
> → $\dfrac{248}{7,581} > \dfrac{481}{18,921}$

④ 분모와 분자의 값을 가감하여 비교한다. (분수비교법)

> $\dfrac{548}{371}$ 과 $\dfrac{1,978}{1,311}$ 의 비교 : 우선 비슷한 크기로 어림한다. $\left(\dfrac{1,978}{1,311} ≒ \dfrac{198}{131} = \dfrac{594}{393}\right)$
> 여기서 만약 $\dfrac{x}{y} < \dfrac{a}{b}$ 라면, $\dfrac{x}{y} < \dfrac{a-x}{b-y}$ 가 성립한다.
> 따라서 $\dfrac{594-548}{393-371} = \dfrac{46}{22}$, $\dfrac{46}{22}$ 는 2보다 크므로 $\dfrac{46}{22} > \dfrac{548}{371}$
> → $\dfrac{1,978}{1,311} > \dfrac{548}{371}$
> 또한 $\dfrac{x}{y} < \dfrac{a}{b}$ 라면 $\dfrac{x}{y} < \dfrac{a+x}{b+y}$ 와, $\dfrac{x}{y} > \dfrac{a}{b}$ 라면 $\dfrac{x}{y} > \dfrac{a-x}{b-y}$ 와 $\dfrac{x}{y} > \dfrac{a+x}{b+y}$ 역시 성립한다.

2 단위환산표

단위	단위환산
길이	$1\text{cm}=10\text{mm}$, $1\text{m}=100\text{cm}$, $1\text{km}=1,000\text{m}$
넓이	$1\text{cm}^2=100\text{mm}^2$, $1\text{m}^2=10,000\text{cm}^2$ $1\text{km}^2=1,000,000\text{m}^2=0.3025$평$=0.01$아르
부피	$1\text{cm}^3=1,000\text{mm}^3$, $1\text{m}^3=1,000,000\text{cm}^3$, $1\text{km}^3=1,000,000,000\text{m}^3$
들이	$1\text{mL}=1\text{cm}^3$, $1\text{d}\ell=100\text{cm}^3=100\text{mL}$, $1\text{L}=1,000\text{cm}^3=10\text{dL}$
무게	$1\text{kg}=1,000\text{g}$, $1\text{t}=1,000\text{kg}=1,000,000\text{g}$
시간	1분$=60$초, 1시간$=60$분$=3,600$초
할푼리	소수 첫째 자리 '할', 소수 둘째 자리 '푼', 소수 셋째 자리 '리'

3 지수법칙

m, n이 자연수일 때,

① $a^m \times a^n = a^{m+n}$

② $(a^m)^n = a^{mn}$

③ $(ab)^n = a^n b^n$

④ $m > n$이면 $a^m \div a^n = a^{m-n}$
   $m = n$이면 $a^m \div a^n = 1$
   $m < n$이면 $a^m \div a^n = \dfrac{1}{a^{n-m}}$ (단, $a \neq 0$)

⑤ $\left(\dfrac{b}{a}\right)^n = \dfrac{b^n}{a^n}$ (단, $a \neq 0$)

⑥ $a^0 = 1$

⑦ $a^{-n} = \dfrac{1}{a^n}$ (단, $a \neq 0$)

확인문제

다음 식을 계산하시오.

(1) $a^2 \times a^3$ (2) $(a^2)^3$ (3) $(ab)^3$ (4) $a^8 \div a^3$

(5) $a^3 \div a^3$ (6) $a^5 \div a^8$ (7) $\left(\dfrac{b}{a}\right)^3$

해설
(1) $a^2 \times a^3 = a^{2+3} = a^5$ (2) $(a^2)^3 = a^{2\times 3} = a^6$ (3) $(ab)^3 = a^3 b^3$
(4) $a^8 \div a^3 = a^{8-3} = a^5$ (5) $a^3 \div a^3 = \dfrac{a^3}{a^3} = 1$ (6) $a^5 \div a^8 = \dfrac{1}{a^{8-5}} = \dfrac{1}{a^3}$
(7) $\left(\dfrac{b}{a}\right)^3 = \dfrac{b^3}{a^3}$

답 (1) a^5 (2) a^6 (3) $a^3 b^3$ (4) a^5 (5) 1 (6) $\dfrac{1}{a^3}$ (7) $\dfrac{b^3}{a^3}$

4 수와 연산

(1) 무리수와 실수

① 제곱근의 정의 : 음이 아닌 수 a에 대하여, 제곱하여 a가 되는 수를 a의 제곱근이라 하고, 양의 제곱근을 $\sqrt{a}$, 음의 제곱근을 $-\sqrt{a}$로 나타낸다.

② 제곱근의 성질
  ㉠ $a > 0$일 때, $\sqrt{a^2} = \sqrt{(-a)^2} = a$, $(\sqrt{a})^2 = (-\sqrt{a})^2 = a$
  ㉡ $\sqrt{a^2} = |a| = \begin{cases} a & (a \geq 0 \text{일 때}) \\ -a & (a < 0 \text{일 때}) \end{cases}$

③ 제곱근의 대소 : $a > 0$, $b > 0$일 때,
  ㉠ $a < b$이면 $\sqrt{a} < \sqrt{b}$ ㉡ $\sqrt{a} < \sqrt{b}$ 이면 $a < b$

확인문제

01 $0 < x < 2$일 때, $\sqrt{(x-2)^2} + \sqrt{(2-x)^2}$ 을 간단히 하시오.

02 $2\sqrt{3}$과 4의 대소를 비교하시오.

해설

01 $0 < x < 2$이므로
$\sqrt{(x-2)^2} + \sqrt{(2-x)^2}$
$= -(x-2) + (2-x) = -2x + 4$
답 $-2x + 4$

02 $2\sqrt{3} = \sqrt{12}$ 이고, $4 = \sqrt{16}$ 이므로 $2\sqrt{3} < 4$이다.
답 $2\sqrt{3} < 4$

(2) 근호를 포함한 식의 계산

① 제곱근의 성질

㉠ $\sqrt{a}\sqrt{b} = \sqrt{ab}$

㉡ $\sqrt{a^2 b} = a\sqrt{b}$

㉢ $\dfrac{\sqrt{a}}{\sqrt{b}} = \sqrt{\dfrac{a}{b}}$

② 분모의 유리화

$\dfrac{a}{\sqrt{b}} = \dfrac{a \times \sqrt{b}}{\sqrt{b} \times \sqrt{b}} = \dfrac{a\sqrt{b}}{b}$ (단, $b > 0$)

확인문제

$\sqrt{50} - (-\sqrt{3})^2 - \dfrac{10}{\sqrt{2}}$ 을 계산하시오.

해설

$\sqrt{50} - (-\sqrt{3})^2 - \dfrac{10}{\sqrt{2}}$

$= 5\sqrt{2} - 3 - \dfrac{10 \times \sqrt{2}}{\sqrt{2} \times \sqrt{2}}$

$= 5\sqrt{2} - 3 - 5\sqrt{2} = -3$

답 -3

---

(3) 로그의 성질

$x > 0$, $y > 0$, $a > 0$, $a \neq 1$일 때,

① $\log_a 1 = 0$ ② $\log_a a = 1$

③ $\log_a xy = \log_a x + \log_a y$ ④ $\log_a \dfrac{x}{y} = \log_a x - \log_a y$

⑤ $\log_a x^n = n\log_a x$, $\log_{a^m} x = \dfrac{1}{m}\log_a x$

⑥ $\log_a \dfrac{1}{b} = \log_a b^{-1} = -\log_a b$, $\log_{\frac{1}{a}} b = -\log_a b$

5 다항식의 곱셈과 인수분해

(1) 곱셈공식

① $(a+b)^2 = a^2 + 2ab + b^2$ ② $(a-b)^2 = a^2 - 2ab + b^2$

③ $(a+b)(a-b) = a^2 - b^2$ ④ $(x+a)(x+b) = x^2 + (a+b)x + ab$

⑤ $(ax+b)(cx+d) = acx^2 + (ad+bc)x + bd$

확인문제

$x = \sqrt{3}+1$일 때, $(x+\sqrt{2})(x-\sqrt{2})$의 값을 구하시오.

해설 $x = \sqrt{3}+1$을 $(x+\sqrt{2})(x-\sqrt{2})$에 대입하여 곱셈공식을 이용해서 풀면
$(\sqrt{3}+1+\sqrt{2})(\sqrt{3}+1-\sqrt{2}) = (\sqrt{3}+1)^2 - (\sqrt{2})^2 = 4+2\sqrt{3}-2 = 2+2\sqrt{3}$ **답** $2+2\sqrt{3}$

(2) 곱셈공식의 이용

① $(b-a)^2 = (a-b)^2$　　② $(-a-b)^2 = (a+b)^2$
③ $(a+b)^2 = (a-b)^2 + 4ab$　　④ $(a-b)^2 = (a+b)^2 - 4ab$
⑤ $a^2 + b^2 = (a+b)^2 - 2ab = (a-b)^2 + 2ab$

확인문제

$x + \dfrac{1}{x} = 3$일 때, $x^2 + \dfrac{1}{x^2}$의 값을 구하시오.

해설 $x^2 + \dfrac{1}{x^2} = \left(x + \dfrac{1}{x}\right)^2 - 2 \times x \times \dfrac{1}{x}$ 이므로 $x + \dfrac{1}{x} = 3$을 대입해서 풀면 $3^2 - 2 = 7$이다.   **답** 7

(3) 인수분해

① $a^2 + 2ab + b^2 = (a+b)^2$　　② $a^2 - 2ab + b^2 = (a-b)^2$
③ $a^2 - b^2 = (a+b)(a-b)$　　④ $x^2 + (a+b)x + ab = (x+a)(x+b)$
⑤ $acx^2 + (ad+bc)x + bd = (ax+b)(cx+d)$

확인문제

$xy - y + 2x - 2$의 인수를 구하시오.

해설 $xy - y + 2x - 2 = y(x-1) + 2(x-1) = (x-1)(y+2)$ **답** $x-1$, $y+2$

02 응용수리

1 실생활의 문제풀이

(1) 거리, 속력, 시간에 관련된 문제

① 거리 = 속력 × 시간　　② 속력 = $\dfrac{거리}{시간}$　　③ 시간 = $\dfrac{거리}{속력}$

(2) 농도에 관련된 문제

① 소금물의 농도 = $\dfrac{소금의\ 양}{소금물의\ 양} \times 100$

② 소금의 양 = 소금물의 양 × $\dfrac{소금물의\ 농도}{100}$

확인문제

01 둘레의 길이가 2.4km인 저수지 주변에 산책로가 있다. 같은 지점에서 A, B 두 사람이 반대 방향으로 출발하면 20분 만에 처음 만나고, 같은 방향으로 가면 2시간 만에 A가 B를 처음으로 따라잡는다. A의 속력은 얼마인가?

① 40m/분　　② 50m/분　　③ 60m/분
④ 70m/분　　⑤ 80m/분

해설 A와 B의 속력을 각각 x, y라 하면 주어진 조건에서 $x > y$
반대 방향으로 움직이는 경우의 상대속력은 $x+y$이므로 $20(x+y) = 2,400$ … ㉠
같은 방향으로 움직이는 경우의 상대속력은 $x-y$이므로 $120(x-y) = 2,400$ … ㉡
위 ㉠식과 ㉡식을 연립하여 풀면 $x = 70$(m/분), $y = 50$(m/분)
따라서 A의 속력은 70m/분이다.

답 ④

02 두 비커 A와 B에 소금물이 들어 있다. A의 소금물의 농도는 15%이고, A와 B의 소금물을 4 : 3의 비율로 섞으면 21%의 소금물이 된다. B의 소금물의 농도는 몇 %인가?

① 25%　　② 27%　　③ 29%
④ 31%　　⑤ 33%

해설 A의 소금물의 양을 $4x$라 하면 B의 소금물의 양은 $3x$이다. 또한 B의 소금물의 농도를 b%라 하면 전체 소금의 양은 $4x \times \dfrac{15}{100} + 3x \times \dfrac{b}{100} = \dfrac{60x + 3bx}{100}$ 이므로 섞은 소금물의 농도는

$\dfrac{\frac{60x+3bx}{100}}{4x+3x} \times 100 = 21 \Rightarrow b = 29(\%)$

답 ③

(3) 일에 관련된 문제

전체 일을 마치는 시간(날짜 수)이 주어진 경우 전체 일의 양을 1로 놓으면,

① A가 X일(시간) 동안 전체 일을 마쳤다면, 하루(1시간) 동안 한 일의 양 : $\dfrac{1}{X}$

② B가 Y일(시간) 동안 전체 일을 마쳤다면, 하루(1시간) 동안 한 일의 양 : $\dfrac{1}{Y}$

③ A와 B가 함께 일을 할 때, 하루(1시간) 동안 한 일의 양 : $\dfrac{1}{X}+\dfrac{1}{Y}=\dfrac{X+Y}{XY}$

④ A와 B가 함께 일을 할 때, 전체 일(=1)을 마치는 일 수(시간) : $\dfrac{1}{\dfrac{X+Y}{XY}}=\dfrac{XY}{X+Y}$

> **확인문제**
>
> A군 1명으로는 4일, B군 1명으로는 6일 걸리는 일이 있다. 이 일을 2명이 협력해서 한다면 얼마나 걸리는지 구하시오.
>
> **해설** 전체 일의 양을 1이라 하면
> A군 혼자서 1일 동안 한 일의 양은 $\dfrac{1}{4}$, B군 혼자서 1일 동안 한 일의 양은 $\dfrac{1}{6}$이므로
> A군과 B군이 같이 일을 할 경우 x일이 걸린다고 하면 $\left(\dfrac{1}{4}+\dfrac{1}{6}\right)\times x=1 \Rightarrow x=\dfrac{12}{5}=2.4$(일)
>
> **답** 2.4일

(4) 증가율(이윤율), 할인율에 관련된 문제

원가가 X인 재화에

① $x\%$의 증가율을 적용 : 정가 $A=X\left(1+\dfrac{x}{100}\right)$

② $y\%$의 할인율을 적용 : 정가 $A=X\left(1-\dfrac{y}{100}\right)$

> **확인문제**
>
> 어떤 가게에서 물건을 정가에서 10% 할인하여 9,000원에 팔았다. 이때 할인금액이 얼마인지 구하시오.
>
> **해설** 정가를 x라 하면 $x(1-0.1)=9,000$(원) $\Rightarrow x=10,000$(원)
> 따라서 할인금액은 $10,000-9,000=1,000$(원)이다.
>
> **답** 1,000원

(5) 시계에 관련된 문제
   ① 시침과 분침이 회전하는 각도
      ㉠ 시침이 1시간 동안 회전한 각도 : $30°$, 1분 동안 회전한 각도 : $0.5°$
      ㉡ 분침이 1시간 동안 회전한 각도 : $360°$, 1분 동안 회전한 각도 : $6°$
   ② A시 B분인 경우 시침과 분침의 각도(12시를 기준)
      ㉠ A시 B분인 경우 시침의 각도 : $30A+0.5B$
      ㉡ A시 B분인 경우 분침의 각도 : $6B$
   ③ 분침과 시침의 사잇각 : $|30A+0.5B-6B|$
      ㉠ 시침과 분침이 겹쳐질 조건 : $30A+0.5B=6B$
      ㉡ 시침과 분침이 일직선일 조건 : $|30A+0.5B-6B|=180$

2 경우의 수와 확률

(1) 경우의 수
① 어떤 사건이 일어날 수 있는 모든 가짓수를 경우의 수라고 한다.
② 합의 법칙 : 두 사건 A, B가 동시에 일어나지 않을 때, 사건 A가 일어나는 경우의 수가 m이고, 사건 B가 일어나는 경우의 수가 n이면, 사건 A 또는 사건 B가 일어나는 경우의 수는 $(m+n)$이다.
③ 곱의 법칙 : 사건 A가 일어나는 경우의 수가 m, 각 경우에 대하여 다른 사건 B가 일어나는 경우의 수가 n이면, 두 사건 A와 B가 동시에 일어나는 경우의 수는 $(m \times n)$이다.

확인문제

다음 표는 갑, 을 두 사람이 가위바위보를 할 때 나올 수 있는 모든 경우의 수를 나타낸 것이다. 다음을 구하시오.

갑＼을	가위	바위	보
가위	(가위, 가위)	(가위, 바위)	(가위, 보)
바위	(바위, 가위)	(바위, 바위)	(바위, 보)
보	(보, 가위)	(보, 바위)	(보, 보)

(1) 갑이 낼 수 있는 경우의 수
(2) 갑이 가위를 내었을 때, 을이 낼 수 있는 경우의 수
(3) 일어날 수 있는 모든 경우의 수

해설
(1) 가위, 바위, 보의 3가지
(2) 가위, 바위, 보의 3가지
(3) 갑이 낸 가위, 바위, 보 각각에 대하여 을이 가위, 바위, 보 3가지를 낼 수 있으므로 $3 \times 3 = 9$(가지)이다.

답 (1) 3가지
   (2) 3가지
   (3) 9가지

(2) 순열과 조합

① 순열($_n\mathrm{P}_r$) : 서로 다른 n개의 수 중에서 r개의 수($n \geq r$)를 택할 때, 순서대로 나열하는 경우의 수

$$_n\mathrm{P}_r = n(n-1)(n-2)\cdots(n-r+1) \text{ (단, } 0 < r \leq n)$$

㉠ 순열의 성질
  ⓐ $_n\mathrm{P}_n = n!$
  ⓑ $_n\mathrm{P}_0 = 1$
  ⓒ $0! = 1$

㉡ 원순열 : 서로 다른 n개를 원형으로 배열하는 방법의 수 ⇒ $(n-1)!$

㉢ 중복순열 : 서로 다른 n개에서 중복을 허락하여 r개를 택하는 순열 ⇒ $_n\Pi_r = n^r$

② 조합($_n\mathrm{C}_r$) : 서로 다른 n개의 수 중에서 r개의 수($n \geq r$)를 택할 때, 순서에 상관없이 나열하는 경우의 수

$$_n\mathrm{C}_r = \frac{n!}{(n-r)!r!} \text{ (단, } 0 < r \leq n)$$

㉠ 조합의 성질
  ⓐ $_n\mathrm{C}_0 = {}_n\mathrm{C}_n = 1$
  ⓑ $_n\mathrm{C}_r = {}_n\mathrm{C}_{n-r}$
  ⓒ $_n\mathrm{C}_r = {}_{n-1}\mathrm{C}_r + {}_{n-1}\mathrm{C}_{r-1}$

확인문제

5개의 문자 a, b, c, d, e 중에서 3개를 택하는 경우의 수를 구하시오.

해설 $_5\mathrm{C}_3 = \dfrac{_5\mathrm{P}_3}{3!} = \dfrac{5 \times 4 \times 3}{3 \times 2 \times 1} = 10$(가지)

답 10가지

ⓒ 중복조합 : 서로 다른 n개에서 중복을 허락하여 r개를 택하는 조합

ⓐ 중복조합의 수 : $_n\mathrm{H}_r = {_{n+r-1}}\mathrm{C}_r = \dfrac{_{n+r-1}\mathrm{P}_r}{r!} = \dfrac{(n+r-1)!}{r!(n-1)!}$

ⓑ 중복조합에서는 $n<r$일 수도 있다.

확인문제

01 서로 다른 5개의 원소에서 중복을 허락하여 6개를 택하는 경우의 수를 구하시오.

02 다음 물음에 답하시오.
  (1) 감, 사과, 배 세 종류의 과일 중에서 5개의 과일을 사는 방법의 수를 구하시오.
  (2) 6명의 유권자가 A, B 두 후보에 대하여 무기명 투표로 한 명의 후보에게 각각 투표할 때, 투표하는 방법의 수를 구하시오. (단, 기권이나 무효는 없는 것으로 한다)

해설

01 서로 다른 5개의 원소에서 중복을 허락하여 6개를 택하는 중복조합의 수는
$$_{5+6-1}\mathrm{C}_6 = {_{10}}\mathrm{C}_6 = \dfrac{_{10}\mathrm{P}_6}{6!}$$
$$= \dfrac{10\times 9\times 8\times 7\times 6\times 5}{6\times 5\times 4\times 3\times 2\times 1} = 210(가지)$$

답 210가지

02 (1) 서로 다른 3개에서 중복을 허락하여 5개를 뽑는 중복조합의 수이므로
$$_{3+5-1}\mathrm{C}_5 = {_7}\mathrm{C}_5 = {_7}\mathrm{C}_2 = \dfrac{7\times 6}{2\times 1}$$
$$= 21(가지)$$
(2) 무기명 투표는 어느 유권자가 어느 후보를 뽑았는지 알 수 없으므로 A, B 중 중복을 허락하여 6개를 뽑는 중복조합의 수와 같다. 따라서
$$_{2+6-1}\mathrm{C}_6 = {_7}\mathrm{C}_6 = {_7}\mathrm{C}_1 = 7(가지)$$

답 (1) 21가지 (2) 7가지

(3) 확률

① 사건 A가 일어날 확률 $= \dfrac{\text{사건 } A\text{가 일어날 경우의 수}}{\text{모든 경우의 수}}$

② 여사건의 확률

  ㉠ 사건 A가 일어날 확률이 p일 때, 사건 A가 일어나지 않을 확률은 $(1-p)$이다.
  ㉡ '적어도 하나 …'의 뜻이 있으면 여사건을 생각한다.

> ('적어도 하나 …'의 확률)=1−(반대인 사건의 확률)

> **확인문제**
>
> 안경을 쓴 사람이 3명, 쓰지 않은 사람 2명이 있는 모둠에서 두 명을 뽑을 때, 적어도 한 명은 안경을 썼을 확률을 구하시오.
>
> **해설** 두 사람 모두 안경을 쓰지 않았을 사건을 A라고 하면, $P(A) = \dfrac{{}_2C_2}{{}_5C_2} = \dfrac{1}{10}$
> 따라서 적어도 한 사람이 안경을 썼을 사건은 두 사람 모두 안경을 쓰지 않았을 사건의 여사건이므로
> $P(A^c) = 1 - P(A) = 1 - \dfrac{1}{10} = \dfrac{9}{10}$ 이다.
>
> 답 $\dfrac{9}{10}$

③ 확률의 덧셈 : 사건 A, B가 동시에 일어나지 않을 때, 사건 A가 일어날 확률은 p, 사건 B가 일어날 확률을 q라고 하면, 사건 A 또는 사건 B가 일어날 확률은 $(p+q)$이다.

④ 확률의 곱셈 : 사건 A, B가 서로 영향을 미치지 않을 때, 사건 A가 일어날 확률을 p, 사건 B가 일어날 확률을 q라고 하면, 사건 A와 사건 B가 동시에 일어날 확률은 $(p \times q)$이다.

3 집 합

(1) 집합의 종류

① 교집합
  ㉠ 두 집합 A와 B의 교집합 : $A \cap B = \{x \mid x \in A$ 그리고 $x \in B\}$
  ㉡ 성 질
   ⓐ $(A \cap B) \subset A$, $(A \cap B) \subset B$
   ⓑ $A \subset B$이면 $A \cap B = A$, $B \subset A$이면 $A \cap B = B$
   ⓒ $A \cap \phi = \phi$, $A \cap A = A$

② 합집합
  ㉠ 두 집합 A와 B의 합집합 : $A \cup B = \{x \mid x \in A$ 또는 $x \in B\}$
  ㉡ 성 질
   ⓐ $A \subset (A \cup B)$, $B \subset (A \cup B)$, $(A \cap B) \subset (A \cup B)$
   ⓑ $A \cup \phi = A$, $A \cup A = A$

③ 여집합
  ㉠ U에 대한 A의 여집합 : $A^c = \{x \mid x \in U$ 그리고 $x \notin A\}$ (단, U는 전체집합)
  ㉡ 성 질
    ⓐ $A \cap A^c = \phi$, $A \cup A^c = U$
    ⓑ $(A^c)^c = A$
    ⓒ $\phi^c = U$, $U^c = \phi$

④ 차집합
  ㉠ A에 대한 B의 차집합 : $A - B = \{x \mid x \in A$ 그리고 $x \notin B\}$
  ㉡ 성 질
    ⓐ $A^c = U - A$
    ⓑ $A - B = A \cap B^c = A - (A \cap B) = (A \cup B) - B$
    ⓒ $B - A = B \cap A^c = B - (A \cap B) = (A \cup B) - A$

(2) 집합의 연산법칙
  ① 교환법칙 : $A \cup B = B \cup A$, $A \cap B = B \cap A$
  ② 결합법칙 : $A \cup (B \cup C) = (A \cup B) \cup C$, $A \cap (B \cap C) = (A \cap B) \cap C$
  ③ 분배법칙 : $A \cup (B \cap C) = (A \cup B) \cap (A \cup C)$, $A \cap (B \cup C) = (A \cap B) \cup (A \cap C)$
  ④ 드모르간의 법칙 : $(A \cup B)^c = A^c \cap B^c$, $(A \cap B)^c = A^c \cup B^c$
  ⑤ 흡수법칙 : $A \cup (A \cap B) = A$, $A \cap (A \cup B) = A$

4 수·문자추리

(1) 수추리
  ① 증가, 감소가 일정한 수열(등차수열)

   $a_1, a_2, a_3, a_4, \cdots\cdots, a_n$
   등차수열 : $a_n - a_{n-1} = d$ (일정 : 공차)

  ② 기본 계차수열

   $a_1, a_2, a_3, a_4, a_5, \cdots\cdots, a_n$
   　　b_1　b_2　b_3　b_4

  ③ 교대수열

   $a_1, b_1, a_2, b_2, a_3, b_3, \cdots\cdots, a_n, b_n$

④ 일정규칙이 반복되는 수열 제2규칙 : 4칙 연산 중 2개 법칙이 반복된다.

$a_1, \ a_2, \ a_3, \ a_4, \ a_5, \ \cdots\cdots, \ a_n$
　　$+a$　$\times b$　$+a$　$\times b$

⑤ 일정규칙이 반복되는 수열 제3규칙 : 4칙 연산 중 3개 법칙이 반복된다.

$a_1, \ a_2, \ a_3, \ a_4, \ a_5, \ a_6, \ a_7, \ \cdots\cdots, \ a_n$
　　$+a$　$\times b$　$-c$　$+a$　$\times b$　$-c$

⑥ 변화규칙의 수열 제2규칙 : 1개 법칙 또는 2개 법칙이 규칙적인 수열인 경우

㉠ $a_1, \ a_2, \ a_3, \ a_4, \ a_5, \ \cdots\cdots, \ a_n$
　　$+b_1$　$\times c$　$+b_2$　$\times c$

㉡ $a_1, \ a_2, \ a_3, \ a_4, \ a_5, \ \cdots\cdots, \ a_n$
　　$+b_1$　$\times c$　$+b_2$　$\times (c+d)$

⑦ 변화규칙의 수열 제3규칙 : 1개, 2개 또는 3개 법칙이 규칙적인 수열인 경우

㉠ $a_1, \ a_2, \ a_3, \ a_4, \ a_5, \ a_6, \ a_7, \ \cdots\cdots, \ a_n$
　　$+b_1$　$\times b$　$-c$　$+b_2$　$\times b$　$-c$

㉡ $a_1, \ a_2, \ a_3, \ a_4, \ a_5, \ a_6, \ a_7, \ \cdots\cdots, \ a_n$
　　$+b_1$　$\times c$　$-d$　$+b_2$　$\times c$　$-d$

(2) 문자추리

① 알파벳 문자 : 알파벳이 다음과 같은 숫자와 대응하므로 숫자수열로 바꾼다. 26을 초과하는 수는 다시 A부터 순환하는 것으로 간주한다.

1	2	3	4	5	6	7	8	9	10	11	12	13	14	15
A	B	C	D	E	F	G	H	I	J	K	L	M	N	O
16	17	18	19	20	21	22	23	24	25	26	27	28	29	…
P	Q	R	S	T	U	V	W	X	Y	Z	A	B	C	…

② 한글 문자 : 한글 자음·모음이 다음과 같은 숫자와 대응하므로 숫자수열로 바꾼다. 한편, 복자음이 나오거나 이중모음이 나오면 사전과 같은 순서로 숫자수열로 바꾼다.

㉠ 한글 단자음

1	2	3	4	5	6	7	8	9	10	11	12	13	14
ㄱ	ㄴ	ㄷ	ㄹ	ㅁ	ㅂ	ㅅ	ㅇ	ㅈ	ㅊ	ㅋ	ㅌ	ㅍ	ㅎ

㉡ 한글 복자음

1	2	3	4	5	6	7	8	9	10	11	12	13	14	15	16	17	18	19
ㄱ	ㄲ	ㄴ	ㄷ	ㄸ	ㄹ	ㅁ	ㅂ	ㅃ	ㅅ	ㅆ	ㅇ	ㅈ	ㅉ	ㅊ	ㅋ	ㅌ	ㅍ	ㅎ

㉢ 한글 단모음

1	2	3	4	5	6	7	8	9	10
ㅏ	ㅑ	ㅓ	ㅕ	ㅗ	ㅛ	ㅜ	ㅠ	ㅡ	ㅣ

㉣ 한글 이중모음

1	2	3	4	5	6	7	8	9	10	11	12	13	14	15	16	17	18	19	20	21
ㅏ	ㅐ	ㅑ	ㅒ	ㅓ	ㅔ	ㅕ	ㅖ	ㅗ	ㅘ	ㅙ	ㅚ	ㅛ	ㅜ	ㅝ	ㅞ	ㅟ	ㅠ	ㅡ	ㅢ	ㅣ

확인문제

01 다음 숫자들의 일정한 규칙에 따라 빈칸에 들어갈 알맞은 것은?

> 20　14　28　31　25　50　53　47　(　)

① 52　　② 66　　③ 80
④ 94　　⑤ 108

해설 20　14　28　31　25　50　53　47　(94)
　　　　-6　×2　+3　-6　×2　+3　-6　×2

답 ④

02 다음 제시된 표의 일정한 규칙에 따라 빈칸에 들어갈 알맞은 것은?

2	8
128	32

1	4
64	?

① 16　② 18
③ 20　④ 22
⑤ 24

해설 시계 방향으로 ×4를 한다.
∴ $4 \times 4 = (16)$, $(16) \times 4 = 64$

답 ①

03 금융수리

1 주요 금융상품

종류	상품명	특 징
목돈굴리기 (예금)	정기예금	계약 시 저축기간과 금리를 미리 정하여 일정금액을 예치하는 장기 저축성예금이다.
목돈모으기 (적금)	정기적금	매월 일정금액을 정기적으로 납입하고 만기일에 원리금을 지급받는 예금으로, 푼돈을 모아 목돈을 마련하는데 적합한 가장 보편적인 장기 금융상품이다.
입출금자유예금	보통예금	가입대상, 예치금액, 예치기간 등에 아무런 제한이 없고 자유롭게 입·출금할 수 있는 반면, 이자율이 매우 낮은 예금이다.
특수목적부 상품	주택청약 종합저축	매월 약정일에 일정 회차의 납입하면 국민주택 등 공공주택의 청약이 가능한 '청약저축'의 성격을 기본으로 하면서 지역별 예치금 이상의 금액이 납입되면 민영주택청약이 가능한 '청약예금/부금'의 성격을 추가한 종합통장 성격의 입주자 저축이다.
기타	개인종합자산관리계좌 (ISA)	한 계좌에서 예금, 펀드, 파생결합증권 등 여러 금융상품에 분산투자하며 비과세 혜택까지 받을 수 있는 자산관리 계좌이다.

2 원리금 계산법

(1) 정기예금(단리)

$$만기\ 금액 = 원금 \times 연이율 \times 기간(연) + 원금$$

예) 1,000,000원을 3년(36개월)간 예금 시 원리금(단리)
$1,000,000 \times 10\% \times 3 + 1,000,000 = 1,300,000(원)$

(2) 정기예금(복리)

$$만기\ 금액 = 원금 \times (1 + 이자율)^{기간(연)}$$

예) 1,000,000원을 3년(36개월)간 예금 시 원리금(복리)
$1,000,000 \times (1 + 10\%)^3 = 1,331,000(원)$

(3) 정기적금(단리)

$$월\ 납입금 \times \frac{연이율}{12} \times \frac{개월\ 수 \times (개월\ 수+1)}{2} + 월\ 납입금 \times 개월\ 수$$

예 10만 원씩 3년간(36개월) 이율 10% 적립 시
$100,000 \times (\frac{10\%}{12}) \times \frac{36 \times (36+1)}{2} + 100,000 \times 36 = 4,155,000(원)$

3 예치식과 적립식

연이율을 R, 만기까지의 개월 수를 n이라 하면 다음과 같다.

(1) 예치식

① 단리 : 만기 금액 = 원금 $\times (1+\frac{R \times n}{12})$

② 연복리 : 만기 금액 = 원금 $\times (1+R)^{(n/12)}$

③ 월복리 : 만기 금액 = 원금 $\times \left(1+\frac{R}{12}\right)^{n \times 12/12}$

(2) 적립식

① 단리 : 만기 금액 = 월 납입금 $\times \frac{n(n+1)}{2} \times \frac{R}{12} +$ 월 납입금 $\times n$

② 월복리 : 만기 금액 = 월 납입금 $\times (1+R/12) \times \frac{(1+R/12)^n - 1}{R/12}$

72법칙

※ 이 방식은 대략적인 금액을 파악하기 위한 것으로 정확하지 않습니다.

① 복리 계산을 하기 위해서는 승수를 곱해 주어야 하므로 계산기가 없으면 암산하기가 쉽지 않아서 나온 것이 72법칙이다(69의 법칙, 70의 법칙도 사용할 수 있다).
② 72법칙은 복리 이자를 바로 계산하는 것이 아니라 원금에 복리 이자를 더한 금액이 두 배가 되는 기간(또는 이자율)을 계산하는 법칙이다. 72를 이자율로 나누어 원금의 두 배가 되기까지의 기간을 계산하거나 72를 원금의 두 배가 되기까지의 기간으로 나누어 필요한 이자율을 계산하는 용도로 쓰인다. 다만 정확한 금액이 아닌 근삿값을 계산하기 위해 사용된다.
③ 예를 들어 연 복리 이자율이 8%라면 72÷8=9가 되어 원금의 두 배를 만드는 데 필요한 기간은 9년이다(이때 0.080이 아니라 8%의 8로 나눔). 반대로 원금의 두 배가 되기까지의 기간을 9년으로 잡는다면, 이를 위해 필요한 복리 이자율은 72÷9=8이 되어 8%이다.
④ 예를 들어, 원금 1,000만 원을 연초에 연 이자율 8%로 저축할 때 앞에서 설명한 단리 계산법과 복리 계산법을 적용한 연도별 만기금액(원금+이자)을 그래프로 표시하면 다음과 같다.

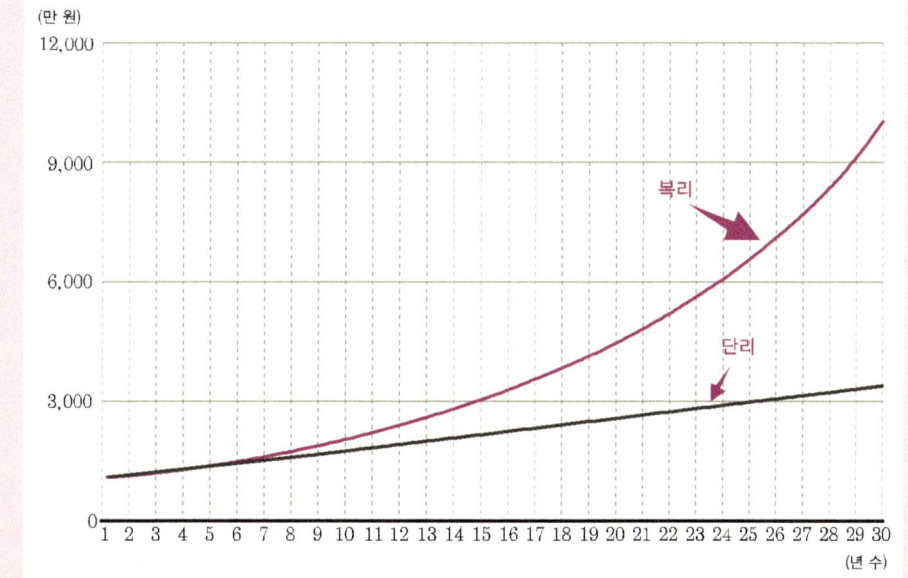

⑤ 단리 혹은 복리에 따라 초기 몇 년간은 만기금액이 거의 차이가 없지만, 7년이 지난 시점부터 시간이 지날수록 복리의 만기금액은 단리보다 기하급수적으로 늘어나는 것을 알 수 있다. 이자율이 높다면 2년 차부터도 많은 차이가 있지만, 저금리에는 기간이 길어야 많은 차이가 난다.

4 대출상환액

(1) 대출상환액의 계산

$$상환액 = 원금 \times \frac{i(1+i)^n}{(1+i)^n - 1} \quad (i : 이자율, \ n : 상환횟수)$$

(2) 중도상환수수료

금융기관에서 돈을 빌린 고객이 만기 전에 대출금을 갚을 경우 금융기관에서 고객에게 물리는 벌칙성 수수료를 말한다.

$$중도상환수수료 = 중도상환금액 \times 중도상환수수료율 \times \frac{대출잔여일수}{대출기간}$$

(3) 대출상환방식

구 분	운용형태	장·단점
만기일시상환	약정기간에 이자만 부담하다가 만기일에 전액상환	약정기간 중에는 상환에 대한 부담이 없으나 만기 시 대출금 상환대책을 마련해야 함(기한연장 가능 여부 확인 필요)
원금균등분할상환	대출금을 약정기간(월)으로 균등하게 나누어 매달 상환	매월 일정한 수입이 있으면 적당한 상환 방법이며 원금 상환에 따라 이자가 감소하는 효과 있음
원리금균등분할상환	대출금 원금과 이자 총액을 약정기간(월)으로 균등하게 나누어 매달 상환	매달 상환할 원금과 이자가 일정하므로 자금 계획을 세우기에 쉬움
원금불균등분할상환	대출금 일부를 약정기간(월)으로 나누어 상환하고 나머지를 만기일에 일시상환	매월 소액 상환 후 만기에 잔액을 일시 상환하므로 약정기간에 상환부담을 줄일 수 있음

(4) 예 시

대출금 1,000만 원에 연이율 8.7%로 24개월 상환 시 상환방식별 금액

① 만기일시방식

회 차	상환금액	납부원금	납부이자	잔 금
0	0	0	0	10,000,000
1	72,500	0	72,500	10,000,000
2	72,500	0	72,500	10,000,000
3	72,500	0	72,500	10,000,000
4	72,500	0	72,500	10,000,000
5	72,500	0	72,500	10,000,000
6	72,500	0	72,500	10,000,000
7	72,500	0	72,500	10,000,000
8	72,500	0	72,500	10,000,000
9	72,500	0	72,500	10,000,000
10	72,500	0	72,500	10,000,000
11	72,500	0	72,500	10,000,000
12	72,500	0	72,500	10,000,000
13	72,500	0	72,500	10,000,000
14	72,500	0	72,500	10,000,000
15	72,500	0	72,500	10,000,000
16	72,500	0	72,500	10,000,000
17	72,500	0	72,500	10,000,000
18	72,500	0	72,500	10,000,000
19	72,500	0	72,500	10,000,000
20	72,500	0	72,500	10,000,000
21	72,500	0	72,500	10,000,000
22	72,500	0	72,500	10,000,000
23	72,500	0	72,500	10,000,000
24	10,072,500	10,000,000	72,500	0
합 계	11,740,000	10,000,000	1,740,000	

② 원금균등방식

회차	상환금액	납부원금	납부이자	잔금
0	0	0	0	10,000,000
1	489,167	416,667	72,500	9,583,333
2	486,146	416,667	69,479	9,166,666
3	483,125	416,667	66,458	8,749,999
4	480,104	416,667	63,437	8,333,332
5	477,084	416,667	60,417	7,916,665
6	474,063	416,667	57,396	7,499,998
7	471,042	416,667	54,375	7,083,331
8	468,021	416,667	51,354	6,666,664
9	465,000	416,667	48,333	6,249,997
10	461,979	416,667	45,312	5,833,330
11	458,959	416,667	42,292	5,416,663
12	455,938	416,667	39,271	4,999,996
13	452,917	416,667	36,250	4,583,329
14	449,896	416,667	33,229	4,166,662
15	446,875	416,667	30,208	3,749,995
16	443,854	416,667	27,187	3,333,328
17	440,834	416,667	24,167	2,916,661
18	437,813	416,667	21,146	2,499,994
19	434,792	416,667	18,125	2,083,327
20	431,771	416,667	15,104	1,666,660
21	428,750	416,667	12,083	1,249,993
22	425,729	416,667	9,062	833,326
23	422,709	416,667	6,042	416,659
24	419,688	416,667	3,021	0
합계	10,906,248	10,000,000	906,248	

③ 원리금균등방식

회 차	상환금액	납부원금	납부이자	잔 금
0	0	0	0	10,000,000
1	455,472	382,972	72,500	9,617,028
2	455,472	385,749	69,723	9,231,279
3	455,472	388,545	66,927	8,842,734
4	455,472	391,362	64,110	8,451,372
5	455,472	394,200	61,272	8,057,172
6	455,472	397,058	58,414	7,660,114
7	455,472	399,936	55,536	7,260,178
8	455,472	402,836	52,636	6,857,342
9	455,472	405,756	49,716	6,451,586
10	455,472	408,698	46,774	6,042,888
11	455,472	411,661	43,811	5,631,227
12	455,472	414,646	40,826	5,216,581
13	455,472	417,652	37,820	4,798,929
14	455,472	420,680	34,792	4,378,249
15	455,472	423,730	31,742	3,954,519
16	455,472	426,802	28,670	3,527,717
17	455,472	429,896	25,576	3,097,821
18	455,472	433,013	22,459	2,664,808
19	455,472	436,152	19,320	2,228,656
20	455,472	439,314	16,158	1,789,342
21	455,472	442,499	12,973	1,346,843
22	455,472	445,707	9,765	901,136
23	455,472	448,939	6,533	452,197
24	455,472	452,194	3,278	0
합 계	10,931,331	10,000,000	931,331	

04 기초통계능력

1 자료의 정리

(1) 계급값 = 계급 중앙의 값

(2) 상대도수 = $\dfrac{\text{그 계급의 도수}}{\text{도수의 총합}}$

(3) 누적도수 = 각각의 계급까지의 합

확인문제

다음은 H학교 2학년 학생을 대상으로 등교하는 데 걸리는 시간을 조사하여 상대도수 분포를 기록한 것이다. x의 값을 구하시오.

등교시간(분)	0~10	10~20	20~30	30~40	40~50	50~60
상대도수	0.1	0.12	x	0.24	0.16	0.06

해설 상대도수의 합은 1이다.
따라서 $0.1 + 0.12 + x + 0.24 + 0.16 + 0.06 = 1 \Rightarrow x = 0.32$

답 0.32

2 자료의 비교

(1) 평균

① 일반적인 평균의 정의 : 평균 = $\dfrac{\text{변량의 총합}}{\text{변량의 개수}}$

② 도수분포표에서 평균의 정의 : 평균 = $\dfrac{\{(\text{계급값}) \times (\text{도수})\}\text{의 총합}}{\text{도수의 총합}}$

확인문제

다음 표는 S회사 대졸 공채에 지원한 A~F의 1차 시험 점수이다. 6명의 평균 점수가 78점일 때, B의 점수는 얼마인가?

지원자	A	B	C	D	E	F
점수(점)	80	x	68	73	91	70

① 82 ② 86 ③ 90
④ 94 ⑤ 98

해설 B의 점수를 x라 하면, $\dfrac{80+x+68+73+91+70}{6} = 78 \Rightarrow x = 86(\text{점})$

답 ②

(2) 분산, 표준편차

① 편차 = 계급값(변량) − 평균

② 분산$(S^2) = \dfrac{\{(\text{편차})^2 \times (\text{도수})\}\text{의 총합}}{\text{도수의 총합}}$

③ 표준편차$(S) = \sqrt{\text{분산}}$

확인문제

다음 표는 어떤 자료의 편차와 도수를 나타낸 것이다. 분산을 구하시오.

편차	−2	−1	0	1	2	3
도수	3	5	5	4	2	1

해설 분산 $= \dfrac{(-2)^2 \times 3 + (-1)^2 \times 5 + 0^2 \times 5 + 1^2 \times 4 + 2^2 \times 2 + 3^2 \times 1}{20} = \dfrac{38}{20} = \dfrac{19}{10}$

답 $\dfrac{19}{10}$

---

(3) 대푯값

① **대푯값** : 자료 전체의 특징을 하나의 수로 나타내어 전체 자료를 대표하는 값으로 여러 가지가 있으나 주로 평균이 많이 쓰임

② **중앙값** : 자료를 작은 값에서부터 크기순으로 나열할 때 중앙에 놓이는 값
  ㉠ 자료의 개수가 홀수인 경우 : 가운데 위치한 자료
  ㉡ 자료의 개수가 짝수인 경우 : 가운데 위치한 두 자료의 평균

③ **최빈값** : 자료의 값 중에서 가장 많이 나타나는 값
  ㉠ 자료의 값의 도수가 모두 같을 때, 최빈값은 없음
  ㉡ 자료의 값 중에서 도수가 가장 큰 값이 한 개 이상 있으면 그 값이 모두 최빈값임

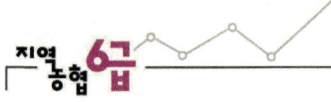

05 도표분석능력

1 표의 해석

표의 해석에서 가장 중요한 것은 정확성과 신속성이다. 이것을 위해서는 표에서 다음의 세 가지가 의미하는 바를 정확히 인식하고 있어야 한다.

(1) 표에서 맨 오른쪽 열의 의미

(2) 표에서 맨 아래쪽 행의 의미

(3) 행과 열이 교차하는 교차칸이 나타내는 의미

확인문제

어떤 한 반의 학생들에 대해 안경 착용 및 미착용 여부를 조사하였더니 다음과 같은 결과를 얻었다. 다음 설명 중 옳지 않은 것은?

구 분	남 자	여 자	합 계
착 용	23	12	35
미착용	17	8	25
합 계	40	20	60

① 전체 학생 중에서 남학생의 비율은 $\frac{40}{60}$이다.

② 전체 학생 중에서 안경을 착용한 학생의 비율은 $\frac{35}{60}$이다.

③ 남학생 중에서 안경을 착용한 학생의 비율은 $\frac{23}{40}$이다.

④ 안경을 착용하지 않은 학생 중에서 여학생의 비율은 $\frac{2}{5}$이다.

⑤ 안경을 착용한 학생 중에서 여학생의 비율은 $\frac{12}{35}$이다.

해설 비율 = $\frac{\text{비교 개체수}}{\text{기준 개체수}}$

④ $\frac{8}{25}$

답 ④

2 그래프의 해석

(1) 직선형 그래프

확인문제

다음 그림은 OECD 국가의 서비스업 고용 비중과 부가가치 비중을 그래프로 나타낸 것이다. 이에 대한 설명으로 옳은 것을 모두 고르면?

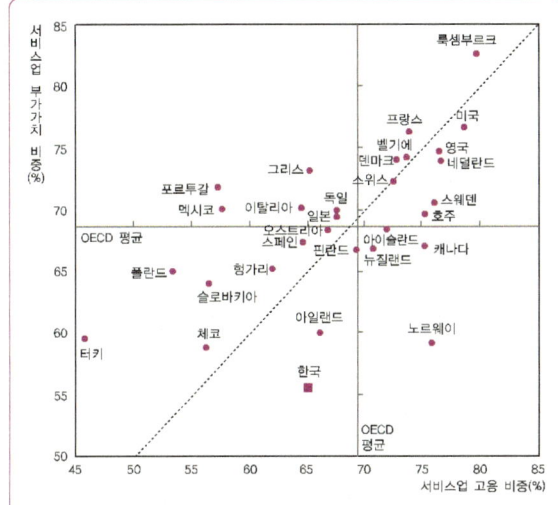

[주] 1) 점선은 원점으로부터의 45°선을 나타냄

2) 서비스업 상대생산성 = $\dfrac{\text{서비스업 부가가치 비중}}{\text{서비스업 고용 비중}}$

㉠ 서비스업 고용 비중과 서비스업 부가가치 비중 간에는 양(+)의 상관관계가 존재한다고 볼 수 있다.
㉡ OECD 국가 중 룩셈부르크가 서비스업 고용 비중과 서비스업 부가가치 비중이 가장 높고, 터키가 서비스업 고용 비중과 서비스업 부가가치 비중이 가장 낮다.
㉢ 캐나다, 노르웨이, 뉴질랜드, 아일랜드, 한국은 서비스업 고용 비중보다 서비스업 부가가치 비중이 낮다.
㉣ 그리스, 이탈리아, 포르투갈, 터키와 같은 지중해 연안 국가들과 폴란드, 슬로바키아 등 동구권 국가들의 서비스업 상대생산성은 미국, 영국에 비해 높다.
㉤ 한국의 서비스업 부가가치 비중은 OECD 평균에 미치지 못하고 있으며, OECD 30개국을 통틀어 서비스업 상대생산성에서 최하위를 기록하고 있다.

① ㉠, ㉡, ㉢   ② ㉠, ㉢, ㉣   ③ ㉠, ㉢, ㉤
④ ㉠, ㉣, ㉤   ⑤ ㉠, ㉢, ㉣, ㉤

해설

㉠ 옳음. 서비스업 고용 비중과 서비스업 부가가치 비중이 함께 증가하거나 함께 감소한다.

㉢ 옳음. 주1)을 참조하면 그림 상에 그려진 점선 그래프는 원점으로부터의 45°선을 나타내므로 그래프 상에 위치한 점은 x(서비스업 고용 비중)와 y(서비스업 부가가치 비중)가 같은 값을 가지는 점이고(예 스위스), 그래프 위쪽에 위치한 점은 x(서비스업 고용 비중)보다 y(서비스업 부가가치 비중)가 큰 값을 가지는 점이다(예 체코, 슬로바키아, 그리스 등). 그리고 그래프 아래쪽에 위치한 점은 x(서비스업 고용 비중)가 y(서비스업 부가가치 비중)보다 큰 값을 가지는 점이다(예 한국, 아일랜드, 노르웨이 등).

㉣ 옳음. 주2)를 참조하면 서비스업 상대생산성을 알 수 있다. 이때 점선 그래프 상에 위치한 점들의 상대생산성 값은 1임을 알 수 있다(즉, x, y값이 같다). 또한, 그래프 위쪽에 위치한 점들의 상대생산성 값은 1보다 크며(즉, y값이 x값보다 크다), 반대로 그래프 아래쪽에 위치한 점들의 상대생산성 값은 1보다 작다(즉, x값이 y값보다 크다). 미국, 영국 등은 그래프 아래쪽에 있는 국가이고, 그리스, 이탈리아 등은 그래프 위쪽에 있는 국가이다.

㉡ 틀림. 룩셈부르크의 서비스업 고용 비중과 서비스업 부가가치 비중은 각각 약 80%, 82.5%로 가장 높다. 그러나 터키의 경우 서비스업 고용 비중이 약 46%로 가장 낮은 것은 사실이지만 서비스업 부가가치 비중은 약 59%로 한국이나 체코보다는 높다.

㉤ 틀림. 그림에서 OECD 평균 서비스업 고용 비중과 서비스업 부가가치 비중이 각각 약 70%임을 알 수 있다. 그런데 한국의 서비스업 고용 비중과 서비스업 부가가치 비중은 각각 약 65%와 55%로 OECD 평균 서비스업 고용 비중과 서비스업 부가가치 비중보다는 낮다. 그러나 한국의 상대생산성은 $\dfrac{55}{65}$로서 노르웨이의 상대생산성인 $\dfrac{60}{75}$보다 크다.

답 ②

(2) 시계열 그래프

확인문제

다음 그림은 1980년부터 2005년까지 우리나라 연도별 1인당 연간 쌀 및 밀가루 소비량의 시계열 자료이다. 이에 대한 설명으로 옳은 것을 모두 고르면?

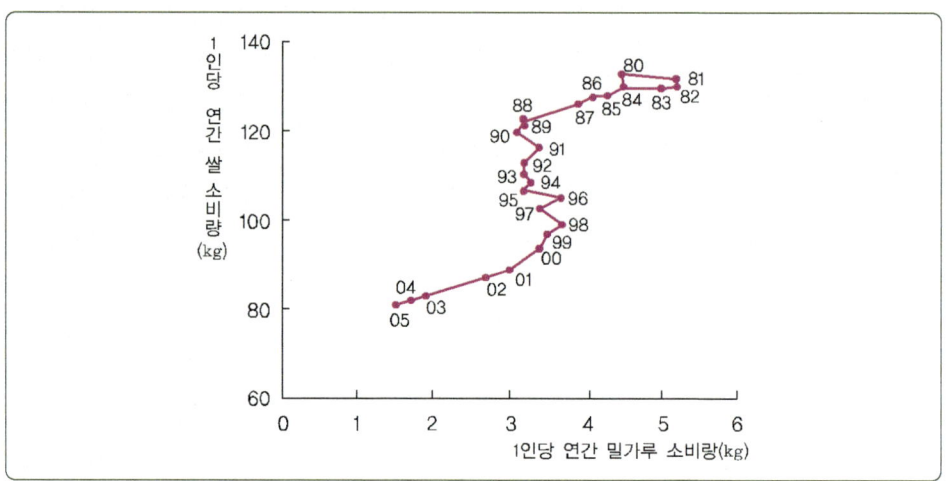

㉠ 전년보다 1인당 연간 쌀 소비의 감소량이 가장 큰 해는 1995년이다.
㉡ 1인당 연간 쌀 소비는 1990년 이후 매년 감소해 왔다.
㉢ 전년보다 1인당 연간 밀가루 소비의 증가량이 가장 큰 해는 1998년이다.
㉣ 1인당 연간 밀가루 소비는 1981~1986년 기간보다 2000~2005년 기간에 더 많이 감소했다.
㉤ 1980~2005년 기간의 1인당 연간 밀가루 소비와 쌀 소비의 감소량은 유사하다.

① ㉠, ㉡ ② ㉠, ㉢ ③ ㉡, ㉣
④ ㉡, ㉤ ⑤ ㉣, ㉤

해설 ㉡ 옳음. 1인당 연간 쌀 소비량을 나타내는 것은 y값인데, 이 값이 1990년 이후 해마다 감소하고 있다.
㉣ 옳음. 1981년도와 1986년도에 1인당 연간 밀가루 소비량은 각각 약 5.5kg과 약 4kg으로 1.5kg만큼 감소했고 2000년도와 2005년도에 1인당 연간 밀가루 소비량은 각각 약 3.5kg과 약 1.5kg으로 2kg만큼 감소했다.
㉠ 틀림. 1인당 연간 쌀 소비량의 변화는 y값의 변화량인데 특히 감소량을 물었으므로 그림에서 아래쪽으로의 길이 변화를 주목한다. 직관적으로도 1994~1995년도에 해당하는 길이보다 1991~1992년도에 해당하는 길이가 더 길다.
㉢ 틀림. 1인당 연간 밀가루 소비량의 변화는 x값의 변화량인데 특히 증가량을 물었으므로 그림에서 오른쪽으로의 길이 변화를 주목한다. 직관적으로도 1997~1998년도에 해당하는 길이보다 1995~1996년도에 해당하는 길이가 더 길다.
㉤ 틀림. 1980년도와 2005년도에 1인당 연간 밀가루 소비량은 각각 약 4.5kg과 1.5kg으로 3kg만큼 감소했고, 1980년도와 2005년도에 1인당 연간 쌀 소비량은 각각 약 130kg과 80kg으로 50kg만큼 감소했다.

답 ③

3 계산 영역

(1) 계산 없이 쉽게 처리할 수 있는 유형
① 문제에서 의미하는 항목의 위치를 〈표〉나 〈그림〉에서 정확히 찾는 유형

확인문제

다음은 A국의 산업 구성에 대한 표이다. 이에 대한 설명으로 옳은 것은? (단, 농업, 어업, 광업은 1차 산업, 공업은 2차 산업, 정보통신, 기초과학은 3차 산업에 속한다)

분야 \ 연도	1966	1970	1975	1980	1985	1990	1995	2000
매출액(천 억)								
농 업	12,684	13,241	13,208	12,656	12,095	11,050	10,341	9,647
어업·광업	7,251	7,816	9,777	11,376	12,632	12,991	12,056	11,701
공 업	4,859	5,509	6,214	6,874	7,884	10,073	11,440	12,331
정보통신	2,853	3,164	3,535	4,233	5,052	5,971	6,498	7,287
기초과학	1,512	1,705	1,944	2,268	2,756	3,415	4,214	5,165
계	29,159	31,435	34,678	37,407	40,419	43,500	44,549	46,131
구성비(%)								
농 업	43.5	42.1	38.1	33.8	29.9	25.4	23.2	20.9
어업·광업	24.9	24.9	28.2	30.4	31.3	29.9	27.1	25.4
공 업	16.7	17.5	17.9	18.4	19.5	23.2	25.7	26.7
정보통신	9.8	10.1	10.2	11.3	12.5	13.7	14.6	15.8
기초과학	5.2	5.4	5.6	6.1	6.8	7.9	9.5	11.2
계	100.0	100.0	100.0	100.0	100.0	100.0	100.0	100.0

① 매년 어업·광업의 비중이 가장 크다.
② 농업의 비중이 농업을 제외한 나머지 산업의 비중의 합보다 큰 해가 있다.
③ 2차 이상의 산업이 차지하는 비중은 계속 증가해 왔다.
④ 기초과학의 비중은 매년 10%를 초과하지 않는다.
⑤ 정보통신의 비중이 가장 높은 해는 1995년이다.

해설 ③ 옳음. 먼저 '비중'이라고 언급했으므로 표에서 인구수가 아닌 구성비에 주목해야 한다. 2차 이상의 산업이므로 2차 산업과 3차 산업을 모두 고려해야 한다. 1966년에는 31.7(=16.7+9.8+5.2)%이고 1970년대에는 33(=17.5+10.1+5.4)%이다. 그런데 이런 방법으로 연도마다 계산을 하다 보면 실수도 있을 수 있고 또 시간도 오래 걸린다. 그러므로 직접 계산을 하지 않고도 항목별로 비교함으로써 답을 알 수 있다. 즉, 공업의 비중이 매년 증가하고, 정보통신, 기초과학도 각각 비중이 매년 증가한다. 따라서 2차 이상의 산업의 비중은 매년 증가해 왔음을 알 수 있다.
① 틀림. 1985년, 1990년, 1995년에만 어업·광업의 비중이 가장 크다.
② 틀림. 농업의 비중이 50%를 초과하는 해는 없다. 따라서 농업을 제외한 나머지 산업의 비중보다 농업의 비중이 큰 해는 없다.
④ 틀림. 2000년에는 기초과학의 비중이 10%를 초과한다.
⑤ 틀림. 정보통신의 비중은 2000년에 15.8%로 가장 높다.

 ③

② 빠르게 〈표〉를 읽어내는 능력으로 해답을 찾는 유형
  ㉠ 빠른 시간 내에 〈표〉를 읽는 능력이 요구된다.
  ㉡ '계속', '지속적'이라는 수식어에 유의해서 읽어 나간다.

확인문제

다음은 우리나라의 인구구조 중 연령구조의 변화(1966~2000)를 나타낸 표이다. 이에 대한 설명으로 옳지 않은 것을 〈보기〉에서 모두 고르면?

분야 \ 연도	1966	1970	1975	1980	1985	1990	1995	2000
인구수(천 명)								
0~14세	12,684	13,241	13,208	12,656	12,095	11,050	10,341	9,647
15~29세	7,251	7,816	9,777	11,376	12,632	12,991	12,056	11,701
30~44세	4,859	5,509	6,214	6,874	7,884	10,073	11,440	12,331
45~59세	2,853	3,164	3,535	4,233	5,052	5,971	6,498	7,287
60세 이상	1,512	1,705	1,944	2,268	2,756	3,415	4,214	5,165
계	29,159	31,435	34,678	37,407	40,419	43,500	44,549	46,131
구성비(%)								
0~14세	43.5	42.1	38.1	33.8	29.9	25.4	23.2	20.9
15~29세	24.9	24.9	28.2	30.4	31.3	29.9	27.1	25.4
30~44세	16.7	17.5	17.9	18.4	19.5	23.2	25.7	26.7
45~59세	9.8	10.1	10.2	11.3	12.5	13.7	14.6	15.8
60세 이상	5.2	5.4	5.6	6.1	6.8	7.9	9.5	11.2
계	100.0	100.0	100.0	100.0	100.0	100.0	100.0	100.0

㉠ 1960년대 중반에 구성비가 가장 컸던 0~14세 연령층의 인구는 1970년대 이후 계속 감소하였다.
㉡ 15~29세 연령층의 인구는 1960년대 중반 이후 지속해서 증가하였다.
㉢ 1960년대 중반 이후 30세 이상의 각 연령층은 모두 그 수와 구성비가 지속해서 증가해 왔다.
㉣ 1960년대 중반에 60%를 웃돌았던 30세 미만 연령층의 비중이 2000년에는 50% 미만으로 감소하였다.
㉤ 30세 이상 연령층의 비중은 1960년대 중반 31.7%에서 계속 증가하여 1990년에 50%를 처음으로 넘어서서 2000년에는 53.7%로 전 인구의 반을 넘어서게 되었다.

① ㉠, ㉡   ② ㉡, ㉣   ③ ㉡, ㉤
④ ㉢, ㉤   ⑤ ㉠, ㉤

해설
  ㉡ 틀림. 1990년, 1995년, 2000년에는 오히려 전보다 감소했다.
  ㉤ 틀림. 계속 증가하는 것은 맞지만 1990년에는 44.8(=23.2+13.7+7.9)로 50%가 넘지 않는다.
  ㉠ 옳음. 인구수 항목을 보면 0~14세 연령층의 인구수는 1970년부터 13,241, 13,208, 12,656 … 으로 계속 감소해 왔음을 알 수 있다.
  ㉢ 옳음. 30세 이상인 30~44세, 45~59세, 60세 이상 연령층 모두 1960년대 중반 이후 인구수와 구성비 모두 지속해서 증가해 왔다.
  ㉣ 옳음. 1960년대 중반과 2000년도의 30세 미만 연령층의 비중은 각각 68.4(=43.5+24.9)와 46.3(=20.9+25.4)이다.

답 ③

(2) 빠른 계산이 필요한 문제 유형

과목의 특성상 어느 정도의 신속하고 정확한 계산 능력을 요구한다. 다만, 주관식 문항이 아니므로 매우 정확한 계산보다는 주어진 답안과 가까운 결과를 빠르게 찾아내는 직관력이 더 필요하다.

> **확인문제**
>
> 다음 표는 한국, 중국, 일본 세 나라의 수출 금액 수준을 항목별로 비교한 「한·중·일 수출 현황」이라는 보고서이다. 이에 대한 설명으로 옳지 않은 것은? (단, 표의 모든 항목은 한국의 수출액 수준을 100이라 가정했을 때 각국의 항목별 수출액 수준을 나타낸 것이다)
>
> | 비교 대상국 | 구 분 | 분 류 | 의 류 | 전 자 | 금 속 | 화 학 | 자동차 | 경공업 | 섬 유 |
> |---|---|---|---|---|---|---|---|---|---|
> | 일 본 | 전 체 | 응답자 전체 | 125 | 126 | 126 | 123 | 122 | 124 | 121 |
> | | 기업 규모별 | 대기업 | 125 | 128 | 128 | 124 | 119 | 122 | 121 |
> | | | 중소기업 | 124 | 124 | 122 | 120 | 125 | 126 | 121 |
> | | 지역별 | 해 안 | 120 | 110 | 115 | 120 | 110 | 110 | 110 |
> | | | 내 륙 | 117 | 121 | 112 | 119 | 121 | 117 | 120 |
> | | | 기 타 | 126 | 123 | 125 | 123 | 123 | 125 | 118 |
> | 중 국 | 전 체 | 응답자 전체 | 80 | 78 | 78 | 79 | 82 | 79 | 94 |
> | | 기업 규모별 | 대기업 | 77 | 74 | 75 | 76 | 79 | 76 | 91 |
> | | | 중소기업 | 84 | 84 | 84 | 83 | 87 | 84 | 98 |
> | | 지역별 | 해 안 | 80 | 75 | 75 | 85 | 80 | 90 | 105 |
> | | | 내 륙 | 88 | 83 | 93 | 92 | 93 | 91 | 108 |
> | | | 기 타 | 76 | 73 | 69 | 73 | 79 | 74 | 99 |
>
> ① 전체적으로 볼 때 일본, 한국, 중국 순으로 수출을 많이 했다.
> ② 응답자 전체를 보면 일본과 한국의 격차가 한국과 중국의 격차보다 크다.
> ③ 한국과 중국의 기업 규모별 수출액의 차이를 살펴볼 때 중소기업의 차이가 대기업의 차이보다 크다.
> ④ 한국과 일본의 지역별 수출액의 차이를 살펴볼 때 섬유를 제외한다면 기타 지역에서 경쟁력의 차이가 가장 크다.
> ⑤ 기업 규모별로 일본과 중국을 비교해보면 대기업의 비중은 일본이 중국보다 크다.
>
> **해설** ③ 한국과 중국의 대기업과 중소기업의 세부 항목별 수출액의 차이를 볼 때 대기업의 차이가 중소기업의 차이보다 더 크다. 예를 들면 의류 항목에서 대기업의 차이는 $23(=100-77)$으로 중소기업의 차이인 $16(=100-84)$보다 크다.
> ① '전체적으로'란 문구를 주목하면 표에서 전체(응답자 전체) 항목을 살펴보면 된다. 이때 이 항목에서 일본은 100 이상이므로 한국보다 수출을 많이 했고, 중국은 100 이하이므로 한국보다 수출을 적게 했다.
> ② 응답자 전체에 대한 세부 항목별 수출액의 차이를 볼 때 일본과 한국의 격차가 한국과 중국의 격차보다 크다. 예를 들면 의류 항목에서 일본과 한국의 차이는 $25(=125-100)$로서 한국과 중국의 차이 $20(=100-80)$보다 크다.
> ④ 지역별 수출액 차이이므로 표의 일본 항목에서 지역별 하위분류인 해안·내륙·기타 지역을 살펴보면 된다. 이때 '섬유'를 제외하면 기타 지역의 수출액이 한국과의 차이가 가장 크다는 것을 알 수 있다. 예를 들면 의류 항목의 해안·내륙·기타 지역에서 한국과의 차이는 각각 $20(=120-100)$, $17(=117-100)$, $26(=126-100)$으로 기타 지역에서 수출액의 차이가 가장 크므로 경쟁력의 차이도 가장 크다고 볼 수 있다.
> ⑤ 기업 규모별에 대한 대기업의 비중은 일본의 경우 $\frac{125}{249} \fallingdotseq 50.2(\%)$, 중국의 경우 $\frac{77}{161} \fallingdotseq 47.8(\%)$이므로, 일본이 중국보다 더 크다.
>
> **답** ③

> 문제에서 도표의 변동률(증감률)을 묻는 경우, 기본 공식은
>
> 변동률 $= \dfrac{\text{비교시점 값} - \text{기준시점 값}}{\text{기준시점 값}} \times 100(\%)$이다.
>
> $\dfrac{\text{기준시점 값}}{\text{기준시점 값}} = 1$이므로 값에 따라
>
> $\dfrac{\text{비교시점 값} - \text{기준시점 값}}{\text{기준시점 값}} = \dfrac{\text{비교시점 값}}{\text{기준시점 값}} - 1$로 나타내는 것이 편리할 수 있다.

06 도표작성능력

도표 작성의 절차

(1) 목적이나 상황에 적합한 도표 형태를 결정한다.

(2) 가로축과 세로축에 무엇을 나타낼 것인지 결정한다.

(3) 가로축과 세로축의 눈금 크기를 결정한다.

(4) 가로축과 세로축이 만나는 곳에 점으로 자료를 표시한다.

(5) 표시된 점들을 따라 도표를 작성한다.

(6) 도표의 상단이나 하단에 도표의 제목과 단위를 표기한다.

PART 02 » 기출문제

출제경향

수리능력은 기존 NHAT 유형에 NCS 유형이 결합된 형태로 출제되어 왔다. 전통적인 유형들은 단순한 문제들이 많으므로 모두 정답을 맞힐 수 있다는 생각을 가지고 실수를 줄이는 방향으로 접근해야 한다. 기존 유형인 소금물 농도, 거리/속력/시간 등의 문제는 점차 출제빈도가 줄어들고 있으며, 예·적금 등의 금융상식 문제는 여전히 종종 출제되나 이전에 비해서는 출제빈도가 낮아졌다. PSAT의 자료해석능력 영역에 영향을 받아 바료의 복잡도가 조금씩 높아지고 있음에 유의해야 한다.

출제분석

NHAT형	연산능력	방정식, 대소 비교, 나이 계산, 사칙연산, 축척, 할인, 월급/성과급 계산, 단위 환산, 수열, 일, 집합 등
	자료해석	농업 관련 자료해석 등
NCS형	연산능력	예·적금 이자율, 예·적금 만기금, 중도해지 환급금, 환율 등
PSAT형	자료해석	기간 단위 자료의 변화, 증감 등

학습방법

① **기본적인 수학 이론의 이해**
우선 기초적인 사칙연산을 빠르고 정확하게 계산해야 하고, 중학교 및 고등학교 저학년 수준에서 다루는 기본적인 수학 이론을 잘 이해하고 있어야 한다.

② **헷갈리는 공식의 암기**
수학 공식을 이해해야 응용된 문제에 대처할 수 있다. 또한, 헷갈리기 쉬운 공식은 암기하여 문제풀이 시간을 단축해야 한다.

③ **정확하고 빠르게 해석**
자료해석과 같이 주로 표나 그래프를 분석하는 문제는 정확히 읽고 빠르게 계산해야 하므로 다양한 유형의 문제를 풀어 보며 한번에 계산하는 능력을 키워야 한다. 시간관리를 위해서는 보기나 자료의 형태 등을 통해 계산을 간략화 할 수 있는 부분을 빠르게 파악하고 과감하게 어림 계산을 할 수 있는 부분도 직관적으로 판단할 수 있어야 한다.

④ **다양한 유형에 익숙해지는 훈련**
기출문제와 자주 출제되는 유형의 문제를 많이 풀어 봐야 한다. 연습을 통해서 그 유형에 대한 준비를 철저히 할 수 있다.

⑤ **금융지식 습득**
NCS 유형으로 변경되면서 은행 근무 시 필요한 실무적 능력을 파악하는 문제가 출제되고 있으므로 은행 업무와 각종 금융상품에 대한 이해가 중요해지고 있다. 먼저 기초적인 금융지식을 학습한 후 농협은행 홈페이지를 방문하여 실제 판매되고 있는 예금, 대출, 펀드 등 각종 금융상품을 알아보고 상품별 특징을 비교·분석할 수 있는 능력을 길러야 한다.

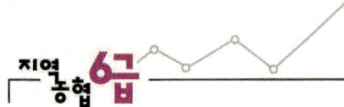

기출유형1	단순계산

01 다음 식의 값을 구하면?

$$214.5 + 117.6 + 124.9$$

① 456 ② 457 ③ 466
④ 467 ④ 468

정답 및 해설

$214.5 + 117.6 + 124.9 = 457$

정답 : ②

- 가장 쉬운 계산문제로, 변별력이 낮은 것을 고려한다면 꼭 맞혀야 하는 문제이다.
- 소수점 때문에 계산하기 번거롭다면 정수 부분과 소수점 부분을 따로 계산한 뒤에 더해도 된다.

기출유형2 　 사칙연산

02　다음 빈칸에 들어갈 연산기호를 고르면?

$$(4 \times 7) \square 2 + 3 = 17$$

① ＋　　　　　　　　　② －　　　　　　　　　③ ×
④ ÷　　　　　　　　　⑤ ^

정답 및 해설

$(4 \times 7) \square 2 + 3 - 3 = 17 - 3$
$28 \square 2 = 14$
$28 \div 2 = 14$

정답 : ④

배경지식　사칙연산 : 산술에서 다루어지는 계산법 중 덧셈(＋), 뺄셈(－), 곱셈(×), 나눗셈(÷)의 네 가지 이항연산을 말한다. 교환법칙, 결합법칙, 분배법칙, 결합법칙 등의 성질이 있다.

- 연산기호가 아닌, 숫자를 고르는 문제 유형도 있다.
- 단순계산문제 다음으로 쉬운 계산문제로, 변별력이 낮은 것을 고려한다면 꼭 맞혀야 하는 문제이다.
- 가급적 빈칸을 제외한 나머지를 먼저 계산하고 마지막에 빈칸이 무엇인지를 고려해 본다.
- 빈칸에 숫자를 넣는 문제도 비슷한 방법으로 풀 수 있다.

기출유형3	나이 계산

03 현재 우리 팀에는 5명의 직원이 있다. B부장(52세), C차장(45세), D과장(38세), E주임(32세), F사원(28세)이다. 이 상황에서 올해 안에 B부장(52세)이 퇴직하고 신입사원 A씨(27세)가 입사한다면 내년도 우리 팀의 평균 나이는?

① 31 ② 32 ③ 33
④ 34 ⑤ 35

정답 및 해설

올해 평균 나이는 B부장과 신입사원 A의 경우를 고려하면 다음과 같다.
$$\frac{(45+38+32+28+27)}{5}=34(세)$$
내년에는 평균 나이에 1살이 추가되므로 35세가 된다.

정답 : ⑤

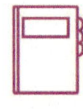

- 공식이 필요 없는 매우 간단한 유형이다.
- 평균 나이와 나이 합계, 그리고 연도가 바뀌는 것을 생각하면서 계산식을 만들어야 한다.

기출유형4   환 율

04 태국에 거주하는 A씨는 유럽과 미국을 차례로 여행하려 한다. 현재 1달러당 바트의 환율은 32.45바트이고 1유로당 바트의 환율은 39.08바트이다. A씨는 20,000바트를 유로로 우선 환전한 후 남은 돈을 달러로 환전하려 한다. 지금 시점에서 1유로당 달러의 환율을 구하면?

① 1.0달러   ② 1.1달러   ③ 1.2달러
④ 1.3달러   ⑤ 1.4달러

정답 및 해설

$\dfrac{바트}{1달러} = 32.45$바트, $\dfrac{바트}{1유로} = 39.08$바트이다.

즉, $\dfrac{39.08}{32.45} ≒ 1.2$(달러)이다.

정답 : ③

합격노트

- 특별한 공식이 있는 것은 아니며, 문제만 잘 이해한다면 계산식을 세울 수 있다.
- 위 문제의 경우 $\dfrac{달러}{1유로} = \dfrac{1유로당\ 바트의\ 환율}{1달러당\ 바트의\ 환율}$로 구할 수 있다.

기출유형5	일(작업량)

05 책 한 권을 복사하는 데 A복사기만 사용하면 10분이 걸리고, B복사기만 사용하면 6분이 걸린다. 이 책을 처음 2분 동안 A복사기만으로 복사하고, 그 후부터 A, B 두 대의 복사기로 동시에 복사한다면 이 책을 모두 복사하는 데 시간은 얼마나 걸리는가?

① 3분 　　　　② 4분 　　　　③ 5분
④ 6분 　　　　⑤ 7분

정답 및 해설

전체 일의 양을 1이라 하면, A복사기만 사용하는 경우에는 1분에 전체 일의 $\frac{1}{10}$만큼 하고, B복사기만 사용하는 경우에는 1분에 전체 일의 $\frac{1}{6}$만큼 하므로 두 대의 복사기로 동시에 복사하면 1분에 전체 일의 $\frac{1}{10}+\frac{1}{6}=\frac{8}{30}=\frac{4}{15}$만큼 한다. 두 대의 복사기로 동시에 복사한 시간을 x분이라 하면, $\frac{1}{10}\times 2+\frac{4}{15}\times x=\frac{6+8x}{30}=1$
$\Rightarrow x=3$(분)
따라서 모두 복사하는 데 걸리는 시간은 $2+3=5$(분)이다.

정답 : ③

배경지식

시간당 작업량 = $\frac{작업량}{시간}$

합격노트

• NHAT 유형의 시험에서 많이 나왔던 문제로 작업량을 구하는 문제이다.
• 비슷한 문제에는 주로 사람 2명이 등장하지만, 사물이라도 작업(일)하는 것을 볼 때 작업량을 계산하는 문제임을 파악할 수 있어야 한다.

기출유형6   소금물 농도

06   7.8%의 소금물 500g을 가열하여 물을 증발시켰더니 15%의 소금물이 되었다. 증발시킨 물의 양은?

① 230g   ② 240g   ③ 250g
④ 260g   ⑤ 270g

정답 및 해설

7.8% 소금물 500g에 들어 있는 소금의 양은 $\frac{7.8}{100} \times 500 = 39(g)$이므로 증발시킨 물의 양을 x라고 하면 $\frac{39}{500-x} \times 100 = 15 \Rightarrow x = 240(g)$

정답 : ②

배경지식

소금물의 농도 = $\frac{\text{소금의 양}}{\text{소금물의 양}} \times 100$

합격노트

- NHAT 유형의 시험에서 많이 나왔던 문제지만, 최근 출제빈도가 감소하고 있다.
- 단순한 문제이므로 풀이법을 익혀두고 출제빈도가 높은 다른 문제 유형에 중점을 두고 학습해야 한다.

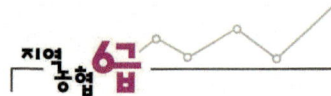

기출유형7	응용계산

07 신우는 처음 가지고 있던 돈의 20%로 부모님 선물을 사고, 남은 돈의 40%는 저금을 했더니 남은 돈이 86,400원이었다. 신우가 처음 가지고 있던 돈은 얼마인가?

① 14만 원   ② 15만 원   ③ 16만 원
④ 17만 원   ⑤ 18만 원

정답 및 해설

신우가 처음 가지고 있던 돈을 x라 하면 $x \times 0.8 \times 0.6 = 86,400 \Rightarrow x = 180,000$(원)

정답 : ⑤

- 기초적인 방정식 문제로, 문제를 읽고 계산식을 제대로 세운다면 쉽게 풀 수 있다.
- 할인율 문제와 비슷한 유형이다.

기출유형8 속 력

08 A와 C 두 지점의 중간 지점을 B라고 할 때, 정훈이는 A에서 B까지를 10km/h의 속력으로, B에서 C까지를 6km/h의 속력으로 이동하였다. 두 지점 사이를 운동했다면 평균 속력은 얼마인가? (단, 중간지점 B에서 쉬지 않으며 AB거리는 BC거리와 같다.)

① 5.5km/h ② 6.5km/h ③ 7.5km/h
④ 8.5km/h ⑤ 9.5km/h

정답 및 해설

조화평균을 이용하면 $b=\dfrac{2ac}{a+c}$ 이므로 $\dfrac{2\times10\times6}{10+6}=\dfrac{120}{16}=\dfrac{15}{2}$ 이므로 답은 7.5km/h가 된다.

정답 : ③

조화평균 : 주어진 수들의 역수의 산술 평균의 역수를 말한다. 평균적인 변화율을 구할 때에 주로 사용된다.

$b=\dfrac{2ac}{a+c}$

조화평균으로 푸는 것이 어렵다면 문제 그대로 이해하여 풀 수도 있다.
예를 들어 문제에서 AB거리와 BC거리가 같다고 했으므로 이 거리를 x라고 하면,

$\dfrac{2x}{\dfrac{x}{10}+\dfrac{x}{6}}=\dfrac{120x}{16x}=7.5$(km/h)

기출유형9	방정식

09 성재는 모두 20개의 동전을 가지고 있는데 이 중에는 10원, 50원, 100원, 500원짜리가 섞여 있다. 50원짜리 동전은 10원짜리 동전보다 3개가 적고, 100원짜리 동전은 10원짜리 동전보다 5개가 적고, 500원짜리 동전의 합계액은 2,000원이다. 10원짜리 동전은 모두 몇 개인가?

① 6개 ② 7개 ③ 8개
④ 9개 ⑤ 10개

정답 및 해설

10원짜리 개수를 x라 하면 50원짜리 개수는 $(x-3)$, 100원짜리 개수는 $(x-5)$이고, 500원짜리 개수는 $\frac{2,000}{500}=4$이다. 따라서 $x+(x-3)+(x-5)+4=20 \Rightarrow x=8$(개)

정답 : ③

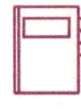

- 10원짜리부터 100원짜리 중에서 한 종류를 x로 놓고 풀면 된다.
- 매우 기초적인 문제이므로 빠르고 정확하게 풀고 난도가 높은 문제에 집중할 수 있도록 해야 한다.

기출유형10 수·문자추리

10 다음 나열된 숫자의 일정한 규칙에 따라 빈칸에 들어갈 알맞은 숫자는?

> 60 28 12 4 0 −2 (   )

① −4 ② −3 ③ −2
④ −1 ⑤ 0

정답 및 해설

60 28 12 4 0 −2 (−3)

각 차이: -2^5, -2^4, -2^3, -2^2, -2^1, -2^0

정답 : ②

11 다음 나열된 문자의 일정한 규칙에 따라 빈칸에 들어갈 알맞은 문자는?

> Z V T P N J (   )

① H ② W ③ X
④ Y ⑤ Y

정답 및 해설

Z V T P N J (H)
26 22 20 16 14 10 8
−4 −2 −4 −2 −4 −2

정답 : ①

- 계차수열
  $a_1, a_2, a_3, a_4, a_5, \cdots, a_n$
  $b_1\ b_2\ b_3\ b_4$

- 일정규칙이 반복되는 수열 제2규칙
  $a_1, a_2, a_3, a_4, a_5, \cdots, a_n$
  $+a\ \times b\ +a\ \times b$

- NCS 유형으로 변경된 후에는 출제빈도가 낮아졌지만, 해마다 지역에 따라 1문제 정도는 출제되고 있으므로 꼭 맞춰야 하는 문제이다.
- 다양한 종류의 수열을 숙지하고 풀어보아야 한다.
- 잘 풀리지 않을 때는 계차수열이나 일정규칙이 반복되는 수열이 아닌지 확인해 본다.

| 기출유형11 | 수익률 · 할인율 |

12 당신은 N은행 직원으로서 고객에게 다음과 같이 상품에 투자하는 것을 권유하였다. 6개월 후 고객은 얼마를 돌려받을 수 있겠는가? (단, 연 수익률은 단리이다.)

- 투자금 : 10,000,000원
- 투자현황

구 분	연 수익률	투자비율
A상품	0.8%	20%
B상품	1%	50%
C상품	0.6%	30%

① 10,030,000원 ② 10,042,000원 ③ 10,054,000원
④ 10,056,000원 ⑤ 10,068,000원

정답 및 해설

- A상품 투자 수익 : $10,000,000 \times 0.2 \times (1 + 0.008 \times 0.5) = 2,008,000$(원)
- B상품 투자 수익 : $10,000,000 \times 0.5 \times (1 + 0.01 \times 0.5) = 5,025,000$(원)
- C상품 투자 수익 : $10,000,000 \times 0.3 \times (1 + 0.006 \times 0.5) = 3,009,000$(원)

합계는 10,042,000(원)이다.

정답 : ②

$x\%$의 수익률을 적용 : 정가 $A = X\left(1 + \dfrac{x}{100}\right)$ (X : 원가)

- 수익률 + 투자비율을 혼합한 문제이다.
- 상품별로 투자비율에 따른 수익을 구한 후 합계를 구한다.

기출유형12 　 중도상환수수료

13 A는 N은행에서 3년 기한, 연금리 3.2%로 2억 원의 주택담보대출을 받았다. 1년 6개월이 지난 후 여유자금 5천만 원이 생겨 대출금을 일부 상환하려 할 때, 발생하는 중도상환수수료(해약금)를 구하면? (단, 계산을 단순히 하기 위해 기간을 날짜가 아닌 개월로 계산한다.)

> **조건**
> 중도상환해약금 : 중도상환금액 × 0.8% × (잔여기간 ÷ 대출기간)
> - 대출기간은 대출개시일로부터 대출기간만료일까지의 일수로 계산하되, 대출 기간이 3년을 초과하는 경우에는 3년이 되는 날을 대출기간만료일로 함
> - 잔여기간은 대출기간에서 대출개시일로부터 중도상환일까지의 경과일수를 차감하여 계산
> - 대출실행 후 3년 경과 시 중도상환해약금 면제

① 160,000원　　② 180,000원　　③ 200,000원
④ 220,000원　　⑤ 250,000원

정답 및 해설

중도상환금액×0.8%×(대출잔여일수÷대출기간)에 대입하면 5,000만 원×0.008×$\left(\dfrac{18}{36}\right)$=200,000(원)이다.

정답 : ③

배경지식　중도상환수수료 : 금융기관에서 돈을 빌린 고객이 만기 전에 대출금을 갚을 경우 금융기관에서 고객에게 물리는 벌칙성 수수료

중도상환수수료 = 중도상환금액 × 중도상환수수료율 × $\dfrac{\text{대출잔여일수}}{\text{대출기간}}$

합격노트
- 먼저 중도상환에 대한 개념을 이해해야 한다.
- 관련 공식을 암기한다면 쉽게 풀 수 있다.

기출유형13 　　　　개인종합자산관리계좌(ISA)

14 　개인종합자산관리계좌(Individual Savings Account; ISA)의 가입조건은 다음과 같다. 5년 동안 연평균 1,500만 원씩 납입하여 5년 동안 연평균 5% 수익을 냈다고 하자. 고객이 실제 수령할 수 있는 이자는 얼마인가? (단, 수수료율은 신탁형 개인종합자산관리계좌의 경우로 0%라고 한다.)

> 가입대상 : 근로 사업소득이 있는 사람
> 납입한도 : 연간 2,000만 원
> 의무 가입기간 : 5년(청년 및 총급여 5,000만 원 이하 소득자의 경우 3년)
> 세제혜택 : 5년간 수익 200만 원까지 비과세, 200만 원 초과분 9.9% 분리과세
> ※ 수수료율은 신탁형 개인종합자산관리계좌의 경우 0~0.3%이며 일임형은 0.1~1.0%다.

① 10,334,250원　　　② 10,854,250원　　　③ 11,048,500원
④ 11,452,700원　　　⑤ 12,197,500원

정답 및 해설

5년 동안 연평균 1,500만 원씩 불입해 연평균 5% 수익률을 올렸다면 5년 동안 1,500×5%+3,000×5%+4,500×5%+6,000×5%+7,500×5%=1,125(만 원)의 누적수익을 냈다.
세제혜택은 5년간 수익 200만 원까지는 비과세, 200만 원 초과분에 대해 9.9% 분리과세이므로 200만 원 초과분인 925만 원의 9.9%는 915,750원이다.
따라서 실제 받는 이자소득은 11,250,000−915,750=10,334,250(원)이다.

정답 : ①

개인종합자산관리계좌(ISA) : 한 계좌에서 예금, 펀드, 파생결합증권 등 여러 금융상품에 분산투자하며 비과세 혜택까지 받을 수 있는 자산관리 계좌이다.

• 개인종합자산관리계좌(ISA) 문제의 포인트는 분리과세를 통한 세제혜택이다. 분리과세는 ISA에 가입해 얻은 수익은 다른 소득과 합쳐 세금을 물리지 않겠다는 뜻이다.
• 일정 수익까지는 비과세되고 초과분에 대해서만 과세가 되므로 이것을 주의해야 한다.

기출유형14 제작비

[15~16] 회사에서 직원들의 명함을 주문하려고 한다. 다음의 〈기준〉을 참고하여 다음 물음에 답하시오.

> 기준
> 일반 명함 : 200장에 15,000원, 50장 추가 시 2,000원
> 영문 명함 : 200장에 20,000원, 50장 추가 시 3,000원
> ※ 수입지의 경우 정가의 10% 가격 추가

15 입사한 신입사원들을 위해 영업상 필요한 일반 명함을 주문했다. 명함은 1인당 300장씩 지급하며, 일반 종이로 만들어 총 266,000원의 제작비용이 들었다고 한다. 총 신입사원 수는?

① 10명　　② 11명　　③ 12명
④ 13명　　⑤ 14명

정답 및 해설
1인당 300장을 지급하므로 200장(15,000원)+100장(4,000원)=19,000(원)이다.
따라서 신입사원 수는 266,000÷19,000=14(명)이다.　　정답 : ⑤

16 신입사원 중 해외 출장이 잦은 팀을 위해 명함을 따로 주문했다. 사원들에게는 다른 팀과 달리 수입지에 영문으로 새겨진 명함을 250장씩 만들어 주려고 한다. 팀 인원이 총 11명이라고 한다면 명함 제작비용은 얼마인가?

① 173,700원　　② 191,300원　　③ 230,700원
④ 250,800원　　⑤ 278,300원

정답 및 해설
1인당 250장의 명함을 만들기 위해서는 200장(20,000원)+50장 추가(3,000원)=23,000(원)의 비용이 든다. 수입지로 만들어지기 때문에 정가의 10%가 추가되므로, 23,000(1+0.1)=25,300원이며 총 11명이므로 25,300×11=278,300(원)이 필요하다.　　정답 : ⑤

- 이해력을 측정하기 위한 계산문제이다.
- 문제를 읽고 올바른 계산식을 세우는 것이 가장 중요하다.

기출유형15	자료해석

[17~18] 다음 표는 연도별 인구이동률을 나타낸 것이다. 다음 물음에 답하시오.

(단위 : %)

구 분	1950년대	1980년대	2000년대
도시 → 도시	4.0	5.0	10.0
도시 → 농촌	0.2	0.8	3.8
농촌 → 도시	0.7	10.0	9.0
농촌 → 농촌	0.1	0.2	0.2
전 체	5.0	16.0	23.0

※ 인구이동률 = $\dfrac{\text{이동 인구수}}{\text{5세 이상 인구수}} \times 100$

17 위의 자료를 보고 추론한 내용으로 틀린 것은?

① 총 인구이동률이 늘어나는 경향을 보인다.
② 농촌에서 농촌으로의 인구이동 유형이 가장 낮은 비율을 차지한다.
③ 농촌에서 도시로의 인구이동은 계속 증가하는 추세이다.
④ 1950년대 인구이동은 주로 도시 간 이동이다.
⑤ 도시에서 농촌으로의 인구이동은 계속 증가하는 추세이다.

정답 및 해설
③ 농촌에서 도시로의 인구이동은 증가하다가 2000년대에는 감소하였다.

정답 : ③

18 2000년에 도시인구가 3,000만 명이고 농촌인구가 1,200만 명이라면, 2010년도 도시 인구는 대략 얼마나 변하였나?

① 3만 명 도시인구가 증가했다.　② 6만 명 도시인구가 증가했다.
③ 3만 명 도시인구가 감소했다.　④ 6만 명 도시인구가 감소했다.
⑤ 9만 명 도시인구가 감소했다.

정답 및 해설
도시 → 농촌 : $3{,}000만 \times \dfrac{3.8}{100} = 114$(만 명), 농촌 → 도시 : $1{,}200만 \times \dfrac{9}{100} = 108$(만 명)
따라서 $114 - 108 = 6$(만 명) 도시인구가 감소했다.

정답 : ④

[19~20] 다음은 우리나라 가구의 소득과 소비지출의 변화를 전년도 동기대비 증감률로 나타낸 그래프이다. 다음 물음에 답하시오.

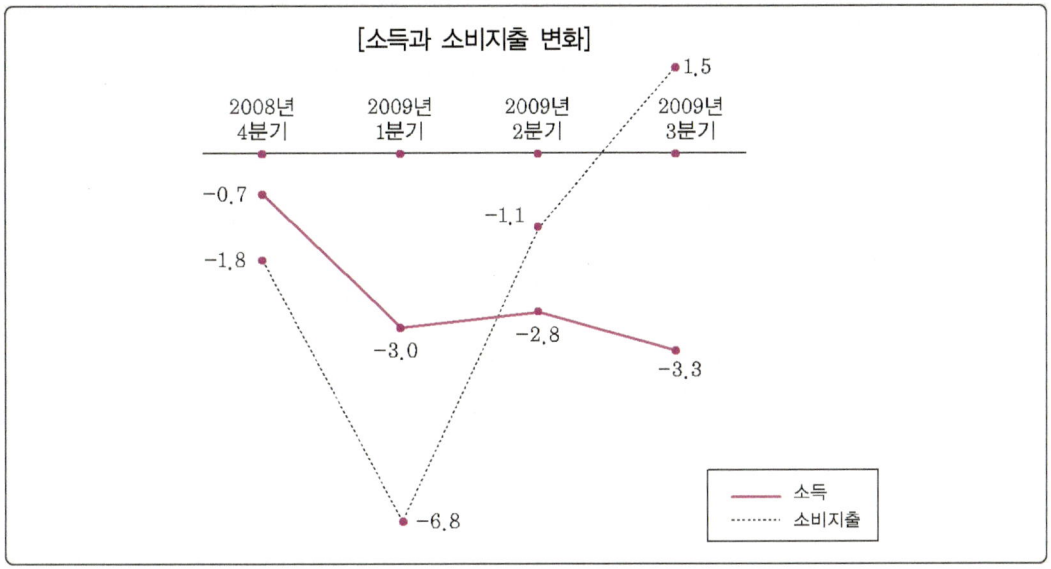

19 소득과 소비지출 증감률의 차이가 가장 큰 분기는 어느 분기인가?

① 2008년 4분기   ② 2009년 1분기   ③ 2009년 2분기
④ 2009년 3분기   ⑤ 알 수 없다.

정답 및 해설

2008년 4분기 : $|-1.8-(-0.7)|=1.1$
2009년 1분기 : $|-6.8-(-3.0)|=3.8$
2009년 2분기 : $|-1.1-(-2.8)|=1.7$
2009년 3분기 : $|1.5-(-3.3)|=4.8$
따라서 2009년 3분기에 소득과 소비지출 증감률의 차이가 가장 크다.

정답 : ④

20 위 그래프를 해석한 것으로 잘못된 것은?

① 2008년 4분기와 2009년 1분기의 경우 소득보다 소비지출이 더 많았다.
② 소득 또는 소비지출이 전년도 동기보다 증가한 경우는 2009년 3분기 한 번뿐이다.
③ 소비지출이 전년도 동기보다 감소한 현상은 2008년 4분기부터 2009년 2분기까지 이어졌다.
④ 소득이 전년도 동기보다 감소한 현상은 4개 분기 동안 계속되었다.
⑤ 소비지출이 전년도 동기보다 가장 많이 감소한 분기는 2009년도 1분기이다.

정답 및 해설

2008년 4분기와 2009년 1분기의 경우 전년도 동기 대비 소득보다 소비지출의 감소율이 더 높았지만, 소비지출이 소득보다 더 많았는지의 여부는 알 수 없다.

정답 : ①

- 일반적인 자료해석 문제이다. 도표를 읽고 흐름을 읽는 능력과 도표에서 데이터를 추출하여 계산하는 능력이 가장 중요하다.
- 변화량이나 변화율 같은 계산은 기본적으로 할 수 있어야 한다.

기출유형16 　　집 합

21 직원 100명이 대해 A안과 B안에 대한 찬반 투표를 진행하려고 한다. A안 찬성은 49명, B안 찬성은 58명, 모두 찬성하는 사람은 모두 반대하는 사람의 3배보다 3명이 적을 때, 모두 찬성하는 사람은 몇 명인가? (단, 중복 투표가 가능하다.)

① 10명　　　② 11명　　　③ 12명
④ 13명　　　⑤ 14명

정답 및 해설

모두 찬성하는 사람의 집합을 $n(A \cap B) = x$라고 할 때,
A안에 찬성하는 사람의 집합을 A, B안에 찬성하는 사람의 집합을 B라고 하면
$n(U) = 100$, $n(A) = 49$, $n(B) = 58$, $n(A \cap B) = x$, $n(A^c \cap B^c) = \dfrac{x+3}{3}$ 이므로,
$n(U) = n(A) + n(B) - n(A \cap B) + n(A^c \cap B^c) = 49 + 58 - x + \dfrac{x+3}{3} = 100$(명)이라는 식이 성립한다.
그러므로 $x = 12$(명)이다.

정답 : ③

배경지식

교집합
- 두 집합 A와 B의 교집합 : $A \cap B = \{x | x \in A$ 그리고 $x \in B\}$
- 성 질
 - $(A \cap B) \subset A$, $(A \cap B) \subset B$
 - $A \subset B$이면 $A \cap B = A$, $B \subset A$이면 $A \cap B = B$
 - $A \cap \phi = \phi$, $A \cap A = A$

합격노트
- 중학교 수준의 집합에 대한 기초적인 정의만 이해하고 있다면 풀 수 있는 문제이다.
- 다만 문제에서 주어진 조건을 이해하고 식을 제대로 세울 수 있어야 한다.

PART 03 》 예상문제

01 기초수리

| 출제포인트 | 단순히 식의 값을 계산하는 문제뿐만 아니라 식의 중간에 빈칸을 두어 빈칸에 들어갈 알맞은 수 또는 연산기호를 고르는 문제 등이 자주 출제된다. 이외에도 진법이나 단순한 유형의 계산을 기초로 하여 풀 수 있는 한 단계 더 나아간 수준의 문제들이 출제되므로 반복적인 풀이를 통해 쉽게 계산 결과를 얻을 수 있다.

[1~2] 다음 식의 값을 구하시오.

01

$$824 - 267 + 408$$

① 935　　② 945　　③ 955
④ 965　　⑤ 975

02

$$(128 - 71) \div 3 + 11 \times 5$$

① 73　　② 74　　③ 75
④ 76　　⑤ 77

[3~4] 다음 빈칸에 들어갈 알맞은 수를 고르시오.

03

$$61 \times \square + 277 = 643$$

① 5　　② 6　　③ 7
④ 8　　⑤ 9

04

$$3^3 \times \square + 386 = 548$$

① 4　　② 5　　③ 6
④ 7　　⑤ 8

[5~6] 다음 빈칸에 들어갈 알맞은 연산기호를 고르시오.

05

$$23 \times 3 \square 45 + 24 = 69$$

① +   ② −   ③ ×
④ ÷   ⑤ =

06

$$(54 \square 3) \times 12 - 12 = 204$$

① +   ② −   ③ ×
④ ÷   ⑤ =

07 $a ◎ b = a^2 - 4ab + 2a$, $a * b = a^2 + 2ab - 4b$라고 정의할 때, 다음 식의 계산으로 옳은 것은?

$$(1 * 3) ◎ (3 * 1)$$

① 195   ② 205   ③ 215
④ 225   ⑤ 235

정답 및 해설

01. ④   02. ②   03. ②   04. ③   05. ⑤   06. ④   07. ⑤

02 괄호 안을 먼저 계산한다. ⇒ $(128-71) \div 3 + 11 \times 5 = 57 \div 3 + 11 \times 5 = 19 + 55 = 74$

03 $61 \times \square + 277 = 643$
$61 \times \square = 643 - 277$
$\square = 366 \div 61 = 6$

04 $3^3 \times \square + 386 = 548 \Rightarrow \square = (548 - 386) \div 27 = 6$

05 $23 \times 3 \square 45 + 24 = 69 \Rightarrow 69 \boxed{=} 45 + 24 = 69$

06 $(54 \square 3) \times 12 - 12 = 204 \Rightarrow 54 \boxed{\div} 3 = (204 + 12) \div 12 = 18$

07 $1 * 3 = 1^2 + 2 \times 1 \times 3 - 4 \times 3 = 1 + 6 - 12 = -5$이고,
$3 * 1 = 3^2 + 2 \times 3 \times 1 - 4 \times 1 = 9 + 6 - 4 = 11$이므로
$(1 * 3) ◎ (3 * 1) = (-5) ◎ 11 = (-5)^2 - 4 \times (-5) \times 11 + 2 \times (-5) = 25 + 220 - 10 = 235$

08 200의 약수 중 홀수는 몇 개인가?

① 3개　　　　　② 4개　　　　　③ 5개
④ 6개　　　　　⑤ 7개

09 A를 b로 나누었을 때의 몫이 12, 나머지가 7이었다. A를 4로 나누었을 때의 나머지는?
(단, b는 7보다 큰 자연수이다)

① 0　　　　　② 1　　　　　③ 2
④ 3　　　　　⑤ 4

10 두 실수 a, b에 대하여 연산 $\triangle$를 $a \triangle b = \begin{cases} a-b(a>b) \\ a+b(a<b) \end{cases}$로 정의할 때, $(4\triangle 3)\triangle(3\triangle 4)$의 값을 구하면?

① 8　　　　　② 9　　　　　③ 10
④ 11　　　　　⑤ 12

11 $120k$는 자연수 x의 제곱이 된다. 이때, k의 최솟값은?

① 30　　　　　② 36　　　　　③ 42
④ 48　　　　　⑤ 54

12 $2^{x+1} = 256$을 만족하는 x의 값을 a, 20 이하의 소수의 개수를 b라고 할 때, $a+b$의 값은?

① 14　　　　　② 15　　　　　③ 16
④ 17　　　　　⑤ 18

13 $a(a-b)=31$이고 $a^2-b^2=61$일 때, 양수 a, b의 값을 구하면?

① 30, 29 ② 31, 30 ③ 32, 10
④ 33, 32 ⑤ 34, 29

정답 및 해설   08. ① 09. ④ 10. ① 11. ① 12. ② 13. ②

08 200을 소인수분해하면 $200=2^3\times 5^2$이다. 따라서 홀수인 약수는 1, 5, 25로 3개다.

09 $A=b\times 12+7=4\times 3b+(4\times 1+3)$이므로 A를 4로 나누었을 때의 나머지는 3이다.

10 $a\triangle b=\begin{cases}a-b\,(a>b)\\a+b\,(a<b)\end{cases}$이므로 $4\triangle 3=4-3=1\,(4>3)$, $3\triangle 4=3+4=7\,(3<4)$
따라서 $(4\triangle 3)\triangle(3\triangle 4)=1\triangle 7=1+7=8\,(1<7)$이다.

11 $120k=x^2$이므로 $x=\sqrt{120k}$, x가 자연수이므로 $120k$는 완전제곱수이어야 한다.
한편, 120을 소인수분해하면 $120=2^3\times 3\times 5$이므로 $120k$가 완전제곱수가 되는 k의 최솟값은 $k=2\times 3\times 5=30$이다.

12 $2^{x+1}=256=2^8 \Rightarrow x+1=8 \Rightarrow x=7=a$
20 이하의 소수 : 2, 3, 5, 7, 11, 13, 17, 19 $\Rightarrow b=8$
∴ $a+b=7+8=15$

13 31이 소수이므로 $a(a-b)=31$에서 곱해서 31이 나올 수 있는 양수는 1, 31만 가능한데 $a-b$가 양수여야 하므로 a가 31, b가 30이다.
$(a-b)(a+b)=61$이다.

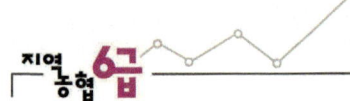

[14~15] 다음 중 계산 결과가 가장 큰 것을 고르시오.

14
① 567−483+120
② 402+217−376
③ 159+436−268
④ 371+328−276
⑤ 407−459+357

15
① 610−494+342
② 645−496+172
③ 774−513+159
④ 548−439+152
⑤ 352+247−341

[16~17] 다음 중 계산 결과가 가장 작은 것을 고르시오.

16
① 292+385−437
② 438−274+169
③ 371+328−276
④ 429+183−291
⑤ 114+101+149

17
① 752−536+268
② 628−493+114
③ 418−296+303
④ 682−475+108
⑤ 543−127−135

18 다음은 1평, 1아르, $1m^2$ 단위를 다른 단위로 표현한 것이다. 잘못된 것을 고르면?

① $1dℓ = 100cm^3$
② $1m^2 = 10,000cm^2$
③ $1,000kg = 1,000,000g$
④ $1ℓ = 1,000cm^3$
⑤ 100평 ≒ 2.45아르

19 하나씩 걸러서 연속하는 세 정수의 합이 102일 때, 세 정수는 각각 무엇인가?

① 29, 31, 33　　② 30, 32, 34　　③ 31, 33, 35
④ 32, 34, 36　　⑤ 33, 35, 37

20 1, 4, 7, 10과 같이 3씩 커지는 방법으로 정수가 나열되어 있다. 이 중 연속하는 세 정수를 더하면 165가 될 때, 세 정수는 각각 무엇인가?

① 51, 54, 57　　② 52, 55, 58　　③ 53, 56, 59
④ 54, 57, 60　　⑤ 55, 58, 61

정답 및 해설　　14. ④　15. ①　16. ①　17. ②　18. ⑤　19. ④　20. ②

14 ① 204　② 243　③ 327　④ 423　⑤ 305
15 ① 458　② 321　③ 420　④ 261　⑤ 258
16 ① 240　② 333　③ 423　④ 321　⑤ 364
17 ① 484　② 249　③ 425　④ 315　⑤ 281
18 1평 ≒ 0.033아르
　　→ 100평 ≒ 3.3아르
19 하나씩 걸러서 연속하는 세 정수를 미지수 $n-2$, n, $n+2$로 둔다. 이 셋을 모두 합하면 $3n$이다. $3n = 102$, $n = 34$이고 세 정수는 32, 34, 36이다.
20 하나씩 걸러서 연속하는 세 정수를 미지수 $n-3$, n, $n+3$로 둔다. 이 셋을 모두 합하면 $3n$이다. $3n = 165$, $n = 55$이고 세 정수는 52, 55, 58이다.

02 응용수리

| 출제포인트 | 거리·속력·시간, 일과 시간, 농도, 이익률과 할인율, 비율, 나이 등에 관한 응용력을 필요로 하는 여러 가지 유형의 문제들이 출제된다. 이 단원과 관련해서는 중·고등학교 때 배웠던 내용들이 주로 나오기 때문에 기본적인 지식을 응용하여 여러 문제를 반복적으로 풀어보는 것이 도움이 된다.

01 일정한 속력으로 달리는 기차가 길이 360m의 다리를 완전히 지나는 데 4분, 620m의 터널을 완전히 지나는 데 6분이 걸린다. 이때 기차의 길이를 구하면?

① 160m   ② 170m   ③ 180m
④ 190m   ⑤ 200m

02 철수가 학교를 출발한 지 15분 후에 민재가 철수를 따라 나섰다. 철수는 매분 90m의 속력으로 걷고, 민재는 매분 100m의 속력으로 따라 간다면 민재가 학교를 출발한 지 몇 분 후에 철수를 만나겠는가?

① 130분 후   ② 135분 후   ③ 140분 후
④ 145분 후   ⑤ 150분 후

03 서울에서 부산까지 150km/h의 속력으로 달리는 기차가 있다. 이 기차가 평소보다 30km/h 빠르게 달린다면 평소보다 몇 배 빠르게 도착하는가?

① 1.2배   ② 1.3배   ③ 1.4배
④ 1.5배   ⑤ 1.6배

04 두 비커 A와 B에 소금물이 들어 있다. A의 소금물의 농도는 10%이고, A와 B의 소금물을 2 : 3의 비율로 섞으면 19%의 소금물이 된다. B의 소금물의 농도는 몇 %인가?

① 25%   ② 27%   ③ 29%
④ 31%   ⑤ 33%

제2장 수리능력

05 매실원액 비율 60%짜리와 40%짜리를 섞어 55%짜리 매실음료를 만드는 중에 40% 짜리를 예정보다 1kg 더 넣어 원액 비율이 52%인 매실음료가 되었다. 만들어진 52% 매실음료에 들어간 40%짜리 매실원액의 무게는 총 얼마인가?

① 2kg ② 3kg ③ 4kg
④ 5kg ⑤ 6kg

06 A 혼자 일을 끝마치는 데 3시간 걸리는 일을 B가 1시간 도와줘서 1시간 30분 만에 끝냈다. B 혼자 할 때는 몇 시간이 걸리는가?

① 1시간 ② 2시간 ③ 3시간
④ 4시간 ⑤ 5시간

정답 및 해설

01. ① 02. ② 03. ① 04. ① 05. ① 06. ②

01 기차의 길이를 x라 하면 $\dfrac{x+360}{4} = \dfrac{x+620}{6} \Rightarrow x = 160\,(\text{m})$

02 민재가 학교를 출발한 지 x분 후에 철수를 만난다고 하면 민재가 간 거리는 $100x$이고, 철수가 간 거리는 $90(15+x)$이다. 두 사람이 간 거리는 서로 같으므로 $100x = 90(15+x) \Rightarrow x = 135\,(\text{분 후})$

03 평소 서울에서 부산까지 가는 데 걸리는 시간을 x, 빨리 달렸을 때 걸리는 시간을 y라고 하면 $150x = (150+30)y \Rightarrow \dfrac{x}{y} = \dfrac{180}{150} = \dfrac{6}{5}$ 이므로 평소보다 1.2배 빠르게 도착한다.

04 A의 소금물의 양을 $2x$라 하면 B의 소금물의 양은 $3x$이다. 또한 B의 소금물의 농도를 b%라 하면 전체 소금의 양은 $2x \times \dfrac{10}{100} + 3x \times \dfrac{b}{100} = \dfrac{20x+3bx}{100}$ 이므로

섞은 소금물의 농도는 $\dfrac{\frac{20x+3bx}{100}}{2x+3x} \times 100 = 19 \Rightarrow b = 25\,(\%)$

05 60%짜리 매실원액 무게를 x, 40%짜리 매실원액 무게를 y라 하면

$\dfrac{60}{100}x + \dfrac{40}{100}y = \dfrac{55}{100}(x+y) \Rightarrow x - 3y = 0 \cdots \bigcirc$

$\dfrac{60}{100}x + \dfrac{40}{100}(y+1) = \dfrac{52}{100}(x+y+1) \Rightarrow 2x - 3y = 3 \cdots \bigcirc$

위 ㉠식과 ㉡식을 연립하여 풀면 $x = 3\,(\text{kg})$, $y = 1\,(\text{kg})$
따라서 매실음료에 들어간 40%짜리 매실원액의 총 무게는 $1+1 = 2\,(\text{kg})$이다.

06 전체 일의 양을 1이라 하고 B가 혼자 일을 끝마치는 시간을 x라 하면 A가 1시간 동안 한 일의 양은 $\dfrac{1}{3}$, B가 1시간 동안 한 일의 양은 $\dfrac{1}{x}$ 이므로 $\dfrac{1}{3} \times \dfrac{3}{2} + \dfrac{1}{x} \times 1 = 1 \Rightarrow x = 2\,(\text{시간})$

07 5%의 소금물과 6%의 소금물이 있다. 이 두 소금물을 적당히 섞고 여기에 40g의 소금을 더 넣었더니 10%의 소금물 800g이 되었다. 5%의 소금물을 얼마나 넣었는지 구하면?

① 200g ② 320g ③ 440g
④ 560g ⑤ 700g

08 어떤 물통에 물을 가득 채우는 데 A호스로는 6시간, B호스로는 2시간이 걸리고, 가득찬 물을 C호스로 빼내는 데에는 3시간이 걸린다고 한다. A, B호스로 물을 넣음과 동시에 C호스로 물을 빼내는 경우 물통에 물을 가득 채우는 데 걸리는 시간은?

① 2시간 ② 2시간 30분 ③ 3시간
④ 3시간 30분 ⑤ 4시간

09 A와 B상품의 한 개당 원가는 각각 600원, 300원이다. A상품은 원가의 60%, B상품은 원가의 20% 이익이 생긴다고 할 때, A와 B상품을 합하여 82개를 팔았더니 16,020원의 이익이 생겼다. A상품을 몇 개 팔았는지 구하면?

① 37개 ② 40개 ③ 43개
④ 46개 ⑤ 49개

10 지름이 40cm인 쇠공을 녹여서 지름이 2cm인 공을 몇 개나 만들 수 있는가?

① 800개 ② 880개 ③ 8,000개
④ 8,800개 ⑤ 8,880개

11 길 한쪽에 나무를 심으려고 한다. 나무의 간격을 9m에서 6m로 바꾸면 필요한 나무는 8그루가 늘어난다. 양 끝에도 나무를 심는다면, 이 길의 길이는 몇 m인가?

① 128m ② 132m ③ 136m
④ 140m ⑤ 144m

12 일정한 속력으로 다니는 배가 초속 10m로 흐르는 강을 왕복하는데, 강을 올라갈 때보다 강을 내려갈 때의 시간이 1.5배 더 빨랐다. 이 배의 속력은?

① 35m/s ② 40m/s ③ 45m/s
④ 50m/s ⑤ 55m/s

정답 및 해설

07. ④ 08. ③ 09. ① 10. ③ 11. ⑤ 12. ④

07 5% 소금물의 양을 x, 6% 소금물의 양을 y라 하면
$\frac{5}{100}x + \frac{6}{100}y + 40 = \frac{10}{100} \times 800 \cdots ㉠$, $x + y + 40 = 800 \cdots ㉡$
위 ㉠식과 ㉡식을 연립하여 풀면 $x = 560(g)$, $y = 200(g)$
따라서 5% 소금물을 560g 넣었다.

08 물통을 가득 채울 수 있는 물의 양을 1, 물을 가득 채우는 데 걸리는 시간을 x라 하면
$\frac{1}{6}x + \frac{1}{2}x - \frac{1}{3}x = 1 \Rightarrow x = 3$(시간)

09 A상품과 B상품의 팔린 개수를 각각 x, y라 하면 $x + y = 82 \cdots ㉠$
$\left(600 \times \frac{60}{100}\right)x + \left(300 \times \frac{20}{100}\right)y = 16,020$(원) $\Rightarrow 6x + y = 267 \cdots ㉡$
위 ㉠식과 ㉡식을 연립하여 풀면 $x = 37$(개), $y = 45$(개)
따라서 A상품은 37개 팔았다.

10 기존 쇠공의 반지름은 20cm, 만들고자 하는 공의 반지름은 1cm이므로 두 쇠공의 반지름의 비는 20 : 1 이므로 부피의 비는 8,000 : 1이다. 따라서 만들 수 있는 공의 개수는 8,000개다.

11 간격이 9m일 때 필요한 나무의 수를 x라 하면 $9(x-1) = 6(x-1+8) \Rightarrow x = 17$(그루)
따라서 길의 길이는 $9(17-1) = 144$(m)이다.

12 배의 속력을 x라고 하면 강을 내려올 때의 속력은 $(x+10)$, 올라갈 때의 속력은 $(x-10)$이므로
$1.5(x-10) = (x+10) \Rightarrow x = 50$(m/s)

13 7시와 8시 사이에 시침과 분침이 일치하는 시각은 언제인가?

① 7시 38분 ② 7시 $38\frac{2}{11}$분 ③ 7시 $38\frac{6}{11}$분

④ 7시 39분 ⑤ 7시 $39\frac{2}{11}$분

14 현재 아버지의 나이는 아들 나이의 4배이고, 18년 후에는 아버지의 나이가 아들 나이의 두 배가 된다고 할 때, 현재 아버지의 나이는?

① 32세 ② 36세 ③ 40세
④ 44세 ⑤ 48세

15 합금 A는 금 20%, 은 60%를 포함한 합금이고, 합금 B는 금 60%, 은 20%를 포함한 합금이다. 두 종류의 합금을 녹여서 금 200g, 은 120g을 포함한 합금을 만들려면 합금 B는 몇 g이 필요한가?

① 150g ② 200g ③ 250g
④ 300g ⑤ 350g

16 농업 면세유 60kg을 같은 통 3개에 나누어 담았는데, 무게를 통째로 재어보니 첫째 통은 16kg, 둘째 통은 18kg이고 마지막 통에 전체 기름의 절반을 넣었다면 통의 무게는?

① 2kg ② 2.5kg ③ 3kg
④ 3.5kg ⑤ 4kg

17 송아지와 닭을 합하여 1,500마리를 사육하는 목장이 있는데, 송아지의 다리 수의 합과 닭의 다리 수의 합이 같았다. 송아지는 모두 몇 마리인가?

① 450마리 ② 475마리 ③ 500마리
④ 525마리 ⑤ 550마리

18 기차는 10분마다 한 대씩, 버스는 8분마다 한 대씩 출발한다. 기차와 버스는 오전 9시 20분에 동시에 출발했다면, 다시 동시에 출발하게 되는 가장 빠른 시각은 언제인가?

① 오전 10시 ② 오전 11시 ③ 오후 12시
④ 오후 1시   ⑤ 오후 2시

정답 및 해설 13. ② 14. ② 15. ④ 16. ① 17. ③ 18. ①

13 구하는 시각을 7시 B분이라 하면 시침이 이루는 각은 $30 \times 7 + 0.5 \times B = 210 + 0.5B$, 분침이 이루는 각은 $6B$이므로 시침과 분침이 일치하기 위한 조건은 $6B = 210 + 0.5B \Rightarrow B = 38\frac{2}{11}$(분)

14 현재 아버지의 나이를 x, 아들의 나이를 y라 하면 $x = 4y$ …㉠, $(x+18) = 2(y+18)$ …㉡
위 ㉠식을 ㉡식에 대입하여 풀면 $x = 36$(세), $y = 9$(세)

15 합금 A와 B의 양을 각각 x, y라 하면
$0.2x + 0.6y = 200$ …㉠, $0.6x + 0.2y = 120$ …㉡
위 ㉠식과 ㉡식을 연립하여 풀면 $x = 100$(g), $y = 300$(g)
따라서 필요한 합금 B의 양은 300g이다.

16 통의 무게를 x라 하면 $(16-x) + (18-x) = 30 \Rightarrow x = 2$(kg)

17 송아지의 수를 x, 닭의 수를 y라 하면 $x + y = 1,500$ …㉠, $4x = 2y$ …㉡
위 ㉠식과 ㉡식을 연립하여 풀면 $x = 500$(마리), $y = 1,000$(마리)
따라서 송아지는 모두 500마리이다.

18 10과 8의 최소공배수는 40이다. 그러므로 40분마다 동시에 출발한다고 볼 수 있다. 오전 9시 20분에 동시에 출발했으므로 오전 10시에 다시 동시에 출발하게 된다.

19 또띠와 루니의 지난 달 수입 비는 3 : 2, 지출 비는 10 : 9이었는데, 또띠는 400유로가 남았지만 루니는 200유로 적자였다. 또띠와 루니 각각의 지출액을 더한 금액은 얼마인가?

① 3,650유로　　② 3,800유로　　③ 3,950유로
④ 4,100유로　　⑤ 4,250유로

20 어느 공장의 지난해 제품 한 개당 생산원가가 1,200원(기타 경비 300원 포함)이었는데 올해 재료비가 10%, 인건비가 3% 올라서 지난해보다 총 62원이 더 들었다면, 올해의 재료비와 인건비의 차이는 얼마인가? (생산원가 = 재료비+인건비+기타 경비)

① 118원　　② 128원　　③ 138원
④ 148원　　⑤ 158원

21 하은이는 원가가 950원인 머리끈에 20%의 이익을 붙여 판매하려고 한다. 하은이가 만 원 이상의 판매이익을 얻기 위해서는 머리끈을 최소 몇 개 팔아야 하는가?

① 50개　　② 51개　　③ 52개
④ 53개　　⑤ 54개

22 A마을은 면적이 70km², 인구밀도가 150인/km²이고, B마을은 면적이 130km², 인구밀도가 65인/km²이다. 이 두 마을이 합병하여 새로운 C마을이 되었다. C마을의 인구밀도는 약 얼마인가?

① 93인/km²　　② 95인/km²　　③ 97인/km²
④ 99인/km²　　⑤ 101인/km²

23 실제 거리를 지도에 줄여서 나타낸 비율을 축척이라고 한다. 축척 1 : 100,000이면 실제 거리 100,000cm를 지도에 1cm로 줄여서 나타낸 것이다. 축척 1 : 45,000인 지도에서 두 지점 사이의 거리가 3cm라면 실제 거리는 얼마인가?

① 1,150m ② 1,200m ③ 1,250m
④ 1,300m ⑤ 1,350m

24 어느 동네에서 A신문을 보는 가구 수는 13, B신문을 보는 가구 수는 18, A 또는 B신문을 보는 가구 수는 30일 때, A신문과 B신문을 모두 보는 가구 수를 구하면?

① 1가구 ② 3가구 ③ 5가구
④ 7가구 ⑤ 9가구

정답 및 해설

19. ② 20. ③ 21. ④ 22. ② 23. ⑤ 24. ①

19 또띠의 수입액을 x, 루니의 수입액을 y라 하면
$x : y = 3 : 2$ ⋯ ㉠
$(x-400) : (y+200) = 10 : 9$ ⋯ ㉡
위 ㉠과 ㉡식을 연립하여 풀면 $x = 2,400$(유로), $y = 1,600$(유로)
따라서 지출액은 각각 2,000유로와 1,800유로이므로 2,000 + 1,800 = 3,800(유로)이다.

20 지난해 재료비를 x, 인건비를 y라 하면 $x + y = 900$ ⋯ ㉠, 올해 증가분은 $0.1x + 0.03y = 62$ ⋯ ㉡
위 ㉠과 ㉡식을 연립하여 풀면 $x = 500$, $y = 400$
따라서 올해 재료비는 550원, 인건비는 412원이므로 재료비와 인건비 차이는 550 − 412 = 138(원)이다.

21 머리끈 한 개당 판매이익은 950 × 0.2 = 190(원)이므로 팔아야 하는 머리끈의 개수를 x라고 하면
$190 \times x \geq 10,000 \Rightarrow x \geq 52.63\cdots$
따라서 하은이가 팔아야 하는 머리끈은 최소 53개다.

22 '인구밀도 = 인구/면적'이므로 '인구 = 인구밀도 × 면적'이다.
A마을 인구는 150 × 70 = 10,500(명), B마을 인구는 65 × 130 = 8,450(명)이므로
C마을의 면적은 70 + 130 = 200km², 인구는 10,500 + 8,450 = 18,950(명)이다.
따라서 C마을의 인구밀도는 $\frac{18,950}{200} = 94.75 ≒ 95$(인/km²)이다.

23 45,000 × 3 = 135,000cm = 1,350m이다.

24 A신문을 보는 가구의 집합을 A, B신문을 보는 가구의 집합을 B라 하면
$n(A) = 13$, $n(B) = 18$, $n(A \cup B) = 30$
A, B신문을 모두 보는 가구 수는 $n(A \cap B)$이므로
$n(A \cap B) = n(A) + n(B) - n(A \cup B) = 13 + 18 - 30 = 1$(가구)

25 인사부 직원 5인의 나이 평균은 35세이다. 올해 55세인 차장님이 은퇴하고, 25세 신입이 들어온다면 다음 해 인사부 직원 나이의 평균은 얼마인가?

① 29세 ② 30세 ③ 31세
④ 32세 ⑤ 33세

26 성아는 월 이율이 2%인 저축상품에 가입하여 150만 원을 저금하였다가 한 달 뒤 100만 원을 출금하여 사용하였다. 출금하고 남은 돈은 얼마인가?

① 51만 원 ② 53만 원 ③ 55만 원
④ 57만 원 ⑤ 59만 원

27 A반 학생 50명 중에서 방과 후 수업으로 수학 과목을 선택한 학생은 25명, 영어 과목을 선택한 학생은 32명이다. 수학 과목과 영어 과목을 모두 선택하지 않은 학생은 5명이다. 이때 수학 과목만 선택한 학생은 몇 명인가?

① 10명 ② 12명 ③ 13명
④ 14명 ⑤ 15명

28 수연이는 첫 월급의 20%는 부모님 선물 구입비로 사용하고 남은 돈의 $\dfrac{5}{48}$는 남동생에게 용돈으로 주고, 나머지 돈의 $\dfrac{25}{43}$로 적금을 들었더니 360,000원이 남아 한 달 용돈으로 사용하려고 한다. 수연이의 월급은 얼마인가?

① 120만 원 ② 125만 원 ③ 130만 원
④ 135만 원 ⑤ 140만 원

정답 및 해설
25. ② 26. ② 27. ③ 28. ①

25 인사부 5인의 나이 평균이 35세이므로, 총 나이의 합은 35×5=175(세)이다. 55세 차장님이 은퇴하고 25세 신입이 들어왔으므로 인원수에는 변함없으며, 총 나이의 합은 175-55+25=145(세)이다. 따라서 다음 해 인사부 나이의 평균은 1인당 한 살씩 더 먹으므로 150÷5=30(세)이다.

26 한 달 동안 통장에 모인 돈은 150만 원×1.02=153(만 원)이므로 100만 원을 출금하면 통장에 53만 원이 남는다.

27 A반 학생 50명 중에서 수학, 영어 과목을 모두 선택하지 않은 학생이 5명이므로 50-5=45(명)이 어느 한 과목이라도 선택을 한 학생 수가 된다. 수학을 선택한 학생들을 집합 A, 영어를 선택한 학생들을 집합 B라 하면, $n(A \cup B) = n(A) + n(B) - n(A \cap B) \Rightarrow 45 = 25 + 32 - n(A \cap B)$
∴ $n(A \cap B) = 57 - 45 = 12$
수학만 선택한 학생 수는 수학을 선택한 학생 25명 중 수학, 영어를 모두 선택한 학생 12명을 뺀 25-12=13(명)이다.

28 수연이의 월급을 x라고 하면 선물 구입비는 $0.2x$, 남동생 용돈은 $(x-0.2x) \times \dfrac{5}{48} = \dfrac{1}{12}x$, 적금 든 돈은 $\left(x - 0.2x - \dfrac{1}{12}x\right) \times \dfrac{25}{43} = \dfrac{5}{12}x \Rightarrow 360{,}000 = x - 0.2x - \dfrac{1}{12}x - \dfrac{5}{12}x$
∴ $x = 120$(만 원)

03 경우의 수, 확률, 통계

| 출제포인트 | 경우의 수, 확률뿐만 아니라 평균과 관련된 문제도 출제된다. 경우의 수, 확률, 평균은 공식을 알아두고 반복적인 학습을 통해 이해한다면 어려워 보이는 문제도 쉽게 풀 수 있다.

01 A, B 두 개의 주사위를 던질 때, 나온 눈의 합이 3 또는 5가 되는 모든 경우의 수는?

① 5가지 ② 6가지 ③ 7가지
④ 8가지 ⑤ 8가지

02 다음 그림에서 A에서 B 또는 C를 거쳐 D로 가는 경우의 수는? (단, 같은 지점은 두 번 지나지 않는다.)

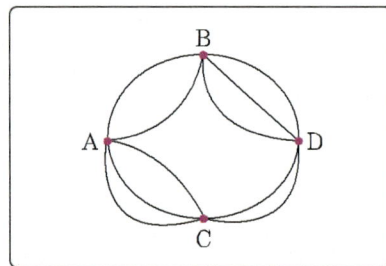

① 10가지 ② 11가지
③ 12가지 ④ 13가지
⑤ 14가지

03 학생수가 9명인 학급에서 반장과 부반장을 각각 한 명씩 선출하는 방법의 수는?

① 72가지 ② 75가지 ③ 78가지
④ 81가지 ⑤ 84가지

04 빨강, 초록, 노랑, 좌회전 표시등이 있는 신호등이 표시할 수 있는 신호의 경우의 수는? (단, 빨간색은 단독으로 켜지거나 좌회전 신호하고만 함께 켜지며, 모두 꺼진 경우는 없다.)

① 9가지 ② 10가지 ③ 11가지
④ 12가지 ⑤ 13가지

05 남학생 7명과 여학생 5명 중에서 남학생 3명과 여학생 2명을 뽑는 경우의 수는?

① 330가지   ② 350가지   ③ 370가지
④ 390가지   ⑤ 410가지

06 0, 1, 2, 3, 4의 5개의 숫자가 있다. 중복을 허락할 때, 세 숫자를 써서 만들 수 있는 세 자리 정수는 몇 가지인가?

① 48가지   ② 56가지   ③ 100가지
④ 120가지   ⑤ 140가지

정답 및 해설

01. ② 02. ③ 03. ① 04. ① 05. ② 06. ③

01 눈의 합이 3인 경우의 수 : (1, 2), (2, 1) ⇒ 2가지
눈의 합이 5인 경우의 수 : (1, 4), (2, 3), (3, 2), (4, 1) ⇒ 4가지
따라서 2+4=6(가지)이다.

02 A → B → D로 가는 경우의 수 : $2 \times 3 = 6$(가지)
A → C → D로 가는 경우의 수 : $3 \times 2 = 6$(가지)
따라서 6+6=12(가지)이다.

03 9명 중에서 순서대로 2명을 선택하는 경우의 수와 같다.
따라서 $_9P_2 = 9 \times 8 = 72$(가지)이다.

04 1개 점등 경우의 수 : 빨강, 초록, 노랑, 좌회전 ⇒ 4가지
2개 점등 경우의 수 : 빨강+좌회전, 초록+노랑, 초록+좌회전, 노랑+좌회전 ⇒ 4가지
3개 점등 경우의 수 : 초록+노랑+좌회전 ⇒ 1가지
따라서 4+4+1=9(가지)이다.

05 남학생 7명 중에서 3명을 뽑는 경우의 수 : $_7C_3 = \dfrac{7 \times 6 \times 5}{3 \times 2 \times 1} = 35$(가지)

여학생 5명 중에서 2명을 뽑는 경우의 수 : $_5C_2 = \dfrac{5 \times 4}{2 \times 1} = 10$(가지)

따라서 구하는 경우의 수는 $35 \times 10 = 350$(가지)이다.

06 다음과 같이 3자리(□ □ □)에 세 숫자를 채우는 방법의 수이다. 단, 세 자리 정수이어야 하므로 맨 처음 자리에 0이 오는 경우는 허락하지 않는다. 즉, 맨 처음에 숫자가 오는 경우는 0을 제외한 4가지, 두 번째나 세 번째 자리에 오는 숫자는 중복을 허락하므로 5가지가 된다.
따라서 $4 \times 5 \times 5 = 100$(가지)이다.

07 남자 6명과 여자 5명 중에서 3명의 대표를 뽑을 때, 적어도 여자 1명이 포함되는 경우의 수를 구하면?

① 135가지 ② 140가지 ③ 145가지
④ 150가지 ⑤ 155가지

08 집합 $A = \{1, 2, 3, 4, 5, 6, 7, 8\}$의 부분집합 중 원소의 개수가 짝수인 부분집합의 개수는?

① 126개 ② 127개 ③ 128개
④ 129개 ⑤ 130개

09 한 개의 주사위를 두 번 던질 때, 하나는 홀수, 다른 하나는 짝수가 나올 확률은?

① $\dfrac{1}{4}$ ② $\dfrac{1}{2}$ ③ $\dfrac{2}{3}$
④ $\dfrac{3}{4}$ ⑤ 1

10 신입사원 환영식에서 6명씩 원탁에 앉게 되었는데, 서로 호감을 느낀 어느 한 쌍이 나란히 옆에 앉게 될 확률은?

① $\dfrac{1}{4}$ ② $\dfrac{2}{5}$ ③ $\dfrac{1}{2}$
④ $\dfrac{7}{10}$ ⑤ $\dfrac{4}{5}$

11 영업팀에는 현재 총 32명의 직원이 근무하고 있다. 이 중 $\frac{1}{4}$은 미혼자이고 나머지는 모두 기혼자이다. 남자 직원의 $\frac{1}{7}$이 미혼자이고 여자 직원의 $\frac{1}{3}$이 미혼자일 때, 미혼인 남자 직원 수와 여자 직원 수 및 그 비율로 옳은 것은?

① 1명, 5명, 1 : 5   ② 2명, 5명, 2 : 5   ③ 3명, 6명, 1 : 2
④ 3명, 8명, 3 : 8   ⑤ 2명, 6명, 1 : 3

정답 및 해설

07. ③ 08. ② 09. ② 10. ② 11. ⑤

07 전체 11명 중에서 3명의 대표를 뽑는 경우의 수는 $_{11}C_3 = \frac{11 \times 10 \times 9}{3 \times 2 \times 1} = 165$(가지)

3명의 대표가 모두 남자인 경우의 수는 $_6C_3 = \frac{6 \times 5 \times 4}{3 \times 2 \times 1} = 20$(가지)

따라서 적어도 여자 1명이 포함되는 경우의 수는 $165 - 20 = 145$(가지)이다.

08 원소의 개수가 2개인 부분집합의 개수 : $_8C_2 = \frac{8 \times 7}{2 \times 1} = 28$(개)

원소의 개수가 4개인 부분집합의 개수 : $_8C_4 = \frac{8 \times 7 \times 6 \times 5}{4 \times 3 \times 2 \times 1} = 70$(개)

원소의 개수가 6개인 부분집합의 개수 : $_8C_6 = {_8C_2} = 28$(개)

원소의 개수가 8개인 부분집합의 개수 : $_8C_8 = 1$(개)

따라서 구하는 부분집합의 개수는 총 $28 + 70 + 28 + 1 = 127$(개)이다.

09 한 번 던져서 홀수 눈이 나올 확률과 짝수 눈이 나올 확률은 각각 $\frac{1}{2}$이므로 짝수 눈과 홀수 눈이 한 번씩 나올 경우는 첫 번째 홀수가 나오고 두 번째 짝수가 나오는 경우와 반대로 첫 번째 짝수가 나오고 두 번째 홀수가 나오는 경우이므로 구하는 확률은 $\frac{1}{2} \times \frac{1}{2} + \frac{1}{2} \times \frac{1}{2} = \frac{2}{4} = \frac{1}{2}$이다.

10 n명을 배치하는 원순열은 $(n-1)!$, 즉 $5! = 120$(가지)가 총 경우의 수이다. 문제의 한 쌍을 하나로 보고 5명을 원탁에 배치하는 경우는 4!인데 한 쌍이 서로 자리를 바꿔 앉을 수 있으므로 가능한 경우의 수는 $4! \times 2 = 4 \times 3 \times 2 \times 1 \times 2 = 48$(가지)이다.

따라서 구하는 확률은 $\frac{48}{120} = \frac{2}{5}$이다.

11 남자 직원의 수를 x, 여자 직원의 수를 y로 두면 $x + y = 32$, $\frac{1}{7}x + \frac{1}{3}y = 8$이다. 두 번째 식에 21을 곱하고 첫 번째 식에 3을 곱해서 연립방정식을 풀면 $4y = 72$, $y = 18$이다. 즉, x는 14이고 $\frac{1}{7}x$는 2, $\frac{1}{3}y$는 6이다. 비율은 1 : 3이다.

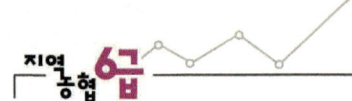

12 제품 불량률 2%인 공장에서 합격품은 한 개당 200원의 이익이 있고, 불량품은 한 개당 1,000원의 손해가 생긴다면 이 공장의 제품 한 개당 기대이익은 얼마인가?

① 173원　　② 176원　　③ 179원
④ 182원　　⑤ 185원

13 어느 학년의 기말고사 수학 성적의 평균은 84점이었고, 그 중 남학생과 여학생의 평균은 각각 82.5점, 86점이었다. 이때, 남학생 수와 여학생 수의 비로 옳은 것은?

① 1 : 2　　② 2 : 3　　③ 3 : 2
④ 4 : 3　　⑤ 5 : 4

정답 및 해설　　　　　　　　　　　　　　　　　12. ②　13. ④

12 불량 확률 $=\dfrac{2}{100}$, 합격 확률 $=\dfrac{98}{100}$ 이므로 기댓값은 $200 \times \dfrac{98}{100} + (-1,000) \times \dfrac{2}{100} = 176$(원)이다.

13 남학생의 수와 여학생의 수를 각각 x, y라고 하면 해당 학년의 학생 수는 $(x+y)$명이고, 전체 평균은 84점이므로 $\dfrac{82.5x + 86y}{x+y} = 84 \Rightarrow 82.5x + 86y = 84x + 84y \Rightarrow 3x = 4y$

따라서 $x : y = 4 : 3$이다.

제2장 수리능력

04 수·문자추리

|출제포인트| 수·문자추리는 일정한 규칙에 의해 정답을 이끌어내는 단원이므로 평소 공부할 때 문제를 풀면서 자신만의 추리 방법을 만들어 적용하는 것이 좋다. 문자추리는 나열된 문자들을 모두 숫자화시켜 규칙을 찾도록 하고, 수추리의 경우에는 숫자 차이를 보고 덧셈 연산과 곱셈 연산 등의 적합한 방식을 선택하여 문제를 해결한다. 연습에 연습을 거듭하면 어느새 정말 빨리 추리를 하는 자신을 발견하게 될 것이다.

[1~7] 다음 제시된 숫자들의 일정한 규칙에 따라 빈칸에 들어갈 숫자를 고르시오.

01   8 16 12 20 16 24 20 ( )

① 16   ② 20   ③ 24
④ 28   ⑤ 32

02   -2 2 0 2 2 4 6 10 ( )

① 10   ② 12   ③ 14
④ 16   ⑤ 18

03   266 146 86 56 ( )

① 40   ② 41   ③ 42
④ 43   ⑤ 44

정답 및 해설
01. ④ 02. ④ 03. ②

01 8 16 12 20 16 24 20 (28)
     +8 -4 +8 -4 +8 -4 +8

02 -2 2 0 2 2 4 6 10 (16)
     -2+2 2+0 0+2 2+2 2+4 4+6 6+10

03 266 146 86 56 (41)
        -120 -60 -30 -15

185

04 3 4 8 13 22 ( )

① 30   ② 33   ③ 36
④ 39   ⑤ 42

05 2 8 18 26 38 48 ( ) 74

① 60   ② 61   ③ 62
④ 63   ⑤ 64

06 2 4 6 10 16 26 42 68 ( )

① 80   ② 90   ③ 100
④ 110   ⑤ 120

07 $1\frac{1}{3}$ $1\frac{1}{2}$ $1\frac{5}{6}$ $2\frac{1}{3}$ ( )

① $2\frac{2}{3}$ ② 3   ③ $3\frac{2}{3}$
④ $3\frac{5}{6}$ ⑤ 4

제2장 수리능력

[8~9] 다음 수열군의 규칙에 따라 빈칸에 들어갈 알맞은 숫자를 고르시오.

08

<u>2 3 6</u>　　<u>3 5 15</u>　　<u>5 5 25</u>　　<u>6 8 (　)</u>

① 4　　　　　　② 14　　　　　　③ 31
④ 48　　　　　⑤ 50

09

<u>2 7 5</u>　　<u>8 9 9</u>　　<u>13 3 (　)</u>

① 12　　　　　② 13　　　　　③ 14
④ 15　　　　　⑤ 16

정답 및 해설

04. ③　05. ③　06. ④　07. ②　08. ④　09. ①

04 앞의 두 수의 합에 +1을 한 값이 다음 수가 된다.
3　　4　　8　　13　　22　　(36)
　　　3+4+1　4+8+1　8+13+1　13+22+1

05　2　8　18　26　38　48　(62)　74
　　　+6　+10　+8　+12　+10　+14　+12
　　　　+4　−2　+4　−2　+4　−2

06　2　4　6　10　16　26　42　68　(110)
　　　2+4　4+6　6+10　10+16　16+26　26+42　42+68

07 분모가 6인 가분수로 정리해서 계산하면 각 항마다 다음과 같이 증가한다.
$+\dfrac{1}{6},\ +\dfrac{2}{6},\ +\dfrac{3}{6},\ +\dfrac{4}{6},\ \cdots$

08 수열군 $a\ b\ c$에서 $a \times b = c$, $6 \times 8 = (48)$

09 · $2 \times 7 = 14 \rightarrow 1 + 4 = 5$
　　 · $8 \times 9 = 72 \rightarrow 7 + 2 = 9$
　　 · $13 \times 3 = 39 \rightarrow 3 + 9 = (12)$

[10~12] 다음 제시된 문자들의 일정한 규칙에 따라 빈칸에 들어갈 알맞은 문자를 고르시오.

10 X W U T R Q ( )

① L ② M ③ N
④ O ⑤ P

11 B E D H G L K ( ) P

① O ② P ③ Q
④ R ⑤ S

12 A S D O G L J J M ( ) P

① I ② K ③ M
④ O ⑤ Q

[13~20] 다음 제시된 그림의 숫자나 문자들은 일정한 규칙에 의해 열거되어 있다. 공통된 규칙을 찾아 빈칸에 들어갈 알맞은 것을 고르시오.

13

1	4	16
16384		?
4096	1024	256

① 25 ② 36
③ 49 ④ 64
⑤ 81

14

3	4	2	5
2	6	5	3
1	4	3	2
2	?	4	5

① 3　　② 5
③ 7　　④ 9
⑤ 11

15

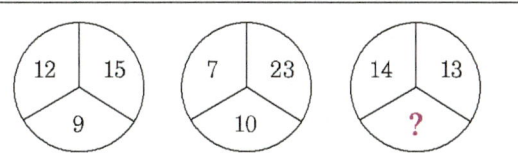

① 7　　② 8　　③ 9
④ 10　　⑤ 11

정답 및 해설
10. ④　11. ③　12. ①　13. ④　14. ③　15. ③

10 X W U T R Q (O)
　　24 23 21 20 18 17 (15)
　　　−1 −2 −1 −2 −1 −2

11 B E D H G L K (Q) P
　　2 5 4 8 7 12 11 (17) 16
　　+3 −1 +4 −1 +5 −1 +6 −1

12 A S D O G L J J M (I) P
　　　　　−4　−3　−2　−1
　　1 19 4 15 7 12 10 10 13 (9) 16
　　　+3　+3　+3　+3　+3

13 1부터 시계방향으로 ×4를 한다.

14 각 칸에서 왼쪽 두 줄과 오른쪽 두 줄에 있는 숫자의 합이 같다.
　　∴ 2+(7) = 4+5

15 · $\dfrac{12+15}{3}=9$　　· $\dfrac{7+23}{3}=10$　　· $\dfrac{14+13}{3}=(9)$

16

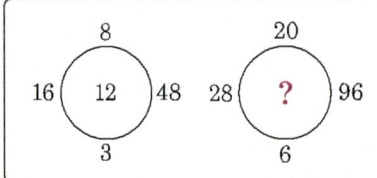

① 24 ② 26
③ 28 ④ 30
⑤ 32

17

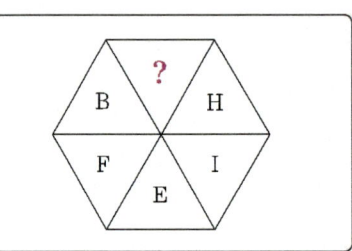

① A ② C
③ E ④ G
⑤ I

18

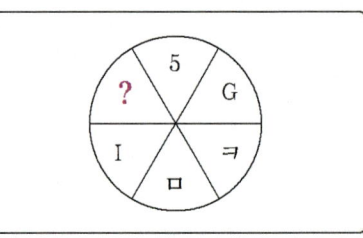

① 64 ② 65
③ 66 ④ 67
⑤ 68

19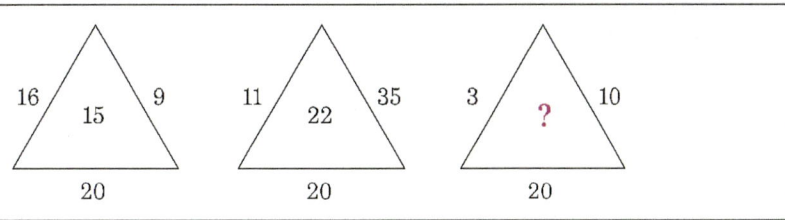

① 3   ② 5   ③ 7
④ 9   ⑤ 11

20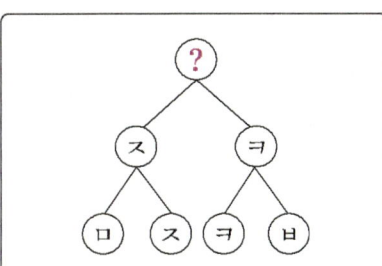

① ㅈ   ② ㅊ
③ ㅋ   ④ ㅌ
⑤ ㅍ

정답 및 해설
16. ①   **17.** ②   **18.** ④   **19.** ⑤   **20.** ③

16

$$16 \xrightarrow{+4} 12 \xrightarrow{\times 4} 48,\quad 8 \xrightarrow{-4} 12,\quad 12 \xrightarrow{\div 4} 3$$

$$28 \xrightarrow{+4} (24) \xrightarrow{\times 4} 96,\quad 20 \xrightarrow{-4} (24),\quad (24) \xrightarrow{\div 4} 6$$

17 H(8) $\underbrace{-}_{+1}$ I(9) $\underbrace{-}_{-4}$ E(5) $\underbrace{-}_{+1}$ F(6) $\underbrace{-}_{-4}$ B(2) $\underbrace{-}_{+1}$ C(3)

18 5 $\underbrace{-}_{+2^1}$ G(7) $\underbrace{-}_{+2^2}$ ㅋ(11) $\underbrace{-}_{+2^3}$ ㅁ(19) $\underbrace{-}_{+2^4}$ I(35) $\underbrace{-}_{+2^5}$ (67)

19 $\begin{array}{c} a \triangle b \\ d \\ c \end{array}$ 에서 $\dfrac{a+b+c}{3} = d$, $\dfrac{3+10+20}{3} = (11)$

20 한글 자모 배열 중 나중 것이 올라가는 토너먼트 형식이다.

05 도 형

| 출제포인트 | 대체로 도형의 넓이를 구하는 유형의 문제들이 주로 다뤄진다. 이런 문제들은 대부분 공식이나 도형의 성질들을 알고 있으면 쉽게 풀 수 있으므로 어렵지 않다.

01 다음 그림에서 $\angle x + \angle y$의 크기는?

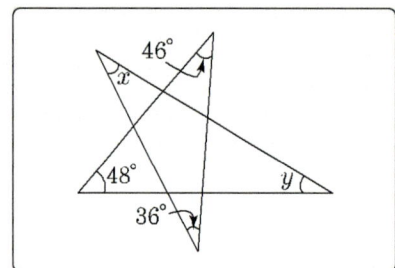

① 50°   ② 60°
③ 70°   ④ 80°
⑤ 90°

02 다음 그림에서 색칠된 부분의 둘레의 길이를 구하면?

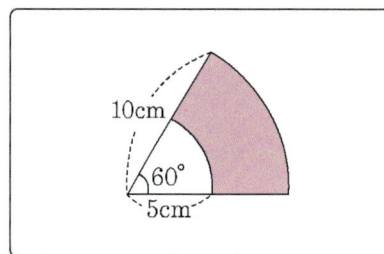

① $(5\pi - 10)$cm
② $(5\pi + 10)$cm
③ $(10\pi - 10)$cm
④ $(10\pi + 10)$cm
⑤ $(10\pi - 20)$cm

03 다음 그림에서 색칠된 부분의 넓이는?

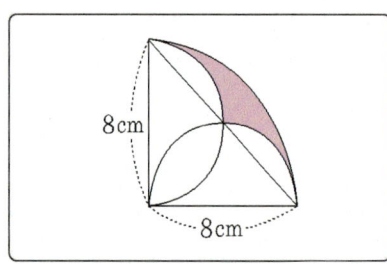

① $(2\pi - 4)$cm^2 ② $(4\pi - 8)$cm^2
③ $(6\pi - 12)$cm^2 ④ $(8\pi - 16)$cm^2
⑤ $(10\pi - 20)$cm^2

04 다음 그림과 같은 도형을 직선 l을 축으로 하여 1회전시킬 때 생기는 입체도형의 부피는?

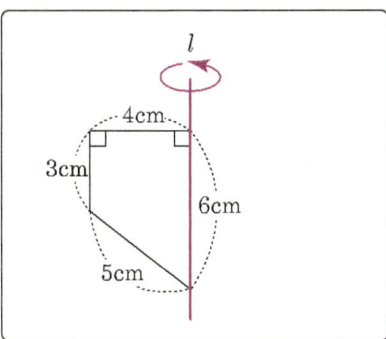

① $48\pi \text{cm}^3$
② $56\pi \text{cm}^3$
③ $64\pi \text{cm}^3$
④ $72\pi \text{cm}^3$
⑤ $80\pi \text{cm}^3$

정답 및 해설

01. ①   **02.** ②   **03.** ④   **04.** ③

01 삼각형의 한 외각의 크기는 그와 이웃하지 않는 두 내각의 크기의 합과 같으므로 오른쪽 그림과 같다.
따라서 $(\angle x + 36°) + (48° + 46°) + \angle y = 180° \Rightarrow \angle x + \angle y = 50°$

02 (색칠된 부분의 둘레의 길이)
$= ㉠ + ㉡ + ㉢ + ㉣$
$= 5 + 5 + 2\pi \times 5 \times \dfrac{60}{360} + 2\pi \times 10 \times \dfrac{60}{360}$
$= (5\pi + 10)\,\text{cm}$

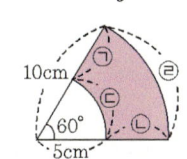
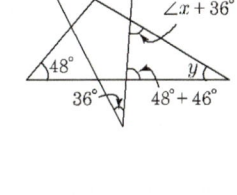

03 다음 그림처럼 반지름의 길이가 8, 중심각의 크기가 90°인 부채꼴 넓이에서 한 변의 길이가 4인 정사각형과 반지름의 길이가 4, 중심각의 크기가 90°인 부채꼴 두 개의 넓이를 뺀다.
$\pi \times 8^2 \times \dfrac{1}{4} - 4^2 - 2 \times (\pi \times 4^2 \times \dfrac{1}{4}) = (8\pi - 16)\,\text{cm}^2$

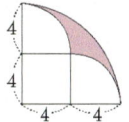

04 회전체는 다음 그림과 같다.
(부피) = (원기둥의 부피) + (원뿔의 부피)
$= \pi \times 4^2 \times 3 + \dfrac{1}{3} \times \pi \times 4^2 \times 3$
$= 48\pi + 16\pi = 64\pi\,(\text{cm}^3)$

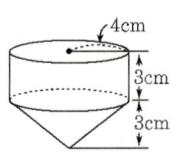

05 한 변의 길이가 4cm인 정사각형에 반원 모양의 도형을 그려 넣었다. 색칠된 부분의 둘레의 길이는 얼마인가?

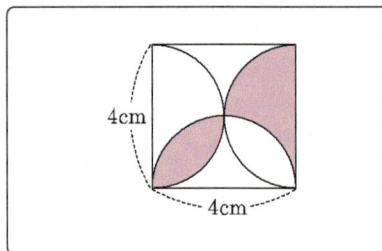

① $(2\pi+2)$cm
② $(2\pi+4)$cm
③ $(4\pi+2)$cm
④ $(4\pi+4)$cm
⑤ $(8\pi+4)$cm

06 다음 그림에서 구의 부피가 원뿔의 부피의 $\frac{3}{2}$배일 때, 원뿔의 높이는?

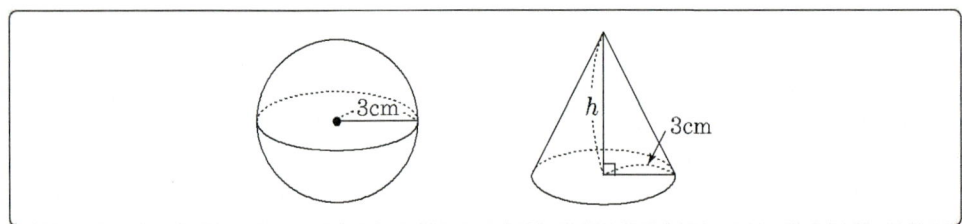

① 6cm ② 7cm ③ 8cm
④ 9cm ⑤ 10cm

정답 및 해설 05. ④ 06. ③

05 (색칠한 부분의 둘레의 길이)
= ㉠ + ㉡ + ㉢ + ㉣ + ㉤
= 4 + (원의 둘레)
= 4 + 2π × 2
= (4π + 4) cm

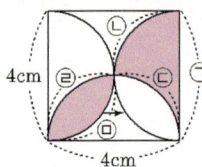

06 (구의 부피) = (원뿔의 부피) × $\frac{3}{2}$ 이므로 $\frac{4}{3} \times \pi \times 3^3 = \frac{1}{3} \times \pi \times 3^2 \times h \times \frac{3}{2}$ ⇒ $36\pi = \frac{9}{2}\pi h$
⇒ $h = 8$(cm)

06 자료해석

| 출제포인트 | 제시된 표나 그래프 등의 데이터를 분석하여 문제를 푸는 유형이 출제된다. 자료해석과 같이 주로 표나 그래프를 분석하는 문제는 정확히 읽고 빠르게 계산해야 하므로 다양한 유형의 문제를 풀어봄으로써 실수하지 않고 한 번에 계산하는 능력을 기르는 게 중요하다.

[1~2] 다음 표는 직장 선택에 있어 중요한 요소를 설문조사한 결과이다. 다음 물음에 답하시오.

구 분		응답자수	연 봉	비 전	적 성	사회적 지위	직장 분위기
전 체		2,000	942	202	392	82	382
성 별	남 성	698	164	128	214	60	132
	여 성	1,302	778	74	178	22	250
연령별	10대	162	86	40	22	4	10
	20대	636	334	42	64	12	184
	30대	586	248	62	174	10	92
	40대	244	104	22	38	18	62
	50대	196	76	28	40	24	28
	60대 이상	176	94	8	54	14	6

01 다음 중 연봉이 가장 중요하다고 생각하는 응답자 비율이 가장 높은 연령대는?

① 20대　　② 30대　　③ 40대
④ 50대　　⑤ 60대 이상

정답 및 해설

01. ⑤

01 ⑤ 60대 이상 : $\frac{94}{176} \times 100 ≒ 53.4(\%)$

① 20대 : $\frac{334}{636} \times 100 ≒ 52.5(\%)$

② 30대 : $\frac{248}{586} \times 100 ≒ 42.3(\%)$

③ 40대 : $\frac{104}{244} \times 100 ≒ 42.6(\%)$

④ 50대 : $\frac{76}{196} \times 100 ≒ 38.8(\%)$

02 10대 중에서 비전이 가장 중요하다고 생각하는 응답자 비율은 20대 중에서 비전이 가장 중요하다고 생각하는 응답자 비율의 약 몇 배인가?

① 1배　　② 2배　　③ 3배
④ 4배　　⑤ 5배

[3~4] 다음 〈표〉는 연령별·성별 임금수준을 나타낸 것이다. 다음 물음에 답하시오.

(단위 : %)

구 분	계		남 자		여 자	
	2017	2010	2017	2010	2017	2010
전 연령	158.8	157.8	176.3	171.6	116.0	116.2
19세 미만	90.2	85.9	90.1	83.3	90.3	87
20~24세	100.0	100.0	100.0	100.0	100.0	100.0
25~29세	128.8	129.4	133.4	131.0	120.7	121.6
30~34세	161.2	163.4	165.7	163.6	138.4	142.5
35~39세	185.4	185.4	195.1	192.0	132.8	131.1
40~44세	189.1	189.3	207.4	203.5	118.7	121.0
45~49세	189.8	187.1	214.4	206.6	114.9	114.6
50~54세	180.8	176.8	203.2	196.1	109.0	107.5
55~59세	158.9	159.3	173.8	171.6	103.6	102.1
60세 이상	137.8	141.1	144.2	145.3	102.5	102.2

03 2010년도 대비 2017년도 45~49세 남자의 임금 상승률은?

① 약 3.8%　　② 약 4.8%　　③ 약 5.8%
④ 약 6.8%　　⑤ 약 7.8%

제2장 수리능력

04 다음의 진술문을 읽고 참과 거짓을 올바르게 나타낸 것은?

> ㉠ 2017년 연령계층별로 남녀 전체의 임금수준을 비교하면 [20~24세] 계층의 임금을 100.0으로 하였을 때 [45~49세] 계층의 임금수준이 가장 높으며, 동 연령계층까지는 연령이 높아지면서 임금수준도 높아지는 경향을 보이고 있다.
> ㉡ 전체적으로 볼 때 성별로 살펴보면 남자의 경우에는 [25~29세] 계층부터 [45~49세]계층까지 계속 높아지다가 그 이후에 감소하는 추세를 보이고 있는 반면, 여자의 경우는 [30~34세] 계층까지 높아지다가 [35~39세] 계층부터 낮아지는 것으로 나타난다.
> ㉢ 2010년과 2017년 남녀의 임금격차가 가장 큰 연령대는 [50~54세]이다.
> ㉣ 2010년과 2017년 남녀의 임금격차는 [20~24세] 이후 [45~49세]까지 점점 증가하지만, 그 이후부터는 줄어드는 양상을 보인다.

	㉠	㉡	㉢	㉣
①	참	거짓	참	거짓
②	참	참	거짓	참
③	참	거짓	참	참
④	거짓	거짓	참	거짓
⑤	거짓	참	참	참

정답 및 해설

02. ④ **03.** ① **04.** ②

02 10대 : $\dfrac{40}{162} \times 100 = 24.7(\%)$, 20대 : $\dfrac{42}{636} \times 100 = 6.6(\%)$

따라서 $\dfrac{24.7}{6.6} ≒ 3.7$, 즉 약 4배 정도이다.

03 $\dfrac{214.4 - 206.6}{206.6} \times 100 ≒ 3.8(\%)$

04 ㉠ [45~49세]의 경우 189.8로서 가장 높은 임금수준을 보이고 있으며, 이 시기까지는 점차 증가하는 추세이다.
㉡ 남자는 [45~49세]의 연령대가 2017년 214.4, 2010년 206.6으로 임금수준이 가장 높았으며, 이 연령대까지 점차 증가하는 추세이다. 그러나 여자는 [30~34세]의 연령대가 2017년 138.4, 2010년 142.5로 임금수준이 가장 높았으며, 이 시기 이후는 점차 줄어들고 있다.
㉢ 2010년과 2017년 남녀의 임금격차가 가장 큰 연령대는 [45~49세]이다.
㉣ 남녀의 임금격차는 남자의 임금수준이 최고에 달하는 [45~49세]까지는 증가하지만, 이후부터는 줄어든다.
따라서 ㉠, ㉡, ㉣은 참이지만 ㉢은 거짓이다.

05 다음 [표1]과 [표2]는 가장 크게 이익을 본 재테크 수단과 가장 유망하다고 생각하는 재테크 수단을 조사하여 소득계층별로 비교한 자료이다. [보기]의 설명들을 참고하여 A, B, C, D에 들어갈 재테크 수단으로 바르게 연결된 것을 고르면?

[표1] 가장 크게 이익을 본 재테크 수단 (단위 : %)

소득계층	재테크 수단	A	B	C	D	무응답
연평균소득	1천만 원 미만	21.4	31.8	27.1	12.1	7.6
	1~2천만 원 미만	31.7	40.9	17.8	9.6	0.0
	2~3천만 원 미만	39.9	37.2	17.4	5.2	0.3
	3~5천만 원 미만	46.2	35.8	13.2	4.5	0.3
	5천만 원 이상	59.1	26.4	9.7	4.2	0.6
전 체		40.8	35.4	16.2	6.5	1.1

[표2] 가장 유망한 재테크 수단 (단위 : %)

소득계층	재테크 수단	A	B	C	D	무응답
연평균소득	1천만 원 미만	36.4	9.1	27.3	27.2	0.0
	1~2천만 원 미만	18.4	15.8	42.1	21.1	2.6
	2~3천만 원 미만	33.3	22.8	35.1	7.0	1.8
	3~5천만 원 미만	44.3	20.5	30.7	4.5	0.0
	5천만 원 이상	54.4	19.3	21.1	3.5	1.7
전 체		39.8	19.5	31.1	8.4	1.2

─ 보기 ─
(가) 소득수준이 낮을수록 예금에서 가장 크게 이익을 보았다고 응답한 비율이 높다.
(나) 전체 응답자 중 주식으로 가장 크게 이익을 보았다고 응답한 비율은 주식이 가장 유망한 재테크 수단이라고 응답한 비율보다 높다.
(다) 각각의 소득계층에서 부동산이 가장 유망한 재테크 수단이라고 응답한 비율은 부동산으로 가장 크게 이익을 보았다고 응답한 비율보다 낮다.
(라) 1~2천만 원 미만의 소득계층에서 보험이 가장 유망한 재테크 수단이라고 응답한 비율은 2~3천만 원 미만의 소득계층에서 부동산이 가장 유망한 재테크 수단이라고 응답한 비율보다 낮다.

	A	B	C	D
①	주식	보험	부동산	예금
②	주식	예금	보험	부동산
③	주식	부동산	예금	보험
④	부동산	주식	예금	보험
⑤	부동산	주식	보험	예금

제2장 수리능력

06 다음은 매출액 1,000대 기업의 연도별 추이를 나타낸 표이다. 다음 자료를 잘못 해석한 것은?

(단위 : 억 원, 개사, 명, %)

구 분	2010	2011	2012	2013	2014	
						증감률
평균 매출액	10,420	10,990	11,920	13,260	18,270	37.8%
평균 순이익	715	765	799	907	536	−40.9%
상위 10대 기업 평균 매출	244,000	250,000	259,000	273,000	478,000	
상위 50대 기업 평균 매출	105,600	110,200	120,200	132,600	206,000	
상위 200대 기업 평균 매출	39,500	41,450	45,000	50,000	72,300	
유가증권 등록기업 수	369	356	351	350	340	−2.9%
코스닥 등록기업 수	80	74	77	70	73	4.3%
평균 종업원 수	1,356	1,410	1,437	1,468	1,500	2.2%
평균 기업연수	25.51	25.74	25.61	25.98	26.05	2.7%

※ 매출액 − 비용 = 순이익

① 상위 10대, 50대, 200대 기업의 평균 매출액은 모두 상승세를 보였다.
② 평균 기업연수와 평균 종업원 수는 2012년에 잠시 하락하였다가 상승세를 보인다.
③ 증권시장에 상장하는 기업은 줄어들고 대기업들의 평균 매출은 급속도로 신장하여 기업 간의 빈익빈 부익부 현상이 극대화되고 있음을 알 수 있다.
④ 각 상위의 기업의 매출 증가세를 살펴보면 2013년 대비 2014년도의 10대 기업의 평균 매출 신장률이 50대 기업과 200대 기업의 신장률보다 높다.
⑤ 평균 종업원 수는 해마다 지속적으로 상승하고 있다.

정답 및 해설
05. ③ 06. ②

05
- (가)에 의해 C 또는 D가 예금이다.
- (나)에 의해 A 또는 B가 주식이다.
- (다)에 의해 B는 부동산이다. 따라서 앞서 언급한 (나)로부터 A는 주식이다.
- (라)에 의해 A, B 또는 D가 보험이다. 그런데 A, B 항목은 각각 주식과 부동산으로 결정되었으므로 결국 보험은 D이다. 따라서 예금은 C이다.

06 2012년에 평균 기업연수는 전년도에 비해 0.13년(1달 반) 줄어들었으나 평균 종업원 수는 꾸준히 증가세를 보인다.
① 해당 평균 매출액은 모두 상승하였다.
③ 유가증권 등록기업의 수와 코스닥 등록기업의 수는 해가 지날수록 대체로 감소하는 경향을 보이는 가운데 대기업의 매출은 급속도로 증가하여 기업 간의 부익부빈익빈 현상이 벌어지고 있음을 알 수 있다.
④ 2013년 대비 2014년도 10대 기업의 평균 매출 증가율 75.1%이고 50대 기업의 증가율은 55.4%, 200대 기업은 44.6%이다. 따라서 10대 기업의 평균 매출 신장률이 가장 높다.
⑤ 평균 종업원 수는 해마다 지속적으로 상승하고 있다.

07 〈보기〉는 다음 자료를 통해 얻은 문제의식을 바탕으로 글을 쓰기 위한 토의 내용이다. 자료를 잘못 해석하고 있는 것을 모두 고른 것은?

[표1] 여성 취업 인구 산업별 분포

연도 \ 산업	1차 산업	2차 산업	3차 산업
1960	69.9	6.4	22.7
1970	59.7	14.7	25.5
1980	46.5	21.9	31.5
1990	20.4	28.0	51.6

[표2] 여성 취업 인구 직업별 분포

직업 \ 연도	1960	1970	1980	1990
전문기술·행정관리직	2.3	2.2	3.6	7.7
사무직	0.5	2.8	8.6	12.8
판매직	9.6	9.6	11.6	16.9
서비스직	9.8	10.8	9.9	16.7
농림·수산직	69.6	59.7	46.4	20.3
생산직	6.9	14.7	19.9	25.6

〈보기〉

㉠ 1960년대에 비해 1990년대에 이르면 여성이 3차 산업에 진출하는 비중이 높아지고 있어. 이것이 우리나라 경제의 구조적 변화와 어떤 관련이 있는지를 알아보고 싶어.
㉡ 생산직 여성의 비율이 증가하는 것에 대해서도 생각해 볼 필요가 있을 것 같아. 예전보다 여성을 많이 필요로 한다는 것은 그만큼 힘을 필요로 하는 일보다 섬세함을 필요로 하는 산업이 많이 나타나게 된 것이겠지.
㉢ 상대적으로 전문기술이나 행정관리직에 진출한 여성의 비율이 낮아. 이것은 결국 여성의 능력이 상대적으로 단순한 일에 집중되고 복잡하고 어려운 일에는 그리 많은 지원이 없는 것으로 보여. 혹시 3D 업종의 기피 현상과 관련이 있는지 살펴봐야겠어.
㉣ 1차 산업에 종사하는 여성의 비율이 현저하게 줄어든 것을 볼 수 있어. 이것이 단순히 1차 산업을 기피하고 3차 산업을 선호해서 그런 것인지, 아니면 우리나라 1차 산업의 전반적인 약화 추세인지를 알아봐야겠어.

① ㉠ ② ㉡ ③ ㉢
④ ㉠, ㉣ ⑤ ㉢, ㉣

08 다음의 농가와 비농가의 소득 자료를 알맞게 해석한 것은?

[가구당 농가소득] (단위 : 100달러)

구 분	농가소득(A+B)	농업소득(A)	농업 외 소득(B)
1971	106	41	65
1981	244	64	180
1991	572	122	450
2001	881	163	718

[농가와 비농가 소득] (단위 : 100달러)

구 분	가구당 소득		1인당 소득	
	농가	비농가	농가	비농가
1971	106	135	17	30
1981	244	319	44	70
1991	572	737	124	181
2001	881	1,136	224	321

① 농가와 비농가 사이 가구당 소득 차이가 꾸준히 감소하고 있다.
② 농가소득 중 농업소득 비중이 계속 늘고 있다.
③ 2001년 농가의 가구당 인구수는 비농가의 가구당 인구수보다 적다.
④ 2001년 농가와 비농가의 1인당 소득차이가 1971년에 비해 8배 이상 늘었다.
⑤ 2001년 농가와 비농가의 가구당 소득차이가 1971년에 비해 8배 이상 늘었다.

정답 및 해설

07. ③ 08. ⑤

07 ㉢의 경우 전문기술이나 행정관리직에 종사하는 여성의 비율이 낮다는 자료의 해석은 적절하지만, 이것이 3D 업종 기피 현상과의 관련을 따져보는 해석은 잘못된 것이다. 행정관리직이나 전문기술직에 대한 여성의 낮은 취업률은 우리 사회의 편견이나 장벽 등과 같은 데서 그 문제점을 찾아보려고 노력해야 한다.

08 ⑤ $\dfrac{1,136-881}{135-106} = \dfrac{255}{29} > 8$

① 계속 증가하고 있다.
② 농업소득액은 늘고 있지만 비중은 줄고 있다.
③ 가구당 인구수 = $\dfrac{\text{가구당 소득}}{\text{1인당 소득}}$ 이다. 따라서

  농가 $\left(\dfrac{881}{224}\right)$ > 비농가 $\left(\dfrac{1,136}{321}\right)$

④ $\dfrac{321-224}{30-17} = \dfrac{97}{13} < 8$

09 다음은 A, B, C 지역의 1년간 기후를 나타낸 자료이다. 계절별 온도와 강수량에 영향을 받는 제품을 생산·유통하고 있는 업체에 근무하고 있는 갑은 주어진 자료를 바탕으로 그래프를 작성하여 생산지 선정을 위한 프레젠테이션에 사용하고자 한다. 자료를 바탕으로 작성한 그래프로 적절하지 않은 것은?

[A, B, C 지역의 기온 및 강수량]

구분		겨울		봄			여름			가을			겨울	연간 합계
		1월	2월	3월	4월	5월	6월	7월	8월	9월	10월	11월	12월	
A 지역	평균기온(℃)	-0.9	2.0	6.6	12.5	17.6	21.9	25.4	26.0	20.5	14.5	7.8	1.5	-
	최고기온(℃)	5.9	8.9	13.5	19.8	24.7	27.0	30.2	31.0	27.2	21.9	15.0	9.2	-
	최저기온(℃)	-5.4	-4.2	0.5	5.5	10.9	16.8	21.7	21.8	16.1	8.0	1.7	-4.2	-
	강수량(mm)	24	29	51	102	101	199	240	227	134	48	41	18	1,214
B 지역	평균기온(℃)	1.5	3.0	7.2	13.0	17.8	20.9	25.2	26.1	20.8	15.8	9.4	4.0	-
	최고기온(℃)	6.8	8.3	12.5	18.6	23.0	25.8	29.0	30.2	26.1	21.5	15.7	9.7	-
	최저기온(℃)	-2.8	-1.5	2.5	7.6	12.4	17.0	21.5	22.4	17.2	11.2	4.9	-0.8	-
	강수량(mm)	36	42	70	108	102	186	194	235	168	62	52	26	1,281
C 지역	평균기온(℃)	-1.5	0.9	5.8	12.0	17.3	21.5	25.2	25.8	20.0	13.5	6.5	1.0	-
	최고기온(℃)	4.8	8.0	12.5	18.6	23.9	27.3	29.6	30.2	26.2	21.5	13.7	7.5	-
	최저기온(℃)	-6.6	-4.5	-0.5	5.3	9.9	16.2	20.4	20.3	14.8	7.5	1.2	-4.8	-
	강수량(mm)	25	28	50	75	80	140	200	202	130	42	38	17	1,027

① A지역 월별 온도

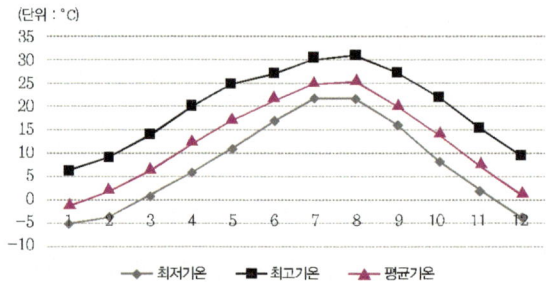

② 계절별 최저온도

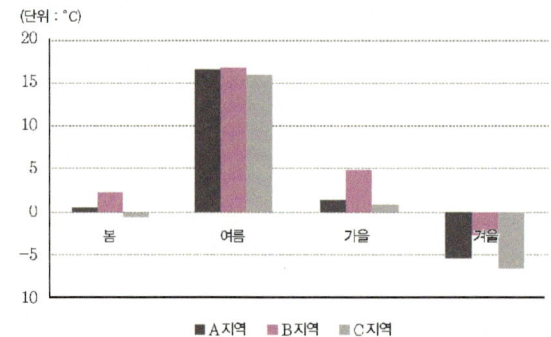

③ C지역 월별 강수량 분포

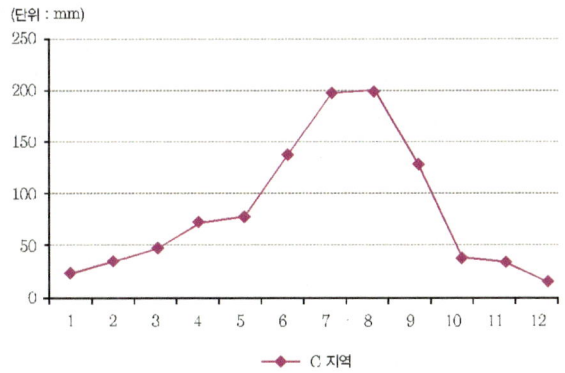

④ 계절별 강수량 분포

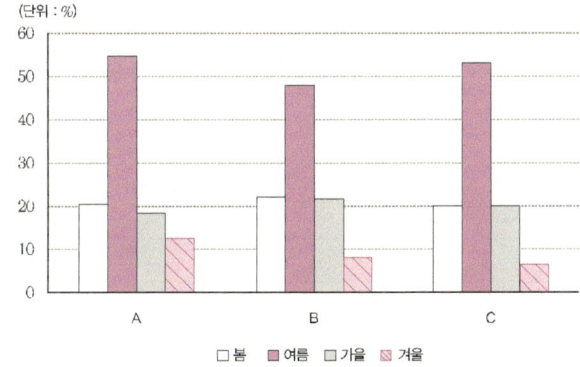

⑤ 답이 없다.

정답 및 해설

09. ④

09 A지역의 계절별 강수량 분포

- 봄 : $\dfrac{51+102+101}{1,214} = \dfrac{254}{1,214} \times 100 = 20.9(\%)$
- 여름 : $\dfrac{199+240+227}{1,214} = \dfrac{666}{1,214} \times 100 = 54.9(\%)$
- 가을 : $\dfrac{134+48+41}{1,214} = \dfrac{223}{1,214} \times 100 = 18.4(\%)$
- 겨울 : $\dfrac{18+24+29}{1,214} = \dfrac{71}{1,214} \times 100 = 5.8(\%)$

10 다음 글과 〈상황〉에 근거할 때 〈보기〉에서 옳은 것을 모두 고르면?

> P시에서는 친환경 건축물 인증제도를 시행하고 있다. 이는 건축물의 설계, 시공 등의 건설과정이 쾌적한 거주환경과 자연환경에 미치는 영향을 점수로 평가하여 인증하는 제도로, 건축물에 다음 표와 같이 인증등급을 부여한다.
>
> [평가점수별 인증등급]
>
> | 평가점수 | 인증등급 |
> | --- | --- |
> | 80점 이상 | 최우수 |
> | 70~80점 미만 | 우수 |
> | 60~70점 미만 | 우량 |
> | 50~60점 미만 | 일반 |
>
> 또한 친환경 건축물 최우수, 우수 등급이면서 건축물 에너지효율 1등급 또는 2등급을 추가로 취득한 경우, 다음 표와 같이 취·등록세액 감면 혜택을 얻게 된다.
>
> [취·등록세액 감면 비율]
>
> | | 최우수 등급 | 우수 등급 |
> | --- | --- | --- |
> | 에너지효율 1등급 | 12% | 8% |
> | 에너지효율 2등급 | 8% | 4% |

〈상황〉
- 김 씨는 P시에 건물을 신축하고 있다. 현재 이 건물의 예상되는 친환경 건축물 평가점수는 63점이고 에너지효율은 3등급이다.
- 친환경 건축물 평가점수를 1점 높이기 위해서는 1,000만 원, 에너지효율 등급을 한 등급 높이기 위해서는 2,000만 원의 추가 투자비용이 든다.
- 김 씨가 신축하고 있는 건물의 감면 전 취·등록세 예상액은 총 20억 원이다.
- 김 씨는 경제적 이익을 극대화하고자 한다.

※ 경제적 이익 또는 손실 = 취·등록세 감면액 – 추가 투자액
※ 기타 비용과 이익은 고려하지 않는다.

〈보기〉
ㄱ. 추가 투자함으로써 경제적 이익을 얻을 수 있는 최소 투자금액은 1억 1,000만 원이다.
ㄴ. 친환경 건축물 우수 등급, 에너지효율 1등급을 받기 위해 추가 투자할 경우 경제적 이익이 가장 크다.
ㄷ. 에너지효율 2등급을 받기 위해 추가 투자하는 것이 3등급을 받는 것보다 김 씨에게 경제적으로 더 이익이다.

① ㄱ　　　　　② ㄷ　　　　　③ ㄱ, ㄴ
④ ㄴ, ㄷ　　　⑤ ㄱ, ㄴ, ㄷ

정답 및 해설

10. ③

10 현재 김 씨가 신축하고 있는 건물의 친환경 건축물 평가점수가 63점이므로 평가점수를 70점으로 올려 우수 등급을 받거나 80점으로 올려 최우수 등급을 받을 수 있다. 또한 현재 에너지효율이 3등급이므로 2등급이나 1등급으로 올릴 수 있다. 따라서 김 씨가 취·등록세액 감면을 받을 수 있는 방법은 총 4가지가 되며 각각에 따른 경제적 이익 또는 손실은 다음과 같다.

(1) 인증등급을 최우수로, 에너지효율을 1등급으로 높이는 경우
  이 경우 평가점수를 17점 올려야 하므로 1억 7천만 원이 소요되고, 에너지효율을 두 등급 올려야 하므로 4천만 원이 소요되어 총 2억 1천만 원의 추가 투자비용이 든다. 이때 취·등록세액 감면 비율이 12%이므로 2억 4천만 원을 감면받게 되어 3천만 원의 이익이 발생한다.

(2) 인증등급을 우수로, 에너지효율을 1등급으로 높이는 경우
  이 경우 평가점수를 7점 올려야 하므로 7천만 원이 소요되고, 에너지효율을 두 등급 올려야 하므로 4천만 원이 소요되어 총 1억 1천만 원의 추가 투자비용이 든다. 이때 취·등록세액 감면 비율이 8%이므로 1억 6천만 원을 감면받게 되어 5천만 원의 이익이 발생한다.

(3) 인증등급을 최우수로, 에너지효율을 2등급으로 높이는 경우
  이 경우 평가점수를 17점 올려야 하므로 1억 7천만 원이 소요되고, 에너지효율을 한 등급 올려야 하므로 2천만 원이 소요되어 총 1억 9천만 원의 추가 투자비용이 든다. 이때 취·등록세액 감면 비율이 8%이므로 1억 6천만 원을 감면받게 되어 3천만 원의 손실이 발생한다.

(4) 인증등급을 우수로, 에너지효율을 2등급으로 높이는 경우
  이 경우 평가점수를 7점 올려야 하므로 7천만 원이 소요되고, 에너지효율을 한 등급 올려야 하므로 2천만 원이 소요되어 총 9천만 원의 추가 투자비용이 든다. 이때 취·등록세액 감면 비율이 4%이므로 8천만 원을 감면받게 되어 1천만 원의 손실이 발생한다.

ㄱ. (2)에 따르면 경제적 이익을 얻을 수 있는 최소 투자금액은 1억 1천만 원이므로 옳다.
ㄴ. 가장 큰 경제적 이익이 발생하는 경우는 (2)이므로 옳다.
ㄷ. 에너지효율을 2등급으로 높이는 방법 두 가지 모두 김 씨에게 손실을 입히므로 옳지 않다.

[11~12] 다음 표는 1990년도부터 2015년도까지 도시근로자 가구와 농가의 월평균 소득 및 가계지출 추이에 대한 표이다. 다음 물음에 답하시오.

[표1] 도시근로자 가구의 월평균 소득 및 가계지출 추이   (단위 : 천 원, %)

연 도	월평균			
	소 득	가처분소득	소비지출	흑자율
1990	234.1	224.5	174.0	22.5
2000	943.3	870.2	650.0	25.3
2005	1,911.1	1,732.5	1,230.6	29.0
2010	2,224.7	1,967.7	1,473.5	25.1
2015	2,386.9	2,113.5	1,614.8	23.6

[표2] 농가의 월평균 소득 및 가계지출 추이   (단위 : 천 원, %)

연 도	월평균			
	소 득	가처분소득	소비지출	흑자율
1990	224.4	214.9	178.2	17.1
2000	918.8	913.8	685.69	25.0
2005	1,816.9	1,802.4	1,231.8	31.7
2010	1,860.2	1,842.0	1,426.9	22.5
2015	1,922.7	1,903.2	1,500.3	21.2

※ 평균소비성향 = $\frac{소비지출}{가처분소득} \times 100$, 흑자액 = 가처분소득 − 소비지출, 흑자율 = $\frac{흑자액}{가처분소득} \times 100$

11 전년도 대비 2015년 도시근로자 가구의 월평균 소득 증가율과 소비지출 증가율을 비교하면?

① 월평균 소득 증가율이 약 1.3% 크다.
② 월평균 소득 증가율이 약 2.3% 크다.
③ 소비지출 증가율이 약 1.3% 크다.
④ 소비지출 증가율이 약 2.3% 크다.
⑤ 소비지출 증가율이 약 3.3% 크다.

12 위의 표에 대한 해석으로 옳지 않은 것은?

① 1990년 이후 도시근로자 가구가 농가보다 월평균 소득은 지속적으로 많았지만, 월평균 가처분소득은 그렇지 않다.
② 평균소비성향이 가장 낮은 연도는 도시근로자 가구와 농가가 동일하지만, 가장 높은 연도는 다르다.
③ 2015년 도시근로자 가구의 평균소비성향은 76.4%로 2010년에 비해 1.5%p 증가하였으며, 농가의 2015년도 평균소비성향은 2010년도에 비해 1.3%p 증가하였다.
④ 도시근로자 가구와 농가의 평균소비성향, 흑자율 변화 추세(전년 대비 증감 방향)가 동일하다.
⑤ 도시근로자 가구와 농가의 소득, 가처분소득, 소비지출 모두 꾸준히 증가하고 있다.

정답 및 해설

11. ④ **12.** ②

11 월평균 소득 증가율 : $\dfrac{2,386.9 - 2,224.7}{2,224.7} \times 100 \fallingdotseq 7.3(\%)$

소비지출 증가율 : $\dfrac{1,614.8 - 1,473.5}{1,473.5} \times 100 = 9.6(\%)$

따라서 소비지출 증가율이 약 2.3% 크다.

12 이 문제는 두 가지 방식으로 접근할 수 있다. 한 가지 방법은 주어진 공식에 값을 대입하여 반복적으로 문제를 푸는 것으로 이 방법으로 문제를 풀게 되면 상당한 시간이 걸린다. 또 다른 방법은 자료가 가진 구조를 파악하여 문제를 푸는 방법이다. 즉, 문제를 가장 효율적으로 해결할 수 있는 핵심은 평균소비성향과 흑자율을 더하면 100이 된다는 것이다.

흑자율 $= \dfrac{가처분소득 - 소비지출}{가처분소득} \times 100$

$= (1 - \dfrac{소비지출}{가처분소득}) \times 100$

$= 100 - \dfrac{소비지출}{가처분소득} \times 100$

즉, 흑자율은 100 - 평균소비성향이므로 흑자율과 평균소비성향을 더하면 100이 된다. 따라서 계산을 일일이 하지 않아도 평균소비성향을 구할 수 있다.
② 위의 방식으로 계산해 보면, 평균소비성향이 가장 낮은 연도는 도시근로자 가구와 농가 모두 2005년이고 가장 높은 연도는 도시근로자 가구와 농가 모두 1990년으로 동일하다.
① 2000년과 2005년 월평균 가처분소득은 농가가 높다.
③ 도시근로자 가구의 경우 흑자율이 1.5%p 감소하였고, 농가의 경우 1.3%p 감소하였다. 이를 평균소비성향으로 바꾸면 증가한 것이 된다.
④ 동일한 방향으로 움직인다.
⑤ 소득, 가처분소득, 소비지출 모두 증가하고 있다.

13 다음 자료는 [농축산물 소득자료 총괄표]의 일부 내용이다. 면적당 소득이 1위인 작물과 2위인 작물을 각각 고르면?

[농축산물 소득자료 총괄표] (기준 : 년 1기작/10a)

작 목	수량(kg)	총수입(원)	경영비(원)	소 득(원)	소득률(%)
수박(반촉성)	5,151	5,311,371	2,418,416	2,892,955	54.5
시설참외	4,093	9,749,847	3,605,405	6,144,442	63.0
딸기(촉성)	3,367	20,242,871	9,908,672	10,334,199	51.1
딸기(반촉성)	2,767	21,342,291	9,356,144	11,986,147	56.2
오이(촉성)	17,366	30,870,870	15,510,877	15,359,993	49.8
오이(반촉성)	10,624	13,461,305	6,110,672	7,350,633	54.6
오이(억제)	5,372	8,286,094	3,792,438	4,493,656	54.2
시설호박	7,949	11,187,717	5,467,835	5,719,882	51.1
토마토(촉성)	11,485	24,320,660	11,288,971	13,031,689	53.6
토마토(반촉성)	9,755	16,682,965	7,859,175	8,823,790	52.9
방울토마토	5,480	14,596,120	8,994,584	5,601,536	38.4
시설가지	11,452	20,225,427	10,921,412	9,304,016	46.0
착색단고추	13,369	36,579,741	23,715,223	12,864,518	35.2
시설시금치	1,708	3,475,891	1,798,556	1,677,335	48.3
시설상추	3,689	9,327,790	4,363,827	4,963,963	53.2
시설부추	4,841	10,499,958	5,221,320	5,278,638	50.3
시설고추	4,573	17,328,183	8,461,275	8,866,907	51.2
평 균	-	15,220,700	7,620,895	7,599,805	49.9

① 착색단고추, 오이(촉성) ② 오이(촉성), 딸기(반촉성)
③ 오이(촉성), 착색단고추 ④ 오이(촉성), 토마토(촉성)
⑤ 딸기(반촉성), 딸기(촉성)

14 다윤이가 집과 회사를 왕복할 수 있는 버스 노선의 종류는 다음과 같이 세 가지이고, 버스 노선에 대한 정보는 다음 표와 같다. 버스 평균 운행소요시간(분)은 '$0.3 \times$ 승하차객수 $+$ 연장길이 $+ 0.4 \times$ 버스정류장수'이고, 다윤이는 운행시간이 최소인 버스를 선호한다고 할 때 다음 중 옳지 않은 것은? (단, 집과 회사에서 버스정류장까지의 거리는 고려하지 않고, 버스는 정시에 도착한다.)

구 간	승하차객수(명)	연장길이(km)	버스정류장수(개)
A	90	20	15
B	120	22	11
C	100	26	12

① 버스 출발시간이 동일할 경우 다윤이는 A구간의 버스를 탈 것이다.
② C구간의 버스는 이미 도착해 있고, A구간의 버스는 5분 후에 도착한다면 다윤이는 A구간의 버스를 탈 것이다.
③ A구간에 아파트가 건립되어 승객이 20명 증가한다면 다윤이는 C구간의 버스를 탈 것이다.
④ 최단시간 노선과 최장시간 노선의 차이는 9.4분이다.
⑤ 버스정류장 개수는 구간 A, B, C 모두 10~15개 사이다.

정답 및 해설

13. ④ 14. ③

13 ④ 10a(아르)는 약 300평이며, 10a당 작물별 소득자료이다. 위 자료에 제시되어 있지 않아도 '총수입−경영비=소득'임을 알 수 있다. 소득 순위를 매겨보면 소득 1위는 오이(촉성), 2위는 토마토(촉성)이다.

14 ③ A구간의 승객이 20명 증가하면 평균 운행소요시간은 $0.3 \times 110 + 20 + 0.4 \times 15 = 59$(분)이 된다. 이는 C구간의 버스 운행소요시간보다 짧으므로 다윤이는 A구간의 버스를 탈 것이다.
① 각 평균 운행소요시간은 다음과 같으므로 출발시간이 동일한 경우 A구간의 버스를 탈 것이다.
- A : $0.3 \times 90 + 20 + 0.4 \times 15 = 53$(분)
- B : $0.3 \times 120 + 22 + 0.4 \times 11 = 62.4$(분)
- C : $0.3 \times 100 + 26 + 0.4 \times 12 = 60.8$(분)

② A구간의 버스가 5분 후에 도착한다면 총소요시간은 58분이 걸린다. 이는 B구간의 버스 운행소요시간보다 짧다.
④ 최단시간 노선(A구간)과 최장시간 노선(B구간)의 차이는 $62.4 - 53 = 9.4$(분)이다.
⑤ 구간 A, B, C에 있는 버스정류장 개수는 각각 15개, 11개, 12개다.

15 다음은 각 도시 간 물류비용을 나타낸 것이다. 5톤의 화물을 A도시에서 F도시까지 운송할 때 최소비용으로 거치는 도시들을 F도시에서 A도시로 되돌아올 때에도 거친다면 총 비용은 얼마인가?

(단위 : 만 원/톤)

도착도시 \ 출발도시	A	B	C	D	E	F
A	−	4	4	5	5	∞
B	5	−	∞	2	3	6
C	6	∞	−	∞	1	∞
D	∞	4	∞	−	∞	5
E	8	3	1	∞	−	7
F	∞	6	∞	4	2	−

※ ∞는 비용이 무한히 소요된다는 것을 의미한다.

① 90만 원　　② 95만 원　　③ 100만 원
④ 105만 원　　⑤ 110만 원

16 다음 그래프는 A사와 B사가 조사한 주요 TV 프로그램의 2020년 7월 넷째 주 주간 시청률을 나타낸 자료이다. 이에 대한 설명 중 옳은 것은?

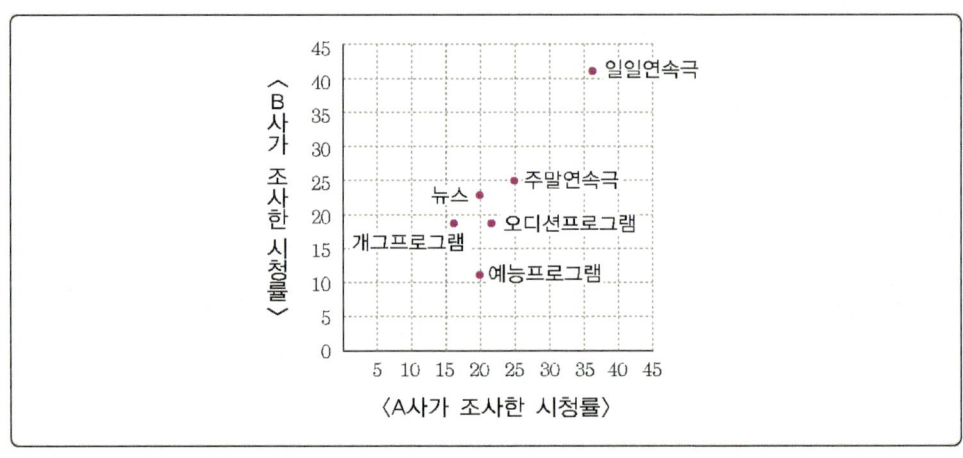

① A사가 조사한 시청률과 B사가 조사한 시청률 간의 차이가 가장 큰 것은 예능프로그램이다.
② B사가 조사한 일일연속극 시청률은 40% 미만이다.
③ 오디션프로그램의 시청률은 B사의 조사결과가 A사의 조사결과보다 높다.
④ 주말연속극의 시청률은 A사의 조사결과가 B사의 조사결과보다 높다.
⑤ A사가 조사한 시청률에 의하면 뉴스는 주말연속극보다 시청률이 높다.

17 다음 자료는 어느 도시의 엥겔계수 및 슈바베계수 추이와 소비지출 현황을 나타낸 것이다. 표의 빈칸 A~E에 들어갈 값으로 잘못된 것은?

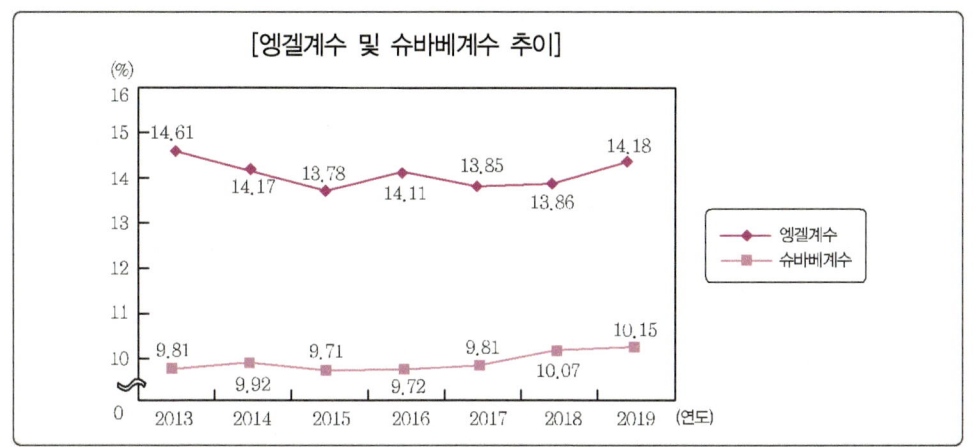

(단위 : 억 원, %p)

연도 \ 구분	총소비지출	식료품·비주류 음료 소비지출	주거·수도·광열 소비지출	계수 차이
2016	100,000	B	9,720	4.39
2017	120,000	16,620	D	4.04
2018	150,000	20,790	15,105	E
2019	A	C	20,300	4.03

※ 엥겔계수(%) = $\dfrac{\text{식료품·비주류 음료 소비지출}}{\text{총소비지출}} \times 100$ ※ 슈바베계수(%) = $\dfrac{\text{주거·수도·광열 소비지출}}{\text{총소비지출}} \times 100$

※ 계수 차이 = |엥겔계수 − 슈바베계수|

① A : 180,000
② B : 14,110
③ C : 28,360
④ D : 11,772
⑤ E : 3.79

정답 및 해설

15. ④ 16. ① 17. ①

15 A도시에서 F도시까지 운송할 때 최소비용이 드는 경로는 A → C → E → F로 9만 원/톤, 되돌아올 때의 경로는 F → E → C → A로 12만 원/톤이다. 따라서 총 비용은 (9+12)×5=105(만 원)이다.

16 ② B사가 조사한 일일연속극 시청률은 40%를 초과했다.
③ 오디션프로그램의 시청률은 A사의 조사결과가 B사의 조사결과보다 높다.
④ 주말연속극의 시청률은 A사의 조사결과와 B사의 조사결과가 같다.
⑤ A사가 조사한 시청률에 의하면 뉴스는 20%, 주말연속극은 25%이므로 뉴스가 주말연속극보다 시청률이 낮다.

17 $\dfrac{10.15}{100} = \dfrac{20,300}{A} \Rightarrow A = 200,000$

[18~20] 다음은 전산 장비 A~F의 연간 유지비와 전산 장비 가격 대비 연간유지비 비율을 나타낸 자료이다. 다음 물음에 답하시오.

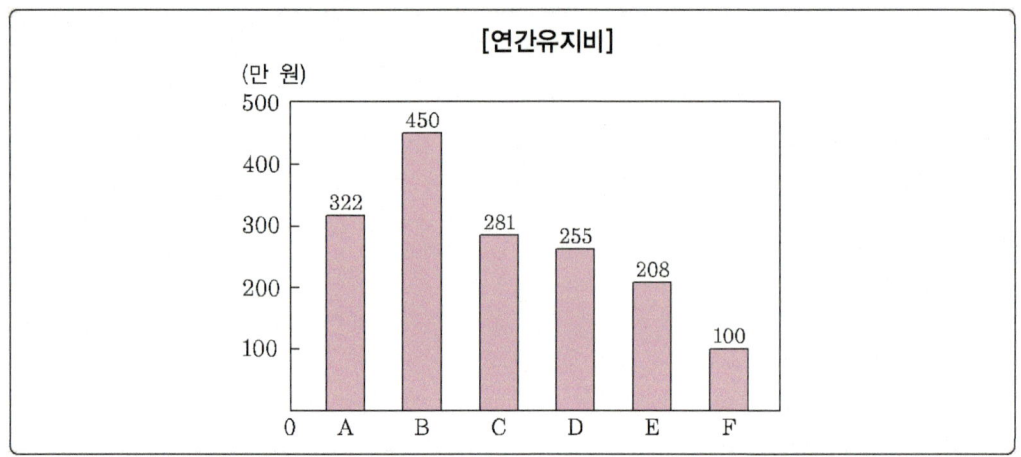

[전산 장비 가격 대비 연간유지비] (단위 : %)

전산 장비	A	B	C	D	E	F
비 율	8.0	7.5	7.0	5.0	4.0	3.0

18 다음 설명 중 옳은 것은?

① C의 가격은 E의 가격보다 높다.
② 가격이 가장 높은 전산 장비는 A이다.
③ 가격이 가장 낮은 전산 장비는 F이다.
④ B의 연간 유지비가 D의 연간 유지비의 2배 이상이다.
⑤ A를 제외한 전산 장비는 가격이 높을수록 연간 유지비도 더 높다.

19 전산 장비 F의 연간 유지비가 현재에서 80만 원이 더 오른다면, 전산 장비 가격은 얼마나 증가하는가?

① 2,510만 원   ② 2,588만 원   ③ 2,667만 원
④ 2,783만 원   ⑤ 2,815만 원

20 전산 장비 A~F 중 가격 차이가 가장 큰 장비끼리 바르게 짝지은 것은?

① A, B ② B, C ③ C, D
④ D, E ⑤ E, F

정답 및 해설　　　　　　　　　　　　　　　　　18. ③　19. ③　20. ②

18 전산 장비의 가격을 구하면 다음과 같다.

(단위 : 만 원)

전산 장비	A	B	C	D	E	F
가 격	4,025	6,000	4,014	5,100	5,200	3,333

① C의 가격은 E의 가격보다 낮다.
② 가격이 가장 높은 전산 장비는 B이다.
④ B의 연간 유지비는 D의 연간 유지비의 $\frac{450}{255} ≒ 1.8$(배)이다.
⑤ C는 D보다 전산 장비 가격은 낮으나 연간 유지비는 높다. 따라서 가격이 높을수록 연간 유지비가 높다고 할 수 없다.

19 전산 장비 F의 연간 유지비는 100만 원이며, 80만 원 더 오를 경우 180만 원의 연간 유지비가 된다. 비율이 3.0이므로 180 ÷ 0.03 = 6,000(만 원)이 된다. 따라서 전산 장비 가격은 6,000 − 3,333 = 2,667(만 원)이 증가한다.

20 ② 전산 장비 B와 C는 │6,000 − 4,014│ = 1,986(만 원)의 차이가 난다.
① 전산 장비 A와 B는 │4,025 − 6,000│ = 1,975(만 원)의 차이가 난다.
③ 전산 장비 C와 D는 │4,014 − 5,100│ = 1,086(만 원)의 차이가 난다.
④ 전산 장비 D와 E는 │5,100 − 5,200│ = 100(만 원)의 차이가 난다.
⑤ 전산 장비 E와 F는 │5,200 − 3,333│ = 1,867(만 원)의 차이가 난다.

21 다음 중 표를 보고 알 수 없는 것은?

[품목별 가격정보] (단위 : 원)

품목	중량(kg)	등급	최저가	최고가	금일 평균가	전일 평균가	1kg가격 (평균)
가죽나물	4.0	특(1등)	12,000	12,000	12,000	11,000	3,000
가지	5.0	특(1등)	14,000	25,000	19,513	23,402	3,903
감귤	5.0	상(2등)	4,000	5,500	4,750	3,923	950
고구마	10.0	보통(3등)	6,000	23,000	13,567	35,411	1,357
고구마순	4.0	특(1등)	6,000	6,000	6,000	0	1,500
고사리	10.0	특(1등)	57,000	57,000	57,000	0	5,700
고수	4.0	특(1등)	26,000	26,000	26,000	26,000	6,500
감자	10.0	특(1등)	11,000	38,000	15,926	0	1,593
갓	4.0	특(1등)	1,500	3,000	2,281	0	570
겨자	2.0	없음	4,000	5,000	4,429	5,333	2,215

① 고수는 4kg을 기준으로 가격을 조사했다.
② 고사리는 오늘 최저가와 최고가가 동일하다.
③ 감귤은 2등급을 기준으로 가격을 조사했다.
④ 가지값이 전일보다 올랐다.
⑤ 겨자값이 전일보다 내렸다.

22 다음 표는 2004년부터 2010년까지 친환경 농산물 생산량에 대한 자료이다. 이에 대한 설명 중 옳은 것은?

(단위 : 백 톤)

구 분	2004년	2005년	2006년	2007년	2008년	2009년	2010년
유기 농산물	1,721	2,536	2,969	4,090	7,037	11,134	15,989
무농약 농산물	6,312	9,193	10,756	14,345	25,368	38,082	54,687
저농약 농산물	13,766	20,198	23,632	22,505	18,550	–	–
계	21,799	31,927	37,357	40,940	50,955	49,216	70,676

※ 모든 친환경 농산물은 유기, 무농약, 저농약 중 한 가지 인증을 받아야 함
※ 단, 2007년 1월 1일부터 저농약 신규 인증은 중단되며, 2009년 1월 1일부터 저농약 인증 자체가 폐지됨

① 저농약 신규 인증 중단 이후 친환경 농산물 총생산량은 매년 감소하였다.
② 저농약 인증 폐지 전 저농약 농산물 생산량은 매년 친환경 농산물 총생산량의 절반 이상을 차지하였다.
③ 저농약 신규 인증 중단 이후 매년 무농약 농산물 생산량은 친환경 농산물 총생산량의 50% 이상을 차지하였다.
④ 2005년 이후 전년에 비해 친환경 농산물 총생산량이 처음으로 감소한 시기는 저농약 인증이 폐지된 해이다.
⑤ 2005년 이후 전년에 비해 무농약 농산물 생산량의 증가폭이 가장 큰 시기는 2008년이다.

정답 및 해설　　　　　　　　　　　　　　　　　21. ④　22. ④

21 ④ 가지값은 일일 평균가격이 전일 23,402원에서 19,513원으로 내렸다.
22 ① 2008년과 2010년에는 친환경 농산물 총생산량이 증가하였다.
② 2008년의 경우 저농약 농산물 생산량은 친환경 농산물 총생산량의 $\frac{18,550}{50,955} \times 100 ≒ 36.4(\%)$였다.
③ 2007년과 2008년에는 무농약 농산물 생산량이 친환경 농산물 총생산량의 50%를 넘지 못했다.
⑤ 2005년 이후 전년에 비해 무농약 농산물 생산량의 증가폭이 가장 큰 시기는 2010년이다.

23 다음은 과거 7년간 국내에서 발생한 화재의 발생건수와 인명피해 및 재산피해 현황에 대한 그래프이다. 〈보기〉에서 틀린 것을 모두 고른 것은?

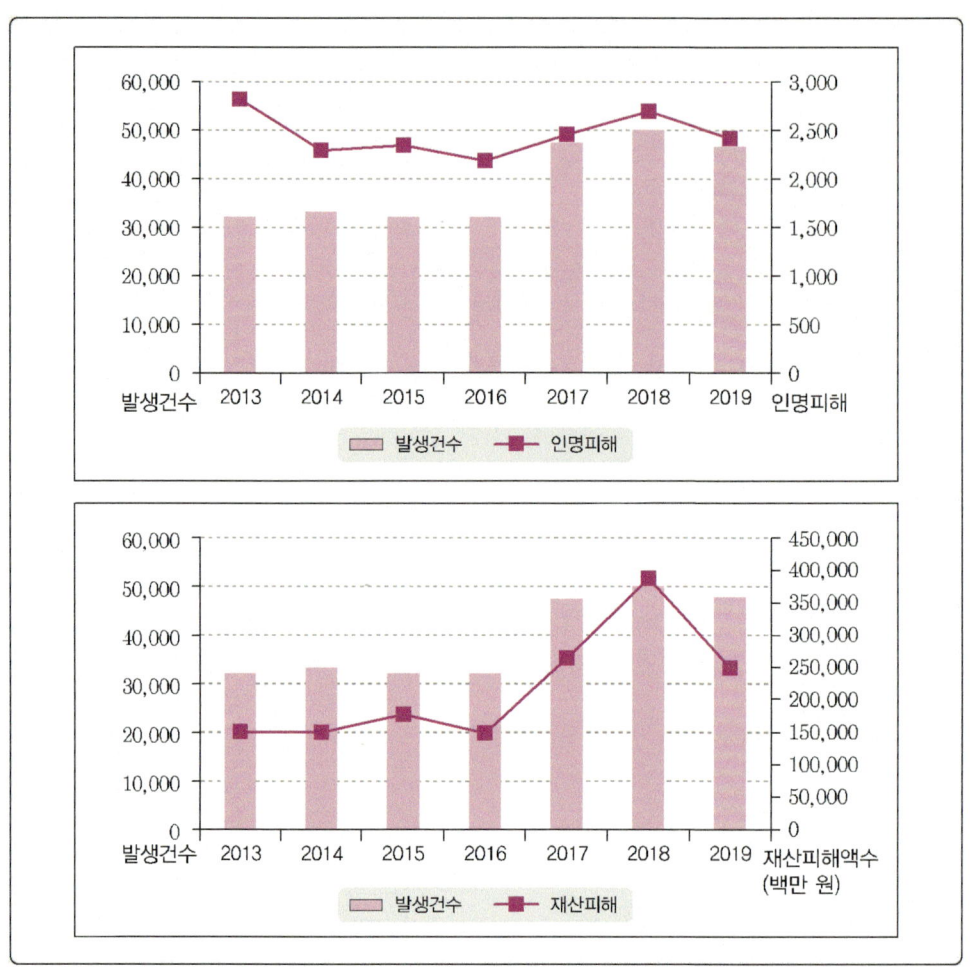

보기
㉠ 화재로 인한 인명피해는 점진적으로 증가하는 경향을 보인다.
㉡ 화재 발생건수는 인명피해에 비해 재산피해와 더 높은 상관관계를 보인다.
㉢ 화재 발생건수가 가장 많았던 해에 재산피해 액수도 가장 많았다.
㉣ 2016년까지는 화재로 인한 재산피해가 한 해 2천억 원 미만이었다.

① ㉠
② ㉡
③ ㉠, ㉡
④ ㉡, ㉣
⑤ ㉢, ㉣

[24~25] 다음 그래프는 외국인 직접투자의 투자건수 비율과 투자금액 비율을 투자규모별로 나타낸 자료이다. 다음 물음에 답하시오.

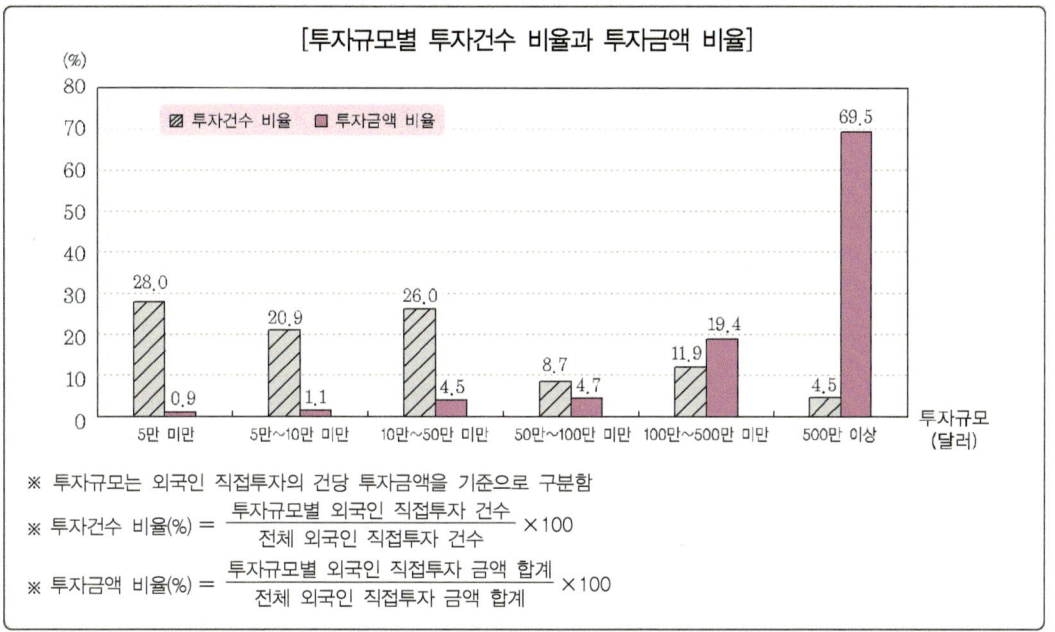

24 투자규모가 100만 달러 이상 500만 달러 미만인 투자금액 비율과 50만 달러 미만의 투자금액 비율을 구하면?

① 18.5%, 4.5% ② 19.4%, 4.5% ③ 20.7%, 6.5%
④ 19.4%, 6.5% ⑤ 20.7%, 8.5%

정답 및 해설　　　　　　　　　　　　　　　　　　　　　　　23. ①　24. ④

23 그래프를 보면 화재로 인한 인명피해는 감소했다가 다시 증가한 후 다시 감소하는 모습을 보이고 있다. 그러므로 점진적으로 증가하는 경향을 보인다는 말은 잘못된 내용이다.

24 투자규모가 100만~500만 달러 미만인 투자금액 비율은 19.4%이다. 투자규모가 50만 달러 미만인 투자금액 비율은 6.5%[0.9%(5만 달러 미만)+1.1%(5만~10만 달러 미만)+4.5%(10만~50만 달러 미만)]이다.

25 위의 자료에 대한 설명으로 적절하지 않은 것은?

① 투자규모가 100만 달러 이상인 투자금액 비율은 85% 이상이다.
② 투자규모가 100만 달러 이상인 투자건수는 5만 달러 미만의 투자건수보다 적다.
③ 투자규모가 50만 달러 미만인 투자건수 비율은 70% 이상이다.
④ 투자규모가 100만 달러 이상인 투자건수는 전체 외국인 직접투자건수의 25% 이상이다.
⑤ 투자규모가 50만 달러 미만인 투자금액 비율은 6% 이상이다.

26 다음 표는 7개 기업의 2010년도와 2019년도 재무지표를 나타낸 표이다. 다음 자료에 대한 설명 중 옳지 않은 것을 고르면?

[7개 기업의 2010년도와 2019년도의 재무지표]　　　　(단위 : %)

기업명	부채비율		자기자본비율		순이익률	
	2010년	2019년	2010년	2019년	2010년	2019년
A	259.6	26.4	25.3	79.1	0.7	12.3
B	141.3	25.9	41.4	79.4	7.5	18.5
C	217.5	102.9	31.5	49.3	1.0	5.2
D	490.0	64.6	17.0	60.8	4.0	5.4
E	256.7	148.4	28.0	40.3	0.6	6.2
F	496.6	207.4	16.8	32.5	0.2	2.3
G	654.8	186.2	13.2	34.9	0.3	6.7
산술평균	364.6	108.8	24.7	53.8	( )	8.1

① 2010년 대비 2019년도 부채비율 감소율이 가장 높은 기업은 A기업이다.
② 2010년도 순이익률이 당해연도 산술평균보다 높은 기업은 2개이다.
③ 부채비율이 감소한 기업은 모두 자기자본비율이 증가하였다.
④ 2019년도에 자기자본비율이 높은 기업일수록 순이익률도 높다.
⑤ C기업의 경영상태는 좋아지고 있다.

정답 및 해설

25. ④　26. ④

25 ④ 투자규모가 100만 달러 이상인 투자건수 비율은 16.4%[11.9%(100만~500만 달러 미만)+4.5%(500만 달러 이상)]이다.
① 투자규모가 100~500만 달러 미만인 투자금액 비율은 19.4%이고, 투자규모가 500만 달러 이상인 투자금액 비율은 69.5%이므로, 두 값의 합은 88.9%이다.
② 투자규모가 100만 달러 이상인 투자건수 비율은 16.4%[11.9%(100만~500만 달러 미만)+4.5%(500만 달러 이상)]이고, 투자규모가 5만 달러 미만인 투자건수 비율은 28.0%이다. 그러므로 100만 달러 이상인 투자건수가 더 적다.
③ 투자규모가 50만 달러 미만인 투자건수 비율은 74.9%[28.0%(5만 달러 미만)+20.9%(5만~10만 달러 미만)+26.0%(10만~50만 달러 미만)]이다.
⑤ 투자규모가 50만 달러 미만인 투자금액 비율은 6.5%[0.9%(5만 달러 미만)+1.1%(5만~10만 미만 달러 미만)+4.5%(10만~50만 달러 미만)]이다.

26 ④ C와 E기업을 비교하면, 자기자본비율은 C기업이 높지만 순이익률은 E기업이 크다.
① 부채비율 감소율 = $\dfrac{2010\text{년도 부채} - 2019\text{년도 부채}}{2010\text{년도 부채}} \times 100(\%)$와 같이 구하는 것이 원칙이나 간단히 $\dfrac{2010\text{년도 부채}}{2019\text{년도 부채}}$ 값이 가장 큰 것을 구하여도 된다.

즉, A기업의 $\dfrac{2010\text{년도 부채}}{2019\text{년도 부채}} = \dfrac{259.6}{26.4} ≒ 9.8$

한편, 가장 가능성이 있는 기업은 A와 D기업으로 예상되므로,

D기업의 $\dfrac{2010\text{년도 부채}}{2019\text{년도 부채}} = \dfrac{490.0}{64.6} ≒ 7.59$

따라서 부채비율 감소율이 가장 높은 기업은 A기업이다.
② 먼저 2010년도 순이익률은 당해연도 산술평균을 구하여야 하지만 자료의 성질상 산술평균은 1보다는 크고 4보다는 작을 것이 확실시(실제 구하면 2가 나온다)되므로 산술평균보다 높은 기업은 B와 D기업 2개다.
③ 모든 기업이 부채비율이 감소하였고 자기자본비율이 증가하였다.
⑤ C기업의 부채비율은 감소하였고 자기자본비율과 순이익률은 증가했으므로 경영상태는 좋아졌다.

[27~28] 다음은 지방상수도 요금체계에 대한 표이다. 다음 물음에 답하시오.

[구경별 기본요금]

구경(mm)	요금(원)	구경(mm)	요금(원)
15	1,080	100	89,000
20	3,000	125	143,000
25	5,200	150	195,000
32	9,400	200	277,000
40	16,000	250	375,000
50	25,000	300	465,000
65	38,900	350	565,000
75	52,300	400 이상	615,000

[상수도 사용요금]

업종/구분	사용구분(m^3)	m^3당 단가(원)
가정용	0 ~ 30 이하	360
	30 초과 ~ 50 이하	550
	50 초과	790
욕탕용	0 ~ 500 이하	360
	500 초과 ~ 2,000 이하	420
	2,000 초과	560
공공용	0 ~ 50 이하	570
	50 초과 ~ 300 이하	730
	300 초과	830
일반용	0 ~ 50 이하	800
	50 초과 ~ 300 이하	950
	300 초과	1,260

※ 상수도 요금 = 기본요금 + 사용요금
※ 사용요금 : 개별 소비자(가정 등)가 사용한 사용량(m^3)에 따라 업종별(가정, 업무, 욕탕, 영업) 요율로 부과·납부

27 기덕이네 수도 월 사용량이 $31m^3$이고, 구경이 $15mm$라고 할 때, 가정용 상수도 요금은 얼마인가?

① 15,680원 ② 18,130원 ③ 19,450원
④ 20,420원 ⑤ 23,950원

28 지원이가 사는 빌라는 총 세대수가 4세대이다. 3개월간 수도 사용량이 $300m^3$이고, 구경이 $20mm$라 할 때, 다음의 하수도 요금표를 참고하여 상하수도 요금을 구하면?

[하수도 사용요금]

구 분	사용구분(m^3)	m^3당 단가(원)
하수도	0 ~ 30 이하	300
	30 초과 ~ 50 이하	700
	50 초과	1,070

① 198,000원 ② 207,000원 ③ 210,400원
④ 218,500원 ⑤ 251,200원

정답 및 해설

27. ② 28. ②

27 수돗물 사용 여부와 관계없이 구경이 $15mm$이므로 기본 요금은 1,080원이다.
가정용인 경우, 월 사용량이 $31m^3$이므로 30 초과 ~ 50 이하에 해당하며 m^2당 단가는 550원이므로 $550 \times 31 = 17,050$(원)이다.
따라서 상수도 요금은 기본요금과 사용요금을 합한 $1,080 + 17,050 = 18,130$(원)이다.

28 상수도 요금은 기본요금과 사용요금을 합한 금액이다. 기본요금은 구경이 $20mm$이므로 3,000원이고, 3개월간 사용했으므로 $3,000 \times 3 = 9,000$(원)이다. 세대당 월평균 사용량이 $300m^3 \div 3개월 \div 4세대 = 25m^3$이므로, 1세대 1개월 요금은 $360 \times 25 = 9,000$(원)이고, 사용요금은 9,000원×4세대×3개월 = 108,000(원)이다. 따라서 상수도 요금은 $9,000 + 108,000 = 117,000$(원)이다.
하수도 요금은 1세대 1개월 요금이 $300 \times 25 = 7,500$(원)이므로 7,500원×4세대×3개월 = 90,000(원)이다.
따라서 상하수도 요금은 $117,000 + 90,000 = 207,000$(원)이다.

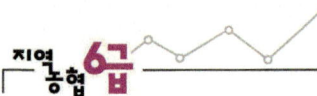

[29~30] 다음은 원화의 대미달러, 원화의 대위안, 대엔 환율을 나타낸 표이다. 다음 물음에 답하시오.

구 분	원/달러	원/위안	원/100엔
11월 2일	1,137.00	179.11	944.74
11월 3일	1,133.10	178.59	938.93
11월 4일	1,132.00	178.34	934.69
11월 5일	1,138.50	178.90	937.35
11월 6일	1,141.90	179.43	937.37
11월 9일	1,157.20	180.99	938.68
11월 10일	1,156.90	180.93	938.97
11월 11일	1,154.90	180.69	939.94
11월 12일	1,158.20	181.21	942.32
11월 13일	1,163.80	181.75	948.65

29 11월 10일에 200위안을 달러로 환산했을 때 얼마인지 구하면? (단, 소수 둘째 자리에서 반올림한다.)

① 22.9달러　　② 27.1달러　　③ 31.3달러
④ 35.5달러　　⑤ 39.7달러

30 다음 중 옳지 않은 것은?

① 11월 5일부터 원화의 대엔 환율은 지속적으로 상승했다.
② 11월 4일 원화의 대미달러 환율은 전일에 비해 하락했다.
③ 원화 대비 달러와 위안화의 환율은 비슷한 추이를 보인다.
④ 11월 13일 1,000원을 엔화로 환산하면 100엔 이상이다.
⑤ 2일부터 4일까지 환율이 상승한 것은 대엔 환율이 유일하다.

제2장 수리능력

[31~34] 다음 표는 우리나라 주요 업종의 영업실적에 대한 자료이다. 다음 물음에 답하시오.

구 분		2019년	2020년
A업종	영업이익(원)	13조 327억	12조 3,929억
	전년 대비 증가율(%)	81.2	(가)
B업종	영업이익(원)	5조 8,173억	6조 4,496억
	전년 대비 증가율(%)	7.0	10.9
C업종	영업이익(원)	4조 1,214억	5조 361억
	전년 대비 증가율(%)	2.2	22.2
D업종	영업이익(원)	4조 7,160억	(나)
	전년 대비 증가율(%)	206.0	53.3

31 자료의 (가)에 들어갈 숫자의 근사치는 무엇인가?

① -4.6 ② -3.5 ③ -1.2
④ 3.5 ⑤ 4.6

32 자료의 (나)에 들어갈 숫자의 근사치는 무엇인가?

① 6조 2,000억 ② 6조 7,000억 ③ 7조 2,000억
④ 7조 7,000억 ⑤ 8조 2,000억

정답 및 해설

29. ③ 30. ⑤ 31. ① 32. ③

29 11월 10일 환율을 기준으로 200위안을 원화로 환산하면 $180.93 \times 200 = 36,186$(원)이고 이를 다시 달러로 환산하면 $36,186 \times \dfrac{1}{1,156.90} \fallingdotseq 31.3$(달러)이다.

30 2일부터 4일까지 원화의 대미달러, 대위안, 대엔 환율 모두 하락했다.

31 $\dfrac{12.4 - 13.0}{13.0} \times 100 \fallingdotseq -4.6(\%)$

32 $4.7 \times \left(1 + \dfrac{53.3}{100}\right) \fallingdotseq 7.2$(조 원)

즉, 7조 2,000억 원이다.

33 D업종의 2018년도 영업이익은 약 얼마인가?

① 1조 3,000억 원 ② 1조 5,000억 원 ③ 1조 7,000억 원
④ 2조 1,000억 원 ⑤ 2조 4,000억 원

34 다음 자료에 대한 설명으로 틀린 것은?

① D업종의 2018년도 영업이익은 4위, 2019년도는 3위, 2020년도는 2위를 기록하는 등 매년 크게 성장하고 있다.
② 2020년도에 A업종의 영업이익이 4개 부문 전체의 영업이익에서 차지하는 비중은 전년에 비해 줄어들 것으로 예상되지만, 여전히 가장 많은 영업이익을 낼 것으로 추정된다.
③ 2018년도 영업이익이 약 5조 4,000억이었던 B업종은 꾸준히 성장하고 있다.
④ A업종의 2019년도 영업이익 규모는 다른 3개 부문을 합친 것보다 적다.
⑤ 2018년도의 영업이익은 B업종이 C업종보다 적었다.

[35~36] 다음은 은행예금의 가중평균금리에 관한 자료이다. 다음 물음에 답하시오.

(단위 : 연%p)

구 분		2013.12	2014.12	2015.9	2015.10	2015.11
신규 취급액 기준	저축성 수신금리(A)	2.67	2.16	1.54	1.58	1.66
	- 순수저축성예금	2.66	2.16	1.51	1.56	1.64
	- 시장형 금융상품	2.74	2.17	1.67	1.65	1.72
	대출금리(B)	4.52	3.91	3.43	3.42	3.44
	- 기업대출	4.67	4.07	3.56	3.57	3.56
	• 대기업 대출	4.43	3.77	3.29	3.35	3.25
	• 중소기업 대출	4.84	4.26	3.73	3.72	3.77
	- 가계대출	4.10	3.55	3.11	3.06	3.16
	• 주택담보대출	3.74	3.33	2.92	2.90	3.04
	- 공공 및 기타 대출	3.97	3.50	3.19	3.10	3.17
잔액 기준	총수신금리(C)	2.19	1.92	1.46	1.44	1.42
	총대출금리(D)	4.72	4.21	3.63	3.59	3.56

35 다음 중 옳지 않은 것은?

① 2015년 11월 중 신규 취급액 기준 저축성 수신금리는 전월 대비 0.08%p 상승하였다.
② 2015년 10월 중 신규 취급액 기준 대출금리는 전월 대비 0.01%p 하락하였다.
③ 2015년을 기준으로 저축성 수신금리와 대출금리의 차가 가장 큰 때는 9월이다.
④ 잔액 기준 총수신금리와 총대출금리의 차는 2013년이 2014년보다 작다.
⑤ 신규 취급액 기준으로 기업대출이 가계대출보다 금리가 높다.

36 위에 제시된 자료를 바탕으로 작성한 전년 대비 증감률에 대한 표의 일부이다. 다음 중 작성이 잘못된 항목은?

(단위 : 연%p)

구 분	2014.12	2015.9	2015.10	2015.11
순수저축성예금	-0.5	-0.65	0.05	0.08
시장형 금융상품	-0.57	0.5	-0.02	0.07
대기업 대출	-0.66	-0.48	0.06	-0.10
중소기업 대출	-0.58	-0.53	-0.01	0.05
주택담보대출	-0.41	-0.41	-0.02	0.14

① 순수저축성예금 ② 시장형 금융상품 ③ 대기업 대출
④ 중소기업 대출 ⑤ 주택담보대출

정답 및 해설

33. ② 34. ⑤ 35. ④ 36. ②

33 D업종의 2018년도 영업이익을 x라 하면 $x\left(1+\dfrac{206}{100}\right)=4.7(조\ 원) \Rightarrow x ≒ 1.5(조\ 원)$

즉, 1조 5,000억 원이다.

34 • A업종 2018년 영업이익 : $\dfrac{13조\ 327억}{1.812} ≒ 7조\ 354억\ 원$

• B업종 2018년 영업이익 : $\dfrac{5조\ 8,173억}{1.07} ≒ 5조\ 4,367억\ 원$

• C업종 2018년 영업이익 : $\dfrac{4조\ 1,214억}{1.022} ≒ 4조\ 327억\ 원$

• D업종 2018년 영업이익 : $\dfrac{4조\ 7,160억}{3.06} ≒ 1조\ 5411억\ 원$

⑤ 2018년도의 영업이익은 B업종이 C업종보다 많았다.

35 ④ 잔액 기준으로 봤을 때, 총수신금리와 총대출금리의 차는 2013년 12월에는 2.53, 2014년 12월에는 2.29로 2013년이 크다.

36 ② 시장형 금융상품의 금리는 2015년 9월에 감소했으므로 적절하지 않다.

[37~38] 다음 그래프는 두 상품의 가격을 나타낸 것이다. 다음 물음에 답하시오.

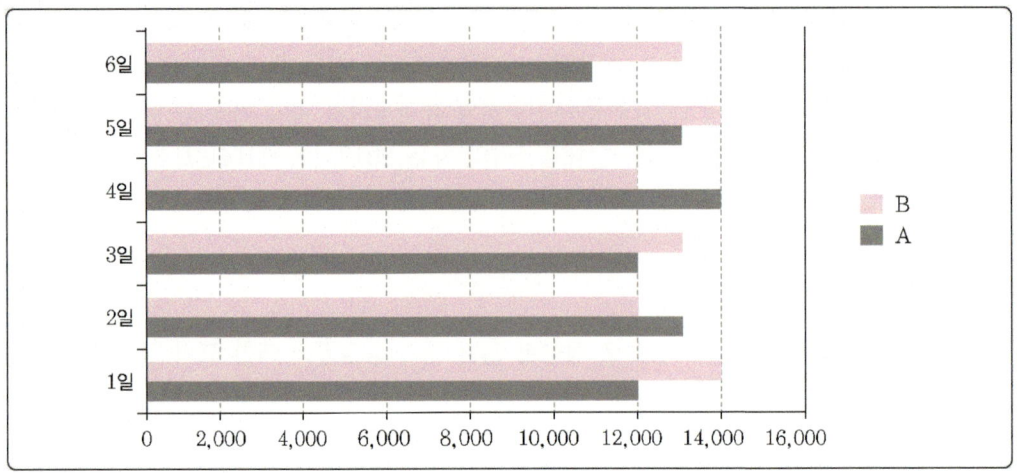

37 다음 중 A상품 2개와 B상품 3개를 팔아서 가장 많은 금액을 받을 수 있는 날은?

① 1일 ② 2일 ③ 3일
④ 4일 ⑤ 5일

38 4일에 A상품 3개와 B상품 3개를 팔았을 때와 5일에 A상품 5개와 B상품 1개를 팔았을 때의 금액 차는?

① 1,000원 ② 2,000원 ③ 3,000원
④ 4,000원 ⑤ 5,000원

정답 및 해설

37. ⑤   38. ①

37 ⑤ 5일 : $13,000 \times 2 + 14,000 \times 3 = 68,000$(원)
① 1일 : $12,000 \times 2 + 14,000 \times 3 = 66,000$(원)   ② 2일 : $13,000 \times 2 + 12,000 \times 3 = 62,000$(원)
③ 3일 : $12,000 \times 2 + 13,000 \times 3 = 63,000$(원)   ④ 4일 : $14,000 \times 2 + 12,000 \times 3 = 64,000$(원)

38 4일에 A상품 3개와 B상품 3개를 팔았다면 금액은 $14,000 \times 3 + 12,000 \times 3 = 78,000$(원)이고, 5일에 A상품 5개와 B상품 1개를 팔았다면 금액은 $13,000 \times 5 + 14,000 = 79,000$(원)이므로 금액 차는 $79,000 - 78,000 = 1,000$(원)이다.

07 금융수리

| 출제포인트 | 은행 등 금융업종과 관련된 수리 문제이다. 주로 금리나 이자를 계산하는 문제가 출제되며, 단리 및 복리 계산법을 숙지하는 것이 좋다.

01 주영이는 월 2.6%의 복리이자를 적용하는 상품에 가입하여 1,000만 원을 입금하였다. 1년 후 주영이가 일반과세 후 받는 금액은 얼마인가? (단, $1.026^{12} = 1.4$, 일반과세율 $= 15.4\%$)

① 13,380,000원 ② 13,384,000원 ③ 13,480,000원
④ 13,484,000원 ⑤ 13,584,000원

02 A는 다음과 같은 조건으로 N은행에서 3년 기한, 연금리 3.2%로 2억 원의 주택담보대출을 받았다. 9개월이 지난 후 여유자금 6천만 원이 생겨 대출금을 일부 상환하려 할 때 발생하는 중도상환수수료(해약금)는? (단, 계산을 단순히 하기 위해 기간을 날짜가 아닌 개월로 계산한다.)

> ─ 조건 ─
> 중도상환해약금 : 중도상환금액 × 0.8% × (잔여기간 ÷ 대출기간)
> – 대출기간은 대출개시일로부터 대출기간만료일까지의 일수로 계산하되, 대출 기간이 3년을 초과하는 경우에는 3년이 되는 날을 대출기간만료일로 함
> – 잔여기간은 대출기간에서 대출개시일로부터 중도상환일까지의 경과일수를 차감하여 계산
> – 대출실행 후 3년 경과 시 중도상환해약금 면제

① 200,000원 ② 240,000원 ③ 270,000원
④ 360,000원 ⑤ 440,000원

정답 및 해설
01. ② 02. ④

01. 주영이가 1년 동안 모은 금액은 $1,000 \times (1+0.026)^{12} = 1,000 \times 1.4 = 1,400$(만 원)이고, 일반과세율이 15.4%이므로 $400 \times 0.154 = 61.6$(만 원)의 과세를 내야 한다. 따라서 주영이는 $1,400 - 61.6 = 1,338.4$(만 원), 즉 13,384,000원을 받는다.

02. 중도상환금액 × 0.8% × (잔여기간 ÷ 대출기간)에 대입하면 6천만 원 × 0.008 × (27/36) = 360,000(원)이다.

03 540만 원을 연이율 8%로 1년 동안 복리로 맡긴 예금의 만기금은 약 얼마인가?

① 580만 원 ② 583만 원 ③ 586만 원
④ 589만 원 ⑤ 592만 원

04 C는 다음과 같은 조건으로 N은행에서 3년 기한, 연금리 3.0%로 1억 원의 주택담보대출을 받았다. 1년 9개월이 지난 후 여유자금으로 대출을 모두 상환하고자 N은행에 중도상환수수료에 대하여 문의하였더니 다음과 같은 답변이 왔다. 발생하는 중도상환수수료를 구하면? (단, 계산을 단순히 하기 위해 기간을 날짜가 아닌 개월로 계산한다.)

> **조건**
> 3년 동안 1.5% 일할차감 방식으로 진행되는 데 하루하루 줄어드는 방식입니다. 1년이 지나시면 1%, 2년이 지나시면 0.5%, 3년이 지나셨을 때 0% 발생하게 됩니다. 게다가 매년 10% 중도면제 조건이 있으므로 원금 상환하시면 이자도 줄어드시는 효과도 볼 수 있습니다.

① 500,000원 ② 525,500원 ③ 537,500원
④ 555,500원 ⑤ 562,500원

05 개인종합자산관리계좌(Individual Savings Account; ISA)의 가입조건은 다음과 같다. 5년 동안 연평균 1,000만 원씩 납입하여 5년 동안 연평균 5% 수익을 냈다고 하자. 고객이 받는 원금과 이자의 합은 얼마인가? (단, 수수료율은 신탁형 개인종합자산관리계좌의 경우로 0%라고 한다)

> **조건**
> 가입대상 : 근로 사업소득이 있는 사람
> 납입한도 : 연간 2,000만 원
> 의무 가입기간 : 5년(청년 및 총급여 5,000만 원 이하 소득자는 3년)
> 세제혜택 : 5년간 수익 200만 원까지 비과세, 200만 원 초과분 9.9% 분리과세
> ※ 수수료율은 신탁형 개인종합자산관리계좌의 경우 0~0.3%이며 일임형은 0.1~1.0%다.

① 54,955,500원 ② 55,955,500원 ③ 56,955,500원
④ 57,955,000원 ⑤ 58,955,000원

제2장 수리능력

[6~7] 다음 자료는 N은행 정기예금의 만기지급이자율이다. 다음 물음에 답하시오.

(연이율, 세전)

이자지급방식	가입기간	이율(%)
만기일시지급 시	6개월 이상 12개월 미만	1.500
만기일시지급 시	12개월 이상 24개월 미만	1.600
만기일시지급 시	24개월 이상 36개월 미만	1.700
만기일시지급 시	36개월 이상	1.800
비 고	자세한 내용은 상품 설명에서 확인하시기 바랍니다.	

06 원금 1,000만 원의 12개월 이자와 18개월 이자의 차액을 구하면? (단, 단리와 세전을 가정)

① 70,000원   ② 75,000원   ③ 80,000원
④ 85,000원   ⑤ 95,000원

07 원금 1,500만 원을 1년 동안 예치한 경우 실제로 수령하는 이자는 얼마인가? (단, 이자소득세율은 이자소득세 14%와 주민세 1.4%가 합쳐져서 15.4%이다.)

① 203,040원   ② 212,040원   ③ 219,520원
④ 225,480원   ⑤ 276,480원

정답 및 해설

03. ②   04. ⑤   05. ③   06. ③   07. ①

03 $540 \times (1+0.08) = 583.2$(만 원)

04 먼저 매년 10% 중도면제 조건에 의하면 1,000만 원은 중도상환수수료가 발생하지 않으며 나머지 9,000만 원에 대하여 계산한다. 1년 9개월 후이므로 수수료는 1%와 0.5%의 비율을 계산하면 된다. 1년에 0.5%이므로 9개월은 0.5%의 75%인 0.375%가 차감되며, 실제 수수료는 9,000만 원의 1%−0.375%=0.625(%)이다. 따라서 9,000만 원×0.625%=562,500(원)이다.

05 5년 동안 연평균 1,000만 원씩 불입해 연평균 5% 수익률을 올렸다면 5년 동안 누적수익은 1,000만 원×5%+2,000만 원×5%+3,000만 원×5%+4,000만 원×5%+5,000만 원×5%인 750만 원의 누적 수익을 냈다.
세제혜택: 5년간 수익 200만 원까지 비과세, 200만 원 초과분에 대해 9.9% 분리과세이므로 200만 원 초과분인 550만 원의 9.9%는 544,500원이고, 실제 수령하는 이자소득은 7,500,000−544,500=6,955,500(원)이다. 따라서 수령하는 원금과 이자의 합계는 56,955,500원이다.

06 12개월 이상 24개월 미만의 연이율은 1.6%이므로 원금 1,000만 원의 6개월(18개월−12개월) 이자 : 1,000(만 원) × 0.8%=8(만 원)이다.

07 원금 1,500만 원을 1년 동안 예치하는 경우 이율은 1.6%이므로 1,500(만 원) × 1.6%=24(만 원)이다. 실제 수령비율은 100%−15.4%=84.6(%)이므로 240,000×0.846=203,040(원)이다.

[8~9] 다음 표는 종합소득과세표준에 대한 내용이다. 다음 표를 보고 물음에 답하시오.

과세표준	세율
1,200만 원 이하	과세표준의 100분의 6
1,200만 원 초과 4,600만 원 이하	72만 원+1,200만 원을 초과하는 금액의 100분의 15
4,600만 원 초과 8,800만 원 이하	582만 원+4,600만 원을 초과하는 금액의 100분의 24
8,800만 원 초과 3억 원 이하	1,590만 원+8,800만 원을 초과하는 금액의 100분의 35
3억 원 초과	9,010만 원+3억 원을 초과하는 금액의 100분의 38

08 종합소득과세표준을 참고하여 과세표준액이 1억 원인 경우 산출세액은?

① 954만 원　　② 2,010만 원　　③ 2,370만 원
④ 4,488만 원　　⑤ 4,600만 원

09 종합소득과세표준을 참고하여 과세표준액이 7천만 원인 경우 산출세액은?

① 1,158만 원　　② 1,260만 원　　③ 1,370만 원
④ 1,488만 원　　⑤ 1,600만 원

10 당신은 농협은행 직원으로서 고객에게 다음과 같이 상품에 투자하는 것을 권유하였다. 3개월 후 고객은 얼마를 돌려받을 수 있겠는가? (단, 연 수익률은 단리이다.)

- 투자금 : 10,000,000원
- 투자현황

구 분	연 수익률(%)	투자비율(%)
A상품	0.6	20
B상품	0.8	50
C상품	0.4	30

① 10,010,000원　　② 10,012,000원　　③ 10,014,000원
④ 10,016,000원　　⑤ 10,018,000원

[11~12] 다음은 적금상품에 대한 자료이다. 다음 물음에 답하시오.

1. 상품명 : 도농사랑가족적금
2. 상품특징 : 가족구성원 간 거래, 연계 카드이용실적 및 농·축협 판매장 이용 등 복합거래에 따라 우대금리를 제공하는 적금
3. 적립방식 : 자유적립적금
4. 적용금리

기본이율 (연%p, 세전)	가입기간	12개월 이상	24개월 이상	36개월
	적용이율	1.9	2.0	2.1

우대이율
(연%p, 세전)
	• 아래 요건을 충족하고 이 적금을 만기 해지하는 경우 해당 우대이율을 기본이율에 추가하여 제공. 단, 우대조건 범위 내에서 농·축협별로 적용하되 우대이율의 최고 한도는 1.0%p 이내로 적용
	① 이 적금 또는 농·축협 도농사랑가족예금을 같은 날, 농·축협에 부모와 자녀(아들, 딸, 며느리, 사위)가 각각 가입하는 경우 : 0.1%p
	② 이 적금 가입월~만기전전월까지 농·축협 NH채움/농·축협BC(신용·체크)카드 이용실적
	  - 월 평균 30~50만 원 미만인 고객 : 0.2%p
	  - 월 평균 50만 원 이상인 고객 : 0.3%p
	  ☞ 이 적금과 카드의 관리 농·축협이 동일한 경우에만 적용
	③ 이 적금 가입월~만기전전월까지 농·축협 도농사랑가족통장에서 NH농협보험(생명·손해)으로 자동이체실적이 있는 고객 : 0.1%p
	④ 이 적금 가입월~만기전전월까지 농·축협 채움에셋증권통장으로 증권거래실적이 있는 고객 : 0.1%p
	  ☞ 이 적금과 채움에셋증권통장의 관리 농·축협이 동일한 경우에만 적용
	⑤ 이 적금 가입월~만기전전월까지 농·축협 판매장 이용실적이 200만 원 이상인 고객 : 0.2%p
	  ☞ 농·축협판매장 : 하나로마트, 하나로클럽, 파머스클럽, 신토불이 등 매장별 멤버십 가입고객에 한함(NH채움카드는 멤버십 자동가입)
	⑥ 이 적금 가입월~만기전전월까지 농협a마켓 이용실적이 100만 원 이상인 고객 : 0.2%p			

정답 및 해설

08. ② 09. ① 10. ④

08 1,590만 원+(1억 원−8,800만 원)×0.35=2,010(만 원)

09 582만 원+(7,000만 원−4,600만 원)×0.24=1,158(만 원)

10 • A상품 투자 수익률 : 10,000,000×0.2×(1+0.006×0.25)=2,003,000
  • B상품 투자 수익률 : 10,000,000×0.5×(1+0.008×0.25)=5,010,000
  • C상품 투자 수익률 : 10,000,000×0.3×(1+0.004×0.25)=3,003,000
  합계는 10,016,000(원)이다.

11 위 상품에 가입한 다음의 고객 중 우대금리가 적용되지 않는 고객은?

① 하나로 클럽 멤버십 가입고객으로 적금가입기간 동안 이용실적이 300만 원인 고객 A
② 농·축협 BC카드로 매달 100만 원 이상의 물품을 결제하는 개인사업자 B
③ 적금가입기간 농협a마켓 이용실적이 100만 원 이상인 고객 C
④ 아내가 '도농사랑가족적금'에 가입하고 같은 날 오후 남편이 '도농사랑가족적금'에 가입한 고객 D
⑤ 적금가입기간 동안 농·축협 도농사랑가족통장에서 NH농협보험(생명·손해)으로 50만 원을 자동이체한 고객 E

12 위 상품에 가입한 고객 H의 상황이 다음과 같을 때, 만기에 받을 수 있는 금액으로 옳은 것은? (단, $1.002^{12} ≒ 1.024$로 계산한다.)

> 1년 전 고객 H는 1년 만기로 도농사랑가족적금(초입금 20만 원, 매달 납입 20만 원)에 가입하였다. H는 가입한 시점부터 만기까지 NH채움카드 이용실적이 월 평균 67만 원이고, 하나로마트 이용실적이 700만 원이다.

① 2,100,000원　　② 2,211,000원　　③ 2,354,000원
④ 2,404,800원　　⑤ 2,432,000원

13 당신은 고객의 달러를 엔으로 환전해 주려고 한다. 현재 환율이 다음과 같을 때 고객의 돈 3,000달러를 교환하여 준다면 몇 엔인가? (단, 소수 첫째 자리에서 반올림한다.)

> 〈현재 환율〉
> • 1달러 = 1,160.20원
> • 100엔 = 941.64원

① 362,345엔　　② 369,632엔　　③ 369,647엔
④ 369,753엔　　⑤ 369,813엔

14 고객 A는 프리미엄NH저축보험(무배당) 거치형을 계약하려고 한다. 일시납보험료는 1억 원으로 하고 10년 만기를 조건으로 할 때 최저보증이율 기준으로 만기환급금은 얼마인지 구하면? (단, $(1.025)^9 ≒ 1.25$, $(1.025)^{10} ≒ 1.28$로 계산한다.)

프리미엄NH저축보험(무배당)

- 상품특징 : 시중 실세금리를 반영한 금리 연동형 상품(금리가 하락하더라도 가입 후 10년 내 연 단위 복리 2.5%, 10년 초과 시 연 단위 복리 1.5% 최저 보증)
- 보장내용(거치형)

급부명	지급사유	지급금액
만기보험금	피보험자가 보험기간이 끝날 때까지 살아있을 경우	계약자 적립금

- 계약자 적립금이란 이 계약의 적립계약 순보험료(기본보험료의 경우 납입보험료에서 보장계약보험료[위험보험료], 계약체결비용 및 납입 중 계약관리비용을 뺀 금액, 추가납입보험료의 경우 추가납입보험료에서 계약관리비용을 뺀 금액)를 공시이율로 납입일로부터 일자 계산에 의하여 적립한 금액을 말한다.
- ※ 계약관리비용 등 순보험료에서 제외되는 금액은 납입보험료의 13%이다.

---

① 10,875만 원 ② 11,000만 원 ③ 11,136만 원
④ 11,264만 원 ⑤ 11,325만 원

정답 및 해설   11. ④ 12. ④ 13. ② 14. ③

11 해당 상품은 같은 날 부모와 자녀가 각각 가입한 경우에는 우대이율이 적용되지만 부부가 가입한 경우에는 적용되지 않는다.

12 고객 A의 기본이율은 1년 만기이므로 1.9%이고, NH채움카드 이용실적이 월 평균 50만 원 이상이므로 우대이율 0.3%p, 농·축협 판매장인 하나로마트 이용실적이 200만 원 이상이므로 우대이율 0.2%p가 적용된다. 따라서 A의 적용 이율은 2.4%이다. 따라서 월 0.2%의 이율로 매달 20만 원을 납입했을 때 만기에 받을 수 있는 금액은 $\dfrac{20 \times (1.002) \times \{(1.002)^{12} - 1\}}{1.002 - 1} = 240.48$(만 원)이다.

13 • 3,000(달러) = 3,000 × 1,160.20 = 3,480,600(원)
• 3,480,600(원) = $\dfrac{100}{941.64}$ × 3,480,600 ≒ 369,632(엔)

14 순보험료에서 제외되는 금액은 일시납보험료 1억 원의 13%이므로 순보험료는 8,700만 원이다. 10년 만기의 최저보증이율은 2.5%이므로 만기 환급금은 $8,700 \times (1.025)^{10} ≒ 8,700 \times 1.28 = 11,136$(만 원)이다.

15 다음은 적금상품에 대한 자료이다.

- 상품명 : NH직장인월복리적금
- 가입금액
  - 초입금 및 매회 입금 1만 원 이상 원 단위, 1인당 분기별 3백만 원 이내
  - 계약기간 3/4 경과 후 적립할 수 있는 금액은 이전 적립누계액의 1/2 이내
- 금리안내 : 기본금리 + 최대 0.8%p
  * 기본금리 : 신규가입일 당시의 채움적금 고시금리
- 기본금리

이자지급방식	가입기간	기본금리(%p)	우대금리(%p)
만기 일시지급식	12개월 이상 24개월 미만	1.7	최고 0.8
	24개월 이상 36개월 미만	1.8	
	36개월 이상	1.9	
비 고	우대요건 충족 시 '인터넷 가입 시 우대이율 + 우대금리(최대 0.8%p)' 제공		

- 우대금리 : 0.8%p
  - 가입기간 동안 1회 이상 당행에 건별 50만 원 이상 급여를 이체한 고객 中
    ① 가입기간 중 '3개월 이상' : 급여이체 0.3%p
    ② 당행의 주택청약종합저축(청약저축 포함) 또는 적립식펀드 중 '1개 이상' 가입[주1] : 0.2%p
    ③ 당행 NH채움 신용·체크카드의 결제실적이 100만 원 이상[주2] : 0.2%p
  - 인터넷 또는 스마트뱅킹으로 본 적금에 가입 시 : 0.1%p

  주1) 만기일 전월 말 기준의 가입실적
  주2) 가입일 해당월부터 만기일 전월 말까지의 농협은행 요구불계좌를 통한 결제실적

직장인 F는 'NH직장인월복리적금' 상품에 가입한 상태이다. 직장인 F의 상황이 다음과 같을 때, 만기에 받을 수 있는 금액으로 옳은 것은? (단, $(1.002)^{24} ≒ 1.05$)

구 분	내 용
가입기간	2년
매달 납입금	100만 원
특이사항	• 가입기간 동안 농협으로 한 달에 한 번씩 총 3번에 걸쳐 50, 60, 60만 원의 급여를 이체 • NH채움 신용카드의 결제실적이 200만 원 • 인터넷으로 적금 가입

① 약 2,500만 원   ② 약 2,505만 원   ③ 약 2,515만 원
④ 약 2,520만 원   ⑤ 약 2,525만 원

16

다음은 시장금리 추이를 나타낸 표이다. 잘못 해석한 것은?

(단위 : 기간 중 평균금리, %)

구 분	2013	2014	2015	2016 06월	2016 07월	2016 08월	2016 09월	2016 10월	2016 11월
국고채 3년(평균)	2.79	2.59	1.79	1.33	1.22	1.24	1.31	1.36	1.61
국고채 5년(평균)	3.00	2.84	1.98	1.41	1.25	1.26	1.35	1.41	1.74
국고채 10년(평균)	3.28	3.18	2.30	1.62	1.40	1.42	1.51	1.60	2.00
회사채 3년(평균)	3.19	2.99	2.08	1.79	1.65	1.65	1.70	1.78	2.02
CD 91물(평균)	2.72	2.49	1.77	1.43	1.36	1.35	1.34	1.35	1.42
콜금리(1일물, 평균)	2.59	2.34	1.65	1.29	1.23	1.23	1.24	1.23	1.23
기준금리	2.50	2.00	1.50	1.25	1.25	1.25	1.25	1.25	1.25

① 국고채(3년) 금리는 기준금리 인하('16.6.9.), Brexit 결정('16.6.24), 주요국 국채 금리 하락 등으로 큰 폭 낮아졌다.
② 회사채(3년) 금리도 우량물을 중심으로 큰 폭 하락하였다.
③ CD 91물(평균)의 금리 추이를 통해 단기시장금리도 기준금리 인하의 영향으로 큰 폭으로 하락하였음을 알 수 있다.
④ 모든 금리에서 2014~2015년 사이 하락 폭이 2015~2016년 6월 사이 하락 폭보다 크다.
⑤ 기준금리는 다른 금리보다 항상 낮다.

정답 및 해설

15. ②   16. ⑤

15 가입기간이 2년이므로 기본 금리는 1.8%p이고, 가입기간 동안 1회 이상 당행에 건별 50만 원 이상 급여를 이체한 고객이며, 3개월 이상 급여를 이체한 실적이 있으므로 0.3%p의 금리가 적용된다. 또한 당행의 NH채움 신용카드의 결제실적이 100만 원 이상이므로 0.2%p의 금리가 적용되고 인터넷으로 본 적금에 가입했으므로 0.1%p의 금리가 적용되어 총 0.6%p의 우대금리가 가산된다. 따라서 적용 이율은 연 2.4%p이다. 따라서 월이율 0.2%p로 2년간 매달 100만 원을 납입했을 때 만기에 받을 수 있는 금액은
$$\frac{100 \times (1.002)\{(1.002)^{24}-1\}}{1.002-1} ≒ 2,505(만 원)이다.$$

16 2016년 07월~11월 사이 기준금리보다 낮은 금리가 존재한다.

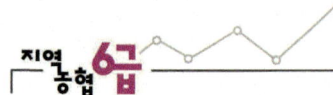

[17~18] 당신은 N은행의 창구업무를 담당하고 있다. 다음 내용은 N은행의 목돈마련저축(정기적금상품) 금리 변경 안내문이다. 다음 내용을 보고 물음에 답하시오.

- 항상 저희 은행을 이용해 주셔서 감사드립니다.
- 2021년 목돈마련저축 신규 적용금리를 아래와 같이 변경하오니 예금거래 시 참고하시기 바랍니다.
  - 금리 변경 내용

구 분	기 간	현 행	변 경
기본금리	3년, 5년	연 3.68%	연 3.6%
중도해지금리	1년 미만	연 1.47%	연 1.36%
	1년 이상	연 1.84%	연 1.70%
	2년 이상	연 2.21%	연 2.03%

- 시행일자 : 2021. 1. 1.(금) 신규 가입자부터 적용

17 2020년 3월 2일에 가입한 고객 A가 2022년 2월 28일에 해지하려고 할 때 예금금리는 얼마인가? (단, 연이율 기준으로 구한다.)

① 1.36%   ② 1.47%   ③ 1.70%
④ 1.84%   ⑤ 2.03%

18 고객 B는 매월 100,000원을 2021년 10월 1일부터 3년간 예금할 예정이다. 만기 유지 시 고객 B가 받을 수 있는 금액은 약 얼마인가? (단, $(1.003)^{36} = 1.114$로 계산한다.)

① 3,615,000원   ② 3,743,000원   ③ 3,800,000원
④ 3,811,400원   ⑤ 3,921,000원

19 다음은 ○○사이버적금에 가입한 고객 A의 내역이다. 만기(2021년 1월 1일)에 지급받는 금액은 대략 얼마인가? (단, $(1.0015)^{24} ≒ 1.04$로 계산한다.)

가입상품	○○사이버적금		계약기간	2년
적립금액	최초 납입	2019년 1월 1일에 10만 원 납입		
	월 1회 납입액	매달 1일에 10만 원 납입		
기본 금리	구 분		적용금리(%) (연이율, 세전)	
	12개월 이상 24개월 미만		1.7	
	24개월 이상 36개월 미만		1.8	
	36개월 이상		1.84	
	※ 신규일(적립시작일)에 영업점에 게시한 자유적립적금 금리를 적용(복리)			

① 261만 원 ② 267만 원 ③ 273만 원
④ 279만 원 ⑤ 285만 원

정답 및 해설

17. ④ 18. ④ 19. ②

17 해당 금융상품의 만기는 3년과 5년으로 2020년 3월 2일~2022년 2월 28일까지의 기간은 1년 이상 2년 미만이다. 또한, 가입일이 2020년 3월 2일이므로 예금금리는 1.84%이다.

18 매달 적립액을 A라 하고, 연 이자율을 R, 만기까지의 개월 수를 n이라 하면,

$$만기 금액 = A \times (1 + R/12) \times \frac{(1+R/12)^n - 1}{R/12}$$

$$= 100{,}000 \times 1.003 \times \frac{(1.003)^{36} - 1}{0.003}$$

$$= 100{,}000 \times 1.003 \times \frac{0.114}{0.003}$$

$$= 3{,}811{,}400 (원)$$

19 계약기간이 2년이고 기본 금리는 1.8% 적용되므로 연이율은 1.8%이고, 월이율은 0.15%이다. 따라서 만기에 지급 받는 금액은 $\dfrac{10 \times (1.0015) \times \{(1.0015)^{24} - 1\}}{1.0015 - 1} ≒ 267$(만 원)이다.

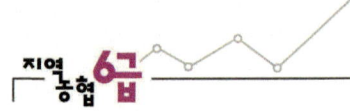

20 2018년 2월 9일 고객 A와 B는 은행에 방문하여 금융상품에 가입했다. 고객 A는 M 상품에 가입했고, 고객 B는 L상품에 가입했다. 그런데 고객 A는 2019년 6월 27일에 예금상품을 해지했고, 고객 B는 만기를 채워 2021년 2월 9일에 환급을 받게 되었다. 각각의 환급금(세전)을 바르게 짝지은 것은? (단, A, B는 우대금리 적용대상이다.)

[금융 상품 종류]

- 가입기간 : 3년
- 가입금액 : 2백만 원
- 이자 지급 방식 : 만기일시지급 – 단리식

상품명	기본금리(%)	우대금리(%)	중도해지이율(연이율, 세전)	
M	5.0	0.3	3개월 미만	0.2
			6개월 미만	0.3
			12개월 미만	기본금리 × 15%
			18개월 미만	기본금리 × 20%
K	4.0	0.5	5개월 미만	0.3
			10개월 미만	0.4
			15개월 미만	기본 금리 × 5%
			30개월 미만	기본 금리 × 10%
L	3.0	0.7	6개월 미만	0.2
			12개월 미만	기본금리 × 10%
			18개월 미만	기본금리 × 20%
X	3.5	0.5	6개월 미만	0.1
			12개월 미만	기본금리 × 20%
			18개월 미만	기본금리 × 25%

- 우대 금리는 중도인출 및 해지 시에는 적용하지 않는다.
- 만기 후 이율(세전)
 – 만기 후 3개월 이내 : 만기 시점 국고채 1년물 금리
 – 만기 후 6개월 이내 : 일반정기예금 계약기간별 기본금리의 20%
 – 만기 후 6개월 초과 : 일반정기예금 계약기간별 기본금리의 10%
- 예금자보호 여부 : 해당

① A : 2,020,000원, B : 2,007,400원　② A : 2,020,000원, B : 2,074,000원
③ A : 2,014,000원, B : 2,003,500원　④ A : 2,014,000원, B : 2,035,000원
⑤ A : 2,012,000원, B : 2,080,000원

21 다음 귀농start적금에 가입한 고객 A의 내역이다. 만기(2017년 3월 1일)에 지급받은 금액은? (단, $(1.002)^{36} ≒ 1.075$로 계산한다.)

가입상품	귀농start적금(자금마련형)		계약기간	3년
적립금액	최초 납입	2014년 3월 1일에 10만 원 납입		
	월 1회 납입액	매달 1일에 10만 원 납입		
기본금리	구 분		적용금리(연이율, 세전)	
	12개월 이상 24개월 미만		2.0%	
	24개월 이상 36개월 미만		2.1%	
	36개월 이상		2.2%	
	※ 신규일(적립시작일)에 영업점에 게시한 자유적립적금 금리를 적용(복리)			
우대금리	「귀농start통장」 가입고객에게 거래고객 우대이율 0.2%p 추가 적용			

① 3,630,000원 ② 3,673,000원 ③ 3,725,000원
④ 3,757,500원 ⑤ 3,977,500원

정답 및 해설

20. ② **21.** ④

20 A : M상품의 16개월째의 해지이기 때문에 기본금리의 20%의 환급금을 받게 된다.
따라서 $2,000,000 \times (1+0.01) = 2,020,000$(원)을 환급받는다.
B : L상품의 만기 환급으로 우대금리까지 적용한 3.7%를 이자로 받게 된다.
따라서 $2,000,000 \times (1+0.037) = 2,074,000$(원)을 환급받는다.

21 계약기간이 3년이므로 기본금리는 2.2% 적용되고 우대금리가 0.2%p 추가되므로 합산하면 연이율은 2.4%이다. 따라서 월이율은 0.2%이므로 만기에 지급해야 할 금액은
$$\frac{10 \times (1.002) \times \{(1.002)^{36} - 1\}}{1.002 - 1} = 375.75 (만 원)이다.$$

[22~23] 예금취급기관의 지역별 가계대출 잔액 현황에 관한 자료이다. 다음 물음에 답하시오.

[가계대출]　　　　　　　　　　(단위 : 십억 원)

구 분	2017년		2018년			2019년	
	10월	12월	9월	10월	12월	9월	10월
전 국	475,775	481,026	499,860	504,960	513,786	532,205	540,213
서 울	204,918	206,165	213,659	216,056	220,029	231,447	235,147
부 산	39,979	40,990	43,264	43,800	44,690	46,806	47,579
인 천	40,440	40,825	41,654	41,947	42,672	42,694	43,197
경 기	172,518	174,517	181,937	183,617	186,237	189,756	192,461
강 원	12,778	13,196	13,563	13,631	13,949	14,156	14,271
제 주	5,142	5,333	5,783	5,909	6,209	7,346	7,558

22 2018년 동안 대출금액 변동 폭이 가장 작은 지역은?
　① 서울　　　　　② 인천　　　　　③ 경기
　④ 강원　　　　　⑤ 제주

23 다음 중 가장 옳지 않은 것은?
　① 서울에서 가계대출은 지속해서 증가하고 있다.
　② 2017~2019년까지 서울 다음으로 경기에서 가계대출액이 가장 크다.
　③ 2017년 10월 제주는 가계대출 비중이 6개 지역 중 약 1%의 비중을 차지한다.
　④ 2019년 9월에서 10월 사이 부산의 대출액 증가 폭이 인천의 대출액 증가 폭보다 작다.
　⑤ 다른 지역의 가계대출액을 비교했을 때, 부산과 인천은 거의 비슷하다.

제2장 수리능력

24 만 23살이 된 대학생 A는 다음 적금 상품을 추천받았다고 한다. 해당 상품에 매월 200,000원을 예치한다면 6개월 후 만기 시 받을 수 있는 금액은 얼마인가? (단, 세금은 무시한다.)

[정기적금]
- 가입대상 : 만 20세 이상인 고객
- 가입기간 : 6개월 이상 24개월 이내(월 단위)
- 적립방법 : 정기적금
- 금리
  - 이자지급방식 : 만기일시지급식
  - 가입기간 : 6개월 이상 12개월 미만
  - 연이율 : 2%

① 1,038,000원 ② 1,124,000원 ③ 1,138,000원
④ 1,207,000원 ⑤ 1,310,000원

정답 및 해설

22. ④ 23. ④ 24. ④

22 ④ 강원 : 13,949 − 13,563 = 386
① 서울 : 220,029 − 213,659 = 6,370
② 인천 : 42,672 − 41,654 = 1,018
③ 경기 : 186,237 − 181,937 = 4,300
⑤ 제주 : 6,209 − 5,783 = 426

23 ④ 2019년 9월에서 10월을 비교했을 때, 부산의 대출액 증가 폭은 47,579 − 46,806 = 773(십억 원), 인천의 대출액 증가 폭은 43,197 − 42,694 = 503(십억 원)이므로 부산의 대출액 증가 폭이 더 크다.

24

납입 개월	월 적금액	연이율	이자(세전)
1	200,000	2.0%	2,000
2	200,000	2.0%	1,667
3	200,000	2.0%	1,333
4	200,000	2.0%	1,000
5	200,000	2.0%	667
6	200,000	2.0%	333
적립 원금	1,200,000	이자(세전)	7,000

25 고엽제환자인 M씨는 얼마 전 N은행의 비과세 상품인 비과세 상품인 □□적금에 만기 2년, 연이율 4.8%, 월납입금 20만 원의 조건으로 가입했다. 다음 표를 참고한다면 만기일에 M씨가 받는 실이자율은 얼마인가? (단, 이 적금은 단리로 이율이 적용되며 이자 지급 방식은 만기일시지급이다. 또한 이자소득세율은 15.4%로 계산한다.)

[비과세 및 세금우대 가입연령 및 한도표]

구분	세금우대 (비과세)	생계형 (비과세)	세금우대 종합저축	총세금우대한도
노인(남자 60세, 여자 60세 이상), 장애인, 국가유공자, 기초생활수급자, 고엽제환자	2,000만 원	2,000만 원	2,000만 원	7,000만 원
일반인(20세 이상)	2,000만 원	0	1,000만 원	3,000만 원

※ 비과세 및 세금우대 금액의 기준은 원금 기준이다.

① 3.5% ② 4.0% ③ 4.5%
④ 5.0% ⑤ 5.5%

정답 및 해설　　　　　　　　　　　　　　　　　　　　25. ④

25 만기금액은 $20 \times \dfrac{24 \times 25}{2} \times 0.004 + 20 \times 24 = 504$(만 원)이다.

M씨가 2년 동안 납입한 금액은 $20 \times 24 = 480$(만 원)이다. 따라서 세전 이자금액은 약 24만 원이다. M씨는 고엽제환자라서 원금 2,000만 원까지 세금우대를 받을 수 있으므로 세전 이자금액으로 실이자율을 구하면 된다. $\dfrac{24}{480} \times 100 = 5$(%)이다.

제3장

문제해결능력

PART 01 핵심이론
PART 02 기출문제
PART 03 예상문제

PART 01 » 핵심이론

01 문제해결능력

1 문제

(1) 문제란 업무를 수행함에 있어 해결이 되어야 하는 질문, 의논 대상으로 해결을 원하지만 해결하는 방법을 모르는 상태에 있다. 즉, 목표와 현재 상태 사이의 차이를 의미하는 것으로 문제를 해결하기 위해서는 문제의 핵심을 파악하는 것이 가장 중요하다.

(2) 문제의 구분

① 해결방법에 따른 문제의 분류

구 분	창의적 문제	분석적 문제
문제제시 방법	문제가 없더라도 더 나은 방법을 찾기 위한 탐구로, 문제가 명확하지 않음	현재 갖고 있는 문제점이나 미래 발생이 예상되는 문제에 대한 탐구로, 문제가 명확함
해결 방법	다양하고 창의적인 아이디어를 통해 해결	분석적, 논리적 수단을 이용해 해결
해답 수	여러 답안이 있을 수 있어 그 중 나은 것을 선택	답의 수가 적고 한정됨
특징	주관적, 직관적, 감각적, 정성적, 개별적, 특수성	객관적, 논리적, 정량적, 이성적, 일반적, 공통성

② 업무수행과정 중 발생하는 문제의 유형

유 형	특 성
발생형 문제	• 과거 시점에 이미 발생한 문제 • 원상복귀에 중점을 둔 해결
탐색형 문제	• 현재의 상황을 개선하거나 효율을 높이기 위한 문제 • 방치하면 문제가 확대됨
설정형 문제	• 미래상황에 대응하는 문제 • 다양하고 창조적인 능력을 요구해 창의적 문제와 맥락이 같음

2 문제해결

(1) 문제해결은 목표와 현상을 분석하여 기대되는 결과가 나타나도록 해결안을 실행, 평가하는 활동이다.

(2) 문제해결의 기본요소
① 체계적인 교육훈련 : 창조적 문제해결능력을 향상시키기 위해서는 체계적인 교육훈련으로 기본적인 지식과 기술을 습득해야 한다.
② 문제해결방법에 대한 지식 : 문제해결방법에 관한 일반영역, 전문영역에 걸친 다양한 지식을 습득해야 한다.
③ 문제에 관련된 해당지식 가용성 : 해결하고자 하는 문제와 해당 업무에 대한 지식과 경험이 요구된다.
④ 문제해결자의 도전의식과 끈기 : 문제해결의지, 개선의식, 도전의식 등과 끈기가 필요하다.
⑤ 문제에 대한 체계적인 접근 : 관점의 사각지대에 남아있는 잔존 문제를 해결하기 위해서는 체계적으로 문제를 분석해야 한다.

(3) 문제해결을 위한 기본적 사고
① 전략적 사고 : 문제가 상위 시스템이나 다른 문제와 어떻게 연결되어 있는지 생각한다.
② 분석적 사고 : 전체를 각각의 요소로 나누어 구체적인 문제해결을 한다. 분석하는 방법에 따라 성과 지향, 가설 지향, 사실 지향의 유형이 있다.
③ 발상의 전환 : 새로운 관점으로 대상을 인식하는 사고를 지향해야 한다.
④ 내·외부자원의 효과적 활용 : 기술, 재료, 방법, 사람 등 필요한 자원을 효과적으로 활용해야 한다.

(4) 문제해결의 장애요인
① 문제를 철저하고 심도 있게 분석하지 않는다.
② 편견, 경험, 습관 등 고정관념에 얽매인다.
③ 쉽게 떠오르는 단순한 정보에만 의존한다.
④ 무계획적으로 너무 많은 자료를 수집한다.

(5) 문제해결 방법
① 소프트 어프로치
　㉠ 조직 구성원들이 같은 문화적 토양을 갖고 있어 서로를 잘 이해하는 상황에서 작동한다.
　㉡ 직접적인 표현을 꺼리며 의사를 암시, 권위나 공감과 같은 형태로 전하려 한다.
　㉢ 결론이 애매하게 끝나는 경우가 많으나 이 또한 이심전심으로 파악한다.

② 하드 어프로치
　㉠ 조직 구성원들이 상이한 문화적 배경을 갖고 있는 경우에 작동한다.

　　ⓒ 직설적으로 의사를 전달하고 주장, 논쟁, 협상을 통해 의견을 논리적으로 조정한다.
　　ⓓ 합리적이나 창조적인 아이디어를 이끌어내기는 어렵다.
③ **퍼실리테이션**
　　㉠ 퍼실리테이션은 촉진이라는 의미로 집단의 의사결정 과정을 조력하여 의견의 진행방향을 안내하는 퍼실리테이터에 의해 작동한다.
　　㉡ 창조적 해결방법이 도출될 수 있다.
　　㉢ 단, 구성원이 자율적으로 실행해야 하며 제3자가 합의점을 준비해놓고 이를 따라가도록 해서는 안 된다.

02 사고력

1 창의적 사고

(1) 창의적 사고는 당면한 문제를 해결하기 위해 이미 갖고 있는 지식이나 경험을 해체, 재조합하여 새로운 아이디어를 도출해내는 것이다.

(2) **창의적 사고의 의미**
① 발산적(확산적) 사고
② 새롭고 유용한 아이디어를 생산하는 정신적 과정
③ 통상적이지 않고 기발하거나 독창적인 것
④ 유용하고 적절한 가치 있는 것
⑤ 기존의 정보를 특정 요구에 유용하도록 새롭게 조합한 것

(3) **창의적 사고의 특징**
① 정보와 정보의 조합
② 사회나 개인에 새로운 가치를 창출
③ 교육훈련을 통해 개발할 수 있는 창조적인 가능성

(4) **창의적 사고의 개발 방법**
① **자유연상법** : 생각나는 대로 자유롭게 발상
② **강제연상법** : 각종 힌트에 강제적으로 연결지어서 발상
③ **비교발상법** : 주제의 본질과 닮은 것을 힌트로 발상

(5) 브레인스토밍
① 미국의 알렉스 오즈번이 고안한 기법으로 창의적 사고를 위한 방법 중 가장 흔히 사용된다.
② 집단의 효과를 살려 아이디어의 연쇄반응을 일으키는 것이 목적이다.
③ 진행방법
  ㉠ 주체를 구체적이고 명확하게 설정한다.
  ㉡ 구성원들이 서로 얼굴을 볼 수 있도록 자리를 배치하고 아이디어를 적을 큰 용지를 준비한다.
  ㉢ 구성원들이 다양한 의견을 제시할 수 있도록 분위기를 조성하는 리더를 선출한다.
  ㉣ 구성원은 해당 분야 전문가를 절반 이하로 하고 다양한 분야의 사람들로 5~8명 정도 구성한다.
  ㉤ 발언은 누구나 자유롭게 하며 발언 내용은 모두 기록한다.
  ㉥ 아이디어에 대해서는 평가하거나 비판해서는 안 된다.
④ 브레인스토밍의 4대 원칙
  ㉠ 비판 엄금 : 평가 단계 이전에 결코 비판이나 평가를 해서는 안 된다.
  ㉡ 자유분방 : 무엇이든 자유롭게 말한다.
  ㉢ 질보다 양 : 질과 무관하게 가능한 많은 아이디어를 생성하도록 한다.
  ㉣ 결합과 개선 : 아이디어가 새로운 아이디어를 생성하는 자극이 되고, 아이디어끼리 조합하여 새로운 아이디어를 만들어낸다.

2 논리적 사고

(1) 논리적 사고는 사고의 전개에서 전후 관계가 일치하는지 확인하여 아이디어를 평가하는 사고 능력이다.

(2) 구성요소
① 생각하는 습관 : 언제 어디서나 의문을 갖고 생각하는 습관
② 상대 논리의 구조화 : 상대의 논리에서 약점을 찾고 자신의 생각을 재구축
③ 구체적인 생각 : 상대가 말하는 것을 잘 알 수 없다면 구체적인 이미지를 활용
④ 타인에 대한 이해 : 상대방의 주장 전부를 부정하지 않고 이해하고자 하는 노력
⑤ 설득 : 논리적 사고는 고정된 견해나 사상의 강요를 지향하는 것이 아니므로 상대와 의논, 설득하는 과정을 통하여 새로운 아이디어를 발견

(3) 논리적 사고 개발방법
① so what 방법 : 주어진 정보에 대해 반복해서 자문자답하여 의미 있는 정보를 이끌어내는 사고 방법

② **피라미드 구조화 방법** : 보조 메시지를 통해 주요 메인 메시지를 얻고 주요 메인 메시지를 종합하여 최종적인 결론을 도출

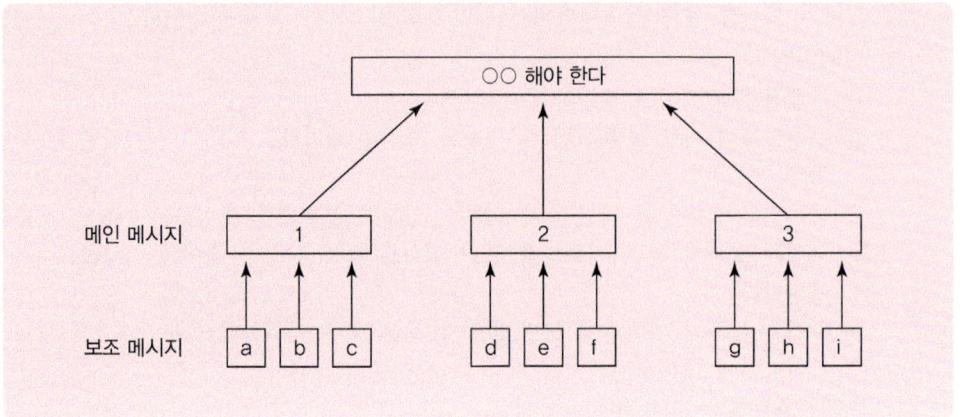

3 비판적 사고

(1) 비판적 사고는 어떠한 주제나 주장 등에 대해 적극적으로 분석, 종합하여 평가하는 능동적인 사고로, 사례를 타당한 것으로 보아 이를 수용할 것일지 불합리한 것으로 거절할 것인지에 대해 결정하기 위해 필요한 사고력이다.

(2) **비판적 사고 개발에 필요한 태도**
① 지적 호기심
② 객관성
③ 개방성
④ 융통성
⑤ 지적 회의성
⑥ 지적 정직성
⑦ 체계성
⑧ 지속성
⑨ 결단성
⑩ 다른 관점에 대한 존중

(3) **비판적 사고를 수행하기 위한 태도**
① 문제의식 : 주변에서 발생하는 사소한 일에서도 정보를 수집할 수 있다.
② 고정관념 타파 : 지각의 폭을 넓혀 다양한 판단을 할 수 있다.

03 논증과 추리

1 기초적인 명제 논리

(1) 명제

명제란 참과 거짓을 판별할 수 있는 문장이다. 예를 들어 '동물은 사람이다.'라는 문장은 거짓이고 '사람은 동물이다.'라는 문장은 참인데, 둘 다 참과 거짓을 판정해 낼 수 있으므로 모두 명제라고 할 수 있다.

(2) 정언 명제와 가언 명제

정언 명제란 우리가 알고 있는 '어떤 P는 Q다.' 또는 '모든 P는 Q다.'와 같은 명제를 뜻한다. 반면에 가언 명제란 '가정'의 의미가 명제 속에 포함된 것으로 'P ⇒ Q'나 혹은 'P ⇒ ~Q' 등을 뜻한다.

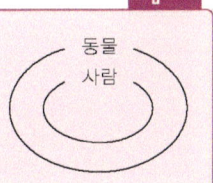

> **참고**
> 정언 명제가 나타내는 상황은 소위 벤다이어그램이라는 그림을 이용하여 문제를 쉽게 풀 수가 있다. 그러나 가언 명제의 경우는 이러한 방식으로 접근하기가 어렵다. 예를 들면 '모든 사람은 동물이다.'라는 정언 명제는 오른쪽 그림과 같이 간단히 나타낼 수 있지만 '철수가 학교에 간다면 영희도 학교에 간다.'라는 가언 명제는 그림으로 나타내기 어렵다. 따라서 '정언 명제'나 '가언 명제'라는 용어의 의미를 암기하는 것보다 이러한 특성을 아는 것이 실제 문제 풀이에 도움이 된다.

(3) 정언 명제의 표준화 및 기호화

주어진 명제의 표준화 및 기호화로써 그 명제가 나타내는 의미를 좀 더 쉽고 분명히 알 수 있다.
① '사람은 동물이다.', '기계는 무생물이다.' 등의 명제를 표준화 및 기호화로 쉽게 나타낼 수 있다.

단계 1) 표준화

> 사람은 동물이다. ⇒ 모든 사람은 동물이다.
> 기계는 무생물이다. ⇒ 모든 기계는 무생물이다.

> **참고**
> '모든'이라는 수식어가 없지만 문장 의미상 '모든'이 생략된 것으로 파악할 수 있다.

단계 2) 그림(벤다이어그램) 및 기호화

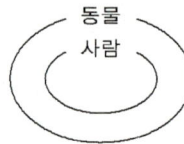

> **참고**
> '임의'라는 용어는 '모든'과 동격 취급한다.
> ⓐ 주머니에 들어 있는 임의의 동전은 500원짜리다. ≡ 주머니에 들어 있는 모든 동전은 500원짜리다.

② '남학생 몇 명이 교실에 있다.', '어떤 개는 털이 희다.' 등의 명제를 표준화 및 기호화로 쉽게 나타낼 수 있다.

단계 1) 표준화

> 남학생 몇 명이 교실에 있다. ⇒ 교실에 있는 학생 중에 몇 명은 남학생이다.
> 어떤 개는 털이 희다. ⇒ 어떤 개는 털이 흰 동물이다(≡ 동물 중에는 털이 흰 개가 있다).

단계 2) 그림(벤다이어그램) 및 기호화

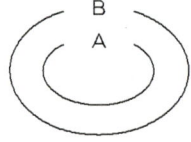
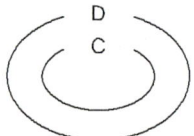

A : 남학생
B : 교실 전체의 학생
C : 털이 흰 개
D : 모든 동물

> **참고**
> '어떤'이라는 의미는 '모든'을 포함하고 있다는 것에 반드시 유의해야 한다(반대의 경우는 성립하지 않는다). 즉 '이 교실의 학생 중에서 어떤 학생은 남학생이다.'라는 명제는 일반적으로 〈그림 1〉로 나타내지만 〈그림 2〉가 될 가능성도 있다. 그러므로 '이 교실의 학생 중에서 어떤 학생은 남학생이다.'라는 명제로부터 '이 교실의 학생 중에는 여학생도 있다.'라는 명제가 참일 수도 있고 거짓일 수도 있다(참인 경우는 〈그림 1〉인 경우이고, 거짓인 경우는 〈그림 2〉인 경우이다).
> 한편 '일부분', '대부분' 역시 위에서 언급한 '어떤'과 같은 역할을 한다. 즉 '이 반의 대부분(혹은 일부, 일부분)의 학생은 남학생이다.'라는 명제로부터 '이 반의 학생 중에는 남학생이 1명이 있다.'라는 명제도 참일 수가 있다. 즉 1명 이상을 일부분 또는 대부분으로 해석할 수 있다는 것이다.
>
>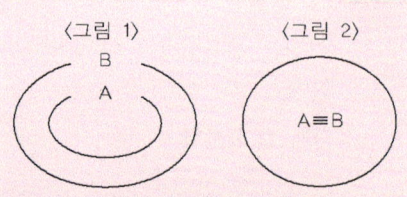
> [A : 남학생, B : 교실에 있는 모든 학생]

③ '~만이'라는 표현이 나타난 명제 : 예를 들어 '성인들만이 극장에 들어간다.'라는 의미는 극장에 있는 사람들을 조사해 보았더니 모두 성인들이라는 뜻이다. 그러므로 '극장에 있는 모든 사람은 성인이다.'라는 명제로 표준화된다. 즉, 일반적으로 아래와 같다는 것을 알 수 있다.

> A만이 B다. ≡ 모든 B는 A다.

④ 그 외의 여러 명제를 표준화하면 아래와 같다.
- 곤충은 움직인다.
  ⇒ 모든 곤충은 움직이는 생명체이다.
- 광택이 난다고 해서 반드시 금속은 아니다.
  ⇒ 광택이 나는 어떤 물질은 금속이 아니다.
- 전기가 통하지 않고 광택이 나는 물질이 존재한다.
  ⇒ 광택이 나는 어떤 물질은 전기가 통하는 물질이 아니다.
- 철학을 수강하지 않은 학생 중 몇 명은 논리학을 수강하였다.
  ⇒ 철학을 수강하지 않은 어떤 학생은 논리학을 수강한 학생이다.
- 다른 사람을 절대 비방하지 않는 사람이 있다.
  ⇒ 어떤 사람은 다른 사람을 비방하는 사람이 아니다.

2 명제 간의 관계

그림으로부터 명제 간의 관계를 쉽게 요약할 수 있다(상황별로 나타날 수 있는 모든 그림을 그려 놓은 것이다).

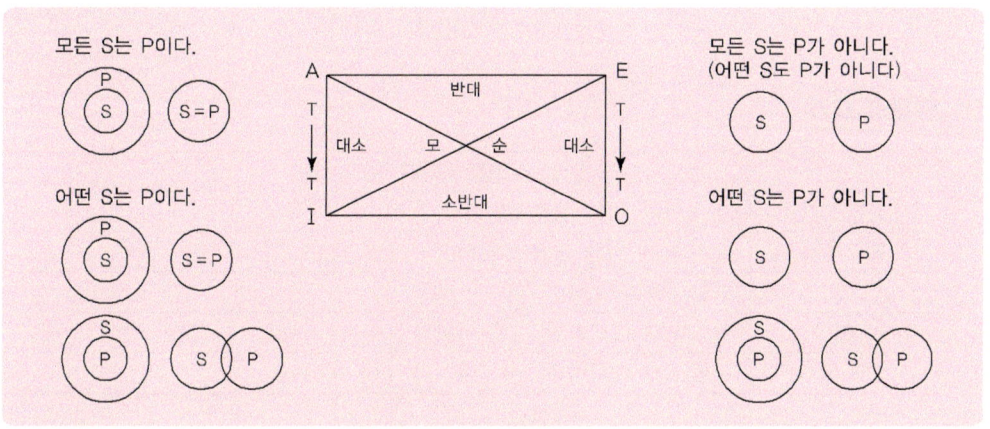

(1) 모순관계

A가 참이면 O는 거짓이고, O가 참이면 A는 거짓이다. 또 E가 참이면 I가 거짓이고, I가 참이면 E는 거짓이다. A가 거짓이면 O는 참이고, O가 거짓이면 A는 참이다. 또 E가 거짓이면 I는 참이고, I가 거짓이면 E는 참이다.

(2) 대소관계

A가 참이면 I도 참이고, I가 거짓이면 A도 거짓이다. 또 E가 참이면 O도 참이고, O가 거짓이면 E도 거짓이다.

(3) 반대관계

A와 E는 둘 중 하나가 참이면 다른 것은 반드시 거짓이지만 하나가 거짓일 경우 다른 것의 참·거짓은 확정할 수 없다. 다시 말해 A와 E는 동시에 참일 수는 없지만 동시에 거짓일 수는 있다.

(4) 소반대관계

I와 O는 둘 중 하나가 거짓이면 다른 것은 반드시 참이지만 하나가 참일 경우 다른 것의 참·거짓은 확정할 수 없다. 다시 말해 I와 O는 동시에 거짓일 수는 없지만 동시에 참일 수는 있다.

3 가언 명제

우리가 잘 알고 있는 'P ⇒ Q'의 형태를 가언 명제라고 한다. 주어진 명제를 기호화하면 문제 풀이에 한결 쉽고 빠르게 접근할 수 있다. 그러므로 반드시 기호화하는 습관을 갖도록 한다.

1. 임의의 명제 표기 : 보통 명제는 p, q, r 또는 P, Q, R 등으로 표기한다.
2. 명제의 부정 : 주어진 명제에 '~'을 붙인다.
    - 예) 그는 학생이 아니다. ⇒ '~P' 여기서 P는 '그는 학생이다.'를 나타내는 명제이다.)
3. 명제의 합성 : '또는'을 '∨'로, '그리고'를 '∧'로 나타낸다.

(1) 명제의 표기

"만일 p라면, q이다."(p → q)	
충분조건	p는 q이기 위한 충분조건이다.
필요조건	q는 p이기 위한 필요조건이다.
역	"만일 q라면, p이다."(q → p)
이	"만일 p가 아니라면, q가 아니다."(~p → ~q)
대우	"만일 q가 아니라면, p가 아니다."(~q → ~p)

[가언 명제의 진리표]

p	p → q	q		p	p ↔ q	q
T	T	T		T	T	T
T	F	F		T	F	F
F	T	T		F	F	T
F	T	F		F	T	F

> 참고
> 'p → q'라는 명제가 참일 때 반드시 참이라고 할 수 있는 것은 이것의 대우 명제인 '~q → ~p'뿐이다.
> 나머지 '~p → q', 'p → ~q', '~p → ~q'는 상황에 따라서 참일 수도 있고 거짓일 수도 있다.

(2) 드모르간의 법칙 : 명제의 부정(~)에 대해서 정리해 놓은 법칙이다.

1. ~(~p) ≡ ~p   2. ~(p∨q) ≡ ~p∧~q   3. ~(p∧q) ≡ ~p∨~q

확인문제

다음 〈보기〉가 참일 때, 추론한 것 중 가장 부적절한 것은 무엇인가?

┌ 보기 ┐
(가) 사과 수확량이 감소하면, 사과 가격이 상승한다.
(나) 사과 소비량이 감소하면, 사과 수확량이 감소한다.
(다) 사과 수확량이 감소하지 않으면, 사과주스 가격이 상승하지 않는다.

① 사과주스의 가격이 상승하면, 사과 가격이 상승한다.
② 사과 가격이 상승하지 않으면, 사과 수확량이 감소하지 않는다.
③ 사과 소비량이 감소하지 않으면, 사과주스 가격이 상승하지 않는다.
④ 사과 수확량이 감소하지 않으면, 사과 소비량이 감소하지 않는다.
⑤ 사과 가격이 상승하지 않으면, 사과주스 가격이 상승하지 않는다.

해설 ① (다)의 대우와 (가)를 통해 유도해 낼 수 있다.
② (가)의 대우에 해당된다.
④ (나)의 대우에 해당된다.
⑤ (가)의 대우와 (다)를 통해 유도해 낼 수 있다.

답 ③

4 삼단논법

삼단논법이라는 것은 주어진 두 개의 명제로부터 또 다른 결론을 추론하는 것이다. 표준화, 기호화, 벤다이어그램을 이용하면 쉽게 문제풀이에 접근할 수 있다.

📖 'A는 B이다. B는 C이다. 그러므로 A는 C이다.'라는 삼단논법의 대표적인 예는 다음과 같은 방법으로 쉽게 얻어질 수 있다.

단계 1) 표준화

> A는 B이다(≡ 모든 A는 B이다). B는 C이다(≡ 모든 B는 C이다).

단계 2) 벤다이어그램 : 주어진 두 개의 명제를 다음과 같이 벤다이어그램을 이용해 나타낼 수 있다.

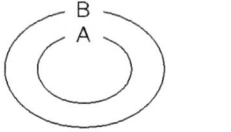 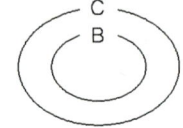

단계 3) 두 개의 그림 합성

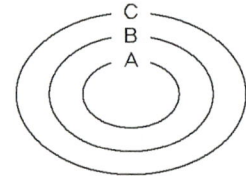

단계 4) 합성된 그림으로부터 결론을 얻어 낸다.

📖 '모든 A는 C이다.', '모든 B는 C이다.'라는 두 개의 명제로부터 다음의 네 가지 상황 모두 추론할 수 있다.

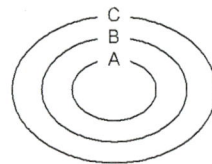 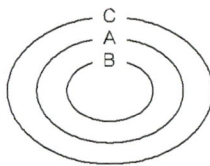 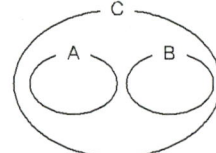 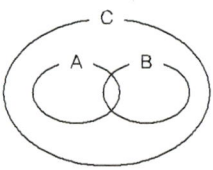

[참고] 아래의 표는 주어진 각 상황에서 삼단논법의 적절성을 나타낸 것이다. 즉 '명제1'이 주어졌고 그에 따른 여러 가지 종류의 '명제2'가 주어졌을 때 내릴 수 있는 결론에 대한 참과 거짓을 표시해 놓은 것이다.

명제1	O : 어떤 M은 P가 아니다.			
명제2	A : 모든 M은 S이다.	E : 모든 M은 S가 아니다.	I : 어떤 M은 S이다.	O : 어떤 M은 S가 아니다.
결론	A : 모든 S는 P이다. (x) E : 모든 S는 P가 아니다. (x) I : 어떤 S는 P이다. (x) O : 어떤 S는 P가 아니다. (o)	A : 모든 S는 P이다. (x) E : 모든 S는 P가 아니다. (x) I : 어떤 S는 P이다. (x) O : 어떤 S는 P가 아니다. (o)	A : 모든 S는 P이다. (x) E : 모든 S는 P가 아니다. (x) I : 어떤 S는 P이다. (x) O : 어떤 S는 P가 아니다. (x)	A : 모든 S는 P이다. (x) E : 모든 S는 P가 아니다. (x) I : 어떤 S는 P이다. (x) O : 어떤 S는 P가 아니다. (x)
타당	OAO	OEO	없음	없음

제3장 문제해결능력

명제1	A : 모든 P는 M이다.			
명제2	A : 모든 M은 S이다.	E : 모든 M은 S가 아니다.	I : 어떤 M은 S이다.	O : 어떤 M은 S가 아니다.
결론	A : 모든 S는 P이다. (×) E : 모든 S는 P가 아니다. (×) I : 어떤 S는 P이다. (○) O : 어떤 S는 P가 아니다. (×)	A : 모든 S는 P이다. (×) E : 모든 S는 P가 아니다. (○) I : 어떤 S는 P이다. (×) O : 어떤 S는 P가 아니다. (○)	A : 모든 S는 P이다. (×) E : 모든 S는 P가 아니다. (×) I : 어떤 S는 P이다. (×) O : 어떤 S는 P가 아니다. (×)	A : 모든 S는 P이다. (×) E : 모든 S는 P가 아니다. (×) I : 어떤 S는 P이다. (×) O : 어떤 S는 P가 아니다. (×)
타당	AAI	AEE, AEO	없음	없음

명제1	E : 모든 P는 M이 아니다(어떤 P도 M이 아니다).			
명제2	A : 모든 M은 S이다.	E : 모든 M은 S가 아니다.	I : 어떤 M은 S이다.	O : 어떤 M은 S가 아니다.
결론	A : 모든 S는 P이다. (×) E : 모든 S는 P가 아니다. (×) I : 어떤 S는 P이다. (×) O : 어떤 S는 P가 아니다. (○)	A : 모든 S는 P이다. (×) E : 모든 S는 P가 아니다. (×) I : 어떤 S는 P이다. (×) O : 어떤 S는 P가 아니다. (×)	A : 모든 S는 P이다. (×) E : 모든 S는 P가 아니다. (×) I : 어떤 S는 P이다. (×) O : 어떤 S는 P가 아니다. (○)	A : 모든 S는 P이다. (×) E : 모든 S는 P가 아니다. (×) I : 어떤 S는 P이다. (×) O : 어떤 S는 P가 아니다. (×)
타당	EAO	없음	EIO	없음

명제1	I : 어떤 P는 M이다.			
명제2	A : 모든 M은 S이다.	E : 모든 M은 S가 아니다.	I : 어떤 M은 S이다.	O : 어떤 M은 S가 아니다.
결론	A : 모든 S는 P이다. (×) E : 모든 S는 P가 아니다. (×) I : 어떤 S는 P이다. (○) O : 어떤 S는 P가 아니다. (×)	A : 모든 S는 P이다. (×) E : 모든 S는 P가 아니다. (×) I : 어떤 S는 P이다. (×) O : 어떤 S는 P가 아니다. (×)	A : 모든 S는 P이다. (×) E : 모든 S는 P가 아니다. (×) I : 어떤 S는 P이다. (×) O : 어떤 S는 P가 아니다. (×)	A : 모든 S는 P이다. (×) E : 모든 S는 P가 아니다. (×) I : 어떤 S는 P이다. (×) O : 어떤 S는 P가 아니다. (×)
타당	IAI	없음	없음	없음

확인문제

다음을 토대로 확실하게 알 수 있는 것은?

- 동물을 좋아하는 사람은 강아지를 좋아한다.
- 과일을 좋아하는 사람은 채소를 좋아한다.
- 자연을 좋아하는 사람은 동물을 좋아한다.
- 채소를 좋아하는 사람은 자연을 좋아한다.

① 강아지를 좋아하는 사람은 과일을 좋아한다.
② 동물을 좋아하는 사람은 자연을 좋아한다.
③ 자연을 좋아하는 사람은 채소를 좋아한다.
④ 과일을 좋아하는 사람은 강아지를 좋아한다.
⑤ 채소를 좋아하는 사람은 과일을 좋아한다.

해설 '과일 → 채소 → 자연 → 동물 → 강아지'의 논리가 성립한다.

답 ④

5 오류의 유형

(1) 심리적 오류
논리에 대해 적합한 자료를 근거로 삼지 않고 심리적인 면에 기대어 상대방을 설득하려고 할 때 범하는 오류이다.

① **동정(연민)에 호소하는 오류**
상대방의 동정심이나 연민의 정에 호소해서 자신의 주장을 받아들이도록 하는 오류이다.

> 판사님, 이 피고인은 단칸방에 살면서 노부모를 모시고 세 명의 자식을 키우고 있습니다. 그리고 피고인은 매일 막노동을 해서 생계를 유지하고 있습니다. 이런 불쌍한 처지를 참작하시어 피고인을 무죄 석방해 주십시오.

② **공포(힘·위력·증오)에 호소하는 오류**
정당한 논리에 의존하지 않고 상대방을 윽박지르거나 공포·위협·근심·불안·지위나 학벌, 강압적인 수단을 동원하여 자신의 주장을 받아들이게 하는 오류이다.
  예 직접 협박하는 경우

> 이 안건이 받아들여지지 않는다면 차후에 일어나는 모든 사태의 책임은 귀측에 있음을 분명히 밝혀 두는 바입니다.

③ **원천 봉쇄의 오류(우물에 독 뿌리기)**
자신의 주장에 대한 상대편의 반론이 제기될 수 있는 여지를 봉쇄함으로써 반론의 제기 자체를 불가능하게 하여 자신의 주장을 정당화하려 할 때 나타나는 오류이다.
  예 간접 협박하는 경우

> 내가 '인간은 타락하였다'고 할 때 나에게 동의하지 않는 자들은 자신들이 이미 타락하였다는 것을 증명하고 있는 것이다.

④ **대중(여론·군중·다수)에 호소하는 오류**
숫자의 많음, 대중 심리, 인기도, 유행 등을 근거로 자신의 주장을 받아들이도록 하는 오류이다.

> 우리 지역의 대다수 주민은 원자력 발전소의 건설이 지역 경제의 발전에 도움이 된다고 생각하고 있다. 그러므로 소수 반대자에게 신경 쓸 것 없이 원자력 발전소의 건설을 추진해야 한다.

⑤ **부적합한 권위에 호소하는 오류(극장의 우상)**
전통과 권위 또는 옛사람들의 격언이나 명저 등을 근거로 하여 자신의 주장에 정당성을 부여할 때, 또는 오늘날과 같이 전문화된 사회에서 특정한 분야의 권위자나 전문가의 말을 비전문 분야에도 그대로 적용하는 데서 나타나는 오류이다.

> 맹장염에 걸린 정수는 자기가 죽는 한이 있더라도 부모의 허락 없이는 자신의 몸에 칼을 댈 수 없다고 수술을 거부하였다. 공자님께서 '신체발부(身體髮膚)는 수지부모(受之父母)라 불감훼상(不敢毀傷)이 효지시야(孝之始也)라'고 말씀하셨으므로 수술을 하는 것은 부모님께 불효하는 것으로 생각하였기 때문이다.

⑥ 인신공격의 오류
상대방의 인품, 성격, 과거의 행적 등을 비난하고 공격함으로써 자신의 주장을 정당화하려 할 때 생기는 오류이다.

> 김 의원은 우루과이 라운드를 극복하고 복지 농촌을 건설하기 위하여 농어촌 발전 위원회를 구성하고 새로운 농어촌 개발 촉진법을 입법 상정하였다. 그러나 동료 의원들은 김 의원이 상정한 새로운 법안을 무시하였다. 그것은 그가 젊은 시절 고향을 버리고 상경하여 도시에서 국회의원이 되었기 때문이다.

⑦ 피장파장의 오류(역공격의 오류)
자신을 비판하는 바가 상대방에게도 역시 적용될 수 있음을 내세워 그 비판에서 벗어나고자 할 때 생기는 오류이다.

> 이번 선거에서 상대편은 내가 불법으로 자금을 조달했다고 비난했다. 이 비난에 대하여 나는 상대방도 불법으로 자금을 조달했다는 것을 알리고 싶다.

⑧ 정황에 호소하는 오류
상대방의 직업, 직책, 신분, 직위, 종교, 혈연, 지연, 인종 등 그 사람이 처한 개인적인 상황을 근거로 하여 상대방을 비난하고 공격함으로써 자신의 주장을 정당화하려 할 때 생기는 오류이다.

> 이혼에 찬성하는 사람이 이혼을 반대하는 신부의 말에 "당신은 결혼도 안 했으면서 어떻게 다른 사람에게 이혼하지 말라고 말할 수 있습니까?"라고 반박했다.

(2) 자료적 오류
주장과 전제 또는 논거가 되는 자료를 잘못 판단함으로써 발생하는 오류이다.

① 성급한 일반화의 오류(역우연의 오류)
객관성이 결여된 정보나 사례 및 불충분한 통계 자료 등 특수한 사례를 근거로 하여 일반적인 법칙을 성급하게 이끌어 내는 경우에 발생하는 오류이다.
 예 불충분 통계량의 오류, 편의 통계량의 오류

> 오늘 낮, 한 어린이가 놀이터에서 돈뭉치가 든 가방을 주워 파출소에 신고했습니다. 한편 이완용이라는 사람은 자신이 경영하는 가게에 손님이 떨어뜨리고 간 지갑에서 백만 원짜리 수표 세 장을 꺼내 사용하였다가 쇠고랑을 찼습니다. 돈을 앞에 놓고 벌어진 이 대조적인 행위를 통해서 어른들의 도덕적 타락이 심각한 지경에 이르렀다는 결론에 도달하게 됩니다.

② 우연의 오류
일반적 법칙이나 이론을 특수한 사례에 그대로 적용함으로써 나타나는 오류이다.

> 당신은 어제 산 것을 오늘 먹는다. 당신은 어제 생고기를 샀다. 그러므로 당신은 오늘 생고기를 먹는다.

③ 원칙 혼동의 오류
상황에 따라 적용되어야 할 원칙이 다른데도 이를 혼동해서 생기는 오류이다.

> 백지장도 맞들면 나은 법이고, 또한 서로 돕고 사는 것은 우리의 전통 미덕이다. 그러니 NH농협 채용 시험에서 서로 도와 가면서 문제를 풀도록 해야 한다.

④ 거짓 원인의 오류(원인 오판의 오류)
자연 현상을 설명하는 인과율에서 시간상의 선후 관계만 있을 뿐 인과의 필연성이 결여되어 있음에도 불구하고 시간상 먼저 발생한 사건을 뒤에 일어난 사건의 원인으로 보거나 뒤에 일어난 사건을 앞 사건의 결과로 보는 오류이다.
　예) 잘못된 인과 관계의 오류, 선후 인과의 오류, 공통 원인의 오류, 다수 원인의 오류

> 한 가정의 생활비 중 50%가 넘게 사교육비로 지출하는 게 우리나라요, 한 나라에서 40조 원에 달하는 돈이 사교육비로 든다는 것이 우리의 현실이다. 따라서 한 가정의 생활비 중에서 사교육비가 차지하는 비중을 줄여야만 우리의 교육이 선진화될 수 있다.

⑤ 잘못된 유추의 오류
부당하게 적용된 유추로 잘못된 결론을 이끌어 내는 오류이다. 즉 일부분이 비슷하다고 해서 나머지도 비슷할 것으로 생각하는 오류이다.

> 모든 유기체는 탄생과 성장, 사멸의 과정을 거친다. 따라서 모든 유기체처럼 우리의 문명도 멸망하고야 말 것이다.

⑥ 논점 일탈의 오류
어떤 논점에 관한 결론이 아니라 이와 관계없는 새로운 논점을 제시하여 무관한 결론에 이르게 되는 오류이다.

> 자식들을 엄하게 키우지 않으면 안 됩니다. 왜냐하면, 요즘 세상에 소비 풍조가 만연되어 있기 때문입니다.

⑦ 흑백 논리의 오류
논의의 대상인 두 개념 사이에 존재하는 중간항을 배제하는 데서 오는 오류이다. 즉, 흑색과 백색 사이에는 다양한 색깔이 존재하지만 그것들을 무시하고 양극단으로 구분함으로써 발생하는 오류이다.

> 정보화 시대의 총아인 홀로그래피 기술을 개발하면 선진국이 되겠지만, 개발하지 못한다면 우리나라는 곧바로 후진국으로 전락하고 말 것이다.

⑧ 의도 확대의 오류
의도하지 않은 결과를 원래 의도가 있었다고 판단하여 생기는 오류이다.

> 그는 열심히 책을 산다. 책이 많이 팔리면 출판사가 돈을 번다. 그러므로 그는 출판사의 이익에 상당한 관심을 두고 있음이 분명하다.

⑨ 무지에 호소하는 오류
어떤 주장의 참·거짓이 증명되지 않았거나 상대방이 지식이 부족하거나 무지하여 자신의 주장에 대하여 반증할 수 없다는 사실에 근거하여 자기의 주장을 정당화하려는 오류이다.

> 그 유명한 '페르마의 마지막 정리'는 거짓임이 분명하다. 어떤 수학자도 그것이 참임을 증명하지 못했으니까.

⑩ 합성(결합)의 오류
부분이 참이면 전체도 참이라고 추리할 때 발생하는 오류이다.

> 구름은 수증기의 응결체라고 한다. 그런데 원래 수증기의 입자는 너무 작아서 눈에 보이지 않는다. 그러므로 구름은 눈에 보이지 않는다.

⑪ 분할(분해)의 오류
부분의 합인 전체가 참이면 구성 요소인 부분도 참이라고 추리할 때 발생하는 오류이다.

> 일본은 경제적 부국이 되었다. 그러므로 일본 사람들은 모두 부자이다.

⑫ 발생학적 오류
어떤 사람, 사상, 관행, 제도 등의 원천이 어떤 속성을 가지고 있으므로 현재의 그것들 역시 같은 속성을 가지고 있다고 추론하는 오류이다.

> 예술은 원시 제천 의식에서 나왔다. 그러니까 현대의 음악도 제사 목적을 띠고 있다고 할 수 있다.

(3) 언어적 오류
언어를 잘못 사용하거나 이해하는 데서 빚어지는 오류이다.

① 애매어의 오류
해석에 따라 다양한 의미를 지니는 다의어 및 동음이의어나 애매한 어구의 의미를 혼동하여 발생하는 오류이다.
예 애매구의 오류

> 그는 시립 도서관 옆에 산다. 그러니 그는 책과 가까이 지내는 사람이다. 그러므로 그는 매우 학식이 풍부한 사람일 것이다.

② 애매문의 오류(문장 모호의 오류)
문법적 구조의 애매함 때문에 어떤 문장의 의미가 두 가지 이상으로 해석되는 오류이다.

> 그가 너의 숭배자라고 하는데, 너를 숭배하는 자가 있다는 것은 놀라운 일이다.

③ 은밀한 재정의의 오류
단어의 의미를 자의적으로 재정의하여 사용함으로써 생기는 오류이다.

> 이 옷은 값이 싸다. 값이 싼 것은 쉽게 떨어진다. 그러므로 이 옷은 쉽게 떨어진다.

④ 강조의 오류
문장 일부분을 부당하게 강조하여 본뜻이 변화하면서 나타나는 오류이다.

> 아버지는 홍철이에게 '어린애들을 주먹으로 때리면 나쁜 아이'라고 타일렀다. 그날 오후 홍철이는 몽둥이로 아이들을 때리고 돌아와 아버지 말씀을 잘 듣는 아이라고 의기양양하게 자랑하였다.

⑤ 범주의 오류
서로 다른 범주에 속하는 것을 같은 범주의 것으로 혼동하거나 같은 범주에 속하는 것을 다른 범주로 혼동하는 데서 생기는 오류이다.

> '언어 논리'도 배웠고 '추론'도 배웠으니 다음은 '논리적 사고'에 대하여 알아보자.

⑥ '이다'를 혼동하는 오류
술어적인 '이다'와 동일성의 '이다'를 혼동해서 생기는 오류이다. 일종의 '애매어의 오류'이다.

> 신은 사랑이다. 그런데 진실한 사랑은 흔치 않으므로 진실한 신도 흔치 않다.

⑦ 사용과 언급을 혼동하는 오류
사용한 말과 언급한 말을 혼동해서 생기는 오류이다. 언급되는 말을 작은따옴표 안에 넣지 않음으로써 생기는 오류이다.

> 고대사는 성경에 들어 있다. 성경은 두 글자로 된 말이므로 고대사는 두 글자 안에 들어 있다.

⑧ 정의에 의한 존재 강요의 오류
언어가 존재와 본질적으로 동일한 관계에 있다고 생각하여 없는 존재까지도 있다고 생각하는 오류이다.

> 이 사진의 물체를 비행접시라 합시다. 그렇다면 지구에 비행접시가 출현하는 게 입증되는 것이 아닌가요?

04 문제처리능력

1 문서처리능력의 의미

(1) 목표와 현상을 분석하고 분석결과를 토대로 최적의 해결책을 찾아 실행 및 평가하는 활동을 문제처리능력이라고 한다.

(2) 문제해결절차
① 문제 인식 : 해결해야 할 문제를 파악하여 우선순위를 정하는 단계이다.
② 문제 도출 : 문제를 분석하여 해결해야 할 사항을 명확히 하는 단계이다.
③ 원인 분석 : 문제를 분석한 내용을 바탕으로 근본 원인을 탐색하는 단계이다.
④ 해결 방안 수립 : 도출한 근본 원인을 효과적으로 해결할 수 있는 해결 방안을 수립하는 단계이다.
⑤ 실행 및 평가 : 수립한 해결 방안을 실제 상황에 적용하여 문제의 근본 원인을 제거하는 단계이다.

> **확인문제**
>
> 10월 7일에 있을 회의를 준비하기 위해 빔프로젝터가 설치된 회의실을 찾고 있다. 회의에 참석하는 인원은 18명이고 회의시간은 오후 2~5시이다. 회의실 사용료는 70,000원을 넘지 않는 곳으로 결정하려고 할 때 다음 중 알맞은 회의실은 어디인가?
>
> | 구 분 | | 회의실 A | 회의실 B | 회의실 C | 회의실 D |
> |---|---|---|---|---|---|
> | 사용료 | 1시간 | 5만 원 | 6만 원 | 7만 원 | 9만 원 |
> | | 3시간 | 6만 원 | 7만 원 | 9만 원 | 10만 원 |
> | | 6시간 | 8만 원 | 9만 원 | 11만 원 | 13만 원 |
> | 10월 중 사용 가능한 날짜 | | 1~8일 | 6~10일 | 9~15일 | 7~20일 |
> | 시설 유무 | 화이트보드 | ○ | ○ | ○ | ○ |
> | | 전동스크린 | | | | ○ |
> | | DVD플레이어 | ○ | | ○ | ○ |
> | | 빔프로젝터 | | ○ | ○ | ○ |
> | 수용인원 | | 10~15명 | 15~20명 | 15~20명 | 20~25명 |
>
> ① 회의실 A ② 회의실 B ③ 회의실 C
> ④ 회의실 D ⑤ 답이 없다.
>
> **해설** 회의 날짜, 시간, 인원, 비용 그리고 필요한 시설을 모두 갖춘 회의실은 B이다.
>
> **답** ②

2 문제인식

(1) 문제인식의 의미와 절차 : 문제인식은 문제 해결 과정에서 해결해야 할 문제를 결정하는 단계로 문제의 우선순위를 정하고 선정문제에 대한 목표를 명확히 한다. 문제인식의 절차는 환경 분석 → 주요 과제 도출 → 과제 선정으로 구성된다.

(2) 환경 분석

① 문제 발생에 따라 가장 먼저 수행되는 절차로 3C 분석, SWOT 분석 등이 있다.

② 3C 분석 : 사업 환경을 구성하는 자사(Company), 경쟁사(Competitor), 고객(Customer)을 기준으로 체계적인 분석을 수행한다.
  ㉠ 자사(Company) : 자사의 달성 목표와 차이는 없는가?
  ㉡ 경쟁사(Competitor) : 경쟁기업의 우수한 점과 차이는 없는가?
  ㉢ 고객(Customer) : 고객은 자사의 상품/서비스에 만족하고 있는가?

② SWOT 분석 : 기업내부의 강점과 약점, 기업외부의 기회와 위협요인을 분석, 평가한 뒤, 이들을 서로 연관 지어 전략을 개발한다.

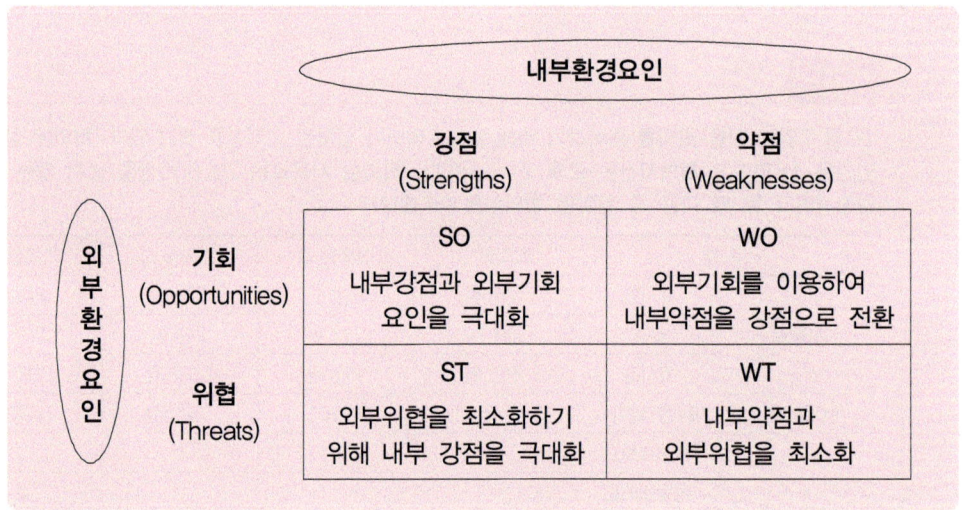

(3) 주요 과제 도출 : 환경 분석에서 파악한 분석결과를 검토, 다양한 과제 후보안을 도출한다.

(4) 과제 선정 : 도출된 후보 과제안 중 효과 및 실행 가능성을 평가하여 우선순위를 부여하고 우선순위가 높은 안을 선정한다.

3 문제도출

(1) 문제도출과정은 선정된 문제를 분석하여 해결점을 명확히 하는 단계로 문제를 분해하여 그 구조를 파악한다. 문제구조를 파악한 이후에는 영향력이 큰 이슈를 핵심문제로 선정한다.

(2) 문제구조 파악 : 전체 문제를 개별화된 세부 문제로 쪼개어 문제의 내용과 영향 등을 통해 문제의 구조를 도출해내는 과정이다.

(3) Logic Tree
① 문제구조 파악 과정에 사용되는 기법으로 주요 과제를 나무 모양으로 분해, 정리하는 기술이다.
② Logic Tree 작성 시 주의사항
  ㉠ 전체 과제를 명확히 해야 한다.
  ㉡ 분해해가는 가지의 수준을 맞춰야 한다.
  ㉢ 원인이 중복되거나 누락되지 않고 전체를 포함해야 한다.

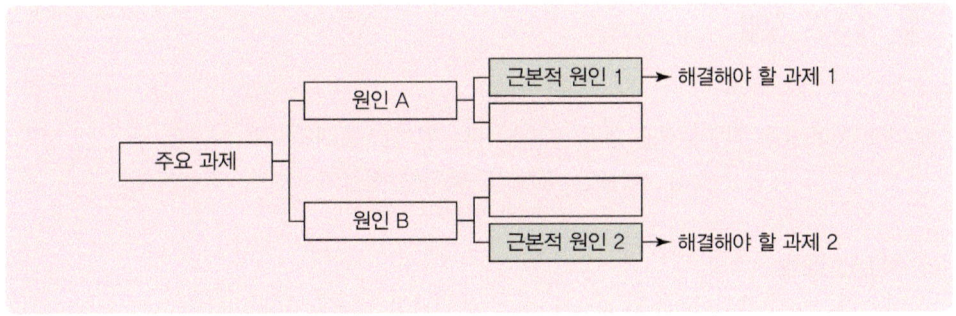

4 원인분석

(1) 원인분석은 파악된 핵심문제에 대한 분석을 통해 근본 원인을 도출하는 단계로 Issue분석, Data분석, 원인 파악의 절차로 진행된다.

(2) Issue분석
① 이슈분석은 핵심이슈 설정, 가설 설정, output 이미지 결정의 절차로 이루어진다.
② **핵심이슈 설정** : 현재 수행 중인 업무에 가장 큰 영향을 미치는 문제를 선정한다.
③ **가설 설정** : 직관, 경험, 지식을 통해 일시적인 결론을 예측한다.
④ **output 이미지 결정** : 분석 결과를 이미지 한다.

(3) Data분석
① 수집계획 수립, 데이터 수집, 데이터 분석의 절차로 이루어진다.
② 수집 시 일부를 전체로 오인할 자료를 제외하고, 정량적이고 객관적인 사실을 수집한다.
③ 자료는 정보원을 명확히 하며, 수집된 데이터는 항목 별로 분류 정리한 뒤, 'what', 'why', 'how' 측면에서 의미를 해석해야 한다.

(4) 원인 파악
① 원인 파악은 분석으로 얻은 결과를 통해 최종 원인을 확인하는 단계로, 원인과 결과 사이에 단순한 인과관계, 닭과 계란의 인과관계, 복잡한 인과관계 등의 패턴이 있는지 확인한다.
② **단순한 인과관계** : 특정 원인에 의해 결과가 발생하여 원인과 결과가 명확히 구분된다.
③ **닭과 계란의 인과관계** : 원인과 결과가 서로 피드백을 일으켜 영향을 주고받기 때문에 원인과 결과의 구분이 어려운 경우이다.
④ **복잡한 인과관계** : 단순한 인과관계와 닭과 계란의 인과관계 두 유형이 모두 얽혀있는 인과관계이다.

5 해결안 개발

(1) 해결안 개발은 원인분석을 통해 도출된 근본원인을 효과적으로 해결할 수 있는 방안을 수립하는 단계로 해결안 도출, 해결안 평가 및 최적안 선정의 절차로 진행된다.

(2) 해결안 도출
① 근본원인으로 열거된 내용을 어떻게 제거할지 명확하게 한다.
② 독창적이고 혁신적인 아이디어를 도출한다.
③ 전체적인 관점에서 해결의 방향이 같은 아이디어끼리 그룹을 만들어 정리한다.
④ 최종 해결안을 정리한다.

(3) **해결안 평가 및 최적안 선정** : 문제와 원인, 방법을 고려하여 해결안을 평가하고 가장 효과적인 해결안을 선정한다.

6 실행 및 평가

(1) 만들어진 실행계획을 실제 상황에 적용, 근본원인들을 제거하는 단계로, 실행계획 수립, 실행, Follow-up의 절차로 구성된다.

(2) 실행계획 수립 : 무엇을(what), 어떤 목적으로(why), 언제(when), 어디서(where), 누가(who), 어떤 방법으로(how)에 대한 답을 갖고 계획하며, 인적, 물적, 시간 등의 자원을 고려하여 구체적으로 수립해야 한다.

(3) 실행 및 Follow-up
① 실행단계에서는 실행 계획에 따라 가능한 단계부터 실행하여 이를 모니터하며 Follow-up 단계에서는 이를 평가한다.
② 모니터 과정에서는 다음 사항들을 고려한다.
  ㉠ 바람직한 상태가 달성되었는가?
  ㉡ 문제가 재발하지 않을 것을 확신할 수 있는가?
  ㉢ 사전에 목표한 기간 및 비용은 계획대로 지켜졌는가?
  ㉣ 또 다른 문제를 발생시키진 않았는가?
  ㉤ 해결책이 주는 영향은 무엇인가?

PART 02 기출문제

출제경향

문제해결능력은 기존 NHAT 유형(기존 추리영역)과 NCS 유형(금융상품 비교·분석·추천 등)이 일부 결합된 형태로 출제되어 오다 NCS모듈형 영향을 받아 모듈형 이론문제가 종종 눈에 띄는 추세이다.

출제분석

NHAT형	사고력	원탁 자리배치, 명제, 추론이해, 판단분석 등
NCS형	금융상품	금융상품 비교·분석·추천 등
NCS모듈형	이론이해	문제해결능력의 용어, 절차 등

학습방법

① 사고력
- 문장의 논리적 전개 순서는 반드시 단어나 접속어에 유의하여 실마리를 풀어야 한다. 보통 각 문장 속에 다양한 형태로 실마리를 제시하는 경우가 많기 때문이다.
- 비형식적인 오류에 해당하는 유형을 정리해 두고 그 패턴을 익히는 것이 좋다.
- 도식화할 수 있다면 도식화하는 것이 좋다.

② 금융상품 비교·분석·추천 등
- 금융상품을 고객에게 추천하는 문제가 출제되기도 하므로 농협은행 홈페이지의 금융상품(예금/보험/대출)에 대한 설명을 보거나 상품설명서를 보고 그 상품을 이해하며, 유사상품과 비교해보는 것이 좋다.

③ 모듈형 이론이해
- NCS모듈에서 이론학습하는 문제해결능력 및 절차에 대해서 옳고 그름을 묻는 문제가 출제되는 편이므로 그에 대한 판단이 가능할 수준의 학습이 필요하다.

제3장 문제해결능력

기출유형1　명제

01　다음 명제가 참일 때 거짓임이 분명한 것은?

> 모든 도덕적인 회사는 개인의 복지를 증진한다.

① 도덕적인 회사는 모두 개인의 복지를 증진한다.
② 도덕적이지 않은 회사는 개인의 복지를 증진하지 못한다.
③ 개인의 복지를 증진하지 못하면 도덕적인 회사가 아니다.
④ 개인의 복지를 증진하는 회사는 모두 도덕적인 회사이다.
⑤ 개인의 복지를 증진하지 못하는 회사 중에는 도덕적인 회사도 있다.

정답 및 해설
주어진 명제와 모순 관계인 명제는 "어떤 도덕적인 회사는 개인의 복지를 증진하지 못한다."이다.

정답 : ⑤

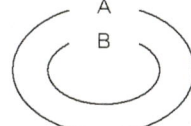

먼저 주어진 〈보기〉를 다음과 같이 기호화한다.

A : 개인의 복지를 증진
B : 도덕적인 회사

기호화한 내용을 바탕으로 ①~⑤를 분석해보면 다음과 같다.
① 참
② 알 수 없다.
③ 참
④ 알 수 없다.
⑤ 거짓

기출유형2　　추론이해

02 다음 〈보기〉가 참일 때, 추론한 내용으로 적절하지 않은 것은?

> 〈보기〉
> 가. 바나나 수확량이 감소하면, 파인애플 가격이 상승한다.
> 나. 바나나 소비량이 감소하면, 바나나 수확량이 감소한다.
> 다. 바나나 수확량이 감소하지 않으면, 포도 가격이 상승하지 않는다.

① 포도 가격이 상승하면, 파인애플 가격이 상승한다.
② 파인애플 가격이 상승하지 않으면, 바나나 수확량이 감소하지 않는다.
③ 바나나 소비량이 감소하지 않으면, 포도 가격이 상승하지 않는다.
④ 바나나 수확량이 감소하지 않으면, 바나나 소비량이 감소하지 않는다.
⑤ 포도 가격이 상승하면, 바나나 수확량이 감소한다.

정답 및 해설

주어진 내용에서 추론할 수 없는 것은 "바나나 소비량이 감소하지 않으면, 포도 가격이 상승하지 않는다."이다.

정답 : ③

합격노트

먼저 주어진 〈보기〉를 다음과 같이 기호화한다.

| 가. P⇒Q ── (a) | 나. R⇒P ── (b) | 다. ~P⇒S ── (c) |

단, 주어진 기호와 문장과의 관계는 아래와 같다.
P : 바나나 수확량이 감소한다.　　Q : 파인애플 가격이 상승한다.
R : 바나나 소비량이 감소한다.　　S : 포도 가격이 상승하지 않는다.
이제 주어진 각각의 〈보기〉에 대해서 참·거짓을 판별한다.

③ ~R⇒S를 유도해 낼 수 있어야 하는데 주어진 명제 (a), (b), (c)를 가지고는 유도해 낼 수 없다.
① ~S⇒Q라는 결과를 위에서 언급한 세 가지 명제들로부터 유도해 낼 수 있는지의 문제로 귀착된다.
　(c)의 대우 명제를 생각하면 다음을 얻는다. ~S⇒P ── (d)
　그러므로 (d)와 (a)를 결합하면 다음을 얻는다. ~S⇒Q
　즉, 주어진 명제들로부터 유도해 낼 수 있는 명제이다.
② ~Q⇒~P를 유도해 낼 수 있어야 하는데 (a)의 대우 명제를 취하면 얻어낼 수 있다.
④ ~P⇒~R을 유도해 낼 수 있어야 하는데 (b)의 대우 명제를 취하면 얻어낼 수 있다.
⑤ ~S⇒P를 유도해 낼 수 있어야 하는데 (c)의 대우 명제를 취하면 얻어낼 수 있다.

기출유형3   판단분석(순서)

03 다음 〈보기〉를 보고 자본금이 많은 순서대로 고르면?

> 〈보기〉
> - '나'는 자본금이 500억 원 있다.
> - '다'는 '나'보다 자본금이 200억 원 많다.
> - '가'는 '다'보다 자본금이 100억 원 적다.

① 가 > 나 > 다   ② 나 > 가 > 다   ③ 나 > 다 > 가
④ 다 > 가 > 나   ⑤ 다 > 나 > 가

정답 및 해설
다 : 700억 원 > 가 : 600억 원 > 나 : 500억 원

정답 : ④

04 어느 올림픽경기에서 한국, 중국, 일본, 러시아, 태국이 선두그룹을 형성하고 있는데, 태국이 한 나라를 사이에 두고 중국에 앞서있고, 한국은 중국보다 앞서있다. 또한, 러시아 뒤로는 두 나라가 뒤따르고, 일본 앞으로는 세 나라 이상이 앞서있다면, 현재 선두 그룹에서 3번째는 어느 나라인가? (단, 동등 순위는 없다.)

① 한국   ② 중국   ③ 일본
④ 러시아   ⑤ 태국

정답 및 해설
주어진 조건을 통해 한국 > 태국 > 러시아 > 중국 > 일본 순임을 알 수 있다.
※ 모두 5개국에서 러시아 뒤로 두 나라가 있으므로 3번째는 당연히 러시아가 된다.

정답 : ④

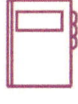

합격노트
- 문제 내용을 이해하고 도식화하는 문제이다.
- 문제 안에 주어진 조건들이 분류되어 나열된 문제도 있고, 주어진 조건들을 분석해야 하는 문제도 있다.

기출유형3	판단분석(원탁)

05 사원 3명(A, B, C)과 팀장 3명(D, E, F)이 업무 협의를 위해 다음 〈보기〉와 같이 원형 탁자를 가운데 두고 앉아있다. 잘못된 내용을 고르면?

> 〈보기〉
> • 같은 직급 직원끼리는 이웃하여 앉는다.
> • A의 오른쪽에는 E가 앉아있다.
> • C의 왼쪽에는 F가 앉아있다.

① B와 D는 마주 보고 앉는다.
② B의 왼쪽에는 사원이 앉는다.
③ D의 오른쪽에는 사원이 앉는다.
④ C의 맞은편에는 팀장이 앉아있다.
⑤ F와 H는 마주 보고 앉을 가능성이 없다.

정답 및 해설

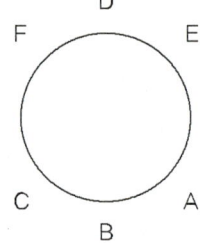

첫 번째 조건에 의해 A~C와 D~F가 이웃하여 앉는다. 두 번째 조건에 의해 A와 E가 이웃하여 앉게 되고 자리가 함께 결정된다. 세 번째 조건에 의해 C와 F가 이웃하여 앉게 되고 자리가 함께 결정된다. 여기서, B와 D가 앉을 수 있는 자리가 결정된다.

정답 : ③

• 먼저 원탁을 그려보고 조건에 따라 사람을 자리에 배치한다.
• 문제에 따라 조건에 제시되지 않은 자리가 존재할 수도 있다.

기출유형4 진위판정

06 일주일 중 월요일, 수요일, 금요일에만 참말을 하는 거짓말쟁이 피노키오가 〈제시문 1〉처럼 말했을 때, 〈제시문 2〉의 진위를 판별하면? (단, 제시문의 일부가 거짓이더라도 거짓말로 간주한다.)

> **제시문 1**
> 나는 어제 거짓말을 했는데, 모레 또 거짓말을 할 것이다.

> **제시문 2**
> 피노키오는 이 말을 금요일이나 토요일에 했을 것이다.

① 참　　　　　② 거짓　　　　　③ 알 수 없다

정답 및 해설

참말을 ○, 거짓말을 ×라 표시하면

월	화	수	목	금	토	일
○	×	○	×	○	×	×

〈제시문 1〉이 참말이라면, 피노키오는 이 말을 월, 수, 금 중에서 금요일에 한 것이다. 그러나 〈제시문 1〉이 거짓말이라면 화, 목, 토, 일 중에서 일요일을 뺀 화, 목, 토 모두 해당되므로 알 수 없다.

정답 : ③

- 주어진 조건들을 가지고 도표로 만들어 경우의 수를 하나씩 소거하면 쉽게 문제를 풀 수 있다.

합격노트

| 기출유형5 | 금융상품(예금) |

[7~8] 다음 제시된 금융상품을 보고 물음에 답하시오.

구 분		이율(%)	특이사항
직장인 월복리적금	12개월 이상 24개월 미만	1.740	급여이체 및 교차거래 실적에 따라 우대금리를 제공하는 직장인 재테크 월복리 적금상품
	24개월 이상 36개월 미만	1.810	
	36개월 이상	1.890	
성공파트너 예금	12개월 이상 24개월 미만	1.550	• 개인사업자를 위한 우대금리를 제공하는 전용상품 • 가입월 기준 6개월 전부터 1년 이내 신규 창업한 경우에 한하여 우대금리 0.1%p 적용
	24개월 이상 36개월 미만	1.640	
	36개월 이상	1.710	
지수연동 예금(ELD)	최초 지수 대비 만기지수의 상승(하락)률에 따라 계약기간 이자율을 결정 • 15% 초과 상승한 적이 없는 경우 : 0~1.5 • 15% 초과 상승한 적이 있는 경우 : 0.6		• 가입금액 : 계좌당 1백만 원 이상 • 기초자산인 KOSPI 200 지수 변동에 연동하여 계약기간 이자율이 결정되며, 만기까지 보유 시 예금원금이 보장되는 상품
행복지킴이 통장 (압류방지 전용계좌)	일별 잔액 100만 원 이하	0.3	저소득층의 생활안정을 위해 국민기초생활보장법, 기초연금법 등에서 지원하는 수급액에 대한 압류방지전용통장
	일별 잔액 100만 원 초과	0.1	

07 위 상품에 대하여 고객에게 설명한 것으로 적절하지 않은 것은?

① 직장인월복리적금은 가입기간에 따라 이자율이 다르다.
② 성공파트너예금은 개인사업자를 대상으로 한 상품이다.
③ 지수연동예금(ELD)은 KOSPI 200 지수에 따라 이자율이 다르다.
④ 행복지킴이 통장은 저소득층을 대상으로 한 상품이다.
⑤ 지수연동예금은 1년 이상 예금 시 최초 지수 대비 만기지수의 상승(하락)률에 따라 성공파트너예금보다 많은 이자를 받을 수도 있다.

정답 및 해설

1년 이상 예금 시 지수연동예금은 이자율이 최대 0~0.6%이고, 성공파트너예금은 이자율이 최대 1.55%~1.71%이므로 성공파트너예금의 이자율이 항상 높다.

정답 : ⑤

제3장 문제해결능력

08 A고객은 6개월 전 입사한 신입사원으로 월 급여는 300만 원이다. A고객은 앞으로 1년 이상 개인 수입을 관리할 금융상품을 찾고 있다. 다음 중 고객에게 추천할 상품으로 가장 적절한 것은?

① 직장인월복리적금
② 성공파트너예금
③ 지수연동예금(ELD)
④ 행복지킴이 통장
⑤ A고객의 조건을 볼 때 보기의 모든 상품은 혜택이 동일하다.

정답 및 해설

2년 이상 가입할 때 가장 높은 이자를 제공하고, 실적에 따라 우대금리를 제공하는 직장인 재테크 월복리 적금상품인 '직장인월복리적금'이 적합하다.

정답 : ①

- 금융상품을 분석하는 내용으로 이자율과 상품 설명에 대한 문제가 주로 출제된다.
- 주어진 상품 설명 중 문제와 관련된 조건만 빨리 찾아 그 내용을 분석하면 빨리 풀 수 있다.

기출유형6	금융상품(대출)

09 당신은 N은행 직원이며, 다음은 N은행의 개인대출 상품에 대한 설명이다. 이를 바탕으로 당신이 대출을 필요로 하는 일반 직장인인 고객 K씨에게 할 수 있는 말로 적절한 것은?

상품명	특 징

샐러리맨 우대대출	• 상품특징 : 일반기업체에 재직하고 있는 직장인을 대상으로 한 일반직장인 전용상품
	• 대출대상 : 다음의 요건을 모두 충족하는 고객
	   – 일반기업체에 정규직 급여소득자로 1년 이상 재직하고 있는 고객(단, 인터넷 또는 모바일을 통한 영업점 무방문 대출은 1년 이상 재직하고 있고, 소득금액증명원 상 최근 귀속년도 소득금액으로 소득확인이 가능한 고객)
	    ※ 단, 사업주 및 법인대표자 제외
	   – 연간소득 3,000만 원 이상인 고객

프리미엄 모기지론	• 상품특징 : 주택을 담보로 거래기여도 등에 따른 우대금리를 적용받고자 하는 고객 및 다양한 상환방식을 원하는 고객을 위한 담보대출상품 • 대출대상 : 주택을 담보로 자금이 필요한 개인 고객
예·적금/신탁 담보대출	• 상품특징 : N은행 인터넷뱅킹에 가입하고 공인인증서를 발급받은 고객이 본인 명의의 예·적금 또는 신탁을 담보로 인터넷뱅킹상에서 직접 대출할 수 있는 상품 • 대출대상 : N은행 인터넷뱅킹 가입자로서 본인 명의 예·적금/신탁을 담보로 인터넷뱅킹상에서 대출을 받고자 하시는 개인고객 ※ 단, 법인은 대출대상에 해당되지 않음
우수고객 인터넷 무보증 신용대출	• 상품특징 : N은행 PB고객 및 회원가족고객을 위한 우수고객 전용 인터넷대출 • 대출대상 : N은행 PB고객 및 회원가족고객(탑클래스고객, 골드고객, 로얄고객)

① "주택이 있으시더라도 일반 직장인은 샐러리맨 우대대출만 받으실 수 있습니다."
② "연간소득이 3천만 원 이상이면 4개 상품 모두 무조건 대출이 가능합니다."
③ "법인을 통해 예·적금/신탁 담보대출은 받으실 수 있습니다."
④ "모바일로 샐러리맨 우대대출을 받고자 하면 1년 이상의 재직 기간과 소득금액증명원을 통한 소득확인이 필요합니다."
⑤ "연간소득이 3천만 원 이상이면 우수고객 인터넷 무보증 신용대출이 가능합니다."

정답 및 해설
① 주택이 있으면 프리미엄 모기지론 상품을 선택할 수 있다.
② 샐러리맨 우대대출의 경우 두 가지 요건을 모두 충족해야 한다.
③ 법인은 대출을 받을 수 없다.
⑤ N은행 PB고객 및 회원가족고객이어야 한다.

정답 : ④

- 주어진 금융상품을 분석하는 문제이다.
- 출제되는 대부분 문제에서는 실제 금융상품을 외우지 않아도 주어진 조건 안에서 문제를 풀 수 있다.
- 하지만 문제를 풀 때 주어진 상품내용을 보고 조건에 맞는 내용을 분석할 수 있어야 하므로 실제 판매되는 금융상품을 보고 비교·분석해보는 것이 좋다.

PART 03 » 예상문제

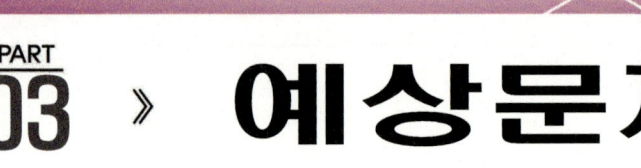

01 언어추리

| 출제포인트 | 언어추리에서 파악하고자 하는 것은 문장을 논리적으로 판단하고 이해하는 능력이다. 주어진 조건을 바탕으로 새로운 사실을 추론해 내거나 제시된 문장의 진위를 판별해 내는 유형이 주로 출제된다.

| 문제풀이법 | 이 단원에서 가장 중요한 것은 언어적 이해력이다. 참·거짓에 대한 기본적인 정리를 해 두어야 하며, 문장을 도식화하는 연습도 꾸준히 이어 가야 한다. 제시된 빈칸이나 문장의 앞뒤 관계를 염두에 두고 차근차근 문제를 풀어나가는 것이 관건이다. 간혹 까다롭거나 난해한 지문이 나오더라도 당황하지 않고 차근차근 문제를 풀어가 며 꾸준히 연습해야 한다.

● 명 제

01 다음 제시된 내용을 통해 유추할 수 있는 것은?

- 세상에는 자기 잘못을 반성하는 사람이 있는가 하면 자기 잘못을 반성하지 않는 사람도 있다.
- 개선될 여지가 있는 사람은 자기 잘못을 반성하는 사람이다.
- 용서할 필요가 없는 사람은 자기 잘못을 반성하지 않는 사람이다.

① 자기 잘못을 반성하지 않는 사람은 개선될 여지가 있는 사람이다.
② 용서할 필요가 없는 사람은 개선될 여지가 없는 사람이다.
③ 자기 잘못을 반성하는 사람은 용서할 필요가 없는 사람이다.
④ 개선될 여지가 없는 사람은 용서할 필요가 있는 사람이다.
⑤ 자기 잘못을 반성하는 사람은 개선될 여지가 있는 사람이다.

제3장 문제해결능력

02 다음 제시된 내용을 통해 유추할 수 있는 것은?

> • 운동선수는 건강하다.
> • 부지런한 사람은 일찍 일어난다.
> • 건강한 사람은 체력 관리가 철저하다.

① 운동선수는 일찍 일어난다.
② 운동선수는 체력 관리가 철저하다.
③ 일찍 일어나는 사람은 운동선수이다.
④ 부지런한 사람은 체력 관리가 철저하다.
⑤ 일찍 일어나는 사람은 체력 관리가 철저하다.

03 다음 지문으로부터 추론한 내용으로 적절하지 않은 것은?

> • 사냥개는 청각이 약하거나 탁월한 후각이 없다면 주인의 사랑을 받지 못한다.
> • 충성심이 부족한 개도 주인의 사랑을 받지 못한다.
> • 그 사냥개는 주인의 사랑을 받고 있었다.

① 그 사냥개는 청각이 약하지 않다.
② 그 사냥개는 충성심이 부족하지 않다.
③ 주인의 사랑을 받지 못한 사냥개는 청각이 약하다.
④ 충성심이 강해도 청각이 약하면 주인의 사랑을 받을 수 없다.
⑤ 그 사냥개는 탁월한 후각을 지니고 있다.

정답 및 해설

01. ②   **02.** ②   **03.** ③

01 '개선될 여지가 있는 사람'을 A, '자기 죄를 반성하는 사람'을 B, '용서할 필요가 있는 사람'을 C라 하면, A → B ≡ ~B → ~A이고, ~C → ~B이므로 ~C → ~B → ~A이다. 즉 "용서할 필요가 없는 사람은 개선될 여지가 없는 사람이다."가 성립한다.

02 운동선수는 건강하고, 건강한 사람은 체력 관리가 철저하다. → 운동선수는 체력 관리가 철저하다.

03 사냥개가 주인의 사랑을 받기 위한 전제는 청각과 후각 및 충성심을 모두 갖추는 것이다.

• 추론이해

[4~6] 다음과 같은 전제가 있을 경우 빈칸에 들어갈 알맞은 것을 고르시오.

04
> 만일 비가 온다면 내일 현장 학습을 가지 못할 것이다.
> 그런데 비가 오지 않았다.
> 그러므로 (   )

① 현장 학습을 갔을 것이다.
② 현장 학습을 가지 못했을 것이다.
③ 야외에서 수업했을 것이다.
④ 학교에 갔을 것이다.
⑤ 현장 학습을 갔는지 알 수 없다.

05
> 정 과장은 회사에서 지각을 자주 한다.
> 이 대리는 지각을 자주 하지 않는다.
> 그러므로 (   )

① 이 대리와 정 과장은 같은 시각에 집에서 나온다.
② 이 대리가 정 과장보다 먼저 집에서 나온다.
③ 정 과장이 이 대리보다 먼저 집에서 나온다.
④ 지각을 자주 하는 사람은 정 과장이다.
⑤ 누가 집에서 먼저 나오는지 알 수 없다.

06
> 영어 선생님은 한국인이다.
> 영어를 배우는 학생은 한국인이 아니다.
> 영어를 배우는 학생이 아니면 영어 선생님이다.
> 그러므로 (   )

① 미국인이면 영어 선생님이다.
② 한국인이면 영어를 배우는 학생이다.
③ 미국인이 아니면 영어를 배우는 학생이다.
④ 한국인이 아니면 영어를 배우는 학생이다.
⑤ 미국인이면 영어를 배우는 학생이다.

정답 및 해설

04. ⑤ 05. ⑤ 06. ④

04 원 명제(만일 비가 온다면 내일 현장 학습을 가지 못할 것이다)가 참이라고 해서 그 명제의 이(비가 오지 않았다 → 현장 학습을 갔을 것이다)가 참이라는 보장이 없으므로 현장 학습을 갔는지는 알 수 없다.

05 주어진 사실만으로는 누가 집에서 먼저 나오는지 알 수 없다.

06 '영어 선생님'을 A, '한국인'을 B, '영어를 배우는 학생'을 C라고 하면,
$A \to B \equiv \sim B \to \sim A$
$C \to \sim B \equiv B \to \sim C$
$\sim C \to A \equiv \sim A \to C$
$\therefore \sim B \to \sim A \to C$

● 판단분석

07 얼마 남지 않은 입시를 위해 열심히 공부하던 성진, 정훈, 준호, 민수, 보람 5명의 친구들은 잠시 휴식시간을 갖기로 했다. 다섯 명의 친구들은 피로를 풀기 위해 서로의 어깨를 안마해 주기로 하였다. 안마해준 상황이 〈보기〉와 같을 때, 보람이는 누구에게서 안마를 받고 누구를 해 주었는지 순서대로 나열한 것은? (단, 두 사람이 서로 안마해 주는 일은 없다.)

> ─ 보기 ─
> ㉠ 성진에게 안마해준 사람은 민수도 정훈도 아니다.
> ㉡ 정훈에게 안마해준 사람은 민수도 준호도 아니다.
> ㉢ 준호에게 안마해준 사람은 보람도 정훈도 아니다.
> ㉣ 민수에게 안마해준 사람은 준호도 보람도 아니다.
> ㉤ 보람에게 안마해준 사람은 민수도 성진도 아니다.

① 준호, 정훈   ② 준호, 성진   ③ 정훈, 민수
④ 정훈, 준호   ⑤ 민수, 준호

08 시험에 합격하고 약간의 시간을 얻은 민수는 꿈에 그리던 유럽여행을 계획하고 있다. 민수가 다음의 일정에 따라 여행한다고 할 때 민수가 여행하게 될 나라들은?

> (1) 민수가 제일 처음 여행할 나라는 스페인이다.
> (2) 민수가 프랑스에 간다면 스페인에는 가지 않는다.
> (3) 민수는 프랑스에 가거나 독일에 간다.
> (4) 민수가 스위스에 가지 않는다면 독일에도 가지 않는다.
> (5) 민수가 독일에 가면 이탈리아에 간다.

① 스페인, 프랑스   ② 스페인, 독일, 이탈리아
③ 스페인, 독일, 이탈리아, 스위스   ④ 스페인, 프랑스, 스위스, 이탈리아
⑤ 스페인, 독일, 스위스

제3장 문제해결능력

09 마케팅, 재무, 회계, 교육, 인사부서가 있는 회사에서 월요일부터 금요일까지 각 부서의 미팅이 다음 〈보기〉와 같이 각각 하나씩 잡혀 있다. 미팅 순서를 바르게 나열한 것은?

> ─ 보기 ─
> ㉠ 재무부서의 미팅은 회계부서 미팅보다 먼저 한다.
> ㉡ 인사부서의 미팅은 회계부서 미팅 바로 다음날 한다.
> ㉢ 마케팅부서의 미팅은 재무부서보다 먼저 한다.
> ㉣ 마케팅부서의 미팅은 월요일에 잡히지 않았다.

	월요일	화요일	수요일	목요일	금요일
①	마케팅	재무	회계	교육	인사
②	마케팅	회계	재무	교육	인사
③	교육	재무	마케팅	회계	인사
④	교육	마케팅	재무	회계	인사
⑤	재무	교육	마케팅	인사	회계

정답 및 해설

07. ② 08. ③ 09. ④

07 주어진 조건을 적용하면 다음과 같다.

준＼받	성진	정훈	준호	민수	보람
성진	×		×		×
정훈	×	×	×		
준호		×	×	×	
민수	×	×	○	×	×
보람			×	×	×

만일 성진에게 안마를 해준 사람이 준호라 가정하면 보람과 정훈이 서로 안마를 해주므로 가정에 위배된다. 따라서 성진에게 안마를 해준 사람은 보람이고, 표로 작성하면 다음과 같다.

준＼받	성진	정훈	준호	민수	보람
성진	×	○	×	×	×
정훈	×	×	×	○	×
준호	×	×	×	×	○
민수	×	×	○	×	×
보람	○	×	×	×	×

따라서 보람이는 준호에게서 안마를 받고 성진에게 안마를 해 주었다.

08 주어진 조건을 순서대로 조건 (1), 조건 (2), 조건 (3), 조건 (4), 조건 (5)라 하면, 조건 (2)의 대우인 '스페인에 가면 프랑스에 가지 않는다.'와 조건 (1)에 의해 스페인에 가고 프랑스에는 가지 않는다. 조건 (3)에 의해 (프랑스는 가지 않으므로) 독일에 간다. 그러므로 조건 (5)에 의해 이탈리아도 간다. 또한 조건 (4)의 대우 ('독일에 간다면 스위스에 간다.')에 의해 스위스도 간다. 따라서 민수가 여행하게 될 나라는 스페인, 독일, 이탈리아, 스위스이다.

09 ㉠, ㉡, ㉢에 의해 '마케팅 – 재무 – 회계 – 인사'의 순서가 되고, ㉣에 의해 마케팅부서의 미팅은 월요일이 될 수 없으므로 월요일에 미팅을 할 부서는 교육부서이다. 따라서 미팅 순서는 '교육(월) – 마케팅(화) – 재무(수) – 회계(목) – 인사(금)'이다.

10 5개의 의자에 1부터 5까지 번호를 붙이고, 5명의 학생(지수, 준수, 태원, 민지, 정빈)에게도 이름 순서대로(지수가 1번) 1부터 5까지의 번호를 붙였다. 이들 5명에게 아무곳이나 앉으라고 한 후 이들이 앉은 자리를 조사해 보았더니 〈보기〉와 같았다. 지수의 자리는 몇 번 자리인가?

> •보기•
> ㉠ 지수는 3번 의자에 앉지 않는다.
> ㉡ 5명의 학생 모두 자신의 번호와 자신이 앉은 의자의 번호 차가 1이 아니었다.
> ㉢ 5명의 학생 모두 자신의 번호와 자신이 앉은 의자의 번호의 합이 6이 아니었다.
> ㉣ 5명 중 한 명만 자신의 번호와 같은 의자에 앉았다.

① 1번   ② 2번   ③ 3번
④ 4번   ⑤ 5번

11 K사 직원 A~F 6명이 원형 테이블에 모여 이야기를 나누고 있다. 다음 〈조건〉에 따를 때 반드시 참인 것은?

> •조건•
> (1) A와 C는 마주 보고 있다.
> (2) B와 E 사이에는 2명이 앉아 있다.
> (3) 사이가 좋지 않은 C와 E는 옆에 앉지 않는다.

① C와 E 사이에 F가 앉아 있다.
② C와 D 사이에 1명이 앉아 있다.
③ A와 B 사이에 항상 E가 앉아 있다.
④ D와 E가 옆에 있다면 B와 C는 옆에 앉는다.
⑤ A와 B 사이에 항상 F가 앉아 있다.

정답 및 해설

10. ④ 11. ④

10 〈보기〉의 내용을 표로 나타내면 다음과 같다.

의자\학생	1지수	2준수	3태원	4민지	5정빈
1		×			×
2	×		×	×	
3	×	×	×	×	
4		×	×		×
5	×			×	

비어 있는 의자는 없으므로 자리를 채우면 다음과 같다.

의자\학생	1지수	2준수	3태원	4민지	5정빈
1		×	×		×
2	×	○	×	×	×
3	×	×	×	×	○
4		×	×		×
5	×	×	○	×	×

ⓔ의 조건에 해당하는 한 명은 준수가 되므로 지수는 1번 의자에 앉을 수 없다. 따라서 지수의 자리는 4번이다.

11 조건 (1)에서 마주 보고 있는 A와 C를 고정시키면 조건 (2)에 따라 경우의 수는 아래 네 가지로 나타난다.

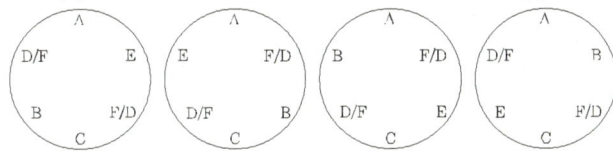

또한, 조건 (3)에 의해 두 가지 경우를 배제하면 아래 두 가지 경우만 남는다.

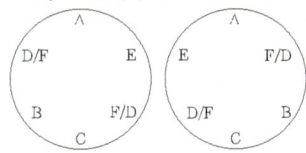

④ 반드시 참이다.
① D 또는 F가 있으므로 반드시 참은 아니다.
② C와 D가 인접한 경우도 있으므로 반드시 참은 아니다.
③, ⑤ D 또는 F가 있으므로 반드시 거짓이다.

12 A 교수는 월요일부터 목요일까지 강의를 한다. 그는 학생들에게 다음 주 월요일부터 토요일 사이에 다음의 정보로부터 추론될 수 있는 요일(들)에 시험을 볼 것이라고 했다. 시험은 며칠에 나누어 볼 수도 있다. 시험을 볼 요일(들)은?

- 목요일에 시험을 본다면 토요일에는 시험을 볼 것이다.
- 월요일에 시험을 보지 않는다면 화요일이나 목요일에 시험을 볼 것이다.
- 월요일에 시험을 본다면 수요일에 시험을 보지 않을 것이다.
- 화요일에 시험을 본다면 목요일이나 금요일에는 시험을 볼 것이다.
- A 교수가 강의를 하지 않는 날에는 시험을 보지 않을 것이다.

① 월 ② 화 ③ 수
④ 월, 화 ⑤ 월, 수

13 다음 〈조건〉을 보고 계장, 대리, 과장, 부장 4명의 직원이 각각 좋아하는 계절을 고르면?

〈조건〉
- 대리와 계장은 여름을 좋아하지 않는다.
- 대리와 과장 중 한 명은 겨울을 좋아한다.
- 부장은 가을을 좋아한다.
- 4명이 각각 다른 계절을 좋아한다.

① 계장 – 봄, 대리 – 겨울, 과장 – 가을, 부장 – 여름
② 계장 – 봄, 대리 – 여름, 과장 – 겨울, 부장 – 가을
③ 계장 – 봄, 대리 – 겨울, 과장 – 여름, 부장 – 가을
④ 계장 – 겨울, 대리 – 봄, 과장 – 여름, 부장 – 가을
⑤ 계장 – 가을, 대리 – 겨울, 과장 – 여름, 부장 – 봄

제3장 문제해결능력

14 다음 〈조건〉을 따를 때 야구와 농구를 잘하는 순위를 각각 고르면?

> **조건**
> ㉠ A는 B보다 야구를 잘한다.
> ㉡ B는 C보다 농구는 잘하지만, 야구는 못한다.
> ㉢ A는 B보다 농구를 잘한다.
> ㉣ A는 C보다 야구를 잘한다.

	야구	농구
①	A > B > C	A > C > B
②	A > B > C	A > B > C
③	A > C > B	B > A > C
④	A > C > B	A > B > C
⑤	B > A > C	A > B > C

정답 및 해설

12. ① 13. ③ 14. ④

12 A 교수가 강의를 하지 않는 금요일과 토요일에는 시험을 보지 않는다. 토요일에 시험을 보지 않으므로 첫 번째 조건에 의해 목요일에도 시험을 보지 않는다. 목요일과 금요일에 시험을 보지 않으므로 네 번째 조건에 의해 화요일에도 시험을 보지 않는다. 따라서 화요일과 목요일에 시험을 보지 않으므로 두 번째 조건의 대우를 고려하면 반드시 월요일에 시험을 본다. 그러므로 세 번째 조건에 의해 수요일에는 시험을 보지 않는다. 따라서 시험을 보는 날은 월요일뿐이다.

13 주어진 〈조건〉을 분석하면 다음과 같다.

구분	계장	대리	과장	부장
봄				×
여름	×	×		×
가을	×	×	×	O
겨울				×

여기서 여름을 좋아할 수 있는 사람은 과장뿐이다. 또한, 대리와 과장 중 한 명은 겨울을 좋아하는데 과장은 여름을 좋아하므로 겨울을 좋아하는 사람은 대리이다. 그러므로 위 내용을 정리하면 다음과 같다.

구분	계장	대리	과장	부장
봄	O	×	×	×
여름	×	×	O	×
가을	×	×	×	O
겨울	×	O	×	×

14 • 야구 : ㉠에 의해 A > B, ㉡에 의해 C > B, ㉣에 의해 A > C이므로 A > C > B
• 농구 : ㉡에 의해 B > C, ㉢에 의해 A > B이므로 A > B > C

15 다음 〈조건〉에 따라 시뮬레이션을 할 때 최초 탈락팀, 최종 승리팀, 최종 승리팀의 승수는?

> 조건
> - 대회에는 네 개의 팀(A, B, C, D)이 출전한다.
> - 게임은 두 개의 팀이 겨룬다.
> - 네 팀의 역대 전적 순위는 다음과 같았다.
>   A > B > C > D
> - 상대 전적에 따르면, A팀은 C팀에 약했고, B팀은 D팀에 약했다.
> - 첫 번째 게임은 A 대 C, B 대 D로 진행한다.
> - 두 번째 게임은 승자 대 승자, 패자 대 패자로 진행한다. 이후의 게임도 같은 방식으로 진행한다.
> - 게임의 상대자가 없으면 부전승을 거둔다.
> - 누적해서 두 번 패하면 대회에서 탈락한다.
> - 최후에 남은 한 팀을 최종 승리팀으로 한다.

※ 이 시뮬레이션에서는 상대 전적과 역대 전적에 따라 게임의 승패를 결정하되, 상대 전적을 역대 전적보다 우선 적용한다.
※ 최종 승리팀이 결정되면 시뮬레이션을 종료한다.

	최초 탈락팀	최종 승리팀	최종 승리팀의 승수
①	A	B	3
②	B	C	3
③	B	C	4
④	D	A	3
⑤	D	A	4

16 다음 글과 〈조건〉에 따를 때, 채택하기에 적합하지 않은 정책 대안은?

> - 올해의 전력수급현황은 다음과 같다.
>   - 총공급전력량 : 7,200만 kW
>   - 최대전력수요 : 6,000만 kW
> - 이에 따라 내년도 전력수급기본계획을 마련하고, 정책목표를 다음과 같이 설정하였다.
>   - 정책목표 : 내년도 전력예비율을 30% 이상으로 유지한다.
>   - 전력예비율(%) = $\dfrac{\text{총공급전력량} - \text{최대전력수요}}{\text{최대전력수요}} \times 100$

> **조건**
> 조건 1 : 발전소를 하나 더 건설하면 총공급전력량이 100만 kW 증가한다.
> 조건 2 : 전기요금을 α% 인상하면 최대전력수요는 α% 감소한다.

※ 발전소는 즉시 건설·운영되는 것으로 가정하고 이외의 다른 변수는 고려하지 않는다.

① 발전소를 1개 더 건설하고, 전기요금을 10% 인상한다.
② 발전소를 3개 더 건설하고, 전기요금을 3% 인상한다.
③ 발전소를 6개 더 건설하고, 전기요금을 1% 인상한다.
④ 발전소를 8개 더 건설하고, 전기요금을 동결한다.
⑤ 발전소를 더 이상 건설하지 않고, 전기요금을 12% 인상한다.

정답 및 해설

15. ③ **16.** ②

15 문제의 〈조건〉에 따른 진행 결과는 다음과 같다.

진 행	1회전	2회전	3회전	4회전
1조	A < C	D < C	A < C	D < C
2조	B < D	B < A	D	
패배 수	A 1패 B 1패	A 1패 B 2패(탈락) D 1패	A 2패(탈락) B 2패(탈락) D 1패	A 2패(탈락) B 2패(탈락) D 2패(탈락)

16 ② $\dfrac{7,200+300}{6,000\times 0.97} - 1 \fallingdotseq 29(\%)$ ① $\dfrac{7,200+100}{6,000\times 0.9} - 1 \fallingdotseq 35(\%)$

③ $\dfrac{7,200+600}{6,000\times 0.99} - 1 \fallingdotseq 31(\%)$ ④ $\dfrac{7,200+800}{6,000} - 1 \fallingdotseq 33(\%)$

⑤ $\dfrac{7,200}{6,000\times 0.88} - 1 \fallingdotseq 36(\%)$

17 준호, 태현, 대준, 종민, 시윤, 준영 6명이 원형 탁자에 〈보기〉와 같이 둘러앉아 있을 때, 잘못된 내용을 고르면?

―〈보기〉―
- 준영과 대준은 마주 보고 앉아있다.
- 태현은 종민의 오른쪽 옆에 앉아있다.
- 태현은 준호의 한 사람 건너 왼쪽에 앉아있다.

① 시윤은 태현의 맞은편에 앉는다.
② 시윤은 준호의 오른쪽 옆에 앉는다.
③ 대준은 태현의 왼쪽 옆에 앉을 수 있다.
④ 종민은 준영의 오른쪽 옆에 앉을 수 있다.
⑤ 종민과 준호는 마주 보고 앉는다.

18 총무팀 직원 4명(A, B, C, D)과 홍보팀 직원 2명(E, F), 전산팀 직원 2명(G, H)이 업무 협의를 위해 다음 〈보기〉와 같이 원형 탁자를 가운데 두고 앉아있다. 잘못된 내용을 고르면?

―〈보기〉―
- 같은 팀 소속 직원끼리는 이웃하여 앉는다.
- A의 오른쪽에는 E가 앉아있다.
- E의 맞은편에는 B가 앉아있다.

① F의 맞은편에 D가 앉아있다면 E의 하나 건너 왼쪽 자리에는 G가 앉아있을 수 있다.
② G의 맞은편에 C가 앉아있다면 H의 맞은편에는 무조건 A가 앉아있어야 한다.
③ H의 맞은편에 C가 앉아있다면 G의 오른쪽 자리에는 B가 앉아있어야 한다.
④ B는 D와 H 사이에 앉아있을 수 있다.
⑤ F와 H는 마주 보고 앉을 가능성이 없다.

제3장 문제해결능력

19 A~E 5대의 차가 경주를 하였다. 5대의 차 중 A, C, E는 검은색이고, B, D는 붉은색이다. 처음 5대의 순위는 'A - B - C - D - E'였다가 그 후 결승점에 이르는 동안 〈보기〉의 ㉠~㉤과 같은 변화가 차례로 일어났다. 다음 중 3번째로 들어온 차는?
(단, 바로 앞에 달리고 있는 차만을 추월한 것으로 한다.)

> 〈보기〉
> ㉠ A가 B에게 추월당했다.
> ㉡ 붉은 차가 검은 차 1대를 추월했다.
> ㉢ 붉은 차가 검은 차 1대를 추월했다.
> ㉣ 검은 차가 검은 차 2대를 추월했다.
> ㉤ 검은 차가 붉은 차 2대를 추월했다.

① A　　　　② B　　　　③ C
④ D　　　　⑤ E

정답 및 해설 17. ③ 18. ① 19. ④

17 주어진 보기의 설명을 따르면 다음 그림의 두 가지 방법이 가능하게 된다. 따라서 대준이 태현의 왼쪽 옆에 앉는 경우는 발생하지 않는다.

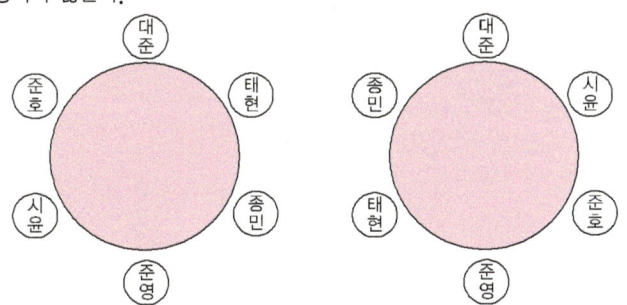

18 첫 번째 조건에 의해 홍보팀과 전산팀이 이웃하여 앉게 되며 두 번째 조건에 의해 총무팀 A와 홍보팀 E가 이웃하여 앉게 된다. 따라서 F의 자리도 함께 결정된다. 세 번째 조건에 의해 B의 자리가 결정되어 다음 그림과 같은 상황이 된다. 여기서, F의 맞은편에 D가 앉게 되면 A의 왼쪽 자리는 자동으로 C가 앉게 되고 이 자리는 바로 E의 하나 건너 왼쪽 자리이다. 그러므로 이 자리에 G가 앉아있을 가능성은 없다.

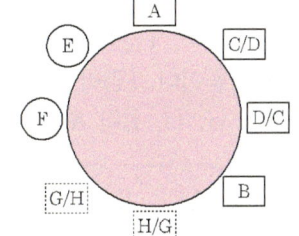

19

	1등	2등	3등	4등	5등
처음	A(검)	B(붉)	C(검)	D(붉)	E(검)
㉠	B(붉)	A(검)	C(검)	D(붉)	E(검)
㉡	B(붉)	A(검)	D(붉)	C(검)	E(검)
㉢	B(붉)	D(붉)	A(검)	C(검)	E(검)
㉣	B(붉)	D(붉)	E(검)	A(검)	C(검)
㉤	E(검)	B(붉)	D(붉)	A(검)	C(검)

따라서 최종적으로 'E - B - D - A - C' 순으로 들어왔다.

20 다음 그림과 같이 각 층에 1인 1실의 방이 2개 있는 3층 호텔에 A, B, C, D, E, F 6명이 각각 투숙해 있다. 다음 〈보기〉를 따를 때, 투숙하는 사람과 방의 호수를 바르게 연결한 것은?

좌	3층	301호	302호	우
	2층	201호	202호	
	1층	101호	102호	

〈보기〉
㉠ A 바로 위층 방에 C가 투숙해 있다.
㉡ F는 B의 좌측 방에 투숙해 있다.
㉢ E는 B 바로 아래층 방에 투숙해 있다.

①
301호	C	302호	D
201호	A	202호	E
101호	F	102호	B

②
301호	F	302호	B
201호	C	202호	E
101호	A	102호	D

③
301호	D	302호	C
201호	E	202호	A
101호	F	102호	B

④
301호	F	302호	B
201호	E	202호	C
101호	D	102호	A

⑤
301호	C	302호	A
201호	D	202호	B
101호	F	102호	E

21 S호텔은 지상 5층 건물이다. 각 층은 1인용 객실 하나와 2인용 객실 하나로 이루어져 있다. 1인용 객실은 1명만이 투숙할 수 있으며, 2인용 객실은 2명이 투숙하는 것이 원칙이나 1명이 투숙할 수도 있다. 현재 이 호텔에는 9명의 손님(A, B, C, D, E, F, G, H, I)이 투숙하고 있다. 〈보기〉의 조건을 따를 때 노부부(D, F)가 투숙할 층은?

〈보기〉
㉠ B, E, G, H는 1인용 객실에 투숙하고 있다.
㉡ 2층 2인용 객실과 3층 1인용 객실에는 투숙객이 없다.
㉢ A와 C는 신혼부부로 같은 객실에서 E보다 두 층 아래에 투숙하고 있다.
㉣ G와 I는 같은 층에 투숙하고 있으며, H보다 한 층 아래에 있다.
㉤ D와 F는 노부부로 신혼부부보다 한 층 위에 투숙하고 있다.

① 1층 ② 2층 ③ 3층
④ 4층 ⑤ 5층

22

교통사고를 낸 사람을 찾기 위해 고심하던 직원은 A, B, C, D, E 다섯 명을 면담했다. 이들은 각자 다음과 같이 이야기했다. 이 가운데 두 명의 이야기는 모두 거짓인 반면, 세 명의 이야기는 모두 참이라 하자. 다섯 명 가운데 한 명이 범인이라고 할 때, 교통사고를 낸 사람은 누구인가?

> A : 교통사고를 낸 것을 나와 E만 보았다. B의 말은 모두 참이다.
> B : 교통사고를 낸 것은 D이다. D가 교통사고를 낸 것을 E가 보았다.
> C : D는 교통사고를 내지 않았다. E의 말은 참이다.
> D : 교통사고를 낸 것을 세 명의 주민이 보았다. B는 교통사고를 내지 않았다.
> E : 나와 A는 교통사고를 내지 않았다. 나는 교통사고를 낸 사람을 아무도 보지 못했다.

① A ② B ③ C
④ D ⑤ E

정답 및 해설

20. ② **21.** ④ **22.** ③

20 ㉡, ㉢의 조건을 그림으로 나타내면 다음과 같다.

〈경우 1〉

301호	F	302호	B
201호		202호	E
101호		102호	

〈경우 2〉

301호		302호	
201호	F	202호	B
101호		102호	E

㉠에 의해 〈경우 2〉는 성립할 수 없다. 따라서 모든 조건을 만족하는 것은 다음과 같다.

301호	F	302호	B
201호	C	202호	E
101호	A	102호	D

21 〈보기〉의 내용을 표로 나타내면 다음과 같다.

	1인실	2인실
5층	E	
4층	B	D와 F
3층	빈 객실	A와 C
2층	H	빈 객실
1층	G	I

22
- A의 이야기가 참이라면 B의 이야기도 참인데 B는 D가 교통사고를 낸 것을 E가 보았다고 했지만, E는 보지 못했다고 했으므로 성립하지 않는다. D는 범인이 아니며, A, B의 말은 무조건 거짓임을 알 수 있다. 그러므로 C, D, E의 말은 참이다.
- C의 이야기를 통해 D는 범인이 아니다.
- D의 이야기를 통해 B는 범인이 아니다.
- E의 이야기를 통해 A, E는 범인이 아니다.

위의 이야기를 종합하면, A, B, D, E는 범인이 아니므로 C가 범인이다.

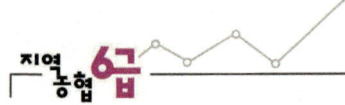

23 다음 제시된 내용을 바탕으로 바르게 추리한 것은?

> - 철수는 영희보다 나이가 한 살 많다.
> - 민수는 민호와 친척이다.
> - 민호와 민수는 나이가 같고 영희보다 한 살 아래이다.
> - 철수와 민수는 친척이다.
> - 철수와 민수는 친구하기로 했다.

① 영희는 민호와 친척이다.
② 철수와 민수는 동갑이다.
③ 영희와 민수는 친척이다.
④ 철수는 민호보다 한 살 많다.
⑤ 철수는 민수보다 두 살 많다.

24 음식 배달용 철가방 (가), (나), (다), (라), (마)가 5개 있고 차례대로 먼저 배달된다. 각 가방에는 두 개의 도시락이 한꺼번에 들어갈 수 있는 2인분 칸과 하나의 도시락이 들어갈 수 있는 1인분 칸이 나뉘어 있다. 1인분 칸에는 하나의 도시락만, 2인분 칸에는 하나 또는 두 개의 도시락이 들어갈 수 있다. 현재, A, B, C, D, E, F, G, H, I의 9개 도시락이 철가방에 담겨 있으며 곧 배달이 이루어질 예정이다. 현재 도시락이 분배된 상황이 다음과 같을 때, 항상 참이 아닌 것을 고르면?

> - A와 C는 같은 철가방 2인분 칸에 담겨 있으며 E보다 하나 걸러 먼저 순서의 철가방에 담겨 있다.
> - B, E, G, H는 1인분 칸에 담겨 있다.
> - (나)의 2인분 칸과 (다)의 1인분 칸에만 도시락이 들어 있지 않다.
> - G와 I는 같은 철가방에 들어 있다. 그리고 이들이 들어 있는 철가방은 H보다 하나 앞에 있다.

① A와 C는 I보다 늦게 배달된다.
② H는 B보다 먼저 배달된다.
③ D는 B 다음에 배달된다.
④ F는 B보다 먼저 배달되지 않는다.
⑤ A와 C는 D의 다음에 배달되지 않는다.

25 다음을 근거로 판단할 때 옳은 것을 〈보기〉에서 모두 고르면?

> A는 한 달 전에 L회사 제품의 마우스와 자판(키보드)을 포함한 컴퓨터 일체를 샀다. L회사의 마우스는 태국의 공장, 중국의 공장 그리고 필리핀의 공장 등 3곳에서 생산된다.
> 태국공장은 L회사 마우스의 20%를, 중국공장은 30%를, 필리핀공장은 50%를 생산한다. 태국공장에서 생산된 L회사 마우스의 70%, 중국공장에서 생산된 L회사 마우스의 60%, 필리핀공장에서 생산된 L회사 마우스의 50%에 결함이 있는 것으로 밝혀졌다. 한편 자판은 하나의 생산공장에서만 생산되는데, '제품 결함률'은 40%인 것으로 나타났다.

〈보기〉
ㄱ. A가 산 자판에 결함이 있을 가능성이 마우스에 결함이 있을 가능성보다 낮다.
ㄴ. A가 산 마우스에 결함이 없을 가능성이 결함이 있을 가능성보다 높다.
ㄷ. A가 산 마우스에 결함이 있다면 A의 마우스는 중국보다는 필리핀에서 생산되었을 가능성이 높다.
ㄹ. A가 산 마우스에 결함이 없다면 중국에서 생산되었을 가능성이 가장 높다.

① ㄱ, ㄴ　　② ㄱ, ㄷ　　③ ㄴ, ㄹ
④ ㄱ, ㄷ, ㄹ　　⑤ ㄴ, ㄷ, ㄹ

정답 및 해설

23. ⑤　**24.** ③　**25.** ②

23. • 친척 : 민수와 민호, 철수와 민수
　　• 나이 : 철수, 영희, 민호 순으로 많고 셋은 서로 한 살씩 차이가 난다. 민수는 민호와 동갑이다.

24. 보기의 조건에 의해 다음의 상황이 가능하다. D와 F는 보기의 세 번째 조건에 의해 (라)와 (마)에 각각 나뉘어 들어가야 한다. 만일 하나라도 (가)에 들어간다면 빈칸이 하나 더 생기기 때문이다. 결국, D는 B와 동시에 배달될 수 있으므로 'D는 B 다음에 배달된다'는 항상 참이 아니다.

구 분	(가)	(나)	(다)	(라)	(마)
1인분	G	H		B	E
2인분	I		A　C	D	F

구 분	(가)	(나)	(다)	(라)	(마)
1인분	G	H		B	E
2인분	I		A　C	F	D

25. ㄱ. L회사 자판의 제품 결함률 40%이고, L회사 마우스의 제품 결함률은 모든 공장에서 50% 이상이므로 자판의 제품 결함률이 낮다.
ㄷ. 결함이 있는 L회사 마우스 비율은 태국제가 14%(0.2×0.7), 중국제가 18%(0.3×0.6), 필리핀제가 25%(0.5×0.5)이다.
ㄴ. ㄱ에서 판단했듯이 L회사 마우스의 제품 결함률은 모든 공장에서 50% 이상이므로 결함이 있을 가능성이 높다.
ㄹ. ㄷ에서 계산한 비율이 가장 낮은 것은 태국제이다.

26 다음 〈상황〉과 〈조건〉을 근거로 판단할 때 옳은 것은?

〈상황〉
A대학교 보건소에서는 4월 1일(월)부터 한 달 동안 재학생을 대상으로 금연교육 4회, 금주교육 3회, 성교육 2회를 실시하려는 계획을 가지고 있다.

〈조건〉
- 금연교육은 정해진 같은 요일에만 주 1회 실시하고, 화, 수, 목요일 중에 해야 한다.
- 금주교육은 월요일과 금요일을 제외한 다른 요일에 시행하며, 주 2회 이상은 실시하지 않는다.
- 성교육은 4월 10일 이전, 같은 주에 이틀 연속으로 실시한다.
- 4월 22일부터 26일까지 중간고사 기간이고, 이 기간에 보건소는 어떠한 교육도 실시할 수 없다.
- 보건소의 교육은 하루에 하나만 실시할 수 있고, 토요일과 일요일에는 교육을 실시할 수 없다.
- 보건소는 계획한 모든 교육을 반드시 4월에 완료하여야 한다.

① 금연교육이 가능한 요일은 화요일과 수요일이다.
② 금주교육은 같은 요일에 실시되어야 한다.
③ 금주교육은 4월 마지막 주에도 실시된다.
④ 성교육이 가능한 일정 조합은 세 가지 이상이다.
⑤ 4월 30일에도 교육이 있다.

27 직원 A는 6층 회사건물을 층마다 모두 순찰한 후에 퇴근한다. 다음 〈조건〉에 따라 1층에서 출발하여 순찰을 완료하고 1층으로 돌아오기까지 소요되는 최소 시간은?
(단, 〈조건〉 외의 다른 요인은 고려하지 않는다.)

〈조건〉
- 층간 이동은 엘리베이터로만 해야 하며 엘리베이터가 한 개 층을 이동하는 데는 3분이 소요된다.
- 엘리베이터는 한 번에 최대 세 개 층(예 : 1층 → 4층)을 이동할 수 있다.
- 엘리베이터는 한 번 위로 올라갔으면, 그다음에는 아래 방향으로 내려오고, 그다음에는 다시 위 방향으로 올라가야 한다.
- 하나의 층을 순찰하는 데는 5분이 소요된다.

① 1시간
② 1시간 12분
③ 1시간 18분
④ 1시간 24분
⑤ 1시간 30분

정답 및 해설

26. ⑤ 27. ③

26 상황과 4~6번 조건을 고려하면 다음 일정과 같이 중간고사 기간과 휴일에는 교육이 불가능하다.

4월

일	월	화	수	목	금	토
	1	2	3	4	5	6
7	8	9	10	11	12	13
14	15	16	17	18	19	20
21	22	23	24	25	26	27
			←——— 중간고사 ———→			
28	29	30				

- 금연교육 : 1번 조건에 따라 화, 수, 목요일 중 같은 요일에 4번 교육이 가능한 화요일만 할 수 있다. 따라서 4월 30일(화)에는 금연교육이 있다.
- 성교육 : 3번 조건을 고려하면 둘째 주에는 불가능하고, 3~4일 혹은 4~5일만 가능하다.
- 금주교육 : 2번 조건을 고려하고 다른 교육 시간을 피하려면 3~4일, 10~11일, 17~18일 중 각 주마다 하루씩 교육을 실시하면 된다.

27 6개 층이므로 엘리베이터 이동시간을 제외한 순수한 순찰시간은 30분이다. 3번 조건에 따라 올라갔으면 다시 내려와야 하므로 효율적으로 이동하려면 1층 → 3층 → 2층 → 5층 → 4층 → 6층 → 3층 → 4층 → 1층으로 이동해야 한다. 총 16개 층을 이동하므로 48분이 걸린다. 그러므로 이동시간을 포함한 순찰시간은 총 1시간 18분이 걸린다.

28 5명(A~E)이 순서대로 퀴즈게임을 해서 벌칙 받을 사람 1명을 선정하고자 한다. 다음 〈게임 규칙과 결과〉에 근거할 때, 항상 옳은 것을 〈보기〉에서 모두 고르면?

[게임 규칙과 결과]

규칙	• A→B→C→D→E 순서대로 퀴즈를 1개씩 풀고, 모두 한 번씩 퀴즈를 풀고 나면 한 라운드가 끝난다. • 퀴즈 2개를 맞힌 사람은 벌칙에서 제외되고, 다음 라운드부터는 게임에 참여하지 않는다. • 라운드를 반복하여 맨 마지막까지 남는 한 사람이 벌칙을 받는다. • 벌칙을 받을 사람이 결정되면 라운드 중이라도 더 이상 퀴즈를 출제하지 않는다. • 게임 중 동일한 문제는 출제되지 않는다.
결과	3라운드에서 A는 참가자 중 처음으로 벌칙에서 제외되었고, 4라운드에서는 오직 B만 벌칙에서 제외되었으며, 벌칙을 받을 사람은 5라운드에서 결정되었다.

〈보기〉
ㄱ. 5라운드까지 참가자들이 정답을 맞힌 퀴즈는 총 9개이다.
ㄴ. 게임이 종료될 때까지 총 22개의 퀴즈가 출제되었다면, E는 5라운드에서 퀴즈의 정답을 맞혔다.
ㄷ. 게임이 종료될 때까지 총 21개의 퀴즈가 출제되었다면, 퀴즈를 푸는 순서가 벌칙을 받을 사람 선정에 영향을 미친 것으로 볼 수 있다.

① ㄱ
② ㄴ
③ ㄱ, ㄴ
④ ㄴ, ㄷ
⑤ ㄱ, ㄴ, ㄷ

29 다음의 〈상황〉을 근거로 한 〈K의 주장〉을 반박할 수 있는 논리를 〈보기〉에서 모두 고르면?

〈상황〉
국가의 전체 중학교 3학년 학생의 숫자는 2004년 90만 명에서 2011년 85만 명으로 감소하였다.
A국가는 2004년부터 모든 중학교가 정확히 40명의 학생으로 한 반을 구성하도록 하였다. A국가에서 2004년도에 중학교 3학년 전체 학생이 응시한 국어, 수학 모의고사에서 국어과목의 평균 점수는 68점이었고, 수학과목의 평균 점수는 62점이었다. 한편 A국가는 2005년부터 중학교 학급 정원을 30명으로 제한하여, 모든 중학교 학급은 정확히 30명의 학생으로 구성되었다. A국가에서 중학교 3학년을 대상으로 2011년도에 치른 모의고사에서 국어과목의 평균 점수는 73점이었고, 수학 평균 점수는 62점이었다.

[K의 주장] A국가의 중학교 학급정원 감축이 중학교 3학년의 학력(學力)을 지속적으로 향상시켰다.

〈보기〉
ㄱ. K는 특정 과목을 중심으로 결론을 주장하였다.
ㄴ. K는 2004년도와 2011년도 모의고사의 난이도를 고려하지 않았다.
ㄷ. K는 A국가의 중학생의 전체 숫자가 5만 명 감소한 사실을 고려하지 않았다.
ㄹ. K는 중학교 학급정원 감축 이후의 단 한 차례 모의고사 성적에만 의존하고 있다.

① ㄴ, ㄷ ② ㄷ, ㄹ ③ ㄱ, ㄴ, ㄷ
④ ㄱ, ㄴ, ㄹ ⑤ ㄱ, ㄷ, ㄹ

정답 및 해설

28. ④ 29. ④

28 〈규칙〉과 〈결과〉에 따라 정리하면 다음과 같다.

구 분	A	B	C	D	E
1라운드					
2라운드					
3라운드	○				
4라운드	−	○			
5라운드	−				

ㄴ. 옳음. 게임이 종료될 때까지 총 22개의 퀴즈가 출제되었다면, 4라운드까지 19개의 퀴즈가 출제되었고 5라운드에서는 나머지 3개의 퀴즈가 출제되었으므로, E가 정답을 맞혔다.
ㄷ. 옳음. 게임이 종료될 때까지 총 21개의 퀴즈가 출제되었다면, D가 5라운드에서 정답을 맞혔다고 볼 수 있다. 그러면 〈규칙〉에 따라 E는 5라운드에서 퀴즈를 풀기 전에 벌칙을 받게 되므로 퀴즈를 푸는 순서가 벌칙을 받을 사람 선정에 영향을 미친 것으로 볼 수 있다.
ㄱ. 틀림. 벌칙을 받을 사람이 한 문제도 맞히지 못했다면 5라운드까지 참가자들이 정답을 맞힌 퀴즈는 총 8개이다.

29 ㄱ. 옳음. K는 국어와 수학 등 특정 과목을 중심으로 결론을 주장하였다.
ㄴ. 옳음. K는 2004년도와 2011년도 모의고사의 난이도를 고려하지 않았다.
ㄹ. 옳음. K는 중학교 학급정원 감축 이후의 단 한 차례 모의고사 성적에만 의존하고 있다.
ㄷ. 틀림. K는 평균 점수를 고려하였으므로 학생 수의 변동은 상관이 없다

30 다음 글과 〈○○시의 도로명 현황〉을 근거로 판단할 때, ○○시에서 발견될 수 있는 도로명은?

> 도로명의 구조는 일반적으로 두 개의 부분으로 나누어지는데 앞부분을 전부요소, 뒷부분을 후부요소라고 한다.
> 전부요소는 대상물의 특성을 반영하여 이름 붙인 것이며 다른 곳과 구분하기 위해 명명된 부분이다. 즉, 명명의 배경이 반영되어 성립된 요소로 다양한 어휘가 사용된다.
> 후부요소로는 '로, 길, 골목'이 많이 쓰인다.
> 그런데 도로명은 전부요소와 후부요소만 결합한 기본형이 있고, 후부요소에 다른 요소가 첨가된 확장형이 있다.
> 확장형은 후부요소에 '1, 2, 3, 4…' 등이 첨가된 일련번호형과 '동, 서, 남, 북, 좌, 우, 윗, 아래, 앞, 뒷, 사이, 안, 중앙' 등의 어휘들이 첨가된 방위형이 있다.

○○시의 도로명 현황

○○시의 도로명을 모두 분류한 결과, 도로명의 전부요소로는 한글고유어보다 한자어가 더 많이 발견되었고, 기본형보다 확장형이 많이 발견되었다. 확장형의 후부요소로는 일련번호형이 많이 발견되었고, 일련번호는 '로'하고만 결합되었다. 그리고 방위형은 '골목'하고만 결합되었으며 사용된 어휘는 '동, 서, 남, 북'으로만 한정되었다.

① 행복1가　　② 대학2로　　③ 국민3길
④ 덕수궁뒷길　　⑤ 꽃동네중앙골목

31 다음 〈규칙〉에 근거할 때, 〈보기〉에서 옳은 것을 모두 고르면?

규칙
- 9장의 카드에는 1부터 9까지의 숫자 중 각각 다른 하나의 숫자가 적혀 있다.
- 9장의 카드 중 4장을 동시에 사용하여 네 자리 수를 만든다.
- 천의 자리에 있는 숫자와 백의 자리에 있는 숫자를 곱한 값이 십의 자리 숫자와 일의 자리 숫자가 된다. 예를 들어 '7856'은 가능하지만 '7865'는 불가능하다.

보기
ㄱ. 만들 수 있는 가장 큰 수에서 가장 작은 수를 뺀 값은 7158이다.
ㄴ. 천의 자리가 5이거나 일의 자리가 5인 네 자리 수는 만들 수 없다.
ㄷ. 천의 자리에 9를 넣을 때 만들 수 있는 네 자리 수의 개수는 천의 자리에 다른 어떤 수를 넣을 때보다 많다.
ㄹ. 숫자 1이 적힌 카드가 한 장 추가되어도 만들 수 있는 네 자리 수의 총 개수에는 변화가 없다.
ㅁ. 숫자 9가 적힌 카드가 한 장 추가되어도 만들 수 있는 네 자리 수의 총 개수에는 변화가 없다.

① ㄱ, ㄴ, ㄷ
② ㄱ, ㄴ, ㄹ
③ ㄱ, ㄷ, ㅁ
④ ㄱ, ㄹ, ㅁ
⑤ ㄴ, ㄷ, ㅁ

정답 및 해설   30. ②   31. ②

30 보기 ①, ②, ③은 확장형이고, 보기 ④, ⑤는 방위형이다. 확장형 중 일련번호가 '로'인 것은 보기 ②이며, 방위형 중 '골목'하고만 결합되었으며 사용된 어휘는 '동, 서, 남, 북'인 것은 없다.

31 ㄱ. 옳음. 만들 수 있는 가장 큰 수는 9872이고, 가장 작은 수는 2714이므로 그 차는 7158이다.
ㄴ. 옳음. 천의 자리가 5이거나 일의 자리가 5라면 반드시 0이나 5가 더 필요하므로 불가능하다.
ㄹ. 옳음. 숫자 1이 적힌 카드가 추가된다면 숫자 1을 중복 사용할 수 있어야 만들 수 있는 네 자리 수의 총 개수가 증가하지만, 1의 중복 사용은 불가능하다.
ㄷ. 틀림. 천의 자리가 9일 때 만들 수 있는 네 자리 수는 6개(9872, 9763, 9654, 9436, 9327, 9218)이고, 천의 자리가 7일 때 만들 수 있는 네 자리 수도 6개이다.
ㅁ. 틀림. 숫자 9가 적힌 카드가 추가된다면 9981이란 숫자를 하나 더 만들 수 있다.

- 진위판정

32 농협 창고에 보관 중인 A, B, C, D, E 5종류 비료의 양에 관한 정보가 〈제시문 1〉과 같을 때, 〈제시문 2〉의 진위를 판별하면?

> 〈제시문 1〉
> ㉠ A와 B의 합은 C와 D의 합과 같다.　　㉡ B는 D보다 많다.
> ㉢ C와 D의 합은 E의 2배이다.　　㉣ D는 E보다 많다.

> 〈제시문 2〉
> A의 양은 C의 양보다 많다.

① 참　　　　　② 거짓　　　　　③ 알 수 없음

33 사원 A, B, C, D는 주말마다 봉사활동으로 과외를 한다. 이때 가르치는 과목은 국어, 국사, 과학, 한문이다. 〈제시문 1〉의 내용을 따를 때 〈제시문 2〉의 참·거짓을 판별하면?

> 〈제시문 1〉
> ㉠ B와 C는 한 과목만 가르친다.
> ㉡ C만이 국사를 가르친다.
> ㉢ A는 이공계열 학과를 전공하였다.
> ㉣ B와 D는 서로 다른 계열학과를 졸업하였다.
> ㉤ 이공계열을 전공한 사람은 2명이고, 나머지 2명은 인문계를 전공하였다.
> ㉥ 과학은 2명이 가르치는데 이공계를 전공한 사람만 가능하다.
> ㉦ 국어는 인문계를 전공한 사람만 가르칠 수 있다.
> ㉧ 한 사람은 두 과목을 가르친다.

> 〈제시문 2〉
> A : A는 국어를 가르치지 않는다.
> B : D는 국사를 가르치지 않는다.

① A만 옳다.　　　　　　　　② B만 옳다.
③ A와 B 모두 옳다.　　　　　④ A와 B 모두 틀리다.
⑤ A와 B 모두 옳은지 틀린 지 판단할 수 없다.

34 현아는 이번 주 월요일부터 금요일까지 실시하는 A, B, C, D, E, F, G 7개 기업의 면접을 보았다. 〈제시문 1〉의 내용이 참일 때, 〈제시문 2〉의 참·거짓을 판별하면?

> **제시문 1**
> ㉠ A기업의 면접은 B기업보다 사흘 먼저 보았다.
> ㉡ C기업은 D기업 면접 전날 보았고, E기업은 F기업의 이틀 전에 보았다.
> ㉢ 화요일에는 E기업만 보았다.
> ㉣ G기업은 가장 마지막으로 보았다.

> **제시문 2**
> A : 금요일에는 틀림없이 2개 기업의 면접을 보았다.
> B : 월요일에는 A기업만 면접을 보았다.

① A만 옳다.
② B만 옳다.
③ A와 B 모두 옳다.
④ A와 B 모두 틀리다.
⑤ A와 B 모두 옳은지 틀린지 판단할 수 없다.

정답 및 해설

32. ② 33. ③ 34. ②

32 ㉡과 ㉣에서 B > D > E, ㉠과 ㉢에서 $\frac{A+B}{2} = \frac{C+D}{2} = E$이므로 E는 A와 B, C와 D의 평균값이고, 평균값이 같아지기 위해서는 C > A가 성립해야 한다.
따라서 B > D > E > C > A이다.

33 조건 ㉠, ㉡, ㉢, ㉣, ㉤을 고려하면 다음과 같은 표가 작성된다.

	계열	과목수	국어	한문	국사	과학
A	이공		×		×	○
B		1			×	
C		1	×	×	○	×
D					×	

34 ㉡, ㉢, ㉣을 따르면 다음 표와 같다.

	월	화	수	목	금
1		E		F	G
2		×			

A기업의 면접을 월요일에 본 경우 다음과 같고,

	월	화	수	목	금
1	A	E		F	G
2		×		B	

㉡ 'C기업은 D기업 면접 전날 보았고'를 적용하면 다음 표와 같이 2가지 경우가 발생한다.

	월	화	수	목	금
1	A	E	C	F	G
2	×			B	
3	×		D		

	월	화	수	목	금
1	A	E		F	G
2	×			B	D
3	×			C	

[35~37] 〈제시문 1〉의 내용을 따를 때 〈제시문 2〉의 참·거짓을 판별하시오.

35

〈제시문 1〉
- C은행은 N은행보다 이자율이 낮다.
- N은행은 L은행보다 이자율이 높다.
- A은행은 C은행보다 이자율이 높다.

〈제시문 2〉
A : N은행의 이자율이 가장 높다.
B : C은행은 L은행보다 이자율이 높다.

① A만 옳다.　　　　　　　　　② B만 옳다.
③ A와 B 모두 옳다.　　　　　　④ A와 B 모두 틀리다.
⑤ A와 B 모두 옳은지 틀린지 판단할 수 없다.

36

〈제시문 1〉
- 철수의 몸무게는 65kg이다.
- 길동이는 철수보다 무겁다.
- 갑수는 을수보다 가볍다.
- 병수는 철수보다 5kg 가볍다.

〈제시문 2〉
A : 병수가 길동이보다 가볍다.
B : 길동이가 가장 무겁다.

① A만 옳다.　　　　　　　　　② B만 옳다.
③ A와 B 모두 옳다.　　　　　　④ A와 B 모두 틀리다.
⑤ A와 B 모두 옳은지 틀린지 판단할 수 없다.

37

- 제시문 1
  - 스포츠를 좋아하는 사람은 체력이 있다.
  - 스포츠를 좋아하는 사람은 인내심이 있다.
  - 명랑한 사람은 스포츠를 좋아한다.

- 제시문 2
  - A : 체력이 없으면 명랑한 사람이 아니다.
  - B : 체력이 없거나 인내심이 없으면 명랑한 사람이 아니다.

① A만 옳다.
② B만 옳다.
③ A와 B 모두 옳다.
④ A와 B 모두 틀리다.
⑤ A와 B 모두 옳은지 틀린지 판단할 수 없다.

정답 및 해설

35. ⑤　36. ①　37. ③

35 이자율 순위는 A은행>C은행, N은행>C은행, N은행>L은행이다. 하지만 N은행과 A은행의 이자율 순위와 C은행과 L은행의 이자율 순위는 알 수 없으므로 A와 B 모두 판단할 수 없다.

36 주어진 조건을 정리하면 '길동>철수>병수', '을수>갑수'이다. 이에 따르면 A는 옳고, 을수와 갑수가 길동보다 무거울 수 있으므로 B는 알 수 없다.

37 '체력이 없다 → 스포츠를 좋아하지 않는다 → 명랑한 사람이 아니다'가 성립하므로 A는 옳다. 주어진 문장에 따라 "스포츠를 좋아하는 사람은 체력이 있고 인내심도 있다."가 성립하므로 "체력이 없거나 인내심이 없으면 스포츠를 좋아하지 않는다."라는 대우가 성립하고, 또 "스포츠를 좋아하지 않으면 명랑한 사람이 아니다."라는 대우도 성립하므로 B도 옳다.

02 금융상품

| 출제포인트 | 기초적인 금융상식을 학습한 후 농협 금융상품을 찾아보고 상품정보를 이해하는 연습을 하는 것이 좋다.

[1~2] 제시된 N은행의 대출상품에 대한 자료를 참고하여 다음 물음에 답하시오.

에너지이용합리화자금〈에너지관리공단〉

- 상품특징 : 에너지절약형 시설설치에 필요한 자금을 낮은 금리로 이용할 수 있고, 시설투자금액의 일정비율을 세액공제를 받을 수 있는 상품
- 대출대상자 : 에너지관리공단(또는 신재생에너지지원센터)에서 융자추천을 받은 중소기업, 중견기업, 대기업
- 세부 대출조건

자금부문		대출대상	지원한도	대출기간 (거치)
ESCO투자사업		에너지사용자와 사업자 파이낸싱 성과보증계약을 체결한 ESCO 또는 ESCO와 사용자 파이낸싱 성과보증계약을 체결한 에너지 사용자	300억 원 이내 (동일투자 사업장당 150억 원 이내)	10년(3년) 이내
목표관리업체 투자사업		저탄소녹색성장기본법 제42조에 따른 온실가스·에너지 감축 관리업체로 지정된 기업	150억 원 이내	8년(3년) 이내
절약시설 설치사업	에너지절약 설치사업	저탄소녹색성장기본법 제42조에 따른 온실가스·에너지 감축 관리업체로 지정된 기업이 아닌 자	150억 원 이내	
	고효율제품 등 생산시설설치사업	고효율제품 등을 생산하는 자(중소기업에 한함)	10억 원 이내	
	수요관리 설비설치사업	수요관리설비를 설치하는 자	50억 원 이내	
신재생에너지보급		신·재생에너지 이용·생산설비를 설치하고자 하는 자	1억~100억 원 이내	3~15년 (1~5년) 이내

- 절차

신청 및 접수	➡	융자대상자 선정 및 통보	➡	대출지원	➡	사후관리
업체 → 에너지관리공단		에너지관리공단 → 업체, N은행		N은행 → 업체		에너지관리공단 및 N은행

01 위 상품에 대하여 고객에게 설명한 것으로 적절하지 않은 것은?

① 고효율제품 등 생산시설설치사업부문은 대출기간 8년 이내, 지원한도 10억 원 이내에서 가능합니다.
② ESCO와 사용자 파이낸싱 성과보증계약을 체결한 에너지 사용자인 경우에 300억 원까지 대출이 가능합니다.
③ 에너지절약설치사업부문은 저탄소녹색성장기본법 제42조에 따른 온실가스·에너지 감축 관리업체로 지정되지 않아도 가능합니다.
④ N은행에서 에너지관리공단으로 대출지원이 이루어지고, 이 대출금을 에너지관리공단에서 해당 업체에게 전달합니다.
⑤ 절차는 신청 및 접수 → 융자대상자 선정 및 통보 → 대출지원 → 사후관리 순으로 진행한다.

02 위 상품을 고객에게 추천할 때 사전에 확인해야 할 것은?

① 방위사업청과 납품계약에 체결되어 있는지 확인한다.
② 소상공인시장진흥공단에서 융자추천을 받은 소상공인인지 확인한다.
③ 에너지관리공단으로부터 융자추천을 받은 기업인지 확인한다.
④ 직전 연도 매출액이 10억 원 이상인 기업인지 확인한다.
⑤ 고효율제품 등 생산시설설치사업부문의 경우 중소기업에 해당하는 자로 고효율제품 등을 생산하는 자인지 확인한다.

정답 및 해설 01. ④ 02. ③

01 대출지원은 N은행에서 업체로 이루어진다.
02 해당 대출상품은 에너지관리공단(또는 신재생에너지지원센터)으로부터 융자추천을 받은 기업을 대상으로 한다. 따라서 ③이 적절하다.

[3~4] 다음 자료는 N은행의 예탁금 금리표이다. 다음 자료를 보고 물음에 답하시오.

과목			금리	과목			금리		
보통예탁금			연 0.05%	정기 예탁금	일반	1개월 이상	연 0.8%		
자립예탁금			연 0.05%			3개월 이상	연 1.0%		
자유 저축 예탁금	일반		연 0.05%			6개월 이상	연 1.25%		
	알짜 배기 예탁금	1천만 원 미만	연 0.05%			12개월 이상	연 1.3%		
		1천만 원~ 3천만 원 미만	연 0.08%			24개월 이상	연 1.3%		
		3천만 원~ 5천만 원 미만	연 0.1%			36개월 이상	연 1.3%		
		5천만 원~ 1억 원 미만	연 0.2%			48개월 이상	연 1.3%		
		1억 원~ 5억 원 미만	연 0.3%	농어가 목돈 마련 저축	구 분		기본이율	장려금	계
		5억 원 이상	연 0.5%		3년	저소득	연 2.05%	연 3.0%	연 5.05%
기업 저축 예탁금	3천만 원 미만		연 0.08%			일반	연 2.05%	연 0.9%	연 2.95%
	3천만 원~1억 원 미만		연 0.1%		5년	저소득	연 2.05%	연 4.8%	연 6.86%
	1억 원~5억 원 미만		연 0.3%			일반	연 2.05%	연 1.5%	연 3.55%
	5억 원~10억 원 미만		연 0.5%	장기주택마련저축			연 1.5%		
	10억 원 이상		연 0.8%	재형저축			연 1.5%		
정기 적금	6개월 이상		연 1.25%	자유적립적금 및 자유로부금		6개월 이상	연 1.25%		
	12개월 이상		연 1.5%			12개월 이상	연 1.35%		
	24개월 이상		연 1.5%			24개월 이상	연 1.35%		
	36개월 이상		연 1.5%			36개월 이상	연 1.35%		

03 당신은 N은행의 직원이다. 소규모 법인을 운영하는 고객 A가 1억 원의 기업자금을 1년간 예금하고자 할 때 위 자료에서 고객 A에게 추천할 만한 금리가 가장 높은 상품을 고르면?

① 자유저축예탁금(알짜배기예탁금)
② 정기적금
③ 기업저축예탁금
④ 재형저축
⑤ 정기예탁금(일반)

04 당신은 N은행의 직원이다. 농민 B가 5천만 원의 개인자금을 3년간 예금하고자 할 때 위 자료에서 농민 B에게 추천할 만한 금리가 가장 높은 상품을 고르면?

① 보통예탁금
② 자유저축예탁금(알짜배기예탁금)
③ 정기적금
④ 농어가목돈마련저축(일반)
⑤ 자유로부금

정답 및 해설 03. ⑤ 04. ②

03 ⑤ 정기예탁금(일반) : 연 1.3%
   ① 자유저축예탁금(알짜배기예탁금) : 연 0.3%
   ② 정기적금 : 고객이 적금상품이 아닌 정기예금상품에 가입하기를 원하고 있으므로 적금상품은 답이 될 수 없다.
   ③ 기업저축예탁금 : 연 0.3%
   ④ 재형저축 : 법인은 가입대상이 아니다.

04 ② 자유저축예탁금(알짜배기예탁금) : 연 0.2%
   ① 보통예탁금 : 연 0.05%
   ③, ④, ⑤ 고객이 적금상품이 아닌 정기예금상품에 가입하기를 원하고 있으므로 답이 될 수 없다.

[5~6] 다음 금융상품을 보고 물음에 답하시오.

- 상품특징 : 1년 이내 월 단위로 회전주기를 정할 수 있고 회전주기를 충족한 예금은 회전주기별 금리를 받을 수 있는 회전예금 상품
- 가입대상 : 개인 또는 법인
- 가입예금 : 정기예탁금
- 가입금액
  - 개인 : 1백만 원 이상
  - 법인 : 1천만 원 이상
- 가입기간 : 1년 이상 3년 이내 월 단위(회전기간 배수)
- 회전기간 : 1년 이내 월 단위
  - 회전기간이란 가입기간 이내에서 이율을 변경 적용하는 단위기간을 말하며 이율결정일은 신규일 및 매 회전기간 만료일에 이율을 변경 적용함
  - 회전기간 만료일이 휴일인 경우 익영업일을 만료일로 하며 만료일에 해당 날짜가 없는 경우 그 달 말일을 만료일로 함
  - 회전기간 만료일이 휴일이거나 해당 날짜가 없어 달리 정해진 경우라도 다음 회전기간 만료일은 당초 정당한 회전주기의 만료일을 적용
- 약정이율 : 회전주기별 기간에 해당하는 정기예탁금 약정이율 적용
- 이자지급방법
  - 월이자 지급식 : 계약기간 내 회전기간별로 계산한 총이자를 회전기간의 월수로 나눈 금액을 매월 지급(단, 회전주기를 3개월 이상으로 정할 경우에 가능)
  - 회전기간 이자지급식 : 회전기간별로 이자 지급
  - 만기일시 지급식 : 회전기간별 복리식
- 우대이율
  - 제1항 : 이 예금의 우대이율은 다음과 같이 거래고객우대이율과 특별(특판)우대이율이 있습니다.

(단위 : 연%p, 세전)

구 분	항 목	우대이율
거래고객 우대이율 (개인)	급여이체실적(전월 50만 원 이상)	0%~최대 0.1%p 이내
	신용카드(체크카드 포함) 보유하고 N은행 결제계좌 등록	0%~최대 0.2%p 이내
	3년 이상 거래고객	0%~최대 0.3%p 이내
특별(특판) 우대이율	토지보상자금 등(N은행 특판내용별 사유에 해당 시)	0%~최대 0.7%p 이내

  - 제2항 : 제1항에 의해 결정된 우대이율은 예금 만기 유지 시 적용되며 중도해지 및 만기 후에는 적용되지 않습니다. 다만, 1회전 기간 이상 경과 후 중도해지 시에는 기간이 종료된 회전기간에 한하여 우대이율 적용합니다.
- 중도해지이율(고시된 중도해지이율)
  - 신규일 이후 1회전 기간 경과 전 : 가입예금 중도해지 이율 적용
  - 1회전 기간 경과 후
    ⓐ 매회전기간 충족분 : 예금일(또는 회전기간 시작일) 적용금리
    ⓑ 매회전기간 만료일~해지일 전일 : 최종이율결정일 당시 고시된 기간별 중도해지이율
- 만기 후 이율 : N은행에서 정한 정기예탁금 만기 후 이율 적용
- 분할인출 서비스 : 분할인출 이후 잔액이 가입자가 개인인 경우 1백만 원 이상, 법인인 경우 1천만 원 이상인 경우에 한하여, 월(매월 1일~말일까지의 기간) 1회 분할인출이 가능합니다.
- 기타 : 정하지 않는 사항은 N은행 자유로회전예금 기준에 따름
- 예금자보호 : 이 예금은 관련 법률에 따라 1인당 최고 원리금 5,000만 원까지 보호됩니다.

05 위 금융상품에 대한 설명으로 옳지 않은 것은?
① 월이자 지급식, 회전기간 이자지급식, 만기일시 지급식으로 이자지급방법 선택이 가능하다.
② 우대이율을 제외한 만기 후 이율은 N은행에서 정한 정기예탁금 만기 후 이율이 적용된다.
③ 특판 우대이율을 제외하고 만기 후에도 최대 0.1%p 이내의 우대이율이 적용된다.
④ 회전주기를 3개월 이상으로 정할 경우에만 월이자 지급식이 가능하다.
⑤ 이 상품은 관련 법률에 따라 1인당 최고 원리금 5,000만 원까지 보호된다.

06 다음 고객 중 가장 높은 이율이 적용될 수 있는 고객은?
① N은행 신용카드를 보유한 고객 A
② N은행 우수고객으로 선정된 고객 B
③ 전월 100만 원의 급여이체실적이 있는 고객 C
④ N은행 체크카드를 보유하고 N은행 결제계좌로 등록한 고객 D
⑤ 5년 이상 거래 중인 고객 E

정답 및 해설

05. ③   06. ⑤

05 ③ 만기 유지 시 최대 0.1%p 이내의 우대이율이 적용되며, 만기 후에는 적용되지 않는다.
06 ⑤ 기본이율 + 우대이율(0% ~ 최대 0.3%p 이내)
    ①, ② 기본이율
    ③ 기본이율 + 우대이율(0% ~ 최대 0.1%p 이내)
    ④ 기본이율 + 우대이율(0% ~ 최대 0.2%p 이내)

07 다음은 그린카드가 제공하는 서비스이다. 이 카드를 이용하는 대학생 L씨는 전월 실적이 30만 원이었다. 대학생 L씨가 자신이 받을 수 있는 혜택에 관해 서술한 내용 중 옳지 않은 것은?

〈Point & Service〉

▷ 국내 가맹점 이용금액의 0.2%~1.0%를 에코머니 포인트로 적립

전월 실적	20만 원 이상~ 50만 원 미만	50만 원 이상~ 150만 원 미만	150만 원 이상~ 300만 원 미만	300만 원 이상
기본 적립률	0.2%	0.4%	0.8%	1.0%

- 단, 무이자할부, 대학(대학원)등록금, 대중교통(버스, 지하철), 온라인업종, 제세공과금(공공요금, 조세서비스, 관세, 국세, 벌과금, 과태료 업종 등), 우체국 우편요금, 사회보험(국민건강, 국민연금, 고용/산재), 상품권 및 선불카드 구매(충전 포함), 단기카드대출(현금서비스), 장기카드대출(카드론), 각종 수수료 및 이자, 연체료, 연회비, 거래 취소금액, 에코머니 포인트(전부/일부) 결제 시 포인트 사용 이용금액은 국내 전 가맹점 적립 대상에서 제외
- 적립한도 및 적립횟수 조건 없음

〈Eco & Shopping〉

▷ 온라인업종 사용 금액의 5%를 에코머니 포인트로 적립
- 월 2회, 월 적립한도 3,000점(전월 실적 20만 원 이상 시 제공)
- BC카드에 등록된 업종(인터넷P/G업종, 인터넷 종합 Mall)을 기준으로 제공
- 단, Home&Energy, Travel&Entertainment 서비스 대상 가맹점 및 각종 세금 및 공과금(공공요금, 조세서비스, 관세, 국세, 벌과금, 과태료 업종)은 적립되지 않습니다.

〈Home & Energy〉

▷ 생활요금 자동이체 금액의 5%를 에코머니 포인트로 적립
- 생활요금 : 통신요금, 전기요금, 아파트관리비 자동이체 시
- 통신요금은 통신3사(SKT, KT, LG U+) 유무선 자동이체에 한정
  - 요금당 월 1회, 요금통합 월 적립한도 3,000점
  - 전월 실적 20만 원 이상 시 제공

〈Green & Service〉

▷ 에너지 절감 시 인센티브 제공
- 탄소포인트(에코마일리지) 제도 : 가정에서 전기·수도·가스 사용량을 절감한 경우, 환경부 및 지자체에서 인센티브를 제공하는 제도

발급구분	탄소포인트 제도	에코마일리지 제도
가입대상	전 국민(서울시민 제외)	서울시민
프로그램 개요	환경부에서 운영하는 온실가스 감축 시민참여 프로그램	서울시에서 운영하는 온실가스 감축 시민참여 프로그램

인센티브 내용	6개월간 전기, 수도, 가스 개별 사용량을 과거 2년 대비 10% 이상 감축 시 3만 5천 에코머니 적립 (연간 최대 7만 에코머니 적립 가능)	6개월간 전기, 수도, 가스 합산 사용량을 과거 2년 대비 15% 이상 감축 시 5만 에코머니 적립 (연간 최대 10만 에코머니 적립 가능)
가입방법	홈페이지/거주 지자체(시청/구청, 주민센터)에서 가입신청	

- 카드 발급 후, 탄소포인트(에코마일리지) 프로그램 회원 가입 및 전기, 수도, 가스 고지서상 고객번호를 입력하셔야만 에코머니 포인트를 적립받으실 수 있습니다.
- 에코머니 포인트 1점 = 1원

① 온라인업종 사용 시 금액의 5%를 포인트로 받을 수 있지만, 월 적립한도가 3,000점이군.
② 나는 매달 50,000원씩 교통카드에 충전하니까 0.2%에 해당하는 100포인트를 매달 적립 받을 수 있겠구나.
③ 전월 실적이 20만 원 이상이고 LG U+에 내는 통신요금 60,000원을 이 카드로 자동이체하면 3,000포인트를 받겠네.
④ 에코마일리지 제도를 통해 인센티브를 받으려면 6개월간 전기, 수도, 가스 합산 사용량을 과거 2년 대비 15% 이상 감축해야 하네.
⑤ 에코머니 포인트를 적립 받으려면 탄소포인트(에코마일리지) 프로그램 회원 가입 후 전기, 수도, 가스 고지서상 고객번호를 입력해야만 하는구나.

정답 및 해설   07. ②

07 ② 대중교통(버스, 지하철) 이용금액은 충전 포함 선불카드 구매는 포인트 적립 대상이 아니다.

08 다음 자료는 D농협이 속한 지역 내의 고객현황과 관련 상품 리스트이다. 다음 자료를 보고 주어진 금융상품을 판매한다면 주요 타겟층과 적합한 상품을 고르면?

〈지역 내의 고객현황〉

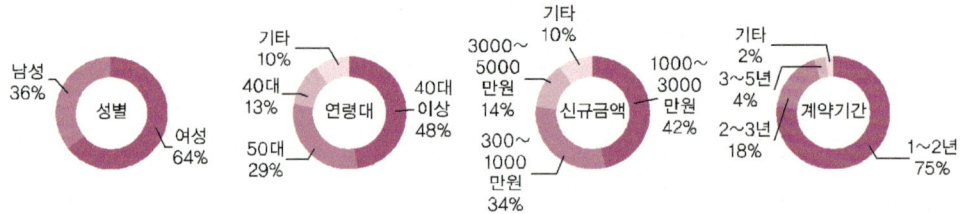

〈D농협의 상품 리스트〉

상품명	가입현황			
상품 A	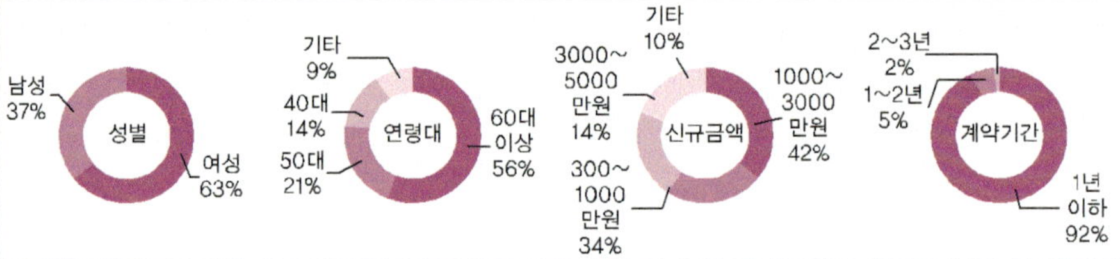 성별: 남성 37%, 여성 63%	연령대: 기타 9%, 40대 14%, 50대 21%, 60대 이상 56%	신규금액: 기타 10%, 3000~5000만원 14%, 300~1000만원 34%, 1000~3000만원 42%	계약기간: 2~3년 2%, 1~2년 5%, 1년 이하 92%
상품 B	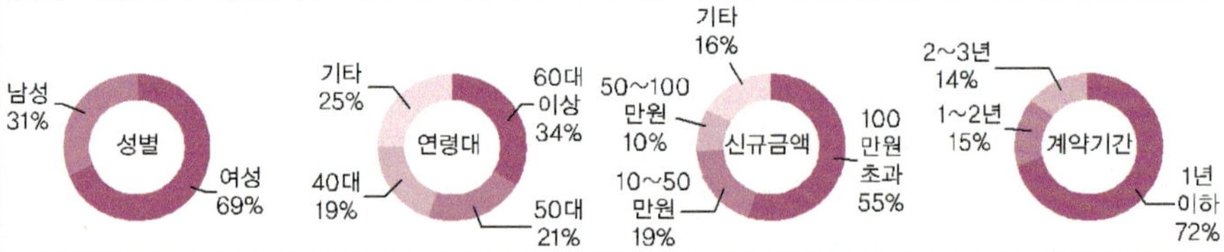 성별: 남성 31%, 여성 69%	연령대: 기타 25%, 40대 19%, 50대 21%, 60대 이상 34%	신규금액: 기타 16%, 50~100만원 10%, 10~50만원 19%, 100만원 초과 55%	계약기간: 2~3년 14%, 1~2년 15%, 1년 이하 72%
상품 C	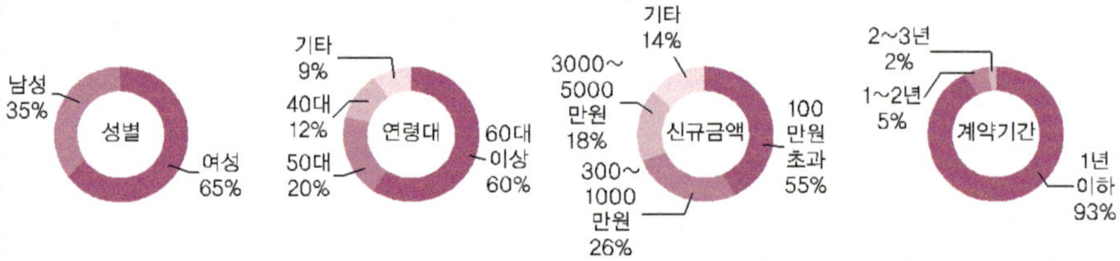 성별: 남성 35%, 여성 65%	연령대: 기타 9%, 40대 12%, 50대 20%, 60대 이상 60%	신규금액: 기타 14%, 3000~5000만원 18%, 300~1000만원 26%, 100만원 초과 55%	계약기간: 2~3년 2%, 1~2년 5%, 1년 이하 93%
상품 D	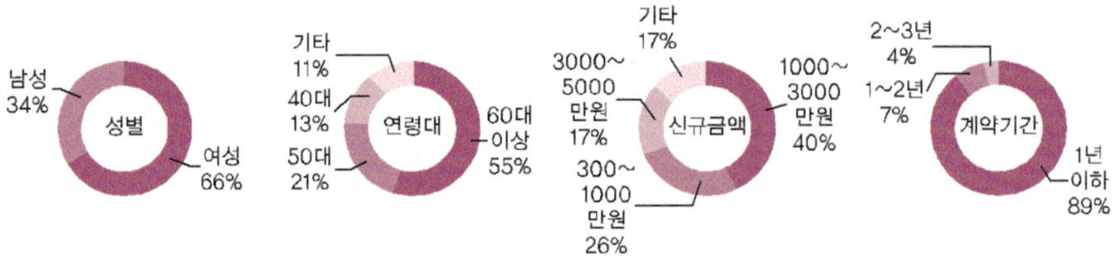 성별: 남성 34%, 여성 66%	연령대: 기타 11%, 40대 13%, 50대 21%, 60대 이상 55%	신규금액: 기타 17%, 3000~5000만원 17%, 300~1000만원 26%, 1000~3000만원 40%	계약기간: 2~3년 4%, 1~2년 7%, 1년 이하 89%
상품 E	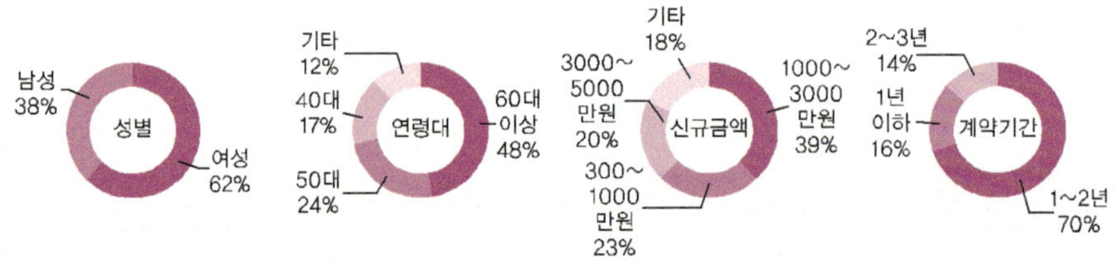 성별: 남성 38%, 여성 62%	연령대: 기타 12%, 40대 17%, 50대 24%, 60대 이상 48%	신규금액: 기타 18%, 3000~5000만원 20%, 300~1000만원 23%, 1000~3000만원 39%	계약기간: 2~3년 14%, 1년 이하 16%, 1~2년 70%

① 상품 A   ② 상품 B   ③ 상품 C
④ 상품 D   ⑤ 상품 E

정답 및 해설

08. ⑤

08 지역 내의 고객현황을 살펴보면, 성별은 여성, 나이는 60세 이상, 신규금액 1,000~3,000만 원, 계약기간 1~2년이 일반적이다. 이에 해당하는 것은 상품 E이다.

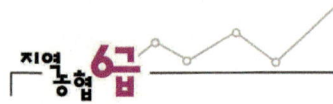

03 이론이해

| 출제포인트 | NCS 모듈의 이론 내용을 직접 묻는 유형으로 응용이 되는 경우는 적고 대체로 내용을 잘 숙지하고 있다면 빠르게 답을 찾아낼 수 있으므로 암기를 통해 시간을 절약할 수 있다.

01 다음 상황에서 밑줄 친 부분에 해당하는 문제해결절차를 고르면?

> A과수원에서는 올해 낙과가 평년보다 많이 발생했다. 조사기관에 이에 대해 의뢰하였더니 올해 여름은 평년보다 더 더웠기 때문이라는 답변을 받을 수 있었다. 이에 과수원 측에서는 <u>미세살수장치를 설치하기로 했다.</u>

① 문제 인식   ② 문제 도출   ③ 원인 분석
④ 해결안 개발   ⑤ 실행 및 평가

02 문제해결과정에서는 여러 방해요소가 작용할 수 있다. 다음 중 문제해결의 장애요인으로 볼 수 없는 것은?

① 문제를 철저하고 심도 있게 분석하지 않는다.
② 지나치게 특이한 아이디어를 내놓는다.
③ 편견, 경험, 습관 등 고정관념에 얽매인다.
④ 쉽게 떠오르는 단순한 정보에만 의존한다.
⑤ 무계획적으로 너무 많은 자료를 수집한다.

03 사업환경을 구성하는 자사, 경쟁자, 고객을 바탕으로 분석을 수행하는 기법은?

① SWOT 분석   ② Issue 분석   ③ Logic Tree
④ 3C 분석   ⑤ 피라미드 구조화

제3장 문제해결능력

04 창의적 사고는 당면한 문제를 해결하기 위해 이미 갖고 있는 지식이나 경험을 해체, 재조합하여 새로운 아이디어를 도출해내는 것이다. 다음 중 창의적 사고의 의미로 보기 힘든 것은?

① 수렴적 사고과정
② 새로운 아이디어의 생산
③ 기발하거나 독창적인 아이디어
④ 적절하고 가치 있는 아이디어
⑤ 기존의 정보를 특정 요구에 유용하도록 새롭게 조합한 것

정답 및 해설

01. ④ 02. ② 03. ④ 04. ①

01 과수원의 낙과가 많아진 것이 문제로 조사기관에 의뢰해서 얻은 '평년보다 더 더웠다.'라는 사실이 원인 분석의 결과가 된다. 미세살수장치의 설치는 이를 해소하기 위해 선택한 것으로 해결한 개발에 해당하며, 이를 아직 설치하지는 않았기 때문에 실행 및 평가 단계에 이르지는 않았다.
02 문제해결과정에서 특이한 아이디어는 창의적 문제해결을 위해 오히려 지향해야 할 방향이다.
03 3C분석은 사업 환경을 구성하는 자사(Company), 경쟁사(Competitor), 고객(Customer)을 기준으로 체계적인 분석을 수행하는 것이다.
04 창의적 사고는 발산적(확산적) 사고이다.

MEMO

제4장

자원관리능력

PART 01 핵심이론
PART 02 기출문제
PART 03 예상문제

PART 01 》 핵심이론

01 자원관리능력

1 자원 관리의 의미

(1) **자원** : 기업 활동에 사용되는 모든 시간, 예산(돈), 물적 · 인적 자원을 의미한다.

(2) **자원관리능력의 필요성** : 자원은 유한하며 제한적이므로 이를 효과적으로 확보, 유지, 활용해야 한다.

(3) **자원의 낭비 요인**
  ① 비계획적 행동 : 충동적이고 즉흥적으로 자원을 낭비
  ② 편리성 추구 : 자원보다 자신의 편리함을 우선
  ③ 자원에 대한 인식 부재 : 중요한 자원을 인식하지 못하여 낭비
  ④ 노하우 부족 : 자원의 활용 방법에 대한 무지

(4) **효과적인 자원관리**
  ① 필요한 자원의 종류와 양 확인 : 가능한 자원은 구체적으로 구분하여 필요량을 파악한다.
  ② 이용 가능한 자원 수집 : 계획에 따라 확보하되 여유 있게 확보해야 한다.
  ③ 자원 활용 계획 수립 : 활동의 우선순위를 정하여 높은 우선순위 중심으로 계획한다.
  ④ 계획대로 수행 : 가능한 계획대로 수행하는 것이 바람직하다.

02 시간관리능력

1 시간과 시간관리 효과

(1) **시간의 특성**
  ① 매일 24시간씩 주어진다.
  ② 똑같은 속도로 흐른다.
  ③ 시간의 흐름을 멈출 수는 없다.

④ 빌리거나 저축할 수 없다.
⑤ 사용하는 방법에 따라 가치가 달라진다.
⑥ 시기에 따라 밀도도 다르고 그 가치도 다르다.

(2) 시간관리를 통해 얻는 효과
① 스트레스가 줄어든다 : 낭비한 시간 때문에 시간에 쫓겨 받는 스트레스가 줄어든다.
② 균형적인 삶을 살 수 있다 : 직장에서 일을 수행하는 시간을 줄여 자신의 시간을 가질 수 있다.
③ 생산성을 높일 수 있다 : 투입되는 시간 대비 산출이 높아져 생산성 향상에 도움이 된다.
④ 내가 바라던 목표를 달성할 수 있다 : 목표에 매진할 시간을 갖도록 만들어 동기를 부여한다.

2 시간의 낭비

(1) 시간의 낭비 요인
① 외적인 시간 낭비 : 외부인, 외부에서 일어나는 사건으로 인한 낭비로 본인이 조절하기 어렵다.
② 내적인 시간 낭비 : 스스로의 생각이나 태도에서 유발되는 것으로 분명히 하기 어렵고 극복하는 것도 어렵다.

(2) 시간관리에 대한 오해 : 다음과 같은 오해는 시간을 낭비하는 원인이 될 수 있다.
① 시간관리는 상식에 불과하며 이미 시간관리가 잘 되고 있음
② 시간에 쫓기면 일의 능률이 상승함
③ 일정을 표시한 달력과 일의 목록만으로 시간 관리는 충분함
④ 창의적인 일을 하는 사람에게 시간관리는 잘 맞지 않음
⑤ 기한을 지키는 것보다 완벽하게 한 일이 더 중요함

3 시간 계획의 원리

(1) 효과적인 시간 계획
① 명확한 목표를 설정 : 시간을 효율적으로 활용하기 위해서 분명한 목표가 필요
② 일의 우선순위 결정 : 중요성과 긴급성을 기준으로 일의 우선순위를 구분

	긴급함	긴급하지 않음
중요함	A. 긴급하면서 중요한 일 - 위기상황 - 급박한 문제 - 시간이 정해진 프로젝트	B. 긴급하지 않지만 중요한 일 - 예방 생산 능력 활동 - 인간관계 구축 - 새로운 기회 발굴 - 중장기 계획, 오락
중요하지 않음	C. 긴급하지만 중요하지 않은 일 - 잠깐의 급한 질문 - 일부 보고서 및 회의 - 눈앞의 급박한 상황 - 인기 있는 활동	D. 긴급하지 않고 중요하지 않은 일 - 바쁘지만 하찮은 일 - 우편물, 전화 - 시간낭비거리 - 즐거운 활동

③ **예상 소요시간 결정** : 각 할 일에 해당되는 예상 시간을 결정
④ **시간 계획서 작성** : 우선순위와 소요 시간을 바탕으로 계획서를 작성

(2) 시간 계획의 기본 원리 : 모든 시간을 계획대로 수행하는 것은 불가능하므로 60% 정도의 시간만 계획한다.

계획된 행동(60%)	계획 외의 행동(20%)	자발적 행동(20%)

← 총 시간 →

(3) 시간 계획 시 명심해야 할 사항
① **행동과 시간/저해요인의 분석** : 어디서 어떻게 시간을 사용하고 있는가를 확인
② **일·행동의 리스트화** : 예정된 행동을 모두 리스트화
③ **규칙성-일관성** : 정기적으로 체크하여 일관성 있게 마무리
④ **현실적인 계획** : 무리하지 않고 실현 가능한 계획
⑤ **유연성** : 시간 계획은 자체가 중요한 것이 아니라 목표달성을 위한 수단
⑥ **시간의 손실** : 시간 손실 발생은 미루지 않고 즉시 보상
⑦ **기록** : 계획을 기록하여 전체 상황을 파악
⑧ **미완료된 일** : 꼭 해야 할 일을 끝내지 못했을 경우 차기 계획에 반영
⑨ **성과** : 기대되는 성과나 행동의 목표를 기록
⑩ **시간 프레임** : 적절한 시간 프레임을 설정, 꼭 필요한 시간만을 계획에 삽입
⑪ **우선순위** : 어떤 일이 가장 우선인지 결정
⑫ **권한 위양** : 부피가 커진 사무를 여럿에 분할, 위임하여 책임을 지움
⑬ **시간의 낭비 요인과 여유 시간** : 예상치 못한 사건이 발생할 때를 대비해 여유 시간을 확보
⑭ **정리할 시간** : 중요한 일과 그렇지 않은 일에 시간을 조정하는 등 전체적 계획을 정리
⑮ **시간 계획의 조정** : 타인의 시간 계획을 감안하여 계획수립

4 시간 계획 시 주의사항

(1) 시간 이용 패턴 분석
(2) 모든 행동에 대한 목록 작성
(3) 시간 계획을 정기적으로 확인
(4) 목표 달성을 위한 융통성 발휘
(5) 손실된 시간은 즉시 메우기
(6) 체크리스트 또는 계획표를 손으로 작성
(7) 미완료된 일은 추후 계획에 반영
(8) 처리할 일의 우선순위 결정
(9) 불의의 상황에 대비하여 여유시간 확보
(10) 실행 및 평가
(11) 계획표를 융통성 있게 조정

03 예산관리능력

1 예산관리의 의미

(1) **예산관리의 의미** : 활동이나 사업에 소용되는 비용을 산정하고 예산을 편성하는 것뿐 아니라 예산을 통제하는 것 모두를 포함한다. 최소의 비용으로 최대의 효과를 얻기 위함이나, 비용을 무조건 적게 들이는 것이 좋은 것은 아니며 책정 비용과 실제 비용의 차이를 줄이는 것이 중요하다.

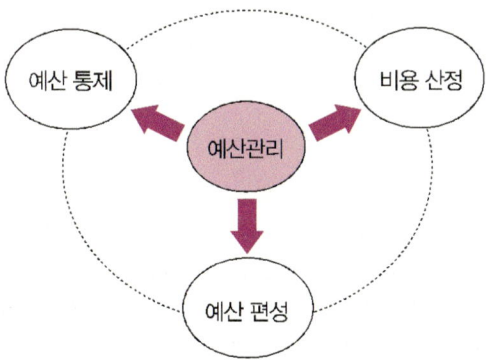

2 책정 비용과 실제 비용

(1) **책정 비용보다 실제 비용이 큰 경우** : 경쟁력 손실

(2) **책정 비용이 실제 비용보다 큰 경우** : 적자 발생

(3) **책정 비용과 실제 비용이 같은 경우** : 이상적 상태

3 예산의 구성요소

(1) **직접 비용** : 제품 또는 서비스를 창출하기 위해 직접 소비된 비용
   - 예 재료비, 원료와 장비 구매비, 시설비, 여행(출장)비 및 잡비, 인건비 등

(2) **간접 비용** : 과제를 수행하는 데 소비된 비용 중 생산에 직접 관련되지 않은 비용
   - 예 보험료, 건물관리비, 광고비, 통신비, 사무비품비, 각종 공과금 등

4 예산수립 절차

(1) **필요한 과업 및 활동 구명** : 예산이 필요한 모든 활동을 도출

(2) **우선순위 결정** : 예산이 우선적으로 들어갈 활동을 도출

(3) **예산 배정** : 우선순위가 높은 순으로 적절하게 예산을 배정

04 물적자원관리능력

1 물적자원관리

(1) 물적자원의 종류
① 자원자원 : 석탄이나 석유 등 자연 상태 그대로의 자원
② 인공자원 : 시설 및 장비 등 인위적으로 가공한 자원

(2) 물적자원관리의 중요성
① 관리 성공 시 : 경쟁력 향상, 과제 및 사업의 성공
② 관리 실패 시 : 경제적 손실, 과제 및 사업의 실패

(3) 물적자원관리의 방해요인
① 보관장소를 파악하지 못하는 경우
② 훼손된 경우
③ 분실한 경우

(4) 효과적인 물적자원의 관리 과정

사용 물품과 보관 물품의 구분	• 반복 작업 방지 • 물품 활용의 편리성
⇩	
동일 및 유사 물품의 분류	• 동일성의 원칙 적용 • 유사성의 원칙 적용
⇩	
물품 특성에 맞는 보관 장소 선정	• 물품의 형상 고려 • 물품의 소재 고려

(5) 다량의 물적자원관리를 위해서는 바코드나 QR코드 등 기호화를 이용할 수 있다.

05 인적자원관리능력

1 인적자원관리의 의미

(1) 기업은 목적을 달성하기 위해 인적자원을 조달, 확보, 유지, 개발하여 경영조직 내 구성원들의 능력을 최고로 발휘할 수 있도록 해야 한다.

(2) 개인은 스스로 자기만족을 얻음과 동시에 경영목적을 효율적으로 달성할 수 있어야 한다.

(3) **효율적이고 합리적인 인사관리 원칙**
① **적재적소 배치의 원리** : 직무에 가장 적합한 인재를 배치
② **공정 보상의 원칙** : 공헌도에 따라 노동의 대가를 공정하게 지급
③ **공정 인사의 원칙** : 직무 배당, 승진, 상벌, 임금 등을 공정하게 처리
④ **종업원 안정의 원칙** : 직장에서 신분을 보장하여 안정된 근무여건 확보
⑤ **창의력 계발의 원칙** : 창의력을 발휘할 수 있도록 기회와 인센티브를 제공
⑥ **단결의 원칙** : 소외감을 갖지 않고 서로 유대감을 갖는 체제를 구축

(4) **개인차원의 인적자원관리** : 인맥관리를 의미하며 인맥은 거리와 중요성에 따라 핵심인맥과 파생인맥으로 분류된다.

(5) **조직차원의 인적자원관리** : 인적자원이 갖는 특성인 능동성, 개발가능성, 전략적 중요성에 따라 관리해야 한다.
① **능동성** : 인적자원이 갖는 욕구와 동기에 따라 능동적으로 움직이므로 이를 관리해야 한다.
② **개발가능성** : 인적자원은 오랜 기간에 걸쳐 개발될 수 있는 잠재능력과 자질을 보유하고 있다.
③ **전략적 자원** : 자원을 관리하는 주체 또한 인적자원이므로 다른 자원보다 전략적으로 중요하다.

2 인맥관리

(1) **명함관리**
① **명함의 가치**
㉠ 자신의 신분을 증명
㉡ 자신을 PR하는 수단
㉢ 개인의 정보를 전달, 또는 획득

    ⓔ 대화의 실마리를 제공
    ⓜ 후속 교류를 위한 도구
  ② **명함에 메모해 두는 것이 좋은 정보**
    ㉠ 언제, 어디서, 무슨 일로 만났는가
    ㉡ 소개자의 이름
    ㉢ 학력, 경력
    ㉣ 상대의 업무내용, 취미, 기타 독특한 점
    ㉤ 전근, 전직 등 변동 사항
    ㉥ 가족사항
    ㉦ 거주지, 연락처
    ㉧ 대화를 나누고 느낀 점, 성향

(2) **인맥관리카드** : 주변 인맥을 관리하기 위한 카드로, 명함으로 획득한 간단한 신상명세를 기록하여 핵심인맥과 파생인맥으로 분류한다.

(3) **소셜네트워크서비스(SNS)** : 링크드인 등 다양한 비즈니스 특화 인맥관리서비스가 개발되고 있으며 인맥을 관리하는 데 효과적으로 이용할 수 있다.

3 인력 배치의 원칙

(1) **적재적소주의** : 직원의 능력이나 성향 등에 가장 적합한 위치에 배치하여 직원 개개인의 능력을 최대로 발휘하도록 하는 것이다.

(2) **능력주의** : 직원의 능력을 발휘할 기회와 장소를 부여하고, 그에 따른 업무 성과를 평가하여 평가된 능력과 실적에 상응하는 보상을 제공하는 것이다.

(3) **균형주의** : 조직 전체의 능력향상, 의식개혁, 사기양양을 위해 모든 개개인의 적재적소를 고려하는 것이다.

확인문제

다음은 회의실 사용 현황이 적혀 있는 9월 달력이다. F팀은 매주 화요일과 금요일에 회의하며, 회의에는 평균 2시간 30분이 걸린다. 다음 중 F팀이 회의실을 사용할 수 있는 날은 언제인가?
(단, 업무 시간은 오전 9시부터 오후 5시까지이며, 점심시간은 오후 12시부터 오후 1시까지이다.)

9 September

月	火	水	木	金	土	日
1	2 - A팀(오전 10시 ~12시) - C팀(오후 3시 ~5시)	3	4	5 - B팀(오전 10시 ~11시) - E팀(오후 1시 ~2시)	6	7
8 추석	9	10	11	12 사용불가	13	14
15	16 사용 불가	17	18	19 - A팀(오전 10시 ~12시) - D팀(오후 1시 ~3시)	20	21
22	23 - E팀(오전 9시 ~10시) - B팀(오후 2시 ~4시)	24	25	26 - C팀(오전 9시 ~12시) - D팀(오후 2시 ~3시)	27	28
29	30 사용 불가					

① 9월 2일   ② 9월 5일   ③ 9월 19일
④ 9월 23일   ⑤ 9월 30일

해설 화요일이나 금요일에 2시간 30분 이상 회의실을 사용할 수 있는 날은 9월 5일이다.

답 ②

확인문제

다음과 같은 지출결의서를 제출했으나 총무과 직원의 실수로 200,000원이 덜 지급되어 한 가지 품목에 대한 소비를 할 수 없었다. 나머지 4가지 품목에 대해 소비하였더니 250,000원이 남았다. 소비하지 않은 품목은?

지출결의서

부서장	사장

지불금액	일금 이백칠십만 원정(₩ 2,700,000)
사용목적	운영비
지불처	총무과
계좌명/계좌	한국은행 00-123-456-789

아래와 같은 내용으로 지출결의서를 제출합니다.

품번	내역	금액	비고
1	프린트 수리	250,000	
2	복사용지 구매	300,000	
3	네트워크 유지보수비	500,000	
4	체육대회 유니폼 구매	450,000	
5	전등 교체	1,200,000	
합계		2,700,000	-

위 지출 품의에 대한 사항을 허가해 주시기 바랍니다.

20××년 ○○월 ○○일
작성자 : 홍길동 (인)

① 프린트 수리 ② 복사용지 구매 ③ 네트워크 유지보수비
④ 체육대회 유니폼 구매 ⑤ 전등 교체

해설 지급되지 않은 20만 원과 사용하고 남은 25만 원을 합하면 45만 원이므로 체육대회 유니폼을 구매하지 않았다는 것을 알 수 있다.

답 ④

확인문제

[1~2] 사무용품 재고 현황을 파악하기 위해 다음과 같이 표로 나타내었다. 다음 물음에 답하시오.

품 목	수 량	품 목	수 량	품 목	수 량
비닐파일	34개	서류봉투	38장	연필	17자루
30cm 자	2개	테이프	5개	메모지	10묶음
볼펜(검정색)	23자루	형광펜(노란색)	9자루	종이파일	29개
가위	5개	볼펜(파란색)	10자루	20cm 자	3개

01 다음 중 가장 많은 양이 남아 있는 물품은?
① 비닐파일 ② 볼펜(검정색) ③ 서류봉투
④ 종이파일 ⑤ 연필

해설 서류봉투가 38장으로 가장 많이 남아 있다.

답 ③

02 다음 중 남아 있는 물품이 아닌 것은?
① 15cm 자 ② 가위 ③ 테이프
④ 메모지 ⑤ 종이파일

해설 15cm 자는 재고 현황표에 적혀 있지 않다.

답 ①

제4장 자원관리능력

확인문제

다음은 회사 게시판에 공고된 내용이다. 공고된 내용으로 보아 해외에 파견될 사원으로 가장 유력한 사람은?

해외 파견 근로자 모집 공고

미국 지사에서 근무할 사원을 모집하오니 유능한 인재의 많은 지원 바랍니다.

◆ 파견 내용

파견직렬	파견 예정인원	파견 기간	근무지
영업직	1명	3년	미국

◆ 지원 조건
 1. 만 5년 이상의 경력을 가진 자
 2. 군 미필자는 지원할 수 없음
 3. TOEIC 950점 이상인 자
  ※ 점수가 높은 사람을 우대함

◆ 급여 및 복리 후생은 본사의 내규를 따름

20××년 10월 18일
(주) 한국무역대표

---

① 이름 : 김태형
 입사일 : 2009/3/2
 TOEIC 점수 : 945

② 이름 : 주현수
 입사일 : 2010/9/2
 TOEIC 점수 : 970

③ 이름 : 김강철
 입사일 : 2009/9/2
 TOEIC 점수 : 960

④ 이름 : 정상호
 입사일 : 2011/3/2
 TOEIC 점수 : 960

⑤ 이름 : 김태형
 입사일 : 2010/9/2
 TOEIC 점수 : 945

해설 모든 조건을 만족하는 사람은 주현수와 김강철인데, TOEIC 점수를 비교해 보면 주현수의 점수가 더 높으므로 파견 사원으로 유력한 사람은 주현수이다.

답 ②

PART 02 » 기출문제

출제경향

자원관리능력은 NHAT에서는 다루지 않았으며 NCS가 도입되면서 만들어진 영역이기 때문에 최초부터 NCS 기본모듈 유형의 영향을 크게 받아 이에 충실한 형태가 주로 출제된다.

출제분석

NCS형	시간관리능력	직원 일정 관리, 회의시간 선정 등
	예산관리능력	예산 관리 등
	물적자원관리능력	장소 선정, 제품 선정·관리 등
	인적자원관리능력	직원 관리 등

학습방법

직장 생활하면서 여러 가지 자원 중 무엇이 얼마나 필요한지 확인하고, 이용할 수 있는 자원을 수집하여 업무에 어떻게 활용할 것인지 계획하는 능력을 기른다. 주로 시간관리, 예산관리, 물적·인적자원관리와 관련된 문제들이 출제된다. 자원관리능력은 NCS가 도입되면서 새로 생긴 문제 유형이 대부분이므로 다른 공기업 필기시험에 나오는 자원관리능력과 유사하다. 따라서 공기업 문제집을 많이 풀어본다면 익숙해질 수 있다.

제4장 자원관리능력

기출유형1   회의시간 선정

01   A사에 근무하는 갑은 새로운 프로젝트에 영업팀 담당자로 참여하게 되었다. 다음 주에 재무팀, 컨설팅사와 함께 프로젝트와 관련된 회의를 진행할 예정이다. 회의를 진행할 가장 효율적인 요일은?

◆ 재무팀 담당자 주간 일정

월요일	화요일	수요일	목요일	금요일
				재무팀 회의

◆ 컨설팅사 담당자 주간 일정

월요일	화요일	수요일	목요일	금요일
K사와의 회의	해외출장	해외출장		

◆ 영업팀 담당자 주간 일정

월요일	화요일	수요일	목요일	금요일
	박람회 참여			

① 월요일   ② 화요일   ③ 수요일
④ 목요일   ⑤ 금요일

정답 및 해설

전 구성원의 일정이 비어 있는 목요일이 가장 적절하다.

정답 : ④

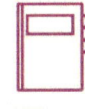
합격노트

- 문제에서 주어진 조건을 파악한 후 조건에 맞는 날짜를 선정하면 된다.
- 위의 일정은 다음과 같이 요약될 수 있다.

담당자	월요일	화요일	수요일	목요일	금요일
A					O
B	O	O	O		
C		O			

비어 있는 요일은 목요일뿐이다.

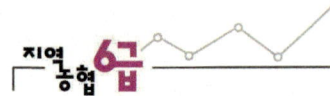

기출유형2　　　　　　　예산관리

02　다음은 K사 건물 점검 용역에 관한 입찰공고이다. 기업 A~E가 공고 내용에 따른 실적 및 자격을 갖춘 기업이라 할 때, 낙찰 가능성이 가장 큰 업체는 어디인가? (단, 추첨된 복수 예비가격은 81,500,000원, 80,000,000원, 79,500,000원, 79,000,000원이다. 또한 모든 입찰 참여 업체가 입찰자격을 만족한다고 가정한다.)

입찰공고

1. 입찰공고번호 : ○○○○○○○
2. 입찰사항 : K기업 본사 건물정밀점검 용역
3. 현장설명 일시 및 장소 : 20××년 04월 28일 (수) 15 : 00 당사 입찰실
4. 입찰신청 마감일시 및 장소 : 20××년 04월 28일 (수) 16 : 00 당사 입찰실
5. 입찰일시 및 장소 : 20××년 04월 29일 (목) 16:00 당사 입찰실
6. 기초가격 : 80,000,000원
7. 입찰자격
   가. 당사 회계규정에 의한 자격 구비자
   나. 공고일 기준 최근 3년간 단일계약 건으로 150,000평방미터 이상의 정밀점검 이상 실적을 소지한 업체(현장설명일 실적증명서 제출)
   다. 「시설물의 안전관리에 관한 특별법」 제9조에 의거 안전진단전문기관으로 등록되고, 현장설명에 참여한 업체로 주된 사무실이 서울에 소재한 업체
8. 낙찰자 결정
   가. 예비가격 이하로 입찰한 자 중 예비가격의 100분의 85 이상으로 입찰한 자로서 최저가격으로 입찰한 자가 낙찰자로 결정되며 같은 가격의 입찰자가 2인 이상일 경우에는 추첨으로 낙찰자를 결정합니다.
   나. 예비가격은 기초가격 ±2% 범위에서 산출한 복수 예비가격 15개 중 입찰참가자가 추첨한 4개의 예비가격을 평균한 금액입니다.
   다. 예비가격 및 동 금액의 100분의 85에 해당하는 금액을 산출한 결과 1원 미만은 올립니다.

---

① 기업 A - 입찰가 80,500,000원　　② 기업 B - 입찰가 75,000,000원
③ 기업 C - 입찰가 73,000,000원　　④ 기업 D - 입찰가 71,000,000원
⑤ 기업 E - 입찰가 69,000,000원

정답 및 해설

추첨이 된 복수 예비가격의 평균을 구하면 80,000,000원이고 이 가격이 예비가격이다. 또한, 예비가격의 100분의 85는 68,000,000원이므로 이 사이의 금액으로 입찰한 기업 중 가장 낮은 가격으로 입찰한 회사가 낙찰된다. 따라서 기업 E에 낙찰된다.

정답 : ⑤

기출유형3 학습모듈이론

03 시간을 효과적으로 관리하기 위해서는 일의 우선순위를 구분해야 한다. 다음과 같은 기준으로 일의 우선순위를 구분하려고 했을 때, 표의 각 자리에 들어갈 수 있는 내용으로 가장 적절한 것은?

	긴급함	긴급하지 않음
중요함	A	B
중요하지 않음	C	D

① A : 오후 회의 준비, B : 연간 시장 자료 조사
② B : 인맥 만들기, C : TV시청
③ C : 내일 개최 행사 관련 회의, D : 인터넷 서핑
④ A : 한정 상품 예약, C : 장기 프로젝트 조사
⑤ B : 업무 중간보고, D : 자기 계발 활동

정답 및 해설

① 당일 곧 진행해야 할 회의의 준비는 중요하며 긴급한 일(A)이고 연간 시장 자료의 조사는 장기간에 걸쳐 자세하게 조사해야 하는 일로 중요하지만 긴급하지 않은 일(B)이다.
② 인맥을 만드는 것은 중요하지만 긴급하지는 않은 일(B)이며 TV시청은 중요하지도 긴급하지도 않은 일(D)이다.
③ 다음 날 진행될 일에 관한 회의는 긴급하고 중요한 일(A)이고, 인터넷 서핑은 중요하지도 긴급하지도 않은 일(D)이다.
④ 한정 상품의 예약은 긴급하나 중요하지는 않은 일(C)이고, 장기 프로젝트의 조사는 중요하나 긴급하지 않은 일(B)이다.
⑤ 업무 중간보고는 현재 업무 상태를 보고하는 것으로 긴급하며 중요한 일(A)이고 자기 계발 활동은 중요하지만 긴급하지 않은 일(B)이다.

정답 : ①

합격노트

- 표는 미국의 34대 대통령 아이젠하워가 고안한 것으로 긴급한 정도와 중요한 정도로 나누어 분류한다.
- A는 곧장 실행해야 할 일, B는 계획이 필요한 일, C는 타인에게 위임할 수 있는 일, D는 하지 않아도 좋은 일에 해당한다.

기출유형4	물적자원관리

[4~5] Y농협에서는 최근 트랙터의 보유량을 8대로 늘리기 위해 ○○운송사로부터 새 트랙터를 구매하고자 트랙터 현황표를 받아 검토 중이다. 다음 물음에 답하시오.

[○○운송사 트랙터 현황표]

제품명	성능	연비(km/ℓ)	가격(백만 원)	수리비용(천 원)	비고
갑(국산)	고성능	4	159	584	
을(수입)	최고성능	3.8	178	775	대여 중(X농협)
병(국산)	고성능	4.3	170	632	대여 중(X농협)
정(국산)	최고성능	4.8	175	596	
무(수입)	고성능	3.6	152	732	
기(국산)	고성능	4.2	163	625	대여 중(X농협)
경(국산)	고성능	4	159	680	
신(수입)	최고성능	3.5	176	715	

※ 1) 트랙터 대여비용은 1달 기준으로 트랙터 가격의 5%이고, 대여 중 고장이 나면 수리비용 전액을 내야 한다.
2) 성능은 최고성능>고성능>중성능>저성능 순으로 좋다.

04 Y농협 직원들은 트랙터의 성능이 좋을수록 선호한다. 성능이 같다면 가격이 저렴할수록 선호하고, 가격도 같다면 연비가 높은 순으로 선호한다. Y농협의 직원들이 가장 선호하는 트랙터는? (단, 선호하는 트랙터이기 때문에 X농협이 대여 중인 것은 신경 쓰지 않는다.)

① 갑(국산) ② 을(수입) ③ 정(국산)
④ 기(국산) ⑤ 신(수입)

정답 및 해설
Y농협 직원들은 가장 먼저 성능이 좋을수록 선호하므로 최고성능인 을(수입), 정(국산), 신(수입) 트랙터를 선호한다. 성능이 같다면 가격이 저렴한 것을 선호하므로, 175(백만 원)인 정(국산)을 가장 선호한다.

정답 : ③

제4장 자원관리능력

05 Y농협에서는 트랙터를 대여하면 수리비용이 만만치 않게 들기 때문에 귀하를 시켜 대여기간 동안 수리할 일이 발생하지 않도록 차량 관리를 잘 할 것을 당부했다. 트랙터의 수리비를 절감하기 위해 해야 할 일로 적절하지 않은 것은?

① 200시간 정도 사용하면 엔진오일과 필터를 교환한다.
② 냉각수를 빼고 보관해야 한다.
③ 운행이 끝나면 바로 시트로 덮어 열기가 빠져나가지 않도록 한다.
④ 트랙터 밑에서 작업하고 있는 도중에 시동을 켜지 않는다.
⑤ 작업하기 전에 누유되는 곳은 없는지 확인한다.

정답 및 해설
운전이 끝난 후 시트로 바로 덮어 두면 소음기나 엔진의 열로 인해 화재가 발생할 수 있다. 따라서 냉각 상태를 잘 확인하고 시트로 덮어서 보관해야 한다.

정답 : ③

- 주어진 조건을 파악하고 적합한 내용을 고르는 문제이다.
- 정해진 공식이나 계산이 없으므로 조건에 대한 이해만 있다면 쉽게 풀 수 있다.

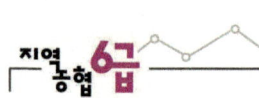

기출유형5	장소 선정

[6~7] 사원 K는 ○○사에 근무하고 있다. 이번에 사무실 내부 공사로 인해 외부 회의실을 빌려 회의를 하게 되었다. 회의실의 상태는 다음 〈표〉와 같다. 이에 대한 물음에 답하시오.

[회의실 상태]

후 보	회의실 대여료(원)	사무실과의 거리(분)	주변환경
A	40,000	20분	주변이 시끄러움
B	55,000	39분	접근성이 떨어짐
C	70,000	25분	편의시설 우수
D	120,000	27분	편의시설 없음
E	58,000	17분	도로가 불편함

※ 사무실과의 거리는 이동시간으로 표현되어, 시간이 오래 걸릴수록 먼 회의실이다.

06 팀장은 기존 사무실에 출근하던 것과 달리 출근하는 과정이 오래 걸리거나 불편하지 않기를 바란다. 따라서 팀장님의 기호에 따라 시간이 가장 오래 걸리지 않는 회의실을 대여하고자 한다. 귀하가 대여할 회의실은 어느 곳인가?

① A ② B ③ C
④ D ⑤ E

정답 및 해설

팀장이 가장 가치를 두는 것은 거리이다. 사무실과의 거리가 멀수록 시간이 오래 걸리기 때문에 회의실 E가 가장 가까운 것임을 알 수 있다.

정답 : ⑤

07 팀장이 정한 회의실을 대여하려고 했더니, 총예산인 100만 원에서 해결해야 한다. 인테리어 작업 때문에 회의실을 20일간 빌려야 한다면, 귀하가 대여할 회의실은 어느 곳인가?

① A　　　　　② B　　　　　③ C
④ D　　　　　⑤ E

정답 및 해설

현재 100만 원이 있고 20일을 빌려야 한다면, 기존의 회의실 E는 58,000×20 = 1,160,000(원)이나 들기 때문에 포기해야 한다. 그다음 가까운 회의실은 A이다. 회의실 A는 40,000×20 = 800,000(원)이 들기 때문에 ① 거리, ② 예산이라는 순차적인 조건을 만족한다. 따라서 회의실 A를 대여할 것이다.

정답 : ①

- 주어진 조건에 맞는 장소를 선정하는 문제이다.
- 문제에 나온 금액, 거리, 주변환경을 고려하여 주어진 조건에 벗어난 후보를 소거한다면 쉽게 답을 찾을 수 있다.

기출유형6   일정관리

08   과장급 직원이 8월부터 매주 월요일 신입사원 워크숍을 진행하려고 한다. 과장급 직원의 휴가 일정이 다음 제시된 달력과 같을 때 신입사원 워크숍을 위해 근무가 가능한 사람은?

SUN	MON	TUE	WED	THU	FRI	SAT
7/27	28	29	30	31	8/1	2
	←――――――― A과장 ―――――――→					
3	4	5	6	7	8	9
		←――――― B과장 ―――――→				
10	11	12	13	14	15	16
	←――――― C과장 ―――――→					
17	18	19	20	21	22	23
	←――――― D과장 ―――――→					
24	25	26	27	28	29	30
	←――――― E과장 ―――――→					

① A과장   ② B과장   ③ C과장
④ D과장   ⑤ E과장

정답 및 해설

② 8월부터 매주 월요일이 워크숍이므로 월요일에 휴가가 없는 직원이어야 한다. 달력에서 월요일에 휴가가 없는 직원은 오직 B과장이다.

정답 : ②

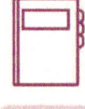

- 주어진 조건에 맞는 직원을 선정하는 문제이다.
- 이 문제에서 나온 '월요일'이라는 공통된 요일이 있으므로 다른 조건을 무시하고 월요일에만 휴가를 가지 않고 근무하는 직원을 선정하면 된다.

PART 03 » 예상문제

01 통신기기 개발회사인 P통신사는 미국 로스앤젤레스에서 현지시각 7월 5일 오전 10시에 개최되는 통신기술 세미나에 개발팀 직원을 참석시키기로 하였다. 현지 공항에서 입국 수속에 1시간, 예약한 호텔까지 이동하여 체크인하는 데 3시간, 호텔에서 행사장까지 이동하는 데 45분 이내의 시간이 소요된다. 직원들은 현지에 도착하여 시차 적응을 위해 최소한 세미나 전날 22시 이전에 체크인하고 하룻밤을 묵어야 한다. 현지 시각이 서울보다 16시간 느리고, 비행운임 및 스케줄이 다음과 같을 때, 가장 저렴한 예산을 들여 세미나에 참석할 수 있는 항공편은?

[비행운임 및 스케줄(7월 4일 출발편)]

항공편	출발시각	경유시간	총 비행시간	운 임
0001	15 : 30	4시간	14시간	60만 원
0002	16 : 30	3시간	13시간	70만 원
0003	17 : 30	2시간	14시간	80만 원
0004	20 : 30	직항(0시간)	13시간	90만 원
0005	21 : 30	직항(0시간)	12시간	100만 원

① 0001편 ② 0002편 ③ 0003편
④ 0004편 ⑤ 0005편

정답 및 해설 01. ①

01 세미나 전날 22시 전까지 호텔에 도착하면 되므로 호텔에서 행사장까지 이동하는 데 드는 시간은 고려할 필요가 없다. 입국 수속과 호텔 체크인을 하는 데 4시간이 걸리므로 각 항공편에 의한 호텔 체크인 완료 현지 시각은 다음과 같다.
① 0001편: 총 소요시간 $4+14+4=22$시간, 체크인 완료 시각 $15:30+22-16=21:30$
② 0002편: 총 소요시간 $3+13+4=20$시간, 체크인 완료 시각 $16:30+20-16=20:30$
③ 0003편: 총 소요시간 $2+14+4=20$시간, 체크인 완료 시각 $17:30+20-16=21:30$
④ 0004편: 총 소요시간 $0+13+4=17$시간, 체크인 완료 시각 $20:30+17-16=21:30$
⑤ 0005편: 총 소요시간 $0+12+4=16$시간, 체크인 완료 시각 $21:30+16-16=21:30$
따라서 어떤 항공편을 이용하든 세미나 전날 22시 이전에 체크인을 완료할 수 있으므로 가장 저렴한 0001편을 이용하면 된다.

02 다음의 내용에 따라 사원 갑이 선택할 교통편으로 가장 적절한 것은? (단, 김해공항 또는 부산역에서 리무진 버스, 버스, 택시 등을 기다리는 시간은 없다고 가정한다.)

K기업 사원 갑은 부산에서 열리는 행사에 참가하고자 교통편을 알아보고 있다. 갑은 당일 협력업체와의 회의에 참가해야 하며, 회의 종료 시각은 오후 4시이다.

행사 안내
- 일시 및 장소 : 20××년 4월 23일(목) PM 16 : 30~21 : 00, 부산 컨벤션센터
- 행사 입장 가능 시간은 종료 2시간 전까지

• 회사에서 공항 및 기차역까지 소요시간

출발지	도착지	소요시간
회 사	인천공항	20분
	서울역	50분

• 비행기 및 기차 이동시간

교통편	운행요일	출발지	출발시간	소요시간
비행기	화/목	인천공항	17 : 20	45분
KTX	매일	서울역	매시 정각	100분

• 부산 컨벤션센터 가는 길

교통편	출발지	소요시간
공항 리무진 버스	김해공항	40분
버 스	김해공항	90분
	부산역	45분
택 시	김해공항	75분
	부산역	30분

① KTX - 버스
② KTX - 택시
③ 비행기 - 택시
④ 비행기 - 버스
⑤ 비행기 - 공항 리무진 버스

03 A회사에 근무하는 진수는 연말을 앞두고 종무식 때 직원들과 피자 회식을 하려고 한다. 그런데 우연히 인터넷에서 다음과 같은 광고를 발견하였다.

> P피자 연말 세일
> - 포테이토 피자 : 20,000원
> - 방문포장 40% 할인
> - 배달 30% 할인

P피자점에 택시를 타고 간다면 왕복 교통비는 7,000원이다. 최소 피자를 몇 판 이상 사야 방문포장하는 것이 배달시키는 것보다 유리한가?

① 1판 ② 2판 ③ 3판
④ 4판 ⑤ 5판

정답 및 해설 02. ⑤ 03. ④

02 ⑤ 비행기를 타고 김해공항으로 이동 후 공항 리무진 버스를 타고 컨벤션센터로 이동하면 오후 6시 45분에 도착하게 되므로 행사 종료 2시간 전에 도착한다.
① KTX를 타고 부산역으로 이동 후 버스를 타고 컨벤션센터로 이동하면 오후 7시 25분에 도착하게 되므로 적절하지 않다.
② KTX를 타고 부산역으로 이동 후 택시를 타고 컨벤션센터로 이동하면 오후 7시 10분에 도착하게 되므로 적절하지 않다.
③ 비행기를 타고 김해공항으로 이동 후 택시를 타고 컨벤션센터로 이동하면 오후 7시 20분에 도착하게 되므로 적절하지 않다.
④ 비행기를 타고 김해공항으로 이동 후 버스를 타고 컨벤션센터로 이동하면 오후 7시 35분에 도착하게 되므로 적절하지 않다.

03 방문포장과 배달의 차이는 피자 가격의 10%인 2,000원이며, 방문포장으로 피자를 x판 구입할 때 $2,000x$원이 절약된다. 왕복 교통비가 드는 것보다 방문포장의 경우가 더 유리하려면 $2,000x > 7,000$이어야 한다. 따라서 피자를 4판 이상 사야 방문포장이 유리하다.

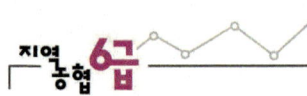

04 갑은 부서를 대표해서 행사 일정을 정하고자 한다. 행사장 예약 일정과 현황, 상사의 지시사항이 다음과 같을 때, 갑의 판단으로 옳지 않은 것은?

• 5월 예약 일정   *예약 : 행사장 이름(시작 시간)

월	화	수	목	금	토	일
1	2	3	4	5	6	7
	hall D(13)		hall A(10) hall D(17)	hall C(13)	hall A(10)	
8	9	10	11	12	13	14
	hall C(17)	hall C(14)	hall B(16)	hall A(15) hall B(17)		hall C(12)

• 행사장 현황

행사장 구분	수용 가능 인원	최소 투입 인력	행사장 이용시간
hall A	200명	30명	3시간
hall B	200명	25명	2시간
hall C	500명	40명	3시간
hall D	300명	30명	3시간

※ 오후 10시에 모든 업무를 종료함
※ 행사장의 동 시간대 투입 인력은 총 60명을 넘을 수 없음(투입 입력이란 행사 진행 요원을 의미함)
※ 행사 시작 전후 1시간씩 행사장 세팅 및 정리

갑은 상사로부터 다음과 같은 지시를 받았다.
"5월 첫째 주 또는 둘째 주에 행사를 하려고 하며, 행사가 길어질 것 같아 오후 6시쯤 마무리하는 것으로 계획하는 게 좋을 것 같아요. 인원은 총 230명이고, 5월 3일은 불가능할 것 같아요. 그리고 월, 토, 일요일은 피하는 게 좋겠어요."

① 인원을 고려했을 때 hall C도 적절하겠어.
② 오후 3시에서 오후 6시까지의 시간대 중 예약 가능한 날을 찾아야 해.
③ 모든 조건을 고려했을 때 가능한 연회장은 11일 hall D뿐이구나.
④ 동 시간대 투입 인력을 70명으로 증원하더라도 예약 가능한 날짜가 11일뿐이네.
⑤ 인원을 고려했을 때 hall D도 적절하겠어.

05 다음의 내용을 미루어 S가 공정 개선 후 총 투입비용의 감소율을 20%로 설정했을 때 ⓐ에 들어갈 알맞은 금액은?

> 음료 제조업체 생산관리팀에서 근무하는 S는 음료 생산 비용을 감축하기 위한 공정 개선 작업을 담당하고 있다.

• 제품 생산 공정

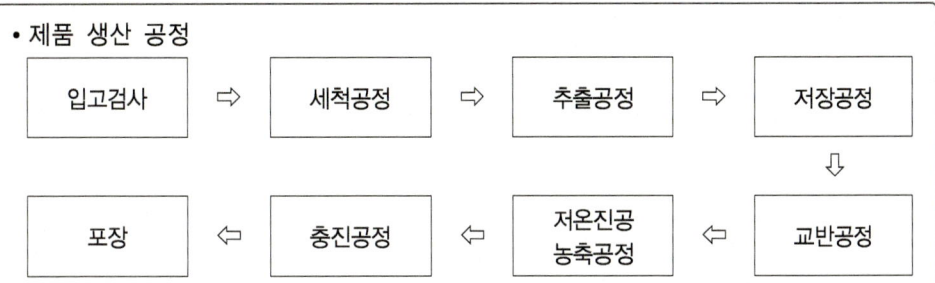

• 단계별 투입비용

단계	음료 1유통단위 생산 시 투입비용(원)	
	개선 전	개선 후
입고검사	3,000	2,500
세척공정	2,000	1,500
추출공정	5,000	5,000
저장공정	3,500	2,000
교반공정	6,000	ⓐ
저온진공농축공정	5,000	2,500
충진공정	4,000	3,500
포장	1,500	1,500

① 4,500원 ② 5,000원 ③ 5,500원
④ 6,000원 ⑤ 6,500원

정답 및 해설　　04. ④　05. ③

04 ④ 70명으로 증원하면 2일, 4일, 5일, 9일, 10일, 11일 모두 가능하다.
①, ⑤ 인원은 총 230명으로 hall C, hall D가 적절하다.
② 오후 6시쯤 마무리하는 것으로 계획하고 있으므로 적절하다.
③ 화, 수, 목, 금 중에서 투입 인력 60명을 넘지 않으려면 hall C와 hall D가 같이 배치될 수 없으므로 이를 제외하면 11일과 12일만 남는다. 12일은 동 시간대 투입 인력이 55명이므로 불가능하다. 따라서 가능한 행사장은 11일 hall D뿐이므로 적절하다.

05 개선 전 생산공정에서 음료 1유통단위 생산 시 총 투입비용은 30,000원이다. 공정 개선 후 총 투입비용이 20% 감소하므로, 공정 개선 후 음료 1유통단위 생산 시 총 투입비용은 24,000원이다. 교반공정을 제외한 모든 공정의 개선 후 투입비용의 합은 18,500원이므로 ⓐ에 들어갈 알맞은 금액은 5,500원이다.

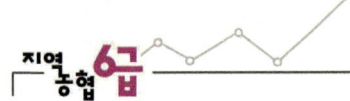

06 보안팀에서 근무하는 A는 3월 근무일정 계획표 초안을 바탕으로 대체근무자를 배정하고자 한다. 다음 중 A가 배정한 인원으로 적절하지 않은 것은?

〈근무일정 관련 사내 규정〉
- 근무는 야간 5일과 주간 5일을 반복하며, 5일 근무 후에는 휴일 2일이 주어져야 한다.
- 한 조의 일원이 개인 사유로 근무가 어려우면, 당일 근무가 없는 조에서 1인이 대체근무를 한다. 이 역시 어려운 경우 그 직전일이 휴일이었던 조에서 1인이 대체근무를 한다.
- 대체근무의 경우 주간 직후 야간근무는 가능하지만, 야간 직후 주간근무는 불가하다.

〈보안팀 조별 명단〉

구분(조)	조 원
1	김가람(조장), 이나정, 윤다철, 박라훈, 정마음, 오윤희
2	최바름(조장), 김사랑, 주아름, 이자람, 김차돌, 박주현
3	오하늘(조장), 박가훈, 문나혁, 이다경, 김라울, 강경철
4	주마식(조장), 강바민, 임사현, 김아랑, 이자혁, 김준혁

〈보안팀 3월 근무일정 계획표(초안)〉

월	화	수	목	금	토	일
	1	2	3	4	5	6
	주 : 1/야 : 2	주 : 1/야 : 2	주 : 3/야 : 2	주 : 3/야 : 2	주 : 3/야 : 2	주 : 3/야 : 1
7	8	9	10	11	12	13
주 : 3/야 : 1	주 : 4/야 : 1	주 : 4/야 : 1	주 : 4/야 : 1	주 : 4/야 : 3	주 : 4/야 : 3	주 : 1/야 : 3
14	15	16	17	18	19	20
주 : 1/야 : 3	주 : 1/야 : 3	주 : 1/야 : 4	주 : 1/야 : 4	주 : 2/야 : 4	주 : 2/야 : 4	주 : 2/야 : 4
21	22	23	24	25	26	27
주 : 2/야 : 1	주 : 2/야 : 1	주 : 3/야 : 1	주 : 3/야 : 1	주 : 3/야 : 1	주 : 3/야 : 2	주 : 3/야 : 2
28	29	30	31			
주 : 4/야 : 2	주 : 4/야 : 2	주 : 4/야 : 2	주 : 4/야 : 3			

※ 숫자(1~4) : 각 조/주 : 주간/야 : 야간/(기재되어 있지 않은 조는 휴일)

대체 예상일자	휴무 예상자	사 유	대체근무자
3/5 (토)	김사랑	월차	① 강바민
3/11 (금)	이자혁	정기검진	② 박주현
3/23 (수)	박라훈	월차	③ 주아름
3/26 (토)	강경철	동생 결혼식	④ 윤다철
3/31 (목)	박가훈	월차	⑤ 오윤희

07 다음 두 사원의 대화를 보고 A가 찾아가야 할 사무실의 위치와 부서가 바르게 연결된 것을 고르면?

> 대화
> A : 여기가 총무부서가 맞나요?
> B : 네, 맞아요. 무슨 일이시죠?
> A : 김은비 씨를 찾아왔는데요. 자리에 계신가요?
> B : 자리에 없는데요. 아, 조금 전에 회계부서에 볼일이 있다며 가셨어요.
> A : 회계부서는 어디에 있죠?
> B : 한 층 위에요. 계단으로 올라가시면 바로 오른쪽에 있어요. 마케팅부서 사무실 옆이에요.
> A : 감사합니다.

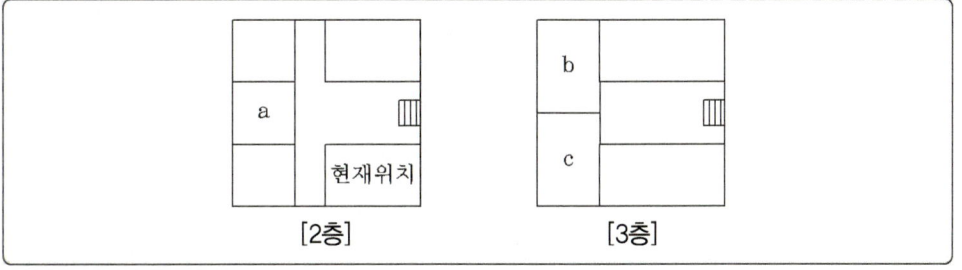

① a-마케팅　　② b-총무　　③ b-회계
④ c-총무　　　⑤ c-회계

정답 및 해설　　　　　　　　　　　　　　06. ④　07. ③

06 ④ 26일은 주간근무예정 3조 강경철이 휴무이지만, 전날 야간근무 한 1조의 윤다철은 대체근무가 불가능하다.
① 5일은 야간근무예정 2조 김사랑이 휴무이므로 당일 휴일인 4조의 강바민은 대체근무가 가능하다.
② 11일은 주간근무예정 4조 이자혁이 휴무이므로 당일 휴일인 2조의 박주현은 대체근무가 가능하다.
③ 23일은 야간근무예정 1조 박라훈이 휴무이므로 전날 주간근무 한 2조의 주아름은 대체근무가 가능하다.
⑤ 31일은 야간근무예정 3조 박가훈이 휴무이므로 당일 휴일인 1조의 오윤희는 대체근무가 가능하다.

07 A가 찾아가야 하는 사무실은 회계부서의 사무실이다. B의 말을 따라 찾아가면 b가 찾아가야 할 사무실임을 알 수 있다.

08 A사원은 하반기 프로젝트를 위해 B부장과 6박 7일간 독일로 출장을 가게 되었다. 출장 일정표와 사내 출장비 규정을 참고할 때, 회사에서 지원되는 출장비는 얼마인가?

[출장 일정표]

날 짜	장 소	교통편	시 간	일 정
3/7(월)	회사	전용차	10시 30분	출장 보고
	인천	OZ514	12시 50분	인천공항 출발
	프랑크푸르트	LH118	16시 35분/19시 15분	프랑크푸르트공항 도착/출발
	뮌헨		20시 15분	뮌헨공항 도착 후 가이드 미팅
		전용차	22시	호텔 투숙 및 휴식
3/8(화)	뮌헨	전용차	11시	행사 참관 및 상담
			18시 30분	자유시간
3/9(수)	뮌헨	전용차	10시 30분	행사 참관 및 상담
			18시	자유시간(뮌헨 관광)
3/10(목)	뮌헨	전용차	11시 30분	행사 참관 및 상담
			18시	자유시간(야경 관광)
3/11(금)	뮌헨	전용차	10시	뮌헨 시장조사
			14시	자유시간(쇼핑)
3/12(토)	뮌헨	호텔 리무진 (무료)	17시	공항으로 이동
		OZ522	21시	뮌헨공항 출발
3/13(일)	인천		13시 30분	인천공항 도착 후 해산

[사내 출장비 규정]

구 분	항공 (원)	교통비 ($, 원)	호텔 ($)	체재비($), 1일		식비($), 1일		비 고
				갑지	을지	갑지	을지	
사장 이상	실비			240	210	100	90	*갑지(미국, 유럽 등) *을지(중국, 일본, 홍콩, 싱가포르, 대만, 중동)
임 원				220	190	80	70	
과장~부장				200	170	70	60	
팀장~대리				180	150	60	50	
사 원				160	130	55	45	

※ 실비는 제외하고 계산한다.
※ 출장일수는 출국일부터 입국일까지로 규정한다.
※ 식비는 식당 등급과 관계없이 개인별로 규정된 식비가 지급된다.
※ 체재비와 식비는 출장일수에 맞춰 지급된다.

	A사원	B부장		A사원	B부장
① 체재비 :	1,200	1,100	② 체재비 :	1,300	1,120
식비 :	480	380	식비 :	490	390
③ 체재비 :	1,120	1,400	④ 체재비 :	1,400	1,120
식비 :	385	490	식비 :	385	490
⑤ 체재비 :	1,120	1,400			
식비 :	490	385			

09 다음은 A기업의 성과급 지급 기준표이다. 성과급이 잘못 기재된 사람은 누구인가?

[성과급 지급 기준표]

등 급	성과급
5	기본급 × 20% × 2
4	기본급 × 20%
3	기본급 × 20% ÷ 2
2	기본급 × 20% × 20%
1	0

이 름	등 급	기본급	성과급
고민지	2	300만 원	12만 원
이정빈	4	250만 원	50만 원
김기수	3	200만 원	20만 원
예 원	5	100만 원	50만 원
정승민	4	240만 원	48만 원

① 고민지 ② 이정빈 ③ 김기수
④ 예원   ⑤ 정승민

정답 및 해설   08. ③ 09. ④

08 출장기간은 출국일(3월 7일 월요일)부터 입국일(3월 13일 일요일)까지 총 7일이다. 출장국인 독일은 갑지(유럽)에 해당하므로 B부장은 (1일 체재비 200×7=1,400)+(1일 식비 70×7=490)이며, A사원은 (1일 체재비 160×7=1,120)+(1일 식비 55×7=385)로 계산한다.

09 ④ 예 원 : 100만 원 × 20% × 2 = 40만 원
① 고민지 : 300만 원 × 20% × 20% = 12만 원 ② 이정빈 : 250만 원 × 20% = 50만 원
③ 김기수 : 200만 원 × 20% ÷ 2 = 20만 원   ⑤ 정승민 : 240만 원 × 20% = 48만 원

[10~11] 다음 두 사람의 대화를 보고 물음에 답하시오.

> 직원 1 : 우리 부서 인원은 43명인데 유니폼 주문 수량은 총 44벌이네요.
> 직원 2 : 표시를 잘못한 것 같은데요? 어디가 잘못된 거죠?
> 직원 1 : 글쎄요, A팀이 갈색이고 B팀이 보라색 맞죠? 그럼 갈색이 22벌, 보라색이 21벌이어야 하는데 ….
> 직원 2 : 아! 생각났어요. A팀이었던 이 대리님이 B팀으로 옮겼는데, 표시를 지우지 않고 다시 표시했어요.
> 직원 1 : 이 대리님 사이즈가 뭐였죠? 제 기억으로는 100이었던 것 같은데 맞나요?
> 직원 2 : 네, 맞아요. 그런데 한 사이즈 크게 입고 싶다고 하셨어요.
> 직원 1 : 아, 그럼 제가 표를 수정할게요.

갈색 유니폼		보라색 유니폼	
사이즈	수 량	사이즈	수 량
80	–	80	1
85	4	85	2
90	5	90	6
95	7	95	4
100	6	100	6
105	1	105	2
총	23	총	21

10 잘못 표시된 유니폼의 색상과 사이즈는?

① 갈색, 95 ② 갈색, 100 ③ 갈색, 105
④ 보라색, 100 ⑤ 보라색, 105

11 잘못된 내용을 알맞게 수정한 것은?

① 갈색 105 사이즈 0벌 ② 보라색 100 사이즈 5벌
③ 갈색 105 사이즈 1벌 ④ 보라색 105 사이즈 1벌
⑤ 갈색 105 사이즈 2벌

제4장 자원관리능력

[12~13] 다음은 A회사와 B회사가 제품별 홍보 여부에 따른 수익체계를 정리한 표이다. 다음 표를 보고 물음에 답하시오.

[홍보 제품별 수익체계]

회 사	B회사			
A회사	제 품	L	M	N
	L	(−1, 9)	(4, 5)	(11, 0)
	M	(4, −3)	(−8, 6)	(13, −3)
	N	(−4, 12)	(12, −2)	(9, 3)

※ 괄호 안의 숫자는 A회사와 B회사가 홍보로 얻는 월 수익(억 원)을 뜻한다(A회사 월 수익, B회사 월 수익).
※ 예를 들면, A회사가 M제품을 홍보하고 B회사가 L제품을 홍보하였을 때, A회사의 월 수익은 4억 원이고 B회사의 월 손해는 3억 원이다.

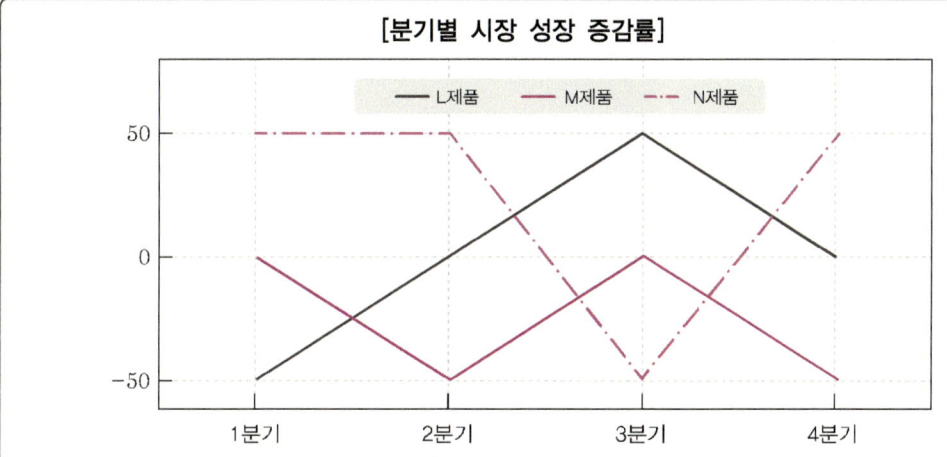

※ 제품에 따라 분기별로 수익체계에 나타나는 매출의 증감률을 나타낸 것이다(단위 : %).
※ 50% : 월 수익에서 50% 증가, 월 손해에서 50% 감소
※ −50% : 월 수익에서 50% 감소, 월 손해에서 50% 증가

정답 및 해설   10. ③ 11. ①

10 이 대리는 처음 A팀이었으므로 색상은 갈색이고, 100보다 한 사이즈 큰 것은 105이다.
11 갈색 105 사이즈 유니폼이 한 벌 더 표시되어 있으므로 바르게 수정하면 갈색 105 사이즈는 0벌이다.

12 홍보 시 A회사와 B회사가 얻는 수익의 합이 가장 큰 경우는? (단, 시기는 고려하지 않음)

① A : L, B : N   ② A : M, B : L   ③ A : M, B : N
④ A : N, B : N   ⑤ A : M, B : M

13 2분기에 홍보 시 A회사와 B회사가 얻는 수익의 합이 가장 큰 경우는?

① A : L, B : L   ② A : L, B : N   ③ A : M, B : N
④ A : N, B : L   ⑤ A : N, B : M

[14~15] 다음 제시된 내용을 보고 물음에 답하시오.

A시청 시설관리부에서 근무 중인 직원 B는 지하철 승강설비 설치공사에 대한 안내를 위해 배너를 제작하는 업무를 맡아 처리하려고 한다.

- 다음은 승강설비 공사가 진행되는 지하철 역 주변 안내도이다. 지하철 역 내부 A, B, C, D 위치에 각 2대씩 총 8대의 승강설비 공사를 진행하고자 한다.

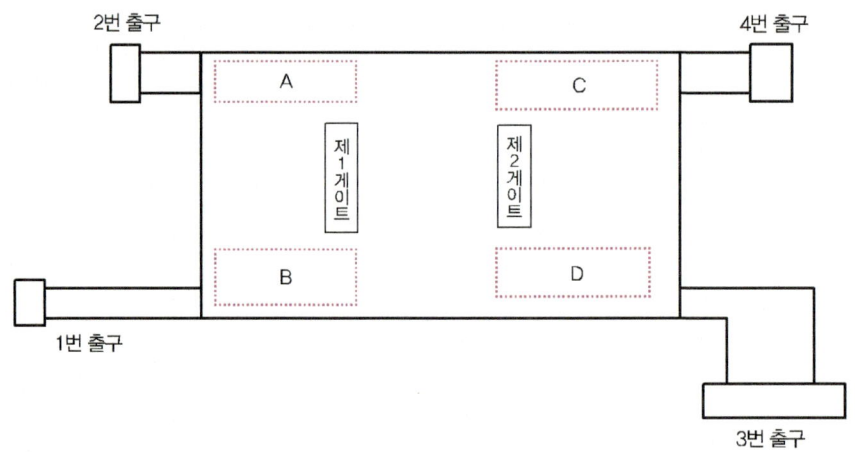

- 배너 설치비용(배너 제작비 + 배너 거치대)
  - 배너 제작비용 : 일반 배너 한 장당 15,000원, 양면 배너 한 장당 20,000원
  - 배너 거치대 : 건물 내부용 10,000원, 건물 외부용 15,000원
- 현수막 제작비용
  - 기본 크기(세로×가로) : 1m×3m → 5,000원
  - 기본 크기에서 추가 시 → 1m^{2}당 3,000원씩 추가

14 배너와 관련된 정보가 다음과 같을 때, 배너 설치에 필요한 비용은 총 얼마인가?

- 배너 설치 장소 : 역 내부 A, B, C, D에 각 1장, 1~4번 출구 외부에 각 1장
- 추가 요청 사항 : 실외용은 전부 양면 배너로 제작할 것

① 20만 원 ② 22만 원 ③ 24만 원
④ 26만 원 ⑤ 28만 원

15 B는 배너 설치비용을 계산한 후 이를 상사에게 보고하였고, 다음과 같은 상사의 추가 지시사항이 있었다. 이에 따라 B가 계산한 현수막 설치비용은 총 얼마인가?

"B씨, 아무래도 현수막도 설치하는 것이 좋을 것 같아요. 제1게이트, 제2게이트에 하나씩 걸고, 가장 유동인구가 많은 3번 출구에도 하나를 답시다. 게이트에는 1m×3m로 하고, 3번 출구에는 2m×6m의 크기가 적당할 것 같아요. 견적 좀 부탁할게요."

① 40,000만 원 ② 42,000만 원 ③ 44,000만 원
④ 46,000만 원 ⑤ 48,000만 원

정답 및 해설

12. ④ 13. ⑤ 14. ③ 15. ②

12

A	B	수익체계	수익의 합
L	N	(11, 0)	11
M	L	(4, −3)	1
M	N	(13, −3)	10
N	N	(9, 3)	12
M	M	(−8, 6)	−2

수익체계는 다음과 같으므로 시기를 고려하지 않을 때 수익의 합이 가장 큰 경우는 ④이다.

13

A	B	2분기 수익체계	수익의 합
L	L	(−1, 9)	8
L	N	(11, 0)	11
M	N	(6.5, −1.5)	5
N	L	(−2, 12)	10
N	M	(18, −3)	15

수익체계는 다음과 같으므로 2분기에 수익의 합이 가장 큰 경우는 ⑤이다.

14 내부 배너 설치비용은 $(15,000+10,000) \times 4 = 100,000$(원)이고, 외부 배너 설치비용은 $(20,000+15,000) \times 4 = 140,000$(원)이므로 총 설치비용은 240,000원이다.

15 게이트 현수막 설치비용은 5,000원이고, 3번 출구 현수막 설치비용은 $5,000+(3,000 \times 9) = 32,000$(원)이므로 총 설치비용은 $(5,000 \times 2) + 32,000 = 42,000$(원)이다.

[16~17] K기업 영업부에서 거래처 담당 직무를 맡은 갑은 거래처에 명절 인사를 하기 위해 순회를 준비하고 있다. 〈자료 1〉은 순회 경로에 따른 거리와 갑이 이용할 차종에 따른 연비를 제시한 표이고, 〈자료 2〉는 분기별 휘발유와 경유의 공급가를 나타낸 그래프이다. 다음 자료를 보고 물음에 답하시오.

자료 1

출발지-목적지	거리(km)	차 종	복합연비(km/ℓ)
본사-A	20	가	10
A-B	15	나	15
B-C	40	다	18
C-D	30	라	20
D-E	55	마	12
E-F	20		

자료 2

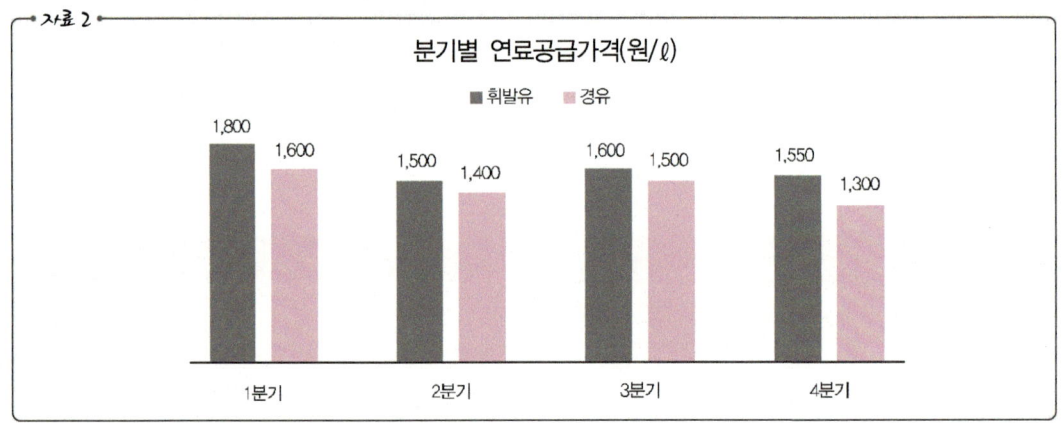

분기별 연료공급가격(원/ℓ)

16 회사 차량을 이용하여 본사에서 출발하여 목적지 A에서 F까지 순서대로 전부 방문하려고 한다. 3분기에 가장 비용이 적게 드는 차로 이동한다고 할 때, 갑이 사용해야 하는 차종과 연료의 종류는?

① 가 - 휘발유 ② 나 - 경유 ③ 다 - 휘발유
④ 라 - 경유 ⑤ 마 - 휘발유

17 5만 원의 예산으로 2분기에 연비가 가장 좋은 차종과 휘발유를 사용하여 본사에서 출발해서 거래처 전체를 순서대로 방문한다고 할 때 가능한 순회의 총 횟수는?

① 1회 ② 2회 ③ 3회
④ 4회 ⑤ 5회

[18~19] 다음은 회사 내 내선번호를 배정하여 적어 놓은 표이다. 영업팀은 100번대, 인사팀은 200번대, 회계팀은 300번대, 인재개발팀은 400번대, 재무팀은 500번대 번호를 사용하고 있다. 다음 표를 보고 물음에 답하시오.

부서	이름	내선번호	부서	이름	내선번호
영업팀	김지애	125	재무팀	한성재	548
인사팀	박나현	275	인재개발팀	장준우	253
인사팀	이다정	281	영업팀	김성현	189
A	최민재	367	재무팀	이지연	542
재무팀	이재하	519	회계팀	윤지혜	328
인재개발팀	박정원	462	인재개발팀	박정현	413

18 다음 중 A에 들어갈 것은?

① 영업팀　　　② 회계팀　　　③ 인재개발팀
④ 인사팀　　　⑤ 재무팀

19 다음 중 내선번호 배정이 잘못된 사람은 누구인가?

① 박나현　　　② 이다정　　　③ 한성재
④ 장준우　　　⑤ 윤지혜

정답 및 해설　　　　16. ④　17. ③　18. ②　19. ④

16 연비가 가장 좋은 차는 '라'이고, 3분기에 휘발유보다 경유의 가격이 저렴하므로, 갑이 사용해야 하는 차종은 '라'이고, 연료의 종류는 경유이다.
17 본사에서 거래처 F까지 1회 순회 방문할 때 이동거리는 180km이다. 연비가 가장 좋은 차종인 '라'를 이용하여 순회 방문한다면 1회 순회 방문 시 9L의 연료가 필요하다. 2분기 휘발유 가격은 1,500원이므로 1회 방문 시 필요한 비용은 13,500원이다. 따라서 5만 원의 예산으로 3회 순회 방문이 가능하다.
18 300번대 번호를 사용하므로 회계팀이다.
19 인재개발팀은 400번대 번호를 사용하는데 장준우는 200번대 번호를 배정받았다.

[20~21] 다음 대화를 보고 물음에 답하시오.

> 대화
> A : 내일부터 출근할 신입사원들 자리를 정해야겠어요.
> B : 여기 제 옆자리와 대리님 양쪽 자리가 비었어요.
> A : 빈자리가 다행히 신입사원 수와 딱 맞네요. 빈자리에 전화기와 스탠드, 컴퓨터 등 필요한 물건은 구비되어 있나요?
> B : 음, 전화기는 한 자리에만 있는데 그것도 고장난 거에요. 스탠드는 여유분이 5개 더 있어요. 그런데 여기 제 옆자리에는 모니터가 없어요.
> A : 아, 모니터는 제가 두 개를 사용하고 있으니 우선 하나를 그 자리에 가져다 두죠.
> B : 네, 그러면 되겠네요. 그런데 제 자리를 비어 있는 옆자리로 옮겨도 될까요? 출입문과 가장 가까운 자리라 불편해요.
> A : 그러세요. 또 자리 바꾸시고 싶은 분 있으면 얘기해 주세요.

20 사무실의 배치도가 다음과 같을 때 현재 모니터가 없는 자리를 그림에서 고르면?

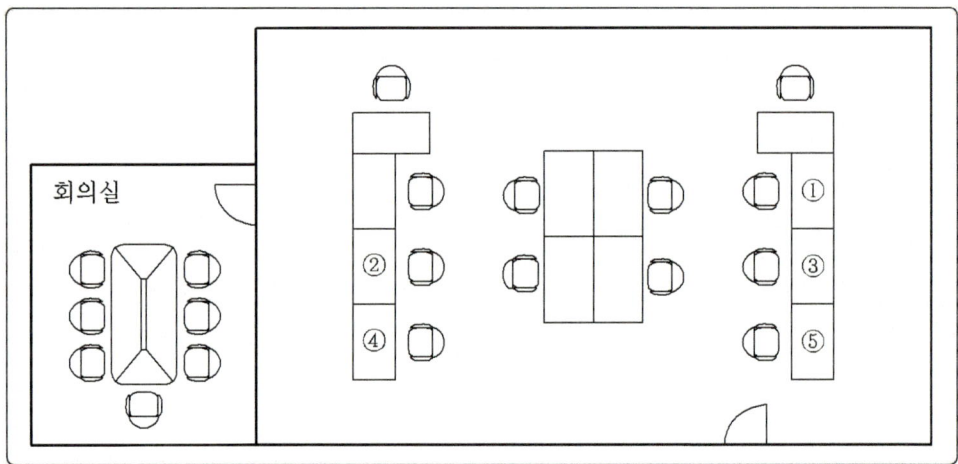

21 신입사원을 위해 추가로 구비해야 할 물건과 개수가 알맞게 연결된 것은?

① 모니터 - 1대 ② 모니터 - 2대 ③ 전화기 - 2대
④ 전화기 - 3대 ⑤ 스탠드 - 5개

22 다음 대화를 보고 사무실에 있는 사물의 위치와 이름을 바르게 짝지은 것을 고르면?

> ·대화·
> A : 책꽂이에 있는 파일들을 포장해야 해요. 박스테이프와 가위가 어디에 있죠?
> B : 제 자리에 있어요. 제 자리는 출입문에서 가장 먼 구석 자리예요. 그런데 종이컵은 어디에 있나요? 찾을 수가 없어요.
> A : 출입문 바로 뒤쪽이요. 책꽂이 옆에 있을 거예요.
> B : 아, 찾았어요. 뭐 도와 드릴 일은 없나요?
> A : 그럼, 포장한 박스에 붙일 주소를 출력해 주시겠어요?
> B : 프린터에 인쇄용지가 없는 것 같아요.
> A : 종이는 B씨 옆 자리의 맞은편에 있는 프린터 옆에 있어요.

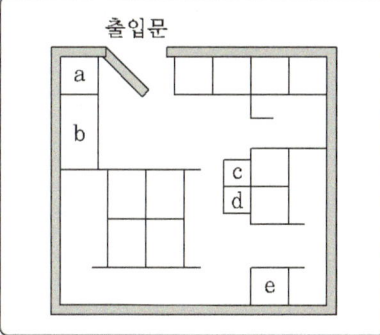

① a - 파일
② b - 종이컵
③ c - 프린터
④ d - 인쇄용지
⑤ e - 박스테이프

정답 및 해설

20. ③ 21. ④ 22. ⑤

20 현재 모니터가 없는 자리는 B의 옆자리이고, B의 자리는 출입문 맞은편이므로 ⑤이다. 따라서 ③이 정답이다.
21 스탠드와 모니터는 모두 구비되어 있다. 전화기의 경우 1대가 있으나 사용할 수 없으므로 전화기 3대가 추가로 더 필요하다.
22 열려 있는 출입문의 뒤쪽은 a(종이컵의 위치)이므로 b는 책꽂이이면서 파일의 위치가 된다. 출입문에서 가장 먼 구석 자리는 e이므로 e가 B의 자리이고, 박스테이프와 가위가 위치하는 곳이다. 따라서 프린터의 위치는 d, 인쇄용지의 위치는 c가 된다.

23 다음은 신입사원으로 부서를 처음 배치 받아 온 김 사원에게 복사기의 위치를 설명하고 있는 대화 내용이다. 대화를 보고 다음 사무실 배치도에서 복사기의 위치로 알맞은 곳을 찾으면?

> **대화**
> 이 과장 : 이 문서를 복사해서 오늘 새로 온 직원들에게 나누어 주겠나?
> 김 사원 : 네, 그런데 복사기는 어디에 있나요?
> 이 과장 : 내 뒤쪽으로 돌아 끝까지 가면 세 개의 구역이 나오는데 그중 제일 끝의 구역에 있다네. 아니면 앞쪽으로 출입문까지 직진한 후에 왼쪽으로 꺾으면 보이는 구역에 있으니 그렇게 가도 된다네.
> 김 사원 : 거기엔 복사기만 있나요?
> 이 과장 : 복사기와 대형 프린터가 있는데 보면 알겠지만, 오른쪽 기계가 복사기라네.
> 김 사원 : 아, 알겠습니다.

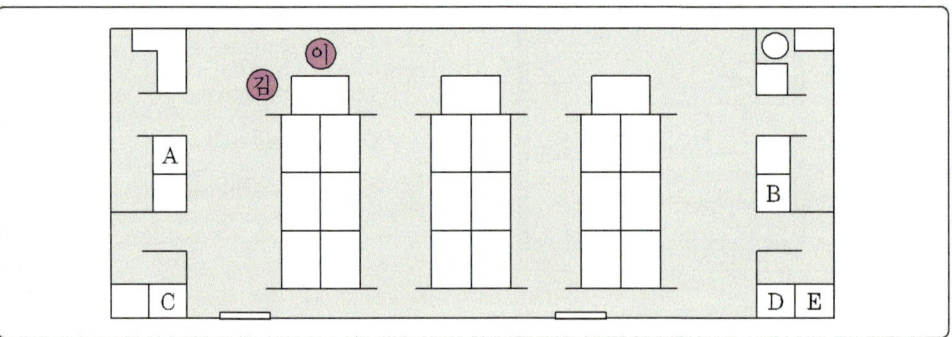

① A
② B
③ C
④ D
⑤ E

24 다음 그림은 건물의 3, 4, 5층에 위치하고 있는 사무실의 임대 사항을 확인하기 위해 나타낸 그림이다. 사무실을 임대한 사람은 A, B, C, D, E 다섯 명이고, 각자가 임대한 사무실은 a, b, c, d, e로 나타내었다. 다음 중 임대를 가장 많이 한 사람은?

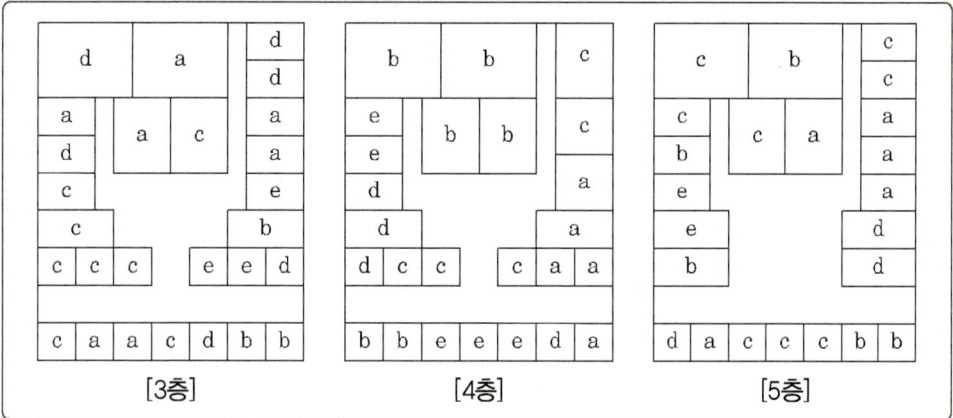

① A ② B ③ C
④ D ⑤ E

정답 및 해설 23. ④ 24. ③

23 김 사원의 위치를 기준으로 이 과장을 말을 따라가 보면 D가 복사기임을 알 수 있다.
24 임대한 사무실의 수를 세어 보면 A : 17개, B : 14개, C : 21개, D : 13개, E : 10개이므로 임대를 가장 많이 한 사람은 C이다.

25 다음은 사무실에서 필요한 물품을 구입하기 위해 이야기하는 직원들의 대화 내용이다. 다음 대화를 보고 주문해야 하는 물품의 개수로 알맞은 것을 고르면?

> 〈대화〉
> A : 사무실에서 사용할 물품을 구입하려고 하는데 필요한 게 있으면 말씀해 주세요.
> B : 형광펜이요. 노란색, 주황색, 연두색 형광펜이 필요해요.
> C : 저는 연필이랑 지우개, 빨간색 볼펜이 필요해요.
> A : 그럼 필기구는 1다스씩 구입할게요. 형광펜과 볼펜은 1다스에 10자루씩 들어 있네요. 지우개는 2개만 사도 될까요?
> D : 수정액과 지우개는 한 개씩 추가해 주세요.

① 연필 10자루, 볼펜 10자루, 수정액 1개, 지우개 2개, 형광펜 10자루
② 연필 12자루, 볼펜 10자루, 수정액 1개, 지우개 2개, 형광펜 20자루
③ 연필 12자루, 볼펜 10자루, 수정액 1개, 지우개 3개, 형광펜 30자루
④ 연필 10자루, 볼펜 10자루, 수정액 2개, 지우개 3개, 형광펜 20자루
⑤ 연필 12자루, 볼펜 10자루, 수정액 2개, 지우개 3개, 형광펜 30자루

26 인사팀 P대리는 회의실을 예약하여 하반기 공채 신입사원 면접을 위한 대기실과 면접 장소로 사용하고자 한다. 회의실의 상태는 다음 〈표〉와 같다. P대리는 가능한 한 적은 비용으로 회의실을 대여하고자 한다. 1회의 면접마다 3명의 지원자와 5명의 면접관이 들어간다. 지원자는 총 18명이고 면접관은 총 5명이다. 대기실은 지원자만 이용한다면, P대리는 면접을 위해 어떤 회의실을 하루 동안 빌려야 하는가?

〈회의실 상태〉

후보	회의실 대여료(원)	최대수용인원	기 타
A	200,000	25명	사용인원이 최대수용인원의 70% 이상
B	220,000	20명	A~E 중 2개 이상 대여 시 30% 할인
C	100,000	15명	사용인원이 최대수용인원의 70% 이상
D	120,000	10명	
E	110,000	8명	

※ 회의실 대여료는 하루 동안 회의실을 대여할 때 발생하는 비용이다.

① 면접실 : C, 대기실 : A
② 면접실 : D, 대기실 : A
③ 면접실 : C, 대기실 : B
④ 면접실 : D, 대기실 : B
⑤ 면접실 : E, 대기실 : B

27 다음의 내용을 미루어 A가 공정 개선 후 총비용의 감소율을 30%로 설정하였을 때 ⓐ에 들어갈 가장 알맞은 금액은?

철강제조업체 생산관리팀에서 근무하는 A는 철강 생산 비용을 감축하기 위한 공정 개선 작업을 담당하고 있다.

- 철강 생산 공정

  제선공정 ⇨ 제강공정 ⇨ 연주공정 ⇨ 압연공정

- 단계별 투입비용

단 계	철강 1단위 생산 시 투입비용(만 원)	
	개선 전	개선 후
제선공정	1,700	1,500
제강공정	900	900
연주공정	1,200	600
압연공정	2,200	ⓐ

① 900만 원 ② 1,000만 원 ③ 1,100만 원
④ 1,200만 원 ⑤ 1,300만 원

정답 및 해설

25. ③ **26.** ⑤ **27.** ④

25 연필 한 다스는 12자루이고, 볼펜과 형광펜은 한 다스에 10자루씩 들어 있으므로 볼펜은 10자루, 형광펜은 10×3=30(자루)이다. 지우개를 두 개만 사도 되겠냐는 질문에 수정액과 지우개를 한 개씩 추가해 달라고 했으므로 수정액 1개, 지우개 3개를 구입하면 된다.

26 $\frac{18}{25}$ = 0.72이므로 A도 대기실로 빌릴 수 있다. 하지만 P대리는 대기실과 면접실 2개를 대여하므로 B를 빌리면 30% 할인을 받아서 154,000원에 대여 가능하므로 대기실은 B가 적절하다. 면접실에는 8명이 들어가므로 C는 빌릴 수 없다. $\frac{8}{15}$ ≒ 0.53이기 때문이다. 그러므로 면접실로는 가장 저렴한 E를 대여해야 한다.

27 개선 전 생산공정에서 철강 1단위 생산 시 투입비용은 6,000만 원이다. 공정 개선 후 총비용이 30% 감소하므로, 공정 개선 후 철강 1단위 생산 시 총비용은 4,200만 원이다. 압연공정을 제외한 모든 공정의 개선 후 투입비용의 합은 3,000만 원이므로 ⓐ에 들어갈 알맞은 금액은 1,200만 원이다.

[28~29] 다음은 (가)회사와 (나)회사가 제품별 홍보여부에 따른 수익체계를 정리한 표이다. 다음 〈표〉를 참고하여 이어지는 질문에 답하시오.

〈홍보제품별 수익체계〉

회 사		(나)회사	
	제 품	A제품	B제품
(가)회사	A제품	(4, 3)	(2, 7)
	B제품	(10, −3)	(0, 10)
	C제품	(−1, −4)	(9, −5)
	D제품	(7, −3)	(3, 1)

※ 괄호 안의 숫자는 (가)회사와 (나)회사가 홍보로 인한 월 수익(억 원)을 뜻한다.
 ((가)회사 월 수익, (나)회사 월 수익)
※ 예를 들면, (가)회사가 B 제품을 홍보하고 (나)회사가 A 제품을 홍보하였을 때, (가)회사의 월 수익은 10억 원이고 (나)회사의 월 손해는 3억 원이다.

〈시기별 소비자 선호도 분포〉

구 분	1분기	2분기	3분기	4분기
1분기				A
2분기		B	C	
3분기		C		
4분기	A			D

※ 예를 들면, 제품 A를 선호하는 시기는 1분기와 4분기이다.
※ 제품을 선호하는 시기에 홍보를 하면 수익체계에 나타나는 월 수익의 100%가 증가, 월 손해의 50%가 감소한다.

28 다음 중 3월에 홍보 시 (가)회사와 (나)회사가 얻는 수익의 합이 가장 클 경우는 언제인가?

① 가 : A, 나 : B ② 가 : C, 나 : B ③ 가 : D, 나 : A
④ 가 : B, 나 : A ⑤ 가 : D, 나 : B

29 (가)회사는 (나)회사가 1년 동안 A제품을 홍보 및 판매한다는 정보를 입수하였다. (가)회사의 수익이 (나)회사의 수익보다 많고 그 수익의 차이가 최대가 되려면 (가)회사는 어떤 시기에 어떤 제품을 홍보해야 하는가?

① 1분기, A제품 ② 2분기, B제품 ③ 3분기, C제품
④ 3분기, D제품 ⑤ 4분기, D제품

정답 및 해설

28. ① **29.** ②

28 시기별 소비자 선호도는 다음과 같다.

분 기	선호 제품
1	A
2	B, C
3	C
4	A, D

따라서 3월에 선호하는 제품은 A이므로 3월의 수익체계는 다음과 같다.

(가)	(나)	3월 수익체계	수익의 합
A	B	(4, 7)	11
C	B	(9, -5)	4
D	A	(7, -1.5)	5.5
B	A	(10, -1.5)	8.5
D	B	(3, 1)	4

따라서 수익의 합이 가장 클 경우는 ①이다.

29 (나)회사가 1년 동안 A제품만을 홍보 및 판매할 때 분기별 수익체계는 다음과 같다.

(가)회사 홍보제품 \ 분기	1분기	2분기	3분기	4분기
A	(8, 6)	(4, 3)	(4, 3)	(8, 6)
B	(10, -1.5)	(20, -3)	(10, -3)	(10, -1.5)
C	(-1, -2)	(-0.5, -4)	(-0.5, -4)	(-1, -2)
D	(7, -1.5)	(7, -3)	(7, -3)	(14, -1.5)

(가)회사의 수익이 (나)회사의 수익보다 많고 그 수익의 차이는 2분기에 B제품을 홍보할 때 최대가 된다. 따라서 정답은 ②이다.

30 N사 업무지원팀의 B사원은 업무 매뉴얼을 제작하여 필요 부서에 전달하고자 한다. 다음의 가격표에 따라 매뉴얼을 제작할 때, 인쇄소에 지급할 금액은 얼마인가? (단, 80g 이상의 A4 용지 중 가장 저렴한 것을 사용하며 300페이지짜리 10권, 표지를 코팅하여 제본한다.)

흑백 양면 A4 사이즈 인쇄 및 제본 견적서

용지 두께	페이지당 가격
100g	35원
80g(미색)	22원
80g(백색)	20원

제 본	권당 가격
무선제본	500원
와이어제본	1,500원

표지코팅	권당 가격
유광코팅	500원
무광코팅	400원

※ 택배비는 3,000원입니다.
※ A4 책자는 무선제본 시 유광코팅이 불가능합니다.
※ 와이어제본은 120장 이상은 불가능합니다.
※ 주문금액 50,000원 이상부터 무료배송입니다.

① 58,000원   ② 69,000원   ③ 70,000원
④ 72,000원   ⑤ 80,000원

제4장 자원관리능력

31 주문할 물품을 간단하게 적어 두었던 메모지들을 떨어뜨려 순서가 섞이게 되었다. 순서를 맞춰 보려고 했으나 메모지에 날짜가 적혀 있지 않아 인터넷으로 주문 내역을 확인해 보았더니 다음 표와 같았다. 다음 〈보기〉의 메모지를 날짜순으로 바르게 나열한 것은?

주문번호	상품명 / 선택사항 / 주문금액 / 수량	배송정보	진행상태
329298244 2016.09.03	[정품/검정토너] TX-I3537 / TX-I3537W / TX-I3537 / 52,000원 / 2개	배송완료일 2016-09-05	배송완료 배송조회
328976376 2016.09.12	[커피(믹스)] 12g×230개입 / 13,570원 / 1개 외 1개	배송완료일 2016-09-13	배송완료 배송조회
331891567 2016.09.20	[필기구] 수성펜 0.3mm-12개입 / 적색, 청색 / 14,510원 / 총 2개 외 2개	배송완료일 2016-09-22	배송완료 배송조회
335684129 2016.09.26	[커피(원두)] 500g×2=총 1kg / 1개 외 2개	배송완료일 2016-09-27	배송완료 배송조회
321984535 2016.09.30	[필기구] 볼펜 1.0mm-12개입 / BLACK, RED, BLUE / 10,800원 / 총 3개	–	배송예정 배송조회

〈보기〉

(가)
- 휴지
- 커피

(나)
- 펜 (검/빨/파)
  → 각 1BOX

(다)
- 가위
- 펜
- 수정액

(라)
- 커피
- 파일 2
- 메모지

① (가) – (나) – (다) – (라)　② (가) – (다) – (라) – (나)
③ (나) – (가) – (다) – (라)　④ (나) – (가) – (라) – (다)
⑤ (다) – (라) – (가) – (나)

정답 및 해설　　　　　　　　　　　　　　30. ②　31. ②

30 용지는 가장 저렴한 80g 백색을 사용하면 되고 300페이지, 즉 150장이므로 와이어제본이 불가능하다. 또한 A4 책자 무선제본이므로 유광코팅도 불가능하다. 따라서 무선제본에 무광코팅을 선택해야 한다. 이를 계산하면 다음과 같다.
(10권×20원×300페이지) + (10권×500원) + (10권×400원) = 69,000원
배송비는 무료이므로 인쇄소에 지불해야 할 총 금액은 69,000원이다.

31 주문 날짜순으로 정리하면 (가): 9월 12일, (다): 9월 20일, (라): 9월 26일, (나): 9월 30일 순이다.

32 다음 그림을 보고 사무실에 있는 프린터 중 가장 많은 것을 고르면?

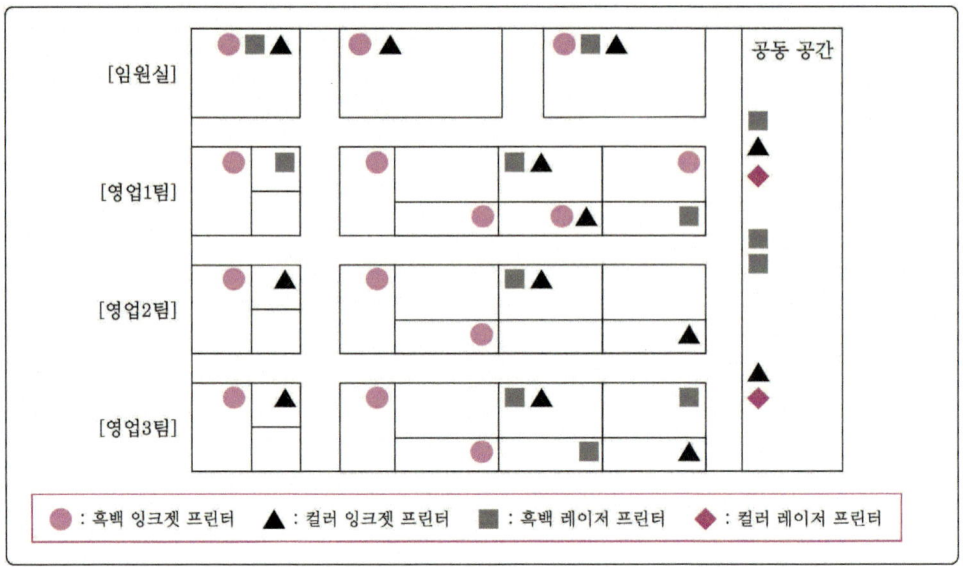

① 흑백 잉크젯 프린터 ② 컬러 잉크젯 프린터 ③ 흑백 레이저 프린터
④ 컬러 레이저 프린터 ⑤ 모두 같다.

33 다음은 사내교육을 위해 강당에 모인 직원들의 수를 체크하기 위해 직원들의 모습을 간단하게 나타낸 그림이다. 강당에 모인 직원은 모두 몇 명인가?

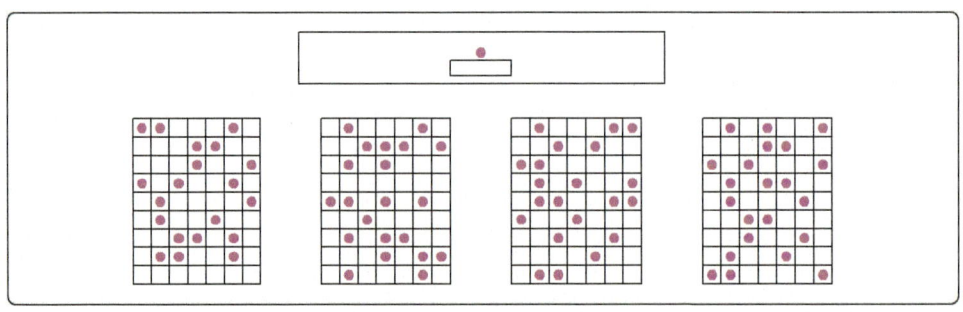

① 77명 ② 79명 ③ 81명
④ 83명 ⑤ 85명

34 D기업 시설관리팀에서 근무하는 을은 물류창고 예약 일정 관리를 담당하고 있다. 다음의 주어진 상황에서 시설관리팀이 예약한 창고로 알맞은 것은?

- D기업의 물류창고

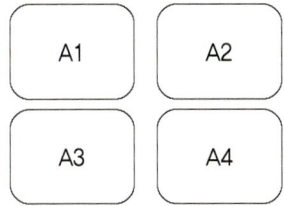

※ 물류창고는 A1, A2, A3, A4 등 4개의 창고로 구성되어 있음
※ 한 창고의 물품가액이 5,000만 원을 초과할 수는 없음

- 물류창고 7월 예약 일정

물품	기간	창고 구분	물품가액
가	6월 28일~7월 7일	A1	4,800만 원
나	7월 2일~7월 5일	A2, A4	1,200만 원(A2), 3,100만 원(A4)
다	7월 1일~8월 13일	A3	2,500만 원
라	7월 10일~7월 17일	A2, A3	1,500만 원(A2), 1,000만 원(A3)
마	7월 15일~7월 24일	A1	3,800만 원
바	7월 12일~7월 30일	A4	4,000만 원

※ 두 개의 창고에 나눠서 보관하는 경우 물품가액은 창고별로 표시함. 예를 들면, '1,200만 원(A2), 3,100만 원(A4)'이면 A2에 보관된 부분의 물품가액은 1,200만 원이고, A4에 보관된 부분의 물품가액은 3,100만 원임을 의미함

을은 시설관리팀으로부터 다음과 같은 전화를 받았다.
"이번에 새로 들여오는 기계인데 7월 4일부터 7월 16일까지 보관해 둘 수 있을까요? 중요한 기계라서 조심히 다뤄야 하는데, 다른 장소는 리모델링을 하는 중이라 어수선해서요. 물품가액은 3,200만 원입니다."

① A1　　　　　　② A2　　　　　　③ A3
④ A4　　　　　　⑤ 보관할 만한 창고가 없다.

정답 및 해설　　　　　　　　32. ①　33. ⑤　34. ②

32 흑백 잉크젯 프린터 : 14개　　컬러 잉크젯 프린터 : 13개
　　흑백 레이저 프린터 : 12개　　컬러 레이저 프린터 : 2개
33 단상에 있는 직원과 의자에 앉아 있는 직원의 수를 세어 보면 1+84=85(명)이다.
34 7월 4일부터 7월 16일 기간에 이미 예약된 일정에서 물품가액이 1,800만 원 이하인 창고는 A2이다. 따라서 적절한 창고는 A2이다.

35 자원은 활용하는 방법에 따라 효율적으로 이용할 수도, 낭비가 될 수도 있다. 다음 중 자원의 낭비 요인으로 적절하지 않은 것은?

① 비계획적 행동
② 계획보다 크게 여유 있는 자원 확보
③ 편리성 추구
④ 노하우 부족
⑤ 자원에 대한 인식 부재

36 다음 사례에서 시간관리를 통해 얻은 효과로 가장 적절한 것은?

> A씨는 평소 일 중독이라는 이야기를 들을 정도로 늦은 시간까지 퇴근을 하지 않았다. 모든 일을 도맡아서 해야 직성이 풀리는 A씨는 사소한 보고서 준비나 자료 조사까지 직접 하다 보니 업무시간이 자연스럽게 길어진 것이다. 이에 대해 A씨의 상사 B씨는 중요성이 떨어지는 일은 다른 직원들에게 분배하라고 조언했고, 이를 받아들인 A씨는 평소와 달리 이른 시간에 퇴근 할 수 있었다.

① 스트레스가 줄어든다.
② 균형적인 삶을 살 수 있다.
③ 경쟁력이 상승한다.
④ 생산성을 높일 수 있다.
⑤ 내가 바라던 목표를 달성할 수 있다.

37 전자제품을 생산하는 ○사에서는 신규 프로젝트를 반드시 성공시키기 위해 이를 감안하여 계획 단계에서 책정 비용을 다소 높게 잡았으나, 실제 프로젝트 과정에서 비용이 예상보다 적게 들어 실제 비용이 책정 비용보다 상당히 낮아졌다. ○사가 겪게 될 상황으로 옳은 것은?

① 책정 비용에 비해 예산을 많이 남겼으므로 상당한 이득을 보았다.
② 책정 비용이 부족하지 않았다면 이상적 상태이다.
③ 책정 비용은 제품의 가격에 반영되기 때문에 가격경쟁력이 떨어진다.
④ 개발 비용이 줄어들어 제품의 단가가 떨어져 적자가 된다.
⑤ 장기적으로는 손실이 될 수 있지만 개발 자체로는 이익이라 볼 수 있다.

38 조직에서 인적자원은 효율적이고 합리적으로 관리해야 할 대상이다. 다음 중 효율적인 인사관리 원칙으로 보기 어려운 것은?

① 공정 인사의 원칙
② 창의력 계발의 원칙
③ 종업원 안정의 원칙
④ 적재적소 배치의 원칙
⑤ 유사 동일성의 원칙

정답 및 해설

35. ② 36. ② 37. ③ 38. ⑤

35 자원을 효과적으로 관리하기 위해서는 계획보다 여유 있는 자원을 확보하는 편이 오히려 유리하다. 나머지 비계획적 행동, 편리성 추구, 노하우 부족, 자원에 대한 인식 부재는 모두 자원의 낭비 요인이다.

36 중요성이 떨어지는 일도 모두 높은 우선순위에 두어 시간이 낭비된 사례이다. A씨는 평소보다 빠른 퇴근을 할 수 있었으므로 개인적인 시간을 가질 수 있게 되었으며 이는 균형적인 삶의 요소에 해당한다.

37 예산 관리 시에는 책정 비용과 실제 비용의 차이를 줄이는 것이 이상적이다. 실제 비용보다 책정 비용이 높으면 제품의 단가가 높아져 가격경쟁력이 떨어지고, 책정 비용이 낮으면 제품의 단가로 투자비를 회수하기 어려워 적자가 된다.

38 유상성의 원칙, 동일성의 원칙은 물적자원의 관리에서 요구되는 원칙이다.

MEMO

제5장

조직이해능력

PART 01 핵심이론
PART 02 기출문제
PART 03 예상문제

PART 01 » 핵심이론

01 조직이해능력

1 조직과 조직이해능력

(1) 조직의 의미
① 두 사람 이상이 공동의 목표를 위해 의식적으로 구성된 상호작용과 조정을 행하는 행동의 집합체
② 목적이 있고 구조가 있으며 목적을 달성하기 위해 구성원이 협동하며 외부 환경과 긴밀히 관계를 맺음

(2) 기업의 의미
① 일 경험을 하는 대표적인 조직
② 노동과 자본, 물자, 기술 등을 투입하여 제품이나 서비스를 산출
③ 전통적인 기업의 목적 : 최소 비용으로 최대 효과를 얻어 이윤을 극대화
④ 최근의 기업의 목적 : 지속가능성
⑤ 지속가능성을 목적으로 하는 기업은 직원이나 지역사회에 대한 투자, 공급자나 고객과의 관계 유지에 노력한다.

(3) 조직의 유형
① 공식성 정도에 의한 구분
　㉠ 공식조직 : 조직의 규모, 기능, 규정이 제도화된 조직
　㉡ 비공식조직 : 인간관계에 따라 형성된 자발적 조직

② 영리성 정도에 의한 구분
　㉠ 영리조직 : 이윤을 목적으로 하는 조직
　㉡ 비영리조직 : 공익을 추구하는 조직

③ 조직규모에 의한 구분
　㉠ 소규모 조직 : 작은 규모에 단순한 구조를 가진 조직
　㉡ 대규모 조직 : 많은 조직원으로 구성된 복잡한 구조의 조직

(4) 조직체제의 구성요소
① 조직의 목표 : 조직이 존재하는 정당성과 합법성의 근거
② 조직의 구조 : 조직도를 통해 파악할 수 있는 조직구성원들의 상호작용을 나타냄
③ 조직의 문화 : 조직구성원들이 공유하는 생활양식이나 가치
④ 조직의 규칙(규정) : 조직구성원들의 활동 범위를 제약하고 일관성을 부여

2 조직의 변화

(1) 조직의 변화 : 조직이 변화하는 환경에 적응하여 새로운 아이디어나 행동을 받아들이는 것

(2) 조직변화의 과정
① 환경변화 인지
② 조직변화 방향 수립
③ 조직변화 실행
④ 변화결과 평가

(3) 조직변화의 유형
① 제품/서비스의 변화 : 고객이나 시장을 확대하기 위해 필요
② 전략/구조의 변화 : 조직의 목적을 달성하고 효율성을 높이기 위해 필요
③ 기술의 변화 : 신기술이 발명되었을 때 생산성을 높이기 위해 필요
④ 문화의 변화 : 구성원의 사고 방식이나 가치 체계를 조직의 목적과 일치시키기 위해 필요

02 경영이해능력

1 경영이해능력 일반

(1) 경영
경영(administration)은 조직이 수립한 목적을 달성하기 위한 계획을 세우고 이를 실행하며, 결과를 평가하는 전략·관리·운영 활동이다.

(2) 경영의 구성요소
① 경영목적 : 조직의 목적을 달성하려는 방법이나 과정
② 인적자원 : 조직 구성원의 배치와 활용
③ 자금 : 경영의 방향과 범위에 따라 드는 비용
④ 경영전략 : 변화하는 환경에 적응하기 위한 체계적인 경영 방침

(3) 경영의 과정

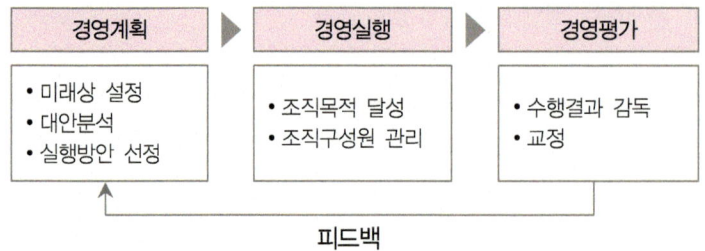

(4) 경영활동의 유형
① **외부경영활동** : 조직 외부에서 조직의 효과성을 높이기 위해 이루어지는 활동
② **내부경영활동** : 조직 내부에서 인적·물적 자원 및 생산기술을 효율적으로 관리

(5) 경영참가제도 : 근로자나 노동조합을 경영의 파트너로 인정하여 조직의 경영의사결정 과정에 참여시키는 제도로 공동의 문제를 해결하고 세력 균형을 이룰 수 있음

2 의사결정

(1) 의사결정의 과정
① **확인 단계** : 문제를 인식하고 이를 진단
② **개발 단계** : 확인된 문제나 원인에 대해 해결방안을 모색
③ **선택 단계** : 의사결정권자의 판단, 기법에 의한 분석, 집단의 토의와 교섭을 통해 해결안을 선택하고 이를 공식적으로 승인하여 처리

(2) 집단의사결정의 특징
① 집단이 가진 지식과 정보가 개인보다 더 많아 효과적인 결정 가능
② 의사결정에 참여한 사람들이 결정 사항을 수월하게 수용
③ 의사소통의 기회 향상
④ 의견이 불일치 시 의사결정을 내리는 시간이 많이 소요될 수 있음
⑤ 특정 구성원에 의해 의사결정이 독점될 수 있음
⑥ 집단의사결정에 사용되는 대표적인 기법으로 브레인스토밍, 브레인라이팅이 있음

3 경영전략

(1) 경영전략의 추진 과정

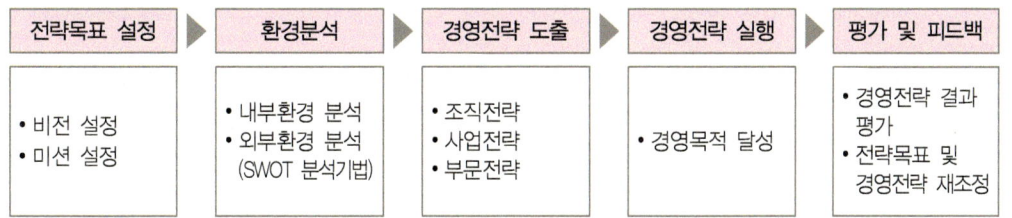

(2) 경영전략의 유형
① **원가우위 전략** : 원가절감을 통해 우위를 확보. 대량생산 또는 새로운 생산기술 필요
② **차별화 전략** : 생산품, 서비스를 차별화. 연구개발 및 광고로 브랜드 이미지 개선 필요
③ **집중화 전략** : 경쟁조직이 소홀한 한정된 시장을 집중공략

4 경영 관련 주요 용어

(1) BCG 매트릭스
① 보스턴컨설팅그룹(Boston consulting group)에 의해 1970년대 초에 개발되었으며, 기업의 경영전략 수립에 있어 하나의 기본적인 분석도구로 활용되는 사업 포트폴리오(business portfolio) 분석기법이다.
② 자금의 투입과 산출 부분에서 사업(전략사업 단위)이 현재 처해있는 상황을 파악하여 결정을 내리기 위한 분석도구이다.
③ 사업을 점유율과 성장성으로 구분해 4가지로 분류했다.
　㉠ **스타(star) 사업** : 성공적인 사업. 수익성과 성장성이 크므로 계속적 투자가 필요하다.
　㉡ **캐시카우(cash cow) 사업** : 수익창출원. 기존 투자로 수익이 지속적으로 실현되므로 자금의 원천사업이 된다. 성장성이 낮으므로 투자가 유지·보수 차원에서 머물게 되어 자금투입보다 산출이 많다.
　㉢ **물음표(question mark) 사업** : 신규사업. 상대적으로 낮은 시장점유율과 성장률을 가진 사업으로 기업의 행동에 따라서는 차후 스타(star) 사업이 되거나, 도그(dog) 사업으로 전락할 수 있는 위치에 있다. 일단 투자하기로 결정한다면 상대적 시장점유율을 높이기 위해 많은 투자금액이 필요하다.
　㉣ **도그(dog) 사업** : 사양사업. 성장성과 수익성이 없는 사업으로 철수해야 한다. 기존의 투자에 매달리다가 기회를 잃으면 더 많은 대가를 치를지도 모른다.

(2) SWOT 분석
  ① 정의 : 강점(Strength), 약점(Weakness), 기회(Opportunity), 위협(Threat)의 머리글자를 모아 만든 단어로 경영 전략을 수립하기 위한 도구이다. SWOT 분석을 통해 도출된 조직의 내부·외부 환경의 분석 결과를 통해 각각에 대응하는 전략을 도출하게 된다.
  ② 대응전략의 종류
    ㉠ SO 전략 : 기회를 활용하면서 강점을 더욱 강화하는 공격적인 전략이다.
    ㉡ WO 전략 : 외부 환경의 기회를 활용하면서 자신의 약점을 보완하는 전략으로, 이를 통해 기업이 처한 국면의 전환을 가능하게 할 수 있다.
    ㉢ ST 전략 : 외부 환경의 위협요소를 회피하면서 강점을 활용하는 전략이다.
    ㉣ WT 전략 : 외부 환경의 위협요인을 회피하고 자사의 약점을 보완하는 전략으로 방어적 성격을 갖는다.

외부환경 \ 내부환경	강점(Strength)	약점(Weakness)
기회(Opportunity)	① SO 전략(강점-기회 전략)	② WO 전략(약점-기회 전략)
위협(Threat)	③ ST 전략(강점-위협 전략)	④ WT 전략(약점-위협 전략)

(3) 금리의 종류

종류	특징
고정금리	상품에 가입한 기간 동안 시중금리가 아무리 큰 폭으로 변하더라도 이자율이 변하지 않는 것을 의미한다. 정기예금.정기적금과 같은 예금상품은 대부분 고정금리이며, 채권, CP(기업어음), CD(양도성예금증서), 개발신탁 등도 고정금리를 준다.
변동금리	적용되는 이자율이 가입기간 중에 계속 변하는 것을 의미한다.
명목금리	물가상승률(또는 예상물가 상승률)을 감안하지 않고 표시된 금리로 물가 상승률(또는 예상물가 상승률)을 차감하여 산정되는 실질금리에 상대되는 개념이며, 경우에 따라 복리로 계산되지 않은 단리 개념의 금리를 말하기도 한다.
실질금리	명목금리에서 물가 상승률(또는 예상물가상승률)을 뺀 금리이다. * 실질금리 = 명목금리 - (예상)물가상승률
표면금리	겉으로 나타난 금리를 말한다.
실효금리	실제로 지급받거나 부담하게 되는 금리를 뜻한다.
수익률	투자수익(채권투자 시에는 이자금액)을 투자원금(채권가격)으로 나눈 비율을 말한다. * 수익률 = 이자금액/채권가격
할인율	할인금액을 투자원금(채권가격)으로 나눈 비율을 말한다. * 할인율 = 할인금액/채권가격
콜금리	금융기관 사이에 단기 자금거래가 주로 이루어지는 콜시장에서 형성되는 금리를 말한다.
채권수익률	채권시장에서 형성되는 금리는 채권수익률이라고 한다.

(4) 마케팅의 종류

종 류	특 징
버즈마케팅	인적네트워크를 통해 소비자들이 스스로 메시지를 전달하게 하여 상품에 대한 긍정적인 메시지를 전달하게 하는 기법
니치마케팅	틈새시장이라는 의미로 시장의 빈틈을 공략하는 새로운 상품을 잇달아 시장에 내놓음으로써 다른 특별한 제품 없이도 셰어(share)를 유지해 가는 판매전략
넛지마케팅	종래의 마케팅보다 좀 더 유연한 방식으로 상품의 특성을 강조하여 소비자가 상품을 구매하도록 하며, 직접적인 명령 또는 지시를 내리지 않으면서 특정 행동을 유도하는 방식
앰부시마케팅	매복을 뜻하며 규제를 교묘하게 피해 가는 마케팅 기법
플래그십마케팅	시장에서 판매에 성공을 거둔 인기 있는 상품을 중심으로 판촉활동을 집중하는 마케팅 기법

(5) 물류 관리를 위한 보관의 기본원칙

종 류	내 용
높이 쌓기의 원칙	공간효율을 향상시키기 위해 지게차 등을 이용하여 제품을 고층으로 다단 적재한다.
회전대응의 원칙	입·출하빈도에 따라서 보관 장소를 결정한다. 제품의 출하량 관련 ABC분석에 따른 제품의 차등 관리를 하는 것이다.
통로대면의 원칙	물류센터 레이아웃 기본원칙. 제품 피킹을 용이하게 하기 위해 통로에 보관한다.
동일성 및 유사성의 원칙	입고 및 재고관리를 편리하게 한다.
위치표시의 원칙	로케이션코드에 대한 지식과 방법론을 잘 인식해야 한다.
네트워크 보관의 원칙	연관 품목을 한 장소에 보관하여 피킹 작업을 용이하게 하고 피킹 효율을 극대화시키기 위한 원칙이다.
선입선출의 원칙	FIFO(First In First Out)라고도 하며, 먼저 입고된 것을 먼저 출하하는 것을 말한다. 유통기한이 중요한 식품류에서 필수적이다.
형상특성의 원칙	보관랙 및 보관박스의 선정을 제품특성에 맞게 선정한다.
중량특성의 원칙	제품의 중량에 따라서 보관 장소를 결정해야 한다.
명료성의 원칙	눈으로 쉽게 보고 파악할 수 있는 물류를 지향해야 한다.

03 조직체제이해능력

1 조직목표의 기능과 특징

(1) 조직목표의 기능
　① 조직이 존재하는 정당성과 합법성 부여
　② 조직이 나아가야 할 방향 제시
　③ 의사결정의 기준 제공
　④ 조직 구성원에게 동기 부여
　⑤ 수행 평가의 기준 제공
　⑥ 조직 설계의 기준 제공

(2) 조직목표의 특징
　① 공식적 목표와 실제적 목표 간 차이 존재
　② 다수의 조직목표 추구 가능
　③ 조직목표 간 계층적 상호관계 존재
　④ 가변적 속성 내재
　⑤ 조직의 속성과 상호관계

(3) 조직목표의 분류
　① **전체성과** : 조직의 성장목표
　② **자원** : 필요한 자원의 획득
　③ **시장** : 시장점유율
　④ **인력개발** : 조직구성원의 관리
　⑤ **혁신과 변화** : 환경변화에 대한 적응
　⑥ **생산성** : 투입 자원 대비 산출 향상

2 조직구조

(1) 조직구조의 구분
　① 기계적인 조직
　　㉠ 업무가 분명하게 규정
　　㉡ 규칙과 규제가 많음
　　㉢ 상하 간 의사소통은 공식적인 경로를 통함
　　㉣ 엄격한 위계질서

② 유기적인 조직
　㉠ 많은 의사결정이 하부구성원에게 위임
　㉡ 업무가 고정되지 않아 공유가 가능
　㉢ 비공식적 상호 의사소통이 많음
　㉣ 규제나 통제의 정도가 낮아 쉽게 변할 수 있음

(2) 조직구조의 결정요인
① **조직전략** : 목표달성을 위한 계획
② **조직규모** : 규모에 따라 업무의 전문화, 분화 수준이 다르며 규칙과 규정도 다름
③ **기술** : 소량생산기술, 대량생산기술에 따라 구조 변화
④ **환경** : 안정한 환경에서는 기계적, 급변하는 환경에서는 유기적 조직이 적합

(3) 조직구조의 형태
① **기능별 조직구조** : 기업의 규모가 작고 내부효율성을 중요시 할 때의 구조로 관련 있는 업무끼리 결합한다.

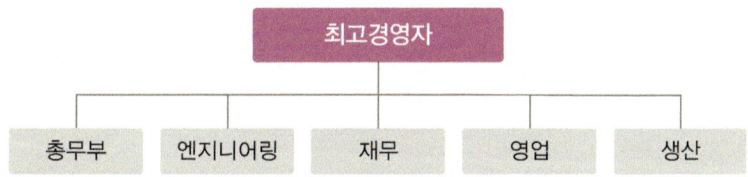

② **사업별 조직구조** : 환경변화에 신속하게 대응하기 위해 분권화된 의사결정이 가능한 단위로 조직을 구성한다.

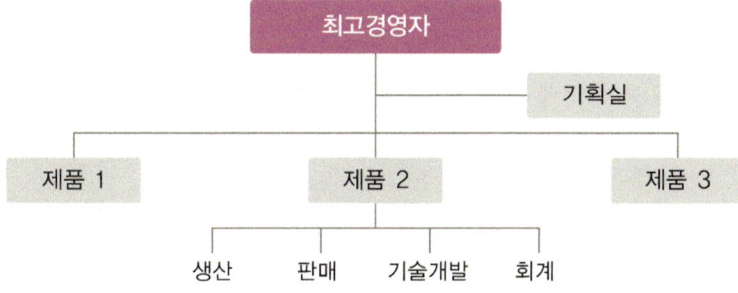

3 집 단

(1) 집단은 조직체제 아래에 조직구성원 몇 명이 모여 일정한 상호작용의 체제를 이루는 것이다.

(2) 집단의 유형
① **공식적인 집단** : 조직에서 의도적으로 만들어 조직의 공식적인 목표를 추구하는 집단
② **비공식적인 집단** : 조직구성원의 요구에 의해 자발적으로 형성된 집단

(3) 집단은 조직 내 한정된 자원을 차지하기 위해, 또는 서로 상반되는 목표를 추구하기 때문에 집단 간에 경쟁이 발생한다.

(4) '팀'이란 구성원들이 공동의 목표를 성취하기 위해 서로 기술을 공유하고 공동으로 책임을 지는 집단으로 구성원들의 개인적 기여를 강조하고 공동책임을 중요하게 여기며 공동목표를 위해 헌신하는 의식을 공유한다.

04 업무이해능력

1 업무의 특징

(1) 업무 : 조직 구성원들이 조직의 목적을 달성하기 위해 수행하는 의무이자 책임

(2) 업무의 종류
① 업무는 조직의 목적이나 규모에 따라 다양하게 구성될 수 있다.
② 대부분의 조직은 총무, 인사, 회계, 생산 등의 업무를 수행한다.
　㉠ 총무 업무 예시 : 주주총회, 이사회 관련 업무, 의전 및 비서 업무, 집기비품, 소모품의 구입 및 관리, 사무실 임차 및 관리, 차량 및 통신시설 운영, 출장업무 보조, 복리후생, 법률자문, 홍보 및 광고 등
　㉡ 인사 업무 예시 : 조직기구 개편 및 조정, 업무분장 및 조정, 직원수급계획 및 관리, 직무 및 정원의 조정, 노사관리, 평가관리, 상벌관리, 인사발령, 교육체계 수립 및 관리, 임금, 복리후생, 지원업무, 복무관리, 퇴직관리 등
　㉢ 기획 업무 예시 : 경영계획 및 전략 수립, 전사기획업무 조정, 중장기 사업계획 조정, 경영정보 조사 및 기획보고, 경영진단업무, 종합예산수립, 실적관리, 단기사업계획 조정, 기타 사업계획, 손익추정, 실적관리 등
　㉣ 회계 업무 예시 : 회계제도 유지 및 관리, 재무상대 및 경영실적 보고, 결산, 재무제표 분석, 각종 세금 업무자문 및 지원, 보험 및 보상, 고정자산 관련 등

ⓜ 영업 업무 예시 : 판매 계획 및 예산 편성, 시장조사, 광고 및 선전, 견적 및 계약, 제조지시서 발행, 외상매출금 청구, 제품 재고 조절, 클라이언트 불만처리, 제품의 A/S, 판매원가 및 판매가격 검토 등

(3) 업무의 특성
① **공통된 조직의 목적 지향** : 조직 내에서 업무는 조직의 목적을 보다 효과적으로 달성하기 위하여 세분된 것이므로 궁극적으로는 같은 목적을 지향한다.
② **요구되는 지식, 기술, 도구의 다양성** : 조직이라는 전체로 통합되므로 업무는 다양한 특성이 있으나 재량권이 매우 적다.
③ **다른 업무와의 관계** : 어떤 업무는 일련의 과정으로 이루어지나, 어떤 업무는 상대적·독립적으로 이루어진다.
④ **업무수행의 자율성·재량성** : 연구, 개발 등과 같은 업무는 자율적이고 재량권이 많지만, 조립·생산 등과 같은 업무는 주어진 절차에 따라 이루어진다.

2 업무수행 계획

(1) 업무수행의 절차

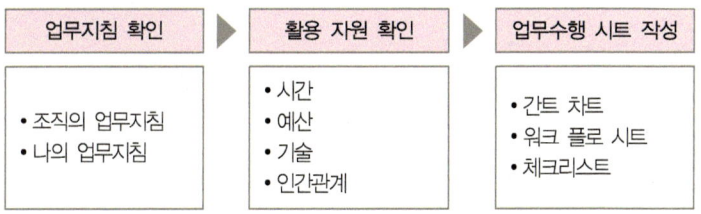

(2) 업무지침 확인
① 업무를 수행하는 안내자 역할을 하며 개인이 임의로 업무를 수행하지 않고 조직의 목적에 부합할 수 있도록 한다.
② 개인은 조직의 업무지침을 토대로 개인의 업무지침을 작성하여 업무 수행의 준거로 삼는다.

(3) 활용자원 확인
① 업무와 관련된 물적 자원 및 구성원을 확인한다.
② 자원은 한정되어 있으므로 제한된 조건하에서 효과적으로 활용해야 한다.

(4) 업무수행시트 작성
① **간트 차트** : 단계별로 업무를 시작해서 끝내는 데 걸리는 시간을 바 형식으로 표시한 것이다. 전체 일정의 흐름을 한눈에 볼 수 있고 단계별로 소요되는 시간과 업무활동 사이의 관계를 판단하기 편리하다.

업무		6월	7월	8월	9월
설계					
	자료수집	▨▨			
	기본설계		▨▨		
	타당성 조사 및 실시설계			▨	
시공					
	시공			▨▨	
	결과 보고				▨▨

② **워크 플로 시트** : 일의 흐름을 동적으로 보여주는 시트로 주된 작업과 부차적인 작업, 혼자 처리할 수 있는 일과 협조가 필요한 일 등을 구분하여 표현할 수 있다.

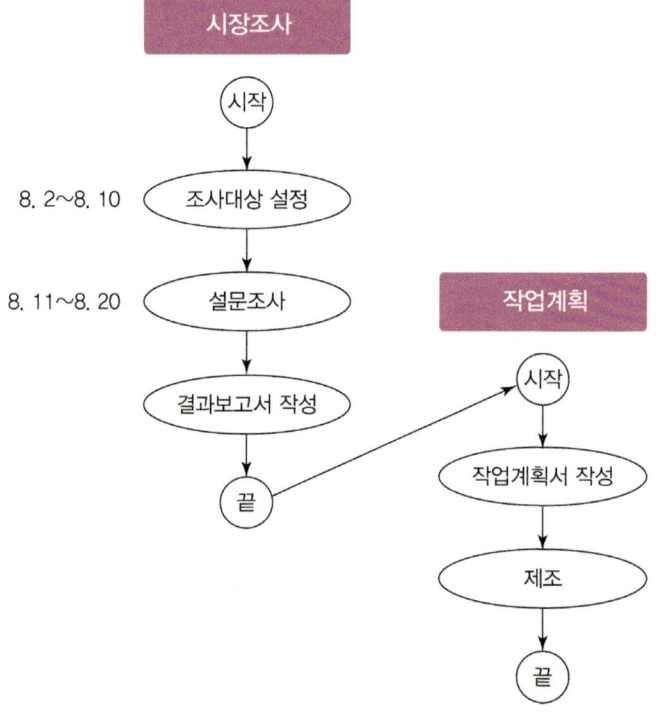

③ **체크리스트** : 업무의 각 단계를 효과적으로 수행했는지 스스로 점검한다.

업무		체크	
		YES	NO
고객관리	고객 대장을 정비하였는가?		
	3개월에 한 번씩 고객 구매 데이터를 분석하였는가?		
	고객의 청구 내용 문의에 정확하게 응대하였는가?		
	고객 데이터를 분석하여 판매 촉진 기획에 활용하였는가?		

3 업무의 방해 요인

(1) 방문, 인터넷, 전화, 메신저 : 시간을 정해놓고 통제한다.

(2) 갈등관리 : 갈등 상황을 객관적으로 평가해 대화와 협상으로 해결방법을 찾거나 회피전략을 이용한다.

(3) 스트레스 : 시간 관리를 통해 업무 과중을 극복하고, 조직에서는 직무를 재설계하거나 역할을 재설정한다.

확인문제

〈보기〉는 다음의 업무 지시사항을 이행한 내용이다. 지시사항의 내용과 달리 이행한 것은 모두 몇 개인가?

> 지난 8월에 출시한 신용카드 상품 5종에 대한 신규 가입자 수를 정확히 파악하라는 지시가 떨어졌습니다. 여러분들이 임시로 신규 상품 분석팀을 꾸려 업무를 담당해야 할 것 같습니다. 상품별로 신규 가입자 수를 파악하되 카드 활용패턴 및 소비패턴도 함께 분석해 주길 바랍니다. 작업이 끝나면 그 분석 자료를 바탕으로 IT지원부서와 협업을 진행해야 합니다. 4개월 뒤면 IT지원부서가 빅데이터부서로 개편되는데, 신규 상품 분석팀의 분석 자료가 부서 개편 과정에서 어떻게 사용될 수 있는지, 빅데이터 관리를 위해 앞으로 어떠한 분석 자료가 더 추가되어야 할지 의논해야 할 겁니다. 이러한 협업은 한 번으로 끝나는 것이 아니라 빅데이터부서로 완전히 개편될 때까지 지속해서 진행해야 합니다. 그러니 업무 공간을 새로이 마련해 신규 상품 분석팀과 IT지원부서가 번갈아 가며 주 2회 회의를 주재하도록 하세요.

―보기―
㉠ 신규 상품 분석팀과 IT지원부서를 통합하여 빅데이터부서로 개편한다.
㉡ 신규 가입자 분석 자료를 바탕으로 빅데이터부서와 협업을 진행한다.
㉢ 임시로 신규 상품 분석팀을 꾸려 신상품 5종에 대한 신규 가입자 수를 파악한다.
㉣ 신규 상품 분석팀과 IT지원부서가 교대로 회의를 주재한다.
㉤ 앞으로 빅데이터 관리를 위해 신용카드 활용패턴 및 소비패턴 분석 자료 외에 더 추가되어야 할 것이 무엇인지 의논한다.
㉥ 상품별로 신규 가입자 수를 파악하되 그 총합을 구하여 빅데이터 구축에 반영한다.

① 2개 ② 3개 ③ 4개 ④ 5개 ⑤ 6개

해설
㉠ IT지원부서가 빅데이터부서로 개편된다.
㉡ 신규 가입자 분석 자료를 바탕으로 IT지원부서와 협업을 진행한다. IT지원부서가 빅데이터부서로 개편되는 것은 4개월 뒤이다.
㉥ 상품별로 신규 가입자 수를 파악하되 그 총합보다는 카드 활용패턴 및 소비패턴을 분석한다.

답 ②

05 국제감각

1 국제감각의 필요성

(1) 세계화가 진행되면서 국가 간의 경계가 허물어지고 직업인의 활동 범위가 전 세계로 넓어짐에 따라 다른 나라 사람들과의 원활한 커뮤니케이션을 위해서는 그 나라의 문화적 특징을 이해해야 한다.

(2) 활동범위가 세계로 넓어지는 글로벌화가 진행됨에 따라 조직이 국제적 경쟁에 뛰어들게 되고 조직구성원 역시 다양한 문화의 사람들과 거래 또는 협상을 하게 된다.

(3) 국제감각은 영어를 잘 하는 것뿐 아니라 다른 나라의 문화를 이해하고 자신의 업무와 관련한 국제적 동향을 파악하여 이를 업무에 적용할 수 있는 능력을 의미한다.

2 국제동향 파악 방법

(1) 관련 분야 해외 사이트를 방문해 최신 이슈를 확인한다.

(2) 신문의 국제면을 매일 읽는다.

(3) 업무와 관련된 해외 잡지를 정기구독한다.

(4) 국제학술대회에 참여한다.

(5) 업무와 관련된 주요 용어를 외국어로 알아 둔다.

(6) 외국인 친구를 사귀어 대화를 자주 나눈다.

(7) 국제적인 법규나 규정을 숙지한다.

3 주요 국제매너

(1) 인사 예절

① 영미권
  ㉠ 악수는 일어서서 상대방의 눈을 보면서 한다.
  ㉡ 이름이나 호칭을 어떻게 부를지 먼저 물어본다.
  ㉢ 인사하거나 이야기할 때 너무 가까이 다가가서 말하지 않고 상대방의 개인 공간을 지킨다.

② 아프리카
　㉠ 상대방과 시선을 마주 보며 대화하면 실례이므로 코 끝 정도를 보면서 이야기한다.
　㉡ 포옹하거나 입을 맞추는 것은 친밀함의 표현하는 인사법이다.

(2) 명함 예절(영미권)
① 업무용 명함에는 성명, 직장 주소, 직위 등을 표시한다.
② 명함은 악수를 한 후 교환하며 아랫사람이나 손님이 먼저 건넨다.
③ 오른손으로 상대방에게 주고, 받는 사람은 두 손으로 받는다.
④ 받은 명함은 한 번 보고 나서 탁자 위에 보이게 놓거나 명함 지갑에 넣는다.

(3) 시간 약속
① **영미권** : 시간을 돈과 같이 생각하는 문화이므로 약속을 제시간에 지킨다.
② **중남미, 동부 유럽, 아랍권** : 시간 약속은 형식적일 뿐이며 상대방이 으레 기다려 줄 것으로 생각하는 문화이므로 인내를 가지고 예의 바르게 기다려 준다.

(4) 식사 예절
① 영미・유럽권
　㉠ 나이프와 포크는 바깥쪽에서부터 차례대로 사용한다.
　㉡ 수프는 안쪽에서 바깥쪽으로 떠서 먹으며 소리를 내면서 먹지 않는다.
　㉢ 빵은 손으로 떼어 먹으며 수프를 먹고 나서부터 디저트가 나오기 직전까지 먹을 수 있다.
　㉣ 생선 요리를 먹을 때는 생선을 뒤집지 않으며 스테이크는 조금씩 잘라 가면서 먹는다.

② 아랍권
　㉠ 식사는 반드시 오른손으로 하며 식사하기 전 반드시 손을 씻는다.
　㉡ "비스밀라(알라의 이름으로)"라고 말한 후 식사를 시작하고, 식사가 끝나면 "알함두릴라(알라께 감사를)"라고 말한다.
　㉢ 뜨거운 음식은 입으로 불면 안 되며 식을 때까지 기다린다.

③ 인도
　㉠ 식사 전에 반드시 양손을 씻는다.
　㉡ 식사할 때는 반드시 오른손만 사용하며 보통 손가락으로 집어 먹지만 뜨거운 음식은 숟가락을 사용하기도 한다.
　㉢ 물을 마실 때 컵을 입에 대지 않고 물을 입 안에 부어 넣는다.
　㉣ 식사 도중에는 대화를 하지 않으며 식사가 끝나면 손과 입을 씻고 난 후에 이야기를 시작한다.
　㉤ 음식을 남기거나 식사 도중에 음식을 흘리면 안 된다.

확인문제

01 다음 중 이슬람권의 식사 예절로 알맞은 것은?
① 여성이 먼저 먹는다.
② 음식을 먹을 때는 왼손만을 사용한다.
③ 뜨거운 음식은 입으로 불어서 먹는다.
④ 식사 전에는 "Bismillah"라고 말한 뒤 식사를 시작한다.
⑤ 소고기를 먹지 않는다.

해설 이슬람권에서는 나이프나 포크를 사용하지 않고 손으로 먹기 때문에 식사 전에는 항상 손을 씻는다. 식사할 때는 남자가 먼저 음식에 손을 대고 먹을 것을 선택하며 반드시 오른손으로 식사하는데, 왼손은 사탄과 함께 하는 것으로 인식하기 때문이다. 뜨거운 음식이 있더라도 입으로 불어서는 안 된다. 식사 전에는 "Bismillah(알라의 이름으로)"라고 말하고 식사를 시작한다.

답 ④

02 다음 중 팁(Tip) 예절로 옳지 않은 것은?
① 룸메이드에게 팁을 줄 때는 아침마다 베개 밑이나 침대 옆 테이블에 놓고 나간다.
② 일반적으로 이용 요금의 10~20% 정도를 팁으로 낸다.
③ 팁을 줄 때는 돈이 확실하게 보이도록 손바닥을 위로 해서 준다.
④ 레스토랑에서는 계산서 사이에 끼워서 준다.
⑤ 현금으로 계산할 때는 테이블에 팁을 남겨둔다.

해설 팁을 줄 때는 돈이 보이지 않게 손바닥을 아래로 해서 준다.

답 ③

06 농협조직 실무이해

1 농협의 미션 · 농협이 하는 일

(1) 미션 – 농업협동조합법 제1조

농업인의 자주적인 협동조직을 바탕으로 농업인의 경제적·사회적·문화적 지위를 향상시키고, 농업의 경쟁력 강화를 통하여 농업인의 삶의 질을 높이며, 국민경제의 균형 있는 발전에 이바지 함을 목적으로 한다.

(2) 농협이 하는 일

교육지원 부문	농업인의 권익을 대변하고 농업 발전과 농가 소득 증대를 통해 농업인 삶의 질 향상에 도움을 주고 있다. 또한 또 하나의 마을 만들기 운동 등을 통해 농업·농촌에 활력을 불어넣고 농업인과 도시민이 동반자 관계로 함께 성장·발전 하는데 기여하고 있다. – **교육지원사업** : 농·축협 육성 및 발전 지도, 영농 및 회원 육성·지도, 농업인 복지 증진, 농촌사랑·또 하나의 마을 만들기 운동 농정활동 및 교육사업·사회공헌 및 국제협력활동 등
경제부문	농업인이 영농활동에 안정적으로 전념할 수 있도록 농산물 생산·유통·가공·소비에 이르는 다양한 경제사업을 지원하고 있다. 경제사업부문은 크게 농업경제부문과 축산경제부문으로 나누어지며, 농축산물 판로확대, 농축산물 유통구조개선을 통한 농가소득증대와 영농비용 절감을 위한 사업에 주력하고 있다. – **농업경제사업** : 영농자재 (비료, 농약, 농기계, 면세유 등)공급, 산지유통, 도매사업, 소비자 유통 활성화, 농식품 공급 및 판매 – **축산경제사업**(축산물 생산/도축/가공/유통/판매 사업, 축산 지도(컨설팅등) 지원 및 개량사업, 축산 기자재(사료 등) 공급 및 판매
금융부문	농협의 금융사업은 농협 본연의 활동에 필요한 자금과 수익을 확보 하고, 차별화된 농업금융 서비스 제공을 목적으로 하고 있다. 금융사업은 시중은행의 업무외에도 NH카드, NH보험, 외국환등의 다양한 금융서비스를 제공하여 가정경제에서 농업경제, 국가경제까지 책임을 다해 지켜나가는 우리나라의 대표금융기관이다. – **상호금융사업** : 농촌지역 농업금융서비스 및 조합원 편익 제공,서민금융 활성화 – **농협금융지주 (**은행, 보험, 증권, 선물 등 종합금융그룹)

2 윤리경영과 나눔경영

(1) 윤리경영

① **기업윤리** : 기업경영 및 활동 시 '윤리'를 최우선 가치로 생각하며 모든 업무활동의 기준을 '윤리규범'에 두고 투명하고 공정하며 합리적으로 업무를 수행하는 것을 말한다. 기업윤리를 지키는 것은 기업의 의사결정이 경제원칙에만 기초로 하는 것이 아니라 투명한 회계, 공정한 약관, 성실 납세, 환경 보호 등의 윤리적 판단을 전제 조건으로 의사결정을 하며 법이나 정부 규제 준수 이상으로 공정하고 정당하게 지키는 것을 의미한다. 그러므로 기업 윤리란 일반적으로 CEO나 임직원이 기업활동에서 갖추어야 할 윤리를 의미한다.

② **농협 윤리경영** : 농협은 경제적·법적·윤리적 책임 등을 다함으로써 농협의 모든 이해 관계자인 고객, 농민조합원, 협력업체, 지역 농·축협, 직원 등 모두가 함께 성장 발전하고 청렴한 농협, 투명한 농협, 깨끗한 농협을 구현하여 함께 성장하는 글로벌 협동조합을 만든다.

(2) 나눔경영

농업인의 복지 증진과 지역사회 발전을 위해 '나눔경영'을 실천하고 있다. 농협의 교육지원사업은 농업인 복지증진, 농촌 공동체 발전 등 '사회적 책임' 이행에 근간을 이루고 있으며, 농촌은 물론 지역사회를 위해서도 나눔경영활동을 적극 펼치고 있다. 특히 '농촌사랑운동'을 통해 도시와 농촌의 상생을 도모하는 한편, 농협재단을 설립하여 농업인과 지역주민들이 피부로 느낄 수 있는 나눔경영활동을 전개하고 있으며, 다문화가정의 사회적응과 고충해결을 위해서도 노력하고 있다.

(3) 윤리경영의 필요성

① **윤리경영의 궁극적 목표** : 부정을 저지르지 말자는 소극적 의미를 넘어 글로벌 스탠다드에 맞게 경영을 투명하게 하는 것이며, 고객의 신뢰를 바탕으로 기업가치를 향상시켜 궁극적으로 지속 가능한 기업 경영을 영위하기 위함입니다.

② **윤리경영의 필요 이유** : 사회적 책임 수행요구, 가치를 추구하는 주주 고객등장, 국제적인 윤리경영 노력 강화, 기업신뢰도 및 국가신인도 향상 등을 이유로 들 수 있으나 궁극적으로 기업가치를 향상시켜 지속적으로 기업경영을 영위하기 위함입니다.

③ **기존 생존의 필수 조건** : 고객들은 기업을 선택할 때 품질, 서비스, 가격 뿐만 아니라 그 기업의 윤리적인 측면까지도 함께 평가합니다.
따라서 지속 가능한 경영 및 이윤추구를 하고자 하는 기업은 윤리경영을 통해 고객의 신뢰를 얻어야 합니다.

④ **업무 효율성 경쟁** : 윤리경영은 업무 효율성과 경쟁력 제고에 기여합니다.
업무나 사업의 결정 과정이 부당한 기업에서는 종업원들의 무단 결근률과 이직률이 대체로 높습니다.
비윤리적인 기업일수록 종업원의 사기가 떨어지고, 생산성이 낮아집니다. 또한 윤리의식이 자리잡지 못한 조직 구성원 개개인의 비윤리적 행위는 기업의 비용부담으로 전가되고, 이는 기업 경쟁력 약화로 이어지기 마련입니다.
반면 기업에 대한 신뢰가 형성되면 일이 정확하고 빨라질 뿐 아니라 각종 경비가 경감되고 생산성이 크게 높아집니다.

(4) 자주 묻는 질문

자주 묻는 질문	답변
언론매체 등에서 기업윤리가 자주 거론되는데 기업윤리란 무엇입니까?	일반적으로 윤리라 함은 행위의 옳고 그름이나 선과 악 또는 도덕적인 것과 비도덕적인 것에 대한 판단 기준을 말합니다. 기업 윤리를 지키고 있다는 것은 기업에서의 의사결정이 경제원칙에만 기초로 하는 것은 아니라, 윤리적인 판단을 전제조건으로 의사결정이 내려지며, 법규준수 이상으로 공정하고 정당하게 업무를 처리하는 것을 말합니다.
농협의 윤리경영이 추구하는 가치는 무엇인가요?	농협의 윤리경영은 농업인의 경제 사회 문화적 지위향상과 농업 경쟁력 강화를 통한 농업인의 삶의 질 향상과 국민경제의 균형발전에 이바지 한다는 농협의 설립목적을 달성하는데 궁극적 가치가 있습니다.
농협의 윤리헌장은 무엇이며 어떤 내용을 담고 있나요?	윤리헌장은 기업이 추구하는 가치와 목표를 제시하는 내용을 담고 있습니다. 또한 기업의 이해관계자에 대한 책임과 의무를 규정하며 『우리는 누구이며, 무엇을 하며, 무엇을 위하여, 무엇을 믿는가』를 나타냅니다. 농협중앙회의 윤리헌장은 이념과 미래상을 표현하고 임직원이 지켜야 할 가치판단이나 행동기준을 규정하고 있습니다.
농협의 윤리강령은 무엇입니까?	윤리강령은 윤리헌장의 내용을 구체적으로 표현한 것을 말하며, 임직원행동의 기본방향을 명시한 문서입니다. 농협중앙회의 윤리강령은 고객과 사회에 대한 책임과 협력 회사와의 공존번영, 임직원의 기본윤리를 명시하고 있습니다.
농협의 임직원 행동강령은 어떤 내용을 담고 있나요?	농협중앙회임직원행동강령은 윤리강령을 준수하며 업무를 수행해야 하는 기업의무, 원칙과 절차에 대한 해석과 사례를 제공하며 "기업윤리를 준수하기 위해서 무엇을 해야 하는가?"에 대한 임직원의 구체적인 행동지침을 문서화하고 있습니다.
임직원 행동강령에서 말하는 직무관련자는 누구를 말하나요?	직무관련자란 임직원 개인의 소관업무와 관련하여 직접 이익 또는 불이익을 받을 수 있는 개인(임직원 포함)이나 단체를 말하며, 그 구체적인 범위는 농협중앙회임직원행동강령에서 정하고 있습니다.

3 농협의 조직 체계

(1) 전국 농협의 계통조직 체계

(2) 농협 직급 체계
- 7급 (주임)
- 6급 (수습계장보, 계장보)
- 5급 (계장, 과장대리, 과장보)
- 4급 (과장, 차장, 부장, 팀장)
- 3급 (팀장, 상무, 지점장, 본부장 등)
- M급 (상무 이상)
- 임원 (조합장, 상임이사, 비상임이사, 상임감사, 비상임감사 등)

(3) 농협중앙회 조직도

* 2025.1.1. 기준

4 농업협동조합법

(1) 목적(법 제1조)
이 법은 농업인의 자주적인 협동조직을 바탕으로 농업인의 경제적·사회적·문화적 지위를 향상시키고, 농업의 경쟁력 강화를 통하여 농업인의 삶의 질을 높이며, 국민경제의 균형 있는 발전에 이바지함을 목적으로 한다.

(2) 정의(법 제2조)
① 조합이란 지역조합과 품목조합을 말한다.
② 지역조합이란 이 법에 따라 설립된 지역농업협동조합과 지역축산업협동조합을 말한다.
③ 품목조합이란 이 법에 따라 설립된 품목별·업종별 협동조합을 말한다.
④ 중앙회란 이 법에 따라 설립된 농업협동조합중앙회를 말한다.

(3) 명칭(법 제3조)
① 지역조합은 지역명을 붙이거나 지역의 특성을 나타내는 농업협동조합 또는 축산업협동조합의 명칭을, 품목조합은 지역명과 품목명 또는 업종명을 붙인 협동조합의 명칭을, 중앙회는 농업협동조합중앙회의 명칭을 각각 사용하여야 한다.
② 이 법에 따라 설립된 조합과 중앙회가 아니면 ①에 따른 명칭이나 이와 유사한 명칭을 사용하지 못한다. 다만, 다음의 어느 하나에 해당하는 법인이 조합 또는 중앙회의 정관으로 정하는 바에 따라 승인을 받은 경우에는 사용할 수 있다.
　㉠ 조합 또는 중앙회가 출자하거나 출연한 법인
　㉡ 그 밖에 중앙회가 필요하다고 인정하는 법인

(4) 법인격 등(법 제4조)
① 이 법에 따라 설립되는 조합과 중앙회는 각각 법인으로 한다.
② 조합과 중앙회의 주소는 그 주된 사무소의 소재지로 한다.

(5) 지역농협의 목적(법 제13조)
지역농업협동조합(이하 '지역농협')은 조합원의 농업생산성을 높이고 조합원이 생산한 농산물의 판로 확대 및 유통 원활화를 도모하며, 조합원이 필요로 하는 기술, 자금 및 정보 등을 제공하여 조합원의 경제적·사회적·문화적 지위 향상을 증대시키는 것을 목적으로 한다.

(6) 구역과 지사무소(법 제14조)
① 구역은 「지방자치법」에 따른 하나의 시·군·구에서 정관으로 정한다. 다만, 생활권·경제권 등을 고려하여 하나의 시·군·구를 구역으로 하는 것이 부적당한 경우로서 농림축산식품부 장관의 인가를 받은 경우에는 둘 이상의 시·군·구에서 정관으로 정할 수 있다.
② 정관으로 정하는 기준과 절차에 따라 지사무소를 둘 수 있다.

(7) 정관기재사항(법 제16조)
① 목적
② 명칭
③ 구역
④ 주된 사무소의 소재지
⑤ 조합원의 자격과 가입, 탈퇴 및 제명에 관한 사항
⑥ 출자 1좌의 금액과 조합원의 출자좌수 한도 및 납입 방법과 지분 계산에 관한 사항
⑦ 우선출자에 관한 사항
⑧ 경비 부과와 과태금의 징수에 관한 사항
⑨ 적립금의 종류와 적립 방법에 관한 사항
⑩ 잉여금의 처분과 손실금의 처리 방법에 관한 사항
⑪ 회계연도와 회계에 관한 사항
⑫ 사업의 종류와 그 집행에 관한 사항
⑬ 총회나 그 밖의 의결기관과 임원의 정수, 선출 및 해임에 관한 사항
⑭ 간부직원의 임면에 관한 사항
⑮ 공고의 방법에 관한 사항
⑯ 존립 시기 또는 해산의 사유를 정한 경우에는 그 시기 또는 사유
⑰ 설립 후 현물출자를 약정한 경우에는 그 출자 재산의 명칭, 수량, 가격, 출자자의 성명·주소와 현금출자 전환 및 환매특약 조건
⑱ 설립 후 양수를 약정한 재산이 있는 경우에는 그 재산의 명칭, 수량, 가격과 양도인의 성명·주소
⑲ 그 밖에 이 법에서 정관으로 정하도록 한 사항

(8) 조합원의 자격(법 제19조)
① 조합원은 지역농협의 구역에 주소, 거소나 사업장이 있는 농업인이어야 하며, 둘 이상의 지역농협에 가입할 수 없다.
② 영농조합법인과 농업회사법인으로서 그 주된 사무소를 지역농협의 구역에 두고 농업을 경영하는 법인은 지역농협의 조합원이 될 수 있다.
③ 특별시 또는 광역시의 자치구를 구역의 전부 또는 일부로 하는 품목조합은 해당 자치구를 구역으로 하는 지역농협의 조합원이 될 수 있다.
④ 제1항에 따른 농업인의 범위는 대통령령으로 정한다.
⑤ 지역농협이 정관으로 구역을 변경하는 경우 기존의 조합원은 변경된 구역에 주소, 거소나 사업장, 주된 사무소가 없더라도 조합원의 자격을 계속하여 유지한다. 다만, 정관으로 구역을 변경하기 이전의 구역 외로 주소, 거소나 사업장, 주된 사무소가 이전된 경우에는 그러하지 아니하다. 〈신설 2024. 1. 23.〉

(9) 가입(법 제28조)
① 정당한 사유 없이 조합원 자격을 갖추고 있는 자의 가입을 거절하거나 다른 조합원보다 불리한 가입 조건을 달 수 없다. 다만, **(13)** ①의 어느 하나에 해당하여 제명된 후 2년이 지나지 아니한 자에 대하여는 가입을 거절할 수 있다.
② **(8)**의 ①에 따른 조합원은 해당 지역농협에 가입한 지 1년 6개월 이내에는 같은 구역에 설립된 다른 지역농협에 가입할 수 없다.
③ 새로 조합원이 되려는 자는 정관으로 정하는 바에 따라 출자하여야 한다.
④ 조합원 수를 제한할 수 없다.
⑤ 사망으로 인하여 탈퇴하게 된 조합원의 상속인(공동상속인 경우에는 공동상속인이 선정한 1명의 상속인을 말한다)이 **(8)**의 ①에 따른 조합원 자격이 있는 경우에는 피상속인의 출자를 승계하여 조합원이 될 수 있다.
⑥ ⑤에 따라 출자를 승계한 상속인에 관하여는 ①을 준용한다.

(10) 탈퇴(법 제29조)
① 조합원은 지역농협에 탈퇴 의사를 알리고 탈퇴할 수 있다.
② 조합원이 다음의 어느 하나에 해당하면 당연히 탈퇴가 된다.
　㉠ 조합원의 자격이 없는 경우
　㉡ 사망한 경우
　㉢ 파산한 경우
　㉣ 성년후견개시의 심판을 받은 경우
　㉤ 조합원인 법인이 해산한 경우

(11) 사업(법 제57조)
① 지역농협은 그 목적을 달성하기 위하여 다음의 사업 전부 또는 일부를 수행한다.
　㉠ 교육·지원 사업
　　ⓐ 조합원이 생산한 농산물의 공동출하와 판매를 위한 교육·지원
　　ⓑ 농업 생산의 증진과 경영능력의 향상을 위한 상담 및 교육훈련
　　ⓒ 농업 및 농촌생활 관련 정보의 수집 및 제공
　　ⓓ 주거 및 생활환경 개선과 문화 향상을 위한 교육·지원
　　ⓔ 도시와의 교류 촉진을 위한 사업
　　ⓕ 신품종의 개발, 보급 및 농업기술의 확산을 위한 시범포, 육묘장, 연구소의 운영
　　ⓖ 농촌 및 농업인의 정보화 지원
　　ⓗ 귀농인·귀촌인의 농업경영 및 농촌생활 정착을 위한 교육·지원
　　ⓘ 그 밖에 사업 수행과 관련한 교육 및 홍보
　㉡ 경제사업
　　ⓐ 조합원이 생산하는 농산물의 제조·가공·판매·수출 등의 사업
　　ⓑ 조합원이 생산한 농산물의 유통 조절 및 비축사업
　　ⓒ 조합원의 사업과 생활에 필요한 물자의 구입·제조·가공·공급 등의 사업
　　ⓓ 조합원의 사업이나 생활에 필요한 공동이용시설의 운영 및 기자재의 임대사업

ⓔ 조합원의 노동력이나 농촌의 부존자원을 활용한 가공사업·관광사업 등 농외소득 증대사업
ⓕ 농지의 매매·임대차·교환의 중개
ⓖ 위탁영농사업   ⓗ 농업 노동력의 알선 및 제공
ⓘ 농촌형 주택 보급 등 농촌주택사업
ⓙ 보관사업
ⓚ 조합원과 출자법인의 경제사업 조성, 지원 및 지도
ⓒ 신용사업
　　ⓐ 조합원의 예금과 적금의 수입   ⓑ 조합원에게 필요한 자금의 대출
　　ⓒ 내국환   ⓓ 어음할인
　　ⓔ 국가·공공단체 및 금융기관의 업무 대리
　　ⓕ 조합원을 위한 유가증권·귀금속·중요물품의 보관 등 보호예수 업무
　　ⓖ 공과금, 관리비 등의 수납 및 지급대행
　　ⓗ 수입인지, 복권, 상품권의 판매대행
ⓔ 복지후생사업
　　ⓐ 복지시설의 설치 및 관리   ⓑ 장제사업
　　ⓒ 의료지원사업
ⓜ 다른 경제단체·사회단체 및 문화단체와의 교류·협력
ⓝ 국가, 공공단체, 중앙회, 농협경제지주회사 및 그 자회사, 법 제161조의11에 따른 농협 은행(이하 '농협은행') 또는 다른 조합이 위탁하는 사업
ⓢ 다른 법령에서 지역농협의 사업으로 규정하는 사업
ⓞ ㉠부터 ⓢ까지의 사업과 관련되는 부대사업
ⓩ 그 밖에 설립 목적의 달성에 필요한 사업으로서 농림축산식품부 장관의 승인을 받은 사업

② 지역농협은 ①의 사업목적을 달성하기 위하여 국가, 공공단체, 중앙회, 농협경제지주회사 및 그 자회사(해당 사업 관련 자회사에 한정), 농협은행 또는 농협생명보험으로부터 자금을 차입할 수 있다.
③ 국가나 공공단체가 지역농협에 ①의 ⓝ의 사업을 위탁하려는 경우에는 그 기관은 대통령령으로 정하는 바에 따라 지역농협과 위탁 계약을 체결하여야 한다.
④ 지역농협은 ①의 사업을 수행하는 데 필요하면 자기자본의 범위에서 다른 법인에 출자할 수 있다. 이 경우 같은 법인에 대한 출자는 다음의 경우 외에는 자기자본의 100분의 20을 초과할 수 없다.
　㉠ 중앙회에 출자하는 경우
　㉡ ①의 ⓒ에 따른 경제사업을 수행하기 위하여 지역농협이 보유하고 있는 부동산 및 시설물을 출자하는 경우
⑤ ①의 사업을 안정적으로 수행하기 위하여 정관으로 정하는 바에 따라 사업손실보전자금 및 대손보전자금을 조성·운용할 수 있다.
⑥ 국가·지방자치단체 및 중앙회는 예산의 범위에서 ⑤에 따른 사업손실보전자금 및 대손보전자금의 조성을 지원할 수 있다.

5 농협의 다양한 사업

(1) 팜스테이

① 의의 : 농가에 숙식하면서 농사·생활·문화체험과 마을 축제에 참여할 수 있는 '농촌·문화·관광'이 결합된 농촌체험 관광상품이다.

② 추진배경
  ㉠ 가족 단위의 체험관광 및 레크레이션에 참여하는 복합적인 관광으로 변화
  ㉡ 도시민에게 건전하고 알뜰한 휴가 및 휴양자원을 제공하고 농업·농촌의 이해를 도모

③ 내용
  ㉠ 이용방법 : 팜스테이 마을 고르기 → 팜스테이 마을 예약하기 → 팜스테이 마을 찾아가기 → 계산하기 → 팜스테이 마을 체험하기
  ㉡ 가능활동
    ⓐ 생태문화 관광 : 계곡, 강, 해변, 섬, 자연 박물관, 생태체험, 명승지, 유명산, 지역축제, 갯벌체험
    ⓑ 숙박, 농산물 직거래 : 황토방 펜션, 친환경 농산물
    ⓒ 전통공예 체험 : 장승 만들기, 솟대 만들기, 짚물공예, 대나무공예
    ⓓ 야외놀이 문화체험 : 등산/래프팅, 물고기 잡기, 곤충채집
    ⓔ 전통놀이 체험 : 활쏘기, 농악/탈춤, 제기차기, 널뛰기
    ⓕ 영농체험 : 과일 수확, 감자 캐기
    ⓖ 전통먹거리 : 장, 김치 담그기, 전통한과 떡메치기, 순두부/국수 만들기
  ㉢ 체험유형
    ⓐ 영농체험 : 토마토 따기, 벼베기, 옥수수 따기
    ⓑ 전통음식체험 : 두부 만들기, 떡메치기, 치즈 만들기
    ⓒ 전통문화체험 : 새끼꼬기, 연날리기, 트랙터썰매
    ⓓ 야외문화체험 : 물고기 잡기, 갯벌체험, 뗏목 타기
  ㉣ BI : '팜스테이'의 BI는 '자연과 함께해서 더욱 즐겁고 신나는 체험여행'의 철학을 기초로 디자인하였으며, 쉽고 편안한 자연체험의 이미지를 담을 수 있도록 제작되었다. 로고 타입을 둘러싼 아이콘들은 자연의 작물(잎사귀), 물놀이(냇물과 물고기), 생생한 체험(빛나는 태양), 즐거운 추억(아이의 미소)을 상징하며, 자연과 하나 되는 즐거운 체험을 말한다.

(2) 안전한 농축산물

① 농산물우수관리인증제도 (GAP, Good AgriculturalW Practices)

생산부터 수확 후 포장단계까지 농약·중금속·병원성미생물 등 농식품 위해 요소를 종합적으로 관리하는 제도로써 식품안전성 확보를 위한 관리체계 중 생산단계 관리가 GAP의 핵심이다.

우리나라는 '06년부터 GAP를 본격 시행(농산물품질관리법)하였고, 국립농산물품질관리원이 지정한 전문인증기관이 인증하는 체계이며, 농협중앙회는 GAP인증기관 제1호로 지정('06. 3. 7)되었다.

② 친환경농산물인증제도

㉠ 친환경 농산물 인증제도란?

소비자에게 보다 안전한 친환경 농산물을 전문인증기관이 엄격한 기준으로 선별, 검사하여 정부가 그 안전성을 인증해주는 제도이다.

㉡ 친환경농산물이란?

환경을 보전하고 소비자에게 보다 안전한 농산물을 공급하기 위해 농약과 화학비료 및 사료첨가제등 화학자재를 전혀 사용하지 아니하거나, 최소량 만을 사용하여 생산한 농산물을 말한다.

③ 농산물이력추적관리제도

"농산물 이력추적관리"라 함은 농산물을 생산단계부터 판매단계까지 각 단계의 정보를 기록·관리하여 농산물의 안전성 등에 문제가 발생할 경우 해당 농산물을 추적하여 원인규명 및 필요한 조치를 할 수 있도록 관리하는 것을 말한다.

④ 축산물위해요소중점관리제도(HACCP)

HACCP(해씁)시스템은 위해 요소 중점관리기준으로 작업공정에 대한 체계적이고 과학적인 사전 예방적 위생관리기법이며, 소비자에게 위생적이고 안전한 축산물을 공급할 수 있는 기본적인 시스템이다. HACCP는 기존 위생관리체계와는 달리 위해를 사전 예방하고 전제품의 안전성을 확보하는 것을 목적으로 한다.

최종 제품 뿐만 아니라 중요 관리점마다 위생 관리하며, 규정이 아닌 원인 분석에 따라 위해요소를 관리하고 문제 발생시 즉각적으로 조치한다.

(3) 법률구조사업

① 농업인 무료법률구조사업은 농협과 대한법률구조공단이 농업인의 법률적 피해에 대한 구조와 예방활동을 통하여 농업인의 경제·사회적 지위 향상을 목적으로 한다.

② 법률구조의 절차

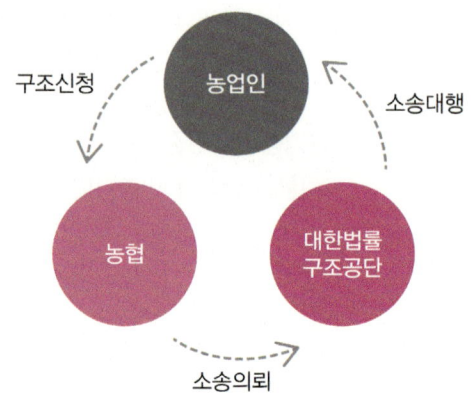

농협
소송에 필요한 비용을 대한법률구조공단에 출연
법률구조에 필요한 증거수집 등 중계활동

공단
법률상담 및 소송 등 법률구조 활동 농협과 공동으로 농촌 현지 법률상담 등 피해예방 활동

③ 농업인 무료법률구조 대상자

기준 중위소득 150% 이하인 농업인 및 별도의 소득이 없는 농업인의 배우자, 미성년 직계비속, 주민등록상 동일 세대를 구성하는 직계존속 및 성년의 직계비속

④ 법률구조내용 : 소송사건 대리 및 형사사건 변호

소송사건의 대리	• 민사·가사사건, 행정심판사건, 행정소송사건, 헌법소원사건 등 형사사건을 제외한 사건 • 제한 사건 -세대를 기준으로 승소가액이 3억원을 초과하는 사건 -본안사건 기준 연 3건을 초과하는 사건(동일 청구사건은 상고심까지 1건으로 봄) -무료법률구조를 받은 1·2심사건에서 각 패소하여 진행하는 상고심 -기타 대한법률구조공단 무료법률구조사업 시행지침 등에서 제한하고 있는 사건
형사사건 변호	• 법률구조신청사건 중 형사사건, 가정·소년·인신 등 각종 보호사건, 성폭력·아동학대 등 각종 피해자변호사건

⑤ 소송비용

원칙 : 공단에서 소송수행시 지출되는 비용은 전액 무료 (농협의 출연금으로 충당)

(4) ESG 경영

① 의의

기업의 비재무적인 요소인 환경(Environment), 사회(Social), 지배구조(Governance)의 약자로, 기업이 단순한 이윤추구를 넘어 지속 가능한 성장을 위해 기업이 이 세 가지 요소를 균형있게 관리하는 경영 전략을 말한다

② 중요성
- 지속가능한 생존전략
- 투자기준 변화
- 고객과 지원의 눈높이
- 기업 평판과 가치상승

(5) N돌핀 소개

① 의의

NH 농협은행의 N자 이니셜과 역동적인 돌고래 '돌핀'의 합성어로, 농협은행과 함께 지역사회 곳곳에 행복을 실어나르는 엔도르핀(신체에 활력을 주는 호르몬)의 역할을 하자는 의미의 대학생봉사단이다.

② 운영목적
- 농업·농촌의 가치 홍보와 농협은행의 대외이미지 제고
- 금융·경제 교육 등 교육기부 및 다양한 봉사활동

- 상품·서비스와 Youth 마케팅을 위한 아이디어 제안
- SNS 등 온·오프라인 커뮤니케이션을 통한 Youth고객과 소통하는 메신저 역할

③ 비전 및 목표

비전	· 지역사회와 함께 성장·발전하는 농업은행 구현
목표	· 농업·농촌의 가치홍보와 농협은행의 대외이미지 제고 · SNS 등 온·오프라인을 통한 Youth Marketing 강화
운영방안	· 브랜드 이미지 홍보 및 소통채널 다양화 · 전국 청소년 금융교육센터 및 영업점을 활용한 체험형 금융·경제교육 확대 · 젊고 참신한 아이디어 뱅크 역할로 Youth Marketing 활성화

(6) 말벗 서비스

① 2008년부터 시작된 '말벗서비스'는 농촌어르신들과 독거 어르신들에게 일주일 1회이상 고객행복센터상담사가 전화를 드려 건강상태와 불편사항을 확인하며, 말벗이 되어드리는 서비스이다.
② 어르신들과 일상적인 이야기를 나누는 말동무가 되어 줄 뿐만 아니라 안전,건강,금융, 생활정보를 안내하고 있다.

(7) 일손나눔

① 농협 농촌인력중개센터
   ㉠ 농촌에 유·무상인력을 종합하여 중개해 준다. 일자리 참여자에게 맞춤형 일자리를 공급하고 농업인에게는 꼭 필요한 일손을 찾아준다.
   ㉡ 참여대상 및 혜택

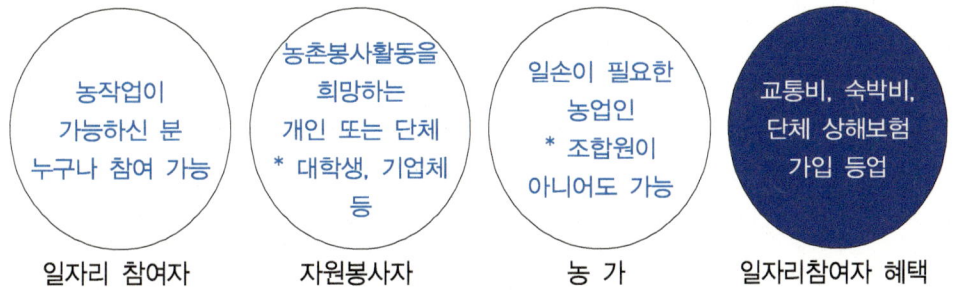

② 정부 협력 농촌인력중개센터 지원내용
   ㉠ 농협 농촌인력중개센터내 구직자 및 유휴인력을 대상으로 영농작업반을 구성, 구인구직 수요조사, 인력풀내에서 근로인력을 알선 중개
   ㉡ 구인농가 혜택 : 현장실습교육비 지원
   ㉢ 일자리 참여자 혜택
      • 교통, 숙박비 지원
      • 단체 상해보험 무상 가입, 안전교육 등 지원

③ 법무부 협력 사회봉사대상자 농촌지원
   ㉠ 2010년부터 매년 10만여명을 농촌에 지원하는 사업으로 법무부와 농협이 협력하여 경미한 잘못을 저지른 사람을 대상으로 일정 시간 무보수로 농촌일손 돕기, 긴급 재해복구 등 공익적 작업에 종사하도록 명하여 농업인 복지증진과 농촌경제발전을 추구하는 사업
   ㉡ 사회봉사대상자 농촌지원사업 유형
      • 농촌일손돕기
      • 취약농가 특기 재능봉사
      • 농업재해 발생시 긴급 재해복구

6 업무수행을 위한 금융상식

(1) 통 장

① **정의** : 은행 계좌의 거래 내용을 기장하기 위한 문서를 말한다. 최근에는 전자 기술의 발달로 전자통장이 나왔으며 기존의 종이통장과 현금 카드기능을 합한 것이라 보면 된다.

② 통장 만들 경우 필요한 준비물
  ㉠ 신분증
  ㉡ 도장(싸인으로 대체 가능)
  ㉢ 사용목적에 따른 증빙서류(단, 은행마다 조금씩 차이는 있다)

통장 신규 목적	증빙 서류
급여 계좌	재직증명서, 근로소득원천징수영수증, 급여명세표 등
법인(사업자 계좌)	물품공급계약서(계산서), (전자)세금계산서, 재무제표, 부가가치세증명원, 납세증명서 등
공과금 이체 계좌	공과금 납입 영수증 등
아파트 관리비 계좌	관리비 영수증 등
모임 계좌	구성원 명부, 회칙 등 모임 입증 서류
사업자금 계좌	사업 거래 계약서 및 거래상대방의 사업자 등록증 등
연구비 계좌	연구비 계약서와 지급 단체 사업자 등록증 또는 증명서 등
아르바이트 계좌	고용주의 사업자등록증(사본), 근로계약서 급여명세표 등 고용확인 서류
그 외의 경우	개설목적을 확인할 수 있는 객관적 증빙서류 필요

(2) 신용카드

① 정의 : 상품이나 서비스의 대금 지급을 은행이 보증하여 일정 기간 뒤에 지급할 수 있도록 하는 카드로 신용 판매 제도에 이용된다.

② 특징
　㉠ 개인별로 매월 다른 한도금액 내에서 자유롭게 외상거래를 할 수 있다.
　㉡ 체크카드에 비해 할부 결제 기능을 가지고 있으므로 과소비로 이어질 가능성이 있다.
　㉢ 체크카드보다 강화된 혜택을 제공하며, 혜택 범위가 넓다.
　㉣ 기능

기능	내용
할부구매	• 다양한 개월 수에 따라 할부수수료를 내는 방법으로 물품구매가 가능하다. • 최장 기간은 카드별, 회원사별로 다르다. • 사용실적 및 신용상태에 따라 수수료가 다르다.
카드론	• 신용카드무보증대출, 신용카드보증대출, 신용카드담보대출 총 3가지 종류의 대출이 있다.
현금서비스	• 비상시 신용카드 소지자가 소액의 긴급자금을 대출받을 수 있다. • 수수료는 신용카드 소지자의 경제능력, 신용도 등에 따라 달라진다.
리볼빙	• 약정된 결제일에 최소금액만 결제하고 나머지 대금은 대출로 이전하는 방식이다. • 잘못 이용하는 경우, 과소비로 인한 부채에 시달릴 수 있다.

〈농협 신용카드의 샘플〉

(3) 체크카드

① 정의 : 직불카드와 신용카드의 기능을 혼합한 카드이다.
② 특징
  ㉠ 결제 즉시 돈이 빠져나가는 즉시이체 방식이다.
  ㉡ 현금서비스와 할부가 불가능하다.
  ㉢ 기본적으로 통장한도가 정해져 있다.
  ㉣ 직불카드의 기능 중 예금계좌 잔액범위 내에서 사용한다는 점은 같으나, 예금잔액이 없어도 50만 원 범위 내에서는 마이너스 대출방식으로 신용공여가 가능하여 신용카드처럼 사용할 수 있다는 차이점이 있다.
  ㉤ 신용카드가맹점을 이용할 수 없는 직불카드와 달리 신용카드 가맹점에서도 이용가능하여 더욱 편리하다는 장점이 있다.

〈농협 체크카드의 샘플〉

7 결재 방법

종 류	특 징
전결	• 조직의 장이 그 권한에 속하는 사무 일부를 일정한 자격을 가진 자에게 위임하면 그 위임받은 자가 위임사항에 관하여 장을 대신하여 결재하는 제도를 말한다. • 대신하여 결재한다는 점에서 대결과 동일하나 장의 부재와 관계없이 평시에 행해진다는 점이 차이가 있다.
대결	결재권자가 휴가, 출장, 기타의 사유로 상당 기간 부재중이거나 긴급한 문서의 경우에 결재권자의 사정에 의하여 결재를 받을 수 없을 때 그 직무를 대리하는 자가 하는 대신하여 결재하는 제도를 말한다.
후결	최종결재권자가 출장, 휴가, 기타 부득이한 사유로 결재할 수 없는 경우에 최종 결재권자 란에 '후결'의 표시를 하고 차하위자의 책임하에 집행하고 난 후 최종결재를 받는 제도를 말한다.

PART 02 » 기출문제

출제경향

조직이해능력은 NCS 유형과 상식의 문제로 이루어져 있다. 대부분 일반적인 NCS 유형에 가깝지만, 농업협동조합법 등 농협 관련 상식 문제도 다수 출제되며, 마케팅, 물류, 경영 등 상식 문제도 일부 출제되었다.

출제분석

NCS형	국제감각	국제 에티켓 등
	조직체제이해능력	결재, 농협상식(조직도, 업무분장, 직급, CI, 조합장 선거, 농협협동조합법, 인재상, 캐릭터, 사업 등) 등
	경영이해능력	SWOT 분석, 경영목적 등
	업무이해능력	농협상식(통장, 카드), 고객응대, 금융용어 등
	국제감각	국제 에티켓 등
	농협관련상식	결재, 농협상식(조직도, 업무분장, 직급, CI, 조합장 선거, 농협협동조합법, 인재상, 캐릭터, 사업, 통장, 카드 등), 고객응대, 금융용어 등

학습방법

① 농협 조직의 특성이 무엇인지 확인한다.
② 농협 홈페이지(http://www.nonghyup.com)를 방문하여 각종 정보를 관심 있게 확인해야 한다.
③ 농협의 주요 사업이 금융사업과 유통사업인 만큼 금융·경제 용어 및 이론, 창구업무와 관련된 상식은 물론 경영, 마케팅 등 유통과 관련된 상식을 집중적으로 공부해야 한다. 또한, 기본적인 국제예절을 학습한다.

기출유형1　　　　　　　　국제예절

01　다음 중 식사 예절로 알맞지 않은 것은?

① 미국에서는 악수할 때 일어서서 상대방의 눈을 보면서 한다.
② 아랍에서는 시간 약속은 형식적일 뿐이며 상대방이 으레 기다려 줄 것으로 생각하는 문화이므로 인내를 가지고 예의 바르게 기다려 준다.
③ 유럽에서는 수프는 안쪽에서 바깥쪽으로 떠서 먹으며 소리를 내면서 먹지 않는다.
④ 미국에서 윗사람이 먼저 명함을 건네 교환한 후 악수를 한다.
⑤ 인도에서는 식사 전에 반드시 양손을 씻는다.

정답 및 해설
④ 미국에서 명함은 악수를 한 후 교환하며 아랫사람이나 손님이 먼저 건넨다.

정답 : ④

- 문화권별 기초예절 문제이다.
- 예절의 기초는 인사법, 명함 교환 방법, 식사 예절이므로 간단한 상식 수준에서 국제 에티켓을 습득하도록 한다.

기출유형2 조 직 도

02 갑, 을, 병, 정 중에서 다음의 조직도를 잘못 이해한 사람은?

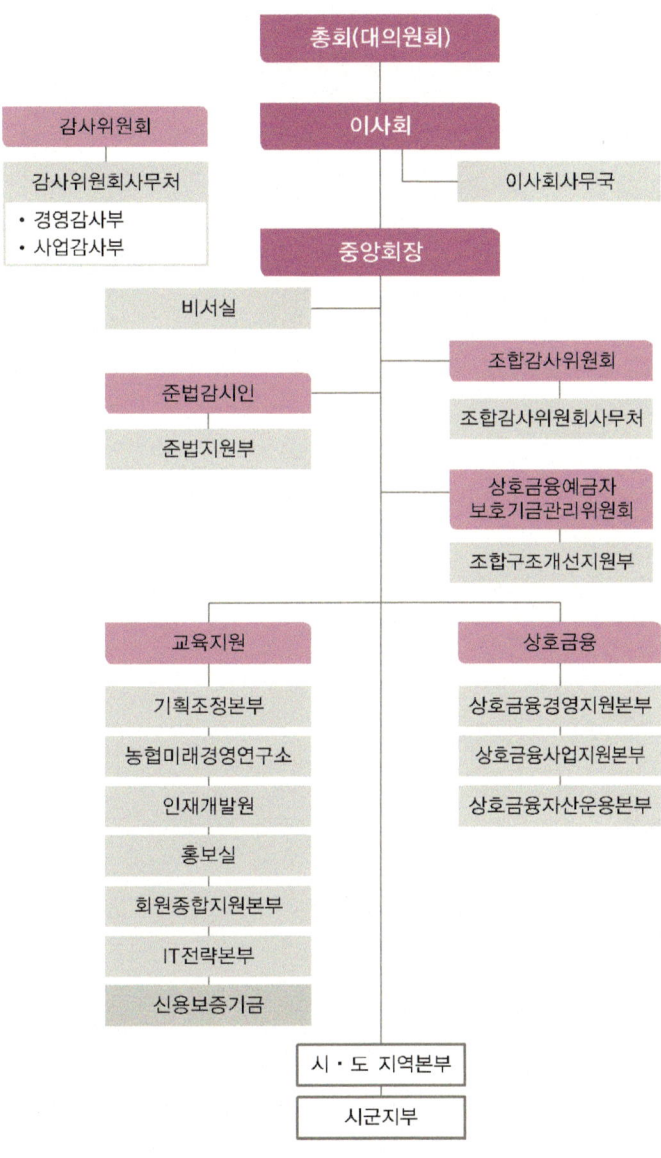

> 갑 : 조합구조개선지원부는 상호금융예금자 보호기금관리위원회 소속이고, 조합감사위원회 사무처는 조합감사위원회 소속이구나.
> 을 : 농협 이사회가 중앙회장보다 상위기관이고 중앙회장 산하에 시·도 지역본부가 속해있네.
> 병 : 교육지원에 대한 전반적인 업무를 관리하고 담당하는 부서로 기획조정본부, 농협미래경영연구소, 인재개발원, 회원종합지원본부, IT전략본부, 신용보증기금 등 6개 부서가 속해있네.
> 정 : 농가소득을 지원하는 업무를 맡은 부서는 회원종합지원본부 소속이야.

① 갑 ② 을 ③ 병
④ 정 ⑤ 모두 옳다.

정답 및 해설

교육지원 관련 업무를 처리하는 부서에는 홍보실도 소속된다. 총 7개 부서가 속해있다.

정답 : ③

- 조직도 문제는 조직이해능력의 기본이다.
- 가장 많이 출제되는 조직도는 [전국 농협의 계통조직 체계]와 [농협중앙회 조직도]이다.
- 위 2개의 조직도에 나타난 각 세부조직의 이름을 외우지는 않아도 어떤 조직인지 정도는 알아두는 것이 좋다.

기출유형3 농협상식

03 다음은 농협의 심볼마크이다. 다음 마크에 대한 설명으로 잘못된 것은?

① 전체적으로 농협의 마크는 '협'자의 'ㅎ'을 변형한 것이다.
② 전체적으로 농협의 마크는 녹색으로, 농가 경제의 발전을 의미한다.
③ 상위의 V모양은 '농'자의 'ㄴ'을 변형한 것이다.
④ 상위의 V모양은 싹과 벼(농협의 무한한 발전)를 의미한다.
⑤ 하위의 'ㅇ'모양은 원만과 돈(협동단결)을 의미한다.

정답 및 해설
② 전체적으로 농협의 마크는 노란색으로, 농가 경제의 발전을 의미한다.

정답 : ②

배경지식

[V]꼴은 [농]자의 [ㄴ]을 변형한 것으로 싹과 벼를 의미하여 농협의 무한한 발전을, [V]꼴을 제외한 아랫부분은 [업]자의 [ㅇ]을 변형한 것으로 원만과 돈을 의미하며 협동 단결을 상징한다.
또한, 마크 전체는 [협]자의 [ㅎ]을 변형한 것으로 [ㄴ+ㅎ]은 농협을 나타내고 항아리에 쌀이 가득 담겨 있는 형상을 표시하여 농가 경제의 융성한 발전을 상징한다.

합격노트

- 조직이해능력에는 농협과 관련한 다양한 상식이 출제되고 있으며, 농협 로고도 자주 출제되는 문제이다.
- 이 로고는 농협 대표 로고이므로 각 부위의 의미도 숙지하는 것이 좋다.
- 이 로고 외에도 이전에 출제된 문제에는 농협 커뮤니케이션 브랜드, 캐릭터, 50주년 로고 등이 있으므로 알아두는 것이 좋다.

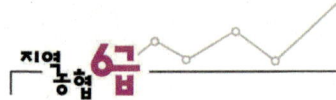

기출유형4	SWOT

04 귀하는 A잡지에서 준비하는 특집에 연구보고서를 제출하고자 한다. 해당 특집의 주제는 동북아시아의 금융시장으로서의 가치와 각국의 중심지로서의 역할기대 가능성에 관한 것이다. 이에 귀하는 우선 SWOT 분석을 통해 한국의 현실을 다음과 같이 제시하였다. 이 같은 분석을 바탕으로 귀하가 제시할 대안으로 적절한 것은?

[한국의 금융중심지의 역할]

강점(S)	• 투자국에 안정적인 금융거래처로서 인지 • 정보통신체계를 안정적이고 효율적으로 구축 • 수출주도형 경제구조를 바탕으로 무역규모가 상당함
약점(W)	• 영어에 친숙하지만 능숙하지 못함 • 국가의 재정여건이 여유롭지 못함 • 외환위기 경험에 의한 외화유입 공포감 존재
기회(O)	• 세계적인 저금리로 인해 자본의 투자처 모색 • 세계 핀테크 시장의 성장
위협(T)	• 글로벌 회사들의 긴축경영 • 싱가포르와 홍콩의 금융중심지로서의 이미지 고착화

① ST 전략 : 싱가포르와 홍콩에 비해 낮은 금리를 제공한다.
② SO 전략 : 한국 핀테크 시장의 발전 가능성이 큰 점을 보여줘 투자를 유치한다.
③ WO 전략 : 고금리의 국채를 발행하여 투자를 유치한다.
④ WO 전략 : 재정여건을 이유로 새로운 투자처 탐색을 보류한다.
⑤ ST 전략 : 외환위기를 이겨낸 경험을 바탕으로 안정적인 금융거래처로 자리 잡았음을 홍보한다.

정답 및 해설

② SO 전략 : 우리나라가 우위에 있는 **정보통신체계**를 강점으로 한 전략이다.
① ST 전략 : 금리가 낮으면 매력이 없다.
③ WO 전략 : 약점을 보완하지 못하는 전략이다.
④ WO 전략 : 기회요인을 건드리지 못하는 전략이다.
⑤ ST 전략 : 위협요인을 건드리지 못하는 전략으로 S와 W만을 다룬 전략에 해당한다.

정답 : ②

제5장 조직이해능력

배경지식

SWOT 분석 : 강점(Strength), 약점(Weakness), 기회(Opportunity), 위협(Threat)의 머리글자를 모아 만든 단어로 경영 전략을 수립하기 위한 도구이다.

〈대응전략의 종류〉

외부환경＼내부환경	강점(Strength)	약점(Weakness)
기회(Opportunity)	① SO 전략(강점-기회 전략)	② WO 전략(약점-기회 전략)
위협(Threat)	③ ST 전략(강점-위협 전략)	④ WT 전략(약점-위협 전략)

합격노트

- SWOT 분석은 조직이해능력 영역에 속하는 일반적인 문제 유형이다.
- SWOT 분석의 용어 정의와 4가지 대응전략의 의미를 이해하고 있어야 한다.

기출유형5	은행실무

05 당신은 ○○은행 직원으로서 마감을 위해 정산 중이다. 현금이 모자란다면 어떻게 할 것인가?

① 찾아보다 결국 못 찾는다면 본인의 돈으로 채워 넣는다.
② 고객에게 돈을 덜 지급했다는 뜻이므로 주인을 찾아준다.
③ 상사에게 빨리 보고하여 도움을 받는다.
④ 다른 직원의 현금이 남는지 보고 남는다면 본인의 계정으로 남는 현금을 옮긴다.
⑤ 정산을 종료한다.

정답 및 해설

시재금은 남거나 모자라도 문제이다. 시재가 남는다면 고객에게 돈을 덜 지급했다는 뜻이므로 주인을 찾아줘야 하고, 모자라면 자신이 채워 넣어야 한다.

정답 : ①

배경지식

시재금 : 자신의 계정(텔러)이나 자신이 속한 지점이 보유하고 있는 순현금을 말한다.

합격노트

- 실제 창구업무를 수행하기 위한 기초지식이 있는지 확인하는 문제이다.
- 창구업무 시 수행하는 기본적인 업무의 종류와 업무처리 방법을 알고 있는 것이 좋다.

PART 03 예상문제

01 조직이해능력 일반

01 갑, 을, 병, 정 중에서 다음의 조직도를 잘못 이해한 사람을 모두 고르면?

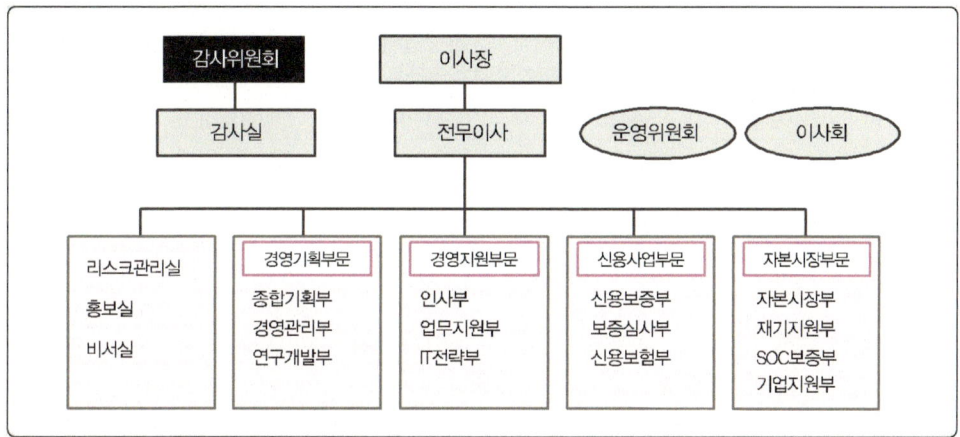

갑 : 감사실을 제외한 3개 실은 전무이사 소속이야.
을 : 조직도를 보면 4개 부문에 대해 총 13개 부가 있어.
병 : 운영위원회와 이사회는 이사장 직속이네.
정 : 기업지원부는 경영지원부문 소속이야.

① 갑, 을 ② 갑, 병 ③ 을, 병
④ 을, 정 ⑤ 병, 정

정답 및 해설

01. ⑤

01 운영위원회와 이사회는 이사장 직속이 아니라 별도로 존재하므로 병은 옳지 않다. 기업지원부는 자본시장부문 소속이므로 정은 옳지 않다. 따라서 조직도를 바르게 이해하지 못한 사람은 병, 정이다.

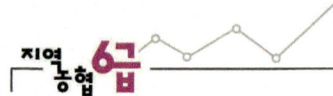

02 영업팀 사원 A는 직원 경조사비로 25만 원을 냈다. 다음의 결재 규정에 따라 A가 작성한 결재 양식으로 옳은 것은?

- 결재를 받으려는 업무에 대해 최고결재권자(대표이사) 포함 이하 직책자의 결재를 받아야 한다.
- '전결'이라 함은 회사의 경영활동이나 관리활동을 수행하면서 의사결정이나 판단을 필요로 하는 일에 대하여 최고결재권자의 결재를 생략하고, 자신의 책임하에 최종적으로 의사결정이나 판단을 하는 행위를 말한다.
- 전결사항에 대해서도 위임받은 자를 포함한 이하 직책자의 결재를 받아야 한다.
- 표시 내용 : 결재를 올리는 자는 최고결재권자로부터 전결사항을 위임받은 자가 있는 경우 결재란에 전결이라고 표시하고, 최종결재권자란에 위임받은 자를 표시한다.
- 최고결재권자의 결재사항 및 최고결재권자로부터 위임된 전결사항은 다음의 표에 따른다.

구 분	출장비		교육비		접대비		경조사비	
내 용	출장 유류비, 출장 식대		외부교육비 포함		영업처 식대, 문화접대비		직원 경조사비	
금액 기준	30만 원		50만 원		40만 원		20만 원	
	이하	초과	이하	초과	이하	초과	이하	초과
결재서류	출장계획서, 청구서		기안서, 법인카드신청서		접대비지출품의서, 지출결의서		기안서, 지출결의서	
팀 장	★		★◎		★	★		
본부장	◎	★			★◎	◎	★◎	★
대표이사		◎				◎		◎

※ ★ : 기안서, 출장계획서, 접대비지출품의서, 경조사비지출품의서
※ ◎ : 지출결의서, 발행요청서, 각종 신청서 및 청구서

① 기안서

결재	담당	팀장	본부장	최종결재
	A	전결		팀장

② 기안서

결재	담당	팀장	본부장	최종결재
	A		전결	본부장

③ 지출결의서

결재	담당	팀장	본부장	최종결재
	A	전결		팀장

④ 지출결의서

결재	담당	팀장	본부장	최종결재
	A		전결	본부장

⑤ 접대비지출품의서

결재	담당	팀장	본부장	최종결재
	A	전결		팀장

제5장 조직이해능력

03 당신이 입사한 A공기업은 올해 3년간의 혁신을 통해 흑자전환에 성공하였다. 다음은 조직혁신과 관련된 사장의 인터뷰이다. 다음 중 사장이 조직혁신을 위해 고려했을 항목으로 가장 거리가 먼 것은?

> **3년간 혁신한 A공기업의 흑자전환**
> A공기업의 사장은 취임 직후, 조직문화 혁신을 최우선 과제로 삼았다. 사장이 취임했을 때 직원들은 모두 지쳐 있는 상태였다.
> "직원들은 전혀 소통이 없는 가운데 실적에 대한 강요만 받고 있었습니다. 주말에 쉬지도 못하고 휴가도 가지 못하면서 흑자를 내기 위해 노력하지만, 성과로 이어지지 못하고 있었습니다."
> 이에 사장은 직접 쓴 편지로 소통의 계기를 마련했다.
> "소통을 위해 직원들에게 편지를 쓰기 시작했습니다. 첫 편지에서 '부하직원 휴가 잘라먹는 상사는 3대가 저주받을 것이다'라고 적었더니 저만 빼고 전부 휴가를 가더군요. 덕분에 소통할 수 있는 계기를 마련했고, 전 직원이 합심해 여러 중요 현안들을 슬기롭게 처리할 수 있었습니다."

① 조직의 목적 ② 조직의 지위 ③ 조직의 구조
④ 조직의 환경 ⑤ 조직의 비전

04 다음에서 설명하고 있는 조직에 대한 특징으로 옳은 것은?

> A사의 최고 경영자 아래에는 직속 기관으로 기획실이 있다. 그 아래 부서들은 생산 제품별로 사업부가 나뉘어 사업부마다 생산, 판매, 회계, R&D부서가 각각 별개로 존재하고 있다.

① 가장 단순하고 기본적인 조직구조이다.
② 시장변화나 소비자 욕구의 변화에 대응하기 어렵다
③ 지휘 및 명령계통이 단순하다.
④ 비슷한 기능끼리 묶어서 하나의 부서로 구성한다.
⑤ 조직별로 과도한 경쟁이 발생할 수 있다.

정답 및 해설
02. ② 03. ② 04. ⑤

02 20만 원 이상의 기안서는 최고결재권자 또는 전결을 위임받은 본부장에게 결재를 받아야 하고, 20만 원 이상의 지출결의서는 대표이사의 결재를 받아야 한다.

04 글에서 나타내고 있는 조직은 부문별 조직, 사업별 조직으로 사업부별로 과도한 경쟁이 발생해 이익대립이 나타날 수 있다. 나머지 항목은 기능별 조직구조에 대한 내용이다.

05 다음의 조직도를 보고 나눈 대화로 적절하지 않은 것은?

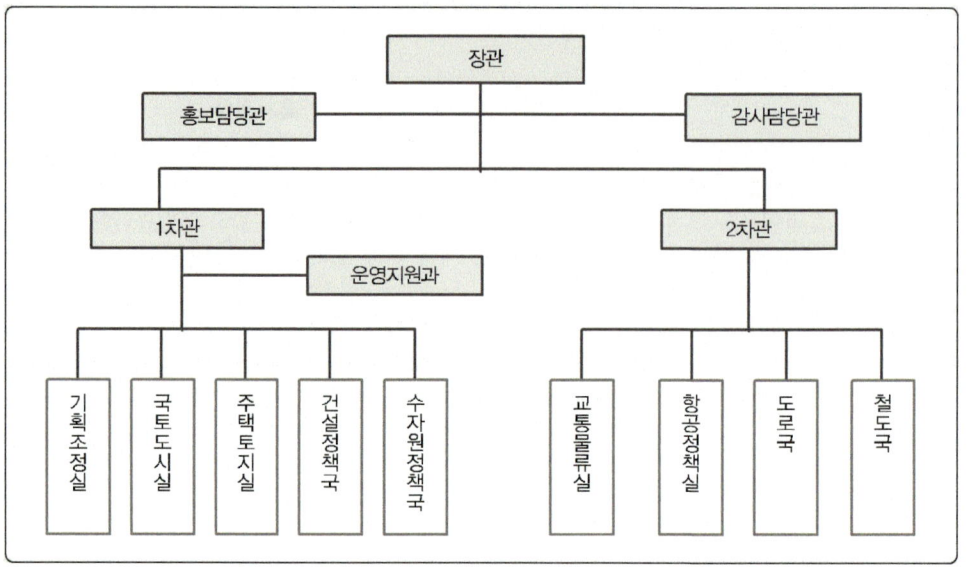

① "수자원정책국은 제1차관 소속이구나."
② "조직도를 보면 장관 직속으로 홍보담당관이 있어."
③ "감사담당관은 제2차관 소속이구나."
④ "도로국과 철도국은 제2차관 소속이야."
⑤ "제1차관은 소속부서로 운영지원과가 있는데 제2차관은 없어."

06 다음의 조직도를 보고 나눈 대화로 적절하지 않은 것은?

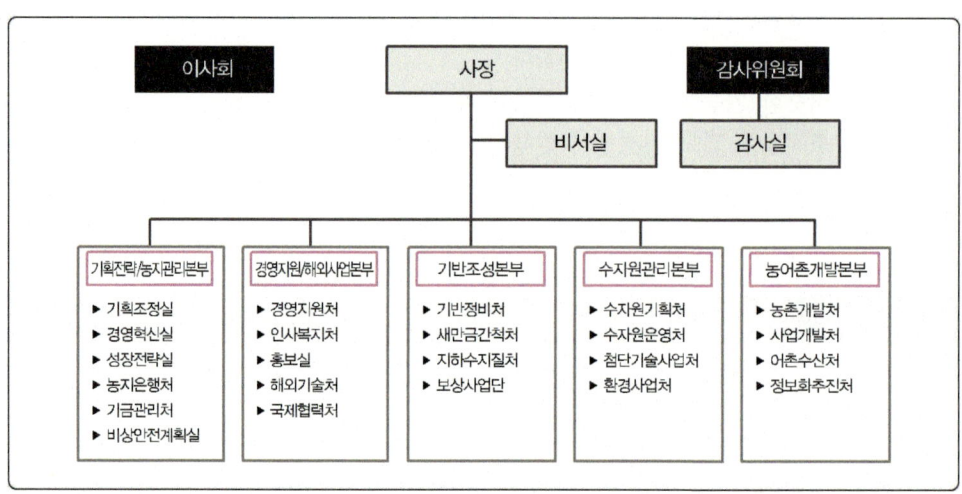

① "조직도를 보면 사장 직속으로 5개의 본부가 있어."
② "비서실은 기획전략/농지관리본부에 소속되어 있어."
③ "농촌개발본부는 4개 처로 구성되어 있어."
④ "해외사업을 중심으로 하는 본부도 있어."
⑤ "감사실은 사장으로부터 독립적으로 운영되고 있어."

07 다음의 대화 중 조직도를 잘못 이해한 것은?

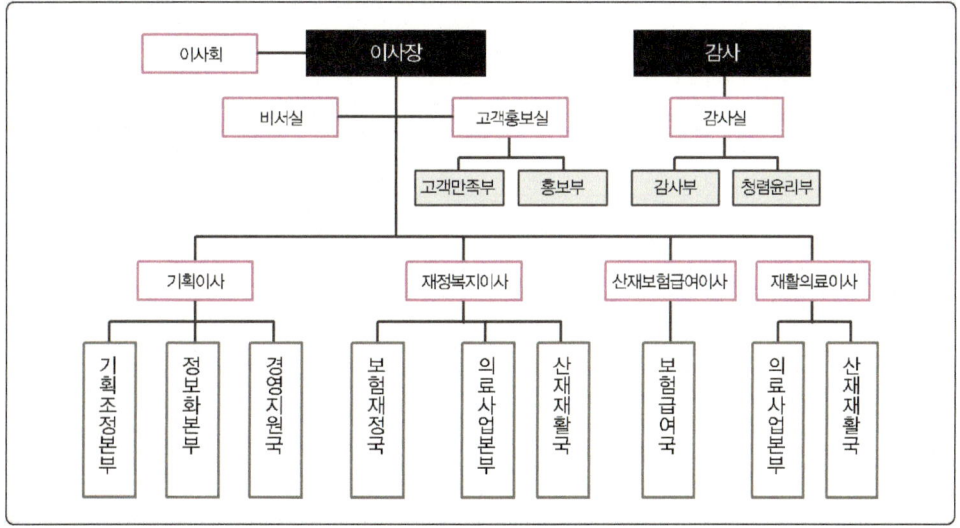

① "조직도를 보면 이사장 소속으로 4개의 이사가 있어."
② "보험급여국은 재활의료이사 소속이야."
③ "감사부는 감사실 소속이구나."
④ "고객홍보실은 고객만족부와 홍보부로 구성되어 있어."
⑤ "이사장과 감사는 동등한 등급이구나."

정답 및 해설

05. ③ 06. ② 07. ②

05 감사담당관은 장관 직속이다.
06 ② 비서실은 사장 직속이다.
07 ② 보험급여국은 산재보험급여이사 소속이다.

08 다음 설명을 읽고 제시된 환경분석 결과에 대응하는 적절한 전략이 아닌 것을 고르면?

> SWOT란 강점(Strength), 약점(Weakness), 기회(Opportunity), 위협(Threat)의 머리글자를 모아 만든 단어로 경영 전략을 수립하기 위한 도구이다. SWOT분석을 통해 도출된 조직의 내부·외부 환경의 분석 결과를 통해 각각에 대응하는 전략을 도출하게 된다.
> SO 전략이란 기회를 활용하면서 강점을 더욱 강화하는 공격적인 전략이고, WO 전략이란 외부 환경의 기회를 활용하면서 자신의 약점을 보완하는 전략으로, 이를 통해 기업이 처한 국면을 전환할 수 있게 할 수 있다. ST 전략은 외부 환경의 위험요소를 회피하면서 강점을 활용하는 전략이며, WT 전략이란 외부 환경의 위협요인을 회피하고 자사의 약점을 보완하는 전략으로 방어적 성격을 갖는다.

내부환경 외부환경	강점(Strength)	약점(Weakness)
기회(Opportunity)	① SO 전략(강점-기회 전략)	② WO 전략(약점-기회 전략)
위협(Threat)	③ ST 전략(강점-위협 전략)	④ WT 전략(약점-위협 전략)

구분	각종 공사·공단의 인사관리 담당직원의 환경분석 결과
강점(Strength)	• 원만한 노사관계 • 퇴직자보다 조직에 들어오려는 인력이 월등하게 많음 • 인사직원의 전문화와 교육훈련의 강화
약점(Weakness)	• 다른 회사에 비해 전체 조직 대비 인사부처 조직의 비중이 적음 • 낙하산 채용과 임원의 연고로 입사하는 직원이 많음
기회(Opportunity)	• 최근 언론을 통한 공기업의 연고주의 비판 • 이사장의 공기업 인력의 효율적 배치와 교육훈련 강조
위협(Threat)	• 교육훈련기관의 민간위탁 • 분리형의 독립적인 조직에서 기획부서의 하위조직으로 이동

① SO 전략 - 공개시험의 비중 증대
② WO 전략 - 인사부서 직원의 교육훈련 강화
③ ST 전략 - 서류전형의 강화
④ WT 전략 - 인력배치
⑤ WT 전략 - 교육훈련 담당 부서의 분리

09 당신은 최근 갑작스러운 재난으로 인해 인명 피해가 발생한 일과 관련하여 동료들과 대화를 나누고 있다. 다음의 자료와 같은 내용으로 대화를 나누고 있을 때 적절하지 않은 것은?

> 2010년 아이슬란드의 화산 폭발 이후 비상대응계획의 부재로 북유럽 영공이 사상 최초로 폐쇄되었다. 이로 인한 교통 두절로 기업들이 사업상의 손실을 입었다.
> 2011년 일본에서 쓰나미가 발생했을 때, 일본 정부는 내진 건축, 조기 경보 시스템, 신속 대응 조직 등의 지진 비상대응계획으로 수많은 인명을 구했다. 일본의 많은 기업도 미리 준비된 비상대응계획 덕분에 큰 혼란 없이 영업을 재개할 수 있었다.
> 2012년 지속적인 금융위기로 인해 전 세계 기업들이 유로존의 해체에 대비한 비상대응계획을 세우고 있다.
> 비상대응계획은 기업의 위기, 인재, 자연재해, 기술적 문제 등 각종 위기에 대처하기 위해 일련의 행동방침을 수립하는 것을 말한다. 여기에는 잠재적인 재난을 식별하여 그 발생 가능성을 평가하고, 기업에 미치는 영향을 최소화하기 위해 대응 절차를 개발하는 과정이 포함된다. 이 계획을 수립해 놓은 기업은 위기를 관리하여 신속히 상황을 수습할 수 있다.

① "비상대응계획을 철저히 세웠다 하더라도 예상하지 못한 위험은 있을 수 있어."
② "자연재해나 경제위기와 같은 위기상황도 중요하지만 팬데믹과 같은 전염병에 대한 관리도 중요해."
③ "비상대응계획은 인명피해나 기물파손과 같은 일차적인 피해에만 집중하기 때문에 기업 경영 측면의 피해를 예방하기에는 한계가 있어."
④ "조직 전체가 계획을 정확하게 인지하고 비상시 민첩하게 대응할 수 있도록 준비해야 해."
⑤ "시장 상황이 악화되었을 때 사용할 수 있는 비상대응계획으로는 연기금의 주식 매수를 독려하고 공매도를 일시적으로 제한하는 것이 있을 수 있어."

정답 및 해설　　　　　　　　　　　　　　　　　　　　08. ② 09. ③

08 인사담당 직원이 적다는 점에서 기존 인사직원의 교육훈련 강화는 적절한 전략이 아니다. 즉, 인사담당 직원의 수를 늘리고 인력관리를 강화하는 것이 좋다.

09 ③ 비상대응계획은 일차적인 피해만을 대비하기 위한 계획이 아니다. 일차적인 피해를 포함한 기업 및 조직 경영에 영향을 줄 수 있는 폭넓은 범위의 피해에 대응하기 위한 계획이므로 옳지 않다.

10 당신은 다음과 같은 조직을 가진 의료기기 회사 영업팀에 취업하였다. 박람회를 앞두고 팀 전체가 바쁘게 움직이고 있는 가운데, 당신은 출입카드를 분실한 사실을 알게 되었다. 이때 팀장이 "박람회에서 사용할 차량지원 지침에 대해 알아보고 얘기해 주세요."라고 하였다. 다음 중 팀장이 지시한 바를 수행하고, 출입카드를 재발급 받기 위한 행동으로 적절한 것은?

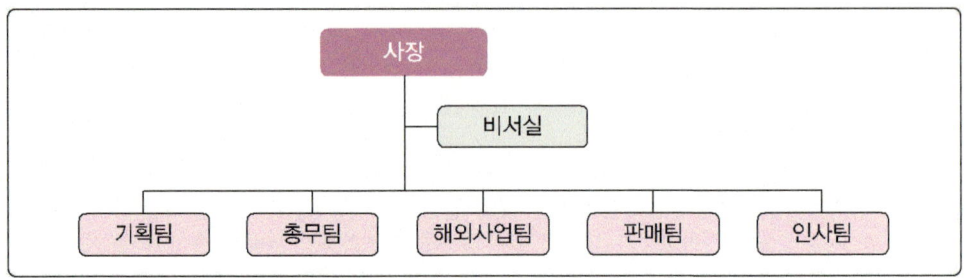

① 총무팀에 가서 차량지원 지침을 확인하고, 인사팀에 가서 출입카드 재발급을 신청한다.
② 인사팀에 가서 차량지원 지침을 확인하고, 총무팀에 가서 출입카드 재발급을 신청한다.
③ 총무팀에 가서 차량지원 지침을 확인하고, 출입카드 재발급을 신청한다.
④ 인사팀에 가서 차량지원 지침을 확인하고, 출입카드 재발급을 신청한다.
⑤ 총무팀에 가서 차량지원 지침을 확인하고, 비서실에 가서 출입카드 재발급을 신청한다.

11 당신이 근무하고 있는 N은행을 둘러싸고 최근 조직개편이 필요하다는 목소리가 높아지고 있다. 상명하달식의 조직구조로는 변화하는 환경에 대응하기 어렵다는 것이다. 다음 조직문화의 다섯 가지 측면 중 이 상황과 가장 관계가 깊은 것은?

① 관리자와 부하직원 간의 권한 차이
② 개인주의와 집단주의
③ 남성다움과 여성다움
④ 불확실성 회피
⑤ 평등과 불평등

12 N은행에서 근무하는 당신은 결산보고서를 작성하기 위해 직원들과 협력하여 업무를 분담한다. 그러나 과중한 업무와 책임회피심리로 인해 업무를 분담하는 과정에서 어려움을 겪는다. 이에 대한 직장 상사의 조언으로 적절하지 않은 것은?

① "다들 처리해야 하는 업무들이 있으니까, 결산 전에 미리 부탁해서 계획을 세울 수 있도록 해야 하네."
② "관련 직원들의 주요 업무에 대한 파악도 필요할 거야. 상대방을 잘 이해하고 있어야 설득도 할 수 있어."
③ "자네가 처한 상황에 대해 솔직하게 호소하는 것도 좋은 방법이야."
④ "갈등이 때로는 득이 될 수도 있으니까, 상급자에게 알리지 않고 직접 해결하도록 해."
⑤ 답이 없다.

13 프로젝트 일정관리를 위해 바 형태로 각 일정의 시작과 끝을 표시하며, 업무 사이의 관계를 알 수 있는 관리 도구는?

① 간트 차트   ② 체크리스트   ③ 플로차트
④ 워크플로시트   ⑤ 버블차트

정답 및 해설

10. ①   11. ①   12. ④   13. ①

10 팀장이 말한 박람회 차량지원 지침은 총무팀에 문의하는 것이 적절하고, 출입카드 재발급은 인사팀에 문의하는 것이 적절하다.

11 보기의 내용은 홉스테드가 정의한 조직문화의 다섯 가지 측면이다. 주어진 상황은 상명하달식의 조직구조가 기업이 직면한 환경에 비효율적이기 때문에 조직구조의 혁신이 요구되는 상황이다. 따라서 관리자와 부하직원 간의 권한을 더 균등하게 배분하고 소통을 증대하는 방향으로 조직문화를 개선하는 것이 바람직하다. 따라서 가장 관계가 깊은 것은 관리자와 부하직원 간의 권한의 차이이다.

12 ④ 갈등이 심각해지면 정해진 기간 안에 감사보고서를 작성하지 못하거나 부서 간의 갈등으로 이어질 수 있다. 갈등 수준이 심각하다면 상급자에게 보고하여 처리하는 것이 적절하다.
① 갈등이 발생하기 전에 미리 갈등의 발생을 예측하고 준비하는 것을 통해 갈등을 완화할 수 있으므로 옳다.
② 상대방의 입장을 이해하고 자신의 주장을 수용할 수 있도록 설득하는 협상 과정을 통해 갈등을 해소할 수 있으므로 옳다.
③ 자신이 처한 상황을 공개함으로써 상대방이 자신의 입장을 명확하게 이해할 수 있도록 할 수 있다. 또한 갈등을 공개적으로 호소하는 것을 통해 다양한 사람들의 객관적인 평가를 구할 수 있으므로 옳다.

13 업무수행 시트 중 간트 차트는 단계별로 업무를 시작해서 끝내는 데 걸리는 시간을 바 형식으로 표시한 것으로 전체 일정의 흐름을 파악하고 단계별로 소요되는 시간과 업무활동 시간을 대조하는 데 유용하다.

[14~17] 다음은 B쇼핑몰의 회의록이다. 회의록을 보고 다음 질문에 답하시오.

회 의 록

회의일시	2015년 9월 10일	부 서	의류팀	작성자	○○○
참석자	총괄 매니저, 의류 매니저, 의류 캡틴, 디자이너					

회의 안건	1. 겨울시즌 의류 구매 및 제작 2. 입·출고 관리 및 상품배송 교육 3. 회원 관리 4. 직원 교육 방법
회의 내용	**내 용** 1. 겨울시즌 의류 구매 및 제작 • 고객 취향 수집 • 의류제작업체 확보 • 겨울의류 종류별 구매 • 자체 브랜드 라벨 제작 • 의류 캡틴, 의류 매니저, 총괄 매니저 순으로 서류 결재 후, 의류 주문 2. 입·출고 관리 및 상품배송 교육 • 주문관리 시스템 도입 후, 보완점 수정 • 주문관리 시스템 이용 방법 직원에게 교육 후, 빠른 시일 내에 제출 • 상품 배송 업체 선정 및 등록 3. 회원 관리 방법 • 쇼핑몰 유입경로 파악 및 회원 만족도 조사 실시 • 조사 결과 분석 후, VIP회원 전용 서비스 조정 • 고객문의 응대 인력 충원 4. 직원 교육 방법 • 입·출고 관리 시스템 사용법 교육 : 의류 매니저 • 고객문의 교육 : 의류 캡틴 • 입·출고 관리 시스템 도입 및 보완 : 총괄 매니저

결정 사항	내 용	진행일정
	겨울의류 확보	금일부터
	겨울시즌 의류 자체제작	9월 15일부터
	주문관리 시스템 도입	10월 1일부터
	교육시간 확보	매주 수요일

14 의류 주문을 위한 절차로 옳은 것은?

① 의류 매니저 → 총괄 매니저 → 의류 캡틴 순으로 서류 결재 후 의류 주문
② 의류 매니저 → 의류 캡틴 → 총괄 매니저 순으로 서류 결재 후 의류 주문
③ 의류 캡틴 → 총괄 매니저 → 의류 매니저 순으로 서류 결재 후 의류 주문
④ 의류 캡틴 → 의류 매니저 → 총괄 매니저 순으로 서류 결재 후 의류 주문
⑤ 총괄 매니저 → 의류 매니저 → 의류 캡틴 순으로 서류 결재 후 의류 주문

15 회의록을 통해 추론할 수 있는 내용이 아닌 것은?

① 제시된 회의록은 의류팀의 회의 내용이다.
② 겨울의류는 총괄 매니저의 서류 결재 후 주문한다.
③ 입출고 관리 시스템 사용법 교육은 총괄 매니저에 의해 실시된다.
④ 회의는 총 4명이 진행하였다.
⑤ 회의 안건은 총 4가지이다.

16 회의 결과에 따라 가장 먼저 해야 할 업무는?

① 겨울의류 확보 ② 의류 자체제작
③ 주문관리 시스템 도입 ④ VIP회원 전용 서비스 조정
⑤ 교육시간 확보

17 회의록을 통해 알 수 있는 내용은?

① 급여 ② 회의 시간
③ 회원 만족도 조사 날짜 ④ 고객문의 교육 담당자
⑤ 라벨 제작 날짜

정답 및 해설 14. ④ 15. ③ 16. ① 17. ④

14 의류 주문은 의류 캡틴, 의류 매니저, 총괄 매니저 순으로 서류 결재 후 이루어진다.
15 회의록을 통해 입출고 관리 시스템 사용법 교육은 의류 매니저에 의해 실시된다는 것을 알 수 있다.
16 겨울의류 확보는 금일부터 시작하므로 가장 먼저 해야 할 업무이다.
17 회의록을 통해 급여, 회의 시간, 회원 만족도 조사 날짜는 알 수 없지만, 고객문의 교육 담당자는 의류 캡틴임을 알 수 있다.

02 농협상식

01 농업협동조합법의 목적으로 옳지 않은 것은?

① 농업인의 경제적 지위 향상
② 농업인의 사회적 지위 향상
③ 농업인의 문화적 지위 향상
④ 농업경쟁력 강화를 통한 고객의 삶의 질 향상
⑤ 국민경제의 균형 있는 발전에 이바지

02 농협의 미션에서 빈칸에 알맞은 내용은?

> 농협법 제1조
> 농업인의 경제적・사회적・문화적 지위를 향상시키고, 농업의 경쟁력 강화를 통하여 농업인의 삶의 질을 높이며, (　　　　　　).

① 함께하는 100년 농협을 만들어감
② 국민경제의 균형 있는 발전에 이바지함
③ 4차 산업혁명에 부응하도록 노력함
④ 세계로 뻗어나가도록 함
⑤ 협동과 혁신으로 농촌을 이끌어 감

03 다음 〈보기〉를 보고 농협의 사업 중 어떤 것에 대한 설명인지 고르면?

> 〈보기〉
> ㉠ 농업인이 영농활동에 안정적으로 전념할 수 있도록 생산・유통・가공・소비에 이르기까지 다양한 경제사업을 지원하고 있다.
> ㉡ 축산물 생산, 도축, 가공, 유통, 판매사업, 축산 지도(컨설팅 등), 지원 및 개량 사업, 축산 기자재(사료 등) 공급 및 판매를 위한 사업에 주력하고 있다.

① 교육지원사업　　② 농업경제사업　　③ 축산경제사업
④ 상호금융사업　　⑤ 농협금융지주

제5장 조직이해능력

04 농협에서 하는 일을 크게 세 부문으로 나눴을 때 바르게 짝지어진 것은?

① 교육, 경제, 금융 ② 교육, 경영, 금융 ③ 농업, 경제, 금융
④ 농업, 경영, 금융 ⑤ 교육, 농업, 금융

05 농협은 기업윤리를 기업경영 및 활동 시 (　　)을/를 최우선 가치로 생각하며, 투명하고 공정하며 합리적으로 업무를 수행하는 것이라 정의하고 있다. 빈칸에 들어갈 알맞은 것은?

① 정치 ② 사회 ③ 윤리
④ 고객 ⑤ 기업문화

06 농협의 슬로건에서 다음 빈칸에 들어갈 단어로 알맞은 것은?

> (　　　　) 농협이 만들어 갑니다.

① 행복농업, 미래농촌 ② 미래경영, 첨단농촌 ③ 혁신농업, 미래농촌
④ 행복조합, 혁신농촌 ⑤ 희망농업, 행복농촌

07 농가에 숙식하면서 농사·생활·문화체험과 마을 축제에 참여할 수 있는 '농촌·문화·관광'이 결합된 농촌체험 관광상품은?

① 바른먹거리운동 ② 새농민운동 ③ 팜스테이
④ 농촌회복운동 ⑤ 참사랑운동

정답 및 해설

01. ④　02. ②　03. ③　04. ①　05. ③　06. ⑤　07. ③

01 농업경쟁력 강화를 통하여 농업인의 삶의 질 향상에 그 목적이 있다.
02 농협법 1조의 내용은 '농업인의 자주적인 협동조직을 바탕으로 농업인의 경제적·사회적·문화적 지위를 향상시키고, 농업의 경쟁력 강화를 통하여 농업인의 삶의 질을 높이며, 국민경제의 균형 있는 발전에 이바지함을 목적으로 한다.'로 빈칸에는 국민경제의 균형 있는 발전을 도모하는 내용이 들어가야 한다.
04 교육지원부문, 경제부문, 금융부문 총 3부문으로 나뉜다.
05 윤리를 최우선 가치로 생각하며 모든 업무활동의 기준을 윤리규범에 두고 업무를 수행하는 것을 말한다.

08 농협협동조합법상의 용어의 정의로 옳은 것은?

① "조합"이란 지역조합과 축산업조합을 말한다.
② "지역조합"이란 이 법에 따라 설립된 지역농업협동조합과 지역산림협동조합을 말한다.
③ 품목조합"이란 이 법에 따라 설립된 품목별·상품별 협동조합을 말한다.
④ "중앙회"란 이 법에 따라 설립된 농업협동조합중앙회를 말한다.
⑤ "중앙회"란 이 법에 따라 설립된 축산업협동조합중앙회를 말한다.

09 농협의 인재상 중 〈보기〉에 대한 설명으로 알맞은 것은?

> **보기**
> 꾸준한 자기계발을 통해 자아를 성장시키고, 유통 및 금융 등 맡은 분야에서 최고의 전문가가 되기 위해 지속적으로 노력하는 인재

① 시너지 창출가 ② 행복의 파트너 ③ 최고의 전문가
④ 진취적 도전가 ⑤ 정직과 도덕성을 갖춘 인재

10 농업협동조합법에 대한 설명으로 옳지 않은 것은?

① 농업인의 지위와 농업인의 삶의 질 향상, 국민경제 발전에 이바지함을 그 목적으로 한다.
② 지역조합은 지역명을 붙이거나 특성을 나타내는 농업 또는 축산업 협동조합의 명칭을 사용해야 한다.
③ 품목조합은 지역명과 품목명 또는 업종명을 붙인 협동조합의 명칭을 사용하여야 한다.
④ 설립되는 조합과 중앙회는 각각 법인으로 한다.
⑤ 조합과 중앙회의 주소는 그 제한이 없다.

11 농협 통장에 나와 있지 않은 부분은?

① 가입한 날짜와 점포 ② 유효기간 ③ 통장발행 날짜와 점포
④ 계좌번호 ⑤ 예금종류

12 지역농업협동조합에 대한 설명으로 옳지 않은 것은?

① 설립하려면 그 구역에서 15인 이상의 조합원 자격을 가진 자가 발기인이 되어야 한다.
② 정관 작성 후 창립총회의 의결, 농림축산식품부 장관의 인가를 순서대로 받아야 한다.
③ 창립총회의 의사는 개의 전 발기인에게 설립동의서를 제출한 자 과반수의 찬성으로 의결한다.
④ 설립인가 신청 시 거부한 자는 나머지 발기인이 그 사유서를 신청서에 첨부하여 신청할 수 있다.
⑤ 농림축산식품부 장관은 지역농협 설립인가 신청을 받으면 일부 경우를 제외하고 신청일부터 60일 이내에 인가하여야 한다.

13 다음에서 소개하는 농협의 사업 부문을 고르면?

> 같이 나눕니다.
> 농업인의 권익을 대변하고 농업 발전과 농가 소득 증대를 통해 농업인 삶의 질 향상에 도움을 주고 있습니다.
> 또한 또 하나의 마을 만들기 운동 등을 통해 농업·농촌에 활력을 불어넣고 농업인과 도시민이 동반자 관계로 함께 성장·발전하는 데 기여하고 있습니다.

① 농업경제사업   ② 축산경제사업   ③ 교육지원사업
④ 상호금융사업   ⑤ 농협금융지주

정답 및 해설   08. ④ 09. ③ 10. ⑤ 11. ② 12. ① 13. ③

08 제2조(정의) 이 법에서 사용하는 용어의 뜻은 다음과 같다.
  1. "조합"이란 지역조합과 품목조합을 말한다.
  2. "지역조합"이란 이 법에 따라 설립된 지역농업협동조합과 지역축산업협동조합을 말한다.
  3. "품목조합"이란 이 법에 따라 설립된 품목별·업종별 협동조합을 말한다.
  4. "중앙회"란 이 법에 따라 설립된 농업협동조합중앙회를 말한다.
09 제시된 〈보기〉는 농협의 인재상 중 '최고의 전문가'에 대한 내용이다.
10 조합과 중앙회의 주소는 그 주된 사무소의 소재지로 한다.
11 통장에 기재된 사항에는 계좌번호, 예금종류, 가입한 날, 통장발행한 날, 가입한 점포, 통장발행한 점포 등이 있다.
12 지역농협을 설립하려면 그 구역에서 20인 이상의 조합원 자격을 가진 자가 발기인이 되어야 한다.
13 농업인의 권익대변, 농업 발전과 농가 소득 증대를 통한 농업인의 삶의 질 향상 등은 교육지원부문 사업에 해당한다.

14 다음은 농업협동조합법에 나온 조합원의 자격 관련 조항이다. 보기 중 관련 조항을 잘못 이해한 것은?

제19조(조합원의 자격)
① 조합원은 지역농협의 구역에 주소, 거소(居所)나 사업장이 있는 농업인이어야 하며, 둘 이상의 지역농협에 가입할 수 없다.
②「농어업경영체 육성 및 지원에 관한 법률」제16조 및 제19조에 따른 영농조합법인과 농업회사법인으로서 그 주된 사무소를 지역농협의 구역에 두고 농업을 경영하는 법인은 지역농협의 조합원이 될 수 있다.
③ 특별시 또는 광역시의 자치구를 구역의 전부 또는 일부로 하는 품목조합은 해당 자치구를 구역으로 하는 지역농협의 조합원이 될 수 있다.
④ 제1항에 따른 농업인의 범위는 대통령령으로 정한다.

제4조(지역농업협동조합의 조합원의 자격)
① 법 제19조 제1항에 따른 지역농업협동조합(이하 "지역농협"이라 한다)의 조합원의 자격요건인 농업인의 범위는 다음 각 호와 같다.
  1. 1천제곱미터 이상의 농지를 경영하거나 경작하는 자
  2. 1년 중 90일 이상 농업에 종사하는 자
  3. 잠종 0.5상자[2만립(粒) 기준상자]분 이상의 누에를 사육하는 자
  4. 별표 1에 따른 기준 이상의 가축을 사육하는 자와 그 밖에 「축산법」제2조제1호에 따른 가축으로서 농림축산식품부장관이 정하여 고시하는 기준 이상을 사육하는 자
  5. 농지에서 330제곱미터 이상의 시설을 설치하고 원예작물을 재배하는 자
  6. 660제곱미터 이상의 농지에서 채소·과수 또는 화훼를 재배하는 자
② 지역농협의 이사회는 제1항에도 불구하고 제1항 각 호의 자가 다음 각 호의 어느 하나에 해당하는 경우 조합원의 자격요건인 농업인으로 인정할 수 있다. 이 경우 그 인정 기간은 다음 각 호의 사유가 발생한 날부터 1년을 초과할 수 없다.
  1. 제1항제1호 또는 제3호부터 제6호까지의 규정에 따른 농지 또는 농업·축산업 경영에 사용되는 토지·건물 등의 수용이나 일시적인 매매로 제1항 제1호 또는 제3호부터 제6호까지의 요건을 갖추지 못하게 된 경우
  2. 제1항 제3호 또는 제4호에 따른 누에나 가축의 일시적인 매매 또는 「가축전염병 예방법」제20조에 따른 가축의 살처분으로 제1항 제3호 또는 제4호의 요건을 갖추지 못하게 된 경우
  3. 그 밖에 천재지변 등 불가피한 사유로 제1항 각 호의 요건을 일시적으로 충족하지 못하게 된 경우
③ 제1항 및 제2항에 해당하는지를 확인하는 방법·기준 등에 관하여 필요한 사항은 농림축산식품부장관이 정하여 고시한다.

① 해당 지역에 지역농협의 구역에 주소, 거소나 사업장이 있는 농업인이어야 한다.
② 주소지만 있다면 둘 이상의 지역농협에 가입할 수 있다.
③ 특별시 또는 광역시의 자치구를 구역의 전부 또는 일부로 하는 품목조합은 해당 자치구를 구역으로 하는 지역농협의 조합원이 될 수 있다.
④ 영농조합법인과 농업회사법인으로 그 주된 사무소를 지역농협의 구역에 두고 경영하는 법인은 지역농협의 조합원이 될 수 있다.
⑤ 지역농협의 조합원의 자격요건인 농업인의 범위는 1,000m^2 이상의 농지를 경영하거나 경작하는 자, 1년 중 90일 이상 농업에 종사하는 자 등이다.

15 다음은 농업협동조합법에 나온 가입과 탈퇴에 관한 조항이다. 보기 중 관련 조항을 잘못 이해한 것은?

> 제28조 (가입)
> ① 지역농협은 정당한 사유 없이 조합원 자격을 갖추고 있는 자의 가입을 거절하거나 다른 조합원보다 불리한 가입 조건을 달 수 없다. 다만, 제30조제1항 각 호의 어느 하나에 해당되어 제명된 후 2년이 지나지 아니한 자에 대하여는 가입을 거절할 수 있다.
> ② 제19조제1항에 따른 조합원은 해당 지역농협에 가입한 지 1년 6개월 이내에는 같은 구역에 설립된 다른 지역농협에 가입할 수 없다.
> ③ 새로 조합원이 되려는 자는 정관으로 정하는 바에 따라 출자하여야 한다.
> ④ 지역농협은 조합원 수(數)를 제한할 수 없다.
> ⑤ 사망으로 인하여 탈퇴하게 된 조합원의 상속인(공동상속인 경우에는 공동상속인이 선정한 1명의 상속인을 말한다)이 제19조제1항에 따른 조합원 자격이 있는 경우에는 피상속인의 출자를 승계하여 조합원이 될 수 있다.
> ⑥ 제5항에 따라 출자를 승계한 상속인에 관하여는 제1항을 준용한다.
>
> 제29조 (탈퇴)
> ① 조합원은 지역농협에 탈퇴 의사를 알리고 탈퇴할 수 있다.
> ② 조합원이 다음 각 호의 어느 하나에 해당하면 당연히 탈퇴된다.
>   1. 조합원의 자격이 없는 경우
>   2. 사망한 경우
>   3. 파산한 경우
>   4. 성년후견개시의 심판을 받은 경우
>   5. 조합원인 법인이 해산한 경우
> ③ 제43조에 따른 이사회는 조합원의 전부 또는 일부를 대상으로 제2항 각 호의 어느 하나에 해당하는지를 확인하여야 한다.

① 지역농협은 정당한 사유 없이 조합원 자격을 갖추고 있는 자의 가입을 거절하거나 다른 조합원보다 불리한 가입 조건을 달 수 없다.
② 조합원은 해당 지역농협에 가입한 지 2년이 지난 경우에는 같은 구역에 설립된 다른 지역농협에 가입할 수 있다.
③ 지역농협에서 제명된 후 3년이 지난 경우에는 가입을 거절할 수 없다.
④ 법인이 청산된 경우에는 당연탈퇴된다.
⑤ 지역농협의 조합원수는 100만명이 될 수도 있다.

정답 및 해설　　　　　　　　　　　　14. ② 15. ④

14 ② 조합원의 지역농협의 구역에 주소, 거소(居所)나 사업장이 있는 농업인이어야 하며, 둘 이상의 지역농협에 가입할 수 없다.
15 ④ 해산이나 파산의 경우가 아닌 청산의 경우에는 당연탈퇴의 사유가 아니다.

16 다음 자료는 농협 지사무소의 현황이다. 지사무소 총 수는 몇 개인가?

〈지사무소〉 (2025년 4월 30일 기준)

구분		중앙회				농·축협				계	합계
		지사무소·지역조직				지역농협/지역축협		품목농협/품목축협/인삼협			
		지역본부	지역검사국	농정지원단	소계	본소	지점(간이)	본소	지점(간이)		
지역본부	경기	1	1	31	33	149	661	12	48	870	903
	강원	1	1	18	20	73	187	6	22	288	308
	충북	1	1	11	13	62	158	3	22	245	258
	충남	1	1	16	18	130	298	13	63	504	522
	전북	1	1	14	16	82	207	10	32	331	347
	전남	1	1	21	23	136	294	8	29	467	490
	경북	1	1	22	24	145	396	6	40	587	611
	경남	1	1	18	20	129	393	8	49	579	599
	제주	1	1	2	4	21	76	2	25	124	128
	서울	1	1	-	2	13	175	6	52	246	248
	부산	1	1	1	3	14	84	-	-	98	101
	대구	1	1	2	4	21	90	1	3	115	119
	인천	1	1	2	4	14	100	2	7	123	127
	광주	1	1	-	2	14	97	-	-	111	113
	대전	1	1	-	2	13	93	1	6	113	115
	울산	1	1	1	3	16	69	1	7	93	96
합계		16	16	159	191	1,032	3,378	79	405	4,894	5,085

1. 직제규정, 사내분사직제준칙 기준의 사무소 현황임
2. 농정지원단은 지사무소가 아님(지역본부 소속 팀)
3. 시군연합사업단은 '13.8.5.자로 농정지원단에 통합

① 158 ② 190 ③ 4,713
④ 4,926 ⑤ 5,085

17 다음은 농업협동조합법의 목적에 대한 내용이다. 빈칸에 들어갈 말로 옳지 않은 것은?

> 이 법은 농업인의 (A)을 바탕으로 농업인의 경제적・(B)・문화적 지위를 향상시키고, (C)의 경쟁력 강화를 통하여 농업인의 (D)을 높이며, (E)의 균형 있는 발전에 이바지함을 목적으로 한다.

① A – 자주적인 협동조직 ② B – 정치적 ③ C – 농업
④ D – 삶의 질 ⑤ E – 국민경제

18 농협의 심벌마크에 대한 설명으로 옳지 않은 것은?

- 보기 -

① 『V』꼴은 『농』자의 『ㄴ』을 변형한 것이다.
② 『V』꼴은 풍요로운 그릇을 의미한다.
③ 『V』꼴은 농협의 무한한 발전을 의미한다.
④ 『V』꼴을 제외한 아랫부분은 원만과 돈을 의미하며 협동 단결을 상징한다.
⑤ 『협』자의 『ㅎ』을 변형한 것으로 항아리에 쌀이 가득 담겨 있는 형상을 표시한다.

19 농협의 핵심가치에 대한 내용에 해당하지 않는 것은?
① 국민에게 사랑받는 농협 ② 농업인을 위한 농협
③ 지역농축협과 함께하는 농협 ④ 경쟁력 있는 글로벌 농협
⑤ 농업인과 소비자가 함께 웃는 농협

정답 및 해설

16. ④ 17. ② 18. ② 19. ⑤

16 ④ 제시된 내용에 의하여 농정지원단은 지사무소에서 제외되므로 5,085 - 159 = 4,926 이다.

17 제1조(목적) : 이 법은 농업인의 자주적인 협동조직을 바탕으로 농업인의 경제적・사회적・문화적 지위를 향상시키고, 농업의 경쟁력 강화를 통하여 농업인의 삶의 질을 높이며, 국민경제의 균형 있는 발전에 이바지함을 목적으로 한다.

18 『V』꼴은 『농』자의 『ㄴ』을 변형한 것으로 싹과 벼를 의미하여 농협의 무한한 발전을, 『V』꼴을 제외한 아랫부분은 『업』자의 『ㅇ』을 변형한 것으로 원만과 돈을 의미하며 협동 단결을 상징한다. 또한, 마크 전체는 『협』자의 『ㅎ』을 변형한 것으로 『ㄴ+ㅎ』은 농협을 나타내고 항아리에 쌀이 가득 담겨 있는 형상을 표시하여 농가 경제의 융성한 발전을 상징한다.

19 농협의 핵심가치는 ①,②,③,④ 4가지 이다.

20 농협의 인재상 중 〈보기〉에 대한 설명으로 알맞은 것은?

> 〈보기〉
> 매사에 혁신적인 자세로 모든 업무를 투명하고 정직하게 처리하여 농업인과 고객, 임직원 등 모든 이해관계자로부터 믿음과 신뢰를 받는 인재

① 시너지 창출가 ② 행복의 파트너
③ 최고의 전문가 ④ 진취적 도전가
⑤ 정직과 도덕성을 갖춘 인재

21 단위농협에 해당하지 않는 것은?
① 지역농협   ② 지역축협   ③ 품목농협
④ 인삼협   ⑤ 산삼협

22 지역농업협동조합의 목적으로 옳지 않은 것은?
① 조합원의 농업생산성 향상
② 조합원이 생산한 농산물의 판로 확대
③ 조합원이 생산한 농산물의 유통 원활화
④ 조합원이 필요로 하는 기술, 자금 및 정보 등 제공
⑤ 조합원의 경제적, 정치적, 문화적 지위 향상 증대

23 NH농협이 실천 중인 ESG경영에서 G가 의미하는 것은?
① 환경   ② 사회   ③ 탄소중립
④ 지배구조   ⑤ 나눔

24 농협의 혁신전략에 대한 설명으로 옳지 않은 것은?

① 농업인·국민과 함께 「농사같이(農四價値)운동」 전개
② 중앙회 지배구조 강화와 지원체계 고도화로 「농축협 중심」의 농협 구현
③ 디지털 기반 「생산·유통 혁신」으로 미래 농산업 선도, 농업소득 향상
④ 「금융부문 혁신」과 [디지털 경쟁력]을 통해 농축협 성장 지원
⑤ 「미래 경영」과 「조직문화 혁신」을 통해 새로운 농협으로 도약

25 농협의 보기의 그래픽 모티브 NH Wave가 상징하는 것에 해당하지 않는 것은?

① 새로운 물결 ② 상생, 화합 ③ 조화 + 변화, 혁신
④ 새로운 바람 ⑤ 창의, 도약

정답 및 해설

20. ⑤ 21. ⑤ 22. ⑤ 23. ④ 24. ② 25. ⑤

20 정직과 도덕성을 갖춘 인재에 대한 설명이다.
21 지역농협, 지역축협, 품목농협, 품목축협, 인삼협 총 5개의 단위농협이 있다.
22 지역농업협동조합은 조합원의 농업생산성을 높이고 조합원이 생산한 농산물의 판로 확대 및 유통 원활화를 도모하며, 조합원이 필요로 하는 기술, 자금 및 정보 등을 제공하여 조합원의 경제적·사회적·문화적 지위 향상을 증대시키는 것을 목적으로 한다.(법 제13조)
23 먼저 ESG경영이란 기업의 비재무적인 요소인 환경(Environment), 사회(Social), 지배구조(Governance)의 약자로, 지속 가능한 성장을 위해 기업이 이 세 가지 요소를 균형있게 관리하는 경영 전략을 말한다.
24 ② 중앙회 지배구조 혁신과 지원체계 고도화로 「농축협 중심」의 농협 구현
25 ⑤ 인간과 자연을 위한 새로운 물결, 상생, 화합, 조화 + 변화, 혁신 새로운 바람을 상징한다.

03 국제감각

01 다음 빈칸에 들어갈 말을 순서대로 바르게 짝지은 것은?

> 국제감각은 단순히 영어만을 잘하는 것을 의미하지 않는다. 전 세계를 하나의 공동체로 인식하고, 문화적 배경을 달리하고 있는 다른 나라 사람과의 효과적인 커뮤니케이션을 위해 각 국가의 문화적 특징, 의식, 예절 등 세계 각국의 (   )에 적응할 수 있는 능력을 말한다. 그리고 자신의 업무와 관련하여 (   )을/를 파악하고 이를 적용할 수 있는 능력을 의미한다.

① 문화, 시장
② 국제시장, 기본 예절
③ 시장과 다양성, 국제적인 동향
④ 동향, 문화적 배경
⑤ 관습, 문화적 절대성

02 다음 중 각 국가의 식사 예절에 대한 설명으로 옳지 않은 것은?

① 유럽에는 테이블마다 담당 웨이터가 있다.
② 중국에서는 생선을 뒤집어서 먹는다.
③ 뉴욕은 저녁식사 팁이 더 비싸다.
④ 러시아에서는 보드카를 거절하면 겁쟁이로 간주된다.
⑤ 인도에서는 식사 도중 대화를 하지 않으며 식사가 끝나면 손과 입을 씻고 난 후에 이야기를 시작한다.

03 다음 중 이슬람 문화에 대한 설명으로 옳지 않은 것은?

① 메카 방향으로 하루에 3번 예배를 드려야 한다.
② 음식을 먹거나 선물을 주고받을 때 오른손을 사용한다.
③ 돼지고기를 먹지 않는다.
④ 화장실에서 용변을 본 후 씻을 때는 왼손을 사용한다.
⑤ 라마단 기간에는 음식, 음료, 흡연, 성행위 등이 모두 금지된다.

정답 및 해설

01. ③ 02. ② 03. ①

01 국제감각은 전 세계를 하나의 공동체로 인식하고, 문화적 배경을 달리하고 있는 다른 나라 사람과의 효과적인 커뮤니케이션을 위해 각 국가의 문화적 특징, 의식, 예절 등 세계 각국의 '시장과 다양성'에 적응할 수 있는 능력을 말한다. 그리고 자신의 업무와 관련하여 '국제적인 동향'을 파악하고 이를 적용할 수 있는 능력을 의미한다.
02 중국에서는 생선을 먹을 때 뒤집어서 먹지 않는데, 이는 배반을 의미하기 때문이다.
03 메카 방향으로 하루에 5번 예배를 드려야 한다.

제2편

인적성평가

제1장 인적성평가의 개요
제2장 인적성평가 예시문항

01 » 인적성평가의 개요

01 인적성평가란?

농협에서 말하는 인적성평가는 인성검사를 의미한다. 지역별로 시간이나 문항이 다르게 출제되므로 해당 지역의 출제형태를 미리 알아보는 것이 좋다.

02 인성검사의 개요

인성검사는 입사에 대한 합격·불합격을 결정하는 시험은 아니지만, 최종 면접 시 질문을 구성하는 토대가 되며 합격 후 부서 배치에도 영향을 미칠 수 있으므로 성실하고 일관된 답변을 하도록 한다.

1 인성검사의 개념 및 중요성

인성이란 각 개인이 가지는 사고와 태도 및 행동 특성을 의미하며, 이러한 개인의 특성에 관심을 가지고 분석하는 것을 인성검사라 한다. 인성검사의 주된 목적은 정신적인 장애나 성격장애가 없는지, 조직생활에 문제가 없는지, 그리고 해당 기업에서 요구하는 인재상에 부합하는 인재 혹은 해당 직무에 적합한 인재인지를 검사하는 것이다.

특히 인성검사에서 불합격 요인이 발견된다면 최소 6개월에서 최대 2년 이상 해당 기업에서 서류전형에 제한을 받을 수 있는데, 이러한 인성 요인들은 쉽게 변하지 않는 것으로 판단하기 때문이다. 그러므로 인성검사에 앞서 자신이 어떤 사람인지에 대한 SWOT(Strength, Weakness, Opportunity, Threat) 분석이 필요하고, 어떤 사람이 어느 지원분야에 적합하며 기업에서 원하는 인재형이 무엇인지를 미리 생각해 두고 이상적인 자신의 성격을 규정해 둘 필요가 있다.

2 인성검사 대처 요령

(1) 평소의 생각을 표현하라!

인성검사는 대개 평소 우리가 경험하는 것에 관한 짧은 진술문과 어떤 대상과 일에 대한 선호를 택하는 문제들로 구성되므로 평소의 경험과 선호도를 바탕으로 자연스럽고 솔직하게 답하도록 한다.

(2) 컨디션 유지에 신경 써라!

심신이 지쳐 있으면 생각 또한 약해지기 쉽다. 신체적으로나 정신적으로 충분한 휴식을 취하고 심리적으로 안정된 상태에서 검사에 임해야 자신을 정확히 표현할 수 있다.

(3) 솔직하고 일관성 있게 표현하라!

대개의 성격검사 문항은 피검사자의 정직성을 파악할 수 있게 제작되어 있는데, 자칫 부정직한 답변으로 일관하여 진실성이 결여될 경우에는 검사 자체가 무효가 되어 합격에 불이익을 받을 수 있다. 그러나 오히려 너무 일관성에 치우치려는 생각은 검사 자체를 다른 방향으로 이끌 수 있다는 점을 명심하도록 한다.

(4) 검사를 미리 받아 보라!

본 시험에 앞서 검사 대행업소나 학교의 학생생활연구소와 같은 곳을 이용하여 사전에 검사를 받아 보는 것도 좋은 방법이다. 이것은 검사의 유형을 사전에 받아 봄으로써 자신감을 줄 뿐만 아니라 성격상 바람직하지 않은 결과를 얻은 요인을 사전에 개선할 수 있다는 자극을 주기 때문이다.

3 인성검사의 종류

일반적으로 우리나라 기업은 신입사원 선발 시 다요인 인성검사(16PF), 성격유형검사(MBTI), 다면적 인성검사(MMPI, MMPI-2) 등의 인성검사를 토대로 각자 독자적으로 개발하여 사용하고 있으며 U-K 검사를 하기도 한다.

(1) 다요인 인성검사(16PF)

다요인 인성검사(Sixteen Personality Factor; 16PF)는 현재 세계에서 가장 널리 사용되고 있는 검사 가운데 하나이며, 거의 모든 성격 범주를 포괄하고 있어 일반인의 성격 이해에 매우 적합한 검사이다. 각 문항은 '아주 그렇다'에서 '전혀 아니다'까지 5단계로 응답할 수 있게 되어 있다. 척도로는 타당도 척도인 무작위 반응척도 및 14개의 성격척도로 이루어져 있다.

질 문	매우 그렇다	그렇다	보통 이다	아니다	전혀 아니다
이유 없이 불안할 때가 있다.					
다른 사람의 의견에 자신의 결정이 흔들리는 경우가 많다.					
개성적이라는 말을 자주 듣는다.					

✛ 각 질문에 대하여 5가지 척도 중 하나를 선택한다.

(2) 성격유형검사(MBTI)

성격유형검사(Myers-Briggs Type Indicator; MBTI)는 인간 행동의 선호 방식을 4개 영역으로 분류한다. 4개의 영역은 첫째는 외향(E)과 내향(I), 둘째는 감각(S)과 직관(N), 셋째는 사고(T)와 감정(F), 마지막으로 판단(J)과 인식(P)으로 구성하고, 검사 후 성격유형을 이 4가지 영역을 조합한 총 16가지로 분류한다.

질 문	예	아니요
나는 말하기를 좋아해 실수할 때가 종종 있다. (E)		
나는 말이 없어 주변 사람들이 답답해할 때가 있다. (I)		

✛ 2개 중 하나를 선택하는 형식으로 검사가 이루어진다.

(3) 다면적 인성검사(MMPI/MMPI-2)

다면적 인성검사(Minnesota Multiphasic Personality Inventory; MMPI)는 세계적으로 가장 많이 연구된 객관적 성격검사이다. MMPI의 일차적인 목적은 정신과적 진단분류를 위한 측정이며, 소위 일반적 성격 특성을 측정하기 위한 것은 아니었다. 그러나 병리적 분류의 개념이 정상인의 행동설명에도 어느 정도 적용 가능하다는 전제하에서 MMPI를 통해 일반적 성격 특성을 유추하는 것도 가능하다.

질 문	예	아니요
사람들과 같이 있을 때는 아주 이상한 얘기를 듣게 된다.		
법률도 때에 따라 지키지 않아도 된다.		

✛ 위의 문항에 대하여 '예' 또는 '아니요'를 선택한다.

03 인성검사의 측정내용

1 타당도

타당도란 인성검사의 측정을 얼마나 제대로 하였는가에 관한 문제로 피검사자가 검사(Test)에 얼마나 진솔하게 응했는지 판단하는 자료가 된다.

(1) 무반응 척도

질문에 답하지 않았거나 혹은 '예'와 '아니요' 모두에 답한 문항들의 총합이다. 무반응수의 크기가 클수록 그 답안지의 타당성이 의심되며, 간혹 정신쇠약증이나 우울증 상태로 판단되기도 한다.

(2) 허위성 척도

허위성 척도가 높다면, 좋은 인상을 주려고 잘못을 부인하는 태도, 낮은 지능이나 빈약한 문화적 배경으로 인한 소박한 표현, 지나친 상투성, 심한 억압으로 인한 통찰력 부족 등으로 해석될 수 있다.

 "때때로 욕설을 퍼붓고 싶어지는 때가 있다."

이러한 문항에 '아니다'라는 반응은 비정상적인 반응으로 판단된다. 최근 교육수준이 높은 사람은 이러한 문항으로 탐지해 낼 수 없어 더욱 복잡·난해한 문항으로 판단하려고 하는 추세이다.

(3) 신뢰성 척도

신뢰성 척도가 상승하면 우선 피검사자가 검사 항목을 이해하지 못한 경우이거나 검사에 임하는 태도가 불성실한 경우로 해석된다. 또한, 높은 신뢰성 척도는 이상행동을 과장하거나 심한 정신병적 와해를 나타내기도 한다.

 "법률은 어겨야 하는 경우 어겨야 한다."

이러한 문항에서 '그렇다'로 대답한 경우 신뢰성 척도가 올라가게 된다. 만약 점수가 높게 나올 경우 고의적, 문맹, 비협조적으로 검사가 무효로 처리가 되거나 극심한 정신병적 환자나 두뇌 손상 환자로 판단된다.

(4) 교정 척도

점수가 높으면 자신을 잘 보이려고 하거나 방어적인 경향이 있는 것으로, 점수가 낮으면 자신을 과소평가하고 자신을 매우 비정상적인 모습으로 표현하려 한다고 해석된다.

"간혹 기분이 좋지 않을 때는 짜증이 난다."

허위성 척도와 일부 중복되기도 하고 좀 더 은밀하고 세련된 문항으로 이루어져 있다. 생각을 많이 하게 하는 문항에 속한다.

2 내면적 측면

(1) 예민성 : 예민한지 그렇지 않은지, 신경질적인지 그렇지 않은지를 측정

"늘 뭔가 불안하다."
"신경과민이라고 생각한다."

'그렇다'를 선택한 경우 예민성 수치가 높아지고, 수치가 높은 경우 매사에 민감하여 자신의 존재가 위협받는다는 불안감을 가지기 쉬운 타입으로 판단된다. 수치가 낮은 경우 정신적 안정감을 유지하고 있는 바람직한 타입으로 보이나, 극단적으로 낮은 경우 남의 기분에 둔감하다고 볼 수 있다.

(2) 죄책성 : 자신을 비난하는 정도, 자기를 과소평가하는 경향을 측정

"어린 나이에 고생이 많은 편이다."
"주변으로부터 눈길을 끄는 것이 좋다."

'그렇다'를 선택한 경우 죄책성의 수치는 높아지고, 수치가 높은 경우 스스로에 대해 쉽게 무력감을 가지는 비관적인 타입으로 판단된다. 수치가 낮으면 낙천적으로 보일 수 있으나, 극단적으로 낮은 경우 무책임하고 남 탓을 하는 사람으로 여겨질 수 있다.

(3) 불안성 : 감정의 기복이 크거나 감정 조절에 미숙함을 측정

"자주 후회하는 편이다."
"금방 달아올랐다가 식는 편이다."

'그렇다'를 선택한 경우 불안성 수치는 높아지고, 수치가 높은 경우 의지박약으로 충동적이고 남에게 의존하는 성향이 있는 것으로 판단된다. 수치가 낮은 경우 안정적이고 스스로 일을 해나갈 수 있는 사람으로 여겨지나, 너무 낮은 경우 둔하거나 냉정한 사람이라는 인상을 줄 수 있다.

(4) **독립성** : 자신의 견해나 사고방식에 어느 정도의 속박감을 가지고 있는지, 자존심이 강한지를 측정

"고지식하다는 얘기를 자주 듣는 편이다."
"그다지 융통성이 있는 편은 아니다."

'그렇다'를 선택한 경우 독립성 수치는 높아지고, 이 경우 개성적이고 자존심이 강한 반면 주위에 관심이 적고 주변으로부터 영향을 받고 싶지 않은 경향이 있는 타입으로 판단된다. 수치가 낮은 경우 남의 의견에 영향을 받기 쉽고 자신의 의견을 가지지 못한다는 인상을 줄 수 있으며, 극단적인 경우 비굴한 타입으로 판단될 수 있다.

(5) **의욕성** : 성공하고 싶은지, 의욕과 활동성이 있는지를 측정

"의사가 되고 싶다고 생각한 적이 있다."
"민첩하게 행동하는 편이다."

'그렇다'를 선택한 경우 의욕성 수치는 높아지고, 수치가 높은 경우 큰 목표나 이상을 가지고 있으며 노력의 과정보다 결과를 중시하는 타입으로 판단된다. 수치가 낮은 경우 의욕이 없다기보다는 욕심이 없고 남과의 협조를 중요시 여기며 방어와 안전을 중요시하는 것으로 판단되기도 한다.

3 외면적 측면

(1) **사회성** : 대인관계 시 적극적 혹은 소극적인지를 측정

갑 친구를 쉽게 사귀는 편이다.
을 친구를 사귀는 데 시간이 걸린다.

갑을 선택한 경우 수치가 높아지고, 수치가 높은 경우 대인관계가 적극적인 타입으로 판단한다. 수치가 낮은 경우 대인관계가 원만하지 못한 것으로 판단되지만, 극단적으로 높은 경우 경박하다는 인상을 남길 수 있다.

(2) **활동성** : 신체의 활동 정도 측정

갑 활발하게 움직이는 편이다.
을 얌전하게 있는 편이다.

갑을 선택한 경우 활동성의 수치는 높아지고, 수치가 높은 경우 동작이 빠르고 활발한 타입으로 판단된다. 수치가 낮은 경우 활동범위가 좁고 소극적인 타입으로 판단되나, 수치가 극단적으로 높은 경우 자칫 차분하지 못하다는 인상을 남길 수 있다.

(3) 계획성 : 신중함과 계획성을 가지고 있는지를 측정

- 갑 실행하기 전에 신중하게 검토 계획하는 편이다.
- 을 바로 실행하는 편이다.

갑을 선택한 경우 계획성의 수치는 높아지고, 수치가 높은 경우 충동적이기보다 계획적인 타입으로 판단된다. 수치가 낮은 경우 경솔하게 보일 수 있으나, 극단적으로 높은 경우 결단력이 없다는 인상을 남길 수 있다.

(4) 근면성 : 끈기나 인내력 측정

- 갑 쉬지 않고 노력하는 것을 잘한다.
- 을 임기응변으로 대응하는 것을 잘한다.

갑을 선택한 경우 근면성 수치가 높아지고, 수치가 높은 경우 끈기가 있으며 시작한 일을 쉽게 포기하지 않는 타입으로 판단된다. 수치가 낮은 경우 싫증을 잘 내고 무슨 일이든 귀찮게 여기는 경향이 있는 것으로 판단되나, 극단적으로 높은 경우 옹고집이라는 인상을 줄 수 있다.

(5) 침착성 : 일을 하는 데 있어서 침착하게 수행하는지를 측정

- 갑 굳이 말한다면 사색형이다.
- 을 굳이 말한다면 행동형이다.

갑을 선택한 경우 침착성의 수치가 높아지고, 수치가 높은 경우 생각하는 것을 좋아하는 성격으로 판단된다. 수치가 낮은 경우 경솔하고 충동적인 것으로 판단되나, 극단적으로 높은 경우 생각이 많아 실행에 어려움이 있는 타입으로 비추어질 수 있다.

4 성격유형검사(Myers-Briggs Type Indicator; MBTI)

개인이 쉽게 응답할 수 있는 자기 보고를 통해 인식하고 판단할 때의 각자 선호하는 경향을 찾고, 이러한 선호 경향들이 개별적으로 또는 여러 경향이 상호작용하면서 인간의 행동에 어떠한 영향을 미치는가를 파악하여 실생활에 응용할 수 있도록 제작된 검사이다. 성격유형검사는 인간 행동의 선호 방식을 4개 영역으로 분류한다. 4개의 영역은 첫째는 외향(E)과 내향(I), 둘째는 감각(S)과 직관(N), 셋째는 사고(T)와 감정(F), 마지막으로 판단(J)과 인식(P)으로 구성하고, 검사 후 이 4가지 영역을 조합하여 총 16가지로 성격유형을 분류한다.

(1) 4개의 영역

① **외향(E)과 내향(I)** : 인간의 심리적 에너지가 활동하는 방향을 측정하는 것으로, 개인의 태도가 주위 환경을 자기 내부보다 중요시하여 외부활동에 관심이 많고 자기표현에 적극적일 경우에 외향성이 강하다고 할 수 있다. 반면에 주위 환경보다도 자기 내부를 중요시하여 조용히 심사숙고하고 내부 세계의 활동에 집중하는 경향이 강할 경우에는 내향성이 강하다고 할 수 있다.

나는 말하기를 좋아해 실수할 때가 종종 있다. (E)
나는 말이 없어 주변 사람들이 답답해할 때가 있다. (I)

② **감각(S)과 직관(N)** : 인식방법에 대한 개인의 선호를 측정하는 것이다. 감각형은 신체의 오감과 직접적인 경험을 통해 인식하는 반면 직관형은 내면의 간접적인 인식과 미래 가능성에 대한 사고를 통해 인식하는 경향이 강하다.

나는 지금까지의 경험을 바탕으로 판단한다. (S)
나는 직관으로 판단한다. (N)

③ **사고(T)와 감정(F)** : 정보를 판단하는 선호를 측정하는 것으로서, 판단기능은 규준에 따라 판단하고 결정하는 과정이므로 합리적인 기능이라 할 수 있다. 사고형은 객관적이고 논리적인 방식으로 판단하는 반면 감정형은 주관적인 감정과 대인관계의 유지를 위한 방식으로 판단한다.

나는 감정에 치우치지 않고 의사결정한다. (T)
나는 상황을 생각하며 의사결정한다. (F)

④ **판단(J)과 인식(P)** : 외부 세계를 수용하는 방식을 측정하는 기능으로, 인간의 전반적인 생활양식을 살펴볼 수 있는 영역이다. 판단형의 기능이 강할수록 활동을 계획하고 조직적으로 진행하기를 선호하므로 미리 준비하거나 정해진 시간 내에 업무를 완성해야 하는 등 목적의식이 뚜렷하다. 인식형의 기능이 강할수록 상황에 맞추어 자율적으로 살아가기를 선호하기 때문에 호기심이 많고 변화를 추구하며 예상하지 못했던 상황에서 적응력이 뛰어나다.

나는 계획된 여행이 편하다. (J)
나는 갑자기 떠나는 여행이 좋다. (P)

(2) 16가지 성격 유형

유형	특징
ISTJ (내향-감각-사고-판단) 세상의 소금형	• 정확하고 빈틈없이 일을 처리하고 정해진 일과와 절차를 잘 따르나 변화하는 체계에 적응하는 것에 어려움을 느끼는 타입이다. • 집중력이 뛰어나며 독자적으로 일을 잘 처리하나 조직 또는 타인의 공헌을 등한시하는 경향이 있다.
ISFJ (내향-감각-감정-판단) 임금 뒤편의 권력형	• 일에 대해 책임감이 있고 열심히 일하며 윤리의식이 강한 편이다. • 자신의 가치를 과소평가하거나 자신의 욕구를 잘 주장하지 않는 경향이 있다. • 다른 사람을 돕는 일을 즐기고 동료나 부하직원을 잘 지원하나 너무 많은 일을 떠맡아 업무 수행에 곤란을 겪기도 한다.
INFJ (내향-직관-감정-판단) 예언자형	• 전체의 1%를 차지하는 소수의 유형이다. • 문제에 대하여 대안적이고 창조적인 접근을 생각해 내는 것을 잘하고 복잡한 개념을 이해하는 능력이 뛰어나다. • 창조적인 대안이 비현실적이고 융통성이 없거나 외골수일 수 있다.
INTJ (내향-직관-사고-판단) 과학자형	• 창조적이며 기술적인 분석과 논리적인 문제해결을 잘하지만 너무 독립적이어서 문화에 적응하거나 맞추기 어려울 수 있다. • 모두가 반대하는 분위기에서도 망설임 없이 찬성의 경향을 내릴 수 있는 결단력이 강한 편이다.
ISTP (내향-감각-사고-인식) 백과사전형	• 현실적이고 눈에 보이는 일을 잘하지만 말로 하는 의사소통에 대한 관심이나 능력이 부족할 수 있다. • 다른 사람들의 욕구와 감정에 민감한 반응을 보일 수 있으며 남들이 예견할 수 없는 타입이라 신뢰감이 떨어질 수 있다.
ISFP (내향-감각-감정-인식) 성인군자형	• 말없이 다정다감하고 자기 능력을 뽐내지 않으며 겸손한 타입이다. • 의견의 충돌을 피하고 자기 견해나 가치를 타인에게 강요하지 않으나 결단력이 부족하고 맺고 끊는 것이 부족한 경향이 있다.
INFP (내향-직관-감정-인식) 잔다르크형	• 몽상가적 기질이 많고 현실 감각이 둔한 타입이다. • 내면의 세계를 추구하여 늘 무엇을 갈구하고 추구해 나가나 내면의 갈등도 심하여 감정의 기복이 크고, 일을 벌여 놓고서는 마무리에 서툰 경향이 있다.
INTP (내향-직관-사고-인식) 아이디어뱅크형	• 자기의 관심 분야 외에는 조용하고 과묵한 편이다. • 이론적 · 과학적 추구를 즐기며, 논리와 분석으로 문제를 해결하기를 좋아하나 틀에 박힌 매뉴얼을 보는 것을 싫어하는 경향이 있다.
ESTP (외향-감각-사고-인식) 수완 좋은 활동가형	• 현실적인 문제해결에 능하며 근심이 없고 어떤 일이든 즐길 줄 안다. • 적응력이 강하고 관용적이나 보수적인 가치관을 따르고 있다. • 깊게 생각하는 것을 싫어하고 책 읽기를 싫어하는 편이다.
ESFP (외향-감각-감정-인식) 사교적인 유형	• 직설적으로 말하고 흥분을 잘하는 타입이다. • 사교적 · 수용적이고 태평스러우며, 친절하고 만사를 즐기는 형이기 때문에 다른 사람들이 일에 재미를 느끼게 한다. • 추상적인 이론보다는 구체적인 사실을 잘 기억하는 편이다.
ENFP (외향-직관-감정-인식) 스파크형	• 감정의 기복이 심하고 감정이 얼굴에 잘 드러나는 타입이다. • 따뜻하고 활기에 넘치며, 재능이 많고 상상력이 풍부하며, 관심이 있는 일이라면 어떤 일이든지 척척 해내는 능력을 갖추고 있다. • 자기 능력을 과신한 나머지 미리 준비하기보다 즉흥적으로 덤비는 경향이 있으며 반복적인 일상을 힘들어한다.

ENTP (외향-직관-사고-인식) 발명가형	• 민첩하고 독창적이며 안목이 넓어 다방면에 재능이 많은 편이다. • 새로운 일을 시도하고 추진하려는 의욕이 넘치며, 새로운 문제나 복잡한 문제를 해결하는 능력이 뛰어나다. • 일상적이고 반복되는 일은 지루해하고 힘들어하여 규칙적인 생활이 힘들 수 있다.
ESTJ (외향-감각-사고-판단) 사업가형	• 독창력·창의력이 부족하나 구체적이고 현실적이며 사실적인 타입이다. • 활동을 조직화하고 주도해 나가기를 좋아한다. • 타인의 감정이나 관점에 귀를 기울일 줄 알면 훌륭한 행정가가 될 수 있다.
ESFJ (외향-감각-감정-판단) 친선도모형	• 준비성이 철저하며 참을성이 많고, 생각은 창의적인데 실천이 부족한 타입이다. • 사람들에게 인기가 있고 양심이 바르며 남을 돕는 데에 타고난 기질이 있다. • 타인을 돕고 싶은 욕구 때문에 자신의 업무를 소홀히 할 수 있다.
ENFJ (외향-직관-감정-판단) 언변능숙형	• 상대방의 말에 민감하며 책임감이 강한 타입이다. • 타인에게 칭찬과 인정을 받는 일에만 열중하는 경향이 있기도 하다.
ENTJ (외향-직관-사고-판단) 지도자형	• 타고난 지도자형으로 열성적이고 통솔력이 있는 편이다. • 대중 연설과 지적 담화가 요구되는 일이라면 어떤 것이든 능하나, 사람보다 일을 중요시하여 타인에게 상처를 주기도 한다. • 정보에 밝고 지식에 대한 관심과 욕구가 많은 편이다.

02 » 인적성평가 예시문항

01 인적성평가 예시문항 A형

※ 다음 문항을 읽고 '예'라고 생각되면 Ⓨ를, '아니요'라고 생각되면 Ⓝ을 선택하시오.

번호	질문	예	아니요
01	문제가 생겼을 때 후회하기보다 해결할 방법을 모색한다.	Ⓨ	Ⓝ
02	나는 신경질적인 사람이라고 생각한다.	Ⓨ	Ⓝ
03	어떠한 일에 대해 끙끙거리며 깊게 생각하는 편이다.	Ⓨ	Ⓝ
04	기분파라는 말을 자주 듣는다.	Ⓨ	Ⓝ
05	새로운 사람을 만난다는 건 귀찮은 일이다.	Ⓨ	Ⓝ
06	한 방면에서 1인자가 되고픈 욕구가 있다.	Ⓨ	Ⓝ
07	법률을 어겨야 하는 경우가 있지만 어겨서는 안 된다.	Ⓨ	Ⓝ
08	소리에 대해 매우 민감하다.	Ⓨ	Ⓝ
09	주변으로부터 주목받는 게 좋다.	Ⓨ	Ⓝ
10	나는 지나고 나서 후회하는 일이 많다.	Ⓨ	Ⓝ
11	나는 자신감이 넘쳐난다.	Ⓨ	Ⓝ
12	수비보다는 공격하는 타입이다.	Ⓨ	Ⓝ
13	푸념을 늘어놓은 적이 없다.	Ⓨ	Ⓝ
14	주위에서 빈틈이 없다는 말을 자주 듣는다.	Ⓨ	Ⓝ
15	타인으로부터 배려심 있다는 말을 자주 듣는 편이다.	Ⓨ	Ⓝ
16	주변 환경을 받아들이고 쉽게 적응하는 편이다.	Ⓨ	Ⓝ
17	융통성이 있는 편이다.	Ⓨ	Ⓝ
18	팀원 간의 조화보다는 팀원들을 이끌고 싶다.	Ⓨ	Ⓝ
19	어떤 상황에서도 변명하고자 말을 둘러댄 적이 없다.	Ⓨ	Ⓝ
20	부끄러워서 얼굴을 붉히지 않을까 걱정한 적이 있다.	Ⓨ	Ⓝ
21	뭐든지 잘될 거라는 생각이 들지 않는다.	Ⓨ	Ⓝ
22	나는 솔직하다고 생각한다.	Ⓨ	Ⓝ
23	혼자 있고 싶은 적이 많은 편이다.	Ⓨ	Ⓝ
24	욕심이 없는 편은 아니다.	Ⓨ	Ⓝ
25	감정에 치우쳐 일을 그르친 적이 없다.	Ⓨ	Ⓝ
26	같은 문제에서도 다른 사람보다 상처를 잘 받는 편이다.	Ⓨ	Ⓝ

번호	질문	예	아니요
27	아주 세세한 것까지 신경 쓰는 편이다.	Y	N
28	아무것도 하기 싫은 적이 자주 있다.	Y	N
29	이유 없이 물건을 부수거나 망가뜨리고 싶은 적이 있다.	Y	N
30	반대가 있더라도 자신감을 가지고 행동하는 편이다.	Y	N
31	출세를 위해서라면 남에게 반감을 사더라도 감수한다.	Y	N
32	감기 한 번 걸리지 않을 정도로 건강하다.	Y	N
33	시계 소리가 들리면 잠을 잘 이루지 못한다.	Y	N
34	다른 사람이 나를 어떻게 평가하는지 신경 쓰인다.	Y	N
35	다른 사람보다 의지가 약한 편이라 생각한다.	Y	N
36	나는 개성이 강하다고 생각한다.	Y	N
37	무슨 일이든 바로 작업에 들어간다.	Y	N
38	다른 사람을 의심한 적이 없다.	Y	N
39	남의 눈을 의식하는 편이다.	Y	N
40	젊어서 고생하는 것은 당연하다고 생각한다.	Y	N
41	이성보다 감성에 쉽게 이끌리는 편이다.	Y	N
42	교제하는 것은 번거로운 일이다.	Y	N
43	귀여움 받는 것보다 다른 사람을 귀여워해 주고 싶다.	Y	N
44	남을 원망하거나 증오했던 적이 없다.	Y	N
45	작은 일에도 신경을 많이 쓰는 편이다.	Y	N
46	세세한 일까지 신경 쓰는 일이 많다.	Y	N
47	기분이 쉽게 변한다는 말을 자주 듣는다.	Y	N
48	주변 사람들이 어리석게 느껴질 때가 있다.	Y	N
49	지는 것은 끔찍이도 싫다.	Y	N
50	기분이 안 좋아도 짜증을 내지 않는다.	Y	N
51	내가 하는 일은 어딘가 불안하다.	Y	N
52	하지 않아도 되는 고생을 만들어서 하는 편이다.	Y	N
53	내가 원하는 대로 지내고 싶다고 생각한 적이 많다.	Y	N
54	나보다 뛰어나게 잘난 사람은 없다고 생각한다.	Y	N
55	무슨 일이든 도전적인 편이다.	Y	N
56	공부를 잘하고 싶은 생각이 없다.	Y	N
57	밤길에는 발소리만 들려도 불안하다.	Y	N
58	나 자신이 나쁜 사람으로 느껴진 적이 있다.	Y	N
59	쉽게 마음이 바뀌는 편이다.	Y	N
60	어떤 일이든 나의 의견은 반드시 있다.	Y	N
61	목표는 높을수록 좋다고 생각한다.	Y	N
62	화가 나도 욕설은 하고 싶지 않다.	Y	N

번호	질문	예	아니요
63	별 걱정을 다 한다는 소리를 듣는다.	Ⓨ	Ⓝ
64	일이 잘 되지 않으면 나에게 책임이 있는 것 같다.	Ⓨ	Ⓝ
65	그때그때의 기분으로 행동하는 경우가 많다.	Ⓨ	Ⓝ
66	여러 사람 앞에서도 편안하게 의견을 제시할 수 있다.	Ⓨ	Ⓝ
67	마음에 들지 않는 것이라도 행동하는 편이다.	Ⓨ	Ⓝ
68	타인에게 상처가 되는 말을 한 적이 한 번도 없다.	Ⓨ	Ⓝ
69	비가 많이 오면 홍수가 날까 봐 걱정한다.	Ⓨ	Ⓝ
70	이 세상에 혼자 남겨졌다고 생각한 적이 많다.	Ⓨ	Ⓝ
71	오래 집중하지 못하고 한눈을 파는 경우가 많다.	Ⓨ	Ⓝ
72	주변 사람들에게 정떨어지게 행동한 경험이 있다.	Ⓨ	Ⓝ
73	일을 시작할 때 빨리 착수하는 편이다.	Ⓨ	Ⓝ
74	남에게 소리 지르며 화를 낸 적이 없다.	Ⓨ	Ⓝ
75	보통 사람들보다 공포심을 많이 느끼는 편이다.	Ⓨ	Ⓝ
76	인생은 살 가치가 없다고 생각한 적이 있다.	Ⓨ	Ⓝ
77	다른 사람의 얘기로 의견이나 결심이 흔들리는 경우가 많다.	Ⓨ	Ⓝ
78	다른 사람에게는 별로 관심이 없다.	Ⓨ	Ⓝ
79	어떤 일이든 적극적으로 행동한다.	Ⓨ	Ⓝ
80	사람들과 같이 있을 때 아주 이상한 이야기를 듣게 된다.	Ⓨ	Ⓝ
81	사소한 일에도 쉽게 상처받는다.	Ⓨ	Ⓝ
82	낙심해서 아무것도 손에 잡히지 않은 적이 있다.	Ⓨ	Ⓝ
83	쉽게 감정적으로 된다.	Ⓨ	Ⓝ
84	어린 시절 혼자서도 잘 놀았다.	Ⓨ	Ⓝ
85	아무리 노력해도 성공하지 않으면 의미가 없다.	Ⓨ	Ⓝ
86	나는 지금까지 사람을 무시해 본 적이 없다.	Ⓨ	Ⓝ
87	예전에 실수했던 일들이 자주 떠올라 괴로워하는 편이다.	Ⓨ	Ⓝ
88	'나만 없었더라면….'이라는 생각을 자주 한다.	Ⓨ	Ⓝ
89	긴장하거나 흥분하면 심장이 뛴다.	Ⓨ	Ⓝ
90	주변에서 고지식한 사람이라는 말을 자주 듣는다.	Ⓨ	Ⓝ
91	마음에 드는 이성이 있으면 먼저 고백하는 편이다.	Ⓨ	Ⓝ
92	다른 사람을 위해 늘 나를 희생하며 살아왔다.	Ⓨ	Ⓝ
93	일이 해결될 때까지 잠을 잘 이루지 못한다.	Ⓨ	Ⓝ
94	'내 탓이오'라는 문구를 가슴에 새기며 살아가고 있다.	Ⓨ	Ⓝ
95	누군가 나를 해치려 하고 있다는 생각을 가끔 한다.	Ⓨ	Ⓝ
96	남의 일에는 별로 간섭하고 싶지 않다.	Ⓨ	Ⓝ
97	한꺼번에 여러 가지 일을 할 수 있다.	Ⓨ	Ⓝ
98	실망스런 일이 일어나도 바로 털고 다시 일어난다.	Ⓨ	Ⓝ

번호	질문	예	아니요
99	다른 사람에게 빈틈을 보이는 게 싫다.	Y	N
100	주변으로부터 시선을 끄는 것이 싫다.	Y	N
101	다른 사람이 내 휴대전화를 볼까 봐 목록을 자주 지운다.	Y	N
102	여러 사람이 함께 있는 것보다 혼자 있는 것이 편하다.	Y	N
103	일이 주어지면 즉시 시작하는 편이다.	Y	N
104	결코 부모님 탓을 해 본 적이 없다.	Y	N
105	도서관에서 소음이 나면 소리 나는 쪽을 쳐다본다.	Y	N
106	나는 누구보다 실패를 두려워한다.	Y	N
107	새로운 곳에 적응하기 위해 노력을 많이 하는 편이다.	Y	N
108	남보다 기가 세다는 이야기를 자주 듣는 편이다.	Y	N
109	쉬고 있을 때 일을 하고 싶은 욕구가 생긴다.	Y	N
110	친구들은 늘 나의 편이다.	Y	N
111	외출 후에 집 현관문을 잠갔는지 자주 걱정한다.	Y	N
112	부모님 탓이 아니라 내 탓이다.	Y	N
113	조울증이라는 소리를 들은 적이 있다.	Y	N
114	길에서 우연히 아는 이를 만나게 되면 피하는 것이 편하다.	Y	N
115	노력했지만 진다면 아무런 의미가 없다.	Y	N
116	지저분한 농담을 듣고 웃을 때가 있다.	Y	N
117	나는 거짓말을 한 번도 한 적이 없다.	Y	N
118	부모님께 대든 적이 있다.	Y	N
119	무단횡단을 한 적이 있다.	Y	N
120	음악이나 영화 등 대중문화에 관심이 많다.	Y	N
121	상대방의 장점을 잘 깨닫는 편이다.	Y	N
122	밝은 곳보다는 어두운 곳이 좋다.	Y	N
123	강한 인상의 사람은 대하기 어렵다.	Y	N
124	요리하는 것을 좋아한다.	Y	N
125	소설보다는 시가 좋다.	Y	N
126	이야기를 부풀려 말한 적이 있다.	Y	N
127	독특하다는 소리를 종종 듣는다.	Y	N
128	눈치가 빠른 편이다.	Y	N
129	리더의 자리는 부담스럽다.	Y	N
130	한번 결정을 내리면 번복하지 않는다.	Y	N
131	일이 계획대로 진행되어야 기분이 좋다.	Y	N
132	생각이 많아 잠을 이루지 못하는 경우가 많다.	Y	N
133	어떤 일의 잘못을 잘 찾아내는 편이다.	Y	N
134	늦게 일어나는 편이다.	Y	N

번호	질문	예	아니요
135	맡은 일이 잘 되는지 걱정되어 다른 일을 하지 못한다.	Y	N
136	결과보다는 과정이 중요하다고 생각한다.	Y	N
137	일을 완벽하게 처리하려고 노력하는 편이다.	Y	N
138	스스로 예민하다고 느낀다.	Y	N
139	논리적 일관성을 중요시한다.	Y	N
140	미래에 벌어질 일들에 대해 낙관적인 편이다.	Y	N
141	직설적인 표현을 자주 사용한다.	Y	N
142	스스로에게 매우 엄격한 잣대를 갖고 있다.	Y	N
143	옷차림에 신경을 많이 쓰는 편이다.	Y	N
144	돌다리도 두들겨 보고 건넌다.	Y	N
145	불을 보면 매혹된다.	Y	N
146	발생하지 않은 일에도 부정적인 생각을 하는 경우가 많다.	Y	N
147	궁지에 몰리면 공격적으로 되는 경우가 있다.	Y	N
148	즉흥적으로 행동하는 경우가 많다.	Y	N
149	바람직하지 않은 것은 빨리 잊어버린다.	Y	N
150	물품을 수집하는 것에 취미가 있다.	Y	N
151	나는 약자를 잘 감싸준다.	Y	N
152	주변 사람들에 대해 경계심을 늦추지 않는다.	Y	N
153	밤잠을 자지 못하는 경우는 거의 없다.	Y	N
154	다른 사람의 부탁을 받으면 거절할 수가 없다.	Y	N
155	변덕을 잘 부리는 편이다.	Y	N
156	사람들을 돕는 활동에 흥미를 갖고 있다.	Y	N
157	시간 약속은 정확히 지킨다.	Y	N
158	무엇보다 업무에 우선순위를 두는 편이다.	Y	N
159	예전으로 돌아가고 싶다는 생각을 자주 한다.	Y	N
160	스트레스를 자주 받는다.	Y	N
161	자랑하기를 좋아한다.	Y	N
162	일을 행할 때는 대담함이 중요하다.	Y	N
163	쉽게 상처받는 편이다.	Y	N
164	즉흥적으로 여행을 떠나는 편이다.	Y	N
165	애매한 입장에 처하는 것을 싫어한다.	Y	N
166	계획을 세우는 일은 즐겁다.	Y	N
167	누군가로부터 명확한 지침이 있는 업무가 좋다.	Y	N
168	질투심이나 독점욕이 강하다.	Y	N
169	낙담하거나 틀어 박혀 있는 경우가 가끔 있다.	Y	N
170	자기주장이 강한 편이다.	Y	N

번호	질문	예	아니요
171	일은 정성껏 주의를 기울여 한다.	Y	N
172	주변이 정돈되어 있지 않으면 불안하다.	Y	N
173	행동적인 것처럼 보이지만 부끄러움이 많다.	Y	N
174	성격이 과감하다는 소리를 종종 듣는다.	Y	N
175	공격보다는 수비하는 타입이다.	Y	N
176	누구에게나 친절하고 동정심이 많다.	Y	N
177	가족에게도 약한 모습을 보이지 않으려 하는 편이다.	Y	N
178	지나간 일에 후회를 많이 한다.	Y	N
179	때때로 공허한 느낌이 든다.	Y	N
180	남의 실수에 관대한 편이다.	Y	N
181	나의 기준에 맞추려다 일을 마치지 못하는 경우가 있다.	Y	N
182	나의 감정이나 생각을 숨기지 않고 표현한다.	Y	N
183	다른 사람이 나를 시기하는 것 같다.	Y	N
184	가치 없는 물건도 버리지 못하는 편이다.	Y	N
185	과정보다는 결과가 중요하다고 생각한다.	Y	N
186	사람들에게 칭찬을 받으면 때때로 당황한다.	Y	N
187	리더십은 오랜 시간에 걸쳐 개발되는 것이다.	Y	N
188	권력 자체에는 관심이 없다.	Y	N
189	모임에서 어떻게 하면 다른 사람들의 눈에 띌까 하고 생각한다.	Y	N
190	다른 사람을 위해 무언가 하는 것을 좋아한다.	Y	N
191	나를 좋아하는 사람만 골라 사귄다.	Y	N
192	가계부를 꼼꼼히 쓰는 편이다.	Y	N
193	지시하고 명령하는 것을 좋아한다.	Y	N
194	가끔 외롭다는 느낌이 든다.	Y	N
195	자기주장이 거의 없다.	Y	N
196	앞뒤를 가리지 않고 행동한 적이 있다.	Y	N
197	나의 감정을 과장되게 표현한다.	Y	N
198	목표가 분명해야 성취도가 높다.	Y	N
199	양심의 가책을 쉽게 느낀다.	Y	N
200	신체가 건강하다.	Y	N
201	나 자신에 대한 생각이나 이미지가 불안정하다.	Y	N
202	세세한 것까지 신경을 쓰는 편이다.	Y	N
203	질투심을 강하게 느껴 본 적이 없다.	Y	N
204	옆에서 누군가를 지원하는 편이 좋다.	Y	N
205	스포츠는 보는 것이 더 좋다.	Y	N
206	일이 남아 있어도 크게 신경 쓰지 않는다.	Y	N

번호	질문	예	아니요
207	거울을 보는 것을 좋아한다.	Y	N
208	신중한 사람이라는 말을 종종 듣는다.	Y	N
209	이야기에 논리성이나 설득력이 있는 편이다.	Y	N
210	다른 사람과는 타협하지 않는 편이다.	Y	N
211	여러 사람 속에 섞여 있는 것이 더 좋다.	Y	N
212	일기예보는 꼭 챙겨 본다.	Y	N
213	일을 맡아서 추진하기보다는 물러나서 지켜보는 타입이다.	Y	N
214	의리와 인정을 무엇보다 중요시 여긴다.	Y	N
215	상대방의 장점을 잘 깨닫는다.	Y	N
216	전망이 없는 일은 손대고 싶지 않다.	Y	N
217	손익을 생각해 가며 행동한다.	Y	N
218	해야 할 일이 있어도 몸 상태가 나쁘면 무리하지 않는다.	Y	N
219	이론적이기보다는 정서적인 편이다.	Y	N
220	민감하다는 소리를 종종 듣는다.	Y	N
221	평상시 감탄사를 자주 사용한다.	Y	N
222	나는 겸손한 사람이다.	Y	N
223	눈물이 많다.	Y	N
224	다른 사람들의 표정이나 말이 크게 신경 쓰인다.	Y	N
225	모임의 중심에 있지 않으면 불편하다.	Y	N
226	직감적으로 판단하는 편이다.	Y	N
227	때때로 열등감이 강하다고 느낀다.	Y	N
228	괴로울 때는 그냥 참는다.	Y	N
229	다른 사람이 하지 않는 일을 하고 싶다.	Y	N
230	자주 공상에 빠진다.	Y	N
231	개인적인 일은 남에게 쉽게 말하지 않는다.	Y	N
232	작은 일도 혼자서는 결정하지 못하는 편이다.	Y	N
233	모임에서 다른 사람에게 소개받는 편이다.	Y	N
234	지금의 나 자신에 대체로 만족한다.	Y	N
235	독특하다는 소리를 종종 듣는다.	Y	N
236	때때로 고독을 즐긴다.	Y	N
237	불가사의한 현상을 믿는다.	Y	N
238	특수한 것보다는 평범한 것이 좋다.	Y	N
239	결단력이 부족한 편이다.	Y	N
240	친구라도 믿지 못할 때가 있다.	Y	N
241	한 번도 싸워 본 적이 없다.	Y	N
242	돈 관리에 철저하다.	Y	N

번호	질문	예	아니요
243	계속 해 왔던 일을 하는 것은 지루하다.	Y	N
244	상대에게 잘 보이려고 하기 싫은 일을 할 때도 있다.	Y	N
245	과시하기를 좋아한다.	Y	N
246	이성의 호감을 사는 편이다.	Y	N
247	가끔 충동적인 생각이 든다.	Y	N
248	기억력이 좋지 않다.	Y	N
249	꿈을 거의 꾸지 않는다.	Y	N
250	다른 사람들에게 의지하는 것을 싫어한다.	Y	N
251	진보적인 성향에 가깝다.	Y	N
252	같은 행동을 반복하는 때가 많다.	Y	N
253	때때로 음흉한 면도 있다.	Y	N
254	토론에서 이길 자신이 있다.	Y	N
255	남의 잘못을 따지기를 좋아한다.	Y	N
256	가만히 앉아 있는 것을 좋아하지 않는다.	Y	N
257	개인적인 기분이 남에게 알려져도 크게 신경 쓰지 않는다.	Y	N
258	대문이 잠겼나 확인하지 않으면 불안하다.	Y	N
259	아침잠이 없는 편이다.	Y	N
260	확실한 답이 정해진 것이 좋다.	Y	N
261	의심이 많은 편이다.	Y	N
262	무엇이든 완벽해야 마음이 편하다.	Y	N
263	사람들 사이에서 외톨이가 될까 봐 항상 불안하다.	Y	N
264	독립적인 성향이 강하다.	Y	N
265	남을 위해 기꺼이 희생할 수 있다.	Y	N
266	스스로 노력형이라고 생각한다.	Y	N
267	자존심이 강하다.	Y	N
268	여성적인 면이 많다.	Y	N
269	한번 감정이 상하면 좀처럼 풀리지 않는다.	Y	N
270	무엇을 해야 한다는 말을 자주 한다.	Y	N
271	충동구매를 자주 한다.	Y	N
272	모임에서 두드러지는 것을 좋아한다.	Y	N
273	과거에 한 일을 후회하는 일이 거의 없다.	Y	N
274	조그만 자극에도 예민하다.	Y	N
275	전화번호를 잘 외운다.	Y	N
276	독서를 좋아한다.	Y	N
277	개인주의 내지 이기주의가 강한 편이다.	Y	N
278	종종 다른 사람과 자신을 비교하기도 한다.	Y	N

번호	질문	예	아니요
279	시작은 잘하나 마무리가 부족하다.	Y	N
280	과묵하고 신중한 편이다.	Y	N
281	좋은 일은 숨기는 편이다.	Y	N
282	주변 사람들의 고민 상담을 많이 해 준다.	Y	N
283	유머감각이 좋다는 이야기를 듣곤 한다.	Y	N
284	어떻게든 원하는 것을 갖는 편이다.	Y	N
285	불필요한 규칙이라도 정해지면 따라야 한다.	Y	N
286	다툼이 생기면 주로 중재하는 편이다.	Y	N
287	장래에 대해 걱정하지 않는다.	Y	N
288	선택의 여지가 많으면 결정하기가 어렵다.	Y	N
289	아침에 눈을 뜨면 긍정적인 태도로 하루를 시작한다.	Y	N
290	일을 조직적으로 수행하기가 어렵다.	Y	N
291	지루함을 견디지 못한다.	Y	N
292	새로운 일을 시작하기까지 오랜 시간이 걸린다.	Y	N
293	높은 곳에 올라가는 것이 두렵다.	Y	N
294	다른 사람들의 시선을 심하게 의식한다.	Y	N
295	전쟁이 날까 봐 걱정하는 때가 많다.	Y	N
296	남을 속여 본 적이 없다.	Y	N
297	실패한 일은 머리에 오래 남는다.	Y	N
298	심야에 잠이 깨고 나면 좀처럼 잠들지 못한다.	Y	N
299	사람을 만나는 것이 귀찮게 느껴진다.	Y	N
300	사소한 일에 지나치게 얽매이는 일이 종종 있다.	Y	N
301	호기심이 강하다.	Y	N
302	몸을 움직이는 것이 귀찮다.	Y	N
303	부탁을 받으면 거절하지 못한다.	Y	N
304	완고하다는 소리를 자주 듣는 편이다.	Y	N
305	의견 다툼이 잦은 편이다.	Y	N
306	사교적인 모임을 즐기는 편이다.	Y	N
307	상대의 태도에 민감하게 반응한다.	Y	N
308	혼자서 행동할 때가 많다.	Y	N
309	한 번도 변명을 한 적이 없다.	Y	N
310	대수롭지 않은 일에도 초조할 때가 있다.	Y	N
311	주위 친구들의 소식을 나중에 아는 경우가 많다.	Y	N
312	자주 신경질이 난다.	Y	N
313	의견을 말하기 앞서 깊게 생각한다.	Y	N
314	능력 있는 사람이라는 소리를 듣고 싶다.	Y	N

번호	질문	예	아니요
315	내가 좋다면 법칙과 원리는 중요하지 않다.	Y	N
316	이웃과 잘 지낸다.	Y	N
317	일정이 늦더라도 확실하게 일을 해야 한다.	Y	N
318	조용하고 느리게 말하는 편이다.	Y	N
319	변화된 환경에도 잘 적응하는 편이다.	Y	N
320	보통 한 가지 일에 몰두하는 편이다.	Y	N
321	때때로 속도와 경쟁의 삶에 지친다.	Y	N
322	집에서 가만히 있는 것을 좋아한다.	Y	N
323	파티는 미리 계획하고 준비한다.	Y	N
324	처음 보는 사람도 나에게 쉽게 접근하는 것 같다.	Y	N
325	부정이나 대충 넘어가는 일을 용납하지 않는다.	Y	N
326	암산을 잘하는 편이다.	Y	N
327	갖고 싶은 물건이 많다.	Y	N
328	소문에는 흥미가 없다.	Y	N
329	새로운 것을 배우는 일이 즐겁다.	Y	N
330	이유 없이 몸이 아플 때가 자주 있다.	Y	N
331	계획된 행사에 참여하는 것을 좋아한다.	Y	N
332	개성이 뚜렷하다는 말을 자주 듣는다.	Y	N
333	발표력이 좋다고 생각한다.	Y	N
334	실제의 경험이 중요하다.	Y	N
335	남을 설득할 자신이 있다.	Y	N
336	정해진 절차를 따르기 어렵다.	Y	N
337	방해나 간섭받는 것을 싫어한다.	Y	N
338	끈기 있다는 말을 듣는다.	Y	N
339	바로 직전에 약속을 취소할 때가 자주 있다.	Y	N
340	뭐든지 잘될 것이라 생각한다.	Y	N
341	가위에 눌린 적이 많다.	Y	N
342	삶을 사는 것이 지루하게 느껴진다.	Y	N
343	한 가지 일이나 주제에 깊이 빠진다.	Y	N
344	종말에 대해 생각해 본 적이 있다.	Y	N
345	화가 나면 참을 수가 없다.	Y	N
346	남이 바라보는 내 모습이 신경 쓰인다.	Y	N
347	나는 고독함을 잘 안다.	Y	N
348	명성을 가지고 싶다.	Y	N
349	내 주위엔 사람들이 많다.	Y	N
350	내 가정생활에 만족한다.	Y	N

번호	질문	예	아니오
351	가족이나 친구들과 말다툼을 해 본 적이 없다.	Y	N
352	때때로 사람들이 이해할 수 없는 말이나 행동을 한다.	Y	N
353	나쁜 감정을 좋은 방향으로 풀려고 노력한다.	Y	N
354	나는 돈을 좋아한다.	Y	N
355	나는 요리하는 것을 좋아한다.	Y	N
356	시간이 흘러가는 것에 대해 신경 쓰지 않는다.	Y	N
357	타인에게 상처를 줄까 봐 겁이 난다.	Y	N
358	고소공포증이 있다.	Y	N
359	나는 사람을 끌어당기는 힘이 있다.	Y	N
360	선정적인 뉴스를 보는 것을 좋아한다.	Y	N
361	나의 라이벌은 내 자신이다.	Y	N
362	남을 조종한 적이 있다.	Y	N
363	의도치 않게 일이 꼬일 때가 많다.	Y	N
364	나는 귀가 얇은 편이다.	Y	N
365	다시 태어나고 싶다는 생각을 많이 한다.	Y	N
366	나는 재벌을 부러워한다.	Y	N
367	나는 지금이 가장 행복하다.	Y	N
368	타인으로부터 이기적이라는 말을 들어 봤다.	Y	N
369	장점보다는 단점이 먼저 눈에 들어온다.	Y	N
370	먹는 것을 매우 좋아한다.	Y	N
371	어떤 생각이 머릿속을 떠나지 않은 적이 있다.	Y	N
372	나는 대체적으로 건강한 편이다.	Y	N
373	나는 학창시절에 교무실에 불려간 적이 한 번도 없다.	Y	N
374	나는 내 자신을 꾸미는 데 투자를 많이 한다.	Y	N
375	여기저기에 관심이 많다.	Y	N
376	나는 인맥 관리를 잘한다.	Y	N
377	세상일이 지루하게 느껴진다.	Y	N
378	나는 동식물을 보살피는 데 능숙하다.	Y	N
379	누군가에게 지적을 당하면 참을 수가 없다.	Y	N
380	나는 몸을 움직이는 것을 좋아한다.	Y	N
381	나는 어디에서나 당당하게 내 자신을 소개한다.	Y	N
382	나는 간접화법을 자주 사용한다.	Y	N
383	나는 사람을 좋아한다.	Y	N
384	나는 미적으로 예민하다.	Y	N
385	타인의 관심을 받기 위해 애쓴 적이 있다.	Y	N
386	비정상적인 성적 호기심을 느껴 본 적이 없다.	Y	N

02　인적성평가 예시문항 B형

※ 다음에 제시된 4개의 문항을 읽고 각 문항에 대해 '전혀 그렇지 않다'고 생각하면 ①번 방향으로, '매우 그렇다'고 생각하면 ⑤번 방향으로 체크하시오. 그리고 4개의 문항 중 자신과 가장 가까운 문항 1개, 가장 먼 문항 1개를 각각 선택하여 체크하시오.

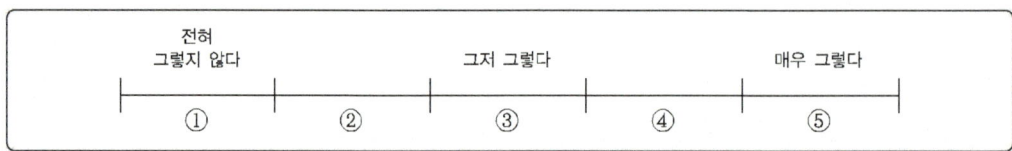

문 항	응답 1 ① ② ③ ④ ⑤	응답 2 가깝다	멀 다
나는 신경질적인 사람이라고 생각한다.	☐ ☐ ☐ ☐ ☐		
어떠한 일에 대해 끙끙거리며 깊게 생각하는 편이다.	☐ ☐ ☐ ☐ ☐		
기분파라는 말을 자주 듣는다.	☐ ☐ ☐ ☐ ☐		
감정의 기복이 심한 편이다.	☐ ☐ ☐ ☐ ☐		

문 항	응답 1 ① ② ③ ④ ⑤	응답 2 가깝다	멀 다
나는 지나고 나서 후회하는 일이 많다.	☐ ☐ ☐ ☐ ☐		
나는 자신감이 넘쳐난다.	☐ ☐ ☐ ☐ ☐		
수비보다는 공격하는 타입이다.	☐ ☐ ☐ ☐ ☐		
나는 성격이 능동적인 편이다.	☐ ☐ ☐ ☐ ☐		

문 항	응답 1 ① ② ③ ④ ⑤	응답 2 가깝다	멀 다
주위에서 빈틈이 없다는 말을 자주 듣는다.	☐ ☐ ☐ ☐ ☐		
타인으로부터 배려심 있다는 말을 자주 듣는 편이다.	☐ ☐ ☐ ☐ ☐		
주변 환경을 받아들이고 쉽게 적응하는 편이다.	☐ ☐ ☐ ☐ ☐		
사람들과 쉽게 친해지는 편이다.	☐ ☐ ☐ ☐ ☐		

제2장 인적성평가 예시문항

문 항	응답 1 ① ② ③ ④ ⑤	응답 2 가깝다 / 멀 다
나는 솔직하다고 생각한다.	☐ ☐ ☐ ☐ ☐	
혼자 있고 싶은 적이 많은 편이다.	☐ ☐ ☐ ☐ ☐	
욕심이 없는 편은 아니다.	☐ ☐ ☐ ☐ ☐	
사람들을 쉽게 믿는 편이다.	☐ ☐ ☐ ☐ ☐	

문 항	응답 1 ① ② ③ ④ ⑤	응답 2 가깝다 / 멀 다
같은 문제에서도 다른 사람보다 상처를 잘 받는 편이다.	☐ ☐ ☐ ☐ ☐	
어떤 상황에서도 변명하고자 말을 둘러댄 적이 없다.	☐ ☐ ☐ ☐ ☐	
부끄러워서 얼굴을 붉히지 않을까 걱정된 적이 있다.	☐ ☐ ☐ ☐ ☐	
사람들 앞에서 당당한 편이다.	☐ ☐ ☐ ☐ ☐	

문 항	응답 1 ① ② ③ ④ ⑤	응답 2 가깝다 / 멀 다
주변에서 나를 독특하다고 한다.	☐ ☐ ☐ ☐ ☐	
어떠한 일이든 열심히 하려고 생각한다.	☐ ☐ ☐ ☐ ☐	
거짓말을 한 적이 한 번도 없다.	☐ ☐ ☐ ☐ ☐	
다른 사람에게 자기자랑을 하는 편이다.	☐ ☐ ☐ ☐ ☐	

문 항	응답 1 ① ② ③ ④ ⑤	응답 2 가깝다 / 멀 다
아주 세세한 것까지 신경 쓰는 편이다.	☐ ☐ ☐ ☐ ☐	
아무것도 하기 싫은 적이 자주 있다.	☐ ☐ ☐ ☐ ☐	
이유 없이 물건을 부수거나 망가뜨리고 싶은 적이 있다.	☐ ☐ ☐ ☐ ☐	
차분한 편이다.	☐ ☐ ☐ ☐ ☐	

문 항	응답 1 ① ② ③ ④ ⑤	응답 2 가깝다	멀 다
반대가 있더라도 자신감을 가지고 행동하는 편이다.	☐ ☐ ☐ ☐ ☐		
출세를 위해서라면 남에게 반감을 사더라도 감수한다.	☐ ☐ ☐ ☐ ☐		
다른 사람이 나를 어떻게 평가하는지 신경 쓰인다.	☐ ☐ ☐ ☐ ☐		
모든 일에 적극적으로 임한다.	☐ ☐ ☐ ☐ ☐		

문 항	응답 1 ① ② ③ ④ ⑤	응답 2 가깝다	멀 다
다른 사람보다 의지가 약한 편이라 생각한다.	☐ ☐ ☐ ☐ ☐		
나는 개성이 강하다고 생각한다.	☐ ☐ ☐ ☐ ☐		
무슨 일이든 바로 작업에 들어간다.	☐ ☐ ☐ ☐ ☐		
일을 시작하기 전에 구체적인 계획을 세운다.	☐ ☐ ☐ ☐ ☐		

문 항	응답 1 ① ② ③ ④ ⑤	응답 2 가깝다	멀 다
다른 사람을 의심한 적이 없다.	☐ ☐ ☐ ☐ ☐		
남의 눈을 의식하는 편이다.	☐ ☐ ☐ ☐ ☐		
이성보다 감성에 쉽게 이끌리는 편이다.	☐ ☐ ☐ ☐ ☐		
감정이 풍부하다.	☐ ☐ ☐ ☐ ☐		

문 항	응답 1 ① ② ③ ④ ⑤	응답 2 가깝다	멀 다
교제하는 것은 번거로운 것이다.	☐ ☐ ☐ ☐ ☐		
귀여움받는 것보다 다른 사람을 귀여워해 주고 싶다.	☐ ☐ ☐ ☐ ☐		
남을 원망하거나 증오했던 적이 없다.	☐ ☐ ☐ ☐ ☐		
대부분 사람을 좋아하는 편이다.	☐ ☐ ☐ ☐ ☐		

제2장 인적성평가 예시문항

문 항	응답 1 ① ② ③ ④ ⑤	응답 2 가깝다	멀 다
작은 일에도 신경을 많이 쓰는 편이다.	☐ ☐ ☐ ☐ ☐		
기분이 쉽게 변한다는 말을 자주 듣는다.	☐ ☐ ☐ ☐ ☐		
주변이 어리석게 느껴질 때가 있다.	☐ ☐ ☐ ☐ ☐		
매사에 진지하게 임한다.	☐ ☐ ☐ ☐ ☐		

문 항	응답 1 ① ② ③ ④ ⑤	응답 2 가깝다	멀 다
지는 것은 끔찍이도 싫다.	☐ ☐ ☐ ☐ ☐		
기분이 안 좋아도 짜증 내지 않는다.	☐ ☐ ☐ ☐ ☐		
내가 하는 일은 어딘가 불안하다.	☐ ☐ ☐ ☐ ☐		
맡은 일은 무조건 성공시켜야 한다.	☐ ☐ ☐ ☐ ☐		

문 항	응답 1 ① ② ③ ④ ⑤	응답 2 가깝다	멀 다
하지 않아도 되는 고생을 만들어서 하는 편이다.	☐ ☐ ☐ ☐ ☐		
내가 원하는 대로 살고 싶다고 생각한 적이 많다.	☐ ☐ ☐ ☐ ☐		
나보다 뛰어나게 잘난 사람은 없다고 생각한다.	☐ ☐ ☐ ☐ ☐		
다른 사람보다 뛰어난 사람이 되고 싶다.	☐ ☐ ☐ ☐ ☐		

문 항	응답 1 ① ② ③ ④ ⑤	응답 2 가깝다	멀 다
무슨 일이든 도전적인 편이다.	☐ ☐ ☐ ☐ ☐		
공부를 잘하고 싶은 생각이 없다.	☐ ☐ ☐ ☐ ☐		
무엇이든지 자기가 나쁘다고 생각한다.	☐ ☐ ☐ ☐ ☐		
살고 싶지 않을 때가 있다.	☐ ☐ ☐ ☐ ☐		

문 항	응답 1 ① ② ③ ④ ⑤	응답 2 가깝다	멀 다
쉽게 마음이 바뀌는 편이다.	☐ ☐ ☐ ☐ ☐		
어떤 일이든 나의 의견은 반드시 있다.	☐ ☐ ☐ ☐ ☐		
목표는 높을수록 좋다고 생각한다.	☐ ☐ ☐ ☐ ☐		
도전하는 일이 좋다.	☐ ☐ ☐ ☐ ☐		

문 항	응답 1 ① ② ③ ④ ⑤	응답 2 가깝다	멀 다
화가 나도 욕설은 하고 싶지 않다.	☐ ☐ ☐ ☐ ☐		
별걱정을 다 한다는 소리를 듣는다.	☐ ☐ ☐ ☐ ☐		
일이 잘되지 않으면 나에게 책임이 있는 것 같다.	☐ ☐ ☐ ☐ ☐		
남이 잘되면 배가 아프다.	☐ ☐ ☐ ☐ ☐		

문 항	응답 1 ① ② ③ ④ ⑤	응답 2 가깝다	멀 다
그때그때의 기분으로 행동하는 경우가 많다.	☐ ☐ ☐ ☐ ☐		
여러 사람 앞에서도 편안하게 의견을 제시할 수 있다.	☐ ☐ ☐ ☐ ☐		
마음에 들지 않더라도 행동하는 편이다.	☐ ☐ ☐ ☐ ☐		
토론 시 다른 사람을 무조건 이기려고 노력한다.	☐ ☐ ☐ ☐ ☐		

문 항	응답 1 ① ② ③ ④ ⑤	응답 2 가깝다	멀 다
타인에게 상처가 되는 말을 한 적이 한 번도 없다.	☐ ☐ ☐ ☐ ☐		
비가 많이 오면 홍수가 날까 봐 걱정한다.	☐ ☐ ☐ ☐ ☐		
이 세상에 혼자 남겨졌다고 생각한 적이 많다.	☐ ☐ ☐ ☐ ☐		
날씨가 흐리면 우울하다.	☐ ☐ ☐ ☐ ☐		

문 항	응답 1 ① ② ③ ④ ⑤	응답 2 가깝다 / 멀다
오래 집중하지 못하고 한눈파는 경우가 많다.	☐ ☐ ☐ ☐ ☐	☐ ☐
일을 시작할 때 빨리 착수하는 편이다.	☐ ☐ ☐ ☐ ☐	☐ ☐
어떤 일에도 적극적으로 행동한다.	☐ ☐ ☐ ☐ ☐	☐ ☐
일하지 않으면 삶에 의욕이 없다.	☐ ☐ ☐ ☐ ☐	☐ ☐

문 항	응답 1 ① ② ③ ④ ⑤	응답 2 가깝다 / 멀다
혼자 있는 것을 즐긴다.	☐ ☐ ☐ ☐ ☐	☐ ☐
사회적인 이슈에 민감한 편이다.	☐ ☐ ☐ ☐ ☐	☐ ☐
처음 만난 사람의 이름을 잘 기억하는 편이다.	☐ ☐ ☐ ☐ ☐	☐ ☐
새로운 사람을 만나는 것이 흥분된다.	☐ ☐ ☐ ☐ ☐	☐ ☐

문 항	응답 1 ① ② ③ ④ ⑤	응답 2 가깝다 / 멀다
다양한 동아리 활동 경험이 있다.	☐ ☐ ☐ ☐ ☐	☐ ☐
모임에서 분위기를 주도하는 편이다.	☐ ☐ ☐ ☐ ☐	☐ ☐
나의 취미는 대부분 집안에서 하는 것들이다.	☐ ☐ ☐ ☐ ☐	☐ ☐
주변이 조용한 것이 좋다.	☐ ☐ ☐ ☐ ☐	☐ ☐

문 항	응답 1 ① ② ③ ④ ⑤	응답 2 가깝다 / 멀다
새로운 사람을 만나는 것이 귀찮다.	☐ ☐ ☐ ☐ ☐	☐ ☐
한 방면에서 1인자가 되고자 한다.	☐ ☐ ☐ ☐ ☐	☐ ☐
법률은 어떠한 일이 있더라도 어기지 않는다.	☐ ☐ ☐ ☐ ☐	☐ ☐
나쁜 일을 한 적이 없다.	☐ ☐ ☐ ☐ ☐	☐ ☐

MEMO

제3편
NCS 기반 서류·면접전형

제1장 서류전형
제2장 면접전형

01 》 서류전형

01 지역농협 서류전형

1 블라인드 채용

지역농협의 입사지원서 및 자기소개서에는 학력, 학점, 어학, 자격증 등을 기재할 수 있는 공간이 없고 경력사항을 기재하는 과정에서 성명이나 학교명, 가족관계 등을 노출시키지 않도록 안내하고 있다. 그럼에도 서류 전형에서 합격과 불합격이 갈린다는 것은 자기소개서의 내용이 심사에 큰 영향을 준다는 의미가 된다.

2 서류전형 과정

NCS 블라인드 채용 기준에 부합하는 입사지원서를 제출하고 가까운 시일 후 온라인을 통하여 1차 인적성 검사를 시행한다.(지역농협 계약직 1년 이상 재직 중인 자의 경우 서류전형 및 1차 인적성 검사 면제) 이후 서류합격자를 발표하며 서류합격 배수는 시기와 지원 지역 등, 채용 규모에 따라 5, 7, 10배수 등으로 달라질 수 있다.

02 자기소개서

1 자기소개서의 구성요건

(1) 형식적 요건

① 어휘·어법 사용의 정확성
  ㉠ '나', '저'라는 1인칭 주어는 특별한 경우가 아니면 쓰지 않는 것이 좋다.
  ㉡ 한자어나 전문 용어는 확실히 아는 것만 사용한다.
  ㉢ 단조로움을 피하고자 한 문장 안에서 같은 단어를 반복하지 않는다.
  ㉣ 주어나 서술어 앞에 긴 수식어는 되도록 쓰지 말고 간결하게 제시하는 것이 좋다.
  ㉤ 간결한 문장으로 내용을 전개하고 글의 흐름을 자연스럽게 하려면 지시어나 접속어를 적절하게 사용한다.

② 구조의 통일성 및 일관성
  ㉠ 개요를 짤 때는 자신의 미래상을 기준(결론)으로 이에 적합한 사례를 엮어 나간다.
  ㉡ 항목별로 내용을 제시하되 타 항목에서 언급했던 것은 서술하지 않도록 한다.
  ㉢ 각 단락의 서두에 주제문을 배치하여 주요 내용을 돋보이게 한다.
  ㉣ 제출 서류의 내용과 통일성을 유지한다.
  ㉤ 자기소개서에서 설명한 자신의 성격과 문장 표현을 일치하도록 한다. 예를 들어 자신의 성격을 적극적·능동적·진취적이라고 설명했다면 '~이다', '~한다', '~라고 믿는다' 등 자신감을 드러내는 표현을 구사하는 것이 좋다.

(2) 내용적 요건

① **주제의 통일성** : 주제의 통일성을 위해 미리 작성된 개요에 따라 내용을 전개한다.
② **업무의 적합성** : 지원하는 기업 및 분야에서 필요로 하는 인재가 자신이라는 것을 부각한다.
③ **미래지향적 준비성** : 해당 분야에 지원하기 위해 지금까지 준비해 온 것들을 일목요연하게 정리한다. 미래의 자신을 위해 어떤 투자와 준비를 할 것인지도 드러낼 수 있어야 한다.
④ **과정의 구체성** : 경험의 구체적인 사례와 일화를 통해 자신의 주장에 설득력을 부여한다.
⑤ **사실의 객관성** : 단점을 장점처럼, 장점을 단점처럼 쓰지 않는다.
⑥ **내용의 진솔성** : 자신의 감정을 절제하면서 진솔한 마음을 담아 글을 전개한다.
⑦ **논리적 타당성** : 글의 전개가 논리적일 수 있도록 주장과 논거가 타당해야 한다.

2 지역농협 6급 자기소개서 항목 기출

2024년 하반기
1. 현재 지원하는 직무 분야에서 자신을 발전시키기 위해 노력해온 부분을 설명하고, 그러한 노력이 농협에서 업무를 수행하는 데 어떻게 활용될 수 있을지 기술하시오.
2. 공동의 목표 달성을 위해 난관을 극복했던 경험을 제시하고, 해당 경험이 본인이 지원한 직무에서 어떤 영향을 미칠 수 있을지 기술하시오.
3. 변화와 혁신을 위해 본인이 생각하는 가장 중요한 가치나 원칙은 무엇이며, 그것을 바탕으로 농협에서 업무를 수행하게 된다면 어떠한 변화를 이끌어 올 수 있는지 기술하시오.
4. 농협을 지원하게 된 이유를 개인적인 경험이나 가치관과 결부시켜 설명하고, 이를 통해 농협에서 어떤 목표를 이루고 싶은지 구체적으로 기술하시오.
5. 농협이 추구하는 핵심 가치와 목표가 지역 사회에 어떤 영향을 미치고 있는지 본인의 경험을 바탕으로 설명하고, 이 가치를 발전시키기 위한 본인의 역할은 무엇일지 기술하시오.

2024년 상반기
1. 본인 스스로 개인의 발전을 위해 지속적으로 노력하고 있는 부분과 이러한 노력이 농협의 어떤 직무에서 긍정적인 결과를 가져올 수 있는 지 사례를 들어 기술하시오(500자 공백제외)
2. 다른 사람들과의 협력을 통해 성공적으로 문제를 해결한 경험을 제시하고, 이 과정에서 본인만의 노하우나 성공적인 협력을 이루기 위해 취한 전략에 대해서 기술하시오. (500자 공백제외)
3. 조직 내에서 본인이 주도적으로 변화를 시도했던 경험과 해당 경험이 농협에서 어떠한 긍정적인 영향을 끼칠 수 있는지 기술하시오.(500자 공백제외)
4. 농협의 미션 및 비전, 가치와 자신의 가치관을 바탕으로 지원자가 농협에서 이루고자 하는 목표를 구체적으로 기술하시오. (500자 공백제외)
5. 농협이 농업·농촌의 미래 성장동력을 창출하기 위해 필요한 경쟁력은 무엇이며, 이러한 경쟁력을 확보하기 위해 본인의 어떠한 점이 강점으로 발휘될 수 있을지 기술하시오. (공백제외 500자)

2023년 하반기
1. 본인의 부족한 점을 보완하기 위해 오랜 시간 지속해서 노력했던 활동은 무엇이고, 그러한 활동으로 인해 얻은 교훈 및 결과가 농협에서 어떻게 발휘할 수 있을지 기술하시오.(공백제외 500자)
2. 본인의 성향 또는 가치관과 상반되는 사람과 협력하여 일을 추진했던 상황에서 가장 힘들었던 점은 무엇이고, 그것을 극복하기 위하여 어떠한 노력을 하였는지 기술하시오.(공백제외 500자)
3. 본인이 소속한 집단에서 오랜 시간 관행적으로 수행했던 기존 방식의 변화가 필요했던 상황을 제시하고, 그 변화를 주도하여 좋은 성과를 얻었던 경험을 기술하시오.(공백제외 500자)
4. 농협에 입사하여 구체적으로 하고 싶은 일은 무엇이고, 그 일을 남들보다 잘 할 수 있는 차별화된 본인만의 보유 역량(경력, 경험, 지식 등)과 강점은 무엇이 있을지 기술하시오.(공백제외 500자)
5. 농협인이 가져야 할 가장 중요한 직업윤리는 무엇이라 생각하는지 제시하고, 그렇게 생각하는 이유를 최근 농협의 이슈와 연관지어 기술하시오.(공백제외 500자)

2023년 상반기

1. 본인이 평소 꾸준하게 자기개발을 위해 노력하고 있는 것을 제시하고, 이러한 노력이 다른 사람에 비하여 두각을 나타내어 큰 성과를 얻었던 경험을 기술하시오.(공백제외 500자)
2. 본인과 다른 성향을 가진 구성원들과 공동의 성과를 달성하기 위해 활동한 경험에 대해 어떤 부분에서 어려움을 겪었으며, 이를 극복하고자 어떤 노력을 하였는지 기술하시오.(공백제외 500자)
3. 본인이 속한 집단에서 현재 상황을 개선하기 위해 주도적으로 새로운 변화를 시도하여 좋은 성과를 얻은 경험을 기술하고 이를 통해 얻은 교훈은 무엇인지 기술하시오.(공백제외 500자)
4. 농협에 입사하는 것이 본인 개인한테 어떤 의미가 있으며, 입사 후 농협의 비전과 개인의 비전을 상생할 수 있는 실천계획을 기술하시오.(공백제외 500자)
5. 농협이 농업·농촌과 동반 성장하기 위해 가장 중요한 역할은 무엇이며, 이러한 역할에서 본인의 어떠한 역량을 통하여 기여할 수 있는지 구체적으로 기술하시오.(공백제외 500자)

2022년 하반기

1. 농협인이 되기 위하여 본인만이 가지고 있는 차별화 된 강점은 무엇이며, 이를 얻기 위하여 어떤 준비와 과정을 거쳤는지 경험에 근거하여 기술하시오.(공백제외 500자)
2. 어떤 사안에 대해 이해관계자들끼리 갈등을 겪었던 사례를 제시하고, 우호적인 관계를 형성하기 위해 노력했던 경험을 기술하시오.(공백제외 500자)
3. 자신을 변화시켜 한 단계 성장하게 한 사건이나 경험은 무엇이며, 이를 통해 얻은 결과와 교훈은 무엇인지 기술하시오.(공백제외 500자)
4. 농협에 지원하기 위해 준비했던 활동 및 노력은 무엇인지 구체적인 사례를 제시하고, 본인이 농협에 기대했던 모습과 입사 후 차이가 있을 때 어떻게 할 것인지 기술하시오.(공백제외 500자)
5. 귀하가 알고 있는 농협의 디지털 기반의 금융 또는 유통 서비스를 소개하고, 이 서비스가 금융 또는 유통 산업에서 경쟁력을 가지기 위하여 어떤 발전이 필요하다고 생각되는지 본인의 경험을 토대로 의견을 기술하시오.(공백제외 500자)

03 서류전형 일반

1 NCS 기반 입사지원서

(1) 특 징

과거 입사지원서는 해당 직무 및 실제 업무 수행과 직접적인 관련이 없는 사항(예 사진, 나이, 출신학교 등)을 기입하도록 되어 있었으나 NCS 기반 입사지원서는 직무와 관련하여 필요한 최소한의 개인정보, 그리고 직무 관련 능력을 파악할 수 있는 사항들로 이루어지도록 변화하였다.

기존 지원서	직무 기반 입사지원서
직무와 관련 없는 개인신상, 학점, 어학점수, 자격, 수상경력 등을 나열 →	해당 직무수행에 꼭 필요한 정보들을 제시할 수 있도록 구성

(2) 구 성

인적사항, 교육사항, 자격사항, 경력 및 경험사항 네 가지로 구성되어 있다.

[NCS 기반 입사지원서 구성요소]

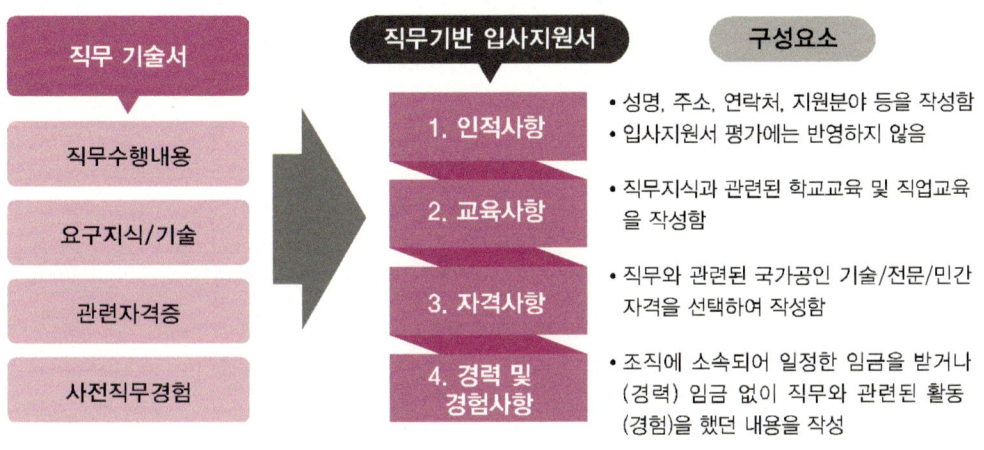

① **인적사항** : 기관의 특성에 따라 필기전형, 면접전형 혹은 입사 시 지원자를 구별하기 위해 필요한 최소한의 정보만을 요구한다.
② **교육사항** : 직무와 관련된 학교 교육이나 직업교육 혹은 기타교육 등 직무에 대한 지원자의 관심 등을 평가하기 위한 항목이다.
③ **자격사항** : 채용공고문 및 '직무 설명자료'에 제시되어 있는 자격 현황을 토대로 지원자가 해당직무를 수행하는 데 필요한 능력을 가지고 있는지를 판단하기 위한 항목이다.
④ **경력 및 경험사항** : 자기소개서 혹은 경험기술서를 통해서 직무와 관련된 경력이나 경험 여부를 표현하도록 하여 직무와 관련한 능력을 갖추었는지를 평가 하는 부분이다.

구분	내용
경력	금전적 보수를 받고 일정기간 동안 일했던 경우
경험	금전적 보수를 받지 않고 수행한 활동

⑤ **직무능력소개서** : NCS 기반 입사지원서에서 적도록 되어있는 경력 혹은 경험사항에 대한 보다 구체적이고 자세한 설명을 통해 직무와 관련된 능력을 표현하도록 하기 위하여 직무능력소개서를 작성할 수 있다.

[블라인드 채용 입사지원서 예시]

공공기관 입사지원서 예시(안)

1. 인적사항

지원구분	신입 ( ), 경력 ( )	지원직무		접수번호	
성명	(한글)				
현주소					
연락처	(본인휴대폰)	전자우편			
	(비상연락처)				
최종학교 소재지	* 지역인재 우대 응시자	가점항목	☐ 장애대상		☐ 보훈대상

2. 교육사항

* 지원직무 관련 과목 및 교육과정을 이수한 경우 그 내용을 기입해 주십시오.

교육구분	과목명 및 교육과정	교육시간
☐ 학교교육 ☐ 직업훈련 ☐ 기타		

직무관련 주요내용

3. 자격사항

* 지원직무 관련 국가기술/전문자격, 국가공인민간자격을 기입해 주십시오.

자격증명	발 급 기 관	취득일자	자격증명	발 급 기 관	취득일자

4. 경험 혹은 경력사항

* 지원직무 관련 경험 혹은 경력사항을 기입해 주십시오.

구분	소속조직	역할	활동기간	활동내용
☐ 경험 ☐ 경력				

* 직무활동, 동아리/동호회, 팀 프로젝트, 연구회, 재능기부 등이 주요 직무경험을 서술하여 주십시오.

직무관련 주요내용

위 사항은 사실과 다름이 없음을 확인합니다

지원날짜 :

지 원 자 : _____ (인)

2 NCS 기반 자기소개서

(1) 예전 자기소개서
기존의 자기소개서는 지원자의 일대기나 관심 분야, 성격의 장단점 등 개괄적인 사항을 묻는 질문으로 구성되어 있는 경우가 많아 지원자가 자신의 직무능력을 제대로 표출하지 못하였다.

(2) NCS 기반 자기소개서
NCS 기반 자기소개서는 채용공고 단계의 '직무 설명자료'에서 제시되는 직업기초능력과 직무 수행능력을 측정하기 위해 필요한 질문들로 구성되어 있다.

02 》면접전형

01 면접의 개요

1 지역농협의 면접전형

(1) 개 요

NCS 기반 면접전형은 채용공고 단계의 '직무 설명자료'에서 제시되는 직무능력을 지원자가 갖추었는지를 다양한 면접기법으로 평가한다. 지역농협 채용은 기본적으로 NCS를 바탕으로 이뤄지는 만큼 면접전형 또한 NCS를 기반으로 하되, 농협 특유의 성격과 관련된 요소를 가미하고 있다.

(2) 종 류

주요 유형으로는 크게 집단면접과 주장면접으로 구분된다.

구분		내용
집단면접	인성면접	응시자의 간략한 신상이나 배경, 가치관, 조직이나 집단에 대한 적응능력, 그 외에 자기소개서와 연계되는 경험과 관련한 질문들을 한다.
	상식면접	농협이 수행하는 업무나 경제·시사 상식에 관련한 질문을 한다.
주장면접		농협 또는 농업, 농민과 관계있는 사회적 이슈와 관련하여 문제점과 해결책에 대해 질문한다.

2 블라인드 면접

(1) NCS 기반 면접전형에서는 블라인드 면접을 시행하며 이는 외적인 요소가 면접에 관여하지 않도록 하기 위함이다.

(2) 응시자를 특정할 수 있을 만한 구체적인 인적사항(출신지, 출신 학교, 학력, 가족관계 등)을 면접위원에게 제공하지 않으며, 면접과정에서 이러한 사항들을 어필해서는 안 된다. 면접위원도 이에 대해 응시자에게 묻지 않도록 사전교육을 한다.

(3) 직무와 관련되어 구조화된 질문으로 지원자를 평가한다.

3 구조화 면접

(1) 구조화 면접은 면접관이 사전에 표준화된 질문들을 모든 지원자들에게 동일하게 하여 각 지원자들이 어떻게 답변했는지를 두고 객관적으로 평가하는 것이다.
(2) 구조화 면접은 주로 경험을 묻고 그 답변에 이어지는 꼬리를 무는 질문을 던지는 형태로 진행되는 경우가 많다.

02 면접의 상세

1 면접의 준비

(1) 인성면접

인성면접에서는 응시자의 인성, 태도, 가치관 등을 확인하기 위해 주로 과거의 경험과 관련한 사례들을 많이 묻는다. 응시자들에게 공통으로 묻는 질문과 개인별로 묻는 질문을 합하여 적게는 2개에서 5개까지 질문하는 등, 면접위원에 따라 차이가 큰 편이다. 인성면접에 나올 수 있는 질문은 자기소개나 스스로의 장단점 등의 단순한 질문부터 갈등 해결, 성과를 얻은 경험 같이 자기소개서에서도 종종 출제되는 정형적 질문까지 다양하다. 최근에는 응시자의 유튜브 시청 경험과 관련된 질문처럼 미리 준비하기 어려운 독특한 질문도 간혹 나오는 편이다. 제출한 자기소개서의 내용에 벗어나지 않도록 일관된 가치관을 바탕으로 사례를 준비하되, 가능한 농협이 바라는 실무와 자신의 경험을 연관 지어서 말할 수 있도록 준비할 필요가 있다.

(2) 상식면접

상식면접은 주로 농협이 수행하고 있는 여러 가지 업무나 시사·경제적 상식에 관하여 응시자가 알고 있는지 여부를 확인하는 목적으로 수행한다. 보통 1~2개 정도는 묻는 편이지만 상식면접 관련 질문을 아예 하지 않고 넘어갔다는 사례도 있다. 최근에 이슈가 되는 키워드를 위주로 하여 질문하며 그 키워드로는 신조어, IT관련, 금융관련이 단골로 출제되는 편이다. 해당 키워드의 정의뿐 아니라 그 키워드가 어째서 부각되었는지, 사회에 어떠한 영향을 미치는 지와 같이 환경적 요소와 함께 대답할 수 있다면 더욱 좋다.

2 효과적인 면접대응 Point

① NCS 면접은 기존과 달리 역량중심으로 구조화된 질문항목을 바탕으로 지원자의 직무능력을 확인하는 절차이다.
② 직무와 관련된 상황에서 어떻게 대처하는지를 묻는 상황면접, 과거 직무관련 경험이 있는지를 묻는 경험면접, 특정 주제에 대해 발표를 하면서 지원자의 역량을 평가하는 발표면접 등 다각적 측면에서 지원자를 평가한다.

③ 우선 주요 면접유형에 대해 파악해 본 뒤에 직무기술서를 통해 면접 질문을 예상해 볼 수 있다.

(1) 직무능력 평가 중심 구조화된 면접 준비

① 인사담당자들은 단순히 말을 잘하는 사람을 뽑는 게 아니라 실제 회사에서 중시하는 조직 적응력, 실무에서 중요시하는 창의력 관련 능력 등을 알아보기 위해서 실제 업무 및 핵심 직무와 관련된 역량을 면접질문에 활용하고 있다. 따라서 공고한 해당 기업의 공고문에 기재된 '직업기초능력'과 '직무수행능력'을 면밀히 분석하고 대비한다.

② **체계적 분석** : 채용하는 분야를 다음과 같이 분류하고 분석을 하면 쉽게 접근이 가능해진다. 그리고 자기소개서에 직무와 관련한 경험이나 교육이수, 자격증, 경력사항을 토대로 자신의 스토리텔링을 준비한다.

구분	내용
직무내용	직무수행의 내용 및 세부업무 내용에 대한 정보
직무환경	직무수행이 이루어지는 환경의 특성에 대한 정보
필요능력	직무수행에 필요한 지식, 기술, 태도, 교육, 경험(경력) 등에 대한 정보
필요자격	직무수행에 필요한 자격에 대한 정보

(2) 주요 유형의 대비

① 면접의 형태는 매 시험마다 변화할 수 있으며 주요 면접 유형은 경험면접·상황면접·PT면접·토론면접 등이므로 이러한 유형에 대한 사전준비가 되어 있어야 하고, 채용 공고문에서 구체적인 면접방법이 제시되면 그에 대한 명확한 준비를 해두어야 면접에서 당황하지 않는다.

② 일반적으로 면접의 활용법은 다음과 같다.

구분	내용
경험면접	인성적, 태도적 능력 평가에 적합
발표면접	기획력, 전략적 사고 등 인지능력적 요소 평가에 적합
토론면접	대인관계 능력을 평가하는데 적합

③ **면접방식과 평가지표**

㉠ 단일면접, 순차면접

ⓐ 실무자(임원) 면접 1회로 면접을 마무리 할 수도 있고, 실무자 → 임원면접 순으로 순차적으로 면접을 진행할 수 있다.

ⓑ 일반적으로 순차면접을 진행하는 경우 실무자는 직무관련 내용으로 직무전문성을 평가하고, 임원은 조직적합성을 평가한다고 볼 수 있다. 따라서 어떤 방식으로 면접이 진행되는지에 따라 대비를 하도록 한다.

[단일면접과 순차면접]

구분	단일면접	순차면접
방식	하나의 면접절차만을 적용 : 실무자·임원 면접	두 개 이상의 면접절차를 활용하는 것 • 1차 면접 : 실무자 • 2차 면접 : 임원
평가	직무전문성 및 조직적합성을 종합적으로 평가	• 실무자 : 직무전문성 • 임원 : 조직적합성

3 NCS 면접의 방식

경험면접

선발하고자 하는 직무 능력이 있는지 과거의 경험을 질문한다.

상황면접

특정 상황을 제시하고, 지원자의 행동을 관찰하고 평가함으로써 실제상황의 행동을 예상한다.

발표면접

특정 주제와 관련된 지원자의 발표와 질의/응답을 통해 지원자의 역량을 평가한다.

토론면접

제시한 토의과제에 대한 의견수렴 과정에서 지원자의 역량은 물론 상호작용 능력을 평가한다.

(1) 경험면접

① 경험면접은 처음에 어떤 상황을 제시하고 그에 관한 대답을 듣는 시작질문으로 진행된다. 이후 면접관은 면접자의 대답을 듣고, 후속 질문을 할 수 있다. 이때 압박질문 등을 할 수도 있기 때문에 철저한 준비가 필요하다.

② 경험면접 시작질문 예시
  ㉠ 남들이 신경 쓰지 않는 부분까지 고려하여 절차대로 업무를 수행하여 성과를 낸 경험에 대해 말씀해 주십시오.
  ㉡ 조직의 원칙과 절차를 철저히 준수하여 업무를 수행하여 성과를 향상시킨 경험에 대해 구체적으로 말씀해 주십시오.
  ㉢ 세부적인 절차와 규칙에 주의를 기울여 실수 없이 업무를 마무리한 경험에 대해 구체적으로 말씀해 주십시오.
  ㉣ 다른 사람의 실수를 바로잡고 원칙과 절차대로 집행하여 성공적으로 업무를 마무리하신 경험에 대해 말씀해 주십시오.

③ 경험면접 후속질문 예시
  ㉠ 구체적으로 언제, 어디서 한 경험입니까?
  ㉡ 해당 조직에는 얼마나 일하셨습니까?
  ㉢ 당신이 그 조직에서 맡은 업무는 구체적으로 무엇이었습니까?
  ㉣ 업무를 통해 배운 경험이 있습니까?
  ㉤ 업무 성과는 어느 정도였습니까?

(2) 상황면접

① 상황면접은 특정한 상황을 제시하고 그에 대한 면접자의 행동을 관찰하고 평가하면서 실제 상황에서 어떤 행동을 나타내는지 예상하는 면접이다.
② 보통 실제 업무에 기반한 상황에서 그에 관련한 구체적인 문제를 어떻게 대처하는지를 평가한다.

[상황면접 예시]

상황 제시	인천공항 여객터미널 내에는 다양한 용도의 시설(사무실, 통신실, 식당, 전산실, 창고, 면세점)이 설치되어 있습니다.	실제 업무에 기반함
	금년도에는 소방배관의 누수가 잦아 메인 배관을 교체하는 공사를 추진하고 있으며 당신은 이번 공사의 담당자입니다.	배경 정보
	주간에는 공항운영이 이루어지는 관계로 주로 야간에만 배관 교체 공사를 수행하던 중, 시공하는 기능공의 실수로 배관 연결 부위를 잘못 건드려 고압배관의 소화수가 누출되는 사고가 발생했으며 이로 인해 인근 시설물에는 누수에 의한 피해가 발생하였습니다.	구체적인 문제 상황
문제 제시	일반적인 소방배관의 배관연결방식과 배관의 이탈이 발생하는 원인에 대해 설명하시오.	문제 상황을 해결하기 위한 기본 지식 문항
	담당자로서 본 사고를 현장에서 긴급히 처리하는 프로세스를 제시하고 보수완료 후 사후적 조치가 필요한 부분 및 재발방지 방안에 대하여 설명하시오.	문제 상황을 해결하기 위한 추가 대응 문항

(3) 발표면접

발표면접은 해당 직무와 관련한 주제를 선정하고 그 문제를 해결하기 위해 자료준비와 해결방식에 대한 절차를 알고자 하는 면접방식이다.

> 의료기기 제조회사로 연매출은 약 1,000억 원이다. 제조 규모를 확대시키기 위해 작년 500여 명의 신규직원을 채용하였다. 하지만 영업이익은 인원을 채용한 이래 계속해서 떨어지고 있다. 또한 제품이 생산되는 시간은 늘어났다. 이 문제를 해결하기 위한 방법을 제시하시오.
> → 파워포인트를 활용하여 지원분야에 해당하는 관련 지식이나 경험을 바탕으로 자료를 만들어 발표하시오.

(4) 토론면접

① 토론면접은 다수의 면접자들(5~8명)이 특정 주제를 놓고 토의를 벌이는 과정을 면접관이 관찰, 평가하는 면접방식이다. 토론 운영시간은 보통 팀당 40분 내지 1시간 정도 걸리게 된다.

② 토론면접에서 중요한 것은 무조건 자신의 주장이 옳다고 하는 것이 아니라 상대방이 자신의 주장한 것에 동의를 이끌어낼 수 있는 능력과 다른 사람의 의견을 경청하는 태도 등이다.

03 지역농협 6급 면접 유형

1 집단면접(인성, 시사포함)

① 조는 랜덤으로 미리 짜여 있으며, 지원자 순서는 본인이 뽑은 공에 쓰인 숫자로 지원번호를 할당받는다. 수험번호를 부착하고 할당된 번호 순서대로 앉아 대기하면 서류 심사가 시작된다. 지참서류는 직원분의 심사 후 제출하게 되며, 절대 서류를 빠뜨려서는 안 된다. 또한, 블라인드 면접으로써 본인의 이름, 대학교 등의 언급에 조심해야 한다.
6~8명의 지원자가 한 조를 이루어 면접실로 입장하면 8명의 면접관이 개별질문과 공통질문을 한다. 이때 앉은 순서와는 상관없이 한 가지 질문으로 2~3명씩 질문을 끊어 받으며 공통질문을 받고, 개별 질문 2~3개를 모든 지원자가 아닌 해당번호 지원자를 지목해서 물어보는 식으로 진행한다. 지목을 받은 지원자가 대답을 못 할 경우, 그 답을 아는 다른 지원자가 손을 들고 지목되면 대답한다.

② 개별질문/공통질문은 지원자 각자의 기본 인성에 관한 질문이나 농협 관련 상식에 대한 질문을 주로 주고, 이 밖에 경제 및 금융 관련 용어, 시사 상식, 일반 상식에 대한 질문이 이어진다. 따라서 농협 입사를 위해 준비한 점과 자신의 성격이나 경험 등이 농협에 긍정적인 방향으로 작용할 수 있다는 것을 보여줘야 한다. 평소에 농협 관련 정보와 농협이 하는 사업 등에 관심을 가져야 하고, 경제·금융·일반 상식에 관한 용어 정리를 철저히 해야 한다.

2 주장면접

① 주장면접은 지원자들이 모두 다른 토론 주제가 담긴 봉투 중 하나를 뽑고, 봉투에 적힌 번호가 빠른 순서대로 발표한다. 선택한 주제에 대하여 약 10~30초 정도 생각할 시간을 포함하여 3분 동안 자신의 의견을 주장하는 방식으로 진행된다. 선택한 주제는 본인 순서가 되었을 때만 확인 가능하며, 개인의 주장면접이 끝나면 전체 지원자의 주장면접이 끝날 때까지 추가 질문은 없다. 지역에 따라 지원자가 뽑을 수 있는 봉투의 수는 다를 수 있다.

② 주로 사회적인 이슈에 관련하여 그 문제점과 해결책을 말하거나 논란에 대한 찬성 또는 반대 뜻을 밝히는 것이다. 주제를 확인하면 우선 그에 따른 입장을 빠르게 정리해야 한다. 우선 자신이 나타내고자 하는 의견의 결론을 이야기하고 타당한 근거나 해결책을 제시하되 3분을 초과하지 않도록 주의해야 한다.

3 면접의 의미와 목적

면접이란 일정한 목적에 따라 개인 또는 집단과 대면하여 필요한 정보를 수집하거나 감정·의지를 전하는 일을 말한다. 오늘날 시험에서 면접의 비중은 꾸준히 높아지고 있다. 각 기업에서 인재를 선발할 때 지원자의 인성이나 가치관에 주목하게 되었으며, 미래를 위한 투자 차원에서 잠재적 능력과 비전 등을 제대로 평가할 필요가 있기 때문이다.

4 면접 준비 요령

① 지원한 농협 및 부서에 대한 정보와 전망을 정리한다.
② 항상 미소 띤 밝은 모습의 표정을 거울을 통해 연습한다.
③ 평상시 또박또박 정확한 발음을 할 수 있도록 연습한다.
④ 자기소개서와 제출 서류의 내용을 숙지한다.
⑤ 빈출 문제를 주제로 답변하는 연습을 충분히 한다.
⑥ 면접 전날은 숙면을 한다.
⑦ 머리와 복장은 단정하게 손질한다.
⑧ 면접 당일 전후의 시사적 이슈를 정리하여 최근 사회현상을 인지한다.
⑨ 30분 전에 미리 도착하여 차분하게 준비한다.
⑩ 크게 심호흡을 하여 긴장을 푼다.

5 면접 답변 방법

① 논점에 어긋나는 답변을 피하기 위하여 면접관이 요구하는 질문의 정확한 의도와 논점을 파악하는 것이 중요하다.
② 논리적인 일관성을 위하여 결론부터 먼저 이야기한 다음에 구체적·논리적 근거를 제시하는 것이 효과적이다. 다만 장황해지지 않도록 주의한다.
③ 면접관은 수많은 지원자를 대면하므로 되도록 핵심만 간결하고 명료하게 전달하도록 한다.
④ 논리적 모순이나 오류를 범하였을 때는 당황하지 말고 즉시 바로잡아 위기관리 능력을 보여 주는 것이 좋다.
⑤ 자신의 발언에 대한 신뢰성·진정성을 갖추는 것이 중요하다.
⑥ 답변은 '~ 때문에 ~한다'와 같은 방식으로 인과 구조의 논리적 근거를 제시한다.
⑦ 추가 질문에 당황하지 말고 소신 있게 일관성 있는 답변을 하도록 한다.
⑧ 시선은 면접관의 코 밑 인중 정도에 맞추며 답변한다.
⑨ 질문 후 바로 답변하기보다는 1~2초 정도 생각한 후 답변하여 신중한 모습을 보인다.
⑩ 어깨와 가슴을 활짝 펴 자신감 있게 답변하고, 이해하지 못한 질문은 확인 후 답변한다.

04 지역별 면접 기출질문

1 서울

✅ 집단면접

개인 신상 및 인성에 대한 질문	• 본인의 주량은? • 배우자상은 어떠한가? • 결혼관은 무엇인가? • 감명 깊게 읽은 책은? • 본인을 상품화한다면? • 본인 자랑을 해 보시오. • 연봉은 얼마나 생각하는가? • 성격의 장단점을 말해 보시오.	• 본인의 가치관에 대해 말해 보시오. • 마지막으로 하고 싶은 말이 있다면? • 본인의 강점은 무엇이라 생각하는가? • 10억 원이 주어진다면 어떻게 하겠는가? • 어려웠던 순간을 극복한 경험이 있는가? 말해 보시오. • 같이 일하기 힘든 유형은 어떤 유형이라고 생각하는가?
조직 적응력에 대한 질문	• 회사에서 갑자기 많은 업무량이 주어지면 어떻게 할 것인가? • 팀플레이 했던 경험에 대해 말해 보시오.	• 조직 생활에 대해 어떤 생각을 하고 있는가? • 상사와 충돌이 생긴다면 어떻게 하겠는가?
농협 업무 및 업무 자세에 대한 질문	• 농협에서 일할 때 가장 필요한 것이 무엇이라 생각하는가? • 농협 상품에 대해 말해 보시오. • 농협의 약점은 무엇이 있는가? • 농협에 지원한 동기는 무엇인가? • 농협이 어떤 곳이라 생각하는가? • 농협의 인재상에 대해 말해 보시오. • 농협에서 하고 싶은 일은 무엇인가? • 농협의 미래 발전 방향에 대해 말해 보시오. • 농협의 외부효과의 긍정적인 방향이란 무엇인가? • 농협이 더 발전하려는 방안은 무엇인가?	• 농협에서 일한다면 어떤 각오로 업무를 하겠는가? • 지원자가 농협에 다니고 있다고 가정할 때 타 은행 금리는 7%이고, 어머니에게 천만 원의 여유 자금이 있다. 어머니가 이 돈을 타 은행에 예치하려고 하는데, 우리 농협으로 예치할 수 있도록 어떻게 설득하겠는가? • 주말에 농촌 봉사활동을 하고 있는데, 농협에 입사하면 두 가지 일을 병행할 수 있겠는가? • 최근 농협 CF를 보았다면 누가 출연하였는지와 그 출연자에 대해 어떻게 생각하는지 말해 보시오.
시사 이슈 및 일반 상식에 대한 질문	• 하나로 마트에서 수입 바나나를 판매하는 것에 대해 어떻게 생각하는가? • 농촌의 고령화 문제에 대해 말해 보시오. • 귀농 활성화 방안에 대해 말해 보시오. • 한중 FTA에 대해 설명해 보시오. • 한미 FTA에 대해 어떻게 생각하는가? • FTA로 인한 문제의 극복 방안은 무엇인가? • 무상급식에 대한 생각을 말해 보시오. • 산업 수출을 위한 농산물 수입이 바람직한가? • 구상권 청구에 대해 설명하시오. • SSM과 하나로 마트에 대해 설명해 보시오.	• 수도권 집중화 현상에 대해 어떻게 생각하는가? • 립스틱 효과란 무엇인가? • 블랙스완이란 무엇인가? • 모태펀드란 무엇인가? • 퇴직연금제란 무엇인가? • 팜스테이에 대해 설명하시오. • 풍선효과에 대해 설명하시오. • 잡셰어링에 대해서 알고 있는가? • 레몬시장에 대해서 알고 있는가? • 핀테크에 대해서 알고 있는가? • 인구절벽에 대해 알고 있는가?

✅ 주장면접

- 아프리카 돼지열병 관련해서 돈육 가격이 어떻게 될 것 같으며, 농협의 대응방안에 대해 말해 보시오.
- 식품 산업에서 농협이 할 수 있는 것은 무엇인가?
- 협동조합 기본법에 대해 설명하고 농협과의 상관관계에 대해 말해 보시오.
- 인원감축과 임금삭감 중 찬성하는 것에 대해 말해 보시오.
- 정리해고 찬반에 대한 자신의 주장을 말해 보시오.
- 귀농 활성화에 대해 자신의 주장을 말해 보시오.
- 1인 식문화에서 농협의 방안에 대해 자신의 주장을 말해 보시오.

2 인천

☑ 집단면접

개인 신상 및 인성에 대한 질문	• 본인의 삶에서 가장 힘들었던, 혹은 가장 큰 성과를 낸 일을 말해 보시오. • 본인의 직업관에 대해 말해 보시오. • 결혼 후 가사 분담은 어떻게 하겠는가? • 봉사활동을 한 경험이 있는가? • 특기가 있는가? • 운동은 좋아하는가? • 체력관리는 어떻게 하는가? • 자기 개발로는 무엇을 하고 있는가? • 군대는 어디로 갔다 왔는가? • 1분간 자신의 단점으로 자기소개해 보시오.	• 살아오면서 자신에게 가장 영향을 끼친 사람은 누구이며, 그 이유는? • 자신이 좋아하는 사람과 싫어하는 사람의 유형을 말해 보시오. • 면접이 끝나자마자 가고 싶은 여행지는 어디이고, 그곳에 왜 가고 싶은가? 그리고 선배, 후배, 동료 중 누구와 함께 가고 싶은가? • 존경하는 우리나라 리더는 누구인가? 그를 왜 존경하는가? • 리더가 되어 본 경험이 있는가? • 리더의 자질은 무엇이라고 생각하는가?
조직 적응력에 대한 질문	• 상사의 잘못을 본인의 잘못으로 한 적이 있는가? 그 후에 대처 방법은 무엇인가? • 조직생활을 하는 데 가장 중요한 점은 무엇이라고 생각하는가? • 상사가 되었을 때 팀을 어떻게 이끌어 나갈 것인가?	• 꼴등 지점에 배치된다면 단합 자리에서 어떻게 분위기를 띄울 것인가? • 야근과 주말근무, 주말출장이 잦다면 어떻게 하겠는가?
농협 업무 및 업무 자세에 대한 질문	• 농협 BIS 비율에 대해 설명해 보시오. • 농협에 입사 후 어떤 각오로 업무를 하겠는가? • 농협 지점에 방문해 본 적 있는가? 직원들의 친절도는 다른 은행에 비해 어떠하였는가? 개선할 점이 있다면 무엇인가?	• 이 지역의 농협에 지원한 이유는? • 농협과 시중은행의 차이는 무엇인가? • 과거부터 지금까지 농협이 잘한 것과 잘못한 것은? • 영업 실적 때문에 하루에 카드를 100장 팔아 오라고 위에서 시킨다면 어떻게 하겠는가?
시사 이슈 및 일반 상식에 대한 질문	• 당좌계좌에 대해 설명해 보시오. • 구제역에 대해 설명해 보시오. • 햇살론에 대한 견해는 무엇인가? • FTA에 관한 견해는 무엇인가? • 옐로우 칩에 대해 설명하시오. • 무어의 법칙에 대해 설명하시오. • 앞으로 환율을 예측해 보시오.	• 대북 쌀 지원에 대한 견해는 무엇인가? • 한국 경제의 문제점에 대해 이야기해 보시오. • 립스틱 효과에 대해 설명하시오. • 바나나 현상에 대해 설명하시오. • 1사1촌 운동이 미치는 영향에 대해 설명해 보시오. • 국제정세에 따른 펀드상품을 추천해 보시오.

☑ 주장면접

- 농업의 중요성을 알리는 방안에 대해 설명해 보시오.
- 4차 산업혁명에 따른 농촌의 변화 양상과 고려할 점에 대해 설명해 보시오.
- 농협의 수입 농산물 판매 찬반에 대한 주장을 말해 보시오.
- 초·중·고 9시 등교에 대한 의견을 말해 보시오.
- 행정고시를 보는 사람들이 점점 늘고 있는 것에 대한 의견을 말해 보시오.
- 공인인증서 폐지에 대한 의견을 말해 보시오.
- 여대 축제에서 학생들이 선정적인 옷을 입고 호객행위를 하는 것에 대한 의견을 말해 보시오.
- 군대 내 휴대폰 사용에 대한 의견을 말해 보시오.
- 우버택시에 대한 의견을 말해 보시오.
- 범죄 조사를 위한 휴대폰 감청에 대한 의견을 말해 보시오.

3 경기

☑ 집단면접

개인 신상 및 인성에 대한 질문	• 자신만의 유대감 형성방법에 대해 말해 보시오. • 무모하게 도전했던 경험에 대해 말해 보시오. • 인생에서 가장 힘들었던 경험에 대해 말해 보시오. • 자신의 페이스메이커와 그 이유는? • 성공했던 경험에 대해 말해 보시오. • 본인 성격에서 장점은 무엇이라고 생각하는가? • 자신이 살아오면서 아르바이트를 하거나 직무경험이 있을 때 자신의 강점을 발견한 경험이 있으면 설명해 보시오. • 거짓말을 한 경험이 있는가? 했다면 왜 했고 다시 선택한다면 어떻게 하겠는가? • 살면서 가장 올바른 의사결정은 무엇이었는가? • 존경하는 인물은 누구인가? • 오랫동안 연락을 이어가고 있는 사람이 있는가? • 본인에게 직업의 의미는 무엇인가? • 인생에서 가장 큰 변화는 무엇이었고, 그것을 통해 느낀 점은 무엇인가? • 일을 통해 이루고 싶은 인생의 목표는 무엇인가? • 본인이 생각하는 연봉은 어느 정도인가?	• 본인이 생각하는 성공의 기준은 무엇인가? • 자기 개발을 위해 노력하는 것은 무엇인가? • 가지고 있는 개인 자격증은 무엇인가? • 주변 친구들이 본인을 평가할 때 어떤 장점이 있다고 말하는가? • 본인이 가지고 있는 경쟁력은 무엇인가? • 다른 사람이 어려움에 처했을 때 미리 눈치 채고 도와준 경험이 있는가? • 경험한 봉사활동 중 가장 기억에 남는 것은 무엇이며 어떤 것을 느꼈는가? • 사교적이지 못한 친구나 동료와 친해져 본 경험이 있는가? • 자신에게 이득이 되지 않는데도 나서서 누군가를 도왔던 경험이 있는가? • 정직을 지키면 손해를 보는 상황에서 기꺼이 정직을 지킨 적이 있는가? • 과거 실패했던 사례와 만약 다시 그때로 돌아간다면 어떻게 대처할 것인지 말해 보시오.
조직 적응력에 대한 질문	• 입사 후 직장상사와 잘 어울리기 위해 어떻게 할 것인가? • 부서에서 부서원들과 잘 지내기 위한 방법은? • 조직을 긍정적인 방향으로 발전시킨 경험은? • 팀 구성원 간에 가장 중요하다고 생각되는 것은? • 내가 속한 조직을 부정적으로 바라보는 사람에게 무엇이라고 할 것인가?	• 본인의 실수로 잘못되었을 때 알고 나서 어떻게 하였는가? • 바람직하지 않은 부탁이나 청탁이 들어왔을 때 거절했던 경험이 있는가? • 조직생활을 하면서 시키지 않았는데 열심히 했던 적이 있는가? 그 이유는?
농협 업무 및 업무 자세에 대한 질문	• 농협이 무엇인가? • 농촌의 문제점과 해결방안에 대해 말해 보시오. • 상호금융업의 지역농협이 타금융회사와의 차이점은 무엇인가?	• 협동조합이란 무엇이고, 입사 후 어떤 일을 하고 싶은가? • 농협에서 근무하면서 필요하다고 생각하는 자질은 무엇이라고 생각하는가?
시사 이슈 및 일반 상식에 대한 질문	• 갭투자란 무엇인가? • PB상품이란 무엇인가? • 제로페이란 무엇인가? • 로컬푸드란 무엇인가? • 농업용 드론에 대해 말해 보시오. • 잡셰어링에 대해서 알고 있는가? • 레몬시장에 대해서 알고 있는가? • 핀테크에 대해서 알고 있는가?	• 현재 한국의 기준금리에 대해 알고 있는가? • 식물공장에 대해 말해 보시오. • 공동화현상에 대해 말해 보시오. • 인구절벽에 대해 알고 있는가? • 티핑포인트에 대해 말해 보시오. • 농산물가격지지제도에 대해 말해 보시오. • 공동체농장에 대해 말해 보시오. • 변동형 직불제에 대해 말해 보시오.

☑ 주장면접

- 도내에서 아프리카 돼지열병이 많이 발생하고 있는데, 이로 인해 돼지고기 가격 변동추이와 농협의 방안에 대해 말해 보시오.
- 쌀 판매 활성화 방안
- 최저임금인상에 따른 농촌 농업의 영향에 대해 말해 보시오.

- 미·중 무역분쟁이 끼칠 영향과 대응방안에 대해 말해 보시오.
- 사회적 농업의 의의를 말하고, 사회적 농업 활성화 방안에 대해 말해 보시오.
- 최근 식생활 트렌드가 바뀌고 있는데 농협이 어떠한 역할을 하면 좋을지 말해 보시오.
- 6차 산업에 대한 의견을 말해 보시오.
- 금융 빅데이터에 대한 의견을 말해 보시오.
- 농업인 실익증대방안에 대한 의견을 말해 보시오.
- 비만세 도입 찬반에 대한 자신의 주장을 말해 보시오.
- 정년 연장에 대한 의견을 말해 보시오.
- 임금삭감과 임원감축 중 어느 것을 선택할 것인지 말해 보시오.
- GMO 식품에 대한 자신의 견해와 피해를 최소화할 수 있는 방안에 자신의 주장을 대해 말해 보시오.
- 스마트팜의 해외사례를 활용하여 국내에 적용시킬 수 있는 방안에 대해 자신의 주장을 말해 보시오.
- 농촌 인력난 문제의 해결방안에 대해 자신의 주장을 말해 보시오.
- 농업의 경제 활성화 방안과 농협이 해야 할 일에 대해 자신의 주장을 말해 보시오.

4 강 원

☑ 집단면접

구분	질문	
개인 신상 및 인성에 대한 질문	• 본인이 희생했던 사례가 있으면 말해 보시오. • 별명 또는 동료들이 본인을 표현하는 단어는 무엇인가? • 자신의 장점 두 가지를 말해 보시오. • 자신의 취미를 말해 보시오. • 성장 과정에서 큰 영향을 미친 사람은 누구인가? • 지금 하는 일은 무엇인가?	• 살면서 가장 기억에 남는 것은 무엇인가? • 즐겨 보는 TV 프로그램이 무엇인가? • 자신이 생각하는 성공이란? • 갑자기 큰돈이 생긴다면 어떻게 할 것인가? • 면접이 끝나면 하고 싶은 것은? • 봉사활동 경험이 있는가? 그로 인해 느낀 자신만의 경쟁력은 무엇인가?
조직 적응력에 대한 질문	• 조직의 리더로서 비전 제시, 중재 등의 경험이 있는가? • 동료의 부정행위를 바로 보고하겠는가? • 남성과 여성 간의 차별을 어떻게 생각하는가?	• 친한 직장 동료가 부정한 일을 저질렀을 때 어떻게 할 것인가?
농협 업무 및 업무 자세에 대한 질문	• 농협을 다섯 단어로 표현해 보시오. • 농업 관련 헌법 개정안 반영추진 내용이 있다면 무엇인가? • 농협 직원으로서 가져야 할 자세와 마음가짐에 대해 말해 보시오. • 고객이 마구 화를 낼 때 대처 방법은 무엇인가? • 지역농협이 어떤 기관이라고 생각하는가? • 지역농협의 이미지가 어떤가? • 지역농협에서 하고 싶은 일은 무엇인가?	• 농협으로 2행시를 지어 보시오. • 농협의 장·단점을 2개씩 말해 보시오. • 농협인의 바른 자세란 무엇인가? • 지역농협에 지원한 동기가 무엇인가? • 농협은행을 놔두고 지역농협을 선택한 이유가 무엇인가? • 입사했다는 가정하에 5년 후 자기 모습에 대해 말해 보시오.
시사 이슈 및 일반 상식에 대한 질문	• 일대일로에 대해 말해 보시오. • 다운사이징에 대해 말해 보시오. • FTA에 대해 의견을 말해 보시오. • 콜드체인에 대해 말해 보시오. • 오픈 프라이스에 대해 말해 보시오. • 공익형 직불제에 대해 말해 보시오. • 평창 동계올림픽은 역대 몇 번째 동계올림픽이며 결정 당시 경쟁했던 지역은 어디인가? • 농업의 6차 산업에 대해 말해 보시오. • 밴드왜건 효과에 대해 설명하시오. • 미스터리 쇼퍼, 블랙스완이 무엇인지 아는 사람은 대답하시오.	• 사이드카에 대해 설명하시오. • 유리천장에 대해 설명하시오. • 쌀값(20kg·40kg·80kg)이 얼마인지 말해 보시오. • 금리가 얼마인지 말해 보시오. • 바나나 현상에 대해 설명하시오. • SSM 기업형 슈퍼마켓에 대해 설명하시오. • 더블딥에 대해 설명하시오. • 순이자마진에 대해 설명하시오. • FTA에 대해 설명하시오. • DTI에 대해 설명하시오. • 워킹푸어란 무엇인가? • 임금피크제란 무엇인가?

☑ 주장면접

- 아프리카 돼지열병 관련해서 돈육 가격이 어떻게 될 것 같은가?
- 농민들의 복지혜택과 향후 적용 가능한 방안에 대해 말해 보시오.
- 변화하는 소비트렌드에 맞춘 농협의 유통산업 활성화 방안
  - 유통에서 가장 중요하다고 생각하는 게 무엇인가?
- 최근 축산업 규제와 관련해 농협이 선제적으로 대응할 수 있는 방안
- 농업의 공익적 기능에 대해 의견을 말해 보시오.
- 농촌 인력난 문제의 해결방안에 대해 말해 보시오.
- 북한과 경제교류화 문제에 대해 말해 보시오.
- 농촌 인구의 고령화 현상의 대처방안에 대해 말해 보시오.

5 대 전

☑ 집단면접

개인 신상 및 인성에 대한 질문	• 본인의 강점에 대해 말해 보시오. • 특기가 무엇인가? • 봉사활동 경험을 말해 보시오.	• 본인의 장단점은 무엇인가? • 책을 얼마나 자주 읽으며, 최근에 읽은 책은 무엇인가?
조직 적응력에 대한 질문	• 임금삭감과 구조조정 중 하나를 택한다면 무엇을 선택하겠는가?	• 집에 급한 일이 있을 때 어떻게 하겠는가?
농협 업무 및 업무 자세에 대한 질문	• 입사 후 하고 싶은 일은? • 농협의 공제상품을 어떠한 마케팅으로 판매할 것인가? • 농협이 현재 수행하고 있는 기업의 사회적 책임을 말하고, 앞으로 농협이 어떠한 방법으로 사회적 책임을 수행할 수 있을지 말해 보시오.	• 고객의 클레임에 대한 대처 방법은 무엇인가? • 농협 이미지의 장단점은 무엇인가? • 입사 후 희망 업무는 무엇인가? • 농협에 입사하여 이루고 싶은 목표는 무엇인가? • 직업관은 무엇인가? • 친환경과 농협의 관계에 대해 말해 보시오.
시사 이슈 및 일반 상식에 대한 질문	• 다운계약서에 대해 설명해 보시오. • 노블리스 오블리주에 대해 설명해 보시오. • 맞벌이 부부의 가사 분담에 대해 어떻게 생각하는가? • FTA에 대한 자기 생각을 말해 보시오. • PF에 대해 설명하시오.	• 립스틱 효과와 트루먼 효과란 무엇인가? • 고용 없는 성장이란 무엇인가? • SSM 기업형 슈퍼마켓에 대해 설명해 보시오. • 미국의 셧다운제에 대해 아는 대로 설명해 보시오. • 레몬시장에 대해서 알고 있는가? • 핀테크에 대해서 알고 있는가?

☑ 주장면접

- 스마트팜의 해외사례를 활용하여 국내에 적용시킬 수 있는 방안에 대해 말해 보시오.
- 농촌 인구의 고령화 현상의 대처방안에 대해 말해 보시오.

6 충북

☑ 집단면접

개인 신상 및 인성에 대한 질문	• 정직에 대한 자기 생각을 말하고, 관련된 경험에 대해 말해 보시오. • 다른 사람을 설득했던 경험과 그렇게 할 수 있었던 이유에 대해 말해 보시오. • 주위 사람들에게 떠밀려서 일했던 경험과 이를 통해 깨닫게 된 것에 대해 말해 보시오. • 나와 다른 주장을 가지고 있는 사람을 어떻게 설득할 것인가? • 착한 거짓말을 인정할 수 있는가? • 내가 맡은 일을 끝내기 위해 어떻게까지 해보았는가? • 다른 사람을 위해 내가 희생한 경우가 있는가?	• 학교 다닐 때 대외활동 등 특이한 경험을 한 적이 있고 그것이 실무에 어떤 영향을 미치는가? • 본인 성격의 장단점은 무엇인가? • 인생의 멘토는 누구인가? • 가장 친한 친구 한 명을 소개해 보시오. • 최근 인상 깊게 읽은 책은 무엇인가? • 신문을 구독하는가? 왜 그 신문을 구독하는지 설명하시오. • 주 5일제인데 주말에 무엇을 할 것인가? • 희망연봉과 그 이유는 무엇인가?
조직 적응력에 대한 질문	• 대인관계에서 중요하게 생각하는 것이 무엇인가? • 상사의 업무 지시가 부당하게 느껴진다면 어떻게 할 것인가? • 직장 상사와의 마찰이 있다면 어떻게 할 것인가? • 직장 상사와의 갈등을 어떻게 해결할 것인가?	• 야근하게 된다면 잘할 수 있겠는가? • 바람직한 직장 분위기를 위해 필요한 것은 무엇인가? • 여자는 차 심부름, 남자는 담배 심부름이 생기면 어떻게 대처할 것인가?
농협 업무 및 업무 자세에 대한 질문	• 농협에 필요한 마음가짐이 무엇이라고 생각하는가? • 자신이 생각하는 농협의 정의는 무엇인가? • 농협에 와서 하고 싶은 일이 무엇인가? • 농협에 지원한 이유는 무엇인가?	• 악천후 상황에서 극복한 경험이 있는가? 그것을 농협과 연관시킨다면? • 농협의 사회적 공헌에 대해 말해 보시오. • 지방으로 발령되면 근무할 수 있겠는가?
시사 이슈 및 일반 상식에 대한 질문	• HACCP란 무엇인가? • 블록체인은 무엇인가? • 바이오연료란 무엇인가? • 쌀 변동 직불금이란 무엇인가? • 주택담보대출비율이란 무엇인가? • 주식회사와 협동조합의 차이는 무엇인가? • 구제역에 대해 설명해 보시오. • 당좌계좌에 대해 설명해 보시오. • 공공비축제에 대해 설명해 보시오. • 노블레스 오블리주에 대한 생각을 말해 보시오. • FTA와 쇠고기 문제에 대해 말해 보시오.	• 식량 안보문제에서 쌀을 재배하는 것이 왜 중요하며, 이것이 미치는 영향은 무엇인가? • 소셜커머스에 대한 생각을 말해 보시오. • 양적 팽창에 대해 설명하시오. • 커플링 효과에 대해 설명하시오. • MOT에 대해 설명하시오. • 워킹푸어란 무엇인가? • 인구절벽에 대해 말해 보시오. • 생산가능인구에 대해 말해 보시오. • 캐즘에 대해 말해 보시오. • 핀테크에 대해 말해 보시오.

☑ 주장면접

- WTO 개도국 지위 포기 관련 농협의 농민지원 방향에 대한 본인의 생각을 말해 보시오.
- 농촌의 문화생활 지원사례 및 그에 대해 본인이 생각하는 방안을 말해 보시오.
- 영농지도자의 육성방안에 대해 말해 보시오.
- 농촌의 환경오염 방지에 대한 아이디어를 말해 보시오.
- 1인 식생활 변화에 발맞춰 농협이 할 수 있는 일에 대해 말해 보시오.
- 해외수출 품목 지정과 그 이유는 무엇인지 의견을 말해 보시오.
- 국제결혼이민자에 대해 농협이 지원하는 방법을 말해 보시오.
- 농촌 인구의 고령화 현상의 대처방안에 대해 말해 보시오.
- 지역축제와 농협과의 연관성은 무엇이며, 지역축제 활성화에 농협이 할일에 대해 말해 보시오.

7 충남

☑ 집단면접

개인 신상 및 인성에 대한 질문	• 존경하는 사람에 대해 말해 보시오. • 자신이 지인에게 영향력을 끼친 경험이 있다면 얘기해 보시오. • 많이 알려진 사람 중에 자신의 성격과 유사한 사람을 골라서 소개해 보시오. • 자기소개해 보시오. • 자기 개발을 위해 무엇을 하고 있는가? • 자신이 성취했던 일 중에 가장 기억에 남는 것은? • 자격증은 무엇이 있는가? • 최근에 읽은 책은 무엇인가? • 1년에 몇 권의 책을 읽는가? • 감명 깊게 읽은 책은 무엇인가? • 본인이 잘하는 것은 무엇인가? • 동아리 경험이 있으면 말해 보시오. • 행복의 3가지 조건을 말해 보시오. • 부모님을 제외하고 나에게 도움을 준 사람은? • 힘들었던 경험과 극복 사례를 말해 보시오.	• 인생에서 가장 힘들었던 기억은? • 성공의 기준은 무엇이라고 생각하는가? • 주 5일제인데 주말을 어떻게 보내겠는가? • 세상을 변화시킬 사람은 어떤 사람인가? • 진실의 순간은 무엇인가? • 워킹홀리데이를 가서 무슨 일을 하였는가? • 연봉은 어느 정도 받고 싶은가? • 전문가란 무엇이라고 생각하는가? • 평생직장이란 무엇인가? • 당신이 경험했던 가장 효과적인 리더의 특징은 무엇인가? • 이성친구가 있는가? 있다면 이성친구가 당신에게 어떤 매력을 느꼈는가? • 면접까지 오면서 준비해 온 것들은 무엇인가? • 취미생활이 무엇인가? • 자신을 상품화하여 판매한다면 고객에게 어떻게 판매를 할 것인가?
조직 적응력에 대한 질문	• 집단이나 조직에서 갈등이 발생했을 때 어떻게 해야 하는지 경험에 비추어 말해 보시오. • 상사와 본인의 의견이 다를 경우 어떻게 대처하겠는가? • 10명의 직원을 데리고 있는데 1명이 무능력하다면 그 직원을 도태시킬 것인가?	• 상사와 사이가 안 좋다면 어떻게 할 것인가? • 일어나서 건배 제의를 해 보시오. • 상사와 부하직원들의 가치관 차이를 해소하기 위해서 어떻게 하겠는가?
농협 업무 및 업무 자세에 대한 질문	• 농협, 농촌, 농업과 관련하여 경험이 있다면 손을 들고 자신이 농협 직원이었다면 어떻게 대처했을 것인가? • 지역농협이 타 시중은행과 다른 점은 무엇인가? • 자신의 장점을 농협 업무와 관련지어 얘기해 보시오. • 본인의 장점을 말해보고 그것을 농협 업무에 어떻게 접목시킬 수 있는지 말해 보시오. • 입사 후 농협에서 자신이 맡고 싶은 업무는 무엇인가? • 입사 후 어떤 계획을 하고 있는가? • 농협에 대해 아는 것을 말해 보시오. • 농협의 주인이 누구라고 생각하는가? • 농협의 직원이 되면 어떻게 일할 것인가에 대한 포부를 말해 보시오. • 농협의 단점에 대해 말해 보시오. • 농협에 입사할 경우 가고 싶은 부서는 어디인가?	• 농협인이 갖출 덕목은 무엇인가? • 자신이 지역농협에 기여할 수 있는 것은? • 5년 후 지역농협에서의 자신의 모습은? • 금융인으로서 갖추어야 할 덕목에 대해 말해 보시오. • 농협에 왜 지원하게 되었나? • 농협에 입사하기 위해 무엇을 준비하였는가? • 오전에 시험장에 올 때 본 농협의 느낌이 어떠하였는가? • 신경분리에 대해 설명하시오. • 농협이 신경분리를 했는데, 앞으로 농협이 은행으로 성공하기 위해 어떻게 해야 하는가? • 자신이 싫어하는 업무에 배정되었다면 어떻게 할 것인가? • 추곡수매 시기에 남자 직원은 나가서 일하고, 여자 직원은 사무실에서 책을 보는데 진급은 같이한다. 이것을 어떻게 생각하는가?

시사 이슈 및 일반 상식에 대한 질문	• 체리피커란 무엇인가? • 8 : 2법칙에 대해 설명해 보시오. • 디마케팅이란 무엇인가? • 사물인터넷이란 무엇인가? • 자유학기제에 대해 어떻게 생각하는지 말해 보시오. • 추심에 대해 설명해 보시오. • 헤지펀드에 대해 설명해 보시오. • ODM에 대해 설명해 보시오. • 이중곡가란 무엇인가? • 출구전략이란 무엇인가? • 두레가 무엇이며, 그것을 현대적으로 해석하여 농협에 도움을 줄 수 있는 부분은 무엇인가? • 한미 FTA에 대한 자신의 견해를 말해 보시오. • 핫머니란 무엇인가? • 벼의 5가지 품종은 무엇인가? • 스미싱이란 무엇인가? • 수직농장에 대해 말해 보시오. • 녹비작물에 대해 말해 보시오.	• 모기지론이란 무엇인가? • ISD조항에 대해 설명하시오. • 블랙스완과 화이트스완을 설명할 수 있는가? • 사이드카에 대해 설명하시오. • 콜금리에 대해 설명하시오. • 총부채 상환비율이란? • 미스터리 쇼퍼란? • 세이프가드에 대해 설명해 보시오. • 립스틱 효과란? • 90 : 9 : 1 법칙에 대해 설명해 보시오. • 노블레스 오블리주에 대해 설명해 보시오. • 최근 뉴스에서 인상 깊었던 것이 있다면 무엇이 있는가? • 삼강오륜에 대해 말해 보시오. • 6시그마에 대해 말해 보시오. • 애그플레이션에 대해 말해 보시오. • 역전세난에 대해 말해 보시오.

☑ 주장면접

- 아프리카 돼지열병으로 인해 돼지고기 가격 변동추이를 예상하고, 농협이 이러한 질병이 발생했을 때 어떻게 (해결방안) 해야 하는가?
- 미래농업인의 육성방안에 대해 말해 보시오.
- 추석 이후로 농가들의 실적이 나빠지고 있는데 홈쇼핑에서 어떤 제품을 팔면 좋은지 말해 보시오.
- 도농교류의 하나로 특성화 도시 조성과 여러 가지 사업을 펼치고 있는데 정작 관광객들은 해외로 나간다. 이에 대한 대처 방안을 말해 보시오.
- 농협이 현재 청소년 금융교실을 운영 중이다. 어떤 전략으로 추진할 것인지 말해 보시오.
- 현재 다양한 채널을 통해 농협을 홍보하고 있다. 자신이라면 어떤 경로를 통해 홍보를 극대화할 것인가?
- 크라우드 펀딩의 장점은 무엇인가? 그리고 농협이 이를 어떻게 활용할 수 있을 것인지 의견을 말해 보시오.
- 베이비 박스 찬반에 대한 자신의 주장을 말해 보시오.
- 한의사가 현대 의료기기를 사용하는 것에 대한 찬반 주장을 해 보시오.
- 성형수술 찬반에 대한 자신의 주장을 말해 보시오.
- 무상급식과 무상보육 찬반에 대한 자신의 주장을 말해 보시오.
- 인원감축과 임금축소 중 어느 것을 선택할 것인지 말해 보시오.
- 사형제 찬반에 대한 자신의 주장을 말해 보시오.

8 광주

☑ 집단면접

개인 신상 및 인성에 대한 질문	• 성장 과정에서 가장 큰 영향을 준 사람은 누구인가 (개인 신변에 관한 내용은 언급하면 안 됨)? • 살면서 가장 힘들었을 때가 언제인지 말해 보시오. • 봉사활동 경험이 있는지 말해 보시오. • 존경하는 인물은 누구인가?	• 본인의 경쟁력은 무엇인가? • 친구가 힘들 때 어떻게 했었는지 말해 보시오. • 성공이란 무엇이라 생각하는가? • 5년 뒤의 자신의 모습을 말해 보시오.
조직 적응력에 대한 질문	• 조직에 대한 충성심이 무엇이라 생각하는가? • 상사와의 의견 차이가 있을 때 어떻게 대처할 것인지 말해 보시오.	• 동료에게 일이 생겨 업무를 떠맡게 된다면 어떻게 대처할 것인지 말해 보시오.
농협 업무 및 업무 자세에 대한 질문	• 농협 입사를 위해 준비해 온 것이 있다면? • '농협' 하면 생각나는 것을 말해 보시오. • 농협 근무복에 대한 의견을 말해 보시오. • 농협이 하는 일은 무엇인가?	• 광주 내에도 농촌형 농협이 있는데, 그곳에 배치되면 어떻게 할 것인가? • 농협에 지원한 동기를 말해 보시오.
시사 이슈 및 일반 상식에 대한 질문	• 맞벌이 부부의 가사 분담에 대해 어떻게 생각하는가? • FTA에 관한 본인의 견해를 농업 중심으로 말해 보시오.	• 임금피크제의 정의와 그에 대한 의견을 말해 보시오. • 쇠고기 이력 추적제에 대해 설명하시오. • 헤지펀드에 대해 설명하시오.

☑ 주장면접

- 대체휴일제에 대한 의견을 말해 보시오.
- 여성 군 복무에 대한 의견을 말해 보시오.
- 군 가산점제에 대한 의견을 말해 보시오.

9 전 북

☑ 집단면접

개인 신상 및 인성에 대한 질문	• 자신의 매력을 보여 보시오. • 맞벌이에 대해 어떻게 생각하는가? • 결혼 후 맞벌이를 한다면 가사 분담은 어떻게 할 것인가? • 지금까지 살면서 가장 기억에 남는 일은 무엇인가? • 남자와 여자가 해야 할 일이 다르다고 생각하는가?	• 신뢰에 대해 설명하시오. • 신문을 읽을 때 어느 면부터 읽는가? • 친구가 많은가? 그럼 친구를 사귀는 데 있어서 가장 중요한 것은 무엇인가? • 본인이 상품이라 생각하고 설명해 보시오. • 어머니를 자주 안아 드리는 편인가?
조직 적응력에 대한 질문	• 상사가 부당한 지시를 내렸을 경우에는 어떻게 대처하겠는가?	• 친한 동료가 회사에 부정한 일을 저질렀을 때 어떻게 하겠는가?
농협 업무 및 업무 자세에 대한 질문	• 농협의 이미지에 대해 말해 보시오. • 농협은행이 아닌 지역농협에 지원한 동기는 무엇인가? • 농협의 장단점은 무엇인가? • 농협의 마크가 상징하는 의미는 무엇인가? • 농협의 성격은 무엇인가?	• 입사 후 각오는 무엇인가? • 입사 후 꿈이 있다면 무엇인가? • 농협에서 개선할 부분이 있다면 무엇이라 생각하는가? • 유니폼을 입는 것에 대해 어떻게 생각하는가?
시사 이슈 및 일반 상식에 대한 질문	• 요즘 친환경·유기농 농산물 상표가 많이 출시되고 있는데, 아는 대로 말해 보시오. • 세대 간의 갈등이 일어나는 이유와 대안은 무엇이라고 생각하는가?	• 쌀 직불금제에 대해 설명해 보시오. • FTA에서 ISD조항을 포함하여 협상이 타결되었을 때 발생할 문제점은 무엇이라고 생각하는가? • 바나나 현상, 람사르협약에 대해 설명하시오.

☑ 주장면접

- 여성 군 복무에 대한 의견을 말해 보시오.
- 일본의 우경화에 대한 의견을 말해 보시오.
- 한중 FTA 찬반에 대한 자신의 주장을 말해 보시오.

10 전남

☑ 집단면접

개인 신상 및 인성에 대한 질문	• 자신이 가장 힘들었던 일과 극복과정을 말해 보시오. • 본인의 직업관과 본인이 생각하는 좋은 기업이란 무엇인가? • '정직하면 손해 본다'라는 말에 대한 본인의 생각은 무엇인가? • 책임감을 가지고 했던 일과 그로 인해 느낀 점을 설명하시오. • 스스로와의 약속을 잘 지키는가? • 멘토가 있는가? • 당신이 면접관이라면 지원자의 어떤 점을 중점적으로 평가할 것인가?	• 본인의 가치를 높이기 위해 노력했던 것과 그 성과는? • 월 급여는 얼마를 생각하는가? • 자신의 강점은 무엇인가? • 동아리 경험이 있으면 말해 보시오. • 자신의 전공에 대해 말해 보시오. • 5년 후 본인의 모습에 대해 말해 보시오. • 봉사활동을 통해 느낀 점은 무엇인가? • 새벽에 신호 위반을 하는 것에 대해 어떻게 생각하는가? • 자신의 가치를 돈으로 평가하면 얼마일 것 같은가? • 행복의 조건 다섯 가지는?
조직 적응력에 대한 질문	• 일하다가 동료 혹은 본인이 실수했을 때 어떻게 할 것인가? • 회식 자리가 필요한가?	• 직장 내에서 동료 직원과의 다툼이 생긴다면 어떻게 해결할 것인가?
농협 업무 및 업무 자세에 대한 질문	• 농협이 하는 일 중 주변에서 가깝게 볼 수 있는 것은 무엇인가? • 지역농협이 하는 일에 대하여 설명하고 자신이 잘할 수 있는 일과 그 이유를 설명하시오. • 1,000억 원을 예금한 고객이 방문하였다. 그런데 일반 조합원(농촌 할아버지)이 술을 먹고 와서 불평불만으로 소란을 피운다면 어떻게 해결하겠는가? • 농협에 입사하기 위해 무엇을 준비했는가? • 입사하게 된다면 어떠한 각오로 일할 것인가? • 입사 후 농촌 지역으로 발령이 난다면 그곳에서 살 수 있겠는가? • 농협의 사회적 책임을 10초 안에 짧게 말해 보시오. • 금융인으로서 농협인에게는 어떤 덕목이 가장 중요한가? • 농협에 지원한 동기는?	• 농협의 강점은? • 농협에서 하고 싶은 업무는? • 농협은 다양한 사업이 있어 주 5일제를 전면적으로 실시하지 못하고 주말에 일할 수 있는데, 이것에 대해 어떻게 생각하는지 말해 보시오. • 시가 52,000원의 쌀을 조합원이 60,000원에 팔아 달라 요구한다. 당신이 조합장이라면 어떻게 하겠는가? • 농협에 근무하는 경우 사무직이 아닌 유통이나 교육 등에 배치될 수 있다. 이런 분야에 적성이 안 맞으면 어떻게 할 것인가? • 본인에게 농협 직원들의 의미는 무엇인가? • 고객이 초등학생일 때 어떠한 태도로 대할 것인가? • 본인이 왜 농협에 적합한 사람인지 어필해 보시오. • 남북이 통일할 경우 농협이 해야 할 일은?
시사 이슈 및 일반 상식에 대한 질문	• 현재 평균 농가소득이 얼마인지 아는가? • 팜스테이가 무엇인가? • 6차 산업에 대해 설명하시오. • 쌀 수급 조절제도는 무엇인가? • 쌀 변동 직불금이란 무엇인가? • DTI에 대해 설명해 보시오. • 순이자마진에 대해 설명해 보시오. • '승자의 저주'에 대해 아는 대로 말해 보시오. • FTA 협상 이후 농촌의 힘든 상황을 타개할 해결책은 무엇인가? • 모라토리엄에 대해 설명하시오. • 로컬푸드에 대해 설명하시오. • 잡셰어링에 대한 생각을 말해 보시오.	• 공무원의 공금횡령을 보고 무슨 생각을 했는가? • 립스틱 효과란? • 콜금리에 대해 설명해 보시오. • 미소금융이란 무엇인가? • 한우와 국내산 쇠고기의 차이는 무엇인가? • 알뜰주유소란 무엇인가? • 핫머니란 무엇인가? • 더블딥이란? • 모기지론이란? • 주 5일 근무제에 대한 견해를 말해 보시오. • 최근 뉴스에서 본 이슈와 그에 대한 본인의 생각을 말해 보시오. • 지연인출제도란?

☑ 주장면접

- 농·축산물 유통비용의 절감 대책에 대해 말해 보시오.
- 로컬푸드 홍보 방안에 대해 말해 보시오.
- 갑을관계와 사회 소외계층에 대한 의견을 말해 보시오.
- 전·월세 상한제(인상안)에 대해 설명하시오.
- 특목고 입시에 대한 의견을 말해 보시오.
- 사회 양극화에 대한 의견을 말해 보시오.
- 사형제도에 대한 의견을 말해 보시오.
- 전시작전통제권 연기에 대한 의견을 말해 보시오.
- 대형마트의 골목상권 규제에 대한 의견을 말해 보시오.
- 현 쌀 시세에 대한 의견을 말해 보시오.
- 여성 군 복무에 대한 의견을 말해 보시오.
- 양심적 병역 거부 찬반에 대한 자신의 주장을 말해 보시오.
- 원자력 발전소 설립에 대한 의견을 말해 보시오.
- 사내 유보금 과세에 대한 의견을 말해 보시오.
- 선행 학습 금지 법안에 대한 의견을 말해 보시오.
- 상속법 개정안에 대한 의견을 말해 보시오.
- 문·이과 통합에 대한 의견을 말해 보시오.

11 경북

☑ 집단면접

개인 신상 및 인성에 대한 질문	• 학창시절 자랑할 만한 경험은 무엇인가? • 본인의 장단점을 말해 보시오. • 본인의 인간관계 점수는? • 미래의 배우자가 갖춰야 할 조건이 있는가? • 평생직업과 평생직장에 대해 말해 보시오. • 좋아하는 것은 무엇인가? • 친구들은 본인을 어떻게 평가하는지 말해 보시오. • 세상을 살면서 꼭 이루고 싶은 목표가 있다면 무엇인가?	• 봉사활동을 하면서 무엇을 느꼈는가? • 타인에게 신뢰를 준 경험이 있는가? • 다른 사람과 비교하여 본인의 장점은 무엇인가? • 집에 혹시 농사짓는 것이 있는가? • 희망연봉에 대해 말해 보고, 첫 월급을 받는다면 어떻게 하겠는가? • 멘토는 누구인가? 그 이유는? • 사회봉사활동 경험이 있는가?
조직 적응력에 대한 질문	• 학교나 군대에서 리더를 한 경험이 있는가? • 함께 근무하는 상사가 어떤 스타일의 상사이면 좋겠는가? • 직장생활에서 가장 필요한 것은? • 여자로서 많은 잔업과 일을 하는 것을 어떻게 생각하는가?	• 자신이 잘할 수 있는 업무와 충분히 성과를 내지 못하는 업무가 있을 텐데, 그중에 성과를 내지 못하는 업무를 계속 준다면 어떻게 하겠는가? • 직장 상사가 불합리한 일을 시킨다면 어떻게 하겠는가? • 직장에서 다른 사람을 배려한 적이 있는가?
농협 업무 및 업무 자세에 대한 질문	• 지역농협에 지원한 동기는 무엇인가? • 금융인으로서 갖추어야 할 필수 덕목은 무엇인가? • 입사하게 된다면 어떤 직무를 맡고 싶은가? • 농협에 입사하기 위해 준비한 것이 있다면? • 농협이 잘하는 것(일)이 무엇이라 생각하는가? • 농협의 사회적 책임에 대해 설명하시오.	• 농협에 대해 주변에서 비판하는 내용은 없는가? • 농협의 5가지 인재상에 대해 말해 보시오. • '농협' 하면 생각나는 것은 무엇인가? • 입사하면 힘든 일이 있을 수 있는데 할 수 있겠는가? • 농협이 외국산 농산물을 수입하는 것에 대해 어떻게 생각하는가?

| 시사 이슈 및 일반 상식에 대한 질문 | • 고향세는 무엇인가?
• 직무급은 무엇인가?
• 구황작물은 무엇인가?
• 출구전략은 무엇인가?
• 순환출자란 무엇인가?
• GMO식품은 무엇인가?
• 농업인 월급제란 무엇인가?
• 쌀 변동 직불금이란 무엇인가?
• 주택담보대출비율이란 무엇인가?
• 젠더 폭력에 대해 설명하시오.
• 넛지효과에 대해 설명하시오.
• 분수효과에 대해 설명하시오.
• 구제역에 대해 설명하시오.
• 축산물이력제에 대해 설명하시오.
• 배춧값 폭락으로 농업인들이 배추를 갈아엎는다면 어떻게 팔 것인가?
• 뉴스에서 노인 폭행 사건이 있었는데, 그 자리에 본인이 있었다면 어떻게 하겠는가?
• 남북관계에 대해 어떻게 생각하는가?
• NLL에 대해 어떻게 생각하는가?
• 미스터리 쇼퍼에 대해 설명하시오.
• 구상권 청구에 대해 설명하시오. | • 노동조합과 협동조합의 공통점과 차이점을 말해 보시오.
• 기업형 슈퍼마켓(SSM)에 대해 설명하시오.
• FTA 속에서 농협의 자세는?
• 임금피크제가 무엇인가? 당신에게 적용한다면 받아들일 것인가?
• 지니계수란?
• 애국가를 불러 보시오.
• 레임덕에 대해 말해 보시오.
• 치킨게임에 대해 말해 보시오.
• GMO에 대해 말해 보시오.
• 순환출자에 대해 말해 보시오.
• 콜금리에 대해 말해 보시오.
• FTA에 대한 생각을 말해 보시오.
• 블랙스완과 화이트스완에 대해 말해 보시오.
• 백로효과란 무엇인가?
• 뱅크런에 대해 설명하시오.
• 더블딥에 대해 설명하시오.
• 지연인출제도에 대해 말해 보시오.
• 자동차나 반도체를 수출하고 쌀을 수입하는 것에 대해 어떻게 생각하는가?
• 레몬마켓이란 무엇인가? |

☑ 주장면접

- 농업인의 복지 방안에 대해 말해 보시오.
- 스마트팜 확대 방안에 대해 말해 보시오.
- 빅데이터 활용 방안에 대해 말해 보시오.
- GMO 찬반에 대해 의견을 말해 보시오.
- 화훼농가 활성화 방안을 제시하시오.
- 하나로마트 펀마케팅 방법을 제시하시오.
- 농촌의 문제점과 해결책에 대한 의견을 말해 보시오.
- 군 가산점제 부활에 대한 자신의 주장을 말해 보시오.
- 여성 군 복무에 대한 의견을 말해 보시오.
- 아동 성폭력 문제에 대한 의견을 말해 보시오.
- 쌀값 목표제에 대한 생각을 말해 보시오.
- 전교조 법외노조에 대한 의견을 말해 보시오.
- 원자력발전소 설립 찬반에 대한 주장을 말해 보시오.
- 양심적 병역 거부에 대한 생각을 말해 보시오.
- 운동선수 등의 병역 면제에 대한 생각을 말해 보시오.
- 협동조합법에 대해 설명하고, 이것이 농·축협에 미치는 영향에 대해 말해 보시오.
- 아동 성범죄나 묻지마 범죄 같은 강력 범죄 발생에 대한 생각을 말해 보시오.
- SSM 대형마트 주말 강제 휴무에 대한 자신의 주장을 말해 보시오.
- 오디션 프로그램 찬반에 대한 자신의 주장을 말해 보시오.
- 고교졸업생 취업 문제에 대한 자신의 주장을 말해 보시오.
- 낙태 허용 찬반에 대한 자신의 주장을 말해 보시오.
- 농촌 인구의 고령화 현상의 대처방안에 대해 말해 보시오.
- 국제유가 상승이 농업에 끼치는 영향과 그때 농협의 역할에 대해 말해 보시오.

12 대구

☑ 집단면접

개인 신상 및 인성에 대한 질문	• 자신의 특기는 무엇인가? • 자신 있는 3가지는 무엇인가? • 인간관계에서 중요한 점은 무엇인가? • 멘토가 있는가? • 어떤 책을 주로 읽는가?	• 존경하는 인물은 누구인가? • 인생 전반에 관해서 앞으로도 유용하고 기억에 남는 것을 이야기해 보시오. • 자신이 생각하는 성공이란 어떤 것인가?
조직 적응력에 대한 질문	• 만약 상사가 부적절한 일을 저지른다면 어떻게 대처하겠는가?	
농협 업무 및 업무 자세에 대한 질문	• 본인의 어떠한 장점이 농협에 기여할 수 있는가? • 농협에 지원한 동기는 무엇인가? • 농협에 들어와서 하고 싶은 업무는 무엇인가? • 전문가가 되기 위해 어떤 노력을 하는가?	• 본인이 농협은행의 경영자가 된다면? • 농협의 인재상에 대해 말해 보시오. • 농협의 미션에 대해 말해 보시오.
시사 이슈 및 일반 상식에 대한 질문	• 스미싱이란 무엇인가? • 버핏세란 무엇인가? • 승자의 저주란 무엇인가? • 자기자본비율에 대해 설명하시오. • 은행세에 대해 설명하시오. • 바나나 현상에 대해 설명하시오. • 밴드왜건 효과에 대해 설명하시오. • 출구전략에 대해 설명하시오. • 파이어족에 대해 설명해 보시오.	• 사이드카에 대해 설명하시오. • 경제5단체에 대해 설명하시오. • 사회적 기업이란 무엇인가? • 다우지수에 대해 설명하시오. • 세계 3대 신용평가 기관은 무엇인가? • 임금피크제에 대해 설명하시오. • DTI에 대해 설명하시오. • 구글세에 대해 설명해 보시오. • 트릴레마에 대해 설명해 보시오.

☑ 주장면접

- 지역 화폐 발행에 따른 지역농협과 사회의 선순환에 대해 말해 보시오.
- SSM 대형마트 주말 강제 휴무에 대한 자신의 주장을 말해 보시오.
- 제주 해군기지 건설 찬반에 대한 자신의 주장을 말해 보시오.

13 경남

✓ 집단면접

개인 신상 및 인성에 대한 질문	• 본인이 생각하는 성격의 강점은 무엇인가? • 타인을 위해 희생해본 경험이 있으면 말해 보시오. • 대인관계에서 가장 중요한 것과 무엇이며, 본인은 그것을 어떻게 길렀는가? • 30초간 자기소개를 해 보시오. • 본인의 이상형은 어떻게 되는가? • 존경하는 사람은 누구인가? • 가장 감명 깊게 본 영화 또는 책은 무엇인가? • 손해를 보면서 무언가를 한 경험이 있는가? • 누군가를 설득시켜 본 경험이 있는가? • 독서를 좋아하는가, 영화를 좋아하는가? 기억에 남는 것이 있으면 말해 보시오. 왜 기억에 남는가?	• 가장 인상 깊었던 일은 무엇인가? • 본인의 성장 과정에서 가장 큰 영향을 미친 사람은? 그 이유는? • 내 인생에 가장 큰 영향을 미친 사건과 그 이유를 말해 보시오. • 인생관은 무엇인가? • 성공이란 무엇이라 생각하는가? • 자신의 경쟁력은 무엇이라고 생각하는가? • 마지막으로 하고 싶은 말은 무엇인가?
조직 적응력에 대한 질문	• 상사가 부당한 지시를 한다면 어떻게 대처할 것인가? • 직장 내 여성의 잡무에 대해 어떻게 생각하는가?	• 직장에서의 성공과 사회에서의 성공은 어떠한 차이가 있는가?
농협 업무 및 업무 자세에 대한 질문	• 농협 사업에 대해 아는 대로 말해 보시오. • 입사하게 된다면 어떤 일을 하고 싶은가? • 공제상품을 팔아야 하는데, 누구한테 가장 먼저 팔 것인가? • 농협의 장·단점은 무엇인가? • 농협에 와서 무슨 일을 할 수 있는가? • 농협의 5가지 인재상과 5가지 비전은 무엇인가? • 마트에서 일하게 된다면 잘할 수 있겠는가? • 시중은행과 지역농협 금융사업의 차이는 무엇이라고 생각하는가?	• 지점의 서비스 불만 사항에 대한 대처 방법은? • 지역농협 금융사업의 발전 방안은? • 농협의 비전에 대해 말해 보시오. • 고객이 터무니없는 요구를 한다면 어떻게 대응할 것인가? • 지역농협에서 10년 후 자신이 무엇을 하고 있을지 이야기해 보시오. • 농협에 입사하면 어떤 각오로 일할 것인가? • 농협 입사 후 자기계발 및 하고싶은 부서는?
시사 이슈 및 일반 상식에 대한 질문	• 자유학기제에 대해 어떻게 생각하는지 말해 보시오. • 우리나라 식량 자급률이 몇 퍼센트인지 아는가? • 맞벌이 부부에 대한 의견이 다르다면 상대방을 어떻게 설득할 것인가? • 서킷브레이크란 무엇인가? • 출구전략에 대해 설명하시오.	• 노조에 대한 생각을 말해 보시오. • DTI에 대해 말해 보시오. • 지연인출제도에 말해 보시오. • 어닝쇼크가 무엇인가? • 스미싱이 무엇인가? • 협동조합의 의미는?

✓ 주장면접

- GMO 찬/반에 대한 본인의 의견을 말해 보시오.
- 홍수 재해 극복 방안에 대해 말해 보시오.
- 빅데이터 활용 방안에 대해 말해 보시오.
- 6차 산업의 활성화 방안에 대해 말해 보시오.
- 하나로 마트 활성화 방안에 대해 말해 보시오.
- 쌀 소비량 부진의 주된 이유와 해결방안을 말해 보시오.
- 농민월급제에 대해 의견을 말해 보시오.
- 정부는 농촌의 고령화 현상이 심각해지면서 매년 막대한 예산을 쏟는 중이나 귀농 인구는 되레 감소하고 있다. 그 이유와 해결 방안에 대해 말해 보시오.
- 기업의 SNS 사찰에 대한 의견을 말해 보시오.

- 우리나라 최저임금 제도에 대한 의견을 말해 보시오.
- 부동산 권리금 보장에 대한 의견을 말해 보시오.
- 대학생의 스펙 쌓기 열풍에 대한 의견을 말해 보시오.
- 사형제도 찬반에 대한 의견을 말해 보시오.
- 센카쿠열도 분쟁 찬반에 대한 자신의 주장을 말해 보시오.
- 협동조합법에 대해 설명하고, 이것이 농협에 미치는 영향과 나아갈 방향에 대해 말해 보시오.
- 낙태 허용 찬반에 대한 자신의 주장을 말해 보시오.
- 안락사 찬반에 대한 자신의 주장을 말해 보시오.
- 외국어 고등학교의 폐지 찬반에 대한 자신의 주장을 말해 보시오.
- 태양열을 이용한 농가의 소득증대 방안에 대해 말해 보시오.
- 6차 산업 농협과 정부의 나아갈 길에 대해 말해 보시오.

14 부 산

☑ 집단면접

구분	질문	
개인 신상 및 인성에 대한 질문	· 로또를 해 봤는가? 당첨되면 직장을 그만둘 것인가? · 자신만의 경쟁력은? · 성격의 장단점을 말해 보시오. · 주위 사람들은 본인을 어떤 사람이라고 말하는가? · TV를 볼 때 어떤 프로그램을 먼저 보는가? · 신문을 읽을 때 보는 순서는? · 행복의 3가지 조건을 말해 보시오. · 배우자 선택의 기준은? · 자신에게 등급을 매긴다면? 그 이유는?	· 여자로서 일과 가사에 대한 생각은? · 존경하는 인물은 누구인가? · 야근에 대해 어떻게 생각하는가? · 이직에 대한 생각을 말해 보시오. · 마지막으로 하고 싶은 말을 해 보시오. · 좋은 사람과 싫은 사람을 그 이유와 함께 말해 보시오. · 중요한 것을 위해 포기해 본 경험이 있는가?
조직 적응력에 대한 질문	· 조직에서 가장 중요한 것은 무엇인지 말해 보시오. · 상사와의 불화가 생겼을 때 어떻게 해결할 것인지 말해 보시오. · 하기 싫은 업무를 맡는다면? · 기업에 대한 충성심이 무엇이라고 생각하는가? · 일요일에 정말 친한 친구의 결혼식이 있는데 직장에서 출근하라고 한다면 어떻게 할 것인가?	· 동료와 마찰이 있으면 대응 방안을 말해 보시오. · 어떤 조직에서 성과를 올린 경험이 있는가? · 조직에 갑작스럽게 들어가서 빠르게 적응한 경험이 있는가? · 조직 내에서 부당한 요구를 적절하게 거절해 본 경험이 있는가?
농협 업무 및 업무 자세에 대한 질문	· 농협에서 일하면서 가장 중요하다고 생각하는 덕목은 무엇인가? · 농협인으로서의 필요한 마음가짐을 말해 보시오. · 농협은행이 아닌 지역농협에 지원한 동기는?	· 농협에서 하고 싶은 업무는 무엇인가? · 농협에 입사하기 위해 준비한 것이 있는가? · 직업관을 말해 보시오. · 입사 후 포부를 말해 보시오.
시사 이슈 및 일반 상식에 대한 질문	· GMO란 무엇인가? · 승자의 저주란? · 비교우위란? · 토빈의 q란? · 더블딥이란 무엇인가? · 헤지펀드에 대해 설명해 보시오. · 자신이 알고 있는 경제 상식을 이야기해 보시오. · 빅 배스에 대해 설명하시오. · 현재 쌀값에 대해 말해 보시오.	· 다우지수에 대해 설명하시오. · DTI에 대해 설명하시오. · SSM 기업형 슈퍼마켓에 대해 설명하시오. · 경제민주화가 무엇인가? · 구상권 청구에 대해 설명하시오. · 레몬시장에 대해 말해 보시오. · 현재 한국의 기준금리에 대해 알고 있는가? · 핀테크에 대해서 알고 있는가? · 인구절벽에 대해 알고 있는가?

☑ 주장면접

- 농협협동조합법이 미치는 영향에 대해 말해 보시오.
- 고령화와 농협의 관계에 대해 말해 보시오.
- 원자력발전소 설립 찬반에 대한 자신의 주장을 말해 보시오.
- 기초연금제도 논란에 대한 의견을 말해 보시오.
- 무상보육에 대한 의견을 말해 보시오.
- 일본에 약탈당한 문화재를 돌려받아야 하는가?
- 교직원 노조 결성에 대한 의견을 말해 보시오.
- 취업이나 결혼을 위해 성형을 하는 것에 대한 찬반 의견을 말해 보시오.
- 국제유가 상승이 농업에 끼치는 영향과 그때 농협의 역할에 대해 말해 보시오.
- 스마트팜의 발전방안에 대해 말해 보시오.
- GMO 식품에 대한 자신의 견해와 피해를 최소화할 수 있는 방안에 대해 말해 보시오.

15 제 주

☑ 집단면접

개인 신상 및 인성에 대한 질문	• 구독하는 신문이 있는가? • 가장 기억에 남는 리더는 누구인가? • 요즘 사극 드라마를 보는가? • 본인에게 점수를 준다면 몇 점을 주겠는가?	• 자신의 5년 뒤 모습을 한 번 상상해 보고 말해 보시오. • 평소에 건강을 위해 하는 활동이 있다면 무엇이 있는가?
농협 업무 및 업무 자세에 대한 질문	• 제주도에서 많이 생산되는 것으로 생각되는 품목과 그 품목을 생산하는 가구수, 그리고 우리나라 전체에서 차지하는 퍼센트는? • 농협에 지원한 동기는 무엇인가? • 농협에 지원하면서 어떠한 노력을 했는가? • 농협이 새로운 사업목표를 제시할 때 본인은 어떠한 전략을 펼치겠는가?	• 농산물의 가격은 어떻게 책정되어야 하는가? • 고객관리를 위해 할 수 있는 자신만의 전략에 대해 한 가지만 이야기해 보시오. • 외곽 지역으로 발령을 받는다면 어떻게 할 것인가? • 금융인이 지녀야 할 덕목에 대해 이야기해 보시오.
시사 이슈 및 일반 상식에 대한 질문	• 공익직불금에 대해 설명하시오. • 커플링 효과란 무엇인가? • 출구전략이란 무엇인가? • DTI에 대해 설명하시오. • LTV에 대해 설명하시오. • 노블리스 오블리주에 대해 설명하시오. • 저출산 문제를 해결하기 위해 기업이 해야 할 일에 대해 말해 보시오. • 다운계약서에 대해 설명하시오. • 잡셰어링에 대한 생각을 말해 보시오.	• 우퍼제도에 대해서 아는가? • 임금피크제에 대해 설명하시오. • 파생상품에 대해 설명하시오. • 바나나 현상에 대해 설명하시오. • 헤지펀드에 대해 설명하시오. • 애그플레이션(agflation)에 대해 설명하시오. • 시너지 효과에 대해 설명하시오. • 유리천장이란 무엇인가? • 베블런 효과에 대해 설명하시오. • 새농민상에 대해 아는가?

☑ 주장면접

- 제주도 감귤농가의 발전 방안에 대해 말하시오.
- 농산물재해보험 혜택방안에 대해 말해 보시오.
- 주 52시간 근무제도에 대해 말해 보시오.

- 1인 및 2인 가구 증가에 따른 농협의 방안에 대해 말해 보시오.
- 사형제도에 대한 의견을 말해 보시오.
- 임금삭감과 정리해고 중 하나를 선택하여 자신의 주장을 말해 보시오.
- 대학생의 스펙 쌓기 열풍에 대한 의견을 말해 보시오.
- 전교조 법외노조에 대한 의견을 말해 보시오.
- 협동조합법에 대해 설명하고, 이것이 농협에 미치는 영향과 나아갈 방향에 대해 말해 보시오.
- 인원감축과 임금삭감 중 어느 것을 선택할 것인가?
- 원자력발전소 건립 찬반에 대한 자신의 주장을 말해 보시오.
- 전자제품(반도체)을 수출하는 대신 농산물을 수입하는 것에 대한 의견을 말해 보시오.
- 결혼이나 취직을 위해 성형을 하는 것에 대한 찬반 의견을 말해 보시오.
- 여성 군 복무에 대한 의견을 말해 보시오.
- 무상급식과 무상교육 찬반에 대한 자신의 주장을 말해 보시오.
- 개인회생제도 찬반에 대한 자신의 주장을 말해 보시오.

16 울산

☑ 집단면접

구분		
개인 신상 및 인성에 대한 질문	• 성격의 장단점을 말해 보시오. • 인생을 살면서 즐거웠던 경험과 슬펐던 경험은? • 친구나 지인끼리 싸웠을 때 나서서 해결한 적이 있는가?	• 특기는 무엇인가? • 존경하는 인물은 누구인가? • 성장 과정에서 영향을 미친 것은 무엇인가? • 마지막으로 하고 싶은 말은 무엇인가?
조직 적응력에 대한 질문	• 어떤 부하직원이 될 것인가? • 상사와 불화를 어떻게 해결할 것인가? • 조직에서 가장 중요한 것은 무엇인가?	• 일요일에 정말 친한 친구의 결혼식이 있는데 직장에서 출근하라고 한다면 어떻게 할 것인가?
농협 업무 및 업무 자세에 대한 질문	• 농협인으로서의 마음가짐과 필요한 것은 무엇이라고 생각하는가? • 어떤 업무를 해 보고 싶은가? • 농협에서 일하면서 가장 중요하다고 생각하는 덕목은 무엇인가? • 카드 영업을 할 수 있는가? 어떻게 하겠는가?	• 직업관이 무엇인가? • 농협의 금융 부분과 경제 부분에 대한 의견을 말해 보시오. • 향후 농협에 입사하게 되어 상사와의 마찰이 생긴다면 어떻게 하겠는가?
시사 이슈 및 일반 상식에 대한 질문	• 글로벌 금융위기에 대해 말해 보시오. • 금리인상에 대해 말해 보시오. • GMO, 더블딥, 헤지펀드 중 한 가지에 대해 설명하시오. • 경제 상식에 대해 아는 것을 말해 보시오. • 백색국가에 대해 말해 보시오.	• 요즘 신문에서 가장 쟁점이 되고 있는 것이 무엇인지 말해 보시오. • SSM에 대해 설명하시오. • FTA 방안에 대해 말해 보시오. • 경자유전의 법칙에 대해 말해 보시오. • WWOOF에 대해 말해 보시오.

☑ 주장면접

- WTO 개도국 포기 후 앞으로 농업 발전 방향에 대해 말해 보시오.

MEMO

부 록

실전모의고사

제1회 실전모의고사 (70문제형)

제2회 실전모의고사 (60문제형)

제1회 》 실전모의고사

문 항 수 : 70문항
시험시간 : 70분

01 ㉠, ㉡, ㉢에 들어갈 알맞은 어휘를 순서대로 나열한 것은?

> (가) 인생의 아름다운 것, 인생의 추한 것, 선인 듯하면서 악인 것, 악인 듯하면서 선인 것, 자유와 속박, (㉠)과 차별, 진보의 원인, 퇴보의 원인, 도무지 다 그 줄이 여기 달려 있다.
> (나) 우리의 종래의 사고방식과 가치 철학에 의하면 진(眞)·선(善)·미(美)는 서로 (㉡)한 지위, (㉡)한 가치로서 인간의 목적 가치를 구성했다.
> (다) 그 후에 그는 웬만한 일등 중사의 하찮은 명령 같은 건 듣지도 않고 서로 (㉢)하게 반말을 썼다.

	㉠	㉡	㉢		㉠	㉡	㉢
①	대등	평등	동등	②	동등	평등	대등
③	동등	대등	평등	④	대등	동등	평등
⑤	평등	동등	대등				

02 다음 〈보기〉 중 '기사 양반'이라는 말에서 쓰이는 양반과 같은 의미로 쓰인 것을 모두 고르면?

> ㄱ. 여보시오! 젊은 양반, 길 좀 물어봅시다.
> ㄴ. 그 양반이 나에게만 온갖 어려운 일을 떠안기기로 작정을 했나 봐.
> ㄷ. 양반 행세를 하다.
> ㄹ. 이 양반 정말 싱거운 양반이네.
> ㅁ. 그분은 행동거지가 그야말로 양반이지.

① ㄱ, ㄴ
② ㄱ, ㄴ, ㄷ
③ ㄱ, ㄴ, ㄹ
④ ㄱ, ㄴ, ㄷ, ㄹ
⑤ ㄱ, ㄴ, ㄷ, ㄹ, ㅁ

03 밑줄 친 단어의 표기가 잘못된 것은?

① 걷다가 머리를 벽에 <u>부딪쳤다</u>.
② <u>넉넉치</u> 않은 가정 형편에서도 웃음을 잃지 않고 살고 있다.
③ 우산을 <u>받쳐</u> 들고 길을 갔다.
④ 부모님 속을 <u>썩이고</u> 말았다.
⑤ 술을 체에 <u>밭치고</u> 있다.

04 다음 중 어법에 맞는 문장인 것은?

① 내일 오전에 회의를 갖도록 합시다.
② 어제 길거리에서 우연치 않게 그 사람을 만났다.
③ 현재의 교육복지정책은 앞으로 손질이 불가피할 전망입니다.
④ 한결같이 어려운 이웃을 돕는 사람들이 많습니다.
⑤ 요즘 같은 때에는 공기를 자주 바꿔야 감기에 안 걸리는 거야.

05 다음 글의 ㉠~㉢에 들어갈 접속부사로 가장 적절한 것은?

> 공장에서 식품을 생산하여 가능한 한 많은 먹을거리를 안정적으로 공급받기 위해 사람들이 기울여 온 노력은 지구촌에 자본주의 시대가 열린 이후 지속적으로 이어져 온 지상과제 중 하나이다. (㉠) 오늘날 사람들은 우주 시대에 어떻게 먹을거리를 해결할 것인가라는 문제에 대해 더욱 많은 관심을 보이기도 한다. (㉡) 21세기는 먹을거리에 관한 한 '풍요의 시대'가 될 것이라는 낙관적 입장이 주류를 이루는 듯하다. (㉢) 오늘날 우리의 현실은 풍요의 시대가 '약속된 하느님의 뜻'인 것 같지 않다. 일부에서는 유전자 조작에 의해 생산된 콩이나 돼지고기를 먹은 우리가 과연 온전할 것인가에 대한 의구심이 유전자 조작 식품에 대한 반발로 이어지고 있다.

	㉠	㉡	㉢
①	그래서	그러나	그렇지만
②	그런데	그리고	심지어
③	그러나	심지어	그리고
④	심지어	그래서	하지만
⑤	하지만	그래서	그러나

06 다음 문장에서 밑줄 친 부분의 띄어쓰기가 바르지 못한 것은?

① 아이들은 어떤 고난도 <u>참아 냈다</u>.
② 다음에서 틀린 것을 <u>찾아 보아라</u>.
③ 새로 알게 된 사항을 수첩에 <u>적어 놓았다</u>.
④ 오늘 목격한 장면들을 <u>기억해 두었다가</u> 본 대로 말해 주길 부탁한다.
⑤ 위층 사람들이 <u>떠들어 대는</u> 바람에 나는 한숨도 잘 수가 없었다.

07 다음 제시된 문장을 순서대로 바르게 배열한 것을 고르면?

> (가) 과거에는 훌륭한 문화적 전통의 소산으로 생각되던 것이 후대에는 버림을 받게 되는 예가 허다하다.
> (나) 우리가 현재 민족 문화의 전통과 명맥을 이어 주었다고 생각하는 것 모두 그에 속한다.
> (다) 신라의 향가와 고려의 가요, 조선의 사설시조, 백자, 풍속화 등이 바로 그러하다.
> (라) 한편 과거에는 돌보아지지 않던 것이 후대에 높이 평가되는 일도 한두 가지가 아니다.
> (마) 연암의 문학이 바로 그러한 예에 속하며, 이는 비단 연암의 문학만이 아니다.

① (가) – (나) – (다) – (라) – (마) ② (나) – (마) – (가) – (라) – (다)
③ (가) – (라) – (마) – (나) – (다) ④ (나) – (가) – (라) – (마) – (다)
⑤ (가) – (라) – (나) – (다) – (마)

08 다음 중 맞춤법 표기가 옳은 것은?

> ㉠ 우리 할머니는 항상 예스러운/옛스러운 한복을 곱게 차려 입고 다니신다.
> ㉡ 바이올린 신동의 연주가 끝나자 우뢰/우레와 같은 박수소리가 콘서트홀 안을 가득 메웠다.
> ㉢ 여기가 우리의 홈구장이라는 잇점/이점을 감안하면 현재 랭킹에서 좀 밀리지만 박빙의 승부가 펼쳐질 듯하다.

① 예스러운, 우뢰, 이점   ② 예스러운, 우레, 이점
③ 옛스러운, 우레, 이점   ④ 옛스러운, 우레, 잇점
⑤ 옛스러운, 우뢰, 잇점

09 다음 문장의 ( ) 안에 들어갈 한자로 적절하게 연결된 것은?

> ㉠ 현대 국어의 어휘 사용에 있어서 큰 (   )을/를 차지한다.
> ㉡ 여러 가지 새로운 기구의 신설과 (   )
> ㉢ 원 뜻을 살려서 (   )를 만들어 쓰는 것도 신어 증가의 한 요인이다.

| | ㉠ | ㉡ | ㉢ |
① 比重, 開閉, 意譯語   ② 比重, 改廢, 意譯語
③ 批重, 改廢, 疑驛語   ④ 批重, 開閉, 義譯語
⑤ 秘重, 開閉, 義譯語

10 다음의 내용과 관련 있는 한자성어를 고르면?

> 요즈음 아이들은 배우지 않는 과목이 없다. 모르는 것이 없어 묻기만 하면 척척 대답한다. 중학교나 고등학교의 숙제를 보면 몇 년 전까지만 해도 상상도 할 수 없던 내용들을 다룬다. 어떤 어려운 주제를 내밀어도 아이들은 인터넷을 뒤져서 용하게 찾아낸다. 그런데 그 똑똑한 아이들이 정작 스스로 판단하고 제 힘으로 할 줄 아는 것이 하나도 없다. 시켜야 하고, 해 줘야 한다. 판단 능력은 없이 그저 많은 정보가 내장된 컴퓨터 같다. 그 많은 독서와 정보들은 다만 시험 문제를 푸는 데만 유용할 뿐, 삶의 문제로 내려오면 전혀 무용지물이 되고 만다.

① 팔방미인 ② 박학다식 ③ 박람강기
④ 생이지지 ⑤ 대기만성

11 다음 글에 이어질 내용으로 부적합한 것은?

> 인간은 흔히 자기 뇌의 10%도 쓰지 못하고 죽는다고 한다. 또 사람들은 천재 과학자인 아인슈타인조차 자기 뇌의 15% 이상을 쓰지 못했다는 말을 덧붙임으로써 이 말에 신빙성을 더한다. 이 주장을 처음 제기한 사람은 19세기 심리학자인 윌리엄 제임스로 추정된다. 그는 "보통 사람은 뇌의 10%를 사용하는데 천재는 15~20%를 사용한다."라고 말한 바 있다. 인류학자 마가렛 미드는 한발 더 나아가 그 비율이 10%가 아니라 6%라고 수정했다. 그러던 것이 1990년대에 와서는 인간이 두뇌를 단지 1% 이하로 활용하고 있다고 했다. 최근에는 인간의 두뇌 활용도가 단지 0.1%에 불과해서 자신의 재능을 사장시키고 있다는 연구 결과도 제기됐다.

① 인간의 두뇌가 가진 능력을 제대로 발휘하지 못하도록 하는 요소가 무엇인지 연구해야 한다.
② 어른들도 계속적인 연구와 노력을 통하여 자신의 능력을 충분히 발휘할 수 있도록 해야 한다.
③ 학교는 자라나는 학생이 재능을 발휘할 수 있도록 여건을 조성해 주어야 한다.
④ 인간의 두뇌 개발을 촉진시킬 수 있는 프로그램을 개발해야 한다.
⑤ 어린 시절부터 개성적인 인간으로 성장할 수 있도록 조기교육을 실시해야 한다.

12 다음 글의 중심 내용으로 가장 적절한 것은?

> 분노는 공격과 복수의 행동을 유발한다. 분노 감정의 처리에는 '눈에는 눈, 이에는 이'라는 탈리오 법칙이 적용된다. 분노를 느끼게 되면 상대방에 대해 공격적인 행동을 하고 싶은 공격 충동이 일어난다. 동물의 경우 분노를 느끼면 이빨을 드러내고 발톱을 세우는 등 공격을 위한 준비 행동을 나타낸다. 사람의 경우에도 분노를 느끼면 자율신경계가 활성화되고 눈매가 사나워지며, 이를 꽉 깨물고 주먹을 불끈 쥐는 등 공격 행위와 관련된 행동을 나타낸다. 특히 분노가 강하고 상대방이 약할수록 공격 충동은 행동화되는 경향이 있다.

① 공격을 유발하게 되는 원인
② 분노가 일으키는 행동의 변화
③ 탈리오 법칙의 정의와 실제 사례
④ 동물과 인간의 분노 감정의 차이
⑤ 분노 감정의 처리 방법

13 다음 글의 문맥을 참고할 때, 빈칸 ⊙과 ⓒ에 들어갈 가장 적절한 단어는 보기 중 무엇인가?

> 농업·농촌의 중요성과 역할은 생각보다 크고 많다. 산업과 생산기지라는 전통적 기능의 관점만이 아니라 (⊙), (ⓒ) 가치의 관점에서 다시 살펴보아야 한다.
> 농산물 가격 상승이나 살충제 달걀 파동 등의 문제가 초미의 관심사가 되는데서 알 수 있듯이 농업은 국민 생활과 밀접히 연계된 영역이다. 농업은 국민 건강을 지키는 안전한 식품의 공급처이자, 환경생태계 보호 및 자연재해 방지 등의 역할을 수행한다. EU가 농업정책만을 유일하게 모든 나라의 공동정책으로 채택한 이유를 주목할 필요가 있다. 농업이 안정되지 못하고 식량을 외국에 의존하면 선진국이 되기 어렵기 때문이다.
> 농촌은 국민에게 쾌적한 휴식공간도 제공한다. 국민소득 증대 등에 따른 삶의 질 중시 경향이 커지고, 여가 및 문화에 대한 국민의 관심이 증대하면서 농촌의 경관 자원에 대한 인식이 제고되고 있다. 그러나 아름다운 경관을 관리하는 대가를 시장에서 제대로 보상받지 못하는 실정이다. 또한, 농촌은 공동체 인식이 강한 지역적 특성을 가지고 있다. 농촌 사회의 다양한 문제는 혼자서는 해결할 수 없다는 점을 잘 알기 때문이다. 이러한 공동체의식은 우리 사회가 보존하고 추구해야 할 가치이기도 하다.
> 농업·농촌은 다양한 사회적 가치를 제공하고 있으므로 국민경제와 국가사회의 지속가능한 발전에 필수적인 기본조건이다. 비록, 경제에서 차지하는 농업·농촌·농민의 비중이 지속적으로 낮아져 왔지만, 국민 삶의 질 충족이라는 관점에서 본다면 그 중요성은 갈수록 증대될 수밖에 없다. 우리 사회의 풍요로운 미래를 위해서는 농업과 농촌에 대한 새로운 가치와 역할, 그리고 비전을 부여해야 한다.

① 도덕적, 과학적
② 인문학적, 현실적
③ 경제적, 규범적
④ 공익적, 사회적
⑤ 윤리적, 생태학적

14 다음 글에서 엿볼 수 있는 일자리 창출의 내용으로 볼 수 없는 것은 어느 것인가?

「고용률 70% 로드맵」은 정부의 최우선 국정목표인 '일자리 창출' 및 '고용률 제고'를 위해, 18개 부처가 참여하여 분야별 전략 및 세부계획을 일목요연하게 정리한 청사진이다. 특히 「고용률 70% 로드맵」은 정체된 고용률을 높이기 위해 고용창출 패러다임의 근본적인 변화가 무엇보다 중요하다고 보고, 기존의 남성·전일제, 장시간근로, 수출·대기업 중심에서 여성·시간제, 일·가정양립, 내수·중소기업 중심의 패러다임으로 전환하는 데 범정부적 역량을 집중하였다.

고용친화적 경제·재정정책을 통한 일자리 수요 창출, 노동시장 구조와 일하는 방식의 고용 창출형으로의 전환, 여성과 청년의 노동시장 참여 촉진은 고용률 제고의 관건이라 할 수 있다. 경제성장률 하락, 성장의 고용 창출력 감소 등을 고려할 때, 경제성장이 자연적인 고용증가로 이어지는 메커니즘은 한계를 드러내고 있다. 이에 따라 우선, 모든 경제정책 및 재정정책을 '일자리 창출' 관점에서 재검토하고, 정책의 효과성을 '일자리'를 중심으로 평가·환류함으로써 새로운 일자리 수요를 지속 발굴해 나가는데 범정부적 역량을 집중하였다. 또한 시장의 고용창출력을 높이기 위해서는 노동시장의 법·제도 및 일하는 방식을 고용창출형으로 전환하는 것이 매우 중요하다. 따라서 관련 법령 정비 및 대국민 캠페인을 통한 장시간근로 해소, 불공정·불합리한 노동시장 제도·관행 개선, 양질의 시간제 일자리 확산 등의 정책 추진에 우선순위를 두고 집중 추진하고 있다. 아울러, 비경제활동 비율이 높은 여성 및 청년들이 노동시장에 원활히 진입할 수 있도록, 육아휴직 및 보육서비스 강화, 여성의 재취업이 용이한 사회서비스 일자리 확충 및 청년의 조기 노동시장 진입을 위한 NCS 기반 직무능력 중심체제로의 전환, 일·학습 듀얼시스템 도입 및 선취업-후진학 여건 조성 등에 역점을 두고 다양한 대책을 마련·추진 중이다.

① 혁신형 중소기업을 육성해서 양질의 일자리를 창출
② 장시간근로 개선, 양질의 시간제 일자리 창출 등을 통해 일하는 방식과 근로 시간 개혁
③ 보육서비스 강화, 능력중심 사회 구축 등으로 여성·청년 등 핵심인력의 고용가능성 제고
④ 유연근무제 확대 실시를 통한 삶의 질 개선 유도
⑤ 일자리를 늘리고, 일자리의 질도 올리기 위해 경제주체의 책임과 사회적 연대를 강화

15 다음 밑줄 친 내용을 뒷받침하는 사례로 (가)~(마)에 들어가기에 적절하지 않은 것은?

> 아파트 주거환경은 일반적으로 공동체적 연대를 약화시키는 것으로 인식되어 왔다. 그러나 오늘날 한국 사회에서 보편화되어 있는 아파트 단지에는 도시화의 진전에 따른 공동체적 연대의 약화를 예방하거나 치유하는 집단적 노력이 존재한다. (가)
> 물론 아파트의 위치나 평형, 단지의 크기 등에 따라 공동체 형성의 정도가 서로 다른 것은 사실이다. (나)
> 더 심각한 문제는 사회문화적 동질성에 입각한 아파트 근린 관계가 점차 폐쇄적이고 배타적인 공동체로 변하고 있다는 것이다. 이에 대한 대책이 '소셜 믹스(social mix)'이다. 이는 동일 지역에 다양한 계층이 더불어 살도록 함으로써 계층 간 갈등을 줄이려는 정책이다. 그러나 이 정책의 실제 효과에 대해서는 회의적 시각이 많다. 대형 아파트 주민들도 소형 아파트 주민들과 이웃되기를 싫어하지만, 저소득층이 대부분인 소형 아파트 주민들 역시 부자들에게 위화감을 느끼면서 굳이 같은 공간에서 살려고 하지 않기 때문이다. (다)
> 그럼에도 불구하고 우리나라에서는 사회통합적 주거환경을 규범적 가치로 인식하여, 아파트 단지 구성에 있어 대형과 소형, 분양과 임대가 공존하는 수평적 공간 통합을 지향한다. 부자 동네와 가난한 동네가 뚜렷이 구분되지 않는 주거환경을 우리 사회가 규범적으로는 지향한다는 것이다. (라)
> 아파트를 둘러싼 계층 간의 공간 통합 혹은 공간 분리 문제를 단순히 주거환경의 문제로만 보면 근본적인 해결이 어려울 수도 있다. 지금의 한국인에게 아파트는 주거공간으로서의 의미를 넘어 부의 축적 수단이라는 의미를 담고 있기 때문이다. (마)

① (가) - 아파트 부녀회의 자원 봉사자들이 단지 내의 경로당과 공부방을 중심으로 다양한 프로그램을 운영하여 주민들 사이의 교류를 활성화한 사례
② (나) - 대형 고급 아파트 단지에서는 이웃에 누가 사는지도 잘 모르는 반면 중소형 서민 아파트 단지에서는 학부모 모임이 활발한 사례
③ (다) - 소형 서민 아파트 단지에서 부동산 가격이 하락세를 보이던 시기에 부녀회를 중심으로 담합하여 아파트의 가격을 유지하려 노력했던 사례
④ (라) - 대규모 아파트 단지를 조성할 때 소형 및 임대 아파트를 포함해야 한다는 법령과 정책 사례
⑤ (마) - 재건축 예정인 아파트 소유자의 상당수가 거주 목적이 아닌 투자 목적으로 아파트를 소유하고 있는 사례

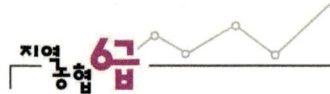

16 다음 신문기사의 내용을 잘못 이해한 것은?

> 농협 전남지역본부는 지난 16~17일까지 농협 서울지역본부와 농협 수도권유통센터, ㈜농협 양곡을 대상으로 전남 지역의 우수한 쌀을 홍보하고 수도권 판로를 개척하기 위한 마케팅을 실시했다.
> 먼저, 수도권의 기업고객과 개인고객 영업망을 풍부하게 보유하고 있는 농협은행 서울영업본부를 방문하여 기업고객의 직원용 구내식당 공급 및 개인고객 사은품 제작 등에 전남 쌀이 먼저 이용될 수 있도록 홍보하고, 당일 전남 쌀 290포/20kg을 우선 주문받았다. 더불어, 건설현장의 함밥집 공급물량도 추가 협의했다.
> 또한, 수도권 유통매장인 성남·삼송·고양 농협유통센터를 방문해 고품질 전남 쌀 판매 확대를 위한 마케팅 계획과 전남 쌀 추가 입점을 위한 방안 등을 협의했다.
> 마지막으로, 수도권 농협 유통센터와 쌀 가공식품 기업에 쌀 공급을 중개하고 있는 ㈜농협 양곡에서는 2016년 새롭게 새로 단장한 전남 쌀 공동브랜드 "풍광수토"의 성공적인 런칭을 위한 협력방안 등에 대해 논의하고, 수도권 소비지시장 개척을 위한 협조를 요청했다.
> 이홍묵 본부장은 "전국 생산량의 20%를 점유하고 있는 전남 쌀의 판로 확대를 위해서는 서울을 비롯한 수도권 소비지시장 공략은 선택이 아닌 필수이다."라며 "앞으로 전라남도와 함께 마케팅 활동 및 판촉행사 등을 다양하게 전개하여 고품질 전남 쌀의 수도권 소비지 시장 개척을 위한 활동을 지속해서 전개하겠다"고 말했다.

① 전남 지역농협에서는 이틀동안 전남 지역의 쌀을 홍보 및 마케팅을 실시했다.
② 전남 지역농협에서는 농협은행 서울영업본부를 방문하고 수도권 유통매장인 4곳 센터를 방문하였다.
③ 농협 양곡은 수도권 농협 유통센터와 쌀 가공식품 기업의 공급 중개자 역할을 하고 있다.
④ 전남 쌀은 전국 생산량의 20%를 점유하고 있다.
⑤ 농협 양곡은 공동브랜드 '풍광수토'를 새롭게 단장하였다.

17 제시된 글의 내용을 참고할 때, 빈칸에 들어갈 가장 알맞은 말은 다음 중 어느 것인가?

> 은행은 불특정 다수로부터 예금을 받아 자금 수요자를 대상으로 정보생산과 모니터링을 하며 이를 바탕으로 대출을 해주는 고유의 자금중개기능을 수행한다. 이 고유 기능을 통하여 은행은 어느 나라에서나 경제적 활동과 성장을 위한 금융지원에서 중심적인 역할을 담당하고 있다. 특히 글로벌 금융위기를 겪으면서 주요 선진국을 중심으로 직접금융이나 그림자 금융의 취약성이 드러남에 따라 은행이 정보생산 활동에 의하여 비대칭정보 문제를 완화하고 리스크를 흡수하거나 분산시키며 금융부문에 대한 충격을 완화하는 역할에 대한 관심이 크게 높아졌다. 또한 국내외 금융시장에서 비은행 금융회사의 업무 비중이 늘어나는 추세를 보이고 있음에도 불구하고 은행은 여전히 금융시스템에서 가장 중요한 기능을 담당하고 있는 것으로 인식되고 있으며, 은행의 자금중개기능을 통한 유동성 공급의 중요성이 부각되고 있다.
>
> 한편 은행이 외부 충격을 견뎌 내고 금융시스템의 안정 유지에 기여하면서 금융 중개라는 핵심 기능을 원활히 수행하기 위해서는 (   ) 뒷받침되어야 한다. 그렇지 않으면 은행의 건전성에 대한 고객의 신뢰가 떨어져 수신기반이 취약해지고, 은행이 '고위험-고수익'을 추구하려는 유인을 갖게 되어 개별 은행 및 금융 산업 전체의 리스크가 높아지며, 은행의 자금중개기능이 약화되는 등 여러 가지 부작용이 초래되기 때문이다. 결론적으로 은행이 수익성 악화로 부실해지면 금융시스템의 안정성이 저해되고 금융 중개 활동이 위축되어 실물경제가 타격을 받을 수 있으므로 은행이 적정한 수익성을 유지하는 것은 개별 은행과 금융시스템은 물론 한 나라의 전체 경제 차원에서도 중요한 과제라고 할 수 있다. 이러한 관점에서 은행의 수익성은 학계는 물론 은행 경영층, 금융시장 참가자, 금융정책 및 감독 당국, 중앙은행 등의 주요 관심대상이 되는 것이다.

① 외부 충격으로부터 보호받을 수 있는 제도적 장치가
② 비은행 금융회사에 대한 엄격한 규제와 은행의 건전성이
③ 유동성 문제의 해결과 함께 건전성이
④ 제도 개선과 함께 수익성이
⑤ 건전성과 아울러 적정 수준의 수익성이

18 다음 글을 읽고 옳지 않은 것을 고르면?

> 먼지란 대기 중에 떠다니거나 흩날려 내려오는 입자상 물질을 말하는데, 석탄·석유 등의 화석연료를 태울 때나 공장·자동차 등의 배출가스에서 많이 발생한다.
> 먼지는 입자의 크기에 따라 50㎛ 이하인 총먼지(TSP; Total Suspended Particles)와 입자크기가 매우 작은 미세먼지(PM; Particulate Matter)로 구분한다. 미세먼지는 다시 지름이 10㎛보다 작은 미세먼지(PM10)와 지름이 2.5㎛보다 작은 미세먼지(PM2.5)로 나뉜다. PM10이 사람의 머리카락 지름(50~70㎛)보다 약 1/5~1/7 정도로 작은 크기라면, PM2.5는 머리카락의 약 1/20~1/30에 불과할 정도로 매우 작다.
> 이처럼 미세먼지는 눈에 보이지 않을 만큼 매우 작기 때문에 대기 중에 머물러 있다 호흡기를 거쳐 폐 등에 침투하거나 혈관을 따라 체내로 이동하여 들어감으로써 건강에 나쁜 영향을 미칠 수도 있다.
> 세계보건기구(WHO)는 미세먼지(PM10, PM2.5)에 대한 대기질 가이드라인을 1987년부터 제시해 왔고, 2013년에는 세계보건기구 산하의 국제암연구소(IARC; International Agency for Research on Cancer)에서 미세먼지를 사람에게 발암이 확인된 1군 발암물질(Group 1)로 지정하였다.
> 미세먼지를 이루는 성분은 그 미세먼지가 발생한 지역이나 계절, 기상조건 등에 따라 달라질 수 있다. 일반적으로는 대기오염물질이 공기 중에서 반응하여 형성된 덩어리(황산염, 질산염 등)와 석탄·석유 등 화석연료를 태우는 과정에서 발생하는 탄소류와 검댕, 지표면 흙먼지 등에서 생기는 광물 등으로 구성된다.
> 전국 6개 주요지역에서 측정된 미세먼지의 구성비율은 대기오염물질 덩어리(황산염, 질산염 등)가 58.3%로 가장 높고, 탄소류와 검댕 16.8%, 광물 6.3% 순으로 나타났다. 한편 국내 미세먼지 발생분이 적은 백령도에서는 탄소류와 검댕의 비율이 상대적으로 낮았다.

① 미세먼지는 눈에 보이지 않을 만큼 매우 작다.
② 미세먼지는 호흡기를 거쳐 폐 등에 침투하거나 혈관을 따라 체내로 이동하여 들어감으로써 건강에 나쁜 영향을 미칠 수도 있다.
③ 세계보건기구에서는 미세먼지를 사람에게 발암이 확인된 1군 발암물질로 지정하였다.
④ 백령도는 상대적으로 미세먼지 발생분이 적은 지역이다.
⑤ 미세먼지를 이루는 성분은 그 미세먼지가 발생한 지역에 따라 다르지만, 계절, 기상조건은 영향을 그 성분에 미치지 못한다.

[19~20] 다음 글을 읽고, 물음에 답하시오.

　사람들은 흔히 에피쿠로스의 철학을 쾌락주의라고 부른다. 하지만 에피쿠로스 철학은 가늘고 모질게 살라고 강요하는 금욕주의에 더 가깝다. 이 금욕적 쾌락주의자는 자신의 철학을 일상에서 실현하리라 결심했다. 30대 초반의 나이에 아테네 교외에 있는 정원을 사들여 그곳에 숨어 소박하게 살며 두터운 우정을 나누는 철학 공동체를 만든 것이다. 정원 공동체를 만든 뒤 에피쿠로스는 수많은 스캔들에 시달렸다. 매춘부들을 애인으로 삼았다든지, 너무 먹어대는 바람에 하루에 두 번씩 토하곤 한다든지 하는 해괴한 소문이 정원 주변을 끊임없이 맴돌았다.
　정원 공동체에는 오해를 살 만한 점이 많았다. 에피쿠로스는 모든 사람에 대한 인간애를 강조했다. 그렇기에 뜻만 같다면 노예나 여자, 심지어는 매춘부까지도 공동체의 인원으로 따뜻하게 맞아들였다. 에피쿠로스가 줄곧 은둔 생활을 해왔다는 사실에 비추어 볼 때, 공동체 밖의 사람들에게 이러한 이상이 제대로 전달되었을 리가 없다. <u>만약 어떤 사람들이 한적한 농장을 구입했는데, 그곳에 거리의 여자와 거동이 수상한 사람들이 드나들곤 한다면 의심을 품지 않을 사람이 있을까?</u>

19 윗글의 내용을 참고할 때, 다음 중 언급된 '정원 공동체'에서의 행동지침으로 가장 알맞은 것은?

① 행복은 쾌락과 도덕 사이의 균형을 잃지 않은 데서 온다.
② 사람들을 특정 잣대로만 판단하지 않으며 외부의 평판에 구애받지 말아야 한다.
③ 인간은 도덕적 실천을 통해서 욕망을 이겨내고 참된 삶을 살아야 한다.
④ 이성을 발휘하여 슬픔이나 기쁨에 휘둘리지 않는 마음이 필요하다.
⑤ 힘들고 어려운 직업을 가진 사람일수록 따뜻한 인간애를 가지고 있다.

20 윗글의 밑줄 친 부분의 서술방식 및 표현의 의도와 가장 유사한 것은?

① 좀 더 머무르는 것이 좋을까, 아니면 지금 출발하는 것이 좋을까?
② 수원에 들렀다가 대전에 가려면, 어느 방법이 가장 좋을까?
③ 인간적인 삶을 보장받기 위해서는 최선을 다해 노력하는 길밖에 없는 걸까?
④ 어떤 사람이 물에 빠졌는데 그냥 지나칠 수 있을까?
⑤ 과연 내가 이번에도 그 사람을 이길 수 있을까?

[21~23] 다음 글을 읽고, 물음에 답하시오.

(가) 자유민주주의 사회의 일차적 목표는 모든 개인이 각자의 뜻에 따라서 삶을 설계하고 실천하는 가운데 자아를 실현하는 일이다. 그러나 그 개인들이 따로따로 떨어져서 독자(獨自)의 길을 가는 것이 아니며, 다각적인 상호 관계 속에서 제한된 자유의 길을 걷게 마련이다. 따라서 ㉠<u>개인들의 삶의 방식</u>은 직접 또는 간접적으로 서로 섞여서 ㉡<u>한국인의 삶의 방식</u>이라 부를 수 있는 전체를 형성할 것이다. 이 전체는 어떤 공통성과 특징을 지니게 될 것이며, 그 공통성과 특징을 근간으로 삼아 한국의 문화가 성장해 갈 것이다.

(나) 한국의 문화가 장차 어떠한 모습으로 성장할 것이냐 하는 문제는 한국인 전체의 자유에 맡겨야 하겠으나, 개인들의 자유에도 제한이 가해져야 하듯이 문화도 민주주의의 원칙에 위배되지 않도록 조정되어야 할 것이다. 장차 한국의 문화를 민주주의적이라 부를 수 있는 방향으로 성장하도록 조정하는 일은 미래의 한국이 수행해야 할 과제이다. 여기서 우리가 말하는 문화는 일부 탁월한 재능을 가진 사람들이 이룩한 업적으로서의 예술이나 과학과 같은 문화적 결실 또는 성과가 아니라 ㉢<u>가치관을 중심으로 삼는 정신적 상태 또는 정신적 상태의 표현으로서 삶의 양상</u>이다. 그리고 앞으로 한국의 문화가 민주주의적 성장을 이룩해야 한다는 것은 능력이 출중한 소수의 선택된 사람들만이 아니라 모든 사람들이 그들의 타고난 소질을 고루 계발할 수 있는 정신 풍토를 이룩해야 한다는 뜻이다.

(다) ㉣<u>모든 개인들이 각자의 소망을 따라 삶을 설계하고 보람된 삶을 향유할 수 있도록 하기 위해서</u>는 안심하고 내일을 설계할 수 있도록 사회가 안정과 질서를 유지해야 한다. 그러므로 미래의 한국이 수행해야 할 또 하나의 과제는 ㉤<u>사회의 법질서를 확립</u>하는 일이다. 이 과제는 크게 두 가지 단계로 나누어서 생각할 수 있을 것이다. 첫 번째 단계는 공정하고 합리적인 법을 제정하는 일이요, 두 번째 단계는 그 법조문에 명기된 규범을 준수하는 일이다.

21 요소와 전체의 관계가 (가)의 밑줄 친 ㉠, ㉡과 가장 유사한 것은?

① 각종 부품의 결합으로 이루어진 자동차
② 나물과 계란, 다진 쇠고기로 이루어진 비빔밥
③ 같은 직업을 가진 사람들이 결성한 이익 단체
④ 초가, 기와집 등의 전통 가옥들로 이루어진 민속 마을
⑤ 색, 명암, 질감과 같은 조형요소가 완벽한 고흐의 작품

22 밑줄 친 ⓒ에서 말하는 '문화'의 의미와 가장 가까운 것은?

① 사람을 위대하게 하는 것은 모두 인간의 노동을 통해 얻어진다. 문화란 곧 노동의 산물인 것이다.
② 인간은 문화가 발달되어 갈수록 배우가 된다. 즉 문화는 남에 대한 존경과 호의, 우아함과 공정함의 태도를 연기하게 만든다.
③ 문화야말로 자연을 소재로 한 일종의 재생산으로서, 인간의 초월성이 환경의 제약 속에서 순응과 반발을 반복하여 얻은 최대의 창조적 조화인 것이다.
④ 독일의 문화정책에서는 예술과 문화는 기본적으로 주(州)의 소관이며, 이를 국가 질서의 중심 구성 요소이자 독일 문화의 근본 특징을 이루는 다양성의 기본으로 간주한다.
⑤ 조선의 문화는 가난한 선비의 문화다. 빈한하고 검소한 생활이기는 했지만 거기에는 안목(眼目)이란 것이 있었다. 그것이 그들의 지성과 교양의 표현이요, 문식(文識)과 아취(雅趣)의 유로(流露)다.

23 밑줄 친 ㉣, ㉤에 대한 설명으로 바른 것은?

① ㉤은 ㉣의 요건이다. ② ㉤은 ㉣의 결과이다.
③ ㉤은 ㉣의 목적이다. ④ ㉤은 ㉣의 구성요소이다.
⑤ ㉤은 ㉣의 원인이다.

[24~25] 다음 글을 읽고, 물음에 답하시오.

(가) 인구 고령화, 미혼 인구 및 1인 가구의 증가로 국내 반려동물 인구는 1000만 시대에 이르렀다. 그중 개와 고양이를 포함한 반려동물 시장은 약 2조 원대에 이르는 것으로 추정하고 있다. 이러한 추세는 신조어까지 등장시켰다. 최근 심심치 않게 등장하는 '펫팸족'이라는 단어는 반려동물을 의미하는 '펫(Pet)'과 가족을 의미하는 '패밀리(Family)'가 합쳐진 조어로 반려동물을 가족처럼 생각하는 사람을 뜻한다.

(나) 우리나라에서는 이러한 시대적 변화에 따라 올바른 반려동물 문화를 확립하고 동물에 대한 올바른 인식향상을 위한 반려동물 어울림 축제가 경기도를 중심으로 진행되고 있다.

(다) 과거에는 가정에서 몸집이 작고 귀여운 개나 고양이를 비롯해 색깔이 예쁘거나 우는 소리가 고운 새와 물고기, 진귀한 뱀이나 도마뱀, 거북이 등을 반려동물로 많이 길렀다. 그러나 최근에는 정서 함양이나 치유 목적으로 여치나 귀뚜라미 등 곤충을 기르는 사람이 늘고 있다.

(라) 영화 〈마지막 황제〉는 주인공 부의가 통 속의 귀뚜라미를 꺼내는 것으로 영화가 끝나 그 여운이 깊었다. 귀뚜라미는 우리나라에서도 친근한 곤충으로 예술작품 속에서 주요 소재로 이용되기도 했다. 고려시대에는 고단한 궁궐 생활을 하는 궁녀들의 외로움을 달래거나 고향을 생각하는 수단으로 귀뚜라미를 길렀다는 기록도 있다.

(마) 그리고 최근에는 농촌진흥청에서 세계 최초로 왕귀뚜라미가 노인들의 우울증과 인지기능을 개선시켜 정서적 안정에 도움이 된다는 연구결과를 발표한 바 있다. 이는 개나 고양이 같은 반려동물뿐만 아니라 곤충 또한 노인들의 정신과 심리에 긍정적으로 작용한다는 것을 보여줘 앞으로 곤충이 반려동물로서 그 범위를 크게 확장할 수 있음을 입증하는 계기가 됐다.

(바) 한 일간지 보도에 따르면 반려곤충을 키우면 아이들의 정서함양에 좋고 재미가 있어서 컴퓨터 사용 시간을 줄이게 된다고 한다. 곤충은 오래전부터 인간의 문학, 언어, 예술, 역사, 종교, 레크리에이션 등 우리 문화 속에서 광범위하게 활용돼 왔다. 그리고 앞으로 왕귀뚜라미처럼 심리치유 효과 규명 등을 통해 새로운 가치를 지속적으로 찾아낸다면 곤충들이 반려곤충으로 환영받는 시대가 더욱 빠르게 열릴 것이다.

24 위 글에서 알 수 있는 내용이 아닌 것은?

① 반려동물의 증가 원인
② 반려곤충이 생태계에서 차지하는 위상
③ 반려동물에 대한 인식의 변화
④ 반려곤충이 인간 심리에 미치는 영향
⑤ 곤충에 대한 이해와 반려동물로서의 가능성

25 다음의 내용이 들어갈 위치로 가장 적절한 것은?

> 과거부터 현재까지 인류는 오랫동안 곤충과 공존하며 생활해 왔다. 사람들은 곤충에 대해 해충이다, 익충이다 가리기만 했을 뿐 자세하게 곤충을 이해하지 못했다. 그러나 전설이나 구전을 통해 곤충의 신비함이 전해져 왔으며, 오랜 세월이 지나면서 곤충이 지닌 참다운 의미와 인간에게 끼친 영향 등을 담은 곤충문화가 형성됐다.

① (가)와 (나) 사이   ② (나)와 (다) 사이   ③ (다)와 (라) 사이
④ (라)와 (마) 사이   ⑤ (마)와 (바) 사이

26 어떤 일을 하는 데 남자는 2일, 여자는 3일 걸린다고 한다. 남자 10명이 5일 동안 할 수 있는 일을 남자 2명과 여자 2명이 함께 하면 며칠 만에 끝낼 수 있는가? (단, 남자는 남자끼리, 여자는 여자끼리 일하는 능력이 같다.)

① 12일 ② 13일 ③ 14일
④ 15일 ⑤ 16일

27 유리는 원가가 35,000원인 팔찌에 10,000원의 이익을 붙여 판매해왔다. 그러나 최신 경쟁 제품의 가격이 유리의 팔찌보다 더 저렴하다는 것을 알게 되어 10% 추가 할인하기로 했다. 앞으로 유리가 팔찌 5개를 팔았을 때 얻는 순이익은 얼마인가?

① 27,500원 ② 29,500원 ③ 31,500원
④ 33,500원 ⑤ 35,500원

28 다음 필통에는 빨간 펜, 샤프, 자, 수정테이프 총 4종류의 필기구가 여러 개 섞여 있다.

A필통	B필통	C필통
빨간 펜 1개 자 1개	샤프 2개 자 3개 수정테이프 1개	빨간 펜 1개 샤프 2개 수정테이프 1개
3,000원	16,000원	11,000원

빨간 펜의 가격이 얼마인지 구하면?

① 1,000원 ② 2,000원 ③ 3,000원
④ 4,000원 ⑤ 5,000원

29 어느 학급 학생 30명을 대상으로 세 영화 A, B, C의 관람 여부를 조사하였더니 A영화를 관람한 학생이 10명, B영화를 관람한 학생이 12명, C영화를 관람한 학생이 15명이고, 이 중 A와 B 두 영화만 관람한 학생은 3명이고, 세 영화를 모두 관람한 학생이 4명일 때, C영화만 관람한 학생의 수의 최솟값을 구하면?

① 2 ② 3 ③ 4
④ 5 ⑤ 6

30 다음 제시된 숫자들의 일정한 규칙에 따라 빈칸에 들어갈 알맞은 숫자를 고르면?

> 2 3 5 8 13 21 (   )

① 28 ② 30 ③ 32
④ 34 ⑤ 36

31 다음은 A, B, C, D국의 산술적 인구밀도와 경지 인구밀도를 조사한 자료이다. 다음 중 옳지 않은 것은?

(단위 : 만 명, 명/km²)

국가	인구수	산술적 인구밀도	경지 인구밀도	국가	인구수	산술적 인구밀도	경지 인구밀도
A	1,000	25	75	C	3,000	20	25
B	1,500	40	50	D	4,500	45	120

※ 산술적 인구밀도 = $\frac{인구수}{국토면적}$ ※ 경지 인구밀도 = $\frac{인구수}{경지면적}$ ※ 경지율 = $\frac{경지면적}{국토면적} \times 100$

① 국토면적은 C국이 가장 넓다. ② 경지면적은 B국이 가장 좁다.
③ B국의 경지율은 D국보다 높다. ④ 경지율이 가장 낮은 국가는 A국이다.
⑤ D국의 경지면적은 37.5만 km²이다.

32 A면 농협에서 매년 탈곡기와 이앙기 대여 대수를 기록한 내역이 다음과 같다. 연도별 탈곡기와 이앙기의 중앙값, 최빈값, 평균 대여 대수의 차이는 순서대로 각각 얼마인가?

[탈곡기]

연도	2002	2003	2004	2005	2006	2007	2008	2009	2010	2011
대여	19	17	18	20	18	20	18	20	18	15

[이앙기]

연도	2002	2003	2004	2005	2006	2007	2008	2009	2010	2011
대여	19	17	17	18	18	22	16	14	17	17

① 2, 2, 1 ② 1, 2, 0.8 ③ 2, 1, 1
④ 2, 1, 0.8 ⑤ 1, 1, 0.8

33 다음 농가와 비농가의 소득 자료를 올바르게 해석한 것은?

[가구당 농가소득] (단위 : 100달러)

구 분	농가소득(A+B)	농업소득(A)	농업 외 소득(B)
1971	106	41	65
1981	244	64	180
1991	572	122	450
2001	881	163	718

[농가와 비농가 소득] (단위 : 100달러)

구 분	가구당 소득		1인당 소득	
	농 가	비농가	농 가	비농가
1971	106	135	17	30
1981	244	319	44	70
1991	572	737	124	181
2001	881	1,136	224	321

① 농가와 비농가 간 가구당 소득 차이가 꾸준히 감소하고 있다.
② 농가소득 중 농업소득 비중이 계속 늘고 있다.
③ 2001년 농가와 비농가의 가구당 소득 차이가 1971년에 비해 8배 이상 늘었다.
④ 2001년 농가의 가구당 인구수는 비농가의 가구당 인구수보다 적다.
⑤ 농가의 가구당 농업소득이 농업 외 소득보다 빠르게 증가하고 있다.

34 영업팀에는 현재 총 32명의 직원이 근무하고 있다. 이 중 $\frac{1}{4}$은 미혼자이고 나머지는 모두 기혼자이다. 남자 직원의 $\frac{1}{7}$이 미혼자이고 여자 직원의 $\frac{1}{3}$이 미혼자일 때, 미혼인 남자 직원 수와 여자 직원 수, 그 비율로 옳은 것은?

① 1명, 5명, 1 : 5
② 2명, 5명, 2 : 5
③ 3명, 6명, 1 : 2
④ 3명, 8명, 3 : 8
⑤ 2명, 6명, 1 : 3

35 다음 자료는 N은행 입출금식 예금이자율이다. 자영업을 하는 준수는 이율은 낮지만 입출금이 자유로운 금융상품을 이용한다. 만일 1년 평균잔액이 6,000만 원일 때, 5,000만 원은 알짜배기저축예금을, 나머지는 가계당좌예금을 이용한다면 2년 동안의 이자총액은? (단, 단리와 세전을 가정)

[예금금리(N은행)] (연이율, 세전, 단위 : %)

상품명	금 리		비 고
보통예금	–	0.1%	
저축예금	–	0.12%	
가계당좌예금	–	0.1%	
알짜배기저축예금	5백만 원 미만	0.1%	
	5백만 원 이상~1천만 원 미만	0.15%	
	1천만 원 이상~3천만 원 미만	0.3%	
	3천만 원 이상~5천만 원 미만	0.4%	
	5천만 원 이상~1억 원 미만	0.6%	
	1억 원 이상~1천조 원 미만	0.9%	
매직트리(저축예금)	–	0.1%	추가 우대금리는 상품내용 참조
채우증권통장(저축예금)	–	0.15%	

① 600,000원 ② 620,000원 ③ 640,000원
④ 660,000원 ⑤ 680,000원

36 농협에서는 해외 연수를 위한 대상자 선발 시험을 실시하였었다. 60명의 신청자가 선발 시험에 응시하였고 150점 만점에 120점 이상을 받아야 2차 선발 시험에 응시할 자격이 주어진다. 1차 시험을 통과한 사람이 20명이며, 1차 시험 통과자들 평균 점수가 탈락자들의 평균 점수의 2배보다 45점이 낮고, 탈락자들의 평균 점수는 선발 시험 응시자 전체의 평균 점수보다 15점이 낮았다면 선발 시험 응시자 전체의 평균 점수는 얼마인가?

① 102점
② 105점
③ 106점
④ 108점
⑤ 110점

37 다음은 우리나라 가격대별 day trading 비중 현황, 거래량 및 시가총액 규모별 day trading 현황을 나타내는 자료이다. 이 자료에 대한 해석으로 옳지 않은 것을 〈보기〉에서 모두 고르면?

[가격대별 day trading 비중 현황]

구 분	5,000원 미만		5,000원 이상 10,000원 미만		10,000원 이상 20,000원 미만		20,000원 이상 50,000원 미만		50,000원 이상	
	평 균	표준편차	평 균	표준편차	평 균	표준편차	평 균	표준편차	평 균	표준편차
거래량 기준	0.2351	0.1119	0.1742	0.1029	0.1627	0.1000	0.1365	0.0912	0.1230	0.0993
거래대금 기준	0.2343	0.1115	0.1739	0.1026	0.1626	0.0998	0.1366	0.0912	0.1231	0.0994
체결건수 기준	0.5921	0.2221	0.4916	0.4916	0.4625	0.2175	0.4279	0.2189	0.3554	0.2371

※ day trading 비중은 표본기간 동안에 각 가격대별 해당 관찰치를 평균한 수치임. 개인투자자들의 day trading 비중이 매우 높다.

[거래량 및 시가총액 규모별 day trading 현황]

구 분		day trading 비중		
		거래량 기준	거래대금 기준	체결건수 기준
거래량 상위 50기업 집단	평 균	0.2447	0.2437	0.5827
	표준편차	0.1140	0.1133	0.2227
거래량 하위 50기업 집단	평 균	0.1222	0.1224	0.3900
	표준편차	0.0981	0.0982	0.2401
시가총액 상위 50기업 집단	평 균	0.2172	0.2167	0.5553
	표준편차	0.1532	0.1524	0.2904
시가총액 하위 50기업 집단	평 균	0.2151	0.2142	0.5642
	표준편차	0.1521	0.1509	0.3142

※ 거래량 및 시가총액은 표본기간 동안의 일 평균치를 기초로 하였다.
※ 표본 200개 기업 중에서 거래량과 시가총액 상·하위 50에 속하는 기업집단으로 분류하여, 이들 집단의 day trading 비중을 계산한 것이다.

〈조건〉
㉠ 거래량이 많은 기업일수록 day trading 비중이 높게 나타나고 있다.
㉡ 개인투자자들은 고가주를 선호하는 경향이 있다.
㉢ 체결건수를 기준으로 했을 때 가격대별 day trading 비중의 편차가 가장 작다.
㉣ 거래량 하위 50기업 집단의 day trading은 매우 높게 나타나고 있다.

① ㉠, ㉣ ② ㉢, ㉣ ③ ㉠, ㉡, ㉢
④ ㉠, ㉡, ㉣ ⑤ ㉡, ㉢, ㉣

[38~39] 다음 표는 2008년부터 2016년까지의 농가수, 농가인구, 그 비중에 대한 자료이다. 다음 물음에 답하시오.

연도	2008	2009	2010	2011	2012	2013	2014	2015	2016
농가수(가구)	1,212	1,195	1,177	1,163	1,151	1,142	1,121	1,089	1,068
-총가구 중 비중(%)	7.3	7.1	6.9	6.6	6.4	6.3	6.1	5.7	5.5
농가인구(명)	3,187	3,117	3,063	2,962	2,912	2,847	2,752	2,569	2,496
-총인구 중 비중(%)	7	6	6	6	6	6	6	5	5
-65세 이상 비중(%)	33.30	34.20	31.80	33.70	35.60	37.30	39.10	38.40	40.30

38 농가당 가구원 수가 3에서 2로 처음 줄어드는 해는 언제인가? (단, 소수점 첫째 자리에서 반올림한다.)

① 2009년 ② 2010년 ③ 2011년
④ 2012년 ⑤ 2013년

39 총인구 중 비중이 가장 낮으면서 65세 이상 비중이 가장 높았던 해는 언제인가?

① 2008년 ② 2010년 ③ 2012년
④ 2014년 ⑤ 2016년

[40~41] 다음은 '농가유형구조'의 변화 모습을 나타낸 자료이다. 이를 보고 물음에 답하시오.

(단위 : 천 원, %)

구분	비중		평균 농가소득			평균 농업소득		
	2010	2015	2010	2015	증가율	2010	2015	증가율
그룹1. 청장년중대농	12.5	15.7	58,500	69,800	19.3	30,300	36,600	20.8
그룹2. 청장년소농	32.5	21.5	38,000	44,100	16.1	8,830	5,900	-33.2
그룹3. 고령소농	47.2	45.5	22,100	24,700	11.8	5,690	5,160	-9.3
그룹4. 고령중대농	7.8	17.4	35,500	37,500	5.6	14,800	16,900	14.2

40 다음 중 위의 표를 올바르게 해석하지 못한 것은 어느 것인가?

① 2010년 대비 2015년의 중대규모 농가 비중은 10%p 이상 증가하였다.
② 2015년의 농가소득은 소농이 중대농보다 많다.
③ 고령농가의 비중은 7.9%p 증가하였다.
④ 2015년의 농업소득은 중대농이 소농보다 많다.
⑤ 2010년 대비 2015년의 농가소득 증가액은 고령중대농이 가장 적다.

41 농가유형별 다음의 분석 중 제시된 자료에 의한 타당한 추론으로 볼 수 없는 것은 어느 것인가?

① 청장년농가의 비중은 증가하였으나, 고령농가의 비중은 감소하였다.
② 청장년중대농은 비중이 확대되어 농가소득·농업소득의 높은 증가율로 농업을 선도하는 역할을 한다.
③ 청장년소농은 농가소득 증가에도 기타 요인으로 인해 농업소득 비중은 매우 미미하다.
④ 고령소농은 농업소득 감소에도 이전소득 등 기타 소득의 증가 등으로 농가소득이 보전된 것으로 판단된다.
⑤ 고령중대농은 농업소득 증가에도 평균 농가소득 증가율이 가장 낮다.

[42~43] 다음은 2016년도 농업 관련 통계의 일부이다. 이를 토대로 물음에 답하시오.

시도별	조직형태별	출자법인 수(개)	출자자 계(명)	출자자-농업인(명)	출자자-비농업인(명)	출자자-생산자단체(개)	출자자-기타법인(개)	법인당 출자자 수(명)
전국	계	17,484	193,059	180,217	11,487	772	583	11.0
	영농조합법인	11,792	150,877	145,287	5,046	420	124	12.8
	농업회사법인	5,692	42,182	34,930	6,441	352	459	7.4
서울특별시	계	143	663	282	377	0	4	4.6
	영농조합법인	25	129	109	20	0	0	5.2
	농업회사법인	118	534	173	357	0	4	4.5
대구광역시	계	130	850	747	102	0	1	6.5
	영농조합법인	76	667	621	46	0	0	8.8
	농업회사법인	54	183	126	56	0	1	3.4
광주광역시	계	185	1,413	1,291	119	0	3	7.6
	영농조합법인	73	1,052	1,009	43	0	0	14.4
	농업회사법인	112	361	282	76	0	3	3.2
대전광역시	계	122	866	515	333	0	18	7.1
	영농조합법인	49	601	380	221	0	0	12.3
	농업회사법인	73	265	135	112	0	18	3.6
울산광역시	계	86	1,242	1,172	70	0	0	14.4
	영농조합법인	63	1,191	1,133	58	0	0	18.9
	농업회사법인	23	51	39	12	0	0	2.2

도별	2016년			2014년		
	농업인 수(명)	업무상 질병자 수(명)	업무상 질병 유병률(%)	농업인 수(명)	업무상 질병자 수(명)	업무상 질병 유병률(%)
총계	1,942,628	98,393	5.1	2,124,120	111,389	5.2
경기도	282,842	10,532	3.7	306,458	11,367	3.7
강원도	137,510	5,399	3.9	139,099	6,413	4.6
충청북도	139,056	6,429	4.6	152,984	7,905	5.2
충청남도	275,035	9,070	3.3	303,692	20,426	6.7
전라북도	180,457	4,685	2.6	200,884	9,617	4.8
전라남도	286,057	19,432	6.8	324,207	19,038	5.9
경상북도	367,129	25,337	6.9	404,280	18,864	4.7
경상남도	274,541	17,509	6.4	292,516	17,759	6.1

42 광주광역시의 농업회사법인의 농업인 출자자 수는 울산광역시의 영농조합법인의 비농업인 출자자 수보다 대략 몇 % 더 많은가?

① 382% ② 384% ③ 386%
④ 388% ⑤ 390%

43 위의 표에 대한 해석으로 올바르지 않은 것을 고르면? (단, 계산은 소수 넷째 자리에서 반올림한다.)

① 서울특별시의 영농조합법인 출자법인 수는 대전광역시 농업회사법인의 기타법인 수보다 많다.
② 충청북도의 업무상 질병자 수는 2014년부터 2016년까지 연평균 약 9.8%씩 감소했다.
③ 2014년도에 농업인 수가 가장 많은 지역은 경상북도이다.
④ 대구광역시의 2016년도 농업회사법인 출자자 중 비농업인의 비율은 30% 이하이다.
⑤ 전국의 농업회사법인 중 울산광역시 농업회사법인의 비율은 0.5% 미만이다.

44 모든 건빵은 빵에 포함되고, 모든 빵은 먹거리에 포함될 때, 다음 중 반드시 참인 것은?

① 모든 건빵은 먹거리이다. ② 모든 빵은 건빵이다.
③ 모든 먹거리는 건빵이다. ④ 모든 먹거리는 빵이다.
⑤ 어떤 빵은 먹거리이다.

45 다음 명제가 성립할 때 확실하게 알 수 있는 것은?

- 개그콘서트를 좋아하는 사람은 컬투쇼를 좋아한다.
- TV를 좋아하는 사람은 개그콘서트를 좋아한다.
- 라디오를 좋아하는 사람은 컬투쇼를 좋아한다.

① 개그콘서트를 좋아하는 사람은 라디오를 좋아한다.
② TV를 좋아하는 사람은 라디오를 좋아한다.
③ TV를 좋아하는 사람은 컬투쇼를 좋아한다.
④ 라디오를 좋아하는 사람은 개그콘서트를 좋아한다.
⑤ 컬트쇼를 좋아하지 않는 사람은 TV를 좋아한다.

46 직무적성검사를 치르고 나온 수험생 100명을 대상으로 각 영역 검사에 대한 난이도를 물었다. 그 결과가 〈보기〉와 같을 때, 다음 중 항상 참인 것은?

> ─ 조건 ─
> ㉠ 난이도가 가장 높은 영역이 언어유추력검사라고 답한 수험생이 언어추리력검사라고 답한 수험생보다 더 적었다.
> ㉡ 언어추리력검사가 무난했다고 답한 수험생은 수추리력검사도 무난하게 해결한 것으로 답변하였다.
> ㉢ 인성검사가 가장 쉬웠다고 답변한 수험생이 가장 많았다.
> ㉣ 영역마다 가장 어려웠다고 답한 수험생의 수는 모두 달랐다.

① 언어유추력검사가 가장 어려웠다고 답한 수험생이 수추리력검사가 가장 어려웠다고 답한 수험생보다 더 많았다.
② 인성검사를 잘 푼 학생들은 언어추리력검사도 무난하게 풀었다.
③ 언어추리력검사가 가장 어려웠다고 답한 수험생은 언어유추력검사도 무난하게 해결하지 못했다.
④ 수추리력검사를 무난하게 해결하지 못한 수험생은 언어추리력검사도 무난하게 해결하지 못했다.
⑤ 언어추리력검사가 가장 어려웠다고 답한 수험생은 수리능력검사가 가장 어려웠다고 답한 수험생보다 많았다.

47 직선도로를 따라 건어물 가게, 옷 가게, 식당이 이웃하고 있다. 이들 가게 간판 색깔은 빨강, 파랑, 노랑이며 가게 앞에서 가게를 바라볼 때 〈보기〉와 같다. 이를 통해 알 수 있는 것은?

> ─ 보기 ─
> ㉠ 파란 간판은 왼쪽 끝에 있는 상점의 것이다.
> ㉡ 옷 가게는 식당 오른쪽 옆에 있다.
> ㉢ 식당의 간판 색은 빨강이다.

① 건어물 가게의 간판은 파란색이다.
② 건어물 가게와 옷 가게는 서로 이웃해 있다.
③ 식당은 맨 오른쪽에 있다.
④ 옷 가게는 맨 왼쪽에 있다.
⑤ 가게의 간판 색은 맨 왼쪽부터 파랑, 노랑, 빨강 순이다.

48 다음 글에 근거할 때, 〈보기〉의 A, B 각각의 부양가족 수가 바르게 연결된 것은? (단, 각 세대 모든 구성원은 주민등록표상 같은 주소에 등재되어 있고 현실적으로 생계를 같이하고 있다.)

> 부양가족이란 주민등록표상 부양의무자와 세대를 같이하는 사람으로서 해당 부양의무자의 주소에서 현실적으로 생계를 같이하는 다음 중 어느 하나에 해당하는 사람을 말한다.
> 1. 배우자
> 2. 본인 및 배우자의 60세(여성인 경우에는 55세) 이상의 직계존속과 60세 미만의 직계존속 중 장애의 정도가 심한 사람
> 3. 본인 및 배우자의 20세 미만의 직계비속과 20세 이상의 직계비속 중 장애의 정도가 심한 사람
> 4. 본인 및 배우자의 형제자매 중 장애의 정도가 심한 사람
>   ※ '장애의 정도가 심한 사람'이란 다음 중 어느 하나에 해당하는 사람을 말한다.
>   가. 장애등급 제1급부터 제6급까지
>   나. 상이등급 제1급부터 제7급까지
>   다. 장해등급 제1급부터 제6급까지

〈조건〉
ㄱ. 부양의무자 A는 배우자, 75세 아버지, 15세 자녀 1명, 20세 자녀 1명, 장애 6급을 가진 39세 처제 1명과 함께 살고 있다.
ㄴ. 부양의무자 B는 배우자, 58세 장인과 56세 장모, 16세 조카 1명, 18세 동생 1명과 함께 살고 있다.

	A	B		A	B
①	4명	2명	②	4명	3명
③	5명	2명	④	5명	3명
⑤	5명	4명			

49 농협은행은 사무실을 이전하게 되어 각 부서의 위치를 다음과 같이 배치하려고 한다. 새 건물의 1~6층을 사용하며, 각 층마다 1개 팀씩 배치할 계획이다. 이 경우, 3층과 4층에 위치하게 될 부서의 명칭을 순서대로 올바르게 짝지은 것은?

- 마케팅팀은 기술팀보다 아래층에 위치한다.
- 경영기획팀은 마케팅팀보다 아래층에 위치한다.
- 영업1팀보다 아래층에 위치한 팀은 없다.
- 영업2팀은 경영기획팀의 바로 아래층에 위치한다.
- 물류팀은 기술팀의 바로 위층에 위치한다.

① 마케팅팀, 인사팀
② 경영기획팀, 마케팅팀
③ 경영기획팀, 기술팀
④ 영업1팀, 영업2팀
⑤ 영업1팀, 마케팅팀

50 대형마트에 있던 A~F가 선착순 5명에게만 할인쿠폰을 제공하는 행사에 참가했다. 다음 〈조건〉에 따를 때 반드시 참인 것은?

─ 조건 ─
(1) A는 C보다, 할인쿠폰을 먼저 받았다.
(2) B는 할인쿠폰을 받았으며 F와 인접해 줄 서지 않았다.
(3) F는 C보다 순번이 낮았다.
(4) D와 E는 홀수 번으로 줄을 섰다.
(5) D는 E보다 할인쿠폰을 먼저 받았다.

① A가 1등이면 C는 2등이다.
② A가 3등이면 B는 2등이다.
③ B가 1등이면 A는 3등이다.
④ D가 1등이면 A와 B 사이에 반드시 E가 있다.
⑤ D가 1등이면 B와 C 사이에 반드시 F가 있다.

51. 신입사원인 김 사원, 이 사원, 박 사원은 영업1팀, 영업2팀, 영업3팀에서 관리, 구매, 판매 업무를 담당하게 되었다. 다음 설명을 참고할 때, 직원-부서-업무의 연결 관계를 올바르게 설명한 것은?

> - 세 사람은 영업1~3팀에 각각 1명씩 배치되었고, 세 부서는 구매, 판매, 관리 업무 중 한 가지 업무만 진행한다.
> - 김 사원은 구매를 담당하지 않으며, 영업2팀에 배치되지 않았다.
> - 이 사원은 영업1팀에 배치되지 않았다.
> - 영업1팀은 관리 업무를 진행하지 않는다.
> - 영업2팀은 판매 업무를 진행한다.

① 김 사원은 영업3팀에 배치되었다.
② 이 사원은 영업3팀에서 구매 업무를 담당한다.
③ 박 사원은 영업2팀에서 판매 업무를 담당한다.
④ 이 사원은 영업1팀에 배치되었다.
⑤ 박 사원은 영업3팀에 배치되지 않았으며, 판매 업무를 담당한다.

52. 야유회 중인 ○○은행에서는 팀별로 점심 도시락을 지급하였다. 직원들의 식성이 다르므로 도시락은 여러 종류로 갖춰졌다. 인사팀의 팀장, 차장, 과장, 대리, 사원 A, 사원 B, 인턴에게는 불고기 도시락 3개, 탕수육 도시락 2개, 돈가스 도시락 2개가 지급되었다. 선택 조건이 다음 〈보기〉와 같을 때, 대리가 선택한 메뉴를 가장 정확하게 추측한 것은?

> 조건
> (가) 팀장은 돈가스 도시락을 먹지 않는다.
> (나) 차장은 탕수육 도시락을 먹는다.
> (다) 과장은 불고기 도시락을 먹지 않는다.
> (라) 과장과 사원 B는 같은 종류를 먹어야 한다.
> (마) 팀장은 대리, 인턴과 다른 종류를 먹어야 한다.

① 불고기 도시락
② 탕수육 도시락
③ 돈가스 도시락
④ 불고기 도시락 또는 탕수육 도시락 중 하나
⑤ 탕수육 도시락 또는 돈가스 도시락 중 하나

53 다음 글에 근거할 때, 조광용 씨가 내년 1월 1일부터 12월 31일까지 다음 작물 (A~D)만을 재배하여 최대로 얻을 수 있는 소득은?

> K는 작물별 재배 기간과 재배 가능 시기를 고려하여 작물 재배 계획을 세우고자 한다. 아래 〈표〉의 네 가지 작물 중 어느 작물이든 재배할 수 있으나, 동시에 두 가지 작물을 재배할 수는 없다. 또한 하나의 작물을 같은 해에 두 번 재배할 수도 없다.
>
> 〈표〉 작물 재배 조건
>
> | 작물 | 1회 재배 기간 | 재배 가능 시기 | 1회 재배로 얻을 수 있는 소득 |
> |---|---|---|---|
> | A | 4개월 | 3월 1일~11월 30일 | 800만 원 |
> | B | 5개월 | 2월 1일~11월 30일 | 1,000만 원 |
> | C | 3개월 | 3월 1일~11월 30일 | 500만 원 |
> | D | 3개월 | 2월 1일~12월 31일 | 350만 원 |

① 1,500만 원   ② 1,650만 원   ③ 1,800만 원
④ 1,850만 원   ⑤ 1,950만 원

54 B국의 다음 〈규정〉을 근거로 판단할 때 丙이 상표ⓣ라는 상품을 수입하는 것이 상표권 침해가 되지 않는 경우만을 〈보기〉에서 모두 고른 것은?

[규 정]
국내의 상표권자와 외국의 상표권자가 동일인이거나 계열회사 관계 등 동일인으로 볼 수 있는 경우에는 외국에서 적법하게 상표가 부착되어 유통되는 진정 상품을 제3자가 국내의 상표권자의 허락 없이 수입하더라도 상표권 침해가 되지 않는다.

〈조건〉
㉠ 甲은 A국과 B국에서 상표ⓣ에 대한 상표권을 가지고 있다. 丙은 A국에서 상표ⓣ의 진정 상품을 구매하여 B국으로 수입, 판매하고 있다.
㉡ 상표ⓣ에 대한 상표권을 A국에서는 甲이, B국에서는 乙이 가지고 있다. 甲과 乙은 계열회사 등의 특별한 관계에 있지 않다. 丙은 A국에서 상표ⓣ 진정 상품을 구매하여 B국으로 수입, 판매하고 있다.
㉢ 상표ⓣ에 대한 상표권을 A국에서는 甲이, B국에서는 乙이 가지고 있다. 甲과 乙은 계열회사이다. 乙은 B국에서 상표ⓣ 상품을 제조하여 A국으로 수출하였다. 丙은 A국에서 상표ⓣ 진정 상품을 구매하여 B국으로 수입, 판매하고 있다.

① ㉠   ② ㉡   ③ ㉠, ㉡
④ ㉡, ㉢   ⑤ ㉠, ㉢

55. 농협은행 총무팀 직원인 이유리는 점심식사 후 팀원들과 함께 커피전문점에 들렀다. 다양한 종류의 커피를 팔고 있었으므로 저마다 취향에 따라 하나씩 선택하였다. 커피의 종류에 따라 다음 〈보기〉와 같은 맛 평가 자료가 게시되어 있었고 각자의 취향과 선택이 구분된다면, 대리가 선택하지 않는 커피를 정확히 판단한 것은?

조건

[커피 맛 평가]

커피 종류	쓴 맛	신 맛	단 맛
A	5	0	0
B	4	5	0
C	3	0	5
D	2	5	5
E	1	0	5

[팀원의 취향]

(가) 팀장은 신맛 또는 단맛이 강한 커피를 먹지 않는다.
(나) 차장은 단맛과 신맛이 함께 강한 커피를 먹는다.
(다) 과장은 적당한 쓴맛은 좋아하지만, 단맛만 월등히 센 커피를 먹지 않는다.
(라) 과장과 대리는 같은 종류를 먹는다.
(마) 팀장은 과장과 다른 종류를 먹는다.

① A와 E ② B와 C ③ B와 D
④ C와 D ⑤ D와 E

[56~57] 제시된 대출상품에 관한 자료를 참고하여 다음 물음에 답하시오.

구 분	특 징
소호기업 희망론	• 소상공인 희망드림 특례보증에 관한 협약에 의한 전액보증 신용보증서를 담보로 동 협약에서 정한 고정금리를 적용하는 소상공인 운전자금 대출상품 • 대출대상자 : 소상공인
사장님 일일 희망대출	• 신용카드 매출대금 입금계좌를 당행으로 지정(변경)한 개인사업자에 대하여 한도와 금리를 우대하고 일일상환이 가능한 개인사업자전용 대출상품 • 대출대상자 : 소호CSS심사대상 개인사업자로 다음 조건을 모두 만족하는 자 (① 사업기간 1년 이상 경과 ② 3개 사 이상의 신용카드 매출대금 입금계좌를 당행으로 지정(변경) ③ 대출신청일 현재 최근 1년간 신용카드 매출금액이 1천2백만 원 이상 ④ 소호CSS심사 AS 7등급 이상)
기술평가 우수기업대출	• 기술신용평가기관(TCB)의 기술신용평가서 발급 기업을 대상으로 하는 대출상품 • 대출대상자 : 기술신용평가기관(TCB)에서 기술신용평가서를 발급받은 중소기업
산업단지대출	• 산업단지소재 공장의 담보인정비율을 최대 90%까지 적용 가능한 공장담보 전용 상품 • 대출대상자 : 전국의 산업단지에 입주한 기업으로 2년 이상 사업영위(공장가동) 중인 중소기업 및 개인사업자로 해당 공장을 1순위로 담보제공 가능한 기업 ※ 2년 이상 사업영위란 결산재무제표 기준 2회계연도 이상의 재무제표를 제출할 수 있어야 한다는 것이다.

56 소호CSS심사 AS 7등급이자 사업기간이 2년 경과한 개인사업자 A는 2개 사의 신용카드 매출대금 입금계좌를 농협으로 지정하고 있다. 최근 1년간 신용카드 매출금액은 5천만 원이고, 최근 2년간 신용카드 매출금액은 3천만 원이었다. 고객 A가 '사장님 일일 희망대출'을 신청할 수 있도록 추천할 만한 것으로 가장 적절한 것은?

① TCB 기술신용평가서를 발급받도록 추천한다.
② 소호 CSS심사를 통해 등급을 올릴 수 있도록 추천한다.
③ 사업기간이 1년 더 지난 뒤에 신청할 것을 추천한다.
④ 1개 사 신용카드 매출대금 입금계좌를 추가로 농협은행으로 지정하도록 추천한다.
⑤ 현재 2년 이상 사업영위 중이라면, 해당 공장을 1순위로 담보 제공할 것을 추천한다.

57 산업단지대출의 세부내용이 다음과 같을 때 옳지 않은 것은?

- 상환방법 및 대출기간

자금용도	상환방법	대출기간
운전자금	일시상환	3년 이내
	할부상환	5년 이내(1년 이내 거치 가능)
시설자금	일시상환	3년 이내
	할부상환	15년 이내(5년 이내 거치 가능)

- 중도상환수수료

중도상환금액×1.4%×(잔여기간/대출기간)

  - 대출기간은 대출개시일로부터 대출기간만료일까지의 일수로 계산한다.
  - 잔여기간은 대출기간에서 대출개시일로부터 상환일까지의 경과일수를 차감하여 계산함

- 준비서류(필요서류)

법 인	개인사업자
- 사업현황서(법인 및 단체용) - 사업자등록증 - 법인등기사항전부증명서 - 법인인감증명서 - 법인인감도장 - 2회계연도 이상 재무제표 - 등기권리증	- 사업현황서(개인사업자용) - 사업자등록증 - 신분증 - 인감증명서 - 2회계연도 이상 재무제표 - 등기권리증

① 운전자금보다 시설자금 할부상환의 최대 대출기간이 더 길다.
② 법인 B는 사업현황서, 사업자등록증, 법인인감증명서, 등기권리증 등을 준비해야 한다.
③ 중도상환금액이 3,300만 원이고 대출기간이 5년, 잔여기간이 3년인 고객 C의 중도상환수수료는 약 14만 원이다.
④ 중도상환금액이 4,000만 원이고 대출기간이 3년, 잔여기간이 1년 6개월인 고객 D의 중도상환수수료는 28만 원이다.
⑤ 운전자금과 시설자금의 상환 방법은 각각 2가지이다.

58 제품을 물리적으로 보전 및 관리하는 기술을 보관이라고 한다. 보관의 원칙들은 상호 연관성이 있다. 다음에 제시된 보관의 원칙에 대한 설명 중 올바르지 않은 것을 고르면?

① 입·출하빈도가 높은 제품을 출입구에 가까운 장소에 보관한다.
② 제품이 넘어지지 않도록 낮고 넓게 쌓는다.
③ 제품의 피킹을 용이하게 하기 위해 통로 면에 보관한다.
④ 동일 품종은 동일 장소에 보관하고, 유사품은 근처 가까운 곳에 보관한다.
⑤ 랙 번호, 제품 보관 장소 등을 표시하여 업무의 효율을 증대시킨다.

59 다음은 직원들의 초과근무수당을 지급하기 위해 작성한 표이다. 초과근무수당이 잘못 기재된 사람은 누구인가? (단, 초과근무수당은 시간당 통상임금의 1.5배이다.)

이 름	초과근무시간	시간당 통상임금(원)	초과근무수당(원)
최동호	20	25,000	750,000
김순식	25	22,000	825,000
이태민	20	21,000	630,000
전상식	10	20,000	300,000
도영일	25	19,000	712,500
유상식	30	17,000	765,000
한민우	20	16,000	510,000

① 최동호   ② 이태민   ③ 전상식
④ 도영일   ⑤ 한민우

60. 다음은 DB팀 직원의 휴가 일정을 정하기 위해 각 직원이 원하는 날짜를 조사한 표이다.

이 름	직 위	원하는 휴가 날짜	비 고
이정훈	부장	7/29~8/1	a
염정민	과장	8/5~8/8	b
윤영조	과장	8/4~8/7	c
박상국	대리	8/11~8/14	d
이광훈	대리	7/28~7/31	e
이재영	사원	8/18~8/21	f
박세중	사원	8/4~8/7	g
이동일	사원	8/19~8/22	h
박슬기	사원	8/25~8/28	i

이후 사무실 게시판에 공고된 DB팀의 휴가 일정이 다음과 같을 때, 원하는 날짜에 휴가를 가지 못하는 사람은?

SUN	MON	TUE	WED	THU	FRI	SAT
7/27	28	29	30	31	8/1	2
		←───	─── a	───	──→	
	←───	───	── e	──→		
3	4	5	6	7	8	9
		←───	─── b	───	──→	
	←───	─── g	──→			
10	11	12	13	14	15	16
	←───	─── d	──→			
			←─── c	──→		
17	18	19	20	21	22	23
	←───	─── f	───	──→		
		←───	─── h	──→		
24	25	26	27	28	29	30
	←───	─── i	──→			

① 염정민 ② 윤영조 ③ 박상국
④ 이동일 ⑤ 박슬기

[61~62] 다음은 직원 성과급 지급에 관한 기준을 나타낸 자료이다. 자료를 읽고, 물음에 답하시오.

〈등급별 성과급 지급액〉

성과평가 종합점수	성과 등급	등급별 성과급
95점 이상	S	기본급의 30%
90점 이상~95점 미만	A+	기본급의 25%
85점 이상~90점 미만	A	기본급의 20%
80점 이상~85점 미만	B	기본급의 15%
75점 이상~80점 미만	C	기본급의 10%

〈항목별 성과평가 점수〉

구 분	인사팀	생산팀	경영기획팀	비서실	마케팅팀
매출(또는 성과)	88점	90점	76점	85점	82점
이익	90점	82점	92점	90점	86점
제안 점수	95점	86점	85점	82점	94점

※ 항목별 성과평가 점수에 매출(또는 성과) 40%, 이익 40%, 제안 점수 20%의 가중치를 부여하여 합산함

〈팀별 직원의 기본급〉

직 원	기본급
A직원(인사팀)	200만 원
B직원(생산팀)	250만 원
C직원(경영기획팀)	330만 원
D직원(비서실)	160만 원
E직원(마케팅팀)	200만 원

※ 팀별 성과 등급은 팀 내의 모든 직원에게 적용됨.

61 다음 중 항목별 성과평가 점수 순위가 가장 높은 팀과 가장 낮은 팀을 순서대로 올바르게 짝지은 것은?

① 인사팀, 경영기획팀 ② 생산팀, 경영기획팀
③ 인사팀, 마케팅팀   ④ 비서실, 마케팅팀
⑤ 생산팀, 마케팅팀

62 A~E 다섯 명의 직원들이 받게 될 성과급 중에서 가장 많은 금액과 가장 적은 금액의 차액은?

① 18만 원 ② 20만 원 ③ 22만 원
④ 24만 원 ⑤ 26만 원

63 농협이 주관하는 사업 중 팜스테이에 대한 설명으로 잘못된 것을 고르면?

① 농촌·문화·관광이 결합된 농촌체험 관광상품이다.
② 체험 유형에는 영농, 전통음식, 전통문화, 야외문화 체험이 있다.
③ 생태문화를 관광하는 동안 갯벌체험 코스가 있다.
④ 이용방법 절차는 마을 고르기 → 예약하기 → 찾아가기 → 계산 후 체험하기로 진행된다.
⑤ 전통문화체험 유형에는 새끼꼬기, 연날리기, 뗏목타기가 있다.

64 농협의 조합원 탈퇴 규정에 해당되지 않는 것은?

① 조합원은 지역농협에 탈퇴 의사를 알리고 탈퇴할 수 있다.
② 조합원의 자격이 없는 경우 이사회 의결을 거쳐 탈퇴된다.
③ 조합원이 사망한 경우 자동으로 탈퇴된다.
④ 조합원이 파산한 경우 자동으로 탈퇴된다.
⑤ 조합원이 성년후견개시의 심판을 받은 경우 자동으로 탈퇴된다.

65 지역농협 경제지도사업부를 올바르게 구분한 것은?

> ㉠ 농업인의 권익을 대변하고 농업 발전과 농가 소득 증대를 통해 농업인 삶의 질 향상에 도움을 주고 있다.
> ㉡ 농업인이 영농활동에 안정적으로 전념할 수 있도록 생산·유통·가공·소비에 이르기까지 다양한 경제사업을 지원하고 있다.

	㉠	㉡
①	교육지원부문	경제부문
②	교육지원부문	금융부문
③	경제부문	금융부문
④	경제부문	교육지원부문
⑤	금융부문	교육지원부문

66 다음 중 농협의 마스코트인 '아리' 캐릭터는?

67 갑, 을, 병, 정 중에서 다음의 조직도를 바르게 이해한 사람을 모두 고르면?

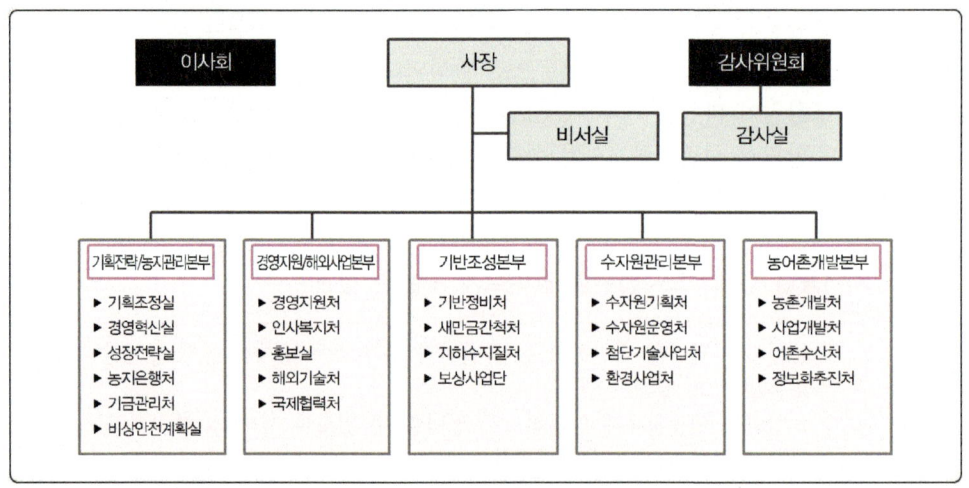

갑 : 농지관리는 경영지원본부와 해외사업본부의 중첩된 업무야.
을 : 기반조성본부는 3개 처, 1개 사업단, 2개 실로 구성되어 있어.
병 : 본부는 총 5개인데, 그중 한 본부는 해외사업을 맡고 있어.
정 : 농어촌개발본부는 4개 처로 구성되어 있고, 비서실은 사장 직속이구나.

① 갑, 을 ② 갑, 병 ③ 을, 병
④ 을, 정 ⑤ 병, 정

68 다음 설명을 읽고 제시된 환경분석 결과에 대응하는 적절한 전략이 아닌 것을 고르면?

> SWOT란 강점(Strength), 약점(Weakness), 기회(Opportunity), 위협(Threat)의 머리글자를 모아 만든 단어로 경영 전략을 수립하기 위한 도구이다. SWOT 분석을 통해 도출된 조직의 내부·외부 환경의 분석 결과를 통해 각각에 대응하는 전략을 도출하게 된다.
> SO 전략이란 기회를 활용하면서 강점을 더욱 강화하는 공격적인 전략이고, WO 전략이란 외부 환경의 기회를 활용하면서 자신의 약점을 보완하는 전략으로, 이를 통해 기업이 처한 국면을 전환할 수 있게 할 수 있다. ST 전략은 외부 환경의 위험요소를 회피하면서 강점을 활용하는 전략이며, WT 전략이란 외부 환경의 위협요인을 회피하고 자사의 약점을 보완하는 전략으로 방어적 성격을 갖는다.

외부환경 \ 내부환경	강점(Strength)	약점(Weakness)
기회(Opportunity)	SO 전략(강점 – 기회 전략)	WO 전략(약점 – 기회 전략)
위협(Threat)	ST 전략(강점 – 위협 전략)	WT 전략(약점 – 위협 전략)

○○국제공항공사 운영본부 운송처의 환경분석 결과	
강점(Strength)	• 현대화된 운송시설과 정비기술의 발달 • 송하물과 수하물의 체계적인 연계시설 • 수년 동안의 노하우 축적으로 안전사고 발생이 거의 없음
약점(Weakness)	• 조직 내 할거주의 만연 • 팀제 운영으로 인한 계층제적 조직의 장점이 없어짐 • 항공보안 전문가의 부족과 정보통신 시설의 낙후
기회(Opportunity)	• 1일 2교대에서 1일 3교대로 변경 • 하물처리 속도의 제고를 위한 컨베이어 시설 전면 교체
위협(Threat)	• 송·수하물의 동선 변경 계획 • 검색기능의 자동화로 인한 인력절감의 필요성 대두 • 신입사원의 근무회피로 인한 조직피로도 증대

① SO 전략 : 근무시간 축소와 함께 노동강도와 집중력 제고
② WO 전략 : 항공보안 전문가 영입
③ WO 전략 : 자동화된 S/W 운영 도입
④ ST 전략 : 근무조건 개선을 통한 인재 영입 시도
⑤ WT 전략 : 노동분업으로 기술 숙련도 향상

69 농산물 유통 매장을 오픈하려고 하는 H씨는 다음과 같이 SWOT 환경 분석을 실시하였다. 제시된 SWOT 환경 분석에 대한 전략이 올바르게 설명되지 않은 것은 무엇인가?

[SWOT 환경 분석]

강점(Strength)	• 자가 재배에 따른 원가절감 • 무공해 제품 공급 가능 • 가족사업으로 인건비 절약
약점(Weakness)	• 계절에 따른 매출 등락 • 소비자 기호에 원활한 대처능력 부족 • 높은 임대료
기회(Opportunity)	• 농산물에 대한 정부의 보호정책 • 웰빙 건강식품 장려하는 사회적 분위기
위협(Threat)	• 수입 농산물과의 경쟁심화 • 인스턴트 가공식품 선호 습관 • 기후변화에 민감한 농산물 재배환경

외부환경 \ 내부환경	강점(Strength)	약점(Weakness)
기회(Opportunity)	① 정부의 농식품 지원책에 힘입어 자가 재배율 제고 기대	② 농산품 취급 매장에 대한 정부의 장기 임대계약 유도책 실시로 인한 임대 여건 개선 기대
위협(Threat)	③ 웰빙 농산품 공급을 위해 수확기에 공급 가능한 계절 특화 제품 출시 ④ 가족의 인력을 동원하여 저렴한 수입 제품과의 가격경쟁 극복	⑤ 가공식품 선호 계층 기호에 적합한 새로운 농산품 공급에 대한 연구개발 노력

70 의류 관련 무역업을 창업하려고 하는 D씨는 다음과 같이 SWOT 환경 분석을 실시하였다. 제시된 SWOT 환경 분석 사례에 대한 전략이 올바르게 설명되지 않은 것은 무엇인가?

[SWOT 환경 분석]

강점(Strength)	• 패션업계 오랜 경험으로 트렌드 파악 • 무역 관련 실무 노하우 보유 • 대형 거래선 확보 및 공급력 인정받음
약점(Weakness)	• 소규모 무역으로 자금력 취약 • 자영업에 따른 정보공유력 약화 • 생산관리 비용 증가
기회(Opportunity)	• 거시 경제상황에 발 빠른 대처 가능 • 소규모무역업협회의 지원 기대 • 소창업인 보호 육성관련 긍정적인 정부 대책
위협(Threat)	• 바이어 측 국가의 경제상황 악화 • 바이어와 생산 공장의 직거래 가능성 상존 • 온라인 판매 활성화로 판로 축소

외부환경 \ 내부환경	강점(Strength)	약점(Weakness)
기회(Opportunity)	① 정부의 지원책을 활용해 기존 거래선 유지에 더욱 매진	② 무역업 협회에 자금지원 기대 ③ 오랜 무역업 경험을 바탕으로 경제상황에 변화에 발 빠른 대처가 가능하도록 점검 철저
위협(Threat)	④ 거래선과의 관계를 더욱 공고히 하여 공장과 직거래 가능성 차단	⑤ 오프라인 판매 감소에 따른 영향을 미리 감지할 수 있도록 신속한 정보 확보에 주력

제2회 » 실전모의고사

문 항 수 : 60문항
시험시간 : 60분

01 의사소통능력

01 다음 제시된 단어와 의미가 반대인 것은?

> 망각(忘却)

가. 상실(喪失) 나. 환상(幻想)
다. 회상(回想) 라. 기억(記憶)

02 다음 빈칸에 들어갈 알맞은 단어를 모두 고르면?

> • 적장의 어깨를 화살로 (　　).
> • 수명을 (　　).

가. 맞추다, 늘이다 나. 맞추다, 늘리다
다. 맞히다, 늘이다 라. 맞히다, 늘리다

03 다음 중 띄어쓰기가 옳은 것을 모두 고르면?

> ㉠ 쓰레기를 길에 버리면 안된다.
> ㉡ 이 일을 하는데에 사흘이 걸렸다.
> ㉢ 부모 자식 간에는 정이 있어야 한다.
> ㉣ 그가 집을 떠난지 일 년이 지났다.
> ㉤ 내 가방은 그것하고 다르다.

가. ㉠, ㉡ 나. ㉡, ㉣
다. ㉢, ㉤ 라. ㉠, ㉣

04 유의어의 종류가 다음과 같은 것은?

> 옥수수 - 강냉이

가. 친구 - 벗 나. 보조개 - 볼우물
다. 추석 - 한가위 라. 소금 - 염화나트륨

05 다음 제시된 단어와 의미가 반대인 것은?

> 방임(放任)

가. 강제(強制) 나. 방기(放棄)
다. 통제(統制) 라. 타율(他律)

06 다음 밑줄 친 부분과 같은 의미로 쓰인 것은?

> 이번 휴가에는 바다보다는 산으로 <u>가는</u> 게 어떨까요?

가. 내일 드디어 영화 시사회에 <u>간다</u>.
나. 유럽으로 바로 <u>가는</u> 직항로가 뚫렸다.
다. 지방에 사는 친구에게 <u>가는</u> 길이다.
라. 이번에 런던 지사로 <u>가게</u> 되었다.

07 다음 중 밑줄 친 부분의 의미가 다른 하나는?

가. 그는 나를 동경의 <u>눈</u>으로 바라보았다.
나. 사물을 통찰할 수 있는 <u>눈</u>을 길러야 한다.
다. 아무리 좋은 옷이라고 해도 내 <u>눈</u>에는 안 찬다.
라. 이 영화는 인간을 보는 다양한 <u>눈</u>을 제공한다.

08 다음의 내용과 관련 있는 한자성어는?

> 우리나라 수출의 23.9%는 지난해 중국에서 거둔 실적이다. 중국도 한국산 부품과 소재를 기반으로 제조업을 신장(伸張)시키고 있다. 하지만 북한의 붕괴와 같은 변수나 그에 따른 동아시아 국가 간의 역학관계는 한국과 중국의 경제관계를 크게 바꿀 수 있는 여지가 많다. 그러므로 이러한 변화에 대처하기 위해서는 한국과 중국 간의 긴밀한 협력관계가 절실히 요구되고 있다.

가. 肝膽相照 나. 麻中之蓬
다. 百尺竿頭 라. 羊頭狗肉

09 다음 제시된 한자성어의 의미로 옳은 것은?

> 교각살우(矯角殺牛)

가. 학업에 정진하여 성과가 있음
나. 자기의 몸을 희생하여 절개를 세움
다. 잘못된 점을 고치려다 정도가 지나쳐 일을 그르침
라. 남에게 입은 은혜가 커서 잊히지 않음

10 다음 문장을 이용하여 완결된 글을 작성하려고 할 때, 가장 적절하게 배열한 것은?

> ㉠ 1,000분의 1초(ms) 단위로 안구운동을 측정한 결과 미국 학생은 중국 학생에 비해 180ms 빨리 물체에 주목했으며 눈길이 머문 시간도 42.8% 길었다. 그림을 본 후 처음 300~400ms 동안에는 두 그룹 사이에 별 차이가 없었으나, 이후 420~1100ms 동안 미국 학생은 중국 학생에 비해 '물체'에 주목하는 정도가 더 높았다.
> ㉡ 미국 국립과학아카데미(NAS) 회보는 동양인과 서양인이 사물을 보는 방식에 차이가 난다는 실험 결과를 소개했다. 미국 미시간대 심리학과 연구진은 백인 미국인 학생 25명과 중국인 학생 27명에게 호랑이가 정글을 어슬렁거리는 그림 등을 보여 주고 눈의 움직임을 관찰했다. 실험 결과 미국인 학생의 눈은 호랑이처럼 전면에 두드러진 물체에 빨리 반응하고 오래 쳐다본 반면 중국인 학생의 시선은 배경에 오래 머물렀다. 또한 중국인 학생은 물체와 배경을 오가며 그림 전체를 보는 것으로 나타났다.
> ㉢ 연구를 주도한 리처드 니스벳 교수는 이런 차이가 문화적 변수에 기인하는 것으로 봤다. 그는 "중국문화의 핵심은 조화에 있기 때문에 타인과의 관계에 많은 신경을 써야 하는 반면 서양인은 타인에게 신경을 덜 쓰고도 일할 수 있는 개인주의적 방식을 발전시켜 왔다"라고 말했다.
> ㉣ 니스벳 교수는 지각 구조의 차이가 서로 다른 문화적 배경에 기인한다는 것은 미국에서 태어나고 자란 아시아계 학생들이 사물을 볼 때 아시아에서 나고 자란 학생들과 백인계 미국인의 중간 정도의 반응을 보이며 때로는 미국인에 가깝게 행동한다는 사실로도 입증된다고 덧붙였다.
> ㉤ 고대 중국의 농민들은 관개농사를 했기 때문에 물을 나눠 쓰되 누군가가 속이지 않는다는 것을 확실히 할 필요가 있었던 반면 서양의 기원인 고대 그리스에는 개별적으로 포도와 올리브를 키우는 농민이 많았고, 그들은 오늘날의 개인 사업가처럼 행동했다. 이런 삶의 방식이 지각 구조에도 영향을 미쳐 철학자 아리스토텔레스는 바위가 물에 가라앉는 것은 중력 때문이고, 나무가 물에 뜨는 것은 부력 때문이라고 분석하면서도 정작 물에 대해서는 아무런 언급을 하지 않았지만, 중국인들은 모든 움직임을 주변 환경과 연관시켜 생각했고 서양인보다 훨씬 전에 조류(潮流)와 자기(磁氣)를 이해했다는 것이다.

가. ㉠ - ㉡ - ㉢ - ㉣ - ㉤
나. ㉡ - ㉠ - ㉢ - ㉤ - ㉣
다. ㉢ - ㉣ - ㉡ - ㉤ - ㉠
라. ㉤ - ㉣ - ㉢ - ㉡ - ㉠

11 농협은행에 근무하는 조광용 과장은 다음과 같은 기안문을 작성하였다. 담당 이병철 본부장이 이 기안문에 대해 언급한 내용 중 〈공문서 작성 및 처리 지침〉에 어긋나는 것을 〈보기〉에서 모두 고르면?

농협은행 영업본부
수신 : ○○대학교 경제학과 제목 : 대학생봉사단 N돌핀 프로그램 참여 협조
당사는 '브랜드 홍보와 교육기부 및 사회공헌 사업'의 목적으로 20××년 5월 1일−20××년 5월 3일 ○○대학교 재학생들을 초청하여 '대학생봉사단 N돌핀 프로그램'을 실시할 예정입니다. 첨부된 참가신청서를 확인하시어 농협은행 영업본부로 전달해 주시기 바랍니다. 첨부 : 참가신청서 1부.
기안   전결 영업본부 과장 조광용

┌─ 공문서 작성 및 처리 지침 ─────────────────────┐
- 숫자는 아라비아 숫자로 쓴다.
- 날짜는 숫자로 표기하되 연, 월, 일의 글자는 생략하고 그 자리에 온점을 찍어 표시한다.
- 본문이 끝나면 1자(2타) 띄우고 '끝.' 표시를 한다. 단, 첨부물이 있는 경우에는 첨부 표시문 끝에 1자(2타) 띄우고 '끝.' 표시를 한다.
- 기안문 및 시행문에는 회사의 로고·상징·마크 또는 홍보문구 등을 표시하여 회사의 이미지를 높일 수 있도록 한다.
- 본부의 장은 문서의 기안·검토·협조·결재·등록·시행·분류·편철·보관·이관·접수·배부·공람·검색·활용 등 문서의 모든 처리절차가 전자문서시스템 또는 업무관리시스템상에서 전자적으로 처리되도록 한다.

보기
㉠ '끝.' 표시도 중요합니다. 본문 뒤에 '끝.'을 붙이세요.
㉡ 공문서에서 날짜 표기는 이렇게 하지 않아요. '20××년 5월 1일−20××년 5월 3일'을 '20××. 5. 1.−20××. 5. 3.'으로 고치세요.
㉢ 오류를 수정하여 기안문을 출력해 오면 그 문서에 서명하여 결재하겠습니다.
㉣ 어! 로고가 빠졌네. 우리 회사의 로고를 넣어 주세요.

가. ㉠, ㉢   나. ㉡, ㉣
다. ㉠, ㉡, ㉢   라. ㉠, ㉣

12 다음 신문기사의 내용을 읽고 잘못 이해한 것을 고르면?

> NH농협은행은 2019년부터 5년 연속으로 은행권에서 가장 많은 비용을 사회공헌 활동에 지원하고 있다. 전국은행연합회가 지난해 6월 발표한 '2023 은행 사회공헌활동 보고서'에 따르면 농협은행은 2023년에 1,014억 원의 사회공헌활동비를 지출했다.
> 분야별로는 지역사회·공익에 571억 원으로 가장 많은 금액을 지출했으며, 학술·교육 202억 원, 서민금융 136억 원, 메세나·체육 102억 원, 환경 2억 원, 글로벌 1억 원 등이 뒤를 이었다. 농협은행은 각 지역의 소외계층에 힘을 보태며, 장학금 등 미래인재·육성을 위한 학술·교육 지원과 문화예술 및 지역축제 등 메세나 부문에도 지원을 아끼지 않고 있다.
> 2020년부터 '행복채움 금융교실'을 통해 청소년 금융교육에도 앞장서 왔으며, 2023년 금융감독원의 '1사1교 결연학교 부응정책'에 맞춰 1사1교 결연에 적극적으로 참여했다. 결과적으로 지난해 말 현재 890개 학교와 결연해 금융회사 중 최다 결연 실적을 거뒀고, 올해 2월 '2024년 1사1교 금융교육 우수 금융회사'로 선정돼 금융감독원장 상을 받았다.
> 농협은행의 사회공헌 활동에서 임직원들의 봉사활동도 빼놓을 수 없는데, NH행복채움회, NH농협카드봉사단, IT사랑봉사단 등 전국 157개 시군별로 봉사단을 조직해 전국 곳곳에서 활약하고 있다. 임직원들은 소외계층을 찾아 농촌 일손 돕기, 어려운 이웃에게 난방용품 보내기, 사랑의 쌀 지원, 사랑의 김장김치 나누기, 무료급식봉사, 외국인 농업근로자 지원, 사회복지시설 지원 등 다양한 활동을 하고 있다. 농촌지역 홀몸 어르신을 위한 말벗서비스 역시 농협은행의 대표적인 임직원 봉사활동으로 직원들의 재능기부도 함께 이뤄지고 있다.
> 농협은행은 임직원 재능 나눔 봉사활동인 행복채움 금융교실을 진행하고 있다. 총 1,373명의 내부 직원들로 구성된 임직원 교육기부자들이 금융소외계층인 다문화가정, 새터민, 청소년, 노인 등을 대상으로 맞춤형 금융교육을 해준다. 지난해 총 2,843회에 걸쳐 14만 2,000여 명에게 맞춤형 금융교육을 실시했다.
> 지난해 농협은행의 봉사단은 총 18만 3,781시간의 봉사활동을 했다. 이경섭 농협은행장은 "농협은행은 순수 국내 자본 은행으로 농업인과 지역 사회의 든든한 동반자가 돼 왔으며, 앞으로도 임직원의 정성과 마음을 더해 활발한 사회공헌 활동을 펼치겠다"고 밝혔다.

가. 전국은행연합회가 발표한 보고서에 따르면 농협은행은 2023년 사회공헌활동비로 1,014억 원을 지출하였다.

나. 사회공헌활동을 위해 가장 많이 지출한 분야는 지역사회·공익 부문이며, 그 뒤를 이어 학술·교육, 메세나·체육, 서민금융, 환경, 글로벌 분야에서 지출이 이뤄졌다.

다. 2020년부터 행복채움 금융교실, 1사1교 결연에 참여하는 등 금융회사 중 가장 많은 결연 실적을 거뒀으며, 올해 금융감독원장 상을 받았다.

라. 농협은행의 임직원들은 전국 157개 시군별로 봉사단을 조직해 농촌 일손 돕기, 사랑의 쌀 지원 등 다양한 활동을 하거나 재능기부를 이뤄나가고 있다.

02 수리능력

01 $a(a-b)=877$이고 $a^2-b^2=1,753$일 때, 양수 a, b의 값을 구하면?

가. 875, 874
나. 876, 875
다. 877, 876
라. 878, 877

02 B가 A에게 3개를 주면 A는 B의 두 배가 되고, 그 반대로 하면 A는 B보다 2개 더 많다고 한다. 이때의 합은?

가. 42 나. 46 다. 50 라. 54

03 A반 학생 40명 중에서 방과 후 수업으로 수학 과목을 선택한 학생은 18명, 영어 과목을 선택한 학생은 22명이다. 수학 과목과 영어 과목을 모두 선택하지 않은 학생은 8명이라 할 때 수학 과목만 선택한 학생은 몇 명인가?

가. 10명 나. 11명 다. 12명 라. 13명

04 세영이가 집에서 도서관까지 시속 10km로 가면 시속 2km의 속력으로 가는 것보다 50분 일찍 도착한다. 같은 거리를 시속 5km로 가면 얼마나 걸리는가?

가. 17분 나. 20분 다. 22분 라. 25분

05 민수가 하면 8일이 걸리고, 지민이가 하면 12일이 걸리는 작업이 있다. 이 작업을 두 사람이 함께하면 며칠이 걸리겠는가?

가. 4.6일 나. 4.8일 다. 5일 라. 5.2일

06 농협은행 총무부 7명의 평균 나이는 39세이다. 올해 55세인 부장님이 은퇴하고, 27세 신입이 들어온다면 다음 해 총무부 나이의 평균은 얼마인가?

가. 33세 나. 34세 다. 35세 라. 36세

07 다음 나열된 숫자들의 일정한 규칙에 따라 빈칸에 들어갈 알맞은 숫자를 고르면?

> 5 13 9 17 13 21 17 (   )

가. 21 나. 23 다. 25 라. 27

08 원가가 20,000원인 구두를 40개 만들어 20%의 이윤을 남기고 팔려고 하였으나, 불량품이 8개 발생하였다. 불량품을 제외하고 팔아도 이전에 의도한 총수입을 남기려면, 얼마의 이윤을 적용하여야 하는가?

가. 30% 나. 36% 다. 45% 라. 50%

09 박유진 씨는 농협 입사 후 세 번째 달에 받은 월급의 40%를 생활비에 사용하고 30%를 저축했다. 네 번째 달부터는 수습기간이 끝나서 그동안 받던 월급보다 20%를 더 받게 된다. 네 번째 달에 받은 월급의 40%를 저축하고 상여금으로 받은 20만 원도 함께 저축했다. 두 달간 박유진 씨가 저축한 총 금액은 2백만 원일 때, 박유진 씨가 네 번째 달에 받은 월급은 얼마인가? (단, 계산은 소수 첫째 자리에서 반올림한다.)

가. 2,763,230원 나. 2,765,230원
다. 2,767,230원 라. 2,769,230원

10 기초생활수급자 함세영 씨는 얼마 전 농협은행의 비과세 상품인 귀농start적금에 만기 2년, 연이율 2.4%, 월납입금 40만 원의 조건으로 가입했다. 다음 표를 참고한다면 만기일에 받는 실이자율은 얼마인가? (단, 이 적금은 단리로 이율이 적용되며 이자 지급 방식은 만기일시지급이다. 또한 이자소득세율은 15.4%로 계산한다.)

[비과세 및 세금우대 가입연령 및 한도표]

구 분	세금우대 (비과세)	생계형 (비과세)	세금우대 종합저축	총세금우대 한도
노인(남자 60세, 여자 60세 이상), 장애인, 국가유공자, 기초생활수급자, 고엽제환자	2,000만 원	2,000만 원	2,000만 원	7,000만 원
일반인(20세 이상)	2,000만 원	0	1,000만 원	3,000만 원

※ 비과세 및 세금우대 금액의 기준은 원금 기준이다.

가. 1.5% 나. 2.0% 다. 2.5% 라. 3.0%

11 다음 그래프는 국가별 1인당 GDP와 자살률의 관계를 나타낸 것이다. 다음 설명 중 옳은 것은?

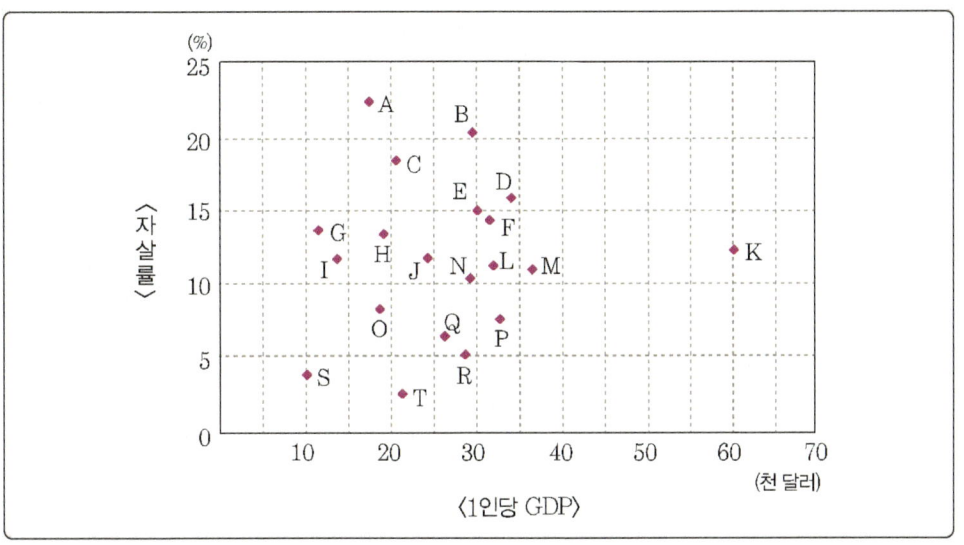

가. 1인당 GDP가 가장 낮은 국가는 자살률도 가장 낮다.
나. 1인당 GDP가 4만 달러 이상인 국가의 자살률은 10% 미만이다.
다. 자살률이 가장 높은 국가와 가장 낮은 국가의 자살률 차이는 15% 이하이다.
라. 자살률이 가장 높은 국가의 1인당 GDP는 자살률이 두 번째로 높은 국가의 1인당 GDP의 50% 이상이다.

12 개인종합자산관리계좌(Individual Savings Account; ISA)의 가입조건이 다음과 같다. 5년 동안 연평균 1,000만 원씩 내 연평균 4% 수익률을 올려 5년 동안 수익을 냈다고 하자. 고객이 실제 수령할 수 있는 이자는 얼마인가? (단, 수수료율은 신탁형 개인종합자산관리계좌의 경우로 0%라고 한다.)

가입대상 : 근로 사업소득이 있는 사람
납입한도 : 연간 2,000만 원
의무 가입기간 : 5년(청년 및 총급여 5,000만 원 이하 소득자의 경우 3년)
세제혜택 : 5년간 수익 200만 원까지 비과세, 200만 원 초과분 9.9% 분리과세
※ 수수료율은 신탁형 개인종합자산관리계좌의 경우 0~0.3%이며 일임형은 0.1~1.0%다.

가. 5,498,000원 나. 5,575,000원
다. 5,604,000원 라. 5,724,000원

03 문제해결능력

01 다음 제시된 내용을 통해 유추할 수 있는 것을 고르면?

> 모든 시민단체 회원은 배려심이 깊다.
> 어떤 배려심이 깊은 사람은 공기업 종사자이다.
> 모든 공기업 종사자는 봉사정신이 강한 사람이다.

가. 모든 시민단체 회원은 공기업 종사자이다.
나. 모든 시민단체 회원은 봉사정신이 강한 사람이다.
다. 공기업 종사자가 아니면 배려심이 깊지 않다.
라. 어떤 배려심이 깊은 사람은 봉사정신이 강한 사람이다.

02 다음 명제로부터 올바르게 추론한 것은?

> • 한국인, 중국인, 일본인 세 사람이 토익 시험을 봤다.
> • 가장 높은 점수를 받은 사람의 점수는 두 사람의 점수를 합친 것보다 낮다.
> • 한국인이 가장 높은 점수를 받았다.

가. 중국인의 점수가 가장 낮다.
나. 한국인의 점수는 세 사람의 전체 점수의 50%가 넘는다.
다. 중국인의 점수보다 일본인의 점수가 더 높다.
라. 일본인과 중국인의 성적을 합친 점수는 세 사람의 전체 점수의 2분의 1이 넘는다.

03 A, B, C, D 네 명의 피의자가 검사에게 다음과 같이 진술하였다. 한 명의 진술만이 참일 경우 범인은? (단, 범인은 네 명 중 한 명뿐이라고 한다.)

> A : C가 범인이다.   B : 나는 범인이 아니다.
> C : D가 범인이다.   D : C는 거짓말을 했다.

가. A   나. B   다. C   라. D

04 다음 〈보기〉의 내용에 맞지 않는 것을 고르면?

> 보기
> 업무지원팀 직원 4명(사원명 : A, B, C, D)과 지역본부 실무자 4명(사원명 : O, P, Q, R)이 원탁 테이블에 둘러앉아 있다. 다음은 이들의 자리에 대한 설명이다.
> - 업무지원팀 직원과 지역본부 실무자는 번갈아 앉아 있다.
> - A의 오른쪽 두 번째 지역본부 실무자는 P이고, P는 Q와 마주 앉지 않았다.
> - B는 C와 마주 앉지 않고 A와 마주 앉았다.
> - Q의 오른쪽 첫 번째 지역본부 실무자는 O이다.

가. A의 오른쪽 첫 번째 업무지원팀 직원은 C 또는 D이다.
나. P는 O와 마주 앉아 있다.
다. B는 Q와 P 사이에 앉아 있다.
라. R은 A보다 B와 거리가 가깝다.

05 아버지인 김 씨, 이 씨, 박 씨 세 사람에게는 아들이 한 명씩 있는데, 그들은 각각 야구 선수, 축구 선수, 수영 선수이다. 다음 〈보기〉를 보고 아들들의 성을 찾으면?

> 보기
> ㉠ 야구 선수는 아버지와 가끔 등산한다.
> ㉡ 김 씨의 아들은 축구 선수와 친한 친구이다.
> ㉢ 축구 선수의 아버지는 매주 일요일 친구와 같이 골프를 치러 나간다.
> ㉣ 이 씨는 지금 병으로 요양 중인데 신문을 보거나 방송을 듣는 것에 취미를 붙이고 있다.

	축구 선수	야구 선수	수영 선수
가.	김 씨	박 씨	이 씨
나.	이 씨	김 씨	박 씨
다.	김 씨	이 씨	박 씨
라.	박 씨	김 씨	이 씨

06 갑, 을, 병 세 사람은 항상 참말만 하거나 항상 거짓말만 하는 사람들이다. 갑에게 "당신은 항상 거짓말만 합니까, 혹은 항상 참말만 합니까?"라고 물었다. 하지만 갑의 말이 분명하게 들리지 않았다. 그래서 을에게 방금 "갑이 뭐라고 했습니까?" 하고 물었더니 을이 "갑은 자신이 항상 거짓말만 한다고 말했어요."라고 답변했다. 이때 듣고 있던 병이 끼어들어 "을은 지금 거짓말을 하고 있어요. 그를 믿지 마세요."라고 말했다면 을과 병은 각각 어떤 사람들인가?

	을	병
가.	항상 참말만 하는 사람	항상 참말만 하는 사람
나.	항상 참말만 하는 사람	항상 거짓말만 하는 사람
다.	항상 거짓말만 하는 사람	항상 참말만 하는 사람
라.	항상 거짓말만 하는 사람	항상 거짓말만 하는 사람

07 귀농을 고려하고 있는 이 씨는 농촌 현지답사를 위해 농경지 주변을 둘러보다가 다음과 같은 글귀가 적힌 나무 푯말을 보았다. 나무 푯말에 대한 올바른 설명은 다음 중 어느 것인가?

> 이 울타리 내의 모든 '갑'의 농지는 '을'의 농지이고, 일부 '을'의 농지는 '병'의 농지이다. 또한 모든 '병'의 농지는 '정'의 농지이다.

가. 일부 '갑'의 농지는 '정'의 농지이다.
나. 일부 '병'의 농지는 '갑'의 농지이다.
다. 모든 '병'의 농지는 '을'의 농지이다.
라. 일부 '정'의 농지는 '을'의 농지이다.

08 민수, 진영, 진희가 동네 가게 (가), (나), (다)에서 과일, 음료, 빵을 다음과 같이 산다고 할 때 바르게 연결된 조합은?

- 한 사람이 한 가게에서 한 품목만 산다.
- 한 가게에서는 한 품목만 판다.
- 민수는 과일을 사지 않고, (나) 가게는 가지 않는다.
- 진영은 (가) 가게는 가지 않는다.
- (가) 가게에서는 빵을 팔지 않는다.
- (나) 가게에서는 음료를 판다.

가. 진영 – (가) – 과일
나. 진영 – (나) – 음료
다. 진희 – (나) – 음료
라. 진희 – (다) – 빵

09 다세대 주택인 S빌라는 한 층에 1호~4호까지 4가구가 거주할 수 있는 총 3층짜리 건물이다. 현재 S빌라에 A, B, C, D, E, F, G, H의 8가구가 다음 〈조건〉과 같이 입주해 살고 있을 경우, 이에 대한 올바른 설명이 아닌 것은 다음 중 어느 것인가?

조건
- 건물의 호실 배열은 다음과 같다.

301호	302호	303호	304호
201호	202호	203호	204호
101호	102호	103호	104호

- A가구와 D가구는 층수와 관계 없이 위치가 가장 멀리 떨어져 있는 두 호실이다.
- 1, 2, 3층에는 각각 2가구, 3가구, 3가구가 거주하고 있다.
- G가구는 E가구와 F가구의 사이에 연속하여 살고 있으며, E가구가 가장 앞 호실이다.
- A가구의 아래층에는 F가구가 살고 있다.
- B, H, C가구는 좌우 중 한쪽에만 옆집이 거주한다.

가. C가구의 아래층은 항상 E가구가 거주한다.
나. 301호는 빈집이 아니다.
다. 202호는 빈집이 아니다.
라. C가구가 102호에 거주하면 B가구와 H가구는 서로 연이은 호실에 거주한다.

10 농협은행 기획팀에서 중요한 팀 프로젝트를 진행하기 위해 6명(김 과장, 이 과장, 송 과장, 강 대리, 차 대리, 최 대리)의 후보를 선출하고, 이 중 다음 〈보기〉의 조건에 맞춰 4명의 팀원을 선택하려고 한다. 후보군은 총 몇 개인가?

보기
㉠ 김 과장 또는 이 과장은 반드시 참여해야 하지만, 둘이 함께 참여할 수는 없다.
㉡ 강 대리와 차 대리 중 적어도 한 사람은 반드시 참여해야 하지만, 둘이 함께 참여할 수는 없다.
㉢ 이 과장이 참여할 수 없다면 최 대리도 참여할 수 없다.
㉣ 송 과장이 참여할 수 없다면 강 대리도 참여할 수 없다.

가. 1개   나. 2개   다. 3개   라. 4개

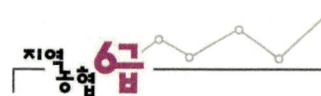

11 A, B, C, D, E, F, G 7명의 직원은 다음 조건에 따라 발표 주제 T1, T2, T3 중 한 가지를 선택하여야 한다. 세 개의 발표 주제 중 한 주제는 3명, 두 주제는 2명씩 선택한다. 〈제시문 1〉의 내용을 따를 때, 〈제시문 2〉의 참·거짓을 판별하면?

• 제시문 1 •
㉠ A와 B는 같은 주제를 선택한다.
㉡ C는 T1을 한다.
㉢ G는 T2를 한다.
㉣ G와 D는 각기 다른 주제를 선택한다.
㉤ D와 E는 같은 주제를 선택한다.

• 제시문 2 •
A : F가 T2를 발표할 직원이라면 A와 B도 T2를 발표한다.
B : F가 T1을 발표할 직원이라면 A와 B는 T3를 발표한다.

가. A만 옳다.   나. B만 옳다.
다. A와 B 모두 옳다. 라. A와 B 모두 틀리다.

12 다음은 A, B, C, D, E, F, G 7개 마을의 농업인 중 각 마을의 최근 10년간 신규 귀농인이 차지하는 비중을 나타낸 표이다. 〈보기〉를 근거로 할 때, ㉮~㉯에 들어갈 마을 이름을 순서대로 알맞게 나열한 것은 어느 것인가?

(단위 : %)

㉮	㉯	㉰	㉱	㉲	㉳	㉴	평균
68	49	46	37	28	27	25	40

• 보기 •
1. A, B, C 마을은 평균보다 높은 귀농인의 비율을 나타낸다.
2. 가장 높은 귀농인 비율을 보이는 마을의 절반에 못 미치는 귀농인 비율을 보인 마을은 D, E, F 마을이다.
3. C, E 마을의 귀농인 비율의 합은 A, D 마을의 귀농인 비율의 합보다 정확히 20%p 많다.

가. B - C - A - G - E - F - D   나. A - B - C - G - D - E - F
다. C - B - A - G - F - D - E   라. C - A - B - G - F - E - D

04 자원관리능력

01 농협은행은 전략적 인적자원관리를 위한 시스템을 구축하고자 한다. 인사팀에 근무하는 당신은 이와 관련된 팀 보고서를 검토하고 있다. 다음 중 적절하지 않은 것은?

구분	기존의 인적자원관리	전략적 인적자원관리
가. 분석 초점	직무만족, 동기부여 등 개인의 심리적 측면	조직의 전략과 연계하여 조직의 성과 측면 중심으로 분석
나. 범위	거시적 시각 : 인적자원관리 방식 간의 연계를 통한 전체 최적화를 추구	미시적 시각 : 개별 인적자원관리 방식의 부분 최적화를 추구
다. 시간	단기적 관점(인사관리상의 단기적인 문제해결)	장기적 관점(전략 수립 관여 및 인적자본 육성)
라. 기능 및 역할	통제 매커니즘의 마련	권한 부여 및 자율성 확대 유도

02 A 기업 해외업무지원팀에서 근무하는 김 대리는 자사가 디자인한 자동차가 영국 런던에서 개최되는 자동차 쇼에서 현지 시각 8월 10일 오전 10시에 최초로 공개될 때, 디자인 개발 실무자와 책임자들이 참석할 수 있도록 해외출장 계획을 수립하려고 한다. 김 대리는 현지 공항에서 입국 수속을 하는 데 1시간, 예약된 호텔까지 이동하여 체크인을 하는 데 2시간, 호텔에서 출발하여 행사장까지 이동하는 데 1시간 이내의 시간이 소요된다는 사실을 파악하였다. 또한 서울 시각이 오후 8시 45분일 때 런던 현지 시각을 알아보니 오후 12시 45분이었다. 비행운임 및 스케줄이 다음과 같을 때, 김 대리가 선택할 수 있는 가장 저렴한 항공편은?

[비행운임 및 스케줄]

항공편	출발시각	경유시간	총 비행시간	운임
0001	8월 9일 20 : 30	5시간	13시간	70만 원
0002	8월 9일 23 : 30	3시간	12시간	80만 원
0003	8월 10일 00 : 30	1시간	13시간	90만 원
0004	8월 10일 02 : 30	직항(0시간)	11시간	100만 원

가. 0001편 나. 0002편
다. 0003편 라. 0004편

03 농협은행 영업 1팀에 근무하고 있는 박유진 사원은 워크숍의 총무 역할을 맡게 되었다. 다음과 같은 계획에 따라 워크숍을 진행하고자 했으나 예산이 크게 초과하여 불가피하게 비용 항목을 줄이고자 한다. 다음 중 비용 항목을 없애기에 가장 적절한 것은?

영업 1팀 제2차 워크숍
- 소속 : 농협은행 영업 1팀
- 일정 : 20××년 9월 19~20일(1박 2일)
- 장소 : 인천시 농협연수원
- 행사내용 : △△테마파크 관람, 체육대회, 소통의 밤 행사, 기타

가. 숙박비 나. 식비
다. 기념품비 다. 기타 예비비

04 박유진 사원은 4월 2일(일요일)에 있을 농협 신입사원 채용을 위한 필기시험 장소를 찾고 있다. 시험 응시인원은 1,700명이고, 시험 시간은 오전 10~11시이다. 시험장 사용료는 300만 원을 넘지 않는 가장 저렴한 곳으로 결정하려고 할 때, 다음 중 가장 적합한 시험 장소는?

구 분		A학교	B학교	C학교	D학교
대여 비용	1시간	220만 원	200만 원	300만 원	270만 원
	2시간	340만 원	250만 원	300만 원	280만 원
	3시간	400만 원	300만 원	400만 원	320만 원
4월 중 대여 가능한 요일		주말	토요일	주말	일요일
수용인원		2,000명	1,500명	2,500명	2,200명

가. A학교 나. B학교
다. C학교 라. D학교

05 다음의 내용에 따라 세영이가 선택할 교통편과 소요시간으로 적절한 것은?

세영이는 업무차 세미나 행사에 참여하려고 한다. 세영이는 회사에서 업무를 보고 오전 10시에 출발할 예정이다.

세미나 행사 안내
- 일시 및 장소 : 20××년 5월 2일(금) AM 11 : 00~12 : 00, M 컨벤션센터
- 행오전 11시 이후에는 개막식 입장이 불가합니다.

◆ 회사에서 M 컨벤션센터까지 가는 길

교통편	경로
기 차	회사 → A 기차역 → B 기차역 → M 컨벤션센터
고속버스	회사 → C 터미널 → D 터미널 → M 컨벤션센터

◆ 경로별 소요시간

출발지	도착지	소요시간
회 사	A 기차역	10분
	C 터미널	20분
A 기차역	B 기차역	40분
B 기차역	M 컨벤션센터	15분
C 터미널	D 터미널	25분
D 터미널	M 컨벤션센터	10분

가. 기차, 55분
나. 기차, 65분
다. 고속버스, 55분
라. 고속버스, 60분

06 농협은행 인사팀에서 근무하는 박유진 사원은 교육훈련 강의일정 관리를 담당하고 있다. 강의 시간표와 강의별 정보, 상사의 지시사항이 다음과 같을 때, 박유진 사원의 판단으로 옳지 않은 것은?

- 외부강사 초청 강의 시간표

구 분	월	화	수	목	금
11:00~12:00	고객만족	조직문화	가치창조	조직문화	고객만족
14:00~15:00	자기관리	가치창조	고객만족	자기관리	가치창조

- 강의별 정보

강의제목	강의일정	수강인원
고객만족	주 3일	80명
자기관리	주 2일	33명
조직문화	주 2일	65명
가치창조	주 3일	55명

※ 교육훈련에 참여하는 A기업의 사원은 총 93명이다.
※ 교육훈련을 위한 강의실은 총 2곳이고, 수용인원은 강의실당 100명이다.

박유진 사원은 인사팀장으로부터 다음과 같은 지시를 받았다.
"새 강의를 하나 더 개설해야 합니다. 강의명은 '소통화합'이고, 주 3일 강의로 일정을 준비하세요. 강사님이 월요일은 일정상 강의가 불가능하다고 합니다. 그리고 강의는 같은 시간대에 배치해 달라고 하시네요. 수강인원이 최소 30명 이상은 되어야 강의를 개설할 수 있습니다."

가. 인원을 고려했을 때 고객만족과 같은 시간대는 제외해야겠어.
나. 월요일을 제외했을 때 11시부터 12시까지의 시간대는 불가능해.
다. 모든 조건을 고려했을 때 가능한 일정은 화, 수, 금 14:00~15:00이구나.
라. 강의실 2곳을 동시에 써야 하니까 미리 준비를 해 둬야겠네.

07 은솔이는 신입사원 선발로 서울에서 강원도 춘천에 가로 40cm, 세로 30cm, 높이 40cm, 중량 8kg의 소포박스를 네 개 보냈다. 이때, 이사 가서 사용할 180만 원가량의 장비를 한 개 박스에 포함해 보내고자 할 때, 은솔이가 지불할 택배 요금은 얼마인가?

[일반 택배]

구 분	소 형	중·소형	중 형	대 형
규격(세변의 합)	100cm	120cm	140cm	160cm
운임	7,000원	8,000원	9,000원	10,000원
중량	5kg	10kg	20kg	30kg

[권역 구분]

강원권	기본운임 + 추가운임(2,000원)
제주권	기본운임 + 추가운임(중량에 따라 차등적용)
도서지역	도시지역별 별도 추가(기후, 중량, 부피에 따라 추가운임 발생할 수 있음)
지역구분	수도권(서울권, 경기권, 인천광역시 포함), 충청권, 전라권, 경상권, 강원권, 제주권
실비부담	고객의 요청에 의한 포장은 추가비용 발생

[추가 할증 요금]

규 격	할증요금			비 고
귀중품	50~100만 원	100~200만 원	200~300만 원	1Box의 가격이 300만 원을 초과하는 물품은 취급하지 않습니다.
	50%	80%	100%	
중량물·대형물	대형운임 기준으로 50% 추가 책정			30kg 이하, 세변의 합 210cm 이하

※ 귀중품 : 내품가격이 50만 원 초과 300만 원 이하의 화물
※ 추가 운임은 각각의 Box에 부과한다.
※ 할증요금은 해당 Box의 총 운임에 대하여 가산한다.

가. 28,000원 나. 32,000원
다. 38,400원 라. 48,000원

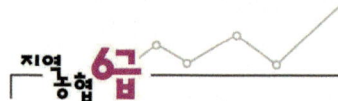

08 농협의 직원 채용시험 최종 결과가 다음과 같다면, 다음 4명의 응시자 중 가장 많은 점수를 얻어 최종 합격자가 될 사람은 누구인가?

[최종 결과표] (단위 : 점)

구 분	응시자 A	응시자 B	응시자 C	응시자 D
서류전형	84	82	93	90
1차 필기	92	90	89	83
2차 필기	92	89	92	95
면 접	90	92	94	91

※ 다음과 같은 단계별 가중치를 부여하여 해당 점수에 추가 반영한다.
  - 서류전형 점수 10%
  - 1차 필기 점수 15%
  - 2차 필기 점수 20%
  - 면접 점수 5%
※ 면접을 제외한 항목 중 어느 항목이라도 4명 중 최하위 득점이 있을 경우(최하위 점수가 90점 이상일 경우 제외), 최종 합격자가 될 수 없음
※ 동점자는 가중치가 많은 항목 고득점자 우선 채용

가. 응시자 A
나. 응시자 B
다. 응시자 C
라. 응시자 D

09 다음은 농협 영업팀의 1달간 직원근무현황자료이다. 주어진 자료로 근무수당을 계산할 때, 초과근무수당이 가장 많은 직원은? (단, 지각은 1회당 수당 3만 원을 삭감하고, 초과근무수당은 시간당 통상임금의 1.2배이다.)

이 름	초과근무시간	시간당 통상임금	지각횟수
송은정	12	24,000	3
문혜연	14	20,000	4
이유리	15	18,000	3
박유진	10	25,000	1

가. 송은정
나. 문혜연
다. 이유리
라. 박유진

10 신 대리는 오늘 중 A지점, B지점, C지점을 모두 다녀와야 하며 세 군데 업무가 끝나면 현지에서 바로 퇴근을 해도 되지만 모든 지점을 방문하기 전에 한 번은 반드시 회사에 들어왔다가 나가야 한다. 세 군데 지점과 회사와의 거리가 다음과 같을 때, 신 대리가 회사에서 출발하여 C지점을 시작으로 최단 경로로 이동할 경우의 총 연료비용은 얼마인가?

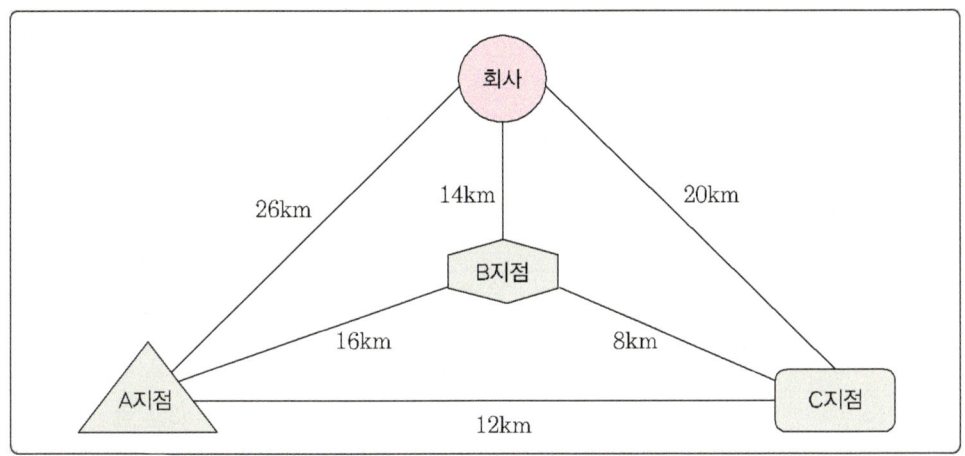

[도로별 연비]

구 분	회사 ↔ A지점	회사 ↔ B지점	회사 ↔ C지점	A지점 ↔ B지점	B지점 ↔ C지점	A지점 ↔ A지점
연 비	10km/L	10km/L	10km/L	8km/L	20km/L	14km/L

※ 연료비는 1L당 1,500원으로 계산함

가. 9,600원
나. 9,800원
다. 10,000원
라. 10,500원

11 다음은 농협 직원들이 출퇴근을 위해 가장 많이 이용하는 5개 버스 노선의 하루 운행 현황과 수익금 산출 자료이다. 하루의 총 수익금은 시간당 평균 운행거리에 해당하는 수익금에 총 운행시간을 곱하여 산출된다고 할 때, 해당일의 총 수익금이 가장 많은 노선과 가장 적은 노선의 수익금 차이는 약 얼마인가? (단, 모든 수치는 반올림하여 소수 첫째 자리로 계산한다.)

노선번호	총 운행시간	총 운행거리
1번	290분	80km
2번	190분	65km
2-1번	140분	32km
3-1번	240분	70km
5번	85분	22km

시간당 평균 운행거리	시간당 수익금
12~13km	55만 원
13~14km	53만 원
14~15km	51만 원
15~16km	49만 원
16~17km	47만 원
17~18km	45만 원
18~19km	43만 원
19~20km	41만 원
20~21km	39만 원

가. 157.8만 원
나. 160.5만 원
다. 163.7만 원
라. 165.2만 원

12. 농협은행은 4월 회사 워크숍을 준비하고 있다. 총무팀에 근무하는 귀하는 워크숍을 담당해 원활히 진행되도록 할 책임이 있다. 워크숍 진행절차가 다음과 같을 때, 섭외할 장소로 적절한 곳은?

[워크샵 진행절차]

일 시	20××년 4월 15일(토)~4월 16일(일)
참여 인원	100명
필요 시설	대회의실(100인 이상), 소회의실(30인 이상 2실), 식당(100인 이상), 간담회실(50인 이상 2실), 숙박시설
예 산	2,500,000원

구 분	갑돌호텔	을식호텔	병수호텔	정미호텔
시 설	• 체육관 • 대회의실 (100인 1실) • 소회의실 (50인 이상 3실) • 식당 (100인 이상) • 숙박시설 • 휴게실	• 대회의실 (100인 1실) • 소회의실 (30인 이상 2실) • 식당 (100인 이상) • 간담회실 (50인 이상 1실) • 식당 (100인 이상) • 숙박시설 • 휴게실	• 체육관 • 소회의실 (50인 이상 2실, 30인 이상 1실) • 간담회실 (50인 이상 2실) • 식당 (100인 이상) • 숙박시설 • 휴게실	• 대회의실 (100인 2실) • 소회의실 (30인 이상 2실) • 간담회실 (50인 이상 2실) • 식당 (100인 이상) • 숙박시설 • 휴게실
비 용	1,800,000원	2,000,000원	2,500,000원	3,000,000원
비 고	100인 이상 숙박 시 비용의 10% 할인	—	체육관을 대회의실 용도로 사용 가능 (단, 비용이 300,000원 추가)	100인 이상 숙박 시 비용의 20% 할인

가. 갑돌호텔
나. 을식호텔
다. 병수호텔
라. 정미호텔

05 조직이해능력

01 농협의 인재상에 속하지 않는 것은?

　가. 시너지 창출가　　　　　　　　나. 성실한 인재
　다. 최고의 전문가　　　　　　　　라. 진취적 도전가

02 'NH'가 의미하는 것이 아닌 것은?

　가. Nature & Human　　　　　　나. New Hope
　다. New Home　　　　　　　　　라. New Happiness

03 다음 〈보기〉를 보고 농협의 사업 중 어떤 것에 대한 설명인지 고르면?

　보기
　　㉠ 영농자재(비료, 농약, 농기계, 면세유 등) 공급, 산지유통혁신, 도매사업
　　㉡ 소비지유통 활성화, 안전한 농식품 공급 및 판매

　가. 농업경제사업　　　　　　　　나. 상호금융사업
　다. 축산경제사업　　　　　　　　라. 농협금융지주

04 다음 중 농협의 나눔경영에 속하지 않은 내용은?

　가. 농촌사랑운동　　　　　　　　나. 다문화가정의 사회적응과 고충해결
　다. 경제적·법적·윤리적 책임 수행　라. 농협재단 설립

05 다음 중 식사 예절로 알맞지 않은 것은?

　가. 유럽권의 경우, 수프를 먹을 때 안쪽에서 바깥쪽으로 떠서 먹는다.
　나. 아랍권의 경우, 뜨거운 음식은 입으로 불면 안 되므로 식을 때까지 기다린다.
　다. 인도의 경우, 식사 도중에는 대화를 하지 않는다.
　라. 인도의 경우, 물을 마실 때 컵을 입에 대고 먹는다.

06 단위 농협이 속하는 금융기관의 종류는?

　가. 특수은행　　　　　　　　　　나. 상호금융기관
　다. 저축은행　　　　　　　　　　라. 중앙은행

07 국제감각과 관련된 설명이다. 다음 빈칸에 들어갈 가장 알맞은 용어를 보기에서 차례대로 찾으면?

> 　국제감각은 단순히 영어만을 잘하는 것을 의미하지 않는다. 전 세계를 하나의 공동체로 인식하고, 문화적 배경을 달리하고 있는 다른 나라 사람과의 효과적인 커뮤니케이션을 위해 각 국가의 문화적 특징, 의식, 예절 등 세계 각국의 (　　　)에 적응할 수 있는 능력을 말한다. 그리고 자신의 업무와 관련하여 (　　　)을(를) 파악하고 이를 적용할 수 있도록 한다.

　가. 문화, 시장　　　　　　　　　나. 국제시장, 기본 예절
　다. 동향, 문화적 배경　　　　　　라. 시장과 다양성, 국제적인 동향

08 다음은 농업협동조합법의 지역농협 총회 의결사항 관련 규정이다. 지역농협 총회의 의결사항이 아닌 것은?

> 제35조(총회의결사항 등)
> ① 다음 각 호의 사항은 총회의 의결을 거쳐야 한다.
> 　1. 정관의 변경
> 　2. 해산・분할 또는 품목조합으로의 조직변경
> 　3. 조합원의 제명
> 　4. 합병
> 　5. 임원의 선출 및 해임
> 　6. 규약의 제정・개정 및 폐지
> 　7. 사업 계획의 수립, 수지 예산의 편성과 사업 계획 및 수지 예산 중 정관으로 정하는 중요한 사항의 변경
> 　8. 사업보고서, 재무상태표, 손익계산서, 잉여금 처분안과 손실금 처리안
> 　9. 중앙회의 설립 발기인이 되거나 이에 가입 또는 탈퇴하는 것
> 　10. 임원의 보수 및 실비변상
> 　11. 그 밖에 조합장이나 이사회가 필요하다고 인정하는 사항
> ② 제1항제1호・제2호 및 제4호의 사항은 농림축산식품부장관의 인가를 받지 아니하면 효력을 발생하지 아니한다. 다만, 제1항제1호의 사항을 농림축산식품부장관이 정하여 고시한 정관례에 따라 변경하는 경우에는 그러하지 아니하다.

　가. 정관의 변경　　　　　　　　　나. 해산・분할 또는 품목조합으로의 조직변경
　다. 조합원의 제명　　　　　　　　라. 조합원의 자격 심사

09 갑, 을, 병, 정 중에서 다음의 조직도를 잘못 이해한 사람을 모두 고르면?

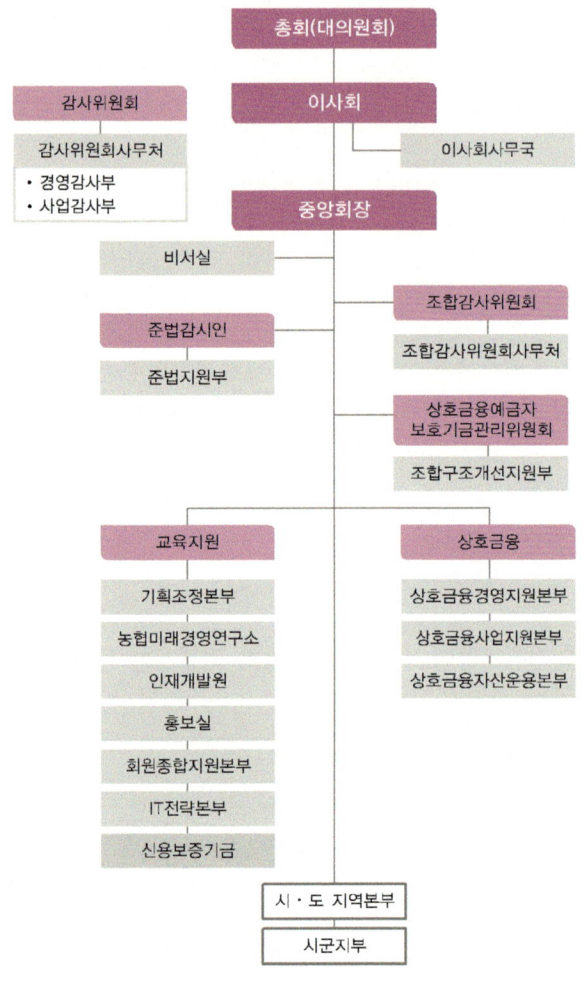

은정 : 감사위원회는 별도로 존재하고, 이사회는 총회 직속이네.
혜연 : 조합구조개선지원부는 조합감사위원회 소속이야.
유리 : 감사위원회 소속인 감사위원회사무처는 경영감사부, 사업감사부 총 2개의 감사부를 두고 있어.
유진 : 지역본부를 제외한 중앙회장 소속기관은 준법감시인, 조합감사위원회, 상호금융예금자 보호기금관리위원회, 교육지원, 상호금융 총 5개 부문으로 나뉘어져 있어.

가. 은정
나. 혜연
다. 혜연, 유리
라. 혜연, 유진

10 농협은 육묘사업을 실시하여 노령 농업인 및 여성 농업인 등 소규모 경작 농업인의 육묘 작업 부담을 경감시키고 있다. 또한 배추파종기를 구입하여 대여하는 사업, 농업조합원 해외연수 등도 진행하고 있다. 다음 조직도를 참고했을 때 어떤 부서에서 앞서 설명한 업무를 담당하겠는가?

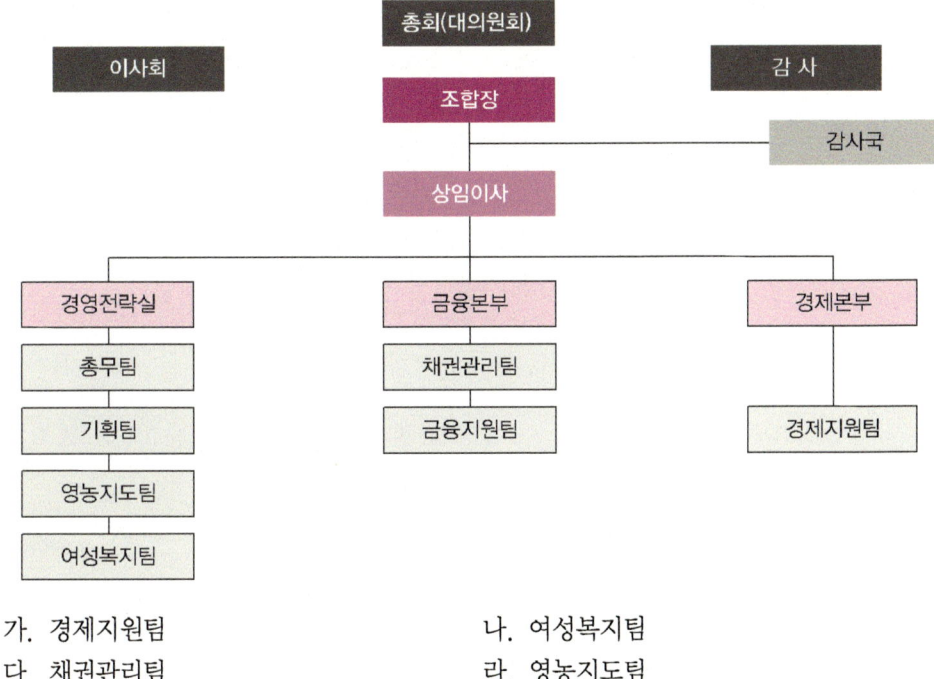

가. 경제지원팀
다. 채권관리팀
나. 여성복지팀
라. 영농지도팀

11 최근 잦은 재난재해로 인해 재난대응시스템을 강화코자 조직개편을 추진하고 있다. 새로운 조직개편 방향 및 기준에 따라 조직도를 만들 때 빈칸에 들어갈 조직으로 옳지 않은 것은?

〈기존 조직〉
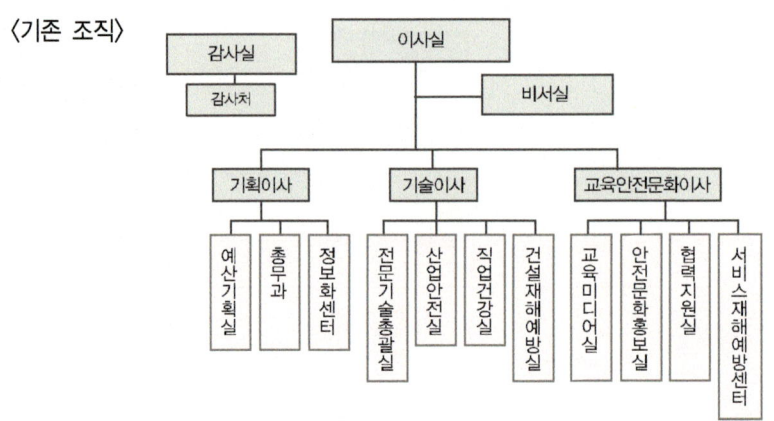

조직개편 방향 및 기준

- 명칭 변경
  - 예산기획실 → 경영기획실
  - 총무과 → 운영지원실
- 재난대응시스템 강화를 위한 조직개편
  - 재해예방이사를 신설하고 기존의 건설재해예방실과 서비스재해예방센터를 재해예방이사 소속으로 개편한다.
  - 교육안전문화이사 소속으로 국제산업보건대회사무국을 신설한다.

〈개편된 조직〉
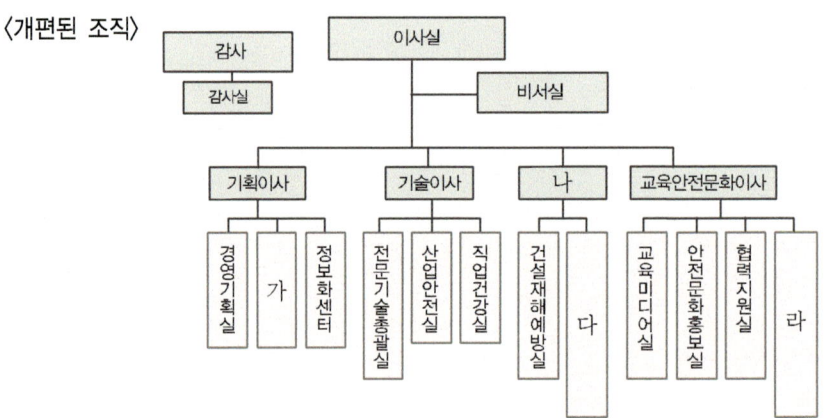

가. 운영지원실　　　　　　　나. 재해예방이사
다. 안전재해예방센터　　　　라. 국제산업보건대회사무국

12 갑, 을, 병, 정 중에서 다음의 조직도를 잘못 이해한 사람을 모두 고르면?

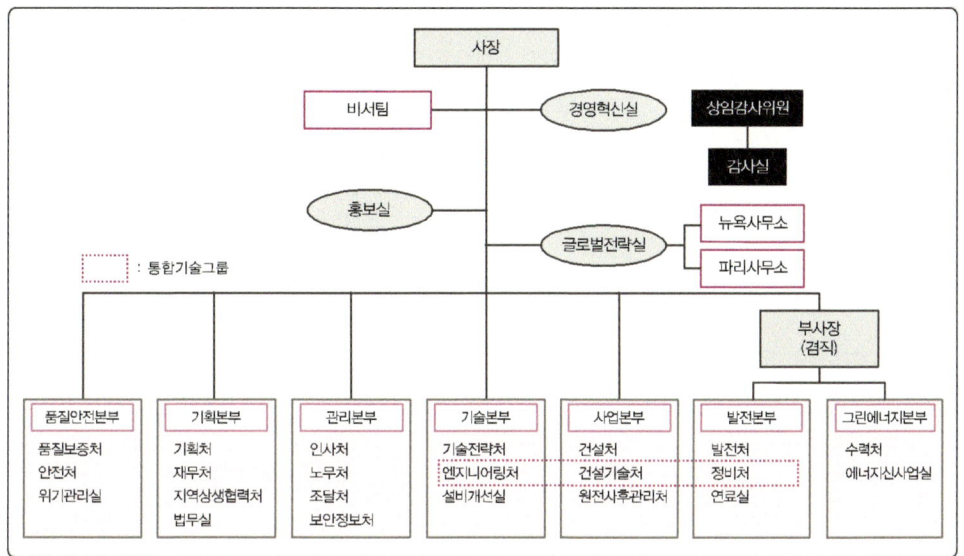

갑 : 글로벌전략실은 2개의 해외사무소를 두고 있어.
을 : 기획본부와 관리본부에는 각각 4개 처가 있어.
병 : 엔지니어링처, 건설기술처, 정비처 등 3개 처는 통합기술그룹으로 묶이네.
정 : 부사장은 발전본부장과 그린에너지본부장을 겸직하고 있어.

가. 을 나. 정
다. 갑, 병 라. 을, 정

정답 및 해설

제1회 》 정답 및 해설

정답

01.⑤	02.③	03.②	04.⑤	05.④	06.②	07.③	08.②
09.②	10.①	11.⑤	12.②	13.④	14.④	15.③	16.②
17.⑤	18.⑤	19.②	20.④	21.④	22.⑤	23.①	24.②
25.③	26.④	27.①	28.①	29.②	30.④	31.②	32.⑤
33.③	34.⑤	35.②	36.②	37.⑤	38.⑤	39.⑤	40.②
41.①	42.③	43.④	44.①	45.②	46.②	47.①	48.①
49.②	50.②	51.②	52.①	53.④	54.②	55.⑤	56.④
57.③	58.②	59.⑤	60.②	61.①	62.②	63.⑤	64.②
65.①	66.④	67.⑤	68.⑤	69.③	70.③		

01 ㉠에는 '차별'의 반의어로서 '평등'이 가장 적절하다. '대등'은 어느 하나를 기준으로 하여 그것과 같은 것을 비교하여 말할 때 쓰는 것으로 ㉠에는 어울리지 않는다. - ①, ④ 제외
㉡에는 '평등'이 어울리지 않는다. - ② 제외
㉢에는 '대등' 외에 '동등'도 가능하다고 허용할 수는 있지만 '평등'은 전혀 어울리지 않는다. - ③ 제외

02 ㄱ, ㄴ, ㄹ. 남자를 범상히 또는 홀하게 이르는 말

오답풀이
ㄷ. 고려・조선 시대에 지배층을 이루던 신분
ㅁ. 점잖고 예의 바른 사람

03 '유성음 + 하(지)'의 경우 축약이 되어 '~치'로, '무성음 + 하(지)'의 경우 탈락이 되어 '~지'의 형태로 줄어든다. ②에서 '넉넉하지'의 경우, '~하' 앞에 무성음 'ㄱ'이 왔으므로 '넉넉지'로 줄어든다.

04 ① '회의를 갖다'는 표현은 영어의 'have'를 직역한 표현으로 우리말답지 않은 표현이다.
(고친 문장) 내일 오전에 회의를 하자.
② '우연치 않게'는 습관적으로 사용하는 부정표현이다. 주로 '우연히'의 뜻으로 표현하려는 의도로 사용하지만 문법적으로 볼 때는 '우연히 아닌'의 뜻이다. 즉, '우연히'의 뜻인지 '우연이 아닌, 필연'의 뜻인지가 정확하지 않은 중의적 표현의 문장이다.
(고친 문장) '어제 우연히 그 사람을 만났다.' 또는 '어제 그 사람을 만난 것은 우연이 아니었다.'
③ 주어와 서술어가 호응하지 않으므로 서술어를 '것으로 전망됩니다'로 바꾸어야 한다.
(고친 문장) 현재의 교육복지정책은 손질이 불가피할 것으로 전망됩니다.
④ '한결같이'가 수식하는 범위가 불분명하므로 어순을 조정하여야 한다.
(고친 문장) 어려운 이웃을 한결같이 돕는 사람들이 많습니다.

05 ④ 제시된 글의 첫 문장은 먹을거리의 안정적 공급이 자본주의 시대의 과제 중 하였다는 내용이며 ㉠ 다음의 내용은 사람들이 우주 시대에 관련한 먹을거리에 관심을 보인다는 내용이다. 따라서 '더욱 심하다 못하여 나중에는'이라는 의미를 가진 '심지어'가 적절하다. 이어지는 내용은 먹을거리에 대한 사람들의 관심이 높아 21세기는 풍요의 시대가 될 것이라는 내용이므로 '그래서'로 연결하는 것이 적절하며 ㉢ 다음의 내용은 앞의 내용과 달리 먹을거리에 대한 의구심에 관한 내용이므로 역접의 접속 부사인 '하지만'을 사용하는 것이 적절하다.

06 한 부분이 자립성이 희박한 말에 붙어 굳어 버렸거나, 본동사와 어울려 한 개념, 한 상태, 한 동작을 나타내는 말들은 복합어로 보고 붙여 쓴다. 띄어쓰기에서 제일 문제가 많고 혼란스러운 부분이 바로 여기이다. 어디까지 보조 용언으로 볼 것이며, 또 복합어의 한계를 어디까지 볼 것이냐 하는 구분의 한계가 지극히 모호하다. 학자마다 의견을 달리할 수 있으며, 사전에서도 통일이 되어 있지 않기 때문이다.
② 위의 인용처럼 하나의 복합어로 보아 붙여 쓴다. '건너다보다, 둘러보다, 굽어보다, 날아보다, 몰라보다, 돌아보다, 알아보다, 돌이켜보다, 찾아보다, 우러러보다, 지나쳐보다, 쳐다보다' 등이 그 예이다.

오답풀이
①, ③, ④, ⑤ 본용언과 보조용언의 결합 형태로 띄어 쓰는 것이 원칙이며, 붙여 쓰는 것도 허용하는 단어들이다.

07 ③ 먼저 (가)를 통해 전체 글의 흐름을 암시하고, 이어서 (라)는 (가)를 역접으로 받으면서 이 글의 주제를 강조해 나간다. (라)의 예로 (마)에서 연암의 문학을 말하고 있고, (마)의 그러한 예가 연암의 문학만이 아님을 (나)에서 설명하고 있다. (다)는 마지막 예로서 결론을 강조하고 있다.

08 ㉠ '-스럽다'는 어근 뒤에 붙어 '그러한 성질이 있음'이라는 뜻을 더하는 접사이다. 따라서 '아주 먼 과거'를 뜻하는 명사 '예' 뒤에 붙여 '예스럽다'로 사용하는 것이 옳다. '옛'은 '지나간 때'를 의미하는 관형사이므로 '-스럽다'와 사용할 수 없다.
㉡ '우레와 같은 박수소리'는 많은 사람이 치는 매우 큰 소리와 박수를 비유적으로 이르는 말로, '우뢰'라고 표기하는 것은 옳지 않다.
㉢ '이점'은 '이로운 점'이라는 뜻의 단일어이다. 사이시옷은 합성어 사이에 첨가하는 것이므로 단일어인 '이점' 사이에 넣는 것은 옳지 않다.

09 ㉠ 비중(比重) : 다른 사물과 비교할 때 중요성의 정도
   ㉡ 개폐(改廢) : 고치거나 없애 버림
   ㉢ 의역어(意譯語) : 개개의 단어, 구절에 얽매이지 않고, 전체의 뜻을 살린 번역 어휘

10 제시된 지문은 요즈음 아이들의 특성에 관한 이야기로, 요즈음 아이들은 아는 것이 많지만 그 정보를 실제 생활에 활용하는 능력이 부족하다고 하였으므로, 팔방미인(八方美人)이 가장 적절하다.
   ① 八方美人(팔방미인) : 어느 모로 보나 아름다운 사람 / 여러 방면에 능통한 사람 / 한 가지 일에 정통하지 못하고 온갖 일에 조금씩 손대는 사람을 놀림조로 이르는 말 / 주관이 없이 누구에게나 잘 보이도록 처세하는 사람을 낮잡아 이르는 말

   오답풀이
   ② 博學多識(박학다식) : 학식이 넓고 아는 것이 많다.
   ③ 博覽强記(박람강기) : 여러 가지의 책을 널리 많이 읽고 기억을 잘한다.
   ④ 生而知之(생이지지) : 도(道)를 스스로 깨달음 – 삼지(三知)의 하나
   ⑤ 大器晚成(대기만성) : 큰 그릇을 만드는 데는 시간이 오래 걸린다는 뜻으로, 크게 될 사람은 늦게 이루어진

11 제시문은 '인간이 자신의 뇌를 충분히 활용하지 못한다는 것'을 말하고 있으므로 ⑤의 '개성적인 인간으로의 성장'은 글의 내용과 무관하다.

12 ② 본문의 핵심 내용은 '분노를 느끼게 되면 상대방에 대해 공격적인 행동을 하고 싶은 공격 충동이 일어난다.'에서 확인할 수 있다.

13 ④ 본문에서 이어지는 이야기는 농업의 사회적 가치 제공, 농산물 생산 이외의 공익적인 기능과 역할, 공동체적인 특징 등에 대한 언급으로 이루어져 있다. 따라서 농업의 공익적, 사회적인 가치를 부각시키고 있다고 볼 수 있다.

14 ④ 유연근무제와 관련된 대책은 언급하지 않았다.

   오답풀이
   ① 중소기업 중심의 패러다임으로 전환하여 양질의 일자리 창출을 유도한다고 언급되어 있다.
   ② 일하는 방식을 고용 창출형으로 전환하는 것이 중요함을 언급하고 있다.
   ③ 여성·청년의 노동시장 참여 촉진은 고용률 제고의 관건임을 언급하고 있다.
   ⑤ 불공정·불합리한 노동시장 제도·관행 개선은 경제 주체의 책임과 사회적 연대를 강화하는 내용으로 볼 수 있다.

15 ③ (다)에는 대형 아파트 주민과 소형 아파트 주민 사이에서 발생하는 계층 간 갈등 사례가 와야 한다.

16 ② 전남 지역농협에서는 수도권 유통매장인 성남·삼송·고양 총 3곳의 농협유통센터를 방문했다.

17 ⑤ 글의 전반부에서 비은행 금융회사의 득세에도 불구하고 여전히 은행이 가진 유동성 공급의 중요성을 언급한다. 여기서는 은행이 글로벌 금융위기를 겪으며 제기된 비대칭정보 문제를 언급하며, 금융시스템 안정을 위해서 필요한 은행의 건전성을 간접적으로 강조하고 있다. 후반부에서는 수익성이 함께 뒷받침되지 않을 경우의 부작용을 직접적으로 언급하며, 은행의 수익성은 한 나라의 경제 전반을 뒤흔들 수 있는 중요한 과제임을 강조한다. 따라서 후반부가 시작되는 첫 문장은 건전성과 아울러 수익성도 중요하다는 화제를 제시하는 ⑤가 가장 적절하다고 볼 수 있다. 또한, 자칫 수익성만 강조하게 되면 국가 경제 전반에 영향을 줄 수 있는 불건전한 은행의 문제점이 드러날 수 있으므로 '적정 수준'이라는 문구를 포함시킨 것으로 볼 수 있다.

18 ⑤ 미세먼지를 이루는 성분은 그 미세먼지가 발생한 지역이나 계절, 기상조건 등에 따라 달라질 수 있다.

19 ② 뜻을 같이한다면 노예나 여자, 심지어 매춘부까지도 정원 공동체의 인원으로 맞아들였다는 것은 그들이 특정 잣대에 의해 인간을 차별하지 않았다는 것이며, 바깥세상의 평판에도 구애받지 않았음을 보여주는 대목이다.

   오답풀이
   ⑤ 노예나 매춘부 등도 정원 공동체의 인원으로 맞아들인 이유는 뜻을 같이했기 때문이며, 힘들고 어려운 직업을 가진 사람일수록 더 따뜻한 인간애를 가지고 있다고 말할 근거는 없다.

20 ④ '수상한 사람들이 드나든다면, 당연히 모두가 의심을 품을 것이다.'라는 의미를 강조하는 표현이다. '~하다면, 너무나 당연히 ~할 것이다.'라는 의미로, 조건에 의한 당연한 결과를 강조하기 위해 반어적 의문문을 사용한 경우이다. 따라서 '사람이 물에 빠졌다면, 당연히 모두가 그냥 지나치지 않을 것이다.'가 서술방식, 표현 의도가 가장 유사하다고 볼 수 있다.

   오답풀이
   ③·⑤ '노력하는 길 외에도 있을 것 같다.', '이길 수 없을 것 같다.'는 의심의 의미가 포함된 의문문이며, 당연한 결과를 강조하기 위한 의문문과는 다른 표현 방식이다.

21 ㉠과 ㉡은 각자 서로 다른 성격을 지니면서도 서로 어떤 공통점과 특징을 공유한다. 서로 다른 부분을 지니고 있으면서도 부분에서 전체의 특성을, 전체에서 부분의 특성을 찾을 수 있는 관계는 ④이다.

오답풀이
①, ②, ⑤ 전체에서 부분의 특성을 찾을 수 있지만 부분에서 전체의 특성을 찾을 수 없다.
③ 이익 단체는 자신들의 특수 이익을 추구하기 위해 결성된 조직으로 전체에서 부분의 특성이나 부분에서 전체의 특성을 찾을 수 없다.

22 ⑤ ㉢에 쓰인 문화는 가치관 및 인식의 상태와 그것을 반영하는 삶의 양상을 가리킨다. '안목'은 지성과 교양을 전제한 것이기 때문에 ㉡의 관점과 통한다.

23 ① ㉣을 이루기 위해서는 ㉥이 반드시 갖추어져야 한다는 내용이므로 ㉥은 ㉣을 위해 반드시 충족되어야 할 요건에 해당한다.

24 ② 위 글에서 반려곤충과 생태계에 관한 부분은 찾아볼 수 없다.

오답풀이
①은 (가), ③는 (다), ④·⑤는 (마), (바)에서 알 수 있다.

25 ③ 제시된 지문은 인류와 공존하며 생활해 온 '곤충'에 관하여 이야기하고 있다. (다) 뒷부분에서 곤충을 기르는 사람이 늘고 있다고 하며 반려곤충에 대해 언급하였으며, (라)는 반려곤충과 관련된 영화나 기록을 예로 들고 있다. 따라서 (다)와 (라) 사이에 들어가는 것이 적절하다.

26 전체 일을 1이라 하면 남자 1명이 하루 동안 할 수 있는 일은 $\frac{1}{2}$이고, 여자 1명이 하루 동안 할 수 있는 일은 $\frac{1}{3}$이므로 남자 10명이 5일 동안 할 수 있는 일은 $\frac{1}{2} \times 10 \times 5 = 25$이다.
한편 남자 2명과 여자 2명이 하루 동안 할 수 있는 일의 양은 $\frac{1}{2} \times 2 + \frac{1}{3} \times 2 = \frac{5}{3}$이므로 25만큼의 일을 끝내려면 $\frac{25}{\frac{5}{3}} = 15$(일)이 걸린다.

27 본래 팔찌의 판매가는 45,000원 이었고 여기서 10% 추가 할인을 하면 판매가는 $45,000 \times 0.9 = 40,500$(원)이다.
따라서 $40,500 - 35,000 = 5,500$(원)이 유리가 팔찌 1개를 팔아서 얻는 이득이다.
답은 $5,500 \times 5 = 27,500$(원)이다.

28 빨간 펜 a원, 샤프 b원, 자 c원, 수정테이프 d원이라 하면
$a + c = 3,000$ ⋯ ㉠
$2b + 3c + d = 16,000$ ⋯ ㉡
$a + 2b + d = 11,000$ ⋯ ㉢
㉡과 ㉢을 연립하면 $3c - a = 5,000$
위 구한 식을 ㉠과 연립하면
$a = 1,000$, $c = 2,000$
따라서 빨간 펜의 가격은 1,000원이다.

29 전체 학생들의 집합을 U,
영화 A, B, C를 관람한 학생들의 집합을 각각 A, B, C 라고 하면
$n(U) = 30$, $n(A) = 10$,
$n(B) = 12$, $n(C) = 15$,
$n\{(A \cap B) - C\} = 3$, $n(A \cap B \cap C) = 4$
영화 C만 관람한 학생 수가 최소이려면 $A \cap C$, $B \cap C$에 속하는 학생 수가 최대이어야 하므로
A와 B에서 $(A \cap B) - C$를 제외한 원소는 모두 $A \cap C$, $B \cap C$에 속한다고 보아야 한다.
따라서 $n(A \cap C) = 7$, $n(B \cap C) = 9$이고
둘은 $n(A \cap B \cap C) = 4$를 공유하고 있으므로 이 부분을 제외한 $(7 + 9 - 4) = 12$가 C에서 A, B에 중복된 영역이다.
그러므로 구하고자 하는 최솟값은 $15 - 12 = 3$(명)이다.

30 2　3　5　8　13　21　(34)
　　　　⋮　⋮　3+5=8　⋮　8+13=21　⋮
　　　2+3=5　　5+8=13　　13+21=34

31 '경지면적 $= \frac{\text{인구수}}{\text{경지 인구밀도}}$'로 구할 수 있다.
- A국: $\frac{1,000}{75} ≒ 13.3$(만 km^2)
- B국: $\frac{1,500}{50} = 30$(만 km^2)
- C국: $\frac{3,000}{25} = 120$(만 km^2)
- D국: $\frac{4,500}{120} = 37.5$(만 km^2)

따라서 A국의 경지면적이 가장 좁다.

32 각 변량을 순서대로 나열하면 다음과 같다.
탈곡기 : 15, 17, 18, 18, 18, 18, 19, 20, 20, 20
이앙기 : 14, 16, 17, 17, 17, 17, 18, 18, 19, 22
탈곡기 평균 : $(15 + 17 + 18 + 18 + 18 + 18 + 19 + 20 + 20 + 20) \div 10 = 18.3$
이앙기 평균 : $(14 + 16 + 17 + 17 + 17 + 17 + 18 + 18 + 19 + 22) \div 10 = 17.5$

33 ③ $\dfrac{1,136-881}{135-106} = \dfrac{255}{29} > 8$

오답풀이
① 계속 증가하고 있다.
② 농업소득액은 늘고 있지만, 비중은 줄고 있다.
④ 가구당 인구수 = $\dfrac{\text{가구당 소득}}{\text{1인당 소득}}$
따라서 2001년의 경우
농가 = $\dfrac{881}{224}$ > 비농가 = $\dfrac{1,136}{321}$

34 남자 직원의 수를 x, 여자 직원의 수를 y로 두면
$x+y=32$, $\dfrac{1}{7}x+\dfrac{1}{3}y=8$이다.
두 번째 식에 21을 곱하고 첫 번째 식에 3을 곱해서 연립방정식을 풀면 $4y=72$, $y=18$이다.
즉, x는 14이고 $\dfrac{1}{7}x$는 2, $\dfrac{1}{3}y$는 6이다.
비율은 1 : 3이다.

35 알짜배기저축예금의 이율은 5천만 원 이상일 때 0.6%이고, 가계당좌예금이율은 0.1%이므로 알짜배기저축예금의 이자는 5,000만 원 × 0.6% × 2 = 600,000(원)이다. 가계당좌예금의 이자는 1,000만 원 × 0.1% × 2 = 20,000(원)이다.
따라서 620,000원이다.

36 1차 시험 통과자들의 평균 점수를 x, 탈락자들의 평균 점수를 y라 하면 응시자 전체의 평균 점수는
$\dfrac{20x+40y}{60}$ → $\dfrac{x+2y}{3}$ 이 된다.
주어진 조건에서 1차 시험 통과자들 평균 점수가 탈락자들의 평균 점수의 2배보다 45점이 낮으므로 이것은 $x=2y-45$ … ㉠이 된다.
또한 탈락자들의 평균 점수는 선발 시험 응시자 전체의 평균 점수보다 15점이 낮았으므로 이것은
$y=\dfrac{x+2y}{3}-15$ … ㉡이 되며, 다시 $y=x-45$이다.
㉠과 ㉡식을 합산하게 되면 $y=90$이 되며 $x=135$이다. 따라서 응시자 전체의 평균은 $\dfrac{135+180}{3}=105$(점)이다.

37 ㉡ 틀림. 개인투자자가 고가주를 선호하는지는 주어진 자료를 통해 확인할 수 없다.
㉢ 틀림. 체결건수를 기준했을 때 가격대별 day trading 비중의 편차가 가장 크다.
㉣ 틀림. 거래량 하위 50기업 집단의 day trading은 상대적으로 낮게 나타나고 있다.

㉠ 옳음. 거래량 규모별 day trading을 살펴보면, 거래량 상위 50에 속한 기업집단의 day trading 비중은 거래량 기준, 거래대금 기준, 체결건수 기준으로 각각 24.5%, 24.4%, 58.3%로 매우 높다.

38 농가당 가구원 수 = $\dfrac{\text{농가인구}}{\text{농가수}}$ 이다.
즉, 2008년부터 농가당 가구원 수를 계산해보면 3, 3, 3, 3, 3, 2, 3, 2, 2이다. 그러므로 3에서 2로 처음 줄어드는 해는 2013년이다.

39 ⑤ 2016년에 총인구 중 비중이 5로 가장 낮고 65세 이상 비중이 40.30으로 가장 높다.

40 ② 2015년의 농가소득은 청장년층과 고령층에서 모두 소농이 중대농보다 적다.

오답풀이
① 중대규모 농가 비중은 20.3% → 33.1%로 증가하였다.
③ 고령중대농의 비중이 9.6%p 증가하였고, 고령소농의 비중이 1.7%p 감소하였으므로 고령농가의 비중은 7.9%p 증가하였다.
⑤ 농가소득 증가액은 2,000천 원으로 고령중대농이 가장 적다.

41 ① 청장년농가의 비중이 모두 증가하고 고령농가의 비중이 모두 감소한 것이 아니라, 각각 중대농 유형은 증가하였고, 소농 유형은 감소한 특징을 볼 수 있다.

오답풀이
② 청장년중대농은 비중도 확대되었을 뿐 아니라 농가소득, 농업소득이 모두 높은 증가율을 보였다.
③ 청장년소농은 농가소득에서 차지하는 농업소득의 비중이 가장 낮음을 알 수 있다.
④ 고령소농은 농업소득이 감소했으나, 농가소득이 증가하였음을 알 수 있다.
⑤ 고령중대농은 농업소득 증가에 걸맞지 않게 농가소득 증가율이 가장 낮음을 알 수 있다.

42 ③ 광주광역시의 농업회사법인의 농업인 출자자는 282명이고 울산광역시의 영농조합법인의 비농업인 출자자는 58명이다.
$58 \times (1+a) = 282$ → $\dfrac{282}{58} ≒ 4.86 ≒ 1+a$ → $a ≒ 3.86$ → 386%

43 ④ $\dfrac{56}{183} \times 100 ≒ 30.601\%$이므로 30% 이상이다.
② $7,905 \times (1+a)^2 = 6,429$ → $(1+a)^2 ≒ 0.813$, $1+a = 0.902$ → $a = -0.098$
⑤ $\dfrac{23}{5,692} \times 100 ≒ 0.404(\%)$

44 삼단논법이다.
  p ⊂ q ≡ p → q, 건빵 → 빵
  q ⊂ r ≡ q → r, 빵 → 먹거리
  p ⊂ r ≡ p → r, 건빵 → 먹거리
  따라서 반드시 참인 것은 '모든 건빵은 먹거리이다.'이다.

45 ③ 주어진 명제를 정리하면 "라디오를 좋아하면 컬투쇼를 좋아하고, TV를 좋아하면 개그콘서트를 좋아하고, 또 개그콘서트를 좋아하면 컬투쇼를 좋아한다."가 된다.

46 명제가 참일 때 언제나 참인 것은 대우밖에 없으므로 ⓒ의 대우인 ④는 항상 참이다.

47 주어진 조건을 정리하면 다음과 같다.

건어물 가게	식당	옷 가게
파랑	빨강	노랑

48 • A의 부양가족 : 배우자, 75세 아버지, 15세 자녀 1명, 장애 6급을 가진 39세 처제 1명 등 4명
   • B의 부양가족 : 배우자, 56세 장모 등 2명

49 확정 조건을 먼저 고정시켜 두어야 하므로 세 번째 조건에 의해 영업1팀이 1층에 위치하게 된다. 또한 네 번째와 다섯 번째 조건에 의하면 아래층부터 영업2팀 - 경영기획팀, 기술팀 - 물류팀의 관계가 성립된다. 따라서 결정해야 할 것은 2~6층에 마케팅팀, 영업2팀 - 경영기획팀, 기술팀 - 물류팀 3개 그룹 간의 위치를 정하는 것이 된다.
그런데, 첫 번째 조건에서 마케팅팀이 기술팀보다 아래층이며, 두 번째 조건에서 경영기획팀은 마케팅팀보다 아래층이라고 언급되어 있으므로 결국 2~6층에 위치해야 할 3개 그룹 간의 순서는 아래층부터 영업2팀 - 경영기획팀, 마케팅팀, 기술팀 - 물류팀의 순서가 될 수밖에 없다.
따라서 1층부터 6층까지의 최종 위치는 영업1팀 - 영업2팀 - 경영기획팀 - 마케팅팀 - 기술팀 - 물류팀이 되어 3층과 4층에는 각각 경영기획팀과 마케팅팀이 위치함을 알 수 있다.

50 조건 (1)과 (3)에 의해 A>C>F의 순서임을 알 수 있다. 또한, 문제의 조건 (4)과 조건 (5)에 의해 D, E가 1, 3, 5번째의 순위인 경우로 나누어 생각해 볼 수 있다. 따라서 D와 E의 위치를 고정시킨 뒤 (F와 인접하지 않으며 6등도 아닌) B의 위치를 중심으로 표를 작성하면 다음과 같다.

1	2	3	4	5	6
D	B	E	A	C	F
D	A	E	B	C	F
D	B	A	C	E	F
D	A	B	C	E	F
D	A	C	B	E	F
B	A	D	C	E	F
A	B	D	C	E	F
A	C	D	B	E	F

② A가 3등일 때는 표 세 번째 행의 경우로 반드시 참이다.

오답풀이
① A가 1등일 때는 표 마지막의 두 가지 경우로 C가 4등인 경우도 있으므로 반드시 참은 아니다.
③ 표 여섯 번째 행의 경우로 A는 2등이므로 거짓이다.
④ 표 첫 번째, 두 번째 행의 경우에는 참이나 표 세 번째에서 다섯 번째 행의 경우에는 해당하지 않으므로 반드시 참은 아니다.
⑤ 표에서 보듯이, F의 순서가 가장 낮으므로 B와 C 사이에 있다는 것은 거짓이다.

51 주어진 설명을 참고하여 다음과 같은 도표를 정리할 수 있는지 여부가 문제 해결의 관건이 될 것이다. 설명에 의하면 영업2팀은 판매 업무를 진행하며, 영업1팀은 관리 업무를 진행하지 않으므로 남은 구매 업무를 진행하게 된다. 따라서 영업3팀이 관리 업무를 진행함을 알 수 있으며, 이를 바탕으로 다음 도표를 만들 수 있다.

구 분	영업1팀(구매)	영업2팀(판매)	영업3팀(관리)
김 사원	×	×	○
이 사원	×	○	×
박 사원	○	×	×

따라서 ① '김 사원은 영업3팀에 배치되었다.'가 올바른 설명임을 알 수 있다.

52 보기의 (가), (나), (다)에 의해 다음과 같은 상황이 성립한다.

구 분	팀장	차장	과장	대리	사원 A	사원 B	인턴
불고기3		×	×				
탕수육2		○					
돈가스2	×	×					

보기의 (라)에 의해 과장과 사원 B는 탕수육이나 돈가스 도시락을 먹어야 하는데 탕수육은 차장이 선택하였으므로 두 사람 모두 먹을 수 있는 돈가스를 먹는다. 따라서 다음과 같은 상황이 성립한다.

구분	팀장	차장	과장	대리	사원 A	사원 B	인턴
불고기3		×	×		×		
탕수육2		○	×		×		
돈가스2	×	×	○	×		○	×

이 상황에서 돈가스 도시락은 더는 선택이 될 수 없고 탕수육은 한 개 더 선택할 수 있는데 보기의 (마)에 의해 대리와 인턴은 같은 종류로 불고기 도시락을 먹게 되며 팀장은 탕수육 도시락을 먹게 된다. 따라서 다음 표가 완성된다.

구분	팀장	차장	과장	대리	사원 A	사원 B	인턴
불고기3	×	×	×	○		○	○
탕수육2	○	○	×	×	×	×	×
돈가스2	×	×	○	×	○	×	×

53 ④ 4개 작물을 키운다면 15개월이 걸리므로 불가능하고, 기간 내에 3개 작물을 키웠을 때 최대 소득을 얻어야 한다. 2월 1일~12월 31일 사이에 B → C → D작물을 키웠을 때 최대 소득을 얻을 수 있다.

54 ㉠ 甲은 B국의 규정에 따라 국내의 상표권을 가지고 있으면서, A국에 대한 상표권을 가지고 있는 동일인에 해당한다. 이때 제3자인 丙이 B국에서 외국으로 볼 수 있는 A국의 상표㉠를 수입하여 B국에서 판매하였으므로 규정에 해당한다.
㉢ 甲과 乙이 같은 상표의 계열회사이다. 이때 제3자인 丙이 외국인 A국에서 상표㉠를 수입하여 B국으로 판매하였으므로 역시 규정에 해당하는 내용이다.
㉡ 甲과 乙의 관계가 동일인으로 볼 수 있는 관계가 아니므로 규정에 따른 예외가 성립하지 않는다.

55 팀원의 취향 (가)~(라)에 의해 다음 표가 완성된다.

커피 종류	팀장	차장	과장	대리
A	○	×		
B	×	×		
C	×	×		
D	×	○		
E	×	×	×	×

팀원의 취향 (마)에 의해 다음 표가 완성된다.

커피 종류	팀장	차장	과장	대리
A	○	×	×	×
B	×	×		
C	×	×		
D	×	○		
E	×	×	×	×

따라서 대리가 선택하지 않는 커피 종류는 A와 E이며 나머지 종류의 선택 여부는 불분명하다.

56 ④ 고객 A는 사장님 일일 희망대출의 '3개 사 이상의 신용카드 매출대금 입금계좌를 당행으로 지정' 요건을 제외하고 모두 갖추었으므로 1개 사 이상의 신용카드 매출대금 입금계좌를 해당 은행으로 지정하도록 추천하는 것이 적절하다.

57 ③ 중도상환수수료는 $3,300 \times \frac{3}{5} \times 0.014 ≒ 28$(만 원) 이다.

58 ② 높이 쌓기의 원칙(공간효율을 향상시키기 위해 지게차 등을 이용하여 제품을 고층으로 다단 적재함)에 어긋난다.
① 회전대응의 원칙 : 입·출고빈도에 따라서 보관 장소를 결정한다. 제품의 출하량 관련 ABC분석에 따른 제품의 차등 관리를 하는 것이다.
③ 통로대면의 원칙 : 물류센터 레이아웃 기본원칙. 제품 피킹을 용이하게 하기 위해 통로에 보관한다.
④ 동일성 및 유사성의 원칙 : 입고 및 재고관리를 편리하게 한다.
⑤ 위치표시의 원칙 : 로케이션코드에 대한 지식과 방법론을 잘 인식해야 한다.

59 ⑤ 한민우의 초과근무수당은 $20 \times 16,000 \times 1.5 = 480,000$(원)이다.

60 ② 윤영조 과장이 원하는 휴가 날짜는 8/4~8/7이지만 공고된 휴가 날짜는 8/12~8/15이다.

61 항목별 성과평가 점수를 팀별로 계산하여 표로 정리하면 다음과 같다.

구분	인사팀	생산팀	경영기획팀	비서실	마케팅팀
매출	88×0.4 =35.2	90×0.4 =36	76×0.4 =30.4	85×0.4 =34	82×0.4 =32.8
이익	90×0.4 =36	82×0.4 =32.8	92×0.4 =36.8	90×0.4 =36	86×0.4 =34.4
제안 점수	95×0.2 =19	86×0.2 =17.2	85×0.2 =17	82×0.2 =16.4	94×0.2 =18.8
계	90.2	86	84.2	86.4	86

따라서 항목별 성과평가 점수가 가장 높은 팀은 인사팀이며, 가장 낮은 팀은 경영기획팀이 된다.

62 ① 항목별 성과평가 점수에 의해 A, B, C, D, E직원은 각각 A+, A, B, A, A 등급이 되어 기본급에 해당 성과급 비율을 곱한 금액의 성과급을 지급받게 된다. 이를 계산하면, A, B, C, D, E직원은 각각 $200 \times 0.25 = 50$(만 원), $250 \times 0.2 = 50$(만 원), $330 \times 0.15 = 49.5$(만 원),

$160 \times 0.2 = 32$(만 원),
$200 \times 0.2 = 40$(만 원)을 받게 되어
성과급의 차이는 $50 - 32 = 18$(만 원)이다.

63 ⑤ 전통문화체험 유형에는 새끼꼬기, 연날리기, 트랙터 썰매가 있으며, 뗏목타기는 야외문화체험에 속한다.

64 농협의 조합원 탈퇴 규정은 다음과 같다.
  • 조합원은 지역농협에 탈퇴 의사를 알리고 탈퇴할 수 있다.
  • 조합원이 다음의 어느 하나에 해당하면 당연히 탈퇴가 된다.
    – 조합원의 자격이 없는 경우
    – 사망한 경우
    – 파산한 경우
    – 성년후견개시의 심판을 받은 경우
    – 조합원인 법인이 해산한 경우

65 ㉠은 교육지원부문에 대한 설명이며, 관련 사업으로 농・축협 육성・발전지도・영농 및 회원육성・지도, 식사랑농사랑운동 등의 활동을 하고 있다. ㉡은 경제부문에 대한 설명이며, 크게 농업경제사업과 축산경제사업으로 나누어 활동에 주력하고 있다.

66 ④ 농협의 마스코트인 아리 캐릭터이다. 아리는 농업의 근원인 씨앗을 모티브로 하여 쌀알, 밀알, 콩알에서의 '알'을 따서 이름을 지었다. 우리의 전통 음율 아리랑을 연상케 하여 흥, 어깨춤 등 동적인 이미지를 지님과 동시에 곡식을 담는 항아리도 연상케 하여 풍요와 결실의 의미도 함께 지닌다.

오답풀이
① 해양수산부 마스코트인 해랑 캐릭터이다.
② 금호타이어 마스코트인 또로 캐릭터이다.
③ 에스오일 마스코트인 구도일 캐릭터이다.
⑤ 대우건설 마스코트인 정대우 캐릭터이다.

67 ⑤ 농지관리는 기획전략/농지관리본부의 업무이고, 경영지원/해외사업본부는 분리되지 않은 하나의 본부이므로 갑은 옳지 않다. 기반조성본부는 3개 처와 1개 사업단으로 구성되어 있으므로 을은 옳지 않다. 따라서 조직도를 바르게 이해한 사람은 병, 정이다.

68 ⑤ 조직 내 할거주의가 만연해 있고, 송・수하물의 동선을 변경할 계획이 있다는 점에서 노동분업을 통해 기술숙련도를 향상하는 것보다는 새로운 기술을 도입하고 이를 교육하는 것이 더 중요하다.

69 ③ 사회적 분위기에 맞는 웰빙 농산품 공급을 계획하고 있으며(O), 이를 위해 수확기에 공급 가능한 계절 특화 제품을 출시하려는 것은 계절별 매출 등락(W)에 따른 손실을 만회하려는 전략이 될 수 있으므로 WO 전략으로 볼 수 있다.

70 ③ 오랜 무역업 경험(S)을 바탕으로 경제상황에 변화에 발 빠른 대처(O)가 가능하도록 하는 노력은 WO가 아닌 SO 전략으로 볼 수 있다.

제2회 》 정답 및 해설

01 의사소통능력

정답
01. 라 02. 라 03. 다 04. 나 05. 다 06. 다 07. 가 08. 가
09. 다 10. 나 11. 가 12. 나

01 망각(忘却) : 어떤 사실을 잊어버림 ≒ 망실(忘失), 망치(忘置)
  라. 기억(記憶) : 지난 일을 잊지 않음
  가. 상실(喪失) : 어떤 것이 아주 없어지거나 사라짐
  나. 환상(幻想) : 현실적인 기초나 가능성이 없는 헛된 생각이나 공상
  다. 회상(回想) : 지난 일을 돌이켜 생각함

02 • '쏘거나 던지거나 한 물체가 어떤 물체에 닿다. 또는 그런 물체에 닿음을 입다.'의 뜻을 나타내는 '맞다'의 사동사 '맞히다'를 써야 한다. → 적장의 어깨를 화살로 맞히다.
  • '시간이나 기간이 길어지다.'를 뜻하는 '늘다'의 사동사인 '늘리다'를 써서 '수명을 늘리다'와 같이 써야 한다. → 수명을 늘리다.

03 ⓒ '간'은 의존명사이므로 띄어 쓰는 것이 맞다.
  ⑩ '하고'는 조사이므로 붙여 쓰는 것이 맞다.
  ㉠ '안'이 부사이므로 '안 된다'로 띄어 써야 한다.
  ⓒ '데'가 의존명사이므로 '하는 데에'로 띄어 써야 한다.
  ㉢ '지'가 의존명사이므로 '떠난 지'로 띄어 써야 한다.

04 제시된 두 단어는 모두 고유어로 그 의미가 동일하다.
  나. 고유어 – 고유어

오답풀이
  가. 한자어 – 고유어
  다. 한자어 – 고유어
  라. 고유어 – 한자 + 외래어

05 방임(放任) : 돌보거나 간섭하지 않고 제멋대로 내버려 둠
  다. 통제(統制) : 일정한 방침이나 목적에 따라 행위를 제한하거나 제약함
  가. 강제(强制) : 권력이나 위력(威力)으로 남의 자유의사를 억눌러 원하지 않는 일을 억지로 시킴
       ↔ 임의(任意), 자의(自意)
  나. 방기(放棄) : 내버리고 아예 돌아보지 아니함
  라. 타율(他律) : 자신의 의지와 관계없이 정해진 원칙이나 규율에 따라 움직이는 일 ↔ 자율(自律)

06 제시된 문장과 '다'의 '가다'는 '한 곳에서 다른 곳으로 장소를 이동하다'라는 의미로 쓰였다.

오답풀이
  가. 일정한 목적을 가진 모임에 참석하기 위하여 이동하다.
  나. 수레, 배, 자동차, 비행기 따위가 운행하거나 다니다.
  라. 직업이나 학업, 복무 따위로 해서 다른 곳으로 옮기다.

07 가. '눈'은 '무엇을 보는 표정이나 태도'라는 의미로, 나머지는 '사물을 판단하는 힘'이라는 의미로 사용되었다.

08 한국은 중국과 경제는 물론, 동아시아 국가 간의 역학관계 등에서도 떼려야 뗄 수 없는 긴밀한 관계가 필요하다는 것을 말하고 있다. 이는 서로 마음을 터놓고 사귄다는 '간담상조(肝膽相照)'의 내용과 관련이 있다.
  가. 간담상조 : 간과 쓸개를 서로 보인다는 뜻으로, 서로 마음을 터놓고 사귀는 것 ≒ 문경지교(刎頸之交)

오답풀이
  나. 마중지봉 : 삼밭에 난 쑥이라는 뜻으로, 선량한 사람과 사귀면 그 영향을 받아 자연히 선량하게 된다는 말 ≒ 당구풍월(堂狗風月), 맹모삼천(孟母三遷)
  다. 백척간두 : 백 자나 되는 높은 장대 위에 올라섰다는 뜻으로, 더할 수 없이 어렵고 위태로운 지경을 말함 ≒ 풍전등화(風前燈火)
  라. 양두구육 : 양의 머리를 걸어 놓고 실제로는 개고기를 판다는 뜻으로, 겉으로는 훌륭한 듯이 내세우지만 속은 보잘것없음을 이르는 말 ≒ 외화내빈(外華內貧), 표리부동(表裏不同)

09 교각살우(矯角殺牛) : 잘못된 점을 고치려다 정도가 지나쳐 일을 그르침

오답풀이
  가. 각곡유목(刻鵠類鶩), 각곡유아(刻鵠類鵝)
  나. 살신입절(殺身立節)
  라. 각골난망(刻骨難忘)

10 나. ⓒ에는 실험을 통해 나타난 동양인과 서양인의 사물을 보는 방식의 차이가 나타나 있고, ㉠에는 ⓒ에서 실시한 실험에 대한 자세한 결과가 설명되어 있다. ⓒ에는 이러한 실험 결과가 동양인과 서양인의 문화적 차이에서 발생한 것이라는 설명이 이어지고 있고, ⑩에는 ⓒ에서 말한 문화적 차이가 자세하게 설명되고 있다. 마지막으로 ㉣에서는 지각 구조의 차이가 서로 다른 문화적 배경에서 기인한다는 것을 입증하는 사례가 소개되고 있다.

11 ㉠ 첨부물이 있는 경우에는 본문이 아닌 첨부 표시문 끝에 '끝.'을 붙여야 한다.
  ⓒ 본부의 장은 문서 결재가 전자적으로 처리되도록 해야 한다.

578

12 나. NH농협은행은 2023년 1,014억 원을 지출했다. 분야별로 지역사회·공익에 571억 원으로 가장 많은 금액을 지출했으며, 학술·교육 202억 원, 서민금융 136억 원, 메세나·체육 102억 원, 환경 2억 원, 글로벌 1억 원 등이 뒤를 이었다.

02 수리능력

정답

| 01.다 | 02.가 | 03.가 | 04.라 | 05.나 | 06.라 | 07.다 | 08.라 |
| 09.라 | 10.다 | 11.라 | 12.다 | | | | |

01 877의 가장 가까운 제곱수는 $30^2 = 900$이다. 그러므로 30 이하의 수로 877을 나누었을 때 약수가 없다는 것을 확인하면 877이 소수임을 알 수 있다. 877이 소수이므로 $a(a-b) = 877$에서 곱해서 877이 나올 수 있는 양수는 1과 877만 가능한데 $a-b$가 양수여야 하므로 a가 877, b가 876이다.

02 A가 x개, B가 y개 가지고 있고 B가 A에게 3개를 준다면 A는 $(x+3)$개, B는 $(y-3)$개가 된다. A가 B의 두 배이므로 $(x+3) = 2(y-3)$
$\Rightarrow x - 2y = -9$ …㉠
그 반대로 하면 A는 $(x-3)$개, B는 $(y+3)$개이며, A는 B보다 2개 더 많다고 하므로 $(x-3) = (y+3) + 2 \Rightarrow x - y = 8$ …㉡
위 ㉠식과 ㉡식을 연립하여 풀면 $x = 25$, $y = 17$이다. 따라서 합은 $x + y = 25 + 17 = 42$이다.

03 A반 학생 40명 중에서 수학, 영어 과목을 모두 선택하지 않은 학생이 8명이므로 $40 - 8 = 32$(명)이 어느 한 과목이라도 선택을 한 학생 수가 된다. 수학을 선택한 학생들을 집합 A, 영어를 선택한 학생들을 집합 B라 했을 때,
$n(A \cap B) = n(A) + n(B) - n(A \cap B)$
$\Rightarrow 32 = 18 + 22 - n(A \cap B)$
$\therefore n(A \cap B) = 40 - 32 = 8$
수학과 영어 과목 모두 선택한 학생 수는 8명이며, 수학을 선택한 학생 18명 중 수학, 영어 모두 선택한 학생 8명을 뺀 $18 - 8 = 10$(명)이 수학만 선택한 학생 수가 된다.

04 집에서 도서관까지의 거리를 x, 시속 10km로 갔을 때의 시간을 y라 하면
$x = 10y$ …㉠, $x = 2\left(y + \dfrac{5}{6}\right)$ …㉡
위 ㉠식과 ㉡식을 연립하여 풀면

$x = \dfrac{25}{12}$(km), $y = \dfrac{5}{24}$(시간)이다.
따라서 시속 5km로 갈 때 걸리는 시간은
$\dfrac{25}{12} \times \dfrac{1}{5} = \dfrac{5}{12}$(시간), 즉 25분이다.

05 전체 작업량을 1이라고 하면 민수의 작업량은 $\dfrac{1}{8}$, 지민이의 작업량은 $\dfrac{1}{12}$이므로 두 사람이 함께한 작업량은 $\dfrac{1}{8} + \dfrac{1}{12} = \dfrac{5}{24}$이다. 두 사람이 함께 일한 일수를 x라고 하면 $\dfrac{5}{24} \times x = 1 \Rightarrow x = 4.8$(일)

06 총무부 7인의 나이 평균이 39세이므로, 총 나이의 합은 $39 \times 7 = 273$(세)이다. 55세 부장님이 은퇴하고 27세 신입이 들어왔으므로 인원수에는 변함없이, 총 나이의 합은 $273 - 55 + 27 = 245$(세)이다.
따라서 다음 해 총무부 나이의 평균은 1인당 1살 더 추가되므로 $252 \div 7 = 36$(세)이다.

07 5 13 9 17 13 21 17 (25)
    +8 -4 +8 -4 +8 -4 +8

08 원가가 20,000원인 구두를 40개 만들어 20%의 이윤을 남기면 총수입은
$20,000 \times 40 \times \left(1 + \dfrac{20}{100}\right) = 960,000$(원)
불량품을 제외한 32개로 동일한 총수입이 발생하여야 하므로 이윤율을 x%라 하면 다음 식이 성립한다.
$20,000 \times 32 \times \left(1 + \dfrac{x}{100}\right) = 960,000$(원)
$\Rightarrow 1 + \dfrac{x}{100} = 1.5$
따라서 $x = 50\%$

09 박유진 씨가 농협 입사 후 세 번째 달에 받은 월급을 a라 하면 $0.3a$를 세 번째 달에 저축했다.
네 번째 달에 받은 월급은 $1.2a$이고, 네 번째 달에 저축한 금액은 $1.2a \times 0.4 + 200,000$이다.
총 저축 금액은 $0.3a + 1.2a \times 0.4 + 200,000 = 2,000,000$(원)이다. 즉, a는 2,307,692원이다. 그러므로 네 번째 달에 받은 월급은 2,769,230원이다.

10 만기금액은 $40 \times \dfrac{24 \times 25}{2} \times 0.002 + 40 \times 24 = 984$ (만 원)이다. 이 중 2년 동안 납입한 금액은 $40 \times 24 = 960$ (만 원)이다. 따라서 세전 이자금액은 24만 원이다. 기초생활수급자의 경우 원금 2,000만 원까지 세금우대를 받을 수 있으므로 세전 이자금액으로 실이자율을 구하면 된다.

$\frac{24}{960} \times 100 = 2.5(\%)$이다.

11 가. 1인당 GDP가 가장 낮은 국가는 S이고, 자살률이 가장 낮은 국가는 T이다.
    나. 1인당 GDP가 4만 달러 이상인 국가는 K이고, K의 자살률은 10% 이상이다.
    다. 자살률이 가장 높은 국가는 A로 20% 이상이고, 자살률이 가장 낮은 국가는 T로 5% 이하이다. 따라서 두 국가의 자살률 차이는 15% 이상이다.

12 5년 동안 연평균 1,000만 원씩 불입해 연평균 4% 수익률을 올렸다면 5년 동안 1,000만 원×4%+2,000만 원×4%+3,000만 원×4%+4,000만 원×4%+5,000×4%=600(만 원)의 누적수익을 냈다.
    세제혜택은 5년간 수익 200만 원까지는 비과세, 200만 원 초과분에 대해 9.9% 분리과세이므로 200만 원 초과분인 400만 원의 9.9%는 396,000만 원이다.
    따라서 실제 받는 이자소득은
    6,000,000－396,000＝5,604,000(원)이다.

03 문제해결능력

정답

| 01. 라 | 02. 라 | 03. 나 | 04. 라 | 05. 라 | 06. 다 | 07. 라 | 08. 나 |
| 09. 가 | 10. 나 | 11. 라 | 12. 다 | | | | |

01 라. 배려심이 깊은 사람 중에 공기업 종사자가 한 명 이상은 있고, 모든 공기업 종사자는 봉사정신이 강한 사람이므로 '어떤 배려심이 깊은 사람은 봉사정신이 강한 사람이다.'를 유추할 수 있다.

02 라. 가장 높은 점수를 받은 한국인의 점수는 중국인과 일본인의 점수를 합친 것보다 낮아야 하므로 '일본인과 중국인의 성적을 합친 점수는 세 사람의 전체 점수의 2분의 1이 넘는다.'가 정답이 된다.

오답풀이
가・다 제시된 정보로는 알 수 없다.

03 A, B, C, D 각각이 범인인 경우 네 명의 진술의 참, 거짓은 다음과 같다.

구 분	A 진술	B 진술	C 진술	D 진술
A	거짓	참	거짓	참
B	거짓	거짓	거짓	참
C	참	참	거짓	참
D	거짓	참	참	거짓

따라서 한 명의 진술만이 참인 경우 범인은 B이다.

04 라. R은 A 바로 오른쪽 옆자리가 된다. 또한, A의 오른쪽 첫 번째 업무지원팀 직원은 D일 수도 있고 C일 수도 있으며 C와 D는 마주 앉게 된다.

05 ㉠, ㉢, ㉣을 볼 때, 이 씨의 아들은 야구 선수나 축구 선수가 아니다(이 씨의 아들 ＝ 수영 선수).
    ㉡을 볼 때, 김 씨의 아들은 축구 선수가 아니다(김 씨의 아들 ＝ 야구 선수).
    그러므로 박 씨의 아들 ＝ 축구 선수

06 다. "갑은 자신이 항상 거짓말만 한다고 말했어요."라는 진술이 옳다면 갑이 참말을 하는 사람일 경우 자신의 진술은 참이므로 모순이 발생한다. 물론 거짓말을 하는 경우도 같은 이유로 모순이 발생하므로 을은 항상 거짓말만 하는 사람이다. 따라서 병은 항상 참말만 하는 사람이다.

07 주어진 설명을 벤다이어그램으로 표시해 보면 다음과 같다.

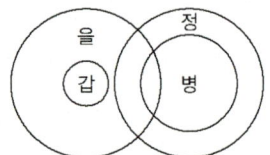

따라서 일부 '정'의 농지는 '을'의 농지이다.

08 주어진 조건을 표로 나타내면 다음과 같다.

구 분	(가) 과일	(나) 음료	(다) 빵
민수	×	×	○
진영	×	○	×
진희	○	×	×

09 1, 2, 3층에는 각각 2가구, 3가구, 3가구가 거주하고 있으며, E, G, F가구는 2층 또는 3층에 거주해야 하는데, A와 D가구의 위치를 감안하면 E, G, F는 2층에 거주할 수밖에 없으며, A가구의 아래층에 F가구가 거주한다고 하였으므로 결국 확정적으로 알 수 있는 거주 현황을 다음 그림과 같다.

301호	302호	303호	304호 A가구
201호	202호 E가구	203호 G가구	204호 F가구
101호 D가구	102호	103호	104호

또한 1층에는 2가구, 2층에는 3가구, 3층에는 3가구가 거주하고 있으며, 마지막의 조건을 감안하면 B, H, C가구는 102호와 301호, 302호 세 군데에 나눠 거주해야 한다.
가. 'C가구의 아래층은 항상 E가구가 거주한다.'는 302호가 반드시 C가구일 필요가 없으므로 올바른 설명이 아니다.

오답풀이

나. 301호가 빈집이라면 302, 303호가 빈집이 아니어야 하며, 이것은 마지막 조건에 위배된다.
다. 202호는 E가구가 거주한다.
라. C가구가 102호에 거주하면 B가구와 H가구는 301, 302호 중 한 곳에 거주하게 되므로 서로 연이은 호실에 거주하는 것이 된다.

10 ⓒ 최 대리가 참여하면 이 과장도 참여한다(대우).
ⓔ 송 과장이 참여한 경우에는 강 대리의 참여 여부가 문제되지 않는다.

김 과장	강 대리	송 과장	최 대리 × (∵ ⓒ)
	차 대리	송 과장	최 대리 × (∵ ⓒ)
이 과장	강 대리	송 과장	최 대리
	차 대리	송 과장	최 대리

11 ⓛ, ⓒ, ⓔ, ⓜ을 적용하면

T1	T2	T3
C	G	
(D, E)		(D, E)

※ 괄호( )는 미정인 경우

㉠과 '한 주제는 3명, 두 주제는 2명씩 선택한다'를 적용하면 다음과 같이 3가지 경우가 발생한다.

(1)			(2)			(3)		
T1	T2	T3	T1	T2	T3	T1	T2	T3
C	G		C	G		C	G	
D, E	F	A, B	A, B	F	D, E	F	A, B	D, E

12 우선, 선택지에 모두 G 마을 같은 위치에 있으므로 ㉣는 G 마을이다.
보기 1과 2를 근거로 G마을의 좌측 ㉮~㉰ 마을은 A, B, C 마을이, 우측 ㉲~㉴ 마을은 D, E, F마을이 해당된다는 것을 알 수 있다.
㉲, ㉳, ㉴ 간의 차는 크지 않으므로 보기 3의 20%p의 대부분은 ㉮, ㉯, ㉰에서 벌어져야 한다. 따라서 ㉯, ㉰와 20%p 가깝게 차이를 보이는 ㉮를 C로 확정할 수 있다. ㉯와는 19%p, ㉰와는 22%p를 보이므로 각 1%p, −2%p를 ㉲, ㉳, ㉴에서 찾아야 한다. ㉲와 ㉴ 간의 차이가 2%p이므로 ㉮+㉴ = ㉯+㉳+20%p가 성립하며 ㉲와 ㉳ 간의 차이가 1%p이므로 ㉮+㉲ = ㉯+㉳+20%p가 성립한다. 이 중 보기에서 찾을 수 있는 것은 전자의 것으로 ㉴는 E, ㉯는 A, ㉳는 D가 된다.

04 자원관리능력

정답

| 01. 나 | 02. 라 | 03. 다 | 04. 가 | 05. 다 | 06. 다 | 07. 라 | 08. 다 |
| 09. 라 | 10. 가 | 11. 가 | 12. 라 |

01 나. 기존의 인적자원관리는 미시적 시각에서 개별 인적자원관리 방식의 부분 최적화를 추구하고, 전략적 인적자원관리는 거시적 시각에서 인적자원관리 방식 간의 연계를 통한 전체 최적화를 추구한다.

02 런던 현지 시각 8월 10일 오전 10시 이전에 행사장에 도착해야 하며, 런던 현지 시각은 서울보다 8시간 느리다. 입국 수속에서 행사장 도착까지 4시간이 소요되므로 각 항공편에 의한 행사장 도착 현지 시각은 다음과 같다.
　라. 0004편 : 총 소요시간 $0+11+4=15$시간,
　　　행사장 도착 시각 $02:30+15-8=09:30$
　가. 0001편 : 총 소요시간 $5+13+4=22$시간,
　　　행사장 도착 시각 $20:30+22-8=$ 익일
　　　$18:30-8=10:30$(지각)
　나. 0002편 : 총 소요시간 $3+12+4=19$시간,
　　　행사장 도착 시각 $23:30+19-8=$ 익일
　　　$18:30-8=10:30$(지각)
　다. 0003편 : 총 소요시간 $1+13+4=18$시간,
　　　행사장 도착 시각 $00:30+18-8=10:30$(지각)
따라서 지각하지 않는 경우는 0004편 하나밖에 없으므로 가격 비교를 할 필요 없이 0004편을 이용하면 된다.

03 다. 숙박비, 식비, 기념품비, 기타 예비비 중에서 항목 자체를 없애기에 가장 적절한 것은 기념품비이다. 숙박비와 식비는 기본적인 항목으로 비용을 줄일 수는 있어도 항목 자체를 없애는 것은 부적절하다. 기타 예비비는 만일의 사태에 대비하는 항목으로 어떤 과업을 수행하든 없앨 수 없는 항목이다. 따라서 항목 자체를 없앤다면 기념품비 항목을 빼는 것이 가장 적절하다.

04 가. 시험 날짜, 시험 시간, 응시 인원, 장소 대여 비용을 고려할 때 대여 가능한 시험 장소는 A학교와 C학교, D학교지만 A학교가 비용이 가장 저렴하다.

05 다. 기차를 이용할 경우 소요시간은 65분이고, 고속버스를 이용할 경우 소요시간은 55분이다. 오전 11시 이후에는 행사 입장이 불가하므로 고속버스를 선택하는 것이 바람직하다.

06 다. 모든 조건을 고려했을 때 가능한 일정은 화, 목, 금 $14:00 \sim 15:00$이다.

07 규격과 중량을 따져보면, 중·소형 박스 4개이기 때문에 $8,000 \times 4 = 32,000$(원)이다. 또한 이사할 지역이 강원도 춘천이기에 강원권 추가운임 2,000원이 추가된다. 그런데 한 개 박스는 귀중품이 들어가기 때문에 80%가 할증된다.
따라서 $10,000 \times 3 + 10,000 \times 1.8 = 48,000$(원)이다.

08 응시자들의 점수를 구하기 전에 채용 조건에 따라 서류전형과 2차 필기에서 최하위 득점을 한 응시자 B와 1차 필기에서 최하위 득점을 한 응시자 D는 채용될 수 없다. 면접에서 최하위 득점을 한 응시자 A는 90점 이상이므로 점수를 계산해 보아야 한다. 따라서 응시자 A, C의 점수는 다음과 같이 계산된다.
 • 응시자 A : $84 \times 1.1 + 92 \times 1.15 + 92 \times 1.2 + 90 \times 1.05 = 403.1$(점)
 • 응시자 C : $93 \times 1.1 + 89 \times 1.15 + 92 \times 1.2 + 94 \times 1.05 = 413.75$(점)
점수가 높은 응시자 C가 최종 합격이 된다.

09 라. 박유진 초과근무수당 :
　　　$10 \times 25,000 \times 1.2 - 1 \times 30,000 = 270,000$(원)

오답풀이
　가. 송은정 초과근무수당 :
　　　$12 \times 24,000 \times 1.2 - 3 \times 30,000 = 255,600$(원)
　나. 문혜연 초과근무수당 :
　　　$14 \times 20,000 \times 1.2 - 4 \times 30,000 = 216,000$(원)
　다. 이유리 초과근무수당 :
　　　$15 \times 18,000 \times 1.2 - 3 \times 30,000 = 234,000$(원)

10 신 대리가 회사를 출발하여 중간에 회사를 한 번 방문하고 세 군데 지점을 모두 거쳐 갈 수 있는 경우의 수와 각각의 경우 이동 거리는 다음과 같다.
회사 $-$ C $-$ 회사 $-$ B $-$ A : $20+20+14+16=70$
회사 $-$ C $-$ 회사 $-$ A $-$ B : $20+20+26+16=82$
회사 $-$ C $-$ B $-$ 회사 $-$ A : $20+8+14+26=68$
회사 $-$ C $-$ A $-$ 회사 $-$ B : $20+12+26+14=72$
따라서 68km가 최단거리로 이동한 것이 된다.
이 경우의 연료비를 계산해 보면,
$3,000+600+2,100+3,900=9,600$(원)이 된다.

11 각 노선의 시간당 평균 운행거리를 구해 보면 다음과 같다.
 • 1번 : $80\text{km} \div (290\text{분} \div 60\text{분}) \fallingdotseq 16.6\text{km}$
 • 2번 : $65\text{km} \div (190\text{분} \div 60\text{분}) \fallingdotseq 20.5\text{km}$
 • 2$-$1번 : $32\text{km} \div (140\text{분} \div 60\text{분}) \fallingdotseq 13.7\text{km}$
 • 3$-$1번 : $70\text{km} \div (240\text{분} \div 60\text{분}) = 17.5\text{km}$
 • 5번 : $22\text{km} \div (85\text{분} \div 60\text{분}) \fallingdotseq 15.5\text{km}$
따라서 이에 해당하는 운임과 운행 시간을 곱하면 하루의 총 수익금을 다음과 같은 표로 산출할 수 있다.

노선 번호	총 운행시간	시간당 수익금	총 수익금
1번	$\frac{290}{60}$ 시간	47만 원	$47 \times \frac{290}{60} ≒ 227.2$(만 원)
2번	$\frac{190}{60}$ 시간	39만 원	$39 \times \frac{190}{60} ≒ 123.5$(만 원)
2-1번	$\frac{140}{60}$ 시간	53만 원	$53 \times \frac{140}{60} ≒ 123.7$(만 원)
3-1번	$\frac{240}{60}$ 시간	45만 원	$45 \times \frac{240}{60} = 180$(만 원)
5번	$\frac{85}{60}$ 시간	49만 원	$49 \times \frac{85}{60} ≒ 69.4$(만 원)

따라서 1번 노선과 5번 노선의 차액은 $227.2 - 69.4 = 157.8$(만 원)이다.

12 라. 정미호텔 : 비용이 3백만 원이지만, 100명 이상 숙박하기 때문에 20% 할인되어 2,400,000원으로 사용할 수 있다.

오답풀이
가. 갑돌호텔 : 간담회실이 없다.
나. 을식호텔 : 50인 이상 수용 가능한 간담회실이 1실뿐이다.
다. 병수호텔 : 대회의실이 없고, 대회의실로 체육관을 사용하면 비용이 초과한다.

05 조직이해능력

정답

01. 나 02. 다 03. 가 04. 다 05. 라 06. 나 07. 라 08. 라
09. 나 10. 라 11. 다 12. 라

01 나. 농협의 인재상에는 시너지 창출가, 행복의 파트너, 최고의 전문가, 정직과 도덕성을 갖춘 인재, 진취적 도전가가 있다.

02 다. 커뮤니케이션 브랜드 NH의 의미에는 가. Nature & Human, 나. New Hope, 라. New Happiness가 있다.

03 나. 상호금융사업 : 농촌 지역 농업금융 서비스 및 조합원 편익제공, 서민금융 활성화
다. 축산경제사업 : 축산물 생산, 도축, 가공, 유통, 판매사업, 축산 지도(컨설팅 등), 지원 및 개량 사업, 축산 기자재(사료 등) 공급 및 판매
라. 농협금융지주 : 종합금융그룹(은행, 보험, 증권, 선물 등)

04 다. 농협의 윤리경영에 속하는 내용이다.

05 라. 인도에서는 물을 마실 때 컵을 입에 대지 않고 물을 입 안에 부어 넣는다.

06 나. 상호금융기관 : 회원수협, 농·축협, 산림조합

오답풀이
가. 특수은행 : NH농협은행, 수협은행
다. 저축은행 : BNK저축은행 등
라. 중앙은행 : 한국은행

07 국제감각은 전 세계를 하나의 공동체로 인식하고, 문화적 배경을 달리하고 있는 다른 나라 사람과 효과적인 커뮤니케이션을 위해 각 국가의 문화적 특징, 의식, 예절 등 세계 각국의 (시장과 다양성)에 적응할 수 있는 능력을 말한다. 그리고 자신의 업무와 관련하여 (국제적인 동향)을 파악하고 이를 적용할 수 있도록 한다.

08 라. 각 농협 이사회의 의결사항이다.

09 나. 조합구조개선지원부는 상호금융예금자 보호기금관리위원회 소속이므로 옳지 않다.

10 라. 문제에서 주어진 영농지원업무는 농협 업무인 교육지원부문, 경제부문, 금융부문 중 교육지원부문에 해당하는 업무임을 알 수 있다.

11 다. 건설재해예방실과 서비스재해예방센터를 재해예방이사 소속으로 개편하므로 빈칸에 들어갈 명칭은 서비스재해예방센터이다.

오답풀이
가. 총무과에서 운영지원실로 명칭이 변경되므로 옳다.
나. 재해예방이사를 신설하고 건설재해예방실이 이에 소속되므로 옳다.
라. 교육안전문화이사 소속으로 국제산업보건대회사무국을 신설하므로 옳다.

12 • 을 : 기획본부에는 3개 처와 1개 실이 있다.
• 정 : 조직도처럼 나타난 경우 대부분 소속 부서 중 1개 부서의 장을 겸직한다.